JN436827

法學叢書

民法總則

高 昌 鉉 著

法 文 社

머리말

이 책은 법학에 관한 초심자(初心者)의 입문서로, 법과대학의 교과서로, 사법시험을 비롯한 각종 공무원시험의 준비서로, 실무가의 참고용으로 저술하였다.

흔히 법학을 공부하는 사람들이나 각종 시험준비를 하는 사람들이 말하기를 일반적으로 법학서적은 학술지를 방불케 하여 이해하기가 어렵다고들 한다. 그리하여 이를 알기 쉽게 하기 위해서 다음과 같은 관점에 특별히 유의하여 서술하였다.

첫째로, 가급적 간결하고 평이하게 서술하는 데에 힘썼다. 모름지기 법학은 인간의 행위를 규율하는 규범학(規範學)임에도 그에 관한 책들이 어려운 학술적 이론으로 방대하게 쓰여져 있어 이해하기가 쉽지 않다. 그리하여 법학에 관한 책들을 멀리 하는 경향이 있다. 이 책에서는 법학입문 초학자일지라도 누구나 쉽게 이해할 수 있도록 하기 위해, 구체적인 사례를 많이 예시하였으며, 그 이론이 복잡한 부분에서는 이해의 폭을 넓히기 위해 일목요연하게 도표를 많이 삽입하였다. 또한 학설에 관해서는 가급적 이론전개를 회피하고 간략하게 언급하였으며, 단지 통설이나 다수설을 소개하는 데 그쳤다.

둘째로, 이 책은 종래의 일반적인 서술 방식과는 달리 문답식(問答式)으로 기술함과 동시에 개요를 삽입하였다. 대부분의 법학 서적들은 천편일률적인 논술의 방식으로 되어 있어 독자로 하여금 싫증을 갖게 할 뿐만 아니라, 또 한편으로는 중요부분을 소홀히 다룬 경향이 있었다. 그리하여 이 책에서는 항목별로 문제를 설정하고 그 문항의 성질에 따라 다양하게 답하는 형식을 취했다. 그리고 민법총칙 전체를 체계적으로 파악할 수 있도록 하기 위해서 절(節)과 관(款) 단위로 간결한 개요를 본문 앞에 서술하였다 이의 유용한 활용으로는 먼저 개요에 의해서 대략적인 주요 내용을 파악한 다음 본론을 읽음으로써 체계적으로 법이론의 이해를 도울 수 있고, 본문을 파악한 후 개요에 의해서 본문의 원리를 되새김으로써 정확하게 법이론을 파악할 수 있도록 하였다.

셋째로, 이 책은 추상적인 법규를 구체적인 사실에 응용할 수 있는 능력을 갖도록 하기 위해 판례를 많이 인용하였다. 지금까지 대부분의 법학서적이나 또한 대학에서의 법학교육이 이론중심으로 치우쳐 있어 구체적인 사실에 관한 판례에 대해서는 소홀히 취급하는 경향이 있어 왔다. 요컨대 법학의 진수(眞髓)를 파악하기 위해서는 이론적인 면에서의 법의 원리를 이해하는 것도 중요하지만, 그에 못지 않게 구체적인 사건에 관하여 법적 판단을 한 판례의 이해 또한 중요하다고 하겠다. 더구나 최근에 와서 사법시험 등 각종 시험에서 판례에 의거한 문제가 출제되는 경향이기 때문에 판례 연구의 중요성이 더욱 더 절실하게 요청된다고 할 것이다. 그래서 이 책에서는 각종 판례를 폭넓게 인용하여 그에 나타난 법리를 밝히는 데에 주력하였다.

이상과 같이 이 책은 그 취지에 부응하도록 각별히 노력은 하였지만, 한편 그 부족한 점 또한 없지 않으리라고 생각한다. 이 점에 관해서는 추후 계속해서 보완하기로 한다.

끝으로 이 책을 출간토록 하여주신 동광건설 주식회사 용곡문화재단 이사장 황금추 명예경영학박사님께 진심으로 감사하며, 이 책의 출간에 원고정리와 교정을 보아 주신 박운길교수, 황광연교수, 이재진교수, 윤방현교수 그리고 윤성호 박사에게 심심한 감사를 드린다.

2006年 7月

동광용곡문화재단 연구실에서

高 昌 鉉

차 례

제1장 序 論

제3장 權利의 客體

〔槪 要〕

제 4 장 權利變動

第 3 款 意思表示

〔槪 要〕

第 4 款 法律行爲의 代理

〔槪 要〕

Ⅰ. 代理의 一般理論
1. 代理의 意義와 社會的 作用(問 091) 406
2. 代理의 本質(問 092) 406
3. 代理의 種類(問 093) 408
4. 代理의 三面關係(問 094) 408

Ⅱ. 代理權(本人과 代理人과의 관계)
1. 代理權의 意義와 法的 性質(問 095) 409
2. 代理權의 發生原因(問 096 · 097) 409
3. 代理權의 範圍와 制限(問 098 · 099) 409
4. 代理權의 消滅(問 100) 410

Ⅲ. 代理行爲(代理人과 相對方과의 관계)
1. 顯名主義(대리의 意思表示)(問 101) 411
2. 代理行爲의 瑕疵(問 102) 412
3. 代理의 能力(問 103) 412

Ⅳ. 代理의 效果(本人과 代理人과의 관계)
1. 代理效果의 歸屬(問 104) 413
2. 代理에 있어서 本人의 能力

Ⅴ. 復代理(問 105) 414
1. 意義 및 法的 性質
2. 代理人의 復任權
3. 復代理人을 選任한 代理人의 責任
4. 復代理人의 地位(問 106) 415
5. 復代理權의 消滅(問 107) 416

Ⅵ. 無權代理
1. 無權代理의 意義 및 種類(問 108) 416
2. 表現代理(問 109) 416
3. 表現代理의 種類(問 110-112) 417
4. 좁은 의미의 無權代理(問 113) 418

第 5 款 法律行爲의 無效와 取消

〔槪 要〕

第 6 款　法律行爲의 附款(條件과 期限)

〔概　　要〕

Ⅰ. 法律行爲의 附款의 一般理論 (問 122) 514	4. 條件을 붙일 수 없는 法律行爲
1. 法律行爲의 附款의 意義	5. 條件의 成就의 擬制와 不成就 (問 124) 518
2. 附款의 種類와 民法上의 規定	6. 條件附法律行爲의 效力(問 125) 519
3. 條件과 期限의 差異	Ⅲ. 期限(問 126) 520
4. 條件인가 期限인가가 問題된 경우	1. 期限의 意義
Ⅱ. 條件(問 123) 515	2. 期限의 種類
1. 條件의 意義	3. 期限을 붙일 수 없는 法律行爲
2. 條件의 性質	4. 期限附法律行爲의 效力
3. 條件의 種類	5. 期限의 利益

主要參考文獻

［國內文獻］

高翔龍, 民法總則(全訂版)(법문사, 1999)

郭潤直, 民法總則(新訂修正版)(박영사, 1998)

權龍雨, 民法總則(법문사, 1987)

金基善, 韓國民法總則(三改訂增補版)(법문사, 1985)

金相容, 民法總則(全訂版增補)(법문사, 2004)

金容漢, 民法總則論(全訂版)(박영사, 1987)

金疇洙, 民法總則(제4판)(삼영사, 1986)

金俊鎬, 民法總則(新訂2版)(법문사, 2006)

金會漢・金學東, 民法總則(제9판)(박영사, 1995)

金顯泰, 民法總則(교문사, 1973)

李英燮, 新民法總則講義(박영사, 1959)

李英俊, 民法總則(全訂版)(박영사, 1995)

李銀榮, 民法總則(박영사, 1996)

黃迪仁, 現代民法論 I(總則)(증보판)(박영사, 1985)

［國外文獻］

我妻 榮, 新訂民法總則(岩波書店, 1971)

川島武宜, 民法總則(有斐閣, 1970)

四宮和夫, 民法總則(第4版)(弘文堂, 1973)

近江幸治, 民法講義(第3版)(成文堂, 2001)

石田喜久夫, 口述民法總則(第2版)(成文堂, 1998)

遠藤厚之助, 民法總則講義(青林書院新社, 1969)

半田正夫, 民法總則(法學書院, 1971)

第1章 序論

Ⅰ. 民法의 一般理論

Ⅱ. 權利 · 義務

Ⅲ. 民法典의 構造

제1장 序　　論

槪　要

Ⅰ. 民法의 一般理論

1. 民法의 意義 問 001

(1) 實質的 意味의 民法

실질적 의미의 민법이란 민법이 어떠한 형식으로 존재하든 「私法의 一般法으로서 實体法」의 성질을 가진 것을 말한다. 민법은 사법이란 점에서 공법과, 일반법이라는 점에서 특별법과, 실체법이라는 점에서 절차법과 다르다.

(가) 民法은 「私法」이다

① **公法과 私法과의 區別** 　법은 공법과 사법으로 구분할 수 있는데 민법은 사법에 속한다. 공법과 사법은 성질과 지도원리가 달라 쟁송의 재판관할 등 법률상 취급을 달리하는 경우가 있으므로 양자를 구별할 실익이 있다. 그러나 공법과 사법을 구별하기 어려운 경우가 있으므로 그 구별의 표준에 관하여 학설은 나누어져 있다.

ⓐ 主體說 　국가, 공공단체 상호간 또는 이들과 사인간의 관계를 규율하는 법은 공법이고, 사인 상호간의 관계를 규율하는 법은 사법이라고 한다.

ⓑ 性質說 　법이 규율하는 법률관계의 성질에 따라 불평등관계(상하의 권력관계)를 규율하는 법은 공법이고, 평등관계를 규율하는 법은 사법이

라고 한다.

ⓒ 利益說(目的說) 공익을 목적으로 하는 법은 공법이고, 사익을 목적으로 하는 법은 사법이라고 한다.

ⓓ 生活關係說 국민으로서의 생활관계를 규율하는 법은 공법이고, 인류로서의 생활관계를 규율하는 법은 사법이라고 한다.

ⓔ 折衷說 공법과 사법관계의 구분은 어느 하나의 학설을 기준으로 하여 일률적으로 판단할 것이 아니라 여러 학설을 종합하여 판단하여야 한다는 견해로서, 통설이다.

② 私法의 內容 사법의 내용은 재산관계를 규율하는 재산법과 가족관계를 규율하는 가족법으로 되어 있다.

(나) 民法은 私法의 「一般法」이다

① 一般法과 特別法과의 區別 사법은 일반법과 특별법으로 구분할 수 있는데 민법은 사법의 일반법이다. 일반법이란 모든 사람, 장소, 사항 등에 관하여 적용되는 법을 말하며, 특별법이란 특정의 사람, 장소, 사항에 한해서 적용되는 법을 말한다. 민법은 모든 사람, 장소, 사항에 적용되는 법이므로 일반법에 속한다.

② 一般法과 特別法의 區別의 實益 일반법과 특별법의 구별의 실익은 법규적용의 순위에 있다. 즉 특별법은 일반법에 우선한다. 예컨대 상법은 특별법이기 때문에 일반법인 민법에 우선한다.

(다) 民法은 「實體法」이다

법에는 권리·의무의 내용을 규정하는 실체법과 실체법에서 규정하고 있는 권리를 실행하거나 의무를 이행하는 절차법이 있다. 민법은 실체법이며 민사소송법은 절차법이다. 실체법과 절차법은 밀접한 관계에 있다. 즉, 실체법이 있다 하더라도 절차법이 없다면 실체법은 그 실효를 거둘 수 없다.

(2) 形式的 意味의 民法

실질적 의미의 민법이란 존재형식과 관계없이 사법의 일반법으로서의 성질을 지닌 것을 말하며, 형식적 의미의 민법은 제정법인 「民法典」을 말한다. 우리나라의 민법전은 1958년 2월 22일 공포되어, 1960년 1월 1일 시행을 보게 된 법률 제471호를 말한다. 형식적 의미에서의 민법 속에는 실질적 의미에 있어서의 민법이 대부분이지만 그 중에는 공법적인 규정도 있다(예: 이사, 감사 청산인의 형벌에 관한 민법 제27조).

2. 民法의 法源 問 002

(1) 法源의 意義

민법의 법원이란 법관이 사법관계의 분쟁을 재판할 때 준거하여야 할 민법의 존재형식을 말한다.

(2) 法源에 관한 立法主義

법원의 존재형식이 성문으로 되어 있느냐, 불문으로 되어 있느냐에 따라서 성문법과 불문법으로 나누어진다. 법이 주로 성문으로 되어 있는 나라를 성문법주의 국가라고 하며, 독일·프랑스·스위스·일본 등의 대륙법계 국가들이 이에 속한다. 반면에 법이 주로 불문으로 되어 있는 나라를 불문법주의 국가라고 하며, 영국·미국 등의 영미법계의 국가들이 이에 속한다.

(3) 우리 民法의 法源

우리 民法의 法源은 민법 제1조에 「민사에 관하여 법률에 규정이 없으면 관습법에 의하고 관습법이 없으면 조리에 의한다」라고 규정하여 成文法主義 國家임을 밝히고 있다. 따라서 우리 민법의 법원은 제1차적으로는 성문법이며, 성문법이 없는 경우에 한하여 불문법이 보충적으로 인정된다.

(가) 成文民法

성문으로 되어 있는 법원으로는 法律·命令·大法院規則·條約·自治法規 등이 있고, 이 중에서 가장 중요한 것은 民法典이다.

(나) 不文民法

불문민법으로는 관습법, 조리 등을 수 있다.

① **慣習法**

ⓐ 意 義 사회에서 발생한 하나의 관행이 그 사회 사람들로 하여금 법과 다름이 없다는 법적 확신을 갖게 된 규범을 말한다. 관습법은 민법 제1조에 의해서 성문법이 없는 경우에 한하여 보충적으로 법원성을 인정하고 있다.

ⓑ 要 件 하나의 관행이 관습법이 되기 위해서는 다음과 같은 요건이 갖추어져야 한다

첫째, 관행이 존재하여야 하고

둘째, 관행이 사회질서에 반하지 않아야 하며
셋째, 사회에서 법과 다름이 없다는 법적 확신이 있어야 한다.

ⓒ 效 力　관습법이 기존성문법을 改廢하는 효력이 있느냐, 단순히 성문법이 없는 경우 보충적 효력이 있느냐이다. 이것이 관습법의 효력문제이다. 통설은 보충적 효력을 인정하고 있으나 관습법이 형성된 과정을 보면 개폐적 효력도 있다고 보는 것이 타당하다.

② 條 理　조리란 사물의 이치나 도리를 말하며 사람의 이성에 의하여 생각되는 규범을 말한다. 이를 판결문에서는 사회통념, 사회적 타당성, 신의성실, 형평, 정의, 일상경험 등으로 표현하고 있다. 우리 민법은 조리는 관습법이 없는 경우에 한하여 법원으로 인정하고 있다.

③ 判例의 法源性　판례란 재판을 통한 法理論의 先例를 말한다. 불문법주의를 취하는 국가에 있어서는 판례는 중요한 법원이 된다. 우리나라는 성문법주의의 국가인 데다 판례에 대하여 법원성을 인정한다는 명문규정이 없으므로 판례의 법원성이 문제된다. 다만, 법원조직법 제8조에서 「상급법원의 재판에 있어서의 판단은 당해사건에 관하여 하급심을 기속한다」고 규정하고 있지만, 하나의 재판의 선례가 모든 사건을 구속하는 의미는 아니므로 판례는 법원이라 할 수 없다. 그러나 하급심은 재판을 할 때 당해사건이 아니라 할지라도 상급심의 법이론에 따르기 마련이므로 판례는 사실상 구속력을 갖게 되어 실제적으로는 법원과 다름없는 기능을 하고 있다.

3. 民法의 沿革 問 003

(1) 朝鮮時代의 民法

사법의 역사는 동·서양이 다르다. 동양은 공법이, 서양은 사법이 주로 발전하여 왔다. 우리 민법은 중국의 영향으로 조선경국전 등의 법전 속에 다소 존재하고 있을 뿐이었다.

(2) 日政時代의 民法

우리 민법이 서구의 근대민법을 접하게 된 것은 1910년 한일합방 후 일본민법을 우리나라에 依用한 때부터이다.

(3) 解放後 民法制定前의 民法

해방 후 美軍政이 있게 되자 1945년 11월 2일 미군정령 제21호에 의해서 일본민법을 그대로 계승하였다. 1948년 미군정이 종식되고, 동년 7월 17일 헌법이 제정되었데, 동법 제100조에서 「현행법령은 헌법에 저촉되지 아니하는 한 효력을 가진다」라고 규정하여 일본민법을 그대로 계속 의용하였다.

(4) 民法典의 制定과 改正

(가) 民法典의 制定

우리 민법은 1957년 2월에 국회를 통과하여 이를 1958년 2월 22일 법률 제471호로 공포되어, 1960년 1월 1일 시행을 보게 되었다. 이것이 역사적인 우리 민법전의 탄생이다.

민법전의 내용은 가족법은 관습을 성문화한 데에 불과하였지만, 재산법에 있어서는 약간의 부분을 제외하고는 일본민법을 따랐다. 그러나 일본민법은 주로 독일민법을 모방하고 프랑스민법을 가미한 것이었으므로, 엄격한 의미에서 우리 민법은 대륙법계를 계수한 것이다.

(나) 民法典의 改正

우리 민법이 제정되고 시행된 후 지금까지 9회에 걸쳐 개정을 하였다(2005. 3. 31일 현재까지). 그러나 그 개정은 財産編이 1회, 附則編이 3회, 家族編이 5회이어서 주로 가족법의 개정이었다.

4. 民法의 基本原理 問 004

(1) 近代民法의 基本原理

18세기의 시민혁명으로 봉건시대의 신분계급제도가 붕괴되고 모든 사람은 태어날 때부터 평등하고 자유를 가진다는 人格絶對主義를 배경으로 자유주의와 개인주의를 이념으로 하는 법사상이 확립되었다. 私法分野에 있어서 이를 구체화한 것이 다음과 같은 근대민법의 3대 원칙이다.

(가) 私有財産權尊重의 原則

봉건사회와는 달리 근대사회에 있어서 개인은 각자 자기 책임하에 생활을 영위하므로 개인이 가진 재산은 존중되어야 한다는 원칙이다.

(나) 私的自治의 原則

모든 개인의 법률생활관계는 오로지 자기의 의사에 의해서만 형성할 수 있다는 원칙이다. 이 원칙을 법률행위자유의 원칙 또는 계약자유의 원칙이라고도 한다.

(다) 過失責任의 原則

타인에 끼친 손해에 대하여는 그 행위가 위법하고 고의·과실이 있는 경우에 한하여 책임을 진다는 원칙이다. 자기의 행위에 의해서만 책임을 진다는 것이므로 이를 자기책임의 원칙이라고도 한다.

(2) 資本主義의 發展과 矛盾

근대민법의 기본원리는 근대자본주의의 경제를 비약적으로 발전시키는 데에는 지대한 공헌을 하였다. 그러나 자본주의가 고도로 발전함에 따라 빈부격차가 있게 되어 경제적 약자와 강자간에 과거 봉건사회에 있었던 신분계급이 아닌 새로운 계층이 형성되어 근대민법의 기본원리의 모순이 나타냈다. 이와 같은 현상이 있게 된 이유는 근대민법의 입법자들이 생각하기를 「個人」이란 추상적 인격자(Person)는 사회생활에 필요한 능력과 지식을 모두 갖춘 평균인으로 여겼다. 그러나 이는 구체적인 인간(Mensch) 개개인은 그 능력에 있어서 천차만별이라는 사실을 알지 못하였기 때문이었다. 그리하여 구체적인 인간에게 실질적인 자유와 평등을 보장하여 「人間다운 生存」을 영위할 수 있도록 하기 위해서는 근대민법의 3대 원칙에 대한 수정 내지 제한이 불가피하게 되었다.

(3) 近代民法의 3대 原則의 修正

(가) 사유재산권 존중의 원칙은 현대사회에 와서는 절대적인 것이 아니고 공공복리를 위해서 제한할 수 있는 상대적인 원리로 전환되었다.

(나) 사적자치의 원칙은 경제적 약자의 인간다운 생존을 보장하기 위해서 당사자 간에 체결된 계약을 여러 면에서 규제를 하게 되었다.

(다) 과실책임의 원칙은 현대사회에 와서 공해 등 특별한 경우에는 예외적으로 무과실책임을 인정하게 되었다.

(4) 우리 民法의 基本原理

(가) 財産法의 基本原理

① 憲法의 理念 우리 헌법은 모든 국민은 인간으로서의 존엄과 가치를 가지며(10조), 법 앞에 평등하고(11조), 재산권은 보장(23조 1항)한다고 선언하여 근대민법의 3대 원칙을 취하고 있다. 그러나 한편으로는 이 원칙은 절

대적인 것이 아니라 공공복리를 위해서 제한할 수 있음을 이념으로 하고 있다(23조).

② 民法의 基本原理

ⓐ 近代民法의 3대 原則과 修正 우리 민법은 위에서 말한 헌법의 이념에 따라 「사람은 생존한 동안 권리와 의무의 주체가 된다」(3조)라고 하여 모든 사람은 평등함을 선언하였고, 이를 기반으로 근대민법의 3대 원칙인 사유재산권 존중의 원칙, 사적자치의 원칙, 과실책임의 원칙을 취하면서 이를 공공복리를 위하여 수정 내지 제한할 수 있음을 밝히고 있다.

㉠ 私有財產權尊重의 原則과 修正 우리 민법은 헌법의 이념에 따라 민법 제211조에서 소유자는 법률의 범위 내에서 그 소유물을 사용·수익·처분할 권리가 있다고 규정하여 사유재산권존중의 원칙을 취하고 있다. 그러나 다른 한편으로는 재산권의 행사는 공공복리에 적합하도록 하여야 하며(헌 23조 2항) 권리는 남용하지 못한다(2조 2항)라고 규정하여 재산권은 절대적인 것이 아니고 공공복리를 위해서 제한할 수 있음을 밝히고 있다.

㉡ 私的自治의 原則과 修正 우리 민법은 선량한 풍속이나 강행규정에 반하지 않는 한 자유로이 법률행위를 할 수 있음을 규정하여(103조, 105조 참조) 사적자치의 원칙을 취하고 있음을 밝히고 있다. 그러나 이 원칙은 절대적인 것이 아니라 신의성실의 원칙(2조 1항), 강행법규(103조), 선량한 풍속 기타 질서유지(105조) 등을 위해서 제한할 수 있도록 하였다.

㉢ 過失責任의 原則과 制限 우리 민법은 제750조에 의해서 과실책임주의를 선언하고 있다. 그러나 이 원칙은 절대적인 것이 아니고 무권대리인의 상대방에 대한 책임(125조), 공작물 등의 소유자의 책임(758조), 매도인의 담보책임(580조), 사무관리자의 무과실 손해배상책임(740조) 등 예외적으로 공공복리를 위해서 무과실책임을 지도록 하고 있다.

ⓑ 근대민법의 3대 原則과 公共福利의 原則의 優劣과 制限의 限界 근대민법의 3대 원칙과 공공복리의 원칙간의 우월에 관하여 어떤 학자는 공공복리의 원칙은 근대민법의 3대 원칙보다 상위의 원칙이라고 하나, 우리 民法은 근대민법의 3대 원칙이 상위의 원칙인 것이고 신의성실, 관리남용의 금지, 사회질서, 거래안전 등의 공공복리의 원칙은 예외적으로 적용하여야 할 하위의 원칙인 것이다. 그리고 3대 원칙의 제한의 한계는 국

가안전보장·질서유지 또는 공공복리를 위하여 필요한 경우에 한하여 법률에 의해서 제한하되, 자유와 권리의 본질적 내용을 침해하지 않는 범위 내에서 허용된다(헌 37조 2항).

(나) 家族法의 基本原則

우리나라 가족법에 있어서도 헌법 제36조 1항에 「혼인과 가족생활은 개인의 존엄과 양성의 평등을 기초로 성립하고 유지되어야 하며, 국가는 이를 보호한다」라고 하여 가족의 개인으로서의 존엄과 평등, 그리고 남녀의 평등을 가족법의 기본원칙으로 하고 있음을 선언하고 있다.

5. 民法의 解釋 問 005

(1) 民法解釋의 意義

民法의 해석이란 법규가 가진 의미와 내용을 밝히는 것을 말한다. 추상적 법규를 구체적인 사건에 적용하기 위해서는 먼저 그에 적용될 법규의 해석이 필요하다. 법규해석은 성문법뿐만 아니라 불문법에 있어서도 필요하지만, 성문법주의를 취하고 있는 우리나라의 경우에는 성문법의 해석이 더욱 중요하다.

그러므로 여기서는 성문법의 해석에 관하여 논하기로 한다.

(2) 民法解釋의 基準

민법은 다음의 기준에 따라 해석하여야 한다.

(가) 法規의 目的과 趣旨

민법의 해석은 당해 사건에 적용될 법규를 찾아 그가 가진 목적과 입법취지에 적합하도록 해석하여야 한다.

(나) 民法의 理念

민법 개개의 법규는 민법의 이념을 구체화한 것임으로 그 이념에 맞게 해석을 하여야 한다.

(다) 法的 安定性과 具體的 妥當性의 調和

법적 안정성이란 법규를 해석할 때 법규에 충실하며 사람이나 사건에 따라 달라지지 않게 해석하는 것을 말한다. 구체적 타당성이란 하나의 법규에 대하여 각각의 구체적인 사건에 타당한 결과를 낳을 수 있도록 해석하는 것을 말한다. 이 양자는 이율배반적이어서 한편에 치중하면 다른 편은 희생되는 관계에 있으므로 법규의 해석은 어느 한편에 치우침이 없이 양자가 조화

될 수 있도록 해석을 하여야 한다.

(3) 民法의 解釋의 方法

법규해석의 방법에는 여러 가지가 있다. 민법의 해석은 이들의 해석의 방법을 활용하여 위에서 말한 해석기준에 적합하도록 하여야 한다. 그 방법으로는 일반적으로 문리해석과 논리해석으로 크게 나눌 수 있다.

(가) 文理解釋

문리해석이란 법규의 문장, 용어를 기초로 하여 그것이 가지는 통상의 의미에 따라 해석하는 것을 말한다.

(나) 論理解釋

논리해석이란 민법은 전체로서 하나의 체제로 구성하고 있으므로 개개의 법규를 해석할 때에는 체제에 적합하게 해석하는 방법을 말한다. 논리해석의 방법으로는 다음과 같은 것들이 있다.

① **擴張解釋과 縮小解釋**　확장해석이란 법문의 의미가 법의 목적에 비추어 너무나 좁다고 생각되는 경우에 법규의 용어의 의미를 일상의 의미 이상으로 확장하여 해석하는 방법을 말하며, 축소해석이란 법문의 의미가 법의 목적에 비추어 너무 넓다고 생각되는 경우에는 통상의 의미보다 좁게 해석하는 방법을 말한다.

② **勿論解釋 · 反對解釋 · 類推解釋**　물론해석이란 법문이 어느 사항에 관하여 규정하고 있는 경우 법문에 명기되어 있지 않는 사항이라도 입법정신이나 사물의 성질상으로 보아 당연히 적용되어야 한다는 경우를 말하며, 반대해석이란 서로 반대되는 두 개의 사항 중 하나만을 규정하고 있는 경우에 다른 하나에 대해서는 규정이 없다 하더라도 당연히 반대의 결과를 인정하는 해석의 방법이다. 그리고 유추해석이란 유사한 두 개의 사실 중 하나의 사실에 관해서만 규정되어 있는 경우에 다른 사실도 이와 같은 효과를 인정하는 해석을 말한다.

③ **沿革解釋 · 補充解釋**　연혁해석이란 당해 법규의 역사적 내력과 입법자의 의사 등을 참고로 하여 법의 의의와 입법정신을 추출하여 해석하는 방법이며, 보충해석이란 법의 용어에 명백한 착오가 있거나 입법의 미비가 있는 경우에 법문의 문구를 달리 변경하거나 보충하는 해석의 방법이다.

6. 民法의 效力 問 006

(1) 때(時)에 관한 效力

(가) 法律不遡及의 原則

모든 법은 그 효력이 발생한 이후에 생긴 사항에 대해서 적용되는 것을 원칙으로 한다. 이것을 法律不遡及의 原則이라고 한다.

(나) 法律不遡及의 例外

그러나 이 원칙은 적용상의 원칙이지 입법상의 원칙은 아니다. 그러므로 죄형법정주의가 적용되고 있는 형사법을 제외하고는 입법에 의해서 소급할 수 있는 것이다.

(다) 우리 民法의 態度

우리 民法은 부칙 제2조 본문에서 「본법은 특별한 규정있는 경우외는 본법시행일 전의 사항에 대하여도 이를 적용한다」라고 규정하여 입법에 의해서 소급효를 인정하고 있다.

(2) 사람(人)에 관한 效力

(가) 人民主權에 의한 효력

우리 민법은 人民主權의 효과에 의하여 대한민국의 국민은 국내에 있든 국외에 있든 모두 적용된다.

(나) 領土主權에 의한 효력

그리고 領土主權의 효과에 의해서 대한민국의 영역 내에 있는 외국인에게도 적용됨을 원칙으로 한다.

(다) 國際私法의 領域

이로 인하여 대한민국의 민법과 외국 민법간에 충돌이 생기는 경우 어느 나라 법을 적용할 것이냐는 국제사법에 의해서 결정된다.

(3) 곳(場所)에 관한 效力

(가) 原　則

우리 민법은 우리나라 전 영역에 걸쳐 그 효력이 미치는 것을 원칙으로 한다.

(나) 例　外

그러나 예외적으로 민법의 효력이 限地法에 의하여 일정지역에만 미치는 경우가 있고, 治外法權이 있는 곳에는 우리나라 영역 내라 할지라도 우리 민법의 효력이 미치지 않는다.

Ⅱ. 權利·義務

1. 法律關係와 權利義務 問 007

(1) 法律關係

사람의 생활관계를 규율하는 규범에는 여러 가지가 있으나 그 중 법에 의해서 규율되는 생활관계를 법률관계라고 한다. 법률관계는 권리와 의무를 내용으로 하고 있다. 근대 사법에 있어서는 의무보다도 권리를 본위로 하여 이루어져 있으므로 권리가 그 중심관념으로 되어 있다.

(2) 權　利

(가) 權利의 意義

권리란 일정의 이익을 향수할 수 있는 법률상의 힘이다. 그러나 권리의 본질에 관해서는 여러 가지 설이 있다.

(나) 權利의 本質에 관한 學說

① **意思說**　　권리란 법에 의해서 주어진 의사의 힘이라고 한다.

② **利益說**　　권리란 법에 의하여 보호되는 이익이라고 한다.

③ **權利法力說**　　권리란 일정이익을 향수하기 위한 법률상의 힘이라고 한다. 이 설은 의사설과 이익설의 결함을 해소해 주는 견해로서 통설이기도 하다.

(다) 權利와 區別하여야 할 槪念

다음과 같은 것들은 권리와 다르다.

① **權 限**　　권한이란 타인을 위하여 그 자에게 일정한 법률효과를 발생케 하는 행위를 할 수 있는 법률상의 자격을 말한다.

② **權 能**　　권능이란 권리의 내용을 이루고 있는 개개의 법률상의 힘을 말한다.

③ **權 原** 권원이란 일정한 사실상 또는 법률상의 행위를 하는 것을 정당화시키는 원인을 말한다.

(3) 義 務

의무란 의무자의 의사와는 상관없이 법에 따라 일정한 행위를 하여야 할, 또는 하여서는 안 되는 법률상의 구속을 말한다.

2. 私權의 種類 問 008

私權의 종류는 내용에 의한 분류와 작용에 의한 분류로 나누어 고찰할 수 있다.

(1) 內容에 의한 분류

(가) 人格權

인격권이란 권리자가 자신의 인격적 이익의 향수를 목적으로 하는 권리로서 생명권, 명예권, 신용권, 정조권, 초상권 등이 그 예이다.

(나) 家族權

가족권이란 부부, 친자, 형제자매 등과 같이 일정한 가족적 지위에 따르는 권리로서 친족권과 상속권이 있다.

(다) 財産權

재산권이란 경제적 이익을 내용으로 하는 권리이다. 이에는 다음과 같은 것들이 있다.

① **物 權** 일정한 물건을 직접 지배해서 이익을 얻을 수 있는 배타적인 권리이다. 민법상으로는 物權法定主義에 의해서 소유권, 점유권, 지상권, 지역권, 전세권, 유치권, 질권, 저당권의 8종을 인정하고 있다. 이외에도 특별법에 의해서 인정된 준물권이 있다.

② **債 權** 채권자가 채무자에 대하여 일정한 행위를 요구할 수 있는 권리를 말한다. 우리 민법은 계약의 종류로서 15종을 규정하고 있으나, 계약자유의 원칙상 이는 예시적인 것이다.

③ **無體財産權** 정신적 창작물을 독점적으로 이용할 수 있는 권리이다. 그 예로서는 특허권, 저작권, 상표권, 상호권, 디자인권 등이 이에 속한다.

(라) 社員權

단체의 구성원이 그 구성원이라는 지위에 기하여 단체에 대하여 가지는 권리를 말한다. 이에 속한 것으로는 사단법인의 사원의 권리, 주식회사의 주주로서의 권리 등이다.

(2) 作用(性質)에 의한 分類

(가) 支配權

타인의 행위를 개입시키지 않고 직접 권리자 자신이 권리의 객체에 대하여 지배력을 행사할 수 있는 권리이다. 예컨대 物權, 人格權, 無體財産權 등이다.

(나) 請求權

특정인이 다른 특정인에 대하여 일정한 행위(작위, 부작위)를 요구할 수 있는 권리이다.

(다) 形成權

권리자의 일방적 의사 표시에 의해서 일정한 법률관계를 發生・變更・消滅시킬 수 있는 권리이나. 그 예로서는 법률행위의 동의권(5조, 10조), 취소권(140조), 추인권(143조) 등을 들 수 있다.

(라) 抗辯權

권리자가 의무자에게 그 내용인 행위를 요구할 때, 의무자가 그 행위를 하는 것을 거절할 수 있는 권리를 말한다. 그 예로는 同時履行의 抗辯權(536조), 보증인의 催告 및 檢索의 항변권(437조) 등을 들 수 있다.

3. 私權의 行使 問 009

(1) 私權行使의 意義

사권의 행사란 권리자가 사권의 내용인 이익을 현실적으로 실현하는 것을 말한다. 권리는 일정한 이익을 향수할 수 있는 법률상의 힘에 불과하지만, 그 권리를 행사함으로써 비로소 그 이익을 얻게 되는 것이다. 이런 점에서 권리는 권리행사와 다르다.

(2) 私權의 行使方法

사권의 행사방법은 권리의 종류에 따라 다르다.

(가) 請求權

권리자가 의무자에 대하여 일정행위를 하여 줄 것을 요구하거나, 그 결과를 수령하는 방법으로 행사한다.

(나) 支配權

객체를 직접 지배해서 이익을 향수하는 방법으로 행사한다.

(다) 形成權

권리자의 일방적 의사표시에 의해서 행사한다.

(라) 抗辯權

상대방의 청구권 행사에 대하여 이를 거절하는 형식으로 한다.

4. 權利의 競合과 衝突 問 010

(1) 權利의 競合

권리의 경합에는 권리의 경합과 법규의 경합이 있다.

(가) 權利의 競合

① 權利競合의 意義 권리의 경합이란 하나의 法律生活 事實에 수 개의 권리가 존재하는 경우를 말한다. 이 경우 권리행사는 수 개의 권리 중 선택적으로 하나의 권리를 행사하게 되면, 다른 권리는 소멸한다.

② 權利競合의 態樣 ① 청구권의 경합, ② 지배권의 경합, ③ 형성권의 경합, ④ 항변권의 경합 등을 들 수 있다.

(나) 法規의 競合

하나의 법률생활 사실에 普通法과 特別法이 경합하는 경우이다. 이 경우는 특별법은 보통법에 우선한다는 원칙에 따라 특별법을 우선하여 적용하게 된다(예: 공무원의 직무상의 불법행위에 대한 손해배상은 민법의 불법행위의 규정을 적용하는 것이 아니라 국가배상법을 적용한다).

(2) 權利의 衝突

(가) 權利衝突의 意義

권리의 충돌이란 하나의 객체에 수 개의 권리가 존재하는 경우를 말한다(하나의 물건위에 수 개의 물권이 있거나, 한 사람의 채무자에 수인의 채권자가 있는 경우).

(나) 權利衝突의 態樣

① 物權 相互間의 衝突 하나의 물건 위에 두 개 이상의 소유권은 존재할 수 없지만, 제한물권은 양립할 수 있다. 양립이 가능한 수 개의 물권은 먼저 등기한 물권이 우선한다. 단, 예외가 있다.

② **債權 相互間의 衝突**　한 사람의 채무자에 수인의 채권자가 있는 경우이다. 채권 상호간에는 우월의 차이가 없다. 이것을 債權者平等主義라고 한다. 그러나 이는 채무자가 파산한 경우에 적용되는 문제이며, 파산이외의 경우에는 먼저 채권을 추심하는 자가 우선하게 된다. 이를 債權先行主義라고 한다.

③ **物權과 債權과의 衝突**　동일한 객체에 대하여 물권과 채권이 병존하는 경우에는 성립시기를 불문하고 물권이 우선하는 것이 원칙이다. 그러나 예외적으로 부동산임차권에 등기를 하였다거나, 주택임대차보호법과 상가건물임대차보호법에서 정한 일정한 절차를 거쳤다면 등기를 하지 않더라도 물권적 효력이 주어진다.

5. 私權行使의 制限 問 011

(1) 私權行使의 公共性(公共福利의 原則)

근대민법의 3대 기본원칙 아래에서는 私權은 이를 어떻게 행사하든 자유였다. 그러나 자본주의의 급진적인 발전으로 빈부격차가 극심하게 되어 가진 자와 갖지 않는 자 간의 새로운 계층이 형성되는 등 여러 가지 사회적 폐단이 있게 되었다. 여기에서 근대민법의 3대 원칙은 제한 내지 수정이 불가피하게 되었다.

우리 민법은 제2조에서 「신의성실의 원칙」과 「권리남용금지의 원치」을 사권 행사의 제한의 기준으로 삼고 있다.

(2) 信義誠實의 原則 問 012

민법 제2조 1항에 「권리의 행사와 의무의 이행은 신의에 따라 성실히 하여야 한다」라고 규정하여 신의성실의 원칙을 선언하고 있다. 이 원칙은 사권 행사의 공공성을 선언한 것이다. 이 원칙에 반한 사권 행사는 권리남용이 되는 경우가 대부분이다.

(3) 權利濫用禁止의 原則 問 013

민법 제2조 2항에 「권리는 남용하지 못한다」라고 규정하여 權利의 행사에 있어 權利濫用禁止의 原則을 선언하고 있다. 권리의 남용이란 권리 행사가 외형상으로는 권리의 행사인 것처럼 보이지만 실체적으로는 공공성, 사회성에 반하여 정당한 권리행사로 볼 수 없는 경우를 말한다. 권리의 행사가 남용이 될 때에는 법률효과가 생기지 않으며, 경우에 따라서는 불법행위로써 손해배상의 책임이 있게 된다.

6. 私權의 保護 問 014

私權이 침해된 경우 그의 구제 방법으로는 국가구제와 사력구제가 있다. 사권의 구제는 국가구제가 원칙이고, 부득이한 경우에 한하여 예외적으로 사력구제가 허용된다.

(1) 國家救濟

재판, 조정, 중재 등이 있다.

(2) 私力救濟

정당방위, 긴급피난, 자력구제 등이 있다.

Ⅲ. 民法典의 構造와 總則編의 內容 問 015

1. 民法典의 構造

민법전의 편별 내지 구조방법으로는 로마식(인스티투치온식)과 독일식(판덱텐식)이 있다. 우리 민법전은 독일방식에 따라 제1편 총칙, 제2편 물권, 제3편 채권, 제4편 친권, 제5편 상속으로 편제되어 있다.

2. 總則編의 內容

우리 민법총칙편의 내용은 제1장 通則, 제2장 人, 제3장 法人, 제4장 物件, 제5장 法律行爲, 제6장 期間, 제7장 消滅時效로 구성되어 있다.

(1) 通　則

통칙에서는 法源, 권리행사의 한계 및 신의성실의 원칙과 권리남용금지의 원칙을 규정하고 있다.

(2) 權利의 主體(人・法人)

제2장과 제3장에서 권리의 주체로서 人과 法人을 규정하고 있다.

(3) 權利의 客體(物件)

제4장에서는 권리의 객체 중 物件에 관하여 규정을 하고 있다.

(4) 法律行爲

제5장 법률행위에서 일반적으로 적용되는 의사표시, 대리, 무효와 취소, 조건과 기한 등에 관하여 규정하고 있다.

(5) 期　間

제6장에서는 법률관계에 있어서 기간은 대단히 중요하므로 기간의 계산방법에 관하여 규정하고 있디.

(6) 消滅時效

제7장에서는 권리자가 일정기간이 경과하도록 권리행사를 하지 않는 경우에 그 권리를 소멸케 하는 소멸시효제도를 규정하고 있다.

3. 總則編의 性格

민법총칙편은 형식상으로는 민법전체에 공통된 통칙으로 되어 있지만, 재산법과 가족법은 그 성질과 지도원리가 달라 주로 재산법에 적용되는 경우가 대부분이고, 가족법에 관해서는 그 일부만이 적용될 뿐 그 외의 대부분은 가족법 자체에 규정을 두고 있다.

本 論

Ⅰ. 民法의 一般理論

【1】 民法이란 어떤 法인가

우리의 생활관계는 法의 규율을 받는 경우가 대부분이다. 國會議員 등 공직자를 선출한다든가, 納稅의 義務에 의하여 소정의 세금을 납부한다든가, 犯罪를 저질러 처벌을 받는다든가, 물건을 매수하여 대금지급의 의무를 진다든가, 남편이 사망하여 아내와 자녀가 상속을 받는다든가 하는 등의 생활관계 등이 법의 규율을 받는 예들이다. 이와 같은 사회생활관계를 규율하는 법 중에는 공적 생활관계를 규율하는 公法이 있고, 사적 생활관계를 규율하는 私法이 있다. 그리고 사법 중에는 또 사인상호간의 영리를 목적으로 하는 기업활동이란 특수한 관계를 규율하는 상법 등과 같은 특별사법이 있고 그밖의 일반생활관계를 규율하는 일반사법인 민법이 있다.

민법은 실질적으로는 「私法의 一般法」이며, 형식적으로는 「民法典」을 의미한다.

1. 實質的 意味의 民法

實質的 意味의 民法이란 성문법으로 되어 있든 불문법으로 되어 있든 私法의 一般法인 성질을 지닌 것을 말한다. 그러므로 실질적 의미의 민법을 올바르게 이해하기 위해서는 民法은 첫째로 「사법」이라는 점, 둘째로 私法의 「一般法」이라는 점, 셋째로 「實體法」이라는 점을 파악하는 것이 중요하다.

(1) 民法은 「私法」이다

法은 公法과 私法으로 크게 나눌 수 있는데 民法은 私法에 속한다. 그러므로 사법이란 공법과 무엇이 다르며, 그 내용은 어떠한 생활관계를 규율의 대상으로 하느냐가 문제된다. 전자는 공법과 사법과의 구별의 문제이고, 후자는 사법의 내용에 관한 문제이다.

(가) 私法과 公法과의 區別

일반적으로 민법, 상법 등은 私法에 속하고, 헌법・행정법・형법・민사소송법・형사소송법 등은 공법에 속함은 의심의 여지가 없다. 그러나 경우에 따라서는 公法에 속한 것인지 私法에 속한 것인지 구별하기 곤란한 경우가 있다. 이에 관한 구별의 기준에 관해서 學說은 나누어져 있다. 그 대표적인 것으로는 主體說, 性質說, 利益說, 生活關係說 등이 있다. 이 학설들은 제각기 일면

표 1-1 公法과 私法의 區別에 관한 學說 및 矛盾点

학 설	내 용	모 순 점
主體說	公法 : 국가와 公法人 상호간 또는 이들과 私人과의 관계를 규율 하는 法 私法 : 私人 상호간의 관계를 규율 하는 法	국가나 公法人과 私人간의 매매, 운송 등의 계약 관계는 단순한 경제적 거래 행위로 성질상 私法 관계에 속함에도 불구하고 이를 公法으로 보게 되는 모순점이 있다.
性質說	公法 : 상하의 권력관계에 관한 法 私法 : 평등관계에 관한 法	國際法은 公法임에도 불구하고 성질상으로는 국가와 국가간의 평등관계이므로 이를 私法으로 보게 되는 모순점이 있다.
利益說	公法 : 公益을 목적으로 하는 法 私法 : 私益을 목적으로 하는 法	예컨대 刑法上의 절도에 관한 규정과 같이 사회질서 유지라는 공익을 보호함과 동시에 私人의 재산을 보호하는 것을 목적으로 하고 있는 것은 公法과 私法의 구별이 곤란한 점이 있다.
生活關係說	公法 : 國民으로서 생활관계를 규율 하는 法 私法 : 人類로서 생활관계를 규율 하는 法	무엇이 국민으로서의 생활관계이며, 인류로서의 생활관계인가의 구별이 어렵다.

의 이유는 있지만 어느 것이나 완전한 것이 되지 못한다. 각 학설의 내용과 모순점을 살펴보면 앞의 표와 같다(표 1-1 참조).

이와 같이 어느 學說이나 완전한 것이 되지 못한 이유는 공법과 사법의 영역이 역사적 흐름에 따라 상대적으로 변화하고 있음에도 공법과 사법의 구별을 일률적인 기준에서 찾으려고 하는 데에 있다고 본다. 게다가 이의 구별을 더욱더 어렵게 하고 있는 것은 현대사회에 와서 公法도 私法도 아닌 중간 영역에 속하는 社會法의 출현이다. 근대 자본주의 경제가 비약적인 발전을 거듭하게 되자 貧富의 隔差가 심하게 되었고, 勞使의 對立이 격화되는 등 사회적 폐단이 초래되었다. 그리하여 경제적 약자를 보호하고 노사의 대립을 완화하기 위하여 사유재산권과 계약자유에 규제를 하게 되는 새로운 법의 분야로서 社會法이 출현하게 되었다. 즉 勞動法(근로기준법 · 노동조합 및 노동관계조정법 등), 經濟法(부정경쟁방지법 · 외자도입법 · 외환관리법 등), 社會保障法(국민연금법 · 국민건강보험법 · 사립학교교원연금법 · 산업재해보상보험법 등) 등이 그것이다.

이와 같이 공법과 사법의 구별이 곤란한 데도 이를 구별하여야 할 이유가 무엇인가? 현행법상 양자는 각각 다른 法의 원리가 지배하고 있고, 실정법상으로도 이를 달리 취급하고 있기 때문이다. 즉, 첫째로 사법에서는 개인이 자유로이 법률관계를 형성하는 폭이 넓지만(私的自治의 原理) 공법에 있어서는 그렇지 않은 것이며, 둘째로는 법률분쟁의 해결에 있어서 행정사건과 민사사건을 구별하여 각각 다른 소송원리를 적용하고 있기 때문에 양자의 구별의 실익이 있기 때문이다.

그렇다면 公法과 私法은 무엇을 基準으로 하여 구별할 것인가. 생각건대 앞에서 언급한 바와 같이 학설들은 각각 일면의 타당성은 있지만 완전한 것이 되지 못하므로 어느 하나의 학설에 의할 것이 아니라 먼저 主體說과 性質說에 의하여 국가 기타 공공단체와 개인과의 관계 및 공공단체 상호간의 관계이면서 원칙적으로 상하의 수직관계인 경우에는 공법관계로 보아야 하며, 이에 반하여 사인상호간의 관계로서 평등관계인 경우에는 사법관계로 보아야 한다. 그러나 이와 같은 기준에 의해서도 구별이 불가능할 때에는 利益說에 따라 그 목적이 公益에 있느냐 私益에 있느냐에 따라서 결정하여야 한다.

(나) 私法의 內容

민법은 사인상호간의 생활관계를 규율의 대상으로 하는 법이다. 이와 같은 사적 생활관계에는 재화를 얻거나 이를 지배하는 財産關係와 婚姻에 의한 夫婦關係, 어버이와 자녀와의 친자관계, 피상속인과 상속인간의 상속관계 등의 家族關係로 나눌 수 있다.

그리하여 사법의 내용은 사인상호간의 재산관계와 가족관계를 규율하는 법이다. 재산관계를 규율하는 법을 재산법(제2편 물권과 제3편 채권)이라고 하고, 가족관계를 규율하는 법을 가족법(제4편 친족과 제5편 상속)이라고 한다. 그리고 재산법과 가족법은 각각 지배원리가 다르다. 즉 전자는 합리적·타산적인 데 반해, 후자는 숙명적·보수적이다.

(2) 民法은 私法의 「一般法」이다

(가) 法은 一般法(普通法·原則法)과 特別法으로 나눌 수 있다

一般法이란 모든 사람, 장소, 사항 등에 제한 없이 일반적으로 적용되는 法을 말하며, 特別法이란 한정된 사람, 장소, 사항에 대해서 적용되는 法을 말한다. 아래 표에서 일반법과 특별법의 구별을 들어본다.

그러나 일반법과 특별법과의 관계는 상대적인 것이다. 예컨대 상법은 민법에 대해서는 특별법이지만 어음법·수표법·보험법 등에 대해서는 일반법이 된다.

표 1-2 一般法과 特別法의 區別

	一般法	特別法
사람	모든 사람에게 적용되는 법 (예: 民法, 刑法 등)	한정된 신분이나 직업을 가진 사람에게 한하여 적용되는 법 (예: 國家公務員法, 軍刑法 등)
장소	전국에 걸쳐 적용되는 법 (예: 지방자치법 등)	일정지역에 한하여 적용되는 법 (예: 자치단체의 條例 등)
사항	일반사항을 규율의 대상으로 하는 법(예: 民法 등)	특정한 사항을 규율의 대상으로 하는 법(예: 商法 등)

(나) 民法은 私法의 一般法이다

民法은 모든 사람, 장소, 사항에 적용되는 일반사법이다. 이에 대하여 특별사법으로서 대표적인 것으로는 상법이 있는데, 이는 영리를 목적으로 활동하는 상인에 대해서만 적용된다는 점에서 일반사법인 민법과 다르다.

(다) 一般法과 特別法의 구별의 實益은 法規適用의 順位에 있다

어떤 사항이 특별법과 일반법의 양 규정에 해당하는 경우에는 먼저 특별법을 적용하고, 그에 대한 규정이 없는 경우에 한하여 일반법을 적용한다. 예컨대 상인간의 매매행위에 관하여는 먼저 商法의 매매에 관한 규정(상 67조~77조)을 적용하고, 규정이 없는 경우에 한하여 民法의 매매에 관한 규정(563조~595조)을 보충적으로 적용한다.

이와 같이 일반법과 특별법의 구별의 실익은 법규적용의 순위에 있지만 사회의 변화에 따라 특별법이 점점 증가하고 있어 그로 인하여 일반법은 특별법에 그 터전을 빼앗기고 있는 경향에 있다.

(3) 民法은 「實體法」이다

法은 法規의 내용을 표준으로 하여 實體法과 節次法으로 나눌 수 있는데 민법은 실체법에 속한다. 실체법은 권리와 의무의 내용을 정한 법이며, 절차법은 실체법상의 권리를 행사하거나 의무를 이행하는 절차를 정한 법을 말한다. 예컨대 돈을 빌린 사람은 그 돈을 갚을 의무가 있다고 하는 민법규정은 실체법이며 돈을 갚지 않을 때 강제로 받아내는 절차를 정한 민사소송법은 절차법이다.

實體法과 節次法은 상호 밀접한 관계에 있다. 실체법에서 권리와 의무를 규정하고 있다 하더라도 권리를 실행하고 의무를 이행하는 절차법이 없다면 실체법은 유명무실한 것이 되고 만다. 예컨대 어떤 분쟁이 발생하였다고 하면 절차법에 의하여 실체법의 내용을 현실화함으로써 법의 목적을 달성하게 된다. 그러므로 節次法이 있어야만 實體法은 그 실효를 거둘 수 있는 것이다.

2. 形式的 意味의 民法

민법이라는 형식적으로 존재하는 成文法을 「民法典」이라고 하며 이를 실질적 의미의 민법과 구별하여 형식적 의미의 민법이라고 한다. 民法典은 19세기 초부터 不文法國家인 英美法系를 제외한 大陸法系의 국가에 있어서 서로 앞다투어 法을 成文化하였다. 그 대표적인 民法典으로는 1804년 프랑스의 나폴레옹법전, 1896년 독일민법전(BGB), 1896년 일본민법전(친족·상속편은 1897년), 1907년 스위스민법전 등이 있다. 우리나라는 일제하에서는 대륙법계를 취하고 있는 일본민법전을 依用하여 오다가, 우리나라 민법전으로서 1958년 2월 22일 법률 제471호로 제정되고, 1960년 1월 1일 시행되었다.

민법전은 실질적 의의의 민법을 대부분 포함하고 있지만 그 전부를 망라한 것은 아니다. 즉 민법전 외에도 특별민법으로서 집합건물의 소유 및 관리에 관한 법률, 주택임대차보호법, 상가건물임대차보호법, 가등기담보 등에 관한 법률, 부동산등기법, 공장저당법, 호적법, 입목에 관한 법률, 신원보증법, 유실물법, 공탁법 등의 규정 가운데에도 많은 실질적인 의미의 민법이 존재한다. 또 민법전이 담고 있는 규정이 모두 실질적인 의미의 민법인 것은 아니다. 그 중에는 법인의 이사·감사·청산인 등에 대한 罰則規定(97조)이나, 채권의 강제집행의 방법(389조)인 節次法規도 있다.

【2】 民法의 法源이란 무엇인가

1. 法源의 意義

法의 淵源을 짧게 줄여서 법원이라고 하는데, 이는 여러 가지의 뜻으로 사용되고 있다. 그러나 민법의 法源이란 일반적으로는 법관이 일반사법관계의 분쟁을 재판할 때에 당연히 준거하여야 할 민법의 형식(인식재료)을 말한다.

2. 法源에 관한 立法主義

법원에는 成文法이 있고, 不文法이 있다. 한 나라의 법이 주로 법전 등 成文으로 되어 있는 나라를 成文法主義 國家라 하며, 독일·프랑스·스위스·일본 등 대륙법계 국가가 이에 속한다. 이에 대하여 판례법·관습법·조리 등 주로 不文으로 되어 있는 나라를 不文法主義 國家라고 하며, 영국·미국 등 영미법계 국가가 이에 해당된다.

이 두 주의의 각 특색은 成文法主義를 취하고 있는 나라에 있어서는 법의 존재형식이 주로 성문으로 되어 있고 불문법은 보충적·제2차적 효력을 갖는데 반하여, 不文法主義를 취하고 있는 나라에 있어서는 법의 존재형식이 주로 불문으로 되어 있고 성문법은 불문법이 존재하지 아니 할 때 보충적인 역할을 하는 데 있다. 성문법주의와 불문법주의의 장·단점은 아래 표와 같다.

표 1-3 成文法主義와 不文法主義의 長短點

事 項	成文法主義	장·단점	不文法主義	장·단점
법의 통일정비	용이하다	장점	곤란하다	단점
법의 명확화	용이하다	장점	곤란하다	단점
법의 硬化	경화되기 쉽다	단점	경화되지 않는다	장점
사회변천에 대한 적응성	적응이 어렵다	단점	적응이 쉽다	장점

3. 우리 民法의 法源

우리 民法은 제1조에서 「民事에 관하여 法律에 규정이 없으면 慣習法에 의하고, 慣習法이 없으면 條理에 의한다」라고 규정하여 成文法主義를 취하고 있다. 이를 성문민법과 불문민법으로 나누어 살펴보면 다음과 같다.

(1) 成文民法

民法은 제1조에는 「民事에 관하여 法律에 …」라고 하고 있다. 여기에서 法

律은 국회를 통과한 성문민법에 限한 것으로 표시하고 있으나, 동조의 입법취지로 보아 그 외의 모든 성문법 내지 제정법도 포함한 것으로 보아야 한다. 그러므로 법원으로서 성문민법이란 법률, 명령, 대법원규칙, 조약, 자치법규 등을 들 수 있다.

(가) 法　律

① **民法典**　　민법의 법원 중에 가장 중요한 것은 民法典이다. 民法典에는 민사법규의 대부분을 포함하고는 있지만 그 중에는 벌칙에 관한 규정도 있고, 절차에 관한 규정도 있다. 우리 민법전은 1958년 2월 22일 법률 제471호로 공포되고, 1960년 1월 1일 시행되었다.

② **特別民法**　　민법전이 민사법규의 대부분을 포함하고는 있지만, 사회의 변천에 따라 새로운 민사에 관한 特別法이 요청되기 마련이다. 그리하여 사회 현실의 변화에 따라 많은 특별민사법이 제정되고 있다. 그 중요한 것들을 들면 첫째로 민법의 규정을 수정 또는 보안하는 법률로서는 공익법인의 설립운영에 관한 법률, 集合建物의 소유 및 관리에 관한 법률, 立木에 관한 법률, 외국인토지법, 신탁법, 주택임대차보호법, 국가배상법, 자동차손해배상보장법, 공장저당법, 광업재단저당법, 자동차저당법, 製造物責任法, 가등기담보등에 관한 법률, 신원보증법 등이 있다. 둘째로 민사에 관한 절차법 중에 실체적 법규를 포함하는 것으로는 부동산등기법, 지적법, 호적법, 주민등록법, 가사심판법, 비송사건절차법, 민사소송법 등이 있다. 셋째로 행정법적 내지 사회법적 법률에 민사법규를 포함하는 것으로는 농지법, 귀속재산처리법, 국토이용관리법, 광업법, 수산업법, 도로법, 농업협동조합법, 근로기준법, 특허법, 산림법 등을 들 수 있다.

(나) 命　令

대통령긴급명령(헌 76조), 대통령령(헌 75조), 총리령 및 부령(헌 95조) 등의 명령도 민사에 관하여 규정한 것은 민법의 법원이 된다.

(다) 大法院規則

대법원규칙 중 민법의 법원이 되는 주요한 것으로는 부동산등기법시행규칙, 부동산등기특별조치법에 따른 대법원규칙, 입목등기처리규칙, 공탁금이자에 관한 규칙, 공탁사무처리규칙, 가사소송규칙 등이다.

(라) 條 約

헌법에 의하여 체결·공포된 조약과 일반적으로 승인된 국제법규는 국내법과 동일한 효력을 가지므로(헌 5조), 이들에 민사에 관한 것인 경우에는 민법의 법원이 된다.

(마) 自治法規

지방자치단체가 제정한 조례·규칙 속에 민사에 관한 것이 있으면 역시 민법의 법원이 된다.

(2) 不文民法

민법 제1조에 「…법률에 규정이 없으면 관습법에 의하고 관습법이 없으면 조리에 의한다」라고 하여 불문민법의 법원으로 관습법과 조리 등을 인정하고 있다. 그러나 판례에 관해서는 언급을 하고 있지 않아 법원으로 인정할 수 있는가의 문제가 있다. 이를 순차로 살펴보면 다음과 같다.

(가) 慣習法

① 慣習法의 意義 慣習法이란 사회에서 자연적으로 발생한 하나의 慣行이 단순한 도덕규범으로서 지켜질 뿐만 아니라, 사회 사람들로 하여금 이것은 법과 다름이 없다는 확신 내지 의식을 갖게 된 상태에 있는 규범을 말한다. 우리나라에서 인정되고 있는 관습법의 예로는 분묘기지권·관습법상의 법정지상권·수목의 집단이나 분리되지 않는 과실의 소유권이전에 관한 明認方法·動産의 讓渡擔保·事實婚 등을 들 수 있다.

② 慣習法의 要件 관습법이 성립되기 위해서는 몇 가지 요건이 갖추어져야 한다. 첫째로 慣行이 존재하여야 한다. 관행이란 어떤 사항에 관하여 상당한 세월에 걸쳐 같은 행위가 계속 반복되어 그 사항에 관하여는 일반적으로 같은 행위가 행하여진다고 인정되는 상태를 말한다. 둘째로 慣行이 社會秩序에 反하지 않아야 한다. 법은 사회질서의 유지를 목적으로 하므로 법으로서

의 관습법도 이에 따라야 함은 당연하다. 셋째로 하나의 관행이 사회 사람들로 하여금 法的 確信, 즉 法과 다름이 없다는 의식을 갖게 되어야 한다. 만약 이와 같은 의식화가 되어 있지 않는 慣行이라면 이는「事實인 慣習」인 것이고 관습법은 아니다. 사실인 관습은 도덕적, 예의적인 사회규범에 불과하며 이는 민법 제106조에 의한 意思表示의 해석의 자료에 불과한 것이다. 그러나 관습법은 이와는 달라 민법 제1조에 의한 일종의 법원으로서 인정되며 이에 위반된 판결은 법률위반으로써 上告理由가 된다.

③ **慣習法의 成立時期**　　慣習法이 성립되기 위해서는 위에서 언급한 요건이 갖추어져야 하지만 어떤 경우에 이와 같은 요건이 갖추어졌다고 볼 수 있는가. 즉, 慣習法의 成立時期가 문제된다.

國家權力이 확립되기 전인 고대나 중세에 있어서는 사회규범으로서의 관습이 행해짐으로써 법이 성립되었다고 볼 수 있었지만, 국가권력이 확립된 근대에 와서는 국가에서 묵시적으로나 명시적으로 하나의 관습을 법으로서의 효력을 인정하지 않는 한 법이라고 볼 수 없다. 그러므로 慣習法의 성립시기는 관습이 국가가 인정하는 규범으로서 성립한 때이다. 구체적으로는 국가기관인 法院에서 재판을 통하여 관습법으로 존재가 인정된 때, 그 관습이 法的 確信이 있었을 때에 소급하여 관습법이 존재한 것으로 본다.

④ **慣習法의 效力**　　慣習法의 效力에 있어서 문제가 되는 것은 관습법이 성문법에 대하여 보충적 효력이 있느냐, 대등한(개폐적) 효력이 있느냐이다.

성문법과 관련하여 관습법이 존재하는 경우로는 첫째로 관습법이 존재하고 있을 뿐, 성문법에는 아무런 규정이 없는 경우가 있다. 이 경우는 민법 제1조의 규정에 의하여 관습법은 성문법에 대한 보충적 효력이 있다고 보는 데에 의심의 여지가 없다. 둘째로 성문법규정과 다른 내용의 관습법이 있지만, 법률에서 성문법보다 관습법을 우선하여 적용한다고 규정하고 있는 경우가 있다. 예컨대 민법 제237조 1항에서「隣接하여 토지를 소유한 자는 공동비용으로 통상의 境界標나 담을 설치할 수 있다」라고 규정하고, 동조 3항에서「다른 관습이 있으면 그 관습에 의한다」고 규정하고 있는 경우가 그 예이다(같은 취지의 규정으로 제229조 3항, 제234조 등). 이 경우에는 관습법은 성문법에 우선하여 적용됨은 당연하다. 셋째로 성문법과 다른 내용의 관습법이 존재하고 있지만, 어느 것을 우선하여 적용할 것이냐에 관하여 아무런 규정을 두고 있지 않는 경우가 있다. 관습법의 효력에 있어서 특히 문제가 되는 것은 바로 이 경우이다. 즉, 이 경우 관습법이 성문법에 대하여 보충적 효력을 갖느냐 대등한(개폐적) 효력을 갖느냐가 문제된다.

이와 같은 경우 관습법과 성문법 간의 효력의 우열에 관해서 시대와 사회에 따라 반드시 같지는 않았다. 古代와 中世에는 관습법은 중요한 法源이었다. 그러나 18세기에 와서 당시의 지배적인 법사상이었던 自然法論의 대두로, 때와 곳을 초월하는 萬古不變의 法의 존재를 인정하고 이를 성문화하여야 한다는 成文法萬能主義의 시대에는 관습법의 효력을 부인하는 것이 지배적인 태도였다. 그 후 19세기에 들어와서 법은 영구불변한 것이 아니고 역사적 변천에 따라 변화한다는 歷史法學派가 일어나 자연법학파를 누르고 성문법만능주의의 사상을 부정하였다. 이 영향으로 19세기 말 독일민법전을 제정할 당시 관습법의 효력에 관하여 많은 논쟁이 있었으나 이를 성문법전에 명기하지 않고 학설에 맡기기로 하였다. 그 후 20세기 초에 제정된 스위스민법전에서 비로소 관습법은 성문법에 대하여 보충적 효력이 있다고 명문화하였다. 그런데 최근에 와서는 관습법의 지위를 더욱 중시하여 보충적 효력이 있는 데 그치지 않고 관습법도 성문법과 대등한 효력이 있을 뿐만 아니라 성문법을 개폐할 수도 있다는 주장이 강하게 대두되고 있다.

우리나라 民法은 제1조에서 「民事에 관하여 法律에 규정이 없으면 慣習法에 의하고…」라고 규정하고 있어 관습법은 성문법에 규정이 없는 경우에 한하여 補充的 效力이 있음을 밝히고 있다.

생각건대 성문법이 사회생활의 진전에 추종할 수 없을 때에는 사회의 수요에 응하여 자연히 발생하는 관습법의 성립을 금지규정으로 저지하는 것이 사실상 불가능한 것이다. 관습법의 실제의 경우를 보아도 그러하다. 예컨대 성문법상 樹木의 集團이나 분리하지 않는 果實은 토지의 구성부분으로 인정하고 있는데도 明認方法이라는 관습법상의 公示方法을 갖추게 되면 토지와 독립된 물건으로 인정되는 것은 관습법이 성문법을 개폐하고 있는 것이다. 그러므로 관습법은 성문법에 규정이 없는 경우에는 보충적 효력이 있다고 보아야 하지만, 경우에 따라서는 관습법은 성문법을 개폐할 수 있는 효력도 갖고 있다고 보아야 한다.

(나) 條 理

① 條理의 意義 條理라 함은 事物의 本質的 法則 또는 道理를 말하며, 사람의 이성에 의하여 생각되는 규범이다. 사람이 사회생활을 함에 있어서 어떤 억울한 일을 당했을 때 "세상에 이런 법이 있습니까"라는 말을 더러 듣는다. 이는 바로 조리를 뜻하는 말이다. 또 판결문에서는 흔히 조리를 사회적 통념·사회적 타당·신의성실·사회질서·형평·정의·理性法에 있어서의 체계적 조화·법의 일반원칙 등으로 표현한다.

② 條理와 法과의 관계 條理가 法과 관련된 경우로는 두 가지가 있다. 그 하나는 실정법 또는 계약내용의 해석의 기준이 되는 경우가 있고, 다른 하나는 法官이 재판함에 있어서 법률과 관습법이 없을 때 조리가 재판의 기준이 되는 경우가 있다. 전자는 법률 또는 계약 내용의 해석상의 문제이고, 후자는 여기서 논할 법원성의 문제이다.

③ 條理의 法源性 條理가 法源이 될 수 있느냐에 관해서는 學說은 대립하고 있다. 肯定說은 민법 제1조의 명문규정을 근거로 하여 조리는 법원이 될 수 있다고 주장한다(통설). 이에 반하여 否定說은 조리를 재판의 준칙으로 인정하는 것은 그것이 법이기 때문이 아니라 성문법주의 아래에서 법이 존재하지 않는 경우에 법관은 법이 없다고 하여 재판을 거부할 수 없으므로 조리는 법원이 아니지만 법원에 준하여 적용하는 것이라고 한다.

생각건대 어떤 구체적인 사건을 재판할 때 그에 적용할 법이 없는 경우 刑事事件인 경우에는 "행위시에 법률이 없으면 범죄도 없고 형벌도 없다"는 罪刑法定主義에 의하여 無罪를 선고하여야 하지만, 民事事件인 경우에는 법률이나 관습법이 없다 하더라도 반드시 原·被告에게 가부 판단을 하여야 한다. 그런데 아무리 성문법에 상세한 규정을 두고 있다 하더라도 복잡 다양하고 부단히 변화하는 사회 현실을 규율하는 법규를 망라할 수는 없는 것이다. 그리고 관습법 역시 어떠한 상황이 사회 사람들로 하여금 오랫동안 계속 반복되어 법적 확신을 갖게 될 때 성립되는 것이므로 사회적으로 실제로 존재하는 관습법이란 그리 흔한 것은 아니다. 그리하여 구체적인 사건을 재판할 때 그에 적용되는 법률이나 관습법이 없을 경우, 불가불 조리가 법원으로서의 기능을 하지 않을 수 없다. 그러므로 위와 같은 조리의 법원으로서의 실제적인 기능과 민법 제1조의 「민사에 관하여 법률에 규정이 없으면 관습법에 의하고 관습법이 없으면 조리에 의한다」라는 명문 규정에 따라 조리는 마땅히 法源性이 있다고 보아야 한다. 그리고 법원으로서의 인정은 법률과 관습법이 없는 경우에 한한다.

(다) 判例의 法源性

① 判例의 意義 判例란 구체적인 사건을 재판할 때 그 판결에서 밝혀진 법이론에 의해서 정립된 법칙을 말한다. 예컨대 民法 제2조 2항에 「權利는 濫用하지 못한다」라고 규정하고 있는데 구체적으로는 어떠한 경우가 이에 해당하느냐에 관해서, 대법원에서는 「권리의 행사가 권리의 남용에 해당한다고 할 수 있으려면 주관적으로 그 권리행사의 목적이 오직 상대방에게 고통을 주고 손해를 입히려는 데 있을 뿐, 행사하는 사람에게 아무런 이익이 없을 경우이어야 하고, 객관적으로는 그 권리행사가 사회질서에 위반된다고 볼 수 있어야 한다」고 판시하고 있는데(대판 1988. 6. 28, 87다카2699), 이처럼 어떤 권리행사가 權利濫用이 되기 위해서는 권리행사자가 주관적으로는 상대방을 해할 목적이 있어야 하고, 객관적으로는 그 權利行使가 社會秩序에 반하여야 한다는 법적 판단의 선례가 바로 판례인 것이다. 이와 같은 판례에서 특히 중요시되는 것은 상급법원인 대법원의 판결이다.

② 判例의 法源性에 관한 立法例 判例가 法源이 될 수 있느냐에 관해서는 불문법주의를 취하고 있는 영미법계에 있어서는 상급법원의 판결은 다른 유사한 사건에 대하여 하급법원을 구속하는 까닭에 판례를 중요한 법원으로 인정하고 있다. 그러나 성문법주의를 취하고 있는 대륙법계의 나라에서는 상급법원의 판례가 「당해 사건」이외에는 拘束力이 없으므로 판례의 법원성을 인정하지 않는다.

③ 우리나라 判例의 法源性의 問題 우리나라는 대륙법계의 성문법주의를 취하고 있으면서도 判例의 法源性에 관하여서는 積極說과 消極說이 대립하고 있다. 積極說에 의하면 법원에서 판시한 법률의 해석 적용에 관한 의견을 변경할 필요가 있을 때에는 대법원 전원의 3분의 2 이상의 합의체(법원조직 7조 1항 3호)에서 하여야 하기 때문에 쉽사리 변경되지 않으며, 한 번 내린 판결의 선례는 사실상 그에 따르기 마련이라는 점을 든다. 이에 반하여 消極說은 법원조직법 제8조를 들어 상급법원의 재판에 있어서의 판단은 오직 당

해 사건에 관하여 하급심을 구속하기 때문에 판례의 법원성을 인정할 수 없다는 것이다.

생각건대 慣習法이나 條理는 재판을 통해서만 인정되는 것이므로 그 재판의 내용이 관습법이나 조리에 해당되는 경우에는 관습법이나 조리로서 당연히 법원성이 인정되지만, 판례의 내용이 관습법이나 조리에 해당되지 않는 경우에는 그 판례의 법원성이 문제된다. 결론을 앞세운다면 이와 같은 판례는 우리나라의 현행 법제 아래에서는 법원성이 없다고 보아야 한다. 왜냐하면 첫째로 法源에 관하여 규정하고 있는 민법 제1조에 판례에 관하여는 명시한 바 없고, 둘째로 법원조직법 제8조에 의하면 상급법원의 재판에 있어서의 판단은 當該 事件에 한하여 하급심을 구속한다고 하고 있을 뿐, 사건이 다를 때에는 하급심을 구속하지 않기 때문이다.

그러나 상급법원 특히 대법원의 판례에 따르지 않는 하급심의 판결은 대법원에서 파기 환송되기 마련이므로 하급법원에서는 종래의 대법원 판례를 원용하는 것이 예사이다. 그러므로 대법원의 판례는 법률상으로는 법원으로 볼 수 없지만, 사실상으로는 법원과 다름없는 기능을 하고 있음을 부인할 수 없다.

【3】 民法의 沿革은 어떠한가

1. 朝鮮時代의 民法

민법의 발전과정은 東洋과 西洋에 있어서 다르다. 서양에서는 사법분야가 주로 발전하였지만, 동양에서는 이와 반대로 공법분야, 특히 형사법분야가 발전하였다. 세계적으로 유명한 로마법은 그 내용이 주로 사법분야였지만, 동양에 있어서의 대표적인 중국의 唐律은 대부분이 형사법에 관한 내용이었다.

우리나라도 중국대륙의 영향을 받아 공법에 비하여 사법은 극히 미약하였다. 조선시대에는 체계적인 민법전이 없었고, 다만 조선경국전(태조 3년), 경제대전(태조 6년), 경국대전(성종 2년), 속대전, 형법대전 등에 극히 부분적으로 민사법규가 존재하는 데 불과하였다.

2. 日帝强占期의 民法

우리나라 사법에 오랫동안 영향을 주었던 중국법과의 인연을 끊고, 서구에서 발전된 근대민법을 접하게 된 것은 1910년 韓日合邦 後, 1912년 4월 1일부터 시행을 보게 된 朝鮮民事令(1912. 3, 제령 7호)에 의해서 일본민법을 의용하게 된 때부터이다. 동 민사령에 의하면 “민사에 관한 사항은 민사령 기타의 법령에 특별한 규정이 없는 한 日本民法을 의용한다”(영 1조)고 하면서, 능력·친족·상속에 관하여는 조선의 관습에 맡겼으나, 이 역시 수차에 걸친 개정으로 일정 말기에 와서는 일본민법을 의용하게 되었다.

이와 같은 일본민법전은 처음에는 프랑스민법전을 모방하여 1890년(明治 23년)에 제정을 보게 되었는데 이는 일본의 관습을 무시한 것이어서 나라 사정에 맞지 않는다는 이유로 반대론이 있어 결국 시행을 보지 못하다가, 독일민법전 제1차 초안을 기초로 일본의 관습과 프랑스민법전을 참작하여 1898년(明治 31년) 제정·공포되고, 동년 7월 16일 시행을 보게 되었다. 이것이 현재의 일본민법전이다.

3. 解放後 民法制定前의 民法

1945년 8월 15일 일제로부터 해방되자 美軍政은 1945년 11월 2일 미군정령 21호로 “모든 법률 또는 조선총독부가 발포하고 법률적 효력이 있는 규칙·명령·고시 기타 문서로서 1945년 8월 9일 시행중인 것은 그간 이미 폐지된 것을 제외하고 미군정의 특별명령으로 폐지할 때까지 그 효력이 존속한다”라고 하여 계속해서 일본민법을 종전과 같이 의용하였다.

그 후 1948년 미군정이 종식되면서 대한민국정부가 수립되었고, 동년 7월 17일 대한민국헌법이 제정되었다. 동법 제100조에 “현행법령은 헌법에 저촉되지 아니하는 한 효력을 가진다”고 규정하여, 당시의 의용민법은 대부분 헌법에 저촉되지 않았으므로 그대로 효력을 지속하게 되었다.

4. 政府樹立後 民法典의 制定

정부는 일본민법의 의용을 조속히 배제하고, 우리 민법을 제정·시행하기 위해 1948년 9월 15일 대통령령 제4호로 「法典編纂委員會職制」를 공포하고, 그에 의해서 구성된 위원회는 재산편에 관해 112개 항목에 달한 「民法典編纂要綱」을 작성하였다. 그 후 6·25사변으로 민법초안작성이 지연되었지만, 1953년 초안을 완성하여 9월 30일 정부에 이송하였다.

정부는 이를 정부안으로 국회에 제출하여 1957년 12월에 국회를 통과하였다. 이 법률은 1958년 2월 22일 법률 제471호로 공포되어, 1960년 1월 1일부터 시행되었다. 이것이 역사적인 우리나라의 민법전의 탄생이다. 이 민법전은 제정당시에는 본문이 1,111개 조, 부칙이 28개 조였으나, 그 후 수차의 개정으로 현재는 본문이 1,118개 조로 되어 있다.

우리 민법전의 내용은 가족법편은 우리의 관습을 성문화한 것에 불과하지만, 재산법편은 독일민법·프랑스민법·영미법 등을 참고로 제정된 일본민법을 따랐다. 그러나 제정 당시의 우리 민법은 다음과 같은 몇 가지 점에서 일본민법과 차이가 있었다.

① 妻의 무능력자제도를 폐지한 점(일본 구민법 14조, 지금은 삭제됨)

② 聾者·啞者·盲者를 準禁治産者(우리 민법의 한정치산자)로 하였던 것을 우리 민법에서는 이러한 신체적 장애만으로는 무능력자로 하지 않은 점(11조 이하).

③ 법률행위로 인한 물권변동에 있어서 부동산은 登記, 동산은 引渡를 제3자에 대한 대항요건으로 하였던 것을 우리 민법에서는 이를 成立要件으로 한 점(186조, 188조 이하)

④ 공동소유형태에 있어서 공유만을 규정하였던 것을(일본민법 249조 이하) 우리 민법에서는 이를 共有·合有·總有의 세 가지 형태로 규정한 점

⑤ 과거 관습에 의해서 행해졌던 채권적 전세를 물권의 종류의 하나인 전세권으로 인정한 점(303조~311조)

⑥ 물권의 종류 중 永小作權·不動産質權·先取特權을 삭제한 점 등이다.

5. 民法典의 改正

우리 민법전은 제정 후 지금까지 9차에 걸쳐 개정되었다. 그 중 재산법편은 1회(6차 개정, 1984. 4. 10), 가족법편은 5회(1차 개정 1962. 12. 29; 5차 개정 1977. 12. 31; 7차 개정 1990. 1. 13; 8차 개정 2004. 1. 14; 9차 개정 2005. 3. 31), 그리고 부칙개정은 3회(2차 개정 1962. 12. 31; 3차 개정 1964. 12. 31; 4차 개정 1970. 1. 18) 개정되었다. 그러나 부칙개정은 법률행위로 인한 부동산 물권변동에 있어서 의사주의였던 것을 등기주의로 바꾸었기 때문에 미등기상태로 있는 부동산에 대한 등기기간의 연장에 관한 것이 2회이고, 나머지 한 차례는 확정일자청구의 경우 수수료에 관한 개정이었다. 그러므로 실질적인 개정이라고 볼 수 있는 본문개정은 6차례뿐이다.

이하에서 부칙개정을 제외하고 본문의 개정에 관한 1차, 5차, 6차, 7차, 8차, 9차 개정에 관하여 살펴보면 다음과 같다.

(1) 1차 改正(1962. 12. 29, 법 1237호)

제1차 개정은 전통적인 대가족제도를 개선하기 위해서 가족이 혼인하면 당연히 분가한다는 「法定分家制度」를 신설하였다(789조 1항).

(2) 5차 改正(1977. 12. 31, 법 3051호)

제5차 개정은 친족·상속편에 관한 것으로 1979년 1월 1일부터 시행되었다. 그 주요 내용은 다음과 같다.

① 혼인을 할 때에는 미성년자에 한하여 부모의 동의를 요하도록 한 점(808조 1항)

② 혼인에 의한 成年擬制를 신설한 점(826조의 2)

③ 夫婦의 누구에게 속한 것인지 분명하지 아니한 재산은 부부의 공유로 추정한 점(830조 2항)

④ 협의이혼의 경우 가정법원의 확인을 받도록 한 점(830조 1항)

⑤ 子에 대한 親權은 부모가 공동으로 행사하도록 한 점(909조 1항)

⑥ 공동상속인 중에 피상속인으로부터 받은 受贈財産이 상속분을 초과한

경우에는 그 초과부분은 반환하도록 한 점(1008조 단서)

⑦ 피상속인의 호적 내에 있는 여자상속인의 상속분을 남자상속인과 균등하게 한 점(1112조~1118조)

⑧ 遺留分制度를 신설한 점(789조 1항) 등이다.

(3) 6차 改正(1984. 4. 10, 법 3723호)

6차 개정은 총칙편과 재산편에 관한 것으로 1984년 9월 1일부터 시행되었다. 그 내용으로는 다음과 같다.

① 특별실종기간의 3년을 1년으로 단축하고, 항공기에 의한 실종을 특별실종에 추가한 점(27조 2항)

② 토지의 상하를 구분하여 지상권의 목적으로 할 수 있는 구분지상권을 신실한 짐(289조의 2, 290조 2항)

③ 전세권에 관하여 우선변제권을 인정하고(203조 1항), 건물전세권의 최단존속기간을 1년으로 하는 한편(312조 2항), 건물의 전세권에 대한 법정갱신을 인정한 점(312조 4항), 그리고 당사자에게 전세금증감청구권을 인정한 점 등이다(312조의 2).

(4) 7차 改正(1990. 1. 13, 법 4199호)

7차 개정은 1991년 1월 1일부터 시행된 것으로 가족법편에 관한 내폭직인 개정이었다.

① 친족의 범위를 합리적으로 조정하였다. 첫째, 부계·모계를 동일하게 8촌 이내로 하고, 인척은 4촌 이내로 하였으며(777조), 둘째, 姉妹의 직계비속과 직계존속의 자매의 직계비속을 혈족에 포함시켰으며(768조), 배우자의 일방이 사망한 경우와 생존배우자가 재혼하면 인척관계를 소멸하도록 하였다(775조 2항).

② 호주제를 개선하였다. 주요한 것으로는 첫째, 호주상속제를 호주승계제로 하였으며(980조), 둘째, 호주승계권을 포기할 수 있도록 하였고(991조), 여호주가 그의 家에 계통을 승계할 남자가 입적하더라도 호주승계가 개시되지 아니하도록 하였다(980조 4호). 셋째, 가족의 누구에게 속하는지 불분명한 재산에 대해서는 가족의 공유로 추정하는 규정을 두었다(796조 2항).

③ 법정모자관계였던 嫡母庶子·繼母子關係를 인척관계로 전환하였다.

④ 약혼해제사유를 일부 개정하였다. 첫째, 약혼사유 중 「肺病」을 삭제하는 대신 「不治의 精神病」을 삽입하였고(804조 3호), 둘째 약혼해제사유 중 「2년 이상의 생사불명」을 「1년 이상의 생사불명」으로 고쳤다(804조 6호).

⑤ 부부의 동거장소는 부부의 협의에 의하여 정하도록 하고 협의가 되지 아니할 때에는 가정법원이 정하도록 하였다(826조 2항).

⑥ 부부공동생활비용을 당사자간에 특별한 약정이 없는 한 부부가 공동부담하도록 하였다(833조).

⑦ 離婚시 자녀의 양육책임에 관한 규정을 시정하고, 면접교섭권을 신설하였다. 즉 이혼할 때에 자의 양육에 관한 사항을 부모가 협의하여 정하도록 하였고(837조 1항), 이혼 후 자를 직접 양육하지 아니하는 부모 중 일방은 면접교섭권을 가지도록 하였다(837조의 2 1항).

⑧ 이혼배우자의 財産分割請求權을 신설하였다. 첫째, 배우자의 일방은 다른 일방에 대하여 재산분할을 청구할 수 있도록 하였고(839조의 2 1항), 재산분할에 대하여 협의되지 아니할 때에는 당사자의 청구에 의하여 家庭法院에서 정하도록 하였다(839조의 2 2항).

⑨ 입양제도를 조정하였다. 첫째, 미성년자의 입양에 대하여서는 後見人이 동의함에 있어 가정법원의 허가를 얻도록 하였고(871조 단서), 둘째, 후견인이 피후견인을 양자로 하는 경우에는 가정법원의 허가를 얻도록 하였으며(872조), 셋째, 배우자 있는 자가 養子가 될 때에는 다른 일방의 동의를 얻도록 하였다(874조 2항).

⑩ 家를 위한 養子制度를 폐지하였다. 즉 가의 계승을 위한 종전의 양자제도인 死後養子制度(867조), 서양자제도(876조), 유언양자제도(880조) 및 호주의 직계비속장남자의 입양금지규정을 삭제하였다(875조).

⑪ 부모의 親權行使를 조정하였다. 첫째, 부모가 혼인 중에는 친권을 공동으로 행사하되 의견이 일치하지 않을 때에는 당사자의 청구에 의하여 가정법원이 정하도록 하였으며, 둘째, 혼인 외의 자가 인지된 경우와 부모가 이혼한 경우에는 부모의 협의로 친권을 행사할 자를 정하고 협의가 이루어지지 아니하는 경우에는 당사자의 청구에 의하여 가정법원이 정하도록 하였다(909조 4항).

⑫ 기혼자의 후견인의 순위를 조정하엿다. 즉, 기혼자가 금치산 또는 한정

치산의 선고를 받은 경우 배우자가 후견인이 되고, 배우자도 금치산 또는 한정치산의 선고를 받은 경우에는 그 선고를 받은 자의 직계혈족, 3촌 이내의 방계혈족의 순위로 후견인이 되도록 하였다(933조, 934조).

⑬ 상속제도를 합리적으로 조정하였다. 첫째, 상속인의 범위를 4촌 이내의 방계혈족으로 축소시켰고(1000조 1항), 둘째, 직계비속간 상속분의 차등을 없애고 균등하게 상속하며, 배우자의 상속분은 직계비속의 상속분에 5할을 가산하도록 하였다(1009조 1항, 2항). 셋째, 공동상속인 중에 피상속인의 재산의 유지 또는 증가에 특별히 기여한 자가 있을 때에는 상속개시 당시의 재산가액에서 공동상속인의 협의로 정한 그 자의 寄與分을 공제한 것을 상속재산으로 보도록 하였으며, 협의가 되지 않거나 협의할 수 없는 때에는 기여자의 청구에 의하여 가정법원이 기여분을 정하게 하였다(1008조의 2 1항), 넷째, 상속인 없는 재산의 청산의 경우 소정의 기간 내에 상속권을 주장하는 자가 없는 때에는 가정법원은 피상속인과 생계를 같이하고 있던 자 등 피상속인과 특별한 연고가 있던 자의 청구에 의하여 상속재산을 분여할 수 있도록 하였다(1057조의 2). 다섯째, 재산상속인이 동시에 호주상속을 할 경우에 고유의 상속분에 그 5할을 가산하도록 한 현행제도를 폐지하였다(1009조 1항 단서).

(5) 8차 개정(2002. 1. 14, 법 6591호)

8차 개정은 헌법재판소로부터 헌법불합치결정을 받은 제1026조 제2호의 상속에 있어서의 단순승인 의제조항과 위헌결정을 받은 제999조의 상속회복청구권 조항에 대한 개정으로 공포한 날부터 시행되었다. 그 주요 내용으로는 첫째, 상속회복청구권은 그 침해를 안 날부터 3년, 상속권의 침해행위가 있은 날부터 10년을 경과하면 소멸하도록 하였다(999조). 둘째, 상속인은 상속채무가 상속재산을 초과하는 사실을 중대한 과실없이 상속개시일로부터 3월의 기간내에 알지 못하고 단순승인을 한 경우에는 그 사실을 안 날부터 3월 내에 한정승인을 할 수 있도록 하였다(1019조 3항). 셋째, 憲法裁判所의 위헌결정이 있던 1998년 5월 27일부터 이 법 시행 전까지 상속개시가 있음을 안 자 중 상속채무가 상속재산을 초과하는 사실을 중대한 과실없이 상속개시일로부터 3월의 기간 내에 알지 못하다가 이 법 시행 전에 그 사실을 알고도 한정승인 신고를 하지 아니한 자는 이 법 시행일부터 3월 내에 제1019조 3항의 개정규정에 의한 한정승인을 할 수 있도록 하였다(부칙 3조).

(6) 9차 개정(2005. 3. 31, 법 7427호)

제9차 개정은 호주제의 폐지를 중심으로 한 가족법의 개정이다. 호주제 폐지론은 오래 전부터 논란이 되어 왔다. 호주제를 중심으로 한 가부장적 가족제도는 고래(古來)의 순풍양속이니 유지하자는 존치론과, 이는 "혼인과 가족생활은 個人의 尊嚴과 兩性平等을 기초로 성립되어야 한다"는 헌법정신에 위배된다는 폐지론의 대립이 있어 왔다. 그러나 여성단체들을 비롯한 헌법정신의 존중론자들의 끈질긴 개정운동으로 호주제폐지, 性과 本의 불변원칙의 개선, 일정범위의 근친혈족을 제외한 동성동본간의 혼인허용, 친양자제도 도입 등 뿌리 깊은 전통을 깬 혁명적인 가족법개정안이 2005년 3월 2일 국회를 통과하여 공포한 날부터 시행되지만, 그 중 호주제와 친양자제도는 2008년 1월 1일부터 시행된다. 개정안의 주요 내용을 살펴보면 다음과 같다.

① 호주제를 폐지하고, 그에 따른 가족구성의 조정, 호주권과 호주승계 등에 관련된 규정을 삭제하고, 家의 구성을 새롭게 규정하였다(778조, 780조, 782조 내지 796조 삭제, 779조의 내용을 개정).

② 자녀의 姓과 本은 父의 성과 본을 따르는 것을 원칙으로 하되, 혼인신고시 부모의 협의에 의하여 母의 성과 본도 따를 수 있도록 하였다(781조 1항 개정).

③ 자녀의 복리를 위하여 자녀의 성과 본을 변경할 필요가 있는 때에는 父 또는 母 등의 청구에 의하여 법원의 허가를 받아 이를 변경할 수 있도록 하였다(781조 6항 개정).

④ 동성동본금혼제도를 폐지하고 근친혼금지제도로 전환하되, 8촌 이내의 父系血族 또는 母系血族 사이에서는 혼인을 금지하는 근친혼제한의 범위를 조정하였다(809조 개정).

⑤ 父性推定의 충돌을 피할 목적으로 여성에 대하여 6월의 재혼금지기간을 두고 있는 규정을 이를 삭제하였다(811조 삭제).

⑥ 친생부인의 소는 제소권자를 夫뿐만 아니라 妻까지 확대하고, 제소기간도 친생부인사유를 안 날부터 2년 내로 연장하는 등 친생부인제도를 합리적으로 개선하였다(846조 및 847조 개정).

⑦ 현행 양자제도를 그대로 유지하면서, 양자의 복리를 더욱 증진시키기 위하여 양친과 양자를 친생자관계로 보아 종전의 친족관계를 종료시키고 양친과의 친족관계만을 인정하며 양친의 성과 본을 따르도록 하는 親養子制度를 신설하였다(908조의 2 내지 908조의 8 신설).

⑧ 부모 등 친권자가 친권을 행사함에 있어서는 자의 복리를 우선적으로 고려하여야 한다는 의무규정을 신설하였다(912조 신설).

⑨ 상당한 기간 동안 동거하면서 피상속인을 부양한 상속인도 공동상속인의 협의 또는 법원에 의하여 기여분이 인정될 수 있도록 하였다(1008조의 2 개정).

【4】 民法의 基本原理란 무엇인가

法律은 민법·형법 할 것 없이 저마다 基本原理(또는 指導原理)가 있다. 그러므로 하나의 법률을 올바르게 이해하기 위해서는 그 법률의 기본원리가 무엇인가를 알아야 한다. 우리 民法은 大陸法系를 계수하고 있기 때문에 우리 민법의 기본원리를 이해하기 위해서는 먼저 유럽대륙에서 형성되었던 근대 민법의 기본원리가 무엇이며 21세기에 와서 어떻게 수정되고 있는가를 살펴보는 것이 중요하다.

1. 近代民法의 基本原理

近代民法의 바탕은 自由와 平等이다. 封建時代의 신분계급 아래에서는 개인의 자유와 평등은 인정되지 아니하였다. 18세기에 시민혁명으로 신분적 지배 관계는 붕괴되고 모든 개인은 출생할 때부터 자유롭고 평등하다는 법사상이 확립되었다(人格平等의 原則). 이 원리의 구체화된 내용이 近代民法의 3대 原則으로서 私有財產權尊重의 原則·私的自治의 原則·過失責任의 原則이다.

(1) 私有財產權尊重의 原則

근대사회에서 개인은 봉건사회에 있어서와 같은 신분적 노예(봉건사회에 있어서 노예는 말하는 동물이라고 하여 평등과 자유를 인정하지 않았다)로부터 해방

된 대신 타인의 보호를 받지 않고 자기 자신의 책임하에 생활을 영위하게 되었다. 즉 그들이 의지할 것은 上典이 아니라 그가 가진 財産이었다.

그리하여 각 개인이 활동에 의하여 얻어진 재산은 그의 소유로 인정하고 국가나 어느 누구도 간섭할 수 없었다. 이것이 私有財産權尊重의 原則이다. 이 원칙이 보장됨으로써 각 개인은 자기 재산을 얻기 위해서 무한한 노력을 하게 되었고, 자본주의 경제는 급진적으로 발전하게 되었다.

(2) 私的自治의 原則

封建主義時代에는 노예와 같은 하층계급은 법률관계를 자기 의사에 의하여 결정할 수 없고, 오로지 上典의 명령에 따를 뿐이었다. 이후 근대사회에 와서 모든 사적 법률관계는 개인의 자유로운 의사에 의해서만 결정하게 되었고 국가나 어느 누구도 이에 간섭하지 않는다는 원칙이 확립되었다. 유명한 영국의 법학자 메인(Maine)은 이와 같은 현상을 「身分으로부터 契約으로」(from status to contract)란 말로 표현하였다. 이것이 私的自治의 原則이다. 그리고 이 원칙을 실현하는 법률적 수단은 법률행위이기 때문에 이를 法律行爲自由의 原則이라고도 한다. 그리고 법률행위 중에서 가장 일반적인 것은 계약이기 때문에 契約自由의 原則이라고도 한다.

사적자치의 원칙의 실현수단으로서의 계약자유의 원칙은 계약을 맺건 아니건, 누구와 계약을 맺건, 어떤 내용의 계약을 맺건, 어떤 방식으로 계약을 맺건, 자유라는 것이다. 이 원칙이 인정됨으로써 각 개인은 경제활동에 있어서 창의력을 충분히 발휘할 수 있게 되었고, 그 결과 자본주의 사회의 비약적인 발전의 원동력이 되었다.

(3) 過失責任의 原則

개인이 다른 사람에게 입힌 손해에 대해서는 "過失이 없으면 責任도 없다"라고 하여 그 행위가 위법할 뿐만 아니라 고의 또는 과실이 있는 경우에 한하여 책임을 진다는 원칙이다. 이를 자기책임의 원칙이라고 한다. 일반적으로 기업활동에 있어서는 다른 사람에게 손해를 입힌 경우가 적지 않으나 모든 손해에 대해서 배상책임을 지게 된다면 각인의 기업활동은 위축되고 기업의 채산은 불가능하게 된다. 그리하여 過失責任의 原則은 위법하고 過失(故意를 포함)

이 있는 경우에 한하여 책임을 지도록 하기 때문에 특별한 注意만 하게 되면 타인에 손해를 입혔다 하더라도 배상책임이 없게 되므로 자유로운 기업활동을 할 수 있게 된다. 근대사회에서 기업이 크게 발전할 수 있게 된 것도 이 원칙에 힘입은 바 크다.

2. 近代民法의 基本原理의 矛盾

近代民法은 위에서 말한 바와 같이 봉건시대의 신분제도를 타파하고 각 개인에게 평등한 인격(권리의 주체)을 인정하고, 개개인에 대한 자유활동을 보장하여 창의력을 최대한 발휘케 하며, 사유재산권을 존중할 뿐만 아니라 타인에게 손해를 입혔다 하더라도 과실이 없으면 책임을 지지 않는다는 근대 민법의 3대 原則을 指導原理로 삼았다. 그로 인하여 자본주의 경제는 급진적으로 발전을 하였다.

그러나 19세기 말에 와서 貧富의 隔差가 극심하게 되어 가진 자와 가지지 못한 자의 신분계급이 아닌 새로운 계층이 형성되었고, 勞使間의 對立이 격화되는 등 자본주의의 모순이 있게 되었다. 그리하여 구체적인 인간은 실질적으로는 자유·평등이 아니라는 것이 명백해졌다. 즉, 계약자유의 원칙은 경제적 강자에 의한 강제수단으로, 사유재산권존중의 원칙은 그 소유물이 이용자에 대한 지배의 도구로 이용되었다. 그리고 과실책임의 원칙은 기술의 고노화에 따른 대규모적인 재해가 있음에도 과실이 없다는 이유로 일반다중은 그 희생의 제물이 되었다. 이리하여 법률상 평등하다는 것은 실제로는 허구한 것이 되고 말았다. 이와 같이 근대민법의 기본원리하에 有產市民이 無產市民을 합법적으로 구속하고 지배하는 모순현상이 일어났다.

그리하여 20세기 초에 와서 이와 같은 사회적 모순을 시정하기 위해서 세계의 모든 국가들은 두 政治體制로 분단되었다. 그 하나는 구 소련이 중심이 되어 資本主義 政治體制를 무너뜨리고 사유재산제를 부인하는 共產主義 내지 社會主義 國家로 등장하게 되었고, 다른 하나는 미국을 중심으로 하여 기존 정치체제인 자본주의체제를 유지하면서 그 모순 현상을 수정 또는 보안하는 국가체제로 나타났다. 여기서 근대민법의 3대 원칙의 수정과 제한에 관한 논의는 자본주의체제하에서의 문제이다.

3. 近代民法의 基本原理의 修正

近代民法의 3대 原則의 실현에 의한 모순이 발생한 이유는 근대민법의 입법자들이 봉건주의의 신분계급을 타파하고, 모든 사람이 자유와 평등을 갖게 되면 행복할 것이라는 추상적 인격자(person)만을 생각하였을 뿐, 구체적인 인간(mensch)은 그 능력에 있어서 천차만별이라는 사실을 생각하지 못한 데에 있었다. 그리하여 20세기에 와서 구체적인 인간에게 실질적인 자유와 평등을 보장하여 「人間다운 生存」을 유지할 수 있도록 근대민법의 3대 원칙을 수정하지 아니하면 안 되게 되었다.

(1) 私有財産權尊重의 原則의 修正

20세기에 와서 지나친 사유재산권존중의 원칙을 제한 내지 수정하여, 사회성·공공성을 인정하게 되었다. 제1차 세계대전 후(1919년) 독일 바이마르(Weimar)헌법 제153조 3항에서 「所有權은 義務를 負擔하며 그 行使는 公共의 利益에 좇아야 한다」고 규정한 것이나, 一群의 학자들이 소유권은 사회로부터 개인에게 신탁한 것이라고 한 것은 이 사상을 표현한 것이다.

그리하여 근대민법의 사유재산권존중의 원칙은 현대에 와서는 절대적인 것이 아니고 공공복리를 위해서 제한할 수 있는 원리로 전환되었다.

(2) 私的自治의 原則의 修正

近代民法의 私的自治의 原則, 특히 계약자유의 원칙은 당사자가 경제적 실력이 대등한 경우에 타당한 것이고, 경제적 실력에 현저한 차이가 있는 경우에는 계약의 자유는 경제적 강자의 일방적 의사 실현을 위한 이용수단에 불과하였다. 그리하여 경제적 약자의 인간다운 생활을 보장하기 위해서 계약자유를 제한하는 強行規定이 증가하게 되었고, 때로는 계약체결을 강제하거나, 계약내용을 개조하거나, 공정성을 잃은 계약의 효력을 부인하는 등 여러 가지 규제를 하게 되었다.

(3) 過失責任의 原則의 修正

일반적으로 企業은 타인에게 손해를 줄 위험이 있기 마련이다. 그런데도 기업자는 기업에서 많은 이익을 얻고 있으면서 자기에게 故意나 過失이 없다 하여 그에 발생한 손해에 대하여 배상을 면하게 된다면, 손해분담의 공평을 잃게 된다. 그리하여 현대사회에 와서는 공해 등 사회적으로 특별한 경우에는 입법에 의하여 기업자에게 무과실책임을 인정하는 경우가 있고, 過失責任의 原則하에 있어서도 해석을 통하여 立證責任의 轉換의 이론에 의하여 無過失責任을 인정하는 경우와 같은 결과를 얻게 하고 있다.

4. 우리 民法의 基本原理

위에서 일찍이 서구에서 발전된 근대민법의 기본원리가 현대에 와서 어떻게 수정되었는가를 알아보았다. 우리 민법 역시 서구에서 발전된 근대민법의 기본원리를 기반으로 하면서 공공복리를 위하여 수정된 원리를 취하고 있다.

(1) 우리 憲法의 理念

우리 憲法은 前文에서 「정치·경제·사회·문화의 모든 영역에 있어서 각인의 기회를 균등히 하고, 능력을 최고도로 발휘하게 하며, 자유와 권리에 따르는 책임과 의무를 완수하게 하여…」라고 하여 우리나라는 自由民主主義에 입각하고 있음을 밝히고 있다. 그리고 本文에서 모든 국민은 인간으로서의 존엄과 가치를 가지며(헌 10조), 법 앞에 평등하고(헌 11조), 기본권을 보장한다(헌 10조~37조)고 규정하여 봉건시대에 있어서와 같은 신분계급을 부인하고, 모든 국민은 자유를 가지며 평등한 인격자임을 기본으로 하고 있다. 따라서 이를 기반으로 하여 모든 국민의 재산권은 보장하며(헌 23조 1항), 개인의 기업의 경제상의 자유와 창의를 존중한다라고 규정하여(헌 119조 1항), 근대민법의 3대 원칙을 취하고 있음을 밝히고 있다.

그러나 한편으로 이 원칙은 절대적인 것이 아니라 재산권을 행사할 때에는 公共의 福利에 적합하도록 하여야 하고, 공공의 필요가 있을 때에는 재산권을 수용·사용 또는 제한할 수 있고(헌 23조), 국민의 자유와 권리는 국가안전보장, 질서유지 또는 공공복리를 위하여 필요한 경우에는 제한할 수 있도록 하였다(헌 37조 1항). 이와 같이 우리 헌법은 한편으로는 近代民法의 基本原理를 취하고 있으면서 다른 한편으로는 公共福利를 위해서 제한할 수 있음을 이념으로 하고 있다.

(2) 우리 民法의 基本原理

(가) 財産法의 基本原則

① 3대 原則과 制限 우리 民法은 위와 같은 헌법정신에 입각하여 사람은 생존하는 동안 權利와 義務의 主體가 된다(3조)라고 하여 모든 사람은 출생할 때부터 자유·평등함을 이념으로 하였고, 이를 기반으로 하여 사유재산권존중의 원칙, 사적자치의 원칙·과실책임의 원칙을 취하면서, 공공복리를 위해서 수정 내지 제한을 할 수 있음을 기본으로 하고 있다.

ⓐ 私有財産權尊重의 原則과 制限 위에서 말한 바와 같이 「모든 국민의 재산권은 보장한다」(헌 23조 1항)라는 헌법상의 이념에 따라 우리 민법은 제211조에서 「소유자는 법률의 범위 내에서 그 소유물을 사용·수익·처분할 권리가 있다」라고 규정하여 사유재산권존중의 원칙을 취하고 있음을 밝히고 있다. 그러나 이 원칙은 절대적인 것이 아니고 헌법 제23조 제2항에서 재산권행사의 공공복리성을 규정하고, 민법 제2조에서 「권리의 행사와 의무의 이행은 신의에 좇아 성실히 하여야 한다. 권리는 남용하지 못한다」라는 신의성실의 원칙과 권리남용금지의 원칙의 규정과, 민법 제216조 이하에서 소유권 행사의 의무성에 관한 상린관계의 규정을 둠으로써, 공공복리를 위하여 필요할 때에는 소유권의 내용과 행사를 제한할 수 있음을 밝히고 있다.

ⓑ 私的自治의 原則과 制限 우리나라 헌법은 자유경제체제를 기본으로 하고 있으므로(헌 119조 1항), 민법상 특별한 규정이 없다 하더라도 사적자치의 원칙이 인정되고 있음은 당연하다. 민법 제105조에는 간접적으로 이를 승인하고 있다. 그리고 민법 제103조 이하의 규정과 채권편의 여러 계약에 관한 규정(527조~733조)은 모두 이 원칙을 전제로 하는 것으로 해석된다. 그러나 이 원칙 역시 절대적인 것이 아니고 사회질서(103조), 공공의 이익을 위한 각종의 강행규정, 거래안정 등을 위해서 제약을 받는다.

ⓒ 過失責任의 原則과 制限 우리 민법은 자기의 고의 또는 과실로 인한 경우에 한하여 책임을 지고 그 외의 경우에는 책임을 지지 않는다는 원칙(750조), 즉 과실책임의 원칙을 규정하고 있다. 그러나 이 원칙 역시 공공복리를 위해서 예외적으로 제한된 범위 내에서 무과실책임을 인정하고 있으며(756조, 758조), 특별법으로 많은 무과실책임을 인정하고 있다. 그리고 법률의 해석적용에 있어서도 입증책임의 전환 이론에 의해서 무과실책임을 인정하는 경우가 많다.

② 우리 민법의 3대 原則과 公共福利의 原則間의 優劣과 制限의 限界

우리 민법에 있어서 근대민법의 3대 원칙과 공공복리의 원칙 중 어느 것이 上位原則이냐에 관해서 어떤 학자는 우리 민법은 공공복리의 원칙을 최고원리로 하여, 그 행동원리로서 信義誠實·權利濫用의 禁止·社會秩序·去來安全의 여러 기본원칙이 있고, 다시 그 밑에 사유재산권존중·사적자치·과실책임이라는 이른바 근대민법의 3대 원칙이 존재한다고 한다. 이와 같이 근대민법의 3대 원칙을 마치 공공복리라는 최고원리의 밑에 있는 예외적인 원칙이라고 하나, 이는 우리 민법의 자유민주주의적 기본질서에 반한 것이다. 우리 民法은 어디까지나 근대민법의 3대 원칙이 기본원칙인 것이고 신의성실·권리남용의 금지·사회질서·거래안전 등 공공복리는 예외적으로 적용하여야 할 제한규정인 것이다.

그리고 공공복리를 위한 3대 원칙의 제한도 국가안전보장·사회질서유지 또는 공공복리를 위하여 필요한 경우에 한하여 법률로써 제한할 수 있되, 제한하는 경우에도 자유와 권리의 본질적인 내용을 침해하지 않는 범위 내에서 허용된다(헌 37조 2항).

(나) 家族法의 基本原則

우리나라 家族法에 있어서도 헌법 제36조 1항에 「혼인과 가족생활은 개인의 존엄과 양성의 평등을 기초로 성립하고 유지되어야 하며, 국가는 이를 보호한다」라고 하여 개인의 존엄과 평등, 그리고 남녀의 평등을 家族法의 基本原則으로 하고 있음을 선언하고 있다.

그런데도 민법 제정 당시의 가족법은 종래의 전통사상인 家父長制에 바탕을 두고 있어 남성우위의 가족법을 면치 못하고 있었다. 그리하여 헌법에서 요구하고 있는 가족법의 기본원리를 실현하기 위해서, 국민들 특히 여성단체들의 꾸준한 가족법개정운동으로 1962년부터 5차에 걸친(1962년, 1977년, 1990년, 2002년, 2005년) 개정으로 부부평등·남녀평등을 기초로 한 憲法精神에 부합되도록 하였다.

【5】 民法의 解釋은 어떻게 하는가

1. 民法의 適用과 解釋의 意義

민법의 적용이란 구체적인 사실에 그에 적합한 법규를 맞추어 법적 판단을 하는 것을 말한다. 예컨대 A가 운전미숙으로 B에게 상처를 가하여 손해를 입혔다고 가정할 때, 당사자간에 합의가 이루어지지 않는 경우에는 B는 A를 상대로 법원에 손해배상청구를 하게 된다. 이때 법원에서는 증거에 의하여 事實을 認定하고, 그 사실에 대하여 불법행위에 관한 민법 제750조의 규정에 의하여 A는 B에게 손해배상의 책임이 있다고 판시하게 된다. 이것이 민법의 적용이다.

그런데 구체적인 사건에 법규를 적용하려면 그 사건에 적합한 법규를 찾아서 그의 의의와 내용을 밝히는 것이 필요하다. 이를 법규의 해석이라고 한다. 더구나 성문법규는 구체적인 사건과는 관계없이 추상적·일반적으로 제정된 것이어서 이를 구체적인 사건에 적용하려면 의외에도 불분명하거나 모순된 점이 적지 않다. 여기에서 법규해석의 필요성이 있다.

각종 법규의 해석은 성문으로 되어 있는 민법규정은 물론 불문으로 되어 있는 관습법이나 판례법도 그의 해석이 필요하다. 관습법의 내용을 확인하고, 그의 법적 확신의 유무를 판단한 것이 관습법의 해석이며, 개개의 판결에 내재하는 합리성을 추상하여 일반적인 법규범을 구성하는 것이 판례법의 해석이다. 그러나 성문법주의를 취하고 있는 우리나라와 같은 경우에는 불문법보다 성문법규의 해석이 가장 중요하다. 그리고 민법의 해석은 법률행위의 해석과는 다르다. 법률행위의 해석은 법률행위의 구성요소인 의사표시의 내용을 밝히는 것을 말하지만, 민법의 해석은 구체적인 사실에 적용될 법규자체의 의미와 내용을 밝히는 것을 말한다.

이하에서 성문민법 해석의 기준과 방법에 관하여 차례로 설명하기로 한다.

2. 民法解釋의 基準

민법의 해석의 기준은 첫째 당해 법규의 목적과 입법의 취지, 둘째 현대민법의 이념, 셋째 구체적 타당성과 법적 안정성의 조화 등을 들 수 있다.

(1) 당해 法規의 目的과 立法趣旨

민법의 해석은 무엇보다도 먼저 당해 법규가 가진 목적과 입법의 취지에 맞도록 해석하여야 한다. 법규의 목적과 입법취지는 당해 법규의 입법이유, 연역, 기초위원의 설명서, 의사록, 입법자의 저서 등을 참고로 하여 판단하여야 한다. 당해 법규의 목적과 입법취지의 파악은 입법자의 주관적 진의를 말하는 것이 아니라 입법자로부터 떠나 독립한 객관적 법률의사를 말한다.

(2) 現代民法의 理念

근대민법의 기본원리는 현대산업사회에 와서 많은 수정이 가해지고 있다. 즉 근대민법의 기본원리는 현대사회에 와서 공공복리라는 원리에 의해서 제한되고 있다. 그러나 그 제한의 한계는 근대민법의 기본원칙의 본질적인 내용이 침해되지 않는 범위 내에서 허용된다.

민법 개개의 규정은 현대민법의 이념을 구체화한 것이므로 민법의 해석은 그 이념의 실현에 기초를 두고 하여야 한다.

(3) 法的 安定性과 具體的 妥當性의 調和

민법의 해석은 법적 안정성과 구체적 타당성의 조화에 두어야 한다. 법적 안정성이란 민법의 규정을 해석할 때, 법규에 충실하며 사람이나 사건에 따라 달라지지 않게 해석하는 것을 말하며, 구체적 타당성이란 하나의 법규에 대하여 각각의 경우에 적용되어서 타당한 결과를 낳을 수 있도록 해석하는 것을 말한다. 그런데 이 두 경우는 이율배반적인 관계에 있어 하나에 치중하게 되면 다른 면은 희생되는 관계에 서게 된다. 그러므로 민사법규의 해석에 있어서는 어느 한 편에 치우치지 않고 그 법적 안정성뿐만 아니라 구체적 타당성이 조화되도록 해석을 하여야 한다. 그러나 이 양자의 조화가 이루어지지 않는 경우에는 법적 안정성을 위협하지 않는 범위 내에서 구체적 타당성을 발휘할 수 있게 법규해석을 하여야 한다.

3. 民法解釋의 方法

민법해석의 방법으로는 여러 가지가 있다. 민법해석은 이들을 활용하여 위에서 말한 민법해석기준에 적합하도록 하여야 한다. 일반적으로 법규해석의 방법으로는 다음과 같은 것들이 있다.

(1) 文理解釋

문리해석이란 법문의 뜻, 즉 법규의 문자, 문구 및 문장이 가지는 보통의 의미를 밝히는 것을 말한다. 성문법주의를 취하고 있는 나라에 있어서는 문리해석이 기본이 됨은 당연하다.

(2) 論理解釋

위에서 언급한 바와 같이 성문법규를 조문의 문자만의 해석으로는 올바른 법규해석이 불가능하다. 따라서 민법은 전체로서 하나의 체계를 구성하고 있으므로 개개의 법규를 해석하는 데에는 그 체계에 적합하도록 해석하여야 한다. 이와 같은 해석을 논리해석이라고 하며, 해석의 방법으로는 확장해석, 축소해석, 반대해석, 물론해석, 보충해석, 연혁해석, 유추해석 등 여러 가지가 있다.

(가) 擴張解釋

확장해석이란 법문의 의미가 법의 목적에 비추어 너무나 좁다고 생각되는 경우에 법규의 용어의 의미를 일상의 의미 이상으로 확장하여 해석하는 방법을 말한다. 예컨대 민법 제752조의 "타인의 생명을 해한 자는 피해자의 직계존속, 직계비속 및 배우자에 대하여는 재산상의 손해없는 경우에도 손해배상의 책임이 있다"는 규정에서, 배우자 속에 사실혼의 배우자도 포함하는 것으로 해석하는 경우이다.

(나) 縮小解釋

축소해석이란 법문의 의미가 법의 목적에 비추어 너무 넓다고 생각되는 경우 이를 통상의 경우보다 좁고 엄격하게 해석하는 것을 말한다. 예컨대 민법 제108조 2항에 허위표시의 무효는 이로써 선의의 「제3자」에게 대항할 수 없다고 하고 있다. 그런데 판례는 모든 경우의 선의의 제3자를 말하고 있는 것이 아니므로 이 규정을 축소해석하여 "새로운 이해관계를 맺는 자"로서 선의의 제3자만을 가리킨다고 해석하고 있다(대판 1983. 1. 18, 82다594). 이 경우가 축소해석의 한 예이다.

(나) 勿論解釋

물론해석이란 법문이 어느 사항에 관하여 규정하고 있는 경우에 법문에 명기되어 있지 않는 사항이라도 입법정신이나 사물의 성질상 당연히 적용되어야 한다고 해석하는 경우를 말한다. 예컨대 「자동차 통행금지」라고 되어 있는 경우에, 그 취지는 교량이 낡아서 무거운 물건이 통과함으로써 무너질 위험이 있으므로 탱크(戰車)는 더욱 다녀서는 안 된다고 해석하는 것이 그 예이다.

(다) 反對解釋

A라는 사항을 규정한 법문이 있는 경우에 법문의 문리적으로나 성질상으로 보아 B사항에 대하여는 반대의 효과가 발생할 것으로 해석되는 경우를 말한다. 예컨대 민법 제800조에 "성년에 달한 자는 자유로 약혼할 수 있다"라고 규정한 것은 성년에 달하지 않는 자는 자유로 약혼할 수 없다고 해석하는 것이 그 예이다.

(라) 補充(補正)解釋

보충해석이란 법문의 문구가 명료하지 않거나 용어의 오류가 명백한 경우에 법문의 문구를 통상의 의미와는 달리 변경하거나 보충하여 법의 목적에 맞도록 해석하는 경우를 말한다. 예컨대 민법 제287조의 「請求」란 문구를 「告知」의 뜻으로 해석, 즉 상대방의 승낙이 필요없는 일방적 행위로 해석하는 것이 그 예이다.

(마) 沿革解釋

연혁해석이란 법규의 성립과 발전의 역사를 통해서 법의 의미를 추출하는 해석방법을 말한다. 다시 말하면 법안의 이유서, 제안자의 의사, 의사록, 입법 정책상의 이유, 외국법의 계수 관계 등을 참작하여 법의 뜻을 이해하는 방법이다.

(바) 類推解釋

유추해석이란 유사한 두 개의 사실 중 하나의 사실에 관하여서만 규정이 있는 경우, 다른 유사한 사실에도 이와 같은 효과를 인정하는 해석방법을 말한다. 예컨대 민법 제326조는 “유치권의 행사는 채권의 소멸시효의 진행에 영향을 미치지 아니한다”라고 하고 있으나 질권에 관해서는 이와 같은 규정은 두고 있지 않지만, 질권의 경우에도 이와 달리 취급할 이유가 없으므로 질권에도 이 규정을 적용하는 것이 그 예이다.

유추해석과 유사한 것으로 법규에서 「準用」이라는 용어를 사용하는 경우가 있다. 이는 입법기술상 규정의 중복을 피하기 위해 일종의 유추를 입법화한 것이다(예: 민법 191조 2항). 그러므로 이런 경우에는 순수한 의미에서의 유추해석이라 할 수 없고, 유추해석은 이와 같은 입법조치가 없는 경우에 한한다. 그러나 「準用」은 「適用」과는 다르다. 준용은 준용될 법규를 그대로 활용한 것이 아니고 사항의 성질, 관계의 차이에 따라 필요한 변경을 가하여 통용하는 것이고, 이에 반해 법문에 적용이라고 되어 있는 경우에는 법조문 그대로를 빠짐없이 적용하는 데에 양자의 차이가 있다.

【6】 民法의 效力이란 무엇인가

민법의 효력이 미치는 사회생활의 범위에 관해서는 앞에서 언급하였으므로 여기서는 때(時), 사람(人), 곳(場所)에 관하여 민법의 효력이 미치는 범위를 살펴보기로 한다.

1. 때(時)에 관한 效力

(1) 法律不遡及의 原則

법률은 그 효력이 발생한 이후에 생긴 사항에 대해서 적용되는 것이 원칙이다. 이것을 法律不遡及의 原則이라고 한다. 이 원칙이 인정된 이유는 사람이 어떤 행위를 할 때에는 그 당시의 법률에 의해서 생긴 효과의 발생을 예기하고 행하게 된다. 행위 후에 제정된 법률에 의해서 예기한 것과 다른 효과를 발생케 한다면 사람이 안심하고 행위를 할 수 없고, 그 결과 사회생활의 안전을 해하게 된다.

(2) 法律不遡及 原則의 例外

그러나 이 원칙은 법률의 적용상의 원칙이지 입법상의 원칙은 아니다. 그러므로 입법에 의해서는 소급효를 인정할 수 있다. 다만 법률효력의 소급효를 인정한다 하더라도 既得權을 침해하지 않거나, 사회정책상 소급효가 필요할 때에 한하여 예외적으로 입법에 의해서 법률시행 전의 사항에 대해서 새로 제정된 법률을 적용할 수 있는 것이다.

(3) 우리 民法의 態度

우리 민법 부칙 제2조 본문에 「본법은 특별한 규정있는 경우 외에는 본법 시행 전의 사항에 대해서도 이를 적용한다」고 규정하여 입법에 의해서 소급효를 인정하고 있다. 이와 같이 우리 민법이 소급효를 인정한 이유는 현행 민법이 舊民法과 크게 다르지 않고 소급효를 인정한다 하더라도 법률관계의 혼란이 없을 뿐만 아니라, 구민법인 일제하의 법률을 조속히 탈피하고자 하는 정책적인 필요에 있었다고 본다. 그러나 동조 단서에서 「이미 구법에 의하여 생긴 효력에 영향을 미치지 아니한다」라고 규정하여 결과적으로 法律效力不遡及의 原則을 인정하는 것과 다름이 없다.

2. 사람(人)에 관한 效力

(1) 人民主權에 의한 效力

인민주권에 의하여 우리나라의 주권은 모든 한국인에게 미치므로 우리나라 국민이 국내에 있든 외국에 있든 관계없이 모두 우리나라 민법을 적용하는 것을 원칙으로 한다. 이것을 속인주의라고 한다.

(2) 領土主權에 의한 效力

우리나라 주권은 우리나라 전 영역(영토·영해·영공)에 미치므로 우리나라 영역 내에 있는 내국인이든 외국인이든 관계없이 우리나라 민법이 적용됨을 원칙으로 한다. 이를 屬地主義라고 한다.

(3) 國際私法의 領域

단지 외국에 있는 한국인이나 한국에 있는 외국인에 대해서는 그들의 외국민법과 본국민법의 양자의 적용을 받게 되기 때문에 구체적인 사건에 있어서 어느 나라의 민법을 적용하느냐가 문제된다. 이를 해결하는 법률로서 국제사법이 있다.

3. 곳(場所)에 관한 效力

(1) 原 則

곳에 관한 법의 효력은 국가의 전 영역, 즉 영토·영해·영공의 전반에 걸쳐 그 효력이 미치는 것을 원칙으로 한다.

(2) 例 外

민법은 우리나라의 전 영역에 효력이 미치지만, 다음과 같은 두 가지 예외가 있다. 그 하나로 특별법에 의하여 일부지역에만 효력이 미치는 限地法이 있으며, 다른 하나는 우리나라에서 承認받고 우리 영토 내에 있는 외국의 군함·선박·항공기 내(治外法權이 있는 곳)에는 우리 민법의 효력이 미치지 않는 것이다.

Ⅱ. 權利·義務

【7】 權利·義務란 어떠한 것인가

1. 法律關係

사람의 생활관계를 규율하는 규범에는 법률·도덕·관습·종교 등이 있으나 그 중 법률에 의해서 규율되는 생활관계를 法律關係라고 한다. 법률관계의 내용은 권리와 의무로 구성되어 있다. 예컨대 매매계약을 체결하였다고 하자. 이와 같은 賣買關係는 법에 의해서 규율되는 법률관계이기 때문에 법률상 매도인은 대금을 지급받을 권리가 있고, 목적물을 이전해 주어야 할 의무가 있는 데 반하여, 매수인은 대금을 지급할 의무와 그 목적물을 이전받을 권리가 있다. 이와 같이 法律關係는 權利와 義務關係를 내용으로 하고 있다. 근대 私法에서는 의무보다 권리를 본위로 하여 이루어져 있으므로 결국 사법상의 법률관계란 권리가 그 중심관념으로 되어 있다.

2. 權　　利

(1) 權利의 本質과 概念

(가) 權利의 本質

권리는 공권과 사권으로 나눌 수 있는데 이들에 공통된 權利의 자체(本體)가 무엇이냐에 관하여 일찍부터 學者들의 論議가 있어 왔으나, 아직도 定說을 찾아 볼 수 없다. 주요한 學說을 소개하면 다음과 같다.

① **意思說**　　이 說에 의하면 權利란 法에 의하여 주어진 意思의 힘, 또

는 意思의 支配라고 하는 說로서, 주로 歷史法學派에 속하는 학자들에 의하여 주장된 것으로 사비니(Savigny, 1779~1861, 獨)를 대표자로 들 수 있다. 그러나 이 說은 의사를 가지는 사람만이 권리를 가질 수 있기 때문에 의사가 없는 幼兒나 精神病者 등 意思能力이 없는 者는 權利를 가질 수 없게 되며 그것은 現行法의 規定과 相反되게 된다.

② 利益說 이 설에 의하면 權利란 法에 의하여 보호되는 利益이라고 설명하는 것으로서, 예링(Jhering, 1749~1832, 獨)이 처음으로 主唱하였다. 그러나 이 說에 대해서도 비판이 없지 않다. 즉 利益은 權利의 목적 또는 그 내용일 뿐 權利 그 자체는 아님에도 불구하고, 권리의 목적 또는 내용과 權利 그 자체를 혼동하고 있다는 것이다. 왜냐 하면 權利를 행사하더라도 아무런 利益을 얻지 못하는 경우가 있고(예: 親權), 또 權利가 존재하지 않더라도 법의 反射作用으로 利益(反射的 利益)을 얻는 경우도 있기 때문이다. 그러므로 이 說 역시 찬성할 바가 못 된다.

③ 利益意思說(折衷說) 이 說에 의하면 權利란 利益保護를 위하여 法이 인정하는 意思力 또는 法이 意思力을 인정함으로써 보호되는 利益이라고 한다. 意思說과 利益說을 折衷한 것으로서 옐리네크(Jellineck, 1851~1911, 獨)를 그 대표자로 들 수 있다. 그러나 이 說에 대하여도 意思說이나 利益說에서 볼 수 있었던 결점이 있으므로 타당하다고 할 수 없다.

④ 法力說 이 설에 의하면 권리란 일정한 利益을 享受하게 하기 위하여 법이 인정하는 힘이라고 한다. 메르켈(Merkel, 1836~1897, 獨) 등에 의하여 주창된 학설로서 현재의 通說로 되어 있다.

이 설이 타당하다고 생각한다. 왜냐 하면 첫째로 意思能力이 없는 자나 權利의 존재를 알지 못하는 자도 권리의 주체가 될 수 있는 점에 있어서 意思說의 缺陷點을 救濟해 주고 있으며, 둘째로 生活利益 그 자체는 權利가 아니며 生活利益을 보호 또는 享受하는 수단으로 法에 의하여 주어진 힘, 즉 法的 힘이라고 함으로써 利益說이 가지는 결함점도 구제해 주고 있기 때문이다.

(나) 權利의 槪念

權利의 本質에 관한 여러 學說 중 通說로 되어 있는 法力說에 따라 權利의 개념을 밝히면 「權利는 특정의 생활이익을 享受하게 하기 위하여 특정인에게

法에 의하여 부여된 法律上의 힘」이라고 볼 수 있다. 이를 상론하면 다음과 같다.

① 권리의 내용은 特定의 生活利益이다. 여기서의 「生活利益」이란 재산적인 利益뿐만 아니라 인간이 사회 생활을 하는 데 있어서 가지는 이익 일반을 가리킨다. 즉 利益 가운데는 財産的 利益 외에 生命, 身體, 自由, 名譽 등과 같은 非財産的인 利益도 포함된다. 權利의 내용은 生活利益이지만 이러한 生活利益이 곧 權利인 것은 아니다. 그 生活利益을 享受하게 하기 위한 保護手段을 부여하는 것이다. 이와 같이 法에 의하여 보호받는 生活利益을 法益이라고 부른다. 그리고 權利의 내용인 生活利益은 特定되어야 한다. 예컨대 막연히 「大氣의 占有權」과 같이 그 利益 範圍가 특정되어 있지 아니한 것은 權利의 내용이 될 수 없다.

② 權利는 特定人에게 부여된 것이다. 「特定人」에는 自然人이나 法人을 가리지 않으나 반드시 특정된 사람만이 가질 수 있는 것이다. 이 특정인을 權利의 主體라고 부른다. 주체 없는 권리는 있을 수 없기 때문이다.

③ 權利는 法에 의하여 부여된 法律上의 힘이다. 權利는 法에 의하여 부여된 것이므로 法이 없으면 권리는 존재하지 않는다. 이런 의미에서 自然法論者가 말하는 天賦의 權利는 여기서 말하는 權利라고 할 수 없다. 그리고 權利는 法律上의 힘이다. 이 힘은 타인을 구속함으로써 존재하는 것이고 이는 타인의 행위를 强制하는바, 완력, 폭력 등과 같은 단순한 實力과는 다르다. 즉 法的 節次에 의하여 소기 목적을 달할 수 있는 법적 능력 내지 자격을 말하는 것이다. 그러므로 債權者가 債務者에 대하여 돈을 받을 수 있는 權利가 있다는 것은 債務者로부터 폭력으로 사실상 돈을 탈취할 수 있다는 것이 아니고, 法院에 提訴하여 그 돈을 받을 수 있다는 말이다.

(2) 權利와 區別하여야 할 槪念

권리의 본질을 명백히 이해하기 위해서는 다음과 같은 권리와 유사한 개념들을 살펴보는 것이 중요하다.

첫째, 권리는 權限과 다르다. 권한이란 타인을 위하여 그 자에게 일정한 법률효과를 발생케 하는 행위를 할 수 있는 法律上의 資格을 말한다. 예컨대 대리인의 대리권(118조), 法人理事의 대표권(59조) 등을 들 수 있다.

둘째, 권리는 權能과 다르다. 권능이란 권리의 내용을 이루고 있는 개개의 법률상의 힘을 말한다. 예컨대 소유권자는 소유물을 사용·수익·처분할 수 있기 때문에 所有權은 사용권·수익권·처분권 등의 권능으로 구성되어 있다. 권리는 하나의 권능으로 구성되어 있는 경우도 있고, 수 개의 권능으로 구성되어 있는 경우도 있다.

셋째, 권리는 權原과 다르다. 권원이란 일정한 사실상 또는 법률상의 행위를 하는 것을 정당화시키는 原因을 말한다. 예컨대 타인의 토지 위에 건물 기타 공작물이나 수목을 소유하기 위하여 그 토지를 사용할 수 있는 권원은 地上權이다(209조).

3. 義　務

의무 역시 공법상의 의무와 사법상의 의무가 있는데 일반적으로 의무라 함은 의무자의 의사와는 관계없이 법에 따라 일정한 행위를 하여야 할 것, 또는 해서는 안 되는 법률상의 구속을 말한다. 예컨대 賣買契約을 체결하였다고 하자. 매매계약의 내용에 따라 매도인은 매매의 목적물을 인도하여야 할 법률상의 의무가 있고, 매수인은 그 대금을 지급하여야 할 법률상의 의무가 있다. 의무는 권리에 대한 개념이므로 민법에 있어서 중요한 법률관계는 원칙적으로 權利義務關係로 구성되어 있다. 그러나 취소권·추인권·해제권 등의 形成權과 같이 권리만 있고 의무는 경우나, 혹은 淸算人의 공고의무(88조, 93조), 이사 또는 청산인의 등기의무(50조~52조, 88조~94조), 책임무능력자의 감독자의 감독의무(755조) 등과 같이 의무만 있고 권리는 존재하지 않는 경우도 있다.

【8】 私權의 種類는 어떠한 것이 있는가

民法上의 權利 즉 私權은 여러 가지 표준에 의해서 분류되지만, 가장 중요한 것으로는 사권의 내용에 의한 분류와 사권의 작용에 의한 분류로 나눌 수 있다.

1. 內容에 의한 分類

私權이 그 내용으로 하고 있는 사회적 생활이익(권리자가 향수할 수 있는 이익)이 무엇이냐에 따라 人格權·家族權·財產權·社員權 등으로 분류된다.

(1) 人格權

인격권이란 권리자 자신의 人格的 利益의 향수를 목적으로 하는 권리를 말한다. 예컨대 생명권·성명권·명예권·신용권·정조권·초상권 등이 이에 속한다. 인격권은 권리자 자신과 분리할 수 없는 一身專屬權이므로 양도할 수 없다는 특수성이 있다.

(2) 家族權

가족권이란 부부·친자·형제자매 등과 같이 일정한 가족적 지위에 따르는 권리를 말한다. 이에는 親族權과 相續權이 있다. 親族權은 친족관계에 있어서 일정한 지위에 따른 권리로서 친권·배우자의 권리·부양청구권 등이 이에 속한다. 相續權은 친족이라는 지위에 기하여 부모 또는 배우자 등의 遺產을 相續하는 권리이다. 이는 가족권의 일종이지만 재산을 취득하는 권리인 점에서 재산권적 색채를 띠고 있으며, 상속개시 전에는 일종의 期待權으로서의 성격을 가지고 있다는 특색이 있다.

(3) 財產權

재산권이란 經濟的 利益을 내용으로 하는 권리를 말하며, 그 주요한 것으로는 다음과 같은 것들을 들 수 있다.

(가) 物　權

물권이란 일정의 물건을 직접 지배해서 이익을 얻을 수 있는 배타적인 권리를 말한다. 민법은 物權法定主義에 의해서 물권의 종류를 법으로 한정하고 있다. 그 종류로는 소유권·점유권·지상권·지역권·전세권·유치권·질권·저당권 등의 8종을 규정하고 있으며, 이외에도 특별법에 의해서 인정되고 있는 특수한 물권으로서 재단저당권·광업권·어업권 등의 準物權도 있다.

(나) 債 權

채권이란 채권자가 채무자에 대하여 일정한 행위를 요구하는 것을 내용으로 하는 권리를 말한다. 예컨대 대여자 A가 차용자인 B에 대하여 금전을 반환해달라고 요구하는 권리가 이에 속한다. 물권은 對物的임과 동시에 타인의 행위의 개입없이 이익을 누리는 데 반하여 채권은 對人的인 권리로서 타인의 행위를 개입시켜 이익을 누리는 점에서 물권과 다르다.

(다) 無體財産權

무체재산권이란 발명이나 저작 등과 같은 精神的·知能的 創造物을 독점적으로 이용하는 것을 내용으로 하는 권리를 말한다. 예컨대 특허권·저작권·상표권·상호권·디자인권·실용신안권 등이 이에 속하며, 이들은 特別法으로 규정하고 있다.

(4) 社 員 權

사원권이란 團體의 구성원이 그 構成員이라는 地位에 기하여 단체에 대하여 가지는 권리를 말한다. 이에는 의결권·업무집행권·감독권과 같이 법인단체 운영에 참여하는 것을 내용으로 하는 共益權과 이익배당청구권·잔여재산분배청구권·시설이용권 등과 같은 사원 개인의 재산적 이익을 내용으로 하는 自益權이 이에 속한다.

2. 作用(性質)에 의한 分類

권리를 그 작용인 법률상의 힘, 즉 효력의 차이를 표준으로 하여 나눈다면, 지배권·형성권·항변권 등으로 분류할 수 있다.

(1) 支 配 權

지배권이라 함은 타인의 행위를 개입시키지 않고 權利者 自身이 권리의 객체를 直接 支配해서 그 내용을 향수하는 권리이다. 典型的인 것으로 物權이 있으며, 그 외에도 준물권 · 무체재산권 등이 있다.

(2) 請求權

청구권이란 특정인이 다른 특정인에 대하여 일정한 행위(作爲 · 不作爲)를 요구할 수 있는 권리를 말한다. 그 전형적인 것이 債權이다. 청구권은 주로 채권에 있어서 발생하지만, 채권만이 청구권의 발생원인인 것은 아니다. 예컨대 물권에 기한 물권적 청구권이나 또는 가족권에 기한 家族權的 請求權(인지청구권 · 부양청구권)이 그러하다.

(3) 形成權

형성권이라 함은 권리자의 一方的인 意思表示에 의해서 일정한 법률관계를 發生 · 變更 · 消滅시킬 수 있는 권리를 말한다. 이에는 채권자취소권(406조), 친생부인권(486조), 재판상이혼권(840조), 입양취소권(884조), 재판상파양권(905조) 등과 같이 재판의 판결에 의해서만 발생되는 것이 있고, 동의권(5조, 10조), 취소권(140조 이하), 추인권(143조 이하), 계약의 해지 · 해제권(543조 이하), 相計權(492조), 매매의 일방예약완결권(564조), 약혼해제권(805조), 상속포기권(1041조) 등과 같이 권리자의 일방적 의사표시만으로 효력이 발생하는 경우가 있다. 형성권은 새로운 법률관계를 형성한다는 점에서 支配權과 다르고, 상대방 또는 타인의 행위를 개입시키지 않는 점에서 請求權과 다르다.

(4) 抗辯權

항변권이라 함은 청구권의 권리자가 의무자에 대하여 그 권리의 내용인 행위를 요구할 때, 의무자가 이를 거절할 수 있는 권리를 말한다. 항변권에는 同時履行의 항변권(536조) · 보증인의 최고 및 검색의 항변권(437조)과 같이 상대방의 청구권의 행사를 일시적으로 저지하는 延期的 抗辯權과, 限定相續人의 抗辯權(1028조)과 같이 영구적으로 저지할 수 있는 永久的 抗辯權이 있다.

항변권은 權利否認과 다르다. 항변권은 상대방의 청구권의 존재를 인정하면서 그 행사를 저지할 수 있는 권리로서 항변권자의 주장이 있어야만 법률상 법원은 이를 고려한다. 그러나 權利의 否認은 이와는 달리 법률행위가 무효인데도 이미 이행이 되었거나, 계약의 해제로 권리가 소멸한 경우 법원이 청구권 부존재의 사정을 소송상 직권으로 고려하는 것을 말한다.

【9】 私權의 行使는 어떻게 하는가

1. 私權行使의 意義

私權의 行使란 권리자가 그 사권의 내용인 이익을 현실적으로 실현하는 것을 말한다. 권리는 일정한 이익을 얻을 수 있는 법률상의 힘에 불과하지만, 그 권리를 행사함으로써 비로소 그 이익을 얻을 수 있는 것이다. 그러므로 權利의 行使는 權利의 主張과는 다르다. 권리의 행사는 권리의 내용을 실현하는 것이지만, 권리의 주장은 권리의 내용을 실현하는 것이 아니고 權利의 存在를 타인으로 하여금 용인케 하는 것이다.

2. 私權의 行使方法

권리의 행사방법은 권리의 종류에 따라 다르다. 권리의 행사는 一身專屬權인 경우에는 권리자 자신이 행사하지만, 그 외의 권리는 타인으로 하여금 행사하게 할 수 있다. 각종 권리의 행사방법은 다음과 같다.

(1) 請求權

청구권의 행사는 권리자가 의무자에게 일정한 행위를 하여 줄 것을 요구하거나, 그 결과를 수령하는 방법으로 행사한다. 예컨대 채권자가 채무자에게 채무내용에 따른 金錢이나 또는 物件의 引渡를 요구하고, 金錢 또는 物件을 수령하는 것이 청구권의 행사인 것이다.

(2) 支配權

지배권의 행사는 객체를 직접 지배해서 利益을 향수하는 방법으로 행사한다. 예컨대 소유자가 목적물을 사용하거나 수익하거나 처분하는 방법으로 행해진다.

(3) 形成權

형성권의 행사는 권리자의 일방적 의사표시에 의해서 행사한다. 예컨대 해제권자가 契約을 解除하거나 취소권자가 法律行爲를 取消하는 것과 같이 일방적 의사표시에 의해서 행사한다. 어떤 형성권은 반드시 訴를 제기하는 방법에 의하여야 하는 경우도 있다.

(4) 抗辯權

항변권의 행사는 상대방의 청구권행사에 대하여 이를 거절하는 형식으로 행사한다.

【10】 私權의 競合과 衝突이란 어떤 것인가

1. 私權의 競合

사권의 경합에는 권리의 경합과 법규의 경합의 두 경우가 있다.

(1) 權利의 競合

(가) 權利의 競合의 意義

권리의 경합이란 하나의 法律生活 事實에 수 개의 권리가 존재하는 경우를 말한다. 예컨대 임대인 A와 임차인 B 사이에 임대차계약이 종료되었음에도 목적물을 반환하지 않고 있는 때에는 A는 B에 대한 소유권에 기한 목적물반환청구권(213조)이나 임대차에 기한 목적물반환청구권(618조 이하)을 행사할 수 있다. 이 경우를 권리의 경합이라고 한다.

권리의 경합에 있어서 수 개의 권리는 동일한 것을 목적으로 하고 있기 때문에 어느 하나를 선택적으로 행사하게 되면 다른 권리는 자동적으로 소멸한다. 그러나 양 청구권은 각각 독립된 권리이므로 독자적으로 행사할 수 있고, 시효로 인한 소멸도 각각 별도로 진행된다.

(나) 權利競合의 態樣

① 請求權의 경합, ② 支配權의 경합(예: 하나의 채권을 담보하는 수 개의 담보물권의 경합), ③ 形成權의 경합(예: 해제권과 취소권의 경합), ④ 抗辯權의 경합(예: 같은 청구권에 대한 수 개의 항변권의 경합) 등을 들 수 있다.

(2) 法規의 競合

권리의 경합과 구별되는 것으로 법규의 경합이 있다. 이것은 하나의 법률생활 사실에 普通法과 特別法이 경합하는 경우이다. 예컨대 공무원이 직무상의 불법행위에 의해서 타인에게 손해를 가한 때에 사용자인 國家 또는 公共團體에게는 민법 제756조에 의한 손해배상의 책임과 國家賠償法 제2조에 의한 손해배상책임이 경합하게 된다. 이 경우에는 위에서 말한 권리의 경합과 같이 수 개의 청구권 중 선택적으로 행사하는 것이 아니고, 특별법은 일반법에 우선한다는 원칙에 따라 특별법규인 국가배상법 제2조에 의한 배상책임을 지게 된다.

2. 私權의 衝突

(1) 私權衝突의 意義

권리의 충돌이란 하나의 객체에 수 개의 권리가 존재하는 경우(하나의 물건 위에 수 개의 물권이 있거나, 한 사람의 채무자에 수 개의 채권이 존재하는 경우)에는 그 객체가 모든 권리를 만족시켜 주지 못하는 경우가 있다. 이것을 권리의 충돌이라고 한다. 이 경우에는 어느 것이 우선하느냐가 문제된다.

(2) 權利衝突의 態樣

(가) 物權 相互間의 衝突

하나의 목적물에 수 개의 소유권은 양립할 수 없지만, 제한물권은 양립할 수 있다. 동일한 물건 위에 양립이 가능한 수 개의 제한물권이 성립하면, 먼저 성립(登記)한 制限物權이 우선한다(부등 5조 1항). 그런데 등기의 전후는 등기용지 중 同區에서는 순위번호에 의하고, 別區에서는 접수번호에 의한다(부등

5조 2항).

(나) 債權 相互間의 衝突

한 채무자에 대한 수인의 채권은 그 채권의 성립시기와 관계없이 이들 사이에 법률상 우열의 차이는 없다. 이를 債權者平等主義라고 한다. 이 원칙은 채무자가 파산한 경우에 있을 수 있는 것이며(채권성립의 선후와는 관계없이 채권의 비율에 따라 채권액을 배당한다), 파산 이외의 경우에는 먼저 채권을 추심한 자가 유리하게 된다. 이를 債權先行主義라고 한다. 그러나 예외적으로 특별정책에 의하여 인정되는 근로자의 임금이나, 주택임대차보호법 및 상가건물임대차보호법에 의한 임차인의 소액우선채권의 경우에는 다른 채권자의 권리보다 우선한다.

(다) 物權과 債權과의 衝突

① **原則(物權優先主義)**　동일한 객체에 대하여 物權과 債權이 존재(衝突)하는 경우에는 그 성립시기를 불문하고 물권이 우선하는 것이 원칙이다. 예컨대 건물의 소유자 甲이 A와 B에게 순차로 賣買契約을 체결하고, 소유권이전등기는 후에 매매계약을 체결한 B에게 경료하여 주었다면, A는 소유자 甲에 대한 소유권이전등기청구권이라는 채권을 취득한 경우에 불과하므로 건물에 대한 소유권이라는 물권을 취득한 B에게 대항할 수 없다.

② **例 外**　위와 같은 원칙에 대하여 다음과 같은 예외가 있다.

ⓐ 부동산 賃借權者의 보호를 위하여 임차권을 등기한 때에는 물권과 동일한 효력을 갖게 된다(621조).

ⓑ 주택임대차보호법이나 상가건물임대차보호법에 의하여 일정한 요건을 갖추게 되면, 그 건물에 대한 登記를 하지 아니하였다 하더라도 제3자에 대하여 효력이 있으므로 이 한도에서 매매는 임대차를 깨뜨리지 못하게 된다.

【11】 私權行使의 制限(私權의 公共性)은 어떤 경우인가

1. 私權의 公共性의 原理의 意義

近代民法의 3대 基本原則하에서는 私權은 권리자가 이를 어떻게 행사하든 자유이다. 그리하여 권리자가 그 권리의 행사로 타인에게 손해를 입혔다 하더라도 원칙적으로 이를 배상할 책임이 없었다.

그리하여 근대민법의 3대 기본원칙은 資本主義經濟를 비약적으로 발전시키는 데 지대한 공헌를 하였다. 그러나 빈부의 격차, 노사의 대립 등에 의해서 초래된 폐단과 모순은 이루 말할 수가 없었다. 여기에서 근대민법의 3대 기본원칙의 制限 내지 修正은 불가피하게 되었다. 이것이 바로 사권의 공공성·사회성의 원리이다.

2. 憲法上의 理念

우리 憲法 제23조에서는 재산권의 내용과 한계는 법률로써 정하며, 재산권의 행사는 공공복리에 적합하도록 하고, 공공필요가 있을 때에는 재산권을 수용·사용 또는 제한할 수 있도록 규정하고 있다. 이와 같이 헌법의 정신은 재산권(사권)의 행사는 근대민법에 있어서와 같이 무제한으로 행사할 수 있는 것이 아니고 사회전체의 이익과 조화되는 범위 내에서만 인정된다는 권리의 公共性을 밝히고 있다. 이것이 공공복리의 원칙이다.

3. 民法上의 規定

이와 같은 공공복리의 원칙을 실현하기 위해서 그 실천의 원리로서 민법은 冒頭에 信義誠實의 原則과 權利濫用禁止의 原則을 규정하고 있다(2조). 그러나 공공복리를 위한 근대민법의 3대원칙의 제한은 국민의 기본적 자유와 권리의 본질적 내용을 침해하지 않는 범위 내에서 인정된다(헌 37조 2항). 따라서 공공복리의 이름을 빌려 사유재산제도를 지나치게 제한하는 특별입법이나 해석은 허용되지 않는다.

【12】 信義誠實의 原則이란 무엇인가

1. 信義誠實의 原則의 意義

信義誠實의 原則이란 사회공동생활의 일원으로서 서로 상대방의 信賴를 헛되이 하지 않도록 성의있게 행동하여야 한다는 원칙을 말한다. 이를 신의성실의 원칙 내지 신의칙이라고 한다. 우리 민법 제2조 1항에는「권리의 행사와 의무의 이행은 신의에 좇아 성실히 하여야 한다」고 규정하여 이 원칙을 선언하고 있다. 이 원칙은 원래 道德規範에 있던 것을 법규범으로 도입한 것이다.

2. 根　據

(1) 私權의 社會性

個人主義·自由主義를 기초로 한 근대사회에서는 권리의 행사는 권리자의 자유에 맡겨져 있는 것이 원칙이었다. 그 결과 권리의 행사로 타인에게 損害를 주더라도 원칙적으로 그 손해를 배상할 의무는 없었다. 즉「자기의 권리를 행사하는 자는 누구에 대하여서도 불법이 되지 않는다」는 로마 법언에 의거하여 이 원칙이 지배하고 있었다. 그러나 현대사회에 와서 권리의 자유는 다른 권리의 자유와의 접촉면에서 어떤 한계를 가져야 한다는 요청이 있게 되었다. 권리의 절대적 자유에 대한 수정의 원칙으로서 독일에서 최초로 입법화한 것이 시카아네(Shikane; 가해의 목적만을 가지고 있는 권리의 행사)의 금지였다(독민 226조). 그 후 권리의 자유에 대한 수정이 확대되었는데 그 基礎理論은「권리의 근거는 社會的 承認이다. 따라서 권리는 본래 사회적으로 시인되는 범위에서만 존재하는 데 지나지 않는다」라고 하여 사권의 공공성·사회성이 강조되었다. 이의 실현을 위해서 출현한 것이 신의성실의 원칙이다. 즉 이 원칙은 직접적으로는 권리행사 자유의 제한 내지 한계를 설정해 주며, 간접적으로는 권리의 공공성·사회성의 구체적 시인 내지 표현이며, 공공복리의 실천원리로서 기능을 가지고 있다.

(2) 去來關係의 要請

근대 사회에 있어서 사적 거래관계는 개인 사이에서 행하여지는 것이므로 개인 상호간에 신뢰없이는 성립할 수 없다. 따라서 서로 상대방의 신뢰를 배반하지 않고 성실히 행동하여야 한다는 신의성실의 원칙이 필연적으로 요청된다.

3. 沿革과 立法例

(1) 신의성실의 원칙을 實定法에서 인정한 것은 근대민법에 있어서 프랑스민법이 시초이다. 동법 제1134조 2항에 의하면「계약은 신의에 따라서 이행하여야 한다」라고 규정하여 契約에 있어서만 이 원칙이 적용되었다. 그 후 獨逸民法 역시 같은 입장이었으나 판례와 학설은 프랑스민법과 같이 契約에 한하지 않고, 債權法全體에 적용하여야 한다는 견해를 취하였다.

(2) 현대에 와서 스위스민법은 사권의 공공성·사회성을 자각하여「모든 사람은 그 권리의 행사와 의무이행에 있어서 信義誠實에 따라 행하여야 한다」(동법 2조 1항)라고 규정하여 채권관계에 있어서뿐만 아니라 민법전체에 걸쳐서 이 원칙을 적용하기에 이르렀다.

(3) 우리 민법 역시 스위스민법의 영향을 받아 민법총칙의 冒頭에 통칙으로서 규정하고 있으며, 이 원칙을 채권관계뿐만 아니라 물권관계·가족관계 등 민법전체의 지배원리로 삼고 있다.

4. 原則違反의 效果

사권의 행사나 의무이행이 신의성실의 원칙에 반할 때에는 권리·의무의 종류에 따라 여러 가지 효과가 발생한다.

(1) 권리행사가 신의성실에 반한 경우에는 權利濫用이 된다. 판례도 자기의 대지에 타인의 건물이 극소의 면적을 침범한 경우 자기에게 별 필요성이 없는 데도 불구하고 수배에 해당하는 고가의 건물을 철거하라고 하는 것은 신의칙에 반한 것으로 권리남용이 된다고 하여 철거를 인정하지 않았다. 이와 같이 신의성실의 원칙은 권리남용의 원칙과 서로 表裏關係에 있다. 그러나 범위가 더 큰 개념은 신의성실의 원칙이다.

(2) 義務履行이 이 원칙에 반한 때에는 그 의무는 이행하지 않는 것이 되며, 채무자는 채무불이행의 책임을 지게 된다.

(3) 形成權의 行使가 이 원칙에 반한 때에는 발생하여야 할 권리가 발생하지 않는다. 판례도 원고가 부동산매매대금 14,000만원 중 13,700만원을 지급하고 나머지 소액에 해당하는 300만원을 변제기간 내에 지급하지 않았다고 하여 계약해제권을 행사하는 것은 채권관계를 지배하는 신의성실의 원칙에 반한다고 하여 이를 무효로 보아 해제권의 행사를 인정하지 아니하였다(대판 1966. 5. 31, 66다626).

(4) 意思表示가 이 원칙에 반한 때에는 그 의사표시는 무효가 된다. 판례에 있어서도 변호사와 사건 당사자와의 사이의 보수약정이 변호사가 실제로 쏟은 노력과 비용의 정도에 비추어 부당히 과다한 경우에는 그 약정은 신의성실의 원칙에 반한 契約(의사표시)으로서 無效라고 하였다(대판 1972. 2. 29, 71다2722).

5. 派生原則

신의성실의 원칙으로부터 다음과 같은 원칙이 파생된다.

(1) 事情變更의 原則

(가) 이 원칙은 법률행위의 성립에 있어서 그 기초가 된 사정이 그 후에 당사자가 예견하지 못하거나 또는 예견할 수 없었던 중대한 변경을 받게 되어 당초에 정하여진 행위의 효과를 그대로 유지하고 강제하는 것이 신의칙과 공평의 원리에 반하는 부당한 결과를 가져오는 경우에는 당사자가 그 법률행위

의 효과를 신의칙에 맞게 변경할 것을 인정하거나 계약의 解除·解止를 할 수 있다는 원칙이다. 오늘날 많은 나라에서 이 원칙을 실정법규나 판례에 의해서 승인하고 있다.

(나) 우리 民法에는 이를 직접 규정하는 일반적 규정은 없고, 個別的으로 地料증감청구권(286조), 전세금증감청구권(312조의 2), 파산과 소비대차의 실효(599조), 임차료증감청구권(628조), 부득이 한 사유가 있는 경우의 해지권(661조), 기간의 약정있는 任置의 해지(698조), 부득이 한 사유로 인한 조합원의 탈퇴(716조 2항), 부득이 한 사유로 인한 해산청구(720조) 등을 규정하고 있을 뿐이다. 判例는 이 원칙의 적용에 관하여 이와 같은 特別規定을 두고 있는 경우를 제외하고, 일반적으로는 이를 否定하고 있다(대판 1963. 9. 12, 63다452). 그러나 신의성실의 원칙을 제왕규정으로 내세우지 않았던 구법에서는 몰라도 사법의 통칙으로 일반화하고 있는 현행법에 있어서 공공복리의 이념이라는 시대적 요청에 비추어 일반적 적용을 부정하는 것은 타당치 않다고 생각한다.

(2) 失效의 原則

(가) 권리자가 그 권리를 장기간 행사하지 않았기 때문에 그 권리를 행사하지 않을 것으로 믿을 만한 정당한 사유가 있게 된 경우에, 그 권리를 새삼스럽게 행사하는 것이 신의칙에 반한다고 인정되는 때에 그 권리의 행사를 권리의 남용으로서 허용하지 않는다는 것을 말한다. 이것은 영미법에 있어서의 禁反言의 原則과 그 취지가 같다.

(나) 우리 判例는 처음에는 이를 취하지 않았으나(대판 1968. 6. 25, 68다758) 최근에 와서 이를 인정하게 되었다. 구체적인 判例를 들면 「근로자가 면직된 후 바로 퇴직금을 청구하여 수령하였으며 그로부터 9년이 지난 후 1980년 해직공무원의 보상 등에 관한 특별조치법 소정의 부상금까지 수령하였다면, 면직일로부터 10년이 다 되어 사용자로서도 위 면직처분이 유효한 것으로 믿고 이를 전제로 그 사이에 새로운 인사체제를 구축하여 조직을 管理·經營하여 오고 있는 마당에 새삼스럽게 면직처분무효확인의 소를 제기함은, 신의성실의 원칙에 반하거나 실효의 원칙에 따라 그 권리의 행사는 허용되지 않는다」고 판시하였다(대판 1992. 5. 26, 92다3670).

【13】 權利濫用禁止의 原則이란 무엇인가

1. 意　義

권리남용금지의 원칙이란 외형상으로는 권리의 행사인 것 같이 보이지만, 구체적·실체적으로는 그것이 사회적으로 용납할 수 없는 일정한 한도를 벗어난 것이어서 권리의 행사로서 효과를 부여할 수 없는 경우를 말한다. 우리 민법 제2조 2항에 「權利는 濫用하지 못한다」라고 규정하여 권리남용금지의 원칙을 민법전체의 지도원리로 삼고 있다.

2. 沿革과 立法例

(1) 근대민법의 3대 기본원칙이 지배하고 있었던 근대초기의 개인주의·자유주의 법사상은 「자기의 권리를 행사하는 자는 누구에게 대해서도 불법을 행한 것이 아니다」라는 로마법의 法諺에 따라 權利의 絶對性을 인정하였기 때문에 권리의 남용이란 있을 수 없었다. 다시 말하면, 자기의 권리라고 인정된 권리행사는 그 결과가 어떻게 되었든 간에 그것은 정당한 것으로 인정되었고, 타인에게 어떠한 손해를 주어도 違法한 行爲로 보지 않았다.

(2) 그러나 자본주의 경제가 고도로 발전함에 따라 그에 의해서 나타난 여러 가지 폐단은 자유주의적 법원리의 수정을 초래하게 되었고, 공공복리의 원칙이 사법의 指導原理로 등장하게 되었으며, 이에 따라 권리의 공공성, 사회성이 강조되게 되었다.

(3) 19세기 중엽에 프랑스의 판례를 통하여 권리는 절대적인 것이 아니고 스스로 그 한계가 있음을 자각하게 되어, 권리행사 자유에 대한 수정의 원칙으로 권리는 남용되어서는 안 된다는 법사상이 싹트게 되었다. 그 후 이를 맨처음 立法化한 것이 독일민법의 「쉬카아네」의 금지의 원칙이다. 동법 제226조에 「권리의 행사는 타인에게 손해를 가하는 것만을 목적으로 하는 때에는 이를 허용하지 아니한다」고 규정하여, 권리자에게 이익을 가져오는 일 없이 다

만 타인을 해할 목적만으로써 하는 권리의 행사는 이른바 權利濫用으로서 허용되지 않았다. 이것이 권리행사자유의 원칙에 대한 수정원리로서 인정된 최초의 입법이다. 그러나 독일민법의 「쉬카아네」 금지의 원칙에서는 타인을 해할 목적이란 주관적 요건이 있는 경우에 한하여 權利濫用으로 인정하였기에, 진정한 의미에서의 권리자유원칙의 근본적 수정은 아니었다. 더구나 쉬카아네 금지의 원칙은 타인을 해할 목적의 立證 困難으로 권리남용이 인정된 경우가 극히 드물고, 권리의 절대성에 대한 완전한 탈피는 아니었다.

(4) 그리하여 權利自由의 原則을 수정한 원칙으로서 진정한 권리남용금지의 원칙이 확립된 것은 20세기의 스위스민법이다. 동법 제2조에 「권리의 명백한 남용은 법에 의하여 보호되지 않는다」고 규정하여 타인에 대한 가해목적을 권리남용의 요건으로 하고 있지 않았다.

(5) 우리 민법은 스위스民法의 영향을 받아 제2조 2항에 「권리는 남용하지 못한다」라고 규정하여 타인을 해할 목적을 권리남용의 요건으로 하고 있지 않다. 그러나 우리 判例는 아직도 쉬카아네 금지의 원칙을 버리지 못하고 있다.

3. 成立要件

권리의 정당한 행사와 권리남용의 구별을 획일적으로 확정할 수 있는 것은 아니다. 권리남용의 일반적인 요건은 다음과 같다.

(1) 權利의 行使가 있을 것

권리남용이 되기 위해서는 權利가 存在하여야 하고 권리자가 그 권리를 행사하여야 한다. 여기서 문제가 되는 것은 권리자의 정당한 이유없는 권리의 불행사도 권리남용이 될 수 있느냐이다. 생각건대 권리는 권리자 개인의 이익뿐만 아니라 共同生活의 利益을 위해서 인정된 것이므로 權利者는 자기가 가진 권리를 행사할 때에는 상대방과 일반사회인의 이익을 해하지 않도록 성실히 행사하여야 한다. 그러함에도 불구하고 권리자가 불성실하게 권리를 행사할 때에는 이른바 권리남용이 된다. 그렇다면 그러한 불성실한 권리행사의 경우와 마찬가지로 불성실한 權利의 不行使도 권리남용이 된다고 보아야 한다.

예컨대 미성년자의 혼인에 있어서 부모가 정당한 이유없이 동의를 하여 주지 않는 경우에는 권리남용이 된다고 보아야 한다(808조).

(2) 權利의 行使가 社會性에 反할 것

권리행사가 권리남용이 되기 위해서는 그 행위가 社會性에 反하여야 한다. 社會性에 反한다 함은 권리행사가 권리의 본래의 사회적 목적에 부합하지 않음을 말한다. 이에 해당되는 경우로는 권리행사가 신의칙 위반, 사회질서위반, 정당한 이익의 결여 또는 필요없는 행사, 사회적 이익의 균형을 파괴하는 권리의 행사 등을 예로 들 수 있다.

권리행사가 사회성에 반하는 판례로서는 첫째, 권리행사로 인하여 권리자가 받은 이익과 상대방이 입은 損害가 심히 不均衡한 경우, 예컨대 원고 소유 대지 위에 침범한 건물의 부분을 철거한다면 건물전체가 붕괴될 위험이 있어 원고가 얻은 이익보다 피고에게 주는 손해가 훨씬 큰 것임을 알면서 訴를 제기하였다면 이는 권리남용이 된다고 한다(대판 1980. 5. 27, 80다484). 둘째, 不當한 利得의 取得을 목적으로 하는 경우, 예컨대 건물이 서 있는 대지 시가의 7배가 넘는 건물의 철거를 청구하면서 그 인접토지 가격보다 2배 이상 되는 가격에 그 토지를 매수할 것을 청구하는 것은 권리남용이 된다고 하였다(대판 1965. 12. 21, 64다720). 셋째, 正當한 利益이 없는 權利行使를 한 경우, 예컨대 지상건물의 철거를 구하는 대지의 면적이 4평 3합이고, 지목이 도로이며 원고 소유의 다른 토지와 떨어져 있어서 그것만으로는 어떤 용도에도 쓰일 수 없는데 반하여, 피고로서는 위 지상의 건물부분은 주택으로 사용하는 16평 4합 건물의 일부여서 그 철거에는 상당한 비용이 소요되고, 철거 후에도 그 잔존건물의 효용이 크게 감소되는 사정이 인정됨에도 원고가 건물의 철거를 요구하는 것은 권리남용이 된다고 판시하였다(대판 1983. 10. 11, 83다카335). 넷째, 受忍程度를 넘는 損害를 발생시키는 권리의 행사, 예컨대 권리행사가 일반적으로 허용된 정도를 넘거나, 사회관념상 피해자가 認容할 수 있는 정도를 넘는 경우에는 권리남용이 된다고 하였다(대판 1959. 12. 21, 4291민상855; 1959. 12. 31, 4291민상886). 다섯째, 오로지 상대방을 해할 의사나 목적으로 권리를 행사하는 경우, 예컨대 질투 우물파기, 실투 선축 등도 권리남용이 된다고 하였다.

(3) 相對方을 害할 目的은 權利濫用의 要件이 아니다

구민법시대에 있어서나 독일민법에 있어서는 권리남용이 되기 위해서는 「쉬카아네」의 법리에 따라 권리자의 加害의 意思 내지 目的이 있어야 한다고 하였으나, 우리 현행 민법은 권리남용이 되기 위한 권리자의 主觀的 요소는 필요로 하고 있지 않다는 것이 통설이다.

그러나 대법원의 견해는 권리남용의 요건으로서 「권리의 남용이 되려면 主觀的으로는 그 권리행사의 목적이 오직 상대방에게 고통이나 손해를 주는데 그칠 뿐이요, 권리를 행사하는 사람에게는 아무런 이익이 없을 경우라야 하고, 客觀的으로는 그 권리행사가 사회질서에 위반된다고 볼 수 있을 경우라야 할 것이다」라고 판시하여(대판 1976. 5. 11, 75다2281) 아직도 쉬카아네의 요건에서 완전히 벗어나지 못하고 있다. 이와 같은 대법원의 견해는 현대적 법사상인 권리란 사회적으로 시인된 범위 내에서만 존재한다는 권리의 사회성을 외면하고 있는 것으로 심히 부당하다 아니할 수 없다.

4. 權利濫用의 效果

권리의 행사가 남용이 되는 경우에는 권리의 정상적인 행사로서의 법률효과가 발생하지 않는다. 구체적으로 권리의 종류에 따른 효과는 다음과 같다.

(1) 請求權의 경우

所有權에 기한 妨害排除請求와 같은 청구권의 행사가 남용되는 경우에는 법은 그 청구의 실현에 조력하지 않는다. 예컨대 인접지에 건립된 건물의 극소의 일부가 경계선을 침범했다고 하여 지극히 적은 땅을 회복하기 위해서 수십배가 넘는 고가의 건물의 철거를 요구하는 것은 권리남용이 되므로 법은 이의 실현에 조력하지 않는다.

(2) 形成權의 경우

形成權의 행사가 권리남용이 되면 발생하여야 할 법률효과가 발생하지 않는다. 예컨대 극히 경미한 채무의 일부를 이행하지 아니하였다고 하여 契約解

除權을 행사하는 경우에는 권리남용이 되기 때문에 계약해제의 효력은 발생하지 않는다(대판 1966. 5. 31, 66다626; 1991. 3. 31, 71다352·354). 그러나 權利不行使가 남용이 되는 경우에 권리행사가 있는 것과 동일한 法律效果를 인정할 수 있느냐가 문제이다(예컨대 미성년의 자의 혼인에 대한 친권자의 동의 같은 것). 이론으로서는 긍정되지만 정당한 이유 없는 권리의 불행사이냐 아니냐의 결정은 신중히 하지 않으면 안 된다.

(3) 權利剝奪의 경우

권리남용이 되는 경우에 그 권리가 剝奪되는 경우가 있다. 親權喪失(924조), 代理權喪失(925조) 등이 그것이다. 원래 권리남용의 법리는 권리 그 자체를 제한하거나 부정하는 것이 아니라 단순히 그 행사에 대한 제약을 의미하는 것에 지나지 않는 것이다. 권리남용의 효과로서 그 권리자체를 박탈한다는 것은 이례적인 것이다. 그러므로 여기서의 친권상실과 같이 권리의 박탈은 명문규정이 있는 경우에 한하여 인정된다.

(4) 損害賠償責任

권리의 정당한 행사는 그로 인하여 타인에게 손해를 주는 결과가 되더라도 그것은 違法性이 없는 것으로서 不法行爲가 되지 않는다. 그러나 그 권리의 행사가 남용이 되는 경우에는 위법한 행사로서 손해배상의 책임을 진다. 예컨대 채권자가 가옥철거의 대체집행을 함에 있어서 너무 난폭하여 재사용할 수 있는 고가의 재료를 못 쓰게 하여 버린 경우에는 불법행위로서 그에 대한 손해배상의 책임을 지게 된다.

5. 餘　論

(1) 適用上의 유의점

권리남용의 금지에 관한 민법 제2조 2항의 규정은 일반조항(帝王·白紙概括規定)으로서 구체적인 사안에 대한 권리남용여부의 결정은 법관에게 위임되고 있다. 그러나 권리남용금지 규정의 운영은 신중히 하여야 한다. 왜냐하면 권리남용금지의 원칙을 지나치게 강조하고 그 적용을 확대한다면 기존권리의 전면적 부정이 되기 때문이다.

(2) 信義則과의 關係

민법 제2조 1항은「권리의 행사와 의무의 이행은 신의에 좇아 성실히 하여야 한다」고 규정하고 있다. 이는 권리의 행사에 당연히 사회적 제약이 예정되어 있음을 의미한다. 그러므로 신의칙은 정당한 권리의 행사와 권리의 남용을 구별하는 표준이 될 수 있을 것이다.

【14】私權侵害의 救濟(私權의 保護)는 어떻게 하는가

私權이 침해된 경우 그의 구제방법으로서는 두 가지가 있다. 하나는 國家救濟(공력구제)이고, 다른 하나는 私力救濟이다. 그러나 사권의 구제는 국가적 구제가 원칙이고, 이를 구할 시간적 여유가 없는 경우에 한하여 예외적으로 사적 구제가 인정된다.

1. 國家救濟

국가구제는 재판·조정·중재의 세 가지가 있다.

(1) 裁　　判

裁判에 의한 사권침해의 구제는 침해를 당한 자가 법원에 提訴하여 재판에 의해서 權利救濟를 받는 경우를 말한다. 이에 적용되는 법으로는 民事訴訟法이 있다.

(2) 調　　停

調停委員會의 조정에 의한 사권의 구제제도는 재판 및 특별한 지식·경험이 있는 자로 구성되는 조정위원회가 분쟁 당사자의 상호양보를 권장하여 분쟁을 해결하는 제도이다. 사권침해를 당한 자는 직접 재판을 요구하거나 조정

제도를 이용하거나, 이를 선택적으로 할 수 있다. 후자에 의하는 경우 조정이 성립되지 아니한 때에는 조정신청인은 법원에 제소청구를 하여 재판제도에 의한 國家救濟를 받을 수 있다. 조정절차에 관한 법으로서는 民事調停法이 있다. 그밖에 가사소송법 · 노동조합 및 노동관계조정법 · 의료법 등이 있는데, 이들은 각각 일정한 가사사건 · 노동쟁의사건 · 의료분쟁의 조정에 관하여 규정하고 있다.

(3) 仲　裁

중재란 당사자간의 합의로 法院의 判決에 의하지 않고 중재인의 판정에 의하여 紛爭을 해결하는 제도를 말한다. 이는 비록 私人이 분쟁을 해결하는 것이지만 그 仲裁判定은 법원의 확정판결과 동일한 효력이 있고, 의무자가 이에 따르지 않을 때에는 국가에 의하여 强制執行할 수 있다는 점에서 이 역시 국가구제의 하나인 것이다. 그리고 중재의 절차에 관한 법으로는 仲裁法이 있다.

2. 私力救濟

사적 구제에는 正當防衛 · 緊急避難 · 自力救濟의 세 가지가 있다.

(1) 正當防衛

타인의 불법행위에 대하여 자기 또는 제3자의 이익을 방위하기 위하여 부득이 타인에게 加害行爲를 하는 것을 말한다. 이와 같은 경우에 불법행위를 한 타인에 대해서 가해행위를 한 자는 違法性이 阻却되어 불법행위가 되지 않으므로 정당방위자는 손해를 배상할 책임이 없다(761조 1항). 예컨대 자기의 생명이나 신체를 지키기 위하여 강도를 상해하는 경우가 이에 해당한다. 이때 가해자(방위자)는 强盜에게 傷害를 가한 책임을 지지 않는다.

(2) 緊急避難

급박한 위난을 피하기 위하여 부득이 타인에게 가해행위를 하는 경우를 말한다. 이 역시 위법성이 조각되어 不法行爲가 되지 않으므로, 가해자(긴급피난행위자)는 그에 대한 배상책임이 없다(761조 2항). 정당방위는 위법한 침해에 대한 반격인 데 반하여 緊急避難은 위법하지 않은 침해에 대한 피난인 점에서 양자는 상이하다.

(3) 自力救濟

자력구제라 함은 請求權을 保存하기 위하여 국가기관의 구제를 기다릴 여유가 없는 경우에, 권리자가 스스로 私力으로써 구제하는 행위를 말한다. 예컨대 窃盜犯에 대하여 법적 절차에 의하지 않고, 절도범을 추격하여 사력으로써 직접 장물을 탈환하는 경우가 이에 해당된다. 자력구제 행위는 과거의 침해에 대한 회복인 점에서 현재의 침해에 대한 방어인 정당방위·긴급피난과 다르다. 자력구제에 대해서는 民法은 일반적 규정을 두고 있지 않다. 다만 점유의 침탈에 대해서만 규정을 두고 있다(209조). 그러나 占有侵奪의 경우외에도 일반적 위법성 조각사유로 보고 자력구제를 인정하는 것이 타당하다고 본다.

Ⅲ. 民法典의 構造

【15】 民法典의 構造와 總則編의 內容은 무엇인가

1. 民法典의 構造

우리 民法典은 제1편 總則, 제2편 物權, 제3편 債權, 제4편 親族, 제5편 相續으로 편제되어 있다. 성문법주의를 취하고 있는 국가들의 민법전의 편제방식에는 두 가지 계통이 있다. 그 하나는 프랑스민법전이 취하고 있는 것으로서 민법을 인사법·물건법·소송법으로 편찬하는 로마式 또는 인스티투치온式(Institutionensystem)이 있고, 다른 하나는 독일민법이 취하고 있는 것으로서 총칙·물권·채권·친족·상속 등 5개 편으로 나누어 편찬된 판덱텐式(Pandektensystem)이 있다. 우리 民法典은 독일법 체제를 따르고 있다.

우리 민법전 중 제2편 물권에서는 財貨를 얻고 支配하는 關係를 규율하는 것으로서 물권에 관한 일반적인 규정과 점유권·소유권·용익물권·담보물권 등을 내용으로 하고 있으며(185조~372조), 제3편 채권에서는 타인의 行爲를 要求하는 권리관계를 규율하는 것으로서 채권에 관한 일반적인 규정과 계약·사무관리·부당이득·불법행위 등의 채권발생원인에 관한 것을 그 주된 내용으로 하고 있다(373조~766조). 그리고 제4편 친족에서는 親族關係의 일반적인 규정과 가족·혼인·부모와 자·후견·친족회·부양 등을 내용으로 하고 있으며(767조~996조), 제5편 상속에서는 親族間의 상속·유언·유류분 등을 규율함을 내용으로 하고 있다(997조~1118조). 이와 같은 법규제의 각 부분을 물권법·채권법·친족법·상속법이라고 부르며, 앞의 두 법을 재산법, 다음의 두 법을 가족법이라고 한다.

그리고 제1편 총칙에서는 형식적으로는 財産法과 家族法 전체에 공통적인 원리적 규정을 두고 있는 것 같지만 실질적인 내용에 있어서는 재산법을 중시하여 규정되어 있다고 볼 수 있다(1조~184조).

2. 總則編의 內容

본서에서는 민법전 중에서 제1편 총칙을 중심으로 하여 논하기 때문에 그 내용을 좀너 상세히 개관하년 다음과 같다.

(1) 通　則

민법총칙은 冒頭에 통칙규정으로서 法源과 권리행사의 한계인 신의성실의 원칙과 권리남용금지의 원칙을 규정하고 있다.

(2) 人·法人(權利의 主體)

제2장과 제3장에서 권리의 주체로서 自然人과 法人을 규정하고 있다.

(3) 物件(權利의 客體)

제4장 물건에서는 권리의 객체에 관한 규정, 특히 물권법과 밀접한 관계가 있는 부분인 物件의 의의 및 분류에 관하여 규정하고 있다.

(4) 法律行爲

제5장 법률행위에서는 매매 등 법률행위에 일반적으로 적용되는 의사표시·대리·무효와 취소·조건과 기한 등에 관하여 규정하고 있다.

(5) 期　　間

제6장은 법률관계에 있어서는 여러 가지 경우에 기간이 문제가 되므로 그 계산방법에 관하여 규정하고 있다.

(6) 消滅時效

제7장에서는 권리자가 일정기간이 경과하도록 권리행사를 하지 않는 경우에는 그 권리를 소멸케 하는 소멸시효제도를 규정하고 있다.

이와 같이 總則은 人과 法人은 권리의 主體로, 物件은 권리의 客體로 그리고 법률행위와 시효는 權利變動을 내용으로 하고 있다.

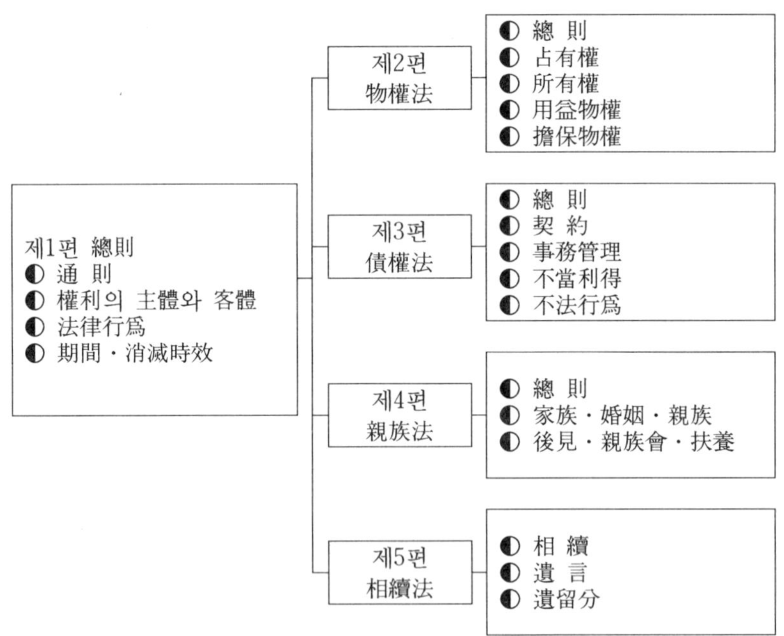

〈民法典의 構造(판덱텐式)〉

3. 總則編의 性格

民法總則編은 형식상으로는 재산법과 가족법에 공통된 통칙으로 되어 있으나 실질적으로는 민법전체에 적용되는 것은 아니다. 재산법과 가족법은 그 성질상 支配原理가 달라 민법총칙의 대부분은 재산법의 적용에는 의심의 여지가 없지만 가족법관계에 있어서는 그 성질상 적용되지 않는 규정이 많다. 예컨대 行爲能力에 관한 총칙규정은 가족법상의 혼인·이혼·양자·유언 등에 관하여는 적용되지 않고, 이에 관해서는 특별규정을 두고 있다(801조, 802조, 807조, 835조, 866조, 869조~871조, 873조, 899조, 900조, 902조, 1061조~1063조). 또한 의사와 표시의 불일치, 사기·강박, 대리 등의 민법총칙 규정은 가족법에는 적용되지 않으며, 그에 관해서는 가족법에 별도의 규정을 두고 있다(815조, 816조, 838조, 854조, 861조, 893조, 884조, 904조 등).

第2章 權利의 主體

제 2 장 權利의 主體

第 1 節 權利主體의 一般理論

槪 要

Ⅰ. 權利主體의 意義 問 016

권리의 주체란 권리의 귀속자를 말한다. 권리의 주체는 동시에 의무의 주체이기도 하다. 근대민법은 권리중심으로 구성되어 있기 때문에 권리의무의 귀속자를 권리의무의 주체라고 표현하지 않고, 양자를 포함하여 權利의 主體라고 칭한다.

Ⅱ. 權利能力

권리의 주체가 될 수 있는 자격 또는 지위를 권리능력이라고 한다. 권리주체가 되기 위해서는 권리능력이 있어야 한다. 권리능력에는 몇 가지 속성이 있다.

첫째, 권리능력은 권리와 다르다.

둘째, 자연인의 권리능력은 만인이 평등하다.

셋째, 권리능력에 관한 규정은 强行規定이다.

Ⅲ. 權利能力者

권리능력자란 권리능력을 가진 자를 말한다. 민법상의 권리능력자는 自然人과 法人이다. 자연인은 살아있는 동안 누구나 권리능력이 인정되며(3조), 법인은 일정한 목적을 위한 사람의 집단이나 일정한 목적을 위한 재산으로서 법률에 의해서 권리의무의 주체로 인정된 것에 한한다.

本　　論

【16】 權利의 主體란 무엇인가

1. 權利主體의 意義

권리의 주체란 권리의 귀속자를 말한다. 예컨대 不動産의 賣買가 행해졌다고 하자. 부동산소유권의 이전을 받을 수 있는 자가 권리의 주체이고, 대금의 지급을 하여야 할 자가 의무의 주체인 것이다.

그리고 권리의무의 주체는 각각 별개로 독립한 것이 아니고 권리의 주체는 동시에 의무의 주체이기도 하다. 다만 근대민법은 권리중심주의로 구성되어 있기 때문에 권리의무의 주체라 말하지 않고 일반적으로 양자를 포함한 표현으로 권리의 주체라고 불리운다.

2. 權利能力

권리는 반드시 권리의 귀속자인 主體가 있다. 그 주체가 될 수 있는 지위 또는 자격을 「權利能力」 또는 「法律上의 人格」이라고 한다. 따라서 권리주체가 되기 위하여는 권리능력이 있어야 하고, 권리능력은 권리의 주체의 경우와 마찬가지로 의무능력이기도 하다. 권리능력은 다음과 같은 몇 가지 속성을 지니고 있다.

첫째로 권리능력은 권리와 다르다. 권리능력은 어디까지나 권리를 취득할 수 있는 추상적 · 일반적인 자격을 말한 것이며, 구체적 · 현실적으로 어떤 권리를 취득하고 의무를 부담하느냐는 별개인 것이다. 모든 사람은 권리능력이 있지만 이는 권리를 가질 수 있는 資格에 불과하며, 실제로 권리를 갖기 위해서는 별개의 권리취득행위가 있어야 한다.

둘째로 자연인의 권리능력에 있어서는 모든 사람은 평등하다. 이를 이룬 것은 오랜 역사적인 투쟁에 의해서이다. 고대사회의 씨족공동체에서는 권리능력은 家長만이 인정되었고, 家族이나 奴隷는 인정되지 않았다. 그리고 중세 봉건사회 역시 農奴는 토지의 예속물로 취급되어 권리능력이 제한되었다. 근대에 와서 1789년 프랑스혁명으로 비로소 만인은 평등하게 권리능력이 있음을 선언한 후 여러 국가들은 이를 입법화하였다. 예컨대 1804년 프랑스민법, 1896년 독일민법을 들 수 있고, 1907년 스위스민법은 「모든 인간은 권리능력이 있다. 모든 인간은 법질서의 범위 내에서 권리와 의무를 가질 수 있는 능력이 있다」라고 하여 權利能力 平等의 原則을 선언하였고, 우리 민법도 제3조에서 「사람은 생존한 동안 권리와 의무의 주체가 된다」라고 하여 모든 사람은 평등한 권리능력이 있음을 밝히고 있다.

셋째로 권리능력에 관한 민법의 규정은 강행규정이다. 권리능력에 관한 규정은 법질서의 기본구조에 관한 것이므로 強行規定인 것이다. 따라서 당사자의 의사에 의해서 권리능력을 제한하거나 포기할 수 없다.

3. 權利能力者

權利能力者란 권리능력을 가진 자를 말한다. 민법상의 권리능력자란 살아 있는 사람 즉, 自然人과 일정한 사람의 집단(사단)이나 일정한 목적을 가진 재산(재단)인 法人을 권리능력자로 인정하고 있다.

自然人이란 살아 있는 사람을 말하는 것으로 모든 사람은 성별 · 신앙 · 사회적 신분 또는 연령 등에 관계없이 평등하게 권리능력을 인정한다(3조). 法

人이란 일정한 사람의 집단이나 일정한 목적을 가진 재산의 결합체로서 법률로서 권리의무의 주체로 인정된 것을 말한다. 전자를 社團法人이라 하며, 후자를 財團法人이라 한다.

민법의 규정에는 권리능력자로서 「人」이라고 표현하여 자연인과 법인의 양자를 포함하는 경우가 있다. 예컨대 본인(114조), 타인(125조, 750조, 751조), 경매인(363조), 보증인(428조, 430조), 매도인 · 매수인(568조 이하), 수임인(693조) 등이 이에 해당된다. 또 「者」라는 표현으로 자연인과 법인을 포함하는 경우도 있다. 예컨대 채무자(413조 이하), 주채무자(428조), 변제자(480조 이하), 채권자 · 채무자(491조 이하) 등이다. 그리고 자연인만을 가리켜 「人」이라고 하는 경우도 있다. 예컨대 민법 제1편 제2장 「人」은 자연인만을 가리킨다. 그러나 「人」이나 「者」라고 표현하는 경우, 그것이 자연인과 법인을 포함한 것이냐 자연인 또는 법인만을 말한 것이냐에 관하여 명확하지 않을 때에는 그때그때의 경우를 검토하여 판단하여야 한다.

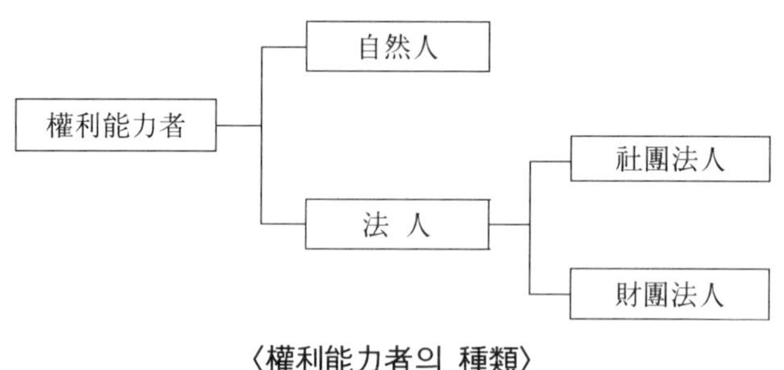

〈權利能力者의 種類〉

제 2 절 自然人

槪 要

Ⅰ. 自然人의 權利能力

민법 제3조는「사람은 생존한 동안 권리와 의무의 주체가 된다」라고 규정하여 사람은 생존하기 시작한 때, 즉 출생한 때 권리능력이 생긴다.

1. 權利能力의 始期(發生) 問 017

(1) 權利能力의 始期의 意義

자연인의 권리능력의 발생시기는 생존의 시작, 즉 출생한 때이다(3조).

(2) 出生始期에 관한 學說

권리능력의 시기는 출생한 때라고 하지만 구체적으로 어느 때에 출생한 것으로 볼 것인가. 이에 관한 학설로서는 진통설, 일부노출설, 전부노출설, 독립호흡설 등이 있다. 태아가 모체로부터 전부노출한 때를 출생으로 보는 것이 통설이다.

(3) 出生의 證明

호적상의 기재는 유력한 출생의 증거가 되지만 이는 추정력을 가지는 데 지나지 않는다. 따라서 의사, 조산원 등의 증명에 의해서 그 추정을 번복할 수 있다.

2. 胎兒의 權利能力 問 018

(1) 胎兒保護의 必要性

태아란 수태시로부터 출생완료시까지의 생명체를 말한다. 권리능력의 발생시기는 출생한 때이므로 출생하기 전인 태아는 권리능력이 없다. 그러나 이 원칙을 그대로 관철한다면 조만간 출생할 태아에게는 너무 억울하다. 예컨대 태아기간 중에 부(父)가 사망하더라도 상속권이 없게 되는 불이익을 입게 된다. 여기서 태아를 보호하여야 할 필요성이 있게 된다.

(2) 胎兒의 保護를 위한 立法主義

태아의 보호를 위한 입법주의에는 ① 태아의 이익을 위하여 모든 법률관계에 있어서 출생으로 보는 일반적 보호주의와, ② 중요한 법률관계에 관해서 개별적으로 출생한 것으로 보는 개별적 보호주의가 있다.

(3) 우리 民法의 規定

우리 민법은 個別的 保護主義를 취하고 있다. 즉 ① 재산상속(1000조), ② 대습상속(990조), ③ 불법행위에 의거한 손해배상청구(262조), ④ 유증(164조에 의한 988·1000조의 준용), ⑤ 사인증여(562조 등에 의한 1064조의 준용), ⑥ 유류분권(1112조)에 관해서는 예외적으로 태아에게 권리능력을 인정한다.

(4) 胎兒의 法的 地位(이미 출생한 것으로 본다는 의미)

민법은 상속을 비롯한 일정한 사항에 관하여 개별적으로 태아는 이미 출생한 것으로 본다고 규정하고 있다. 여기에 있어서 문제가 되는 것은 사건 발생시부터 태아를 분만할 때까지의 태아의 법률상의 지위에 관하여 법률구성을 어떻게 할 것이냐이다. 이에 관해서는 두 학설이 대립하고 있다.

(가) 停止條件說

이 설은 태아로 있는 동안에는 아직 권리능력을 인정하지 않지만 태아가 살아서 출생한 때에는 문제의 사건이 발생한 때로 소급하여 권리능력을 인정하는 견해이다.

(나) 解除條件說

이 설은 태아는 문제된 사건이 발생한 때 이미 권리능력을 가지나 그 후

사산(死產)한 때에는 문제된 사건의 발생시로 소급하여 권리능력이 소멸하는 것으로 보는 견해이다.

(다) 이 두 학설 중 판례는 정지조건설을 취하고 있으나, 다수설은 해제조건설을 취하고 있다. 생각건대 태아가 살아서 출생한 때 비로소 문제의 사건발생시로 소급해서 권리를 취득하게 함으로써 법률관계를 명료하게 할 수 있는 정지조건설이 타당하다고 본다.

3. 權利能力의 終期 問 019

(1) 死 亡

민법은 사람은 생존하는 동안 권리와 의무의 주체가 된다(3조)고 규정하여 권리능력의 소멸시기, 즉 종기는 사망(생존의 종료)이다.

(가) 死亡의 時期

사망의 종기 즉 어느 때를 사망으로 보느냐가 문제이다. 통설은 호흡과 심장의 고동이 영구적으로 멈추었을 때 사망한 것으로 보고 있다.

(나) 死亡申告

사망한 때에는 1개월 이내에 신고를 하여야 한다(호적 87조, 88조). 이는 보고적 신고이어서 반증을 들어 번복할 수 있다.

(2) 死亡의 擬製

사망의 유무나 시기는 경우에 따라서는 이를 증명하기가 곤란한 경우가 있다. 민법은 이를 해결하기 위해서 동시사망의 추정, 인정사망, 실종선고제도를 두고 있다.

(가) 同時死亡의 推定

① 同時死亡의 推定規定의 趣旨 2인 이상이 동일한 위난으로 사망한 경우에 누가 먼저 사망하고 나중에 사망하였느냐에 따라 상속문제 등 중대한 법률관계가 생긴다. 그러나 동일한 위난으로 사망한 경우 동시에 사망하였는지 각각 다른 시기에 사망하였는지 입증하기가 대단히 어렵다. 여기에서 우리 민법은 「2인 이상이 동일한 위난으로 사망한 경우에는 동시에 사망한 것으로 추정한다」(30조)라고 규정하여 이 문제를 해결하고 있다.

② 推定規定의 適用範圍 그런데 2인 이상이 같은 위난이 아니고 각각 다른 위난으로 사망하였을 때 누가 먼저 사망하였는지 알지 못한 경우에도

민법 제30조를 적용할 것이냐가 문제된다. 우리 민법 제30조에 「동일한 위난」이라고 명시하고 있지만 동규정의 입법취지로 보아 여러 사람이 각각 다른 위난으로 사망한 경우에도 동시사망의 추정규정을 유추적용하는 것이 타당하다고 본다.

(나) 認定死亡

① 認定死亡의 意義 예컨대 비행기 추락 등 어떠한 위난으로 사망한 것이 거의 확실하지만 시체가 발견되지 않는 경우에 이를 어떻게 처리할 것이냐가 문제된다. 이를 조사하는 관공서는 지체없이 사망자의 시·읍·면장에게 사망보고를 하게 되어 있고, 이 보고에 의하여 호적부에 사망한 것으로 다루어진다. 이를 인정사망이라고 한다.

② 認定死亡의 效果 호적에 사망으로 기재한 이상 그 사람을 중심으로 하는 모든 법률관계는 일응 사망으로 처리하지만 이는 어디까지나 추정력이 있는 데 불과하므로 반증에 의해서 번복할 수 있다.

(다) 失踪宣告

실종선고제도란 부재자의 생사불명의 상태가 오랫동안 계속되는 경우에 일정한 자의 청구에 의하여 법원은 실종을 선고하고 일정기간이 경과함으로써 사망으로 간주하는 제도이다. 이에 관한 상세한 설명은 후술하기로 한다.

4. 外國人의 權利能力 問 020

(1) 外國人의 意義

외국인이란 대한민국의 국적을 가지지 않는 자를 말하며, 외국의 국적을 가지는 자와 무국적자를 포함한다.

(2) 內外國人 平等의 原則

역사적으로 볼 때 원래 외국인에게는 권리능력을 인정하지 아니하였으나, 인류문화가 발전함에 따라 세계화 시대에 이르게 되자 내외국인 평등주의를 인정하는 것이 원칙이다. 그러나 경제적·군사적 이유에서 외국인의 권리능력의 제한이 불가피하며 이에 관한 많은 특별법을 두고 있다.

(3) 外國人의 權利能力의 制限

(가) 絶對的 制限

외국인은 우리나라의 선박이나 항공기를 소유할 수 없으며, 공증인과 도선사가 될 수 없다. 그리고 무선국의 개설, 항공운송사업은 할 수 없다.

(나) 相互主義에 의한 制限

상호주의란 외국인의 권리능력을 그의 본국이 自國民에게 인정하는 것과 동일한 정도로 인정하는 주의를 말한다. 우리나라가 외국인에 대하여 상호주의를 취하고 있는 경우로는 1. 토지소유권, 2. 지적재산권, 3. 국가 또는 지방자치단체에 대한 손해배상청구권 등이다.

(다) 그 밖의 제한

이 밖에도 일정한 경우 외국인이 권리능력을 취득하기 위해서는 정부의 인·허가 또는 신고를 요하는 경우가 있다. 즉 어업권은 주무관청의 면허 또는 허가를 받아야 하며, 주식 지분을 인수 또는 취득하고자 할 때에는 산업자원부장관에게 신고를 하여야 한다. 그러나 방위산업체인 경우에는 허가를 받아야 한다.

(4) 國籍을 잃은 후의 權利의 措置

대한민국의 국민이 국적을 상실한 때에는 외국인이 되므로 외국인으로서 가질 수 없는 권리는 국적을 상실한 날로부터 3년 이내에 그 권리를 대한민국의 국민에게 양도하여야 한다. 그러하지 않는 경우에는 그 권리를 잃는다(국적 18조). 그러나 토지의 경우에는 외국인이 된 날로부터 6월 내에 시장·군수·구청장에게 신고하면 된다(국적 6조).

Ⅱ. 自然人의 意思能力·責任能力·行爲能力

1. 意思能力 問 021

(1) 意思能力의 意義

의사능력이란 개개의 법률행위를 함에 있어서 자기의 행위의 의미나 결과를 합리적으로 판단할 수 있는 정신적 능력을 말한다.

(2) 意思能力의 判斷基準

의사능력의 유무는 개개의 구체적인 법률행위와 관련하여 행위자의 연령, 정신상태, 책임능력, 지능 등을 참작하여 구체적으로 판단하여야 할 사실문제이다.

(3) 意思無能力者가 한 法律行爲의 效果

의사무능력자가 한 법률행위는 무효이다.

2. 責任能力 問 022

(1) 責任能力의 意義

책임능력이란 불법행위에 있어서 법률상의 책임을 인식할 수 있는 정신적 능력을 말한다. 이와 같은 능력이 없는 자의 법률행위는 불법행위로서의 책임을 지지 않는다.

(2) 責任能力과 意思能力간의 능력의 차이

책임능력으로서의 정신적 능력의 유무는 의사능력의 경우와 마찬가지로 개개의 경우에 있어서 행위자의 연령, 정신상태, 지능 등을 참작하여 구체적으로 판단하여야 할 사실문제이나, 양자의 차이에 있어서 학설과 판례는 의사능력보다도 책임능력에 더 높은 능력을 요하는 것으로 보고 있다.

3. 行爲能力 問 023

(1) 行爲能力의 意義

행위능력이란 행위자가 단독으로 유효한 법률행위를 할 수 있는 지위 또는 자격을 말한다.

(2) 行爲無能力者 制度의 必要性

위에서 말한 바와 같이 의사능력이 없는 자가 법률행위를 하였을 때에는 그 법률행위는 무효이다. 그러나 의사능력이 있느냐 없느냐의 문제는 개개의 구체적인 경우마다 판단하여야 하므로 거래의 안전을 해할 우려가 있다. 여기에서 민법은 의사무능력자를 보호하고 거래안전을 위해서 획일적인 기준(성년연령 · 법원의 선고)에 따라 행위능력자와 무능력자를 구별하는 행위무능력자 제도를 두고 있다.

(3) 意思能力 없이 행한 無效와 行爲能力 없이 행한 取消와의 競合

행위능력자가 동시에 의사무능력인 경우에 그 자가 행한 법률행위에 관하여는 행위무능력을 이유로 한 취소와 의사무능력을 이유로 한 무효가 경합하게 된다. 이 경우에는 양자 중 어느 하나를 선택적으로 행사할 수 있다고 보는 것이 통설이다.

Ⅲ. 無能力者制度

1. 無能力者制度의 意義 · 無能力者의 種類 및 適用範圍

(1) 意 義 問 024

무능력자제도란 한편으로는 의사능력이 불완전한 자의 재산을 보호하고, 다른 한편으로는 거래의 상대방으로 하여금 무능력자를 쉽게 알 수 있도록 하여 뜻하지 않은 손해를 입지 않도록 하기 위해서 의사능력이 불완전한 자를 획일적으로 행위무능력자로 정하여 그자의 행위가 의사능력이 있느냐 없느냐를 가리지 않고, 일률적으로 취소할 수 있게 하는 제도이다.

(2) 無能力者의 種類

민법상 무능력자는 ① 미성년자, ② 한정치산자, ③ 금치산자 등 세 가지가 있다.

(3) 無能力者制度의 適用範圍

무능력자제도는 무능력자의 재산을 보호하기 위하여 인정된 것이므로 재산상의 법률행위를 대상으로 함을 원칙으로 하고 있다. 그러나 재산상의 행위라 할지라도 성질상 무능력자 제도가 적용되지 않는 경우가 있고, 본인의 의사를 존중하여야 할 가족법상의 행위에 대해서는 무능력자 제도는 적용되지 않는다.

2. 未成年者

(1) 成年期 問 025

(가) 原　則

민법은 「만 20세로 성년이 된다」고 규정하고 있다(4조). 이것을 성년기라고 한다. 성년기에 달하지 않은 자를 미성년자라고 한다. 연령계산 방법은 출생일을 산입하며, 曆에 따라 계산한다(158조, 160조).

(나) 成年期의 例外

성년기를 만 20세로 한 것에는 예외가 있다. 미성년자가 혼인을 한 때에는 성년으로 보는 경우이다(826조의 2). 이를 혼인에 의한 성년의제(成年擬制)라고 한다.

(2) 未成年者의 行爲能力 問 026

(가) 原　則

미성년자는 단독으로 법률행위를 할 수 없는 것이 原則이다(5조 1항 참조). 미성년자가 법정대리인의 동의를 얻지 않고 법률행위를 하였을 때에는 미성년자 자신이나 법정대리인은 이를 취소할 수 있다(5조 2항).

(나) 例　外

그러나 예외적으로 다음과 같은 행위는 법정대리인의 동의 없이 단독으로 할 수 있다.

① 단순히 권리를 얻거나 의무를 면하는 행위(5조 1항 단서)

② 법정대리인으로부터 처분이 허락된 재산의 처분행위(6조)

③ 법정대리인으로부터 허락받은 특정영업행위(8조 1항)

④ 대리행위(117조)

⑤ 만 17세가 된 미성년자의 유언행위(1061조)

⑥ 법정대리인으로부터 허락을 받아 회사의 무한책임사원이 된 경우 그 사원으로서의 행위(상 7조)

⑦ 근로계약의 체결(근기 65조 1항)과 임금청구(근기 66조)

(다) 同意와 許諾의 取消

① 미성년자가 법률행위를 하기 전에는 법정대리인은 그가 준 동의나, 재산처분에 대한 허락을 취소할 수 있다(7조). 그러나 이 취소는 선의의 제3자

에게 대항하지 못한다.

② 법정대리인은 미성년자에 대한 영업허락을 하였더라도 그것을 취소하거나 그 종류를 제한할 수 있다. 그러나 이 역시 선의의 제3자에게 대항하지 못한다(8조 2항).

(3) 法定代理人 問 027

(가) 法定代理人이 될 수 있는 者

법정대리인이 될 수 있는 자는 제1차로 친권자이며, 친권자가 없거나 친권자가 친권을 행사할 수 없는 때에는 제2차로 후견인이 된다(928조~937조 참조).

(나) 法定代理人의 權限

법정대리인은 미성년자의 법률행위의 대리권(920조 본문, 949조 1항), 동의권(5조)을 가지며, 미성년자가 동의없이 단독으로 한 법률행위를 취소할 수 있는 권한을 가진다(5조, 140조).

3. 限定治產者 問 028

(1) 意 義

한정치산자란은 심신이 박약하거나, 재산의 낭비로 자기나 가족의 생활을 궁박하게 할 염려가 있는 자로서 일정한 자의 청구에 의하여 법원에서 한정치산 선고를 받은 자를 말한다(9조).

(2) 要 件

(가) 實質的 要件

심신이 박약하거나, 자기나 가족의 생활을 궁박하게 할 염려가 있는 낭비자여야 한다.

(나) 形式的 要件

본인, 배우자, 4촌 이내의 친족, 후견인 또는 검사의 청구가 있어야 한다.

(3) 宣告의 節次

가정법원은 선고신청의 요건이 갖추어져 있다고 판단될 때에는 반드시 선고하여야 한다.

(4) 限定治產者의 能力

한정치산자의 능력은 미성년자의 경우와 같다(10조). 그러므로 한정치산자가 법률행위를 하려면 법정대리인의 동의를 얻어야 하고 동의를 얻지 않고 한 법률행위는 취소할 수 있다. 그리고 예외적으로 미성년자가 단독으로 법률행위를 할 수 있는 것은 근로계약의 체결, 임금의 청구를 제외 하고는 한정치산자에게도 인정된다(10조, 5조).

(5) 後見人(法定代理人)

한정치산자의 법정대리인은 후견인이 된다(938조). 후견인이 될 수 있는 자는 한정치산 선고를 받은 자의 직계혈족, 3촌 이내의 방계혈족의 순위로 후견인이 된다(933조). 그리고 혼인한 때에는 그의 배우자가 후견인이 된다(934조). 이상에 의한 후견인이 될 자가 없는 때에는 일정한 자의 청구에 의하여 가정법원에서 선임한다(936조). 후견인의 권한은 동의권, 대리권, 취소권을 갖는 등 미성년자의 법정대리인의 경우와 같다.

(6) 限定治產宣告의 取消

한정치산선고의 원인이 소멸한 경우 즉, ① 심신상태를 벗어나 정상적인 판단능력을 갖게 되었을 때, ② 낭비습성이 없어진 때에 법원은 일정의 자의 청구에 의하여 그 선고를 취소할 수 있다(11조). 한정치산 선고가 취소되면 한정치산자는 능력자로 복귀한다. 취소의 효력은 소급하지 않는다.

4. 禁治產者 問 028

(1) 意 義

금치산자란 심신상실의 상태에 있는 자로서 일정한 자의 청구에 의하여 가정법원으로부터 금치산 선고를 받은 자를 말한다(12조).

(2) 要 件

(가) 實質的 要件
본인이 심신상실의 상태에 있어야 한다.
(나) 形式的 要件
본인, 배우자, 4촌 이내의 친족, 후견인 또는 검사의 청구가 있어야 한다.

(3) 禁治產者의 能力

금치산자는 법정대리인의 대리에 의해서만 권리의무를 취득할 뿐, 단독으로 법률행위를 할 수 없다. 따라서 금치산자가 법률행위를 하였을 때에는 언제나 취소할 수 있다(13조). 물론 의사능력이 없는 행위는 당연히 무효이다.

(4) 後見人(法定代理人)

금치산자의 법정대리인은 후견인이 된다(929조). 금치산자의 후견인이 될 수 있는 자는 한정치산자의 경우와 같다(933조, 934조, 936조). 후견인은 대리권만을 가질 뿐 미성년자나 한정치산자의 경우와는 달리 동의권을 갖지 못한다.

(5) 禁治產者宣告의 取消

금치산의 원인이 소멸한 때에는 일정한 자의 청구에 의하여 가정법원은 금치산 선고를 취소하여야 한다(11조, 14조).

5. 無能力者의 相對方의 保護 問 029

(1) 相對方의 保護의 必要性

미성년자와 한정치산자가 법정대리인의 동의를 얻지 않고 법률행위를 한 경우와 금치산자가 법률행위를 한 경우 그 행위는 취소할 수 있다. 그러나 취소를 하느냐 않느냐는 무능력자측의 자유이다. 그리하여 무능력자의 거래의 상대방은 불안정한 지위에 있게 된다. 여기에서 무능력자의 상대방을 보호할 필요가 있다. 민법은 이를 위해서 취소권의 단기소멸제도(146조), 법정추인제도(145조) 외에 무능력자의 상대방의 최고권과 철회권, 그리고 일정한 사유가 있는 경우에는 無能力者측의 취소권의 상실제도를 두고 있다.

(2) 無能力者의 相對方의 催告權

(가) 無能力者의 相對方의 催告權의 意義

무능력자의 상대방은 1개월 이상의 기간을 정하여 그 취소할 수 있는 행위의 추인 여부의 확답을 최고할 수 있다(15조 1항·2항). 이것을 무능력자의 상대방의 최고권이라고 한다.

(나) 催告의 要件

무능력자의 상대방은 무능력자측에 대하여

① 취소할 수 있는 행위를 적시하고,

② 1월 이상의 유예기간을 정하여,

③ 추인 여부의 확답을 요구하여야 한다(15조 1항).

(다) 催告의 相對方

최고의 상대방은 능력자이어야 하므로 무능력자인 본인이 능력자가 된 경우에는 본인이며(15조 1항), 아직 능력자가 되지 못한 때에는 그 법정대리인이 최고의 상대방이 된다(15조 2항).

(라) 催告의 效果

최고를 받은 자가 그 기간 내에 확답을 발하지 않는 경우에는 무능력자의 법률행위는 추인한 것으로 본다(15조 1항·2항). 그러나 추인 여부를 결정하기 위하여 친족회의 동의 등 특별한 절차를 요할 경우에 그 기간 내에 확답을 발하지 않는 경우에는 무능력자의 법률행위는 취소한 것으로 본다(15조 3항).

(3) 相對方의 撤回權과 拒絶權

(가) 撤回權

무능력자와 계약을 한 자가 선의인 경우(무능력자임을 알지 못한 경우)는 무능력자가 추인을 하기 전에 자기의 의사표시(청약 또는 승낙)을 철회할 수 있다(16조 1항).

(나) 拒絶權

무능력자가 단독행위를 한 경우 그 상대방은 선의·악의를 불문하고, 그 단독행위를 거절할 수 있다(16조 2항).

(4) 無能力者의 取消權의 喪失(排除)

(가) 意 義

무능력자가 상대방에게 詐術로써 능력자로 믿게 하거나 미성년자나 한정치산자가 사술로써 법정대리인의 동의가 있는 것으로 믿게 한 때에는 무능력자는 그 행위를 취소하지 못한다(17조). 여기서 사술이란 호적등본이나 초본 또는 법정대리인의 동의서의 위조 등 적극적인 기망 행위를 말한다.

(나) 要 件

① 무능력가 능력자임을 믿게 하려고 하였거나, 또는 법정대리인의 동의가 있는 것으로 믿게 하려고 하였어야 한다(17조).

② 詐術을 썼어야 한다.

③ 무능력자의 사술에 의하여 상대방이 능력자로 믿거나 또는 법정대리인의 동의가 있는 것으로 믿어야 한다.

④ 상대방이 그러한 오신에 의하여 무능력자와 법률행위를 하였어야 한다.

(다) 效 果

이와 같은 요건을 갖추었을 때에는 무능력자는 그 행위를 취소할 수 없다.

Ⅳ. 民法上의 住所 問 030

1. 住 所

(1) 意 義

민법은 주소를 「생활의 근거가 되는 곳」이라 규정하고 있다(18조 1항). 생활의 근거되는 곳이란 생활관계의 중심이 되는 곳을 말한다.

주소의 기준에 관한 학설로서는 형식주의와 실질주의가 있고, 주소를 정하는 입법례로는 객관주의와 주관주의가 있다.

(2) 住所의 個數

주소는 동시에 두 곳 이상 있을 수 있다(18조 2항). 따라서 민법상의 주소는 실질주의, 객관주의, 복수주의를 취하고 있다.

(3) 住所의 法律上의 效果

주소는 사법관계뿐만 아니라 공법상의 관계에 있어서도 주요한 효과를 부여하고 있다.

2. 居 所

거소란 주소와 같이 생활의 근거가 되는 곳은 아니지만 생활상 다소 계속하여 거주하고 있는 장소를 말한다. 예컨대 本宅은 주소지만, 별장·하숙 등은 거소이다. 거소는 ① 주소를 알 수 없을 때(19조), ② 국내에 주소가 없을 때 각각 거소를 주소로 본다(20조).

3. 假 住 所

가주소란 당사자가 어떤 거래상의 편의를 위하여 당사자 사이의 의사에 의하여 인정된 장소를 말한다(21조).

V. 不在와 失踪

1. 不在者에 대한 두 措置 問 031

민법은 사람이 그의 주소를 떠나서 좀처럼 돌아올 가망이 없는 경우에는 그가 남겨둔 재산의 멸실을 방지하고 잔존배우자나 상속인 등의 이익을 보호하기 위해서 두 가지 조치를 강구하고 있다.

제1단계의 조치로는 부재자가 아직 살아있는 것으로 믿고 그의 재산을 관리해 주면서 돌아오기를 기다리는 부재자의 재산관리제도이고, 제2단계의 조치로는 부재자의 생사불명의 상태가 일정기간 계속되고 살아있을 가능성이 희박한 경우에 그 자를 일응 사망한 것으로 보고 법률관계를 확정·종결케 하는 실종선고제도이다.

2. 不在者의 財産管理制度 問 032

(1) 不在者의 意義

부재자란 종래의 주소나 거소를 떠나서 당분간 돌아올 가망이 없는 자를 말한다. 그러므로 부재자가 당분간 돌아올 가망이 없으면 되고 생사가 불분명함을 요하지 않는다.

(2) 殘留財產의 管理

민법은 부재자의 재산관리에 대하여 부재자가 스스로 관리인을 두는 경우와 두지 않는 경우로 나누어 규정을 두고 있다.

(가) 不在者가 管理人을 두고 있지 않는 경우

이해관계인 또는 검사의 청구에 의하여 관리인을 선임하는데 이 관리인은 일종의 법정대리인이며 그 권리와 의무는 수임인과 같다.

(나) 不在者가 管理人을 두는 경우

이때의 관리인은 부재자의 수임인이며 임의대리인이므로 그 권리의무는 부재자의 수권행위에 의하여 정해진다.

3. 失踪宣告制度 問 033

(1) 失踪宣告制度의 趣旨

부재자의 생사불명의 상태가 오랜 기간에 걸쳐서 살아 돌아올 가망이 없는 경우, 일정한 시점에 부재자가 사망한 것으로 보고 그에 관한 법률관계를 정리하기 위한 제도이다.

(2) 要 件

① 부재자가 보통실종인 경우에는 5년간(27조 1항), 특별실종인 경우에는 1년간 생사가 분명하지 않을 것(27조 2항)

② 利害關係人이나 檢事의 請求가 있을 것

③ 6개월 이상 公示催告를 할 것

이상의 요건이 갖추어지면 법원은 실종선고를 하여야 한다.

(3) 宣告의 效果

(가) 死亡으로 인정되는 形式

사망으로 보는 형식의 입법례는 간주주의와 추정주의가 있으나, 우리 민법은 「死亡으로 본다」라고 규정하고 있어 간주주의를 취하고 있다.

(나) 死亡의 效果가 생기는 時期

사망의 효과가 생기는 시기에는 여러 입법주의가 있으나, 우리 민법은 失踪期間滿了時主義를 취하고 있다.

(다) 死亡으로 보는 範圍

실종선고는 실종자의 권리능력을 박탈하는 제도가 아니고 종래의 주소나 거소를 중심으로 사법상의 법률관계를 사망자로 처리하는 것이므로 돌아온 후의 법률관계나 다른 곳에서의 현주소를 중심으로 하는 법률관계에 관하여는 사망의 효과가 미치지 않는다.

(라) 失踪宣告의 生存推定

실종선고가 있는 경우에는 실종기간의 만료시까지는 실종자는 생존한 것으로 추정한다.

(4) 失踪宣告의 取消 問 034

(가) 失踪宣告取消의 意義

실종선고의 취소란 실종선고를 받은 자가 생존하고 있거나, 선고에 의하여 사망으로 보는 시기가 실제의 사망시기와 다른 경우에 일정한 자의 청구에 의하여 가정법원에서 실종선고를 취소하는 것을 말한다.

(나) 取消 要件

실종선고를 받았던 자가 ① 현재 생존하고 있는 사실, ② 선고에 의하여 사망으로 보는 시기와 다른 시기에 사망한 사실, ③ 실종기간의 기산점 이후의 어느 시기에 생존하고 있었던 사실 중 어느 하나의 증명이 있는 경우에는 가정법원은 본인·이해관계인 또는 검사의 청구에 의하여 실종선고를 취소하여야 한다(929조 1항 본문).

(다) 失踪宣告 取消의 效果

실종선고가 취소되면 실종선고로 인한 법률관계는 소급적으로 무효가 된다. 그러나 다음과 같은 예외가 있다.

① 실종선고를 직접원인으로 하여 재산을 취득한 자, 예컨대 상속인, 수유자 등이 선의인 경우에는 그 받은 이익이 현존하는 한도에서 반환할 의무가 있고, 악의인 경우에는 그 받은 이익에 이자를 붙여서 반환하여야 하며 손해가 있으면 그것을 배상하여야 한다(29조 2항).

② 실종선고 후 취소 전에 선의로 한 법률행위에는 영향이 없다(29조 1항 단서). 예컨대 실종선고 후 취소 전에 잔존배우자가 선의로 재혼하였다거나, 상속인이 상속을 받은 재산을 선의로 제3자에게 처분하였다면 그 행위는 유효하다.

本 論

Ⅰ. 自然人의 權利能力

【17】 自然人의 權利能力의 始期는 어느 때인가

1. 自然人의 權利能力의 始期의 意義

민법 제3조는 「사람은 생존하는 동안 권리의무의 주체가 된다」고 규정하고 있어 사람의 권리능력의 시기는 생존의 시작, 즉 出生한 때이다.

2. 出生始期에 관한 學說

권리능력의 始期는 「출생한 때」라고 하지만 구체적으로는 어느 때에 출생한 것으로 볼 것이냐에 관하여 陣痛說, 一部露出說, 全部露出說, 獨立呼吸說 등이 있다.

① **陣痛說** 분만이 개시된 때, 즉 분만 중 규칙적인 진통이 있을 때를 출생으로 보는 견해이다. 현행 형법은 「분만 중 또는 분만 직후 영아를 살해한 때」를 嬰兒殺人罪로 인정하고 있어(형 251조) 형법상의 출생 시기는 진통설에 따르고 있다.

② **一部露出說** 모체로부터 태아의 신체일부가 노출한 때를 출생으로 보는 설로서 구형법상의 통설이다.

③ **全部露出說** 분만이 완성되어 태아가 모체로부터 완전히 분리되었을 때를 출생으로 보는 설로서 이 설이 현행 민법상의 통설이다.

④ **獨立呼吸說** 胎兒가 모체로부터 완전히 분리된 후 자기의 폐로 독립하여 호흡하기 시작한 때, 즉 보통은 첫 울음이 있을 때를 출생의 시기로 보는 견해로서 구민법하의 소수설이다.

생각건대 민법상 사람으로 보기 위해서는 사회의 일원으로서 권리를 향유할 수 있는 자격이 있느냐의 여부가 그 표준이 되기 때문에 出生의 完了 즉, 모체로부터 전부노출한 때를 출생, 즉 권리능력의 시기로 보는 것이 타당하다.

3. 出生의 證明

사람이 출생하면 1개월 내에 신고를 하여야 한다(호적 49조 1항). 그러나 戶籍上의 기재는 출생시기의 유력한 증거가 되지만 이것은 어디까지나 推定力을 가지는 데 지나지 않는다. 의사・조산원 등의 증명이나 기타 신뢰할 수 있는 증거에 의하여 진실대로 번복할 수 있다. 판례도「호적부에 기재된 사실은 진실에 부합되는 것으로 추정을 받으나, 그 기재사항이 사실과 다를 때에는 증거에 의하여 그 추정을 번복할 수 있는 것이다」라고 판시하였다(대판 1978. 11. 1, 78다1670・1671).

이와 같이 권리능력은 출생이라는 사실에 기하여 실제적으로 취득하는 것이며, 호적의 기재로 취득하는 것은 아니다.

【18】 胎兒는 權利能力이 있는가

1. 胎兒保護의 必要性

胎兒란 受胎時부터 出生完了時까지의 생명체를 말한다. 권리능력의 발생시기는 출생한 때이므로 출생하기 전인 태아는 권리능력이 없는 것으로 된다. 그러나 이를 예외없이 그대로 관철한다면 태아에게는 너무 억울한 경우가 있게 된다. 예컨대 부모・조부가 있는 子의 경우를 보자. 만약 父가 사망하였다고 한다면 이때 재산상속에 있어서 子는 母와 같이 공동상속을 하게 되고, 각자의 상속분은 母는 5분의 3, 子는 5분의 2가 된다(1000조 1항, 1003조 1항). 그러나 이와는 달리 부의 사망 당시 子가 아직 출생하기 전인 태아였다면 태아는 권리능력이 없어 상속권이 없으므로 父의 遺產은 모와 조부가 공동으로 상속하게 되고 그 상속분은 母가 5분의 3, 조부는 5분의 2가 된다(1000조 1항, 1009조 2항). 이와 같이 조만간 태어날 태아에 대해서 父의 사망시 출생하지 아니하였다는 이유로 상속을 받지 못한다고 한다면 이는 태아에게 너무 가혹하고 불공정하다. 여기에서 태아를 보호할 필요성이 있게 된다. 그리하여 민법에서는 財産相續 등 중요한 法律關係에 관하여 예외적으로 태아에게도 권리능력을 인정하고 있다.

2. 胎兒의 保護를 위한 立法主義

태아의 보호를 위한 입법주의에는 一般的 保護主義와 個別的 保護主義가 있다.

(1) 一般的 保護主義

一般的 保護主義란 태아의 이익을 위하여 모든 법률관계에 있어서 일반적으로 이미 출생한 것으로 보는 주의이다. 이는 로마법의 원칙이었고, 스위스(스민 31조 2항), 프로이센 등이 이에 따르고 있다.

(2) 個別的 保護主義

個別的 保護主義란 재산상속 등 특히 중요하다고 생각되는 법률관계를 개별적으로 열거하여 이에 대해서만 태아가 이미 출생한 것으로 보는 주의이다. 이에 속하는 나라는 독일(독민 1923조, 1927조), 프랑스(프민 723조, 906조), 일본(일민 721조, 886조, 965조) 등이다.

(3) 두 立法主義의 比較

이 두 입법주의는 어느 것이나 장단점은 있다. 一般的 保護主義는 태아의 이익을 망라해서 보호하려는 데에는 장점이 있으나, 구체적인 경우에 어느정도까지 출생한 것으로 볼 것이냐 하는 결정의 어려움이 있다. 반면에 個別的 保護主義에 있어서는 그 적용범위가 명확한 점에서는 좋으나, 태아를 위한 법률관계를 개별적으로 한정하고 있기 때문에 태아의 이익을 위해서는 불충분하다는 단점이 있다.

3. 우리 民法上의 規定

우리 민법은 개별적 보호주의를 취하여 법률에서 규정한 사항에 한하여 태아를 이미 출생한 것으로 보고 권리능력을 인정하고 있다. 이를 차례로 살펴보면 다음과 같다.

(1) 財產相續

민법은 財產相續, 代襲相續 그리고 遺留分 등에 관하여 피상속인의 사망시에 태아가 이미 출생한 것으로 보고 그 權利能力을 인정하고 있다(1000조 3항, 1001조, 1118조).

(가) 태아의 재산상속에 관해서는 被相續人이 死亡한 때 태아가 이미 출생한 것으로 보고 자기의 상속의 순위에 따라 상속분을 취득하게 된다. 우리의 구관습도 마찬가지다.

여기서 문제가 되는 것은 人工受精에 의한 태아의 상속능력에 관해서이다. 즉 夫의 정자와 妻의 난자에 의한 인공수정에 의한 태아는 부부간의 정상적인 성행위에 의한 경우와 다를 바 없지만, 夫이외의 다른 남자의 정자와 처의 난자에 의한 인공수정의 태아를 夫의 태아로 보고 상속능력을 인정할 수 있느냐이다. 이 경우에는 부의 동의를 얻은 경우와 얻지 아니한 경우로 나누어 고찰하여야 한다. 즉 부의 동의를 얻은 경우에는 그 태아는 부의 자로 추정된다고 보는 데는 별 이의가 없을 것이다. 왜냐하면 이러한 경우에는 부부가 자를 얻으려고 하는 적극적인 의사에 의하여 출생시키려고 하는 태아이므로 그 태아에 대해서 父는 자기의 子로서의 책임을 져야 하기 때문이다. 그러나 父의 동의를 얻지 아니한 경우에 그 태아는 상속능력이 없다고 보아야 한다. 최근 서울가정법원의 심판에서도 父의 동의를 얻은 경우에는 父의 子로 추정되지만, 父의 동의없이 제3자의 정자로 인공수정을 한 경우에는 父의 태아로 취급할 수 없다고 하였다(부는 친생부인의 소를 제기할 수 있고, 처의 이 행위는 부정한 행위로서 이혼사유가 될 수도 있다).

(나) 代襲相續에 있어서는 피상속인(태아의 조부)의 직계비속(태아의 父)이 상속개시시에 이미 사망하고 없는 경우에 그 사망자의 직계비속인 태아가 있

는 때에는 태아가 상속인이 된다. 물론 이때에는 대습상속인으로서 자기의 상속분에 한하여 상속함은 당연하다.

(다) 태아는 피상속인이 사망한 경우 이미 출생한 것으로 보고 자기의 遺留分을 취득하게 된다(1118조). 유류분이란 상속인이 상속에 있어서 법률상의 취득이 보장되고 있는 상속재산상의 이득에 대한 일정액을 가리키며, 태아는 상속인으로서 그가 가지는 유류분의 한도에 이르기까지 被相續人의 贈與 또는 遺贈으로 인하여 생긴 부족분의 반환을 청구할 수 있다.

(2) 不法行爲에 의거한 損害賠償請求

民法은 제762조에서 「태아는 손해배상의 청구에 관하여 이미 출생한 것으로 본다」고 규정하여 타인의 불법행위에 대한 손해배상의 청구에 관하여 태아에게 권리능력을 인정하고 있다. 여기서 胎兒의 損害賠償請求란 타인의 불법행위에 의해서 대아 자신이 입은 손해를 말한다. 이에 해당하는 것으로는 두 가지의 경우가 있다. 하나는 태아 이외의 자에 대한 물리적·육체적 공격에 의해서 태아 자신이 입은 손해를 들 수 있고, 다른 하나는 태아 자체에 대한 물리적·육체적 공격에 의하여 태아 자신이 입은 손해를 들 수 있다. 예컨대 부에 대한 생명침해로 인해 태아 자신이 입은 위자료나 부양상실로 인한 손해배상청구가 전자의 예이고, 임신한 모에 대해서 매독을 감염케 했거나 잘못된 투약으로 인하여 태아가 불구자로 출생했을 경우에 그 원인을 제공한 자에게 손해배상청구를 하는 경우가 후자의 예이다. 그러나 이밖에 부 또는 모가 직접 입은 손해는 부 또는 모 자신의 손해이기 때문에 민법 제1000조 3항에 의하여 상속인으로서 주장할 수는 있어도 여기서 말한 민법 제762조에 의한 손해배상청구의 대상은 아니다.

(3) 遺　贈

遺贈이란 遺言者가 유언에 의하여 그 재산상의 이익을 受贈者에게 무상으로 贈與하는 單獨行爲를 말한다. 이러한 유증의 효력발생 시기는 유언자가 사망한 때이다(1073조). 그러나 태아는 유언자의 사망시에 권리능력이 없기 때문에 수유능력이 없어 불이익을 받게 된다. 민법은 이러한 점을 감안하여 상속과 마찬가지로 유증의 경우에도 태아가 이미 출생한 것으로 보고 受遺能力

을 인정하고 있다(1064조).

(4) 기타 문제

태아의 보호에 관하여 개별적 보호주의를 취하고 있는 우리 민법에 있어서 위에서 열거한 사항 이외에도, 태아의 이익을 위해서 예외적으로 권리능력을 인정할 수 있느냐에 관하여 몇 가지 문제가 되는 경우가 있다.

(가) 첫째, 死因贈與를 들 수 있다. 사인증여란 증여자의 사망으로 효력이 발생하는 증여계약을 말한다. 즉 증여자가 계약을 맺되, 그 계약의 효력발생요건으로 증여자의 사망을 法定條件으로 하는 증여계약이다. 이와 같은 사인증여에 있어서도 태아에게 受贈能力을 인정할 수 있는가를 두고 多數說은 긍정하고 있지만, 少數說과 判例는 이를 부정하고 있다. 다수설이 주장하는 논거는 사인증여에 관하여는 유증의 규정이 준용되는바(562조), 민법은 유증에 대하여 태아의 권리능력을 인정하고 있으므로 사인증여에 있어서도 태아의 권리능력을 인정하는 것은 당연하다고 한다. 이에 반하여 부정설에 의하면 유증은 재산을 무상으로 출연하는 단독행위인 데에 대하여, 사인증여는 증여자의 사망 후에 효력이 생기게 하는 일종의 契約이므로, 양자는 법률상 성질이 다르고, 뿐만 아니라 민법은 태아에 대하여 법정대리제도를 규정하고 있지 아니하므로 사인증여에 관하여 태아의 권리능력을 인정한다 하더라도 그 실익이 없다는 것이다. 또 태아에게 재산을 증여하고자 할 때에는 유증의 방식에 의하면 되므로 명백한 근거없이 사인증여에 관해서까지 태아의 권리능력을 의제할 필요는 없다는 것이다. 判例도 같은 취지의 견해로서 사인증여에 있어서나 생전증여에 있어서 태아의 권리능력을 부정하고 있다(대판 1982. 2. 9, 81다534).

생각건대 사인증여는 생전에 수증자와의 합의에 의하여 성립되는 채권계약이기 때문에 태아에게 사인증여를 하기 위해서는 태아를 위한 수증자로서의 합의를 할 수 있는 제도적인 장치가 마련되어 있어야 하는데도 증여계약을 체결할 상대방이 없는 현행법하에서는 사인증여에 의한 태아의 수증능력은 인정할 수 없다고 본다. 따라서 태아에게는 遺贈의 方式에 따라 하면 된다.

(나) 둘째, 태아에게 認知請求權을 인정할 수 있느냐이다. 현행 민법에서는 父는 혼인외의 포태중인 태아에 대해 인지할 수 있는 규정을 두고 있지만

(858조), 태아는 부에 대하여 인지를 청구할 수 있는 규정을 두고 있지 않다. 이에 관하여 태아의 인지청구권은 태아의 보호를 위해 인정하는 것이 옳다는 견해가 있고, 입법론으로서는 몰라도 해석상으로는 인정할 수 없다는 견해가 있다.

생각건대 민법상의 태아의 권리능력에 관한 규정은 어디까지나 예외적·제한적 규정이다. 예외는 원칙과 달라 엄격히 해석·적용하여야 하는 것이 법리상 당연하다. 그러므로 태아의 인지청구권은 입법적인 조치가 없는 한 현행법상 인정할 수 없다고 본다.

4. 胎兒의 法的 地位(이미 出生한 것으로 본다는 意味)

민법은 상속을 비롯한 일정한 사항에 관하여 개별적으로 태아는 이미 출생한 것으로 본다라고 규정하고 있다. 문제는 이 뜻이 태아가 문제의 사건(예: 상속개시 또는 불법행위)이 발생한 때 권리능력을 취득하나 그 후 死產한 경우에는 사건발생시로 소급하여 권리능력이 소멸한 것으로 본다는 것인지, 아니면 태아는 태아로 있는 동안에는 권리능력을 취득하지 못하지만 살아서 출생했을 때 비로소 사건발생시로 遡及하여 권리능력을 인정하는 것으로 보아야 한다는 것인지 분명하지 않다는 것이다. 바꾸어 말하면 이는 문제의 사건발생시부터 태아를 분만할 때까지 태아의 법률상의 지위에 관하여 법률구성을 어떻게 할 것이냐이다. 이에 관하여는 停止條件說과 解除條件說이 있는데 판례는 전자를 취하고 있고, 다수설은 후자를 취하고 있다.

(1) 停止條件說

이 설은 태아로 있는 동안에는 아직 權利能力을 인정하지 않지만 태아가 살아서 출생한 때에는 문제의 事件(불법행위 또는 상속개시)이 발생한 때에 소급하여 권리능력이 인정된다는 것이다. 즉 이 설은 살아서 출생할 것을 법정의 조건으로 하므로 法定停止條件說이라고도 하며, 출생의 시기를 과거의 문제의 사건 발생시로 소급하여 인정한다는 점에서 人格遡及說이라고도 한다. 예컨대 태아의 父가 태아의 母와 조부를 둔 채 사망한 경우 태아는 권리능력이 없으므로 먼저 태아의 모와 조부가 공동으로 피상속인(사망자)의 재산을 상속하게 되고, 그 후 태아가 살아서 출생한 때에 비로소 出生者(태아였던 자)가 다시 상속을 회복하게 된다는 것이다.

이 설의 주장의 논거는 첫째, 현행법상 태아는 法定代理人이 없기 때문에 태아의 재산을 취득하고 관리할 수가 없으며 둘째, 태아로 있는 동안은 태아와 제3자간에 거래관계가 있을 수 없으므로 제3자를 해할 염려가 없기 때문에 去來安全을 해칠 우려도 없다는 것이다. 판례도 「태아는 권리를 취득한다 하더라도 현행법상 이를 대행할 기관이 없으므로 태아로 있는 동안은 권리능력을 취득할 수 없다. 살아서 출생한 때에는 출생시기가 문제의 사건의 발생시기까지 소급하여 그 때에 태아가 출생한 것과 같이 법률상 보아준다고 해석함이 상당하다」고 판시하여 停止條件說을 취하고 있다(대판 1976. 9. 14, 76다1365; 1982. 2. 9, 81다534).

(2) 解除條件說

해제조건설은 태아는 문제된 사건이 발생한 때로부터 제한적인 권리능력(保存 내지 管理의 범위 내에서)을 가지나 그 후 死產한 때에는 문제된 사건의 발생시로 소급하여 권리능력이 소멸하는 것으로 보는 견해이다. 이 설은 死產을 법정의 해제조건으로 하므로 법정해제조건설이라고도 하며, 태아의 법인격이 제한된 범위에서 인정되므로 制限的 人格說이라고도 한다. 예컨대 태아의 부가 태아의 모와 조부를 남긴 채 사망한 경우 태아는 그 상태에서도 권리능력이 있다고 보기 때문에 모와 태아가 공동으로 재산상속(1003조 1항)을 하게 되고, 그 후 태아가 사산한 때에는 태아는 상속개시시(父의 사망시)로 소급하여 권리능력취득의 효과가 소멸하므로 결국 태아의 모와 조부가 共同相續을 하게 된다. 따라서 이미 유산이 분할되었을 때에는 재분할이 있게 된다.

이 설의 논거는 첫째, 해제조건설을 취하게 되면 태아라 하더라도 문제의 사건이 발생한 때부터 권리능력이 인정되어, 법정대리인에 의하여 태아의 재산을 보존하고 관리를 하게 되기 때문에 태아를 보다 더 보호하게 되고, 둘째 오늘날에 있어서는 의학이 고도로 발전되어 태아가 사산한 경우는 극히 예외적이기 때문에 태아의 상대방도 去來에 있어서 태아의 死產으로 오는 불의의 해를 입는다는 경우는 별로 없다는 것이다. 그리고 이 설은 우리나라의 다수설이기도 하다.

(3) 私 見

생각건대 태아에게 예외적으로 권리능력을 인정한 것은 태아를 보호하자는 데 그 취지가 있다고 본다. 이러한 의미에서 본다면, 문제의 사건이 발생한 때로부터 태아에게 권리능력을 인정하자는 해제조건설이 타당한 것같이 보인다. 그러나 이 설은 현행법상 胎兒를 위한 法定代理人制度를 두고 있지 않아 태아의 재산이나 권리를 보존·관리할 수 없다. 그러므로 해제조건설은 입법론으로서는 몰라도 현행법의 해석상으로는 이를 인정하기가 어렵다. 더욱이 당해 문제의 사건발생시 母는 태아의 포태여부를 알 수 없는 경우도 있고, 쌍생태아인지 아닌지 모르는 경우도 있다. 또한 아무리 오늘날 의학이 발달하였다 하더라도 死產이 전혀 없지는 않다. 이와 같은 불확실한 상태에 있는 태아에게 문제의 사건이 발생함과 동시에 권리능력을 인정한다는 해제조건설은 법률관계를 복잡하게 하기 마련이다. 그러므로 태아가 살아서 출생한 때 비로소 문제의 사건 발생시로 遡及해서 권리를 취득하게 함으로써 법률관계를 명료하게 할 수 있는 停止條件說이 타당하다고 본다.

표 2-1 胎兒의 權利能力에 관한 停止條件說과 解除條件說의 比較

	停止條件說	解除條件說
意 味	태아로 있는 동안에는 아직 권리능력을 인정하지 않지만, 태아가 살아서 출생한 때에는 문제의 사건(예: 불법행위 또는 상속개시)이 발생한 때로 소급하여 권리능력이 생긴다는 설	태아는 문제의 사건이 발생한 때부터 제한적인 권리능력을 가지나, 그 후 사산한 때에는 문제된 사건이 발생한 때로 소급하여 권리능력이 소멸한다는 설
出生의 경우	사건발생시점까지 소급하여 권리능력이 있는 것으로 하여 법률관계를 처리	태아인 동안에 권리능력이 있는 것으로 처리된 법률관계는 변경이 없음
死產의 경우	태아인 동안에 아직 권리능력이 없는 것으로 처리된 법률관계는 변경이 없음	사건의 발생시점까지 소급하여 권리능력이 소멸하므로 태아인 동안에 처리된 법률관계는 다시 재정리
權利行使의 關係	출생 전에는 권리행사를 문제로 할 필요가 없음	태아인 동안에도 권리를 행사하기 위하여 법정대리인의 존재를 인정

【19】 自然人의 權利能力의 終期는 어느 때인가

1. 死　　亡

민법은 사람은 生存하는 동안 권리와 의무의 주체가 된다(3조)고 규정하고 있어 권리능력의 소멸시기는 死亡이다. 과거에는 살아 있는 사람이라도 권리능력을 박탈당하거나 제한당하는 일이 있었으나, 근대에 와서는 오직 사망만이 권리능력의 소멸을 가져온다.

(1) 死亡의 時期

死亡의 時期는 상속·유언의 효력의 발생, 잔존배우자의 재혼, 보험금청구권의 발생, 연금 등 여러 법률문제와 관련하여 대단히 중요하다. 그런데도 구체적으로 어떤 경우에 사망으로 볼 것인가에 관하여서는 민법은 아무런 규정을 두고 있지 않다. 종래부터 通說은 호흡과 심장의 고동이 영구적으로 정지된 때 사망으로 본다고 하였다. 최근에 「장기 등 이식에 관한 법률」(1999년 2월 8일 법률 제5858호)이 제정됨에 따라 장기 등의 이식을 위해서 뇌사판정위원회에서 뇌사판정이 된 때에는 死亡으로 볼 수 있느냐가 문제된다.

뇌사판정위원회에서 뇌사로 판정되면 장기이식을 위해서만 사망으로 보며, 권리능력 소멸사유로서의 사망으로는 인정되지 아니한다(물론 뇌사로 보고 장기이식의 적출로 사망한 경우, 그때 사망으로 보고 권리능력이 상실됨은 당연하다).

(2) 死亡의 申告

사람이 死亡한 때에는 신고의무자는 사망의 사실을 안 날로부터 1개월 이내에 사망한 사실을 신고하여야 한다(호적 87조, 88조). 이는 報告的 申告이어서 신고에 의한 호적상의 기재는 사망의 유무나 시기에 관한 실체적인 사실을 좌우하지 못한다. 따라서 反證으로써 번복할 수도 있고, 정정할 수 있다(대판 1995. 7. 5, 94스26). 사망신고를 해태한 때에는 과태료의 제재를 받는다(호적

130조).

2. 死亡의 擬制

위에서 언급한 바와 같이 사망의 유무나 시기는 대단히 중요하다. 그러나 경우에 따라서는 사망의 유무나 시기를 증명하기 곤란한 경우가 있다. 민법은 이를 해결하기 위해서 同時死亡의 推定, 認定死亡, 失踪宣告 등의 제도를 두고 있다.

(1) 同時死亡의 推定

(가) 同時死亡의 推定規定의 趣旨

부부·친자와 같이 서로 피상속인과 상속인의 관계에 있는 자가 同一한 事故에 의해서 사망한 경우 그 유산은 누가 상속하느냐가 문제된다. 예컨대, A에게는 妻 B, 子 C와 父 D가 있는데, A와 C가 해외여행 중 승선한 선박이 침몰되어 같이 사망하였다고 하자. 이 경우 A는 재산이 5,000만원이 있고 C는 재산이 없다고 할 때, A가 C보다 먼저 사망하였다고 한다면, A가 사망한 그 순간에 아직 C는 살아있기 때문에 A의 遺産相續人은 妻 B와 子 C가 되고 B는 3,000만원 C는 2,000만원을 일단 상속하게 된다. 그러나 그 직후에 C가 사망하였다고 한다면 C의 유산은 C의 母인 B가 상속하게 되어 결국 B는 A의 유산 5,000만원을 전부 상속받게 되므로 D는 상속분이 없게 된다(1000조, 1003조, 1009조). 반대로 C가 A보다 먼저 사망하였다고 한다면, A의 사망시에는 C는 생존하고 있지 않으므로 A의 유산의 상속인은 妻 B와 父 D가 되고, 각각 B는 3,000만원을, D는 2,000만원을 상속받게 된다(1009조 2항).

이와 같이 피상속인과 상속인의 관계에 있는 자가 동일한 사고에 의하여 사망한 경우, 누가 먼저 사망하였느냐에 의해서 재산의 귀속이 크게 달라진다. 그러나 누가 먼저 사망하였느냐를 입증하는 것은 그리 쉬운 일이 아니다. 그리하여 死者의 遺產을 먼저 차지한 자가 유리하다는 불합리한 결과가 발생한다. 즉 자기가 진정한 상속인임을 주장하여 상속을 회복하려는 자는 死者間의 사망전후의 입증곤란으로 패소하는 결과가 되기 마련이다.

여기에서 민법은 동시사망의 입법례에 따라(독일 실종법 11조, 스위스 민법

32조 2항 등) 「2인 이상이 同一한 危難으로 사망한 경우에는 동시에 사망한 것으로 추정한다」는 규정을 두었다(30조). 이것을 同時死亡의 推定規定이라고 한다. 이를 앞에서 살펴본 예에 비추어 본다면, A와 C는 동시에 사망한 것으로 추정되므로 A·C간에는 상속이 생기지 않으며, A의 유산은 B와 D가 공동으로 상속하게 되어 그 상속분은 B는 3,000만원, D는 2,000만원이 된다. 그리고 이 민법상의 규정은 看做規定이 아니라 推定規定이므로 그 규정의 적용에 불복이 있는 자는 반증을 들어 추정을 뒤집을 수 있다. 예컨대 앞의 예에서 B로서는 A가 C보다 먼저 사망하였다는 사실을 증명하게 되면 결국 A의 유산을 독점하게 되고, 이와 같은 입증을 하지 못한 때에는 민법 제30조의 규정에 따라 B는 3,000만원, D는 2,000만원의 상속을 받게 된다.

(나) 推定規定의 適用範圍

그런데 민법 제30조와 관련하여 문제가 되는 것은 2인 이상이 각각 다른 원인으로 사망하였을 때, 예컨대 한 사람은 飛行機事故로, 다른 한 사람은 船舶事故로 사망하였다고 하자. 즉 서로 다른 사고에 의하여 사망하였으나 누가 먼저 사망하였는지 알 수 없는 경우에도 동시에 사망한 것으로 추정할 수 있느냐이다. 독일 실종법 제11조와 스위스 민법 제32조의 2에는 동일한 위난에 한하지 않고 「사망한 여러 사람 중 그 한 사람이 다른 사람의 사망 후 생존하였음을 증명할 수 없을 때」에 동시에 사망한 것으로 추정한다고 규정하고 있다. 우리 민법 제30조는 「同一한 危難」이라고 명시하고는 있지만, 동 규정의 입법취지로 보아 여러 사람이 각각 다른 위난으로 사망한 경우에도 추정규정을 유추적용하는 것이 타당하다고 본다.

(2) 認定死亡

(가) 認定死亡의 意義

사망의 사실을 인정하는 데 病死나 事故死인 경우 시신이 존재하는 한 별 문제가 없지만, 위난 등의 경우 예컨대 비행기의 추락, 선박의 침몰, 광산의 폭발, 수난, 화재 등에 의하여 사람이 사망한 것이 거의 확실하지만, 시체가 발견되지 않는 경우가 문제이다. 戶籍法은 이를 조사한 관공서는 지체없이 사망지의 시·읍·면장에 사망의 보고를 하게 되어 있고(호적 90조), 이 보고에 기하여 호적부에 사망으로 기재하게 되고(호적 17조), 그 자는 사망한 것으로 다루어진다. 이를 인정사망이라고 한다. 이와 같이 인정사망제도를 두고 있는 것은 시신의 확인은 없지만 고도의 사망확률이 있음에도 불구하고 실종선고의 절차를 밟게 하는 것은 적합하지 않기 때문이다(실종선고를 하기 위해서는 生死不明의 狀態가 일정기간 계속되어야 하고, 엄격한 법적 절차를 거쳐야 한다).

(나) 認定死亡의 效果

인정사망으로 호적에 기재가 되면 그 사람을 중심으로 하는 모든 법률관계는 사망으로 처리된다. 그러나 호적상의 사망의 기재는 일반적 推定力 이상의 실체법적인 의미가 없기 때문에 입증에 의하여 사망의 효력을 번복할 수 있다.

여기서 문제는 인정사망으로 인하여 사망한 것으로 다루어진 자가 살아있는 경우에는 그 법률관계를 어떻게 할 것이냐이다. 이에 관한 명문규정은 없지만, 失踪宣告의 取消에 관한 규정인 민법 제29조를 준용하여 처리하는 것이 타당하다고 본다.

(3) 失踪宣告

失踪宣告란 不在者의 生死不明의 상태가 오랫동안 계속되는 경우에 일정한 자의 請求에 의하여 法院은 실종을 선고하고, 일정기간이 경과함으로써 사망으로 看做하는 제도이다. 失踪宣告制度가 부재자의 생사불명의 상태가 계속되어 살아 돌아올 가망이 없는 경우에 일정의 자의 청구에 의하여 법원의 선고에 의해서 사망으로 간주하는 네 내하여, 認定死亡은 시신의 발견은 없으나 주위의 상황으로 보아 사망한 것이 확실하다고 여겨지는 경우에 官公署의 報告에 의하여 호적상 사망으로 기재하게 되면 사망으로 추정하는 절차적 특례라는 근본적인 차이가 있다. 실종선고에 관한 상세한 설명은 후술(問 033)하기로 한다.

【20】 外國人의 權利能力이란 어떤 것인가

1. 外國人의 意義

外國人이란 대한민국의 國籍를 가지지 않는 者를 말한다. 외국인에는 외국의 국적을 가진 자와 어느 나라의 國籍도 갖지 아니한 者(무국적자)를 포함한다. 국적의 득실에 관하여는 국적법에서 규정하고 있다.

2. 內外國人平等의 原則

그런데 외국인이 우리나라에서 어떠한 권리와 의무를 가질 수 있는가, 즉 한국인과 평등하게 권리의무를 가질 수 있느냐가 문제이다.

歷史的으로 볼 때 외국인의 권리능력을 인정하지 않는 때도 있었지만 인류문화가 발달함에 따라 경제적·문화적 활동에 있어서 세계화를 이룬 오늘날에 와서는 내외국인 평등주의를 인정하는 것이 원칙이다. 그러나 국가에 따라서는 외국인의 권리능력을 그의 본국이 자국민에게 인정하는 것과 같은 정도로 인정하는 이른바 相互主義를 취하는 나라도 있다(구민 11조).

우리 민법에는 외국인의 권리능력에 관하여 규정한 바는 없지만 헌법 제6조 2항에 「외국인은 國際法과 條約이 정하는 바에 의하여 그 지위가 보장된다」고 선언하고 있으므로 이에 비추어 볼 때 우리 민법도 내외국인 평등주의를 취하고 있는 것으로 볼 수밖에 없다. 그러나 오늘날 경제적·군사적 이유에서 예외적으로 외국인의 권리능력을 제한하는 것은 불가피하며, 이에 관한 많은 특별법을 두고 있다.

2. 外國人의 權利能力의 制限

외국인의 권리능력의 제한으로서 중요한 것을 들면 다음과 같다.

(1) 絶對的 制限

외국인에게는 절대적으로 권리능력을 인정하지 않는 경우가 있다.

즉 한국 선박과 한국 항공기의 소유권(선박 2조, 항공 6조)은 가질 수 없으며, 외국인은 한국에서 공증인(공증인 12조), 도선사(도선사 6조)가 될 수 없다. 그리고 무선국의 개설(전파 5조 1항), 항공운송사업(항공 81조)은 할 수 없다.

(2) 相互主義에 의한 制限

외국인에 대하여 상호주의에 의하여 권리능력이 제한되는 경우가 있다. 상호주의란 외국인의 권리능력을 그의 본국이 自國民에게 인정하는 것과 동일한 정도로 인정하는 주의를 말한다. 상호주의에 의한 외국인의 권리능력의 제한에 관한 중요한 것을 들면 다음과 같다.

첫째 외국인의 토지 소유권 취득에 관한 제한이다. 외국인토지법에 의하면 대한민국의 국민, 단체나 법인에 대하여, 자국 내의 토지에 관한 권리의 취득 또는 양도를 금지하거나, 제한하는 국가의 개인, 법인, 단체 또는 정부에 대하여는 대통령령으로써, 대한민국에서의 토지에 관한 권리의 취득에 관하여 동일하게 금지 또는 제한을 가할 수 있다(동법 3조). 외국인의 토지 취득에 관하여 종래에는 허가주의를 취하였던 것을 외국인토지법(1998년 5월 25일 전면개정)의 개정으로 일정한 경우(동법 4조 1항 · 2항)를 제외하고는 신고주의를 원칙으로 하고 있다.

둘째, 지적재산권의 취득에 관한 제한이다. 특허권(특허 25조, 26조), 디자인권(디자인 4조), 상표권(상표 5조)에 관해서는 상호주의에 의해서 외국인의 본국법이 우리 국민에게 하는 것과 동일 조건으로 권리의 향유를 인정한다.

셋째, 외국인이 우리 정부나 지방자치단체에 대하여 손해배상을 청구할 때에는 상호보증이 있는 때에 한하여 허용된다. 이 역시 일종의 상호주의의 한 예이다(국가배상 7조).

넷째, 일정한 경우에 외국인이 권리를 향유하기 위해서는 정부의 인 · 허가 또는 신고를 요하는 경우가 있다. 첫째 외국인이 어업권을 취득하기 위해서는 시, 도지사 또는 군수, 구청장의 면허 또는 허가를 받아야 한다(수산업 5조 1항). 둘째, 외국인이 대한민국의 법이나 국민이 경영하는 기업의 주식, 지분을 인수 또는 취득하고자 할 때에는 미리 산업자원부장관에게 신고를 하여야 한다(외국인투자촉진 5조 내지 7조). 그러나 방위산업체의 주식을 취득하고자 할 때에는 산업자원부장관의 허가를 얻어야 한다(외국인투자촉진 6조 3항). 그리고 광업권에 관해서 종래에는 외국인은 취득할 수 없었으나(광업 6조), 1999년에 동법의 개정에 의해서 동조가 폐지됨에 따라 외국인도 광업권을 취득할 수 있게 되었다.

(3) 國籍을 잃은 후의 權利의 措置

대한민국의 國民이 대한민국의 國籍을 喪失하게 되면 외국인이 된다. 그러므로 국적상실로 인하여 외국인으로서는 가질 수 없는 권리는 국적을 상실한 날로부터 3년 이내에 그 권리를 대한민국의 국민에게 양도하여야 한다. 그렇지 않은 경우에는 그 권리를 잃는다(국적 18조). 그러나 토지를 가지고 있는 한국인이 외국인이 된 경우에 그 土地를 계속 보유하려면 외국인으로 된 날로부터 6개월 이내에 시장・군수・구청장에게 신고하면 된다(국적 6조).

Ⅱ. 自然人의 意思能力·責任能力·行爲能力

자연인은 출생과 동시에 권리능력을 갖게 되지만, 실제로 유효한 법률행위를 하기 위해서는 권리능력자가 의사능력과 행위능력을 가지고 있어야 한다. 그리고 자기의 행위에 대해 불법행위로서 책임을 지기 위해서는 책임능력이 있어야 한다. 이를 다음 항에서 순차로 설명하기로 한다.

【21】 意思能力이란 무엇인가

1. 意思能力의 意義

意思能力이란 개개의 법률행위를 함에 있어서 자기의 행위의 의미나 결과를 합리적으로 판단할 수 있는 정신적 능력을 말한다. 여기서 정신적 능력이란 전지전능한 사람의 그것을 의미하는 것이 아니라 결국 통상인이 가지는 정상적인 判斷能力을 의미한다. 이와 같은 능력이 있는 자를 意思能力者라고 하고, 幼兒나 精神病者와 같이 행위의 결과에 대해서 판단능력이 없는 자를 의사무능력자라고 한다.

2. 意思能力의 判斷基準

의사능력이 있는지 여부의 判斷基準에 관해서 민법은 아무런 규정을 두고 있지 않다. 학설과 판례는 개개의 구체적인 법률행위와 관련하여 법률행위의 목적물의 경중, 행위자의 연령, 정신상태, 지능 등을 고려하여 구체적으로 판단하여야 한다고 한다. 예컨대 8세 정도의 어린이가 노트나 연필을 사는 계약을 하는 경우에는 의사능력이 있다고 볼 수 있지만, 부동산의 賣買契約과 같이 중대한 행위에 대해서는 그를 행할 의사능력이 있다고 볼 수 없다. 또한 정상적인 정신능력이 있는 자라 할지라도 극도로 만취된 상태에서 체결된 계약인 경우에는 의사능력이 없는 경우로 보아야 한다. 이와 같이 意思能力의 有無는 개개의 행위를 행함에 있어 이를 구체적으로 판단하여야 할 사실문제인 것이다.

3. 意思無能力者가 한 法律行爲의 效果

의사무능력자가 행한 법률행위는 무효이다. 우리 민법은 이에 관한 규정을 두고 있지 않지만, 학설과 판례는 당연한 것으로 여기고 있다. 그 이유는 자기의 행위로 법률효과를 발생케 하는 것은, 원칙적으로 모든 사람은 자기의 의사에 의하여서만 권리를 얻고 의무를 진다는 근대법의 私的自治의 原則에 의거하는 것인데, 의사능력없는 자의 행위는 자신의 의사에 의한 것이라고 할 수 없기 때문이다.

【22】 責任能力이란 무엇인가

1. 責任能力의 意義

책임능력이란 법률상의 책임을 인식할 수 있는 정신적 능력을 말한다. 다시 말하면 불법행위의 결과를 변식할 수 있는 정신능력을 말한다. 불법행위법(750조)은 과실책임주의를 취하고 있기 때문에 이러한 책임능력을 필요로 한다. 이러한 책임능력이 없는 자, 예컨대 유아나 심신상실의 상태에 있는 자는 불법행위책임(손해배상책임)을 지지 않는다.

2. 責任能力의 判斷基準과 意思能力과의 對比

不法行爲에 있어서 책임능력의 유무는 의사능력의 경우와 마찬가지로 행위자의 연령, 지능 등을 고려하여 구체적으로 판단하여야 한다.

여기서 문제가 되는 것은 법률행위에 있어서의 의사능력과 불법행위에 있어서의 책임능력 간에 정신능력의 차이가 있느냐이다. 학설은 7세 정도의 통상인의 지능같은 것이 의사능력 유무의 분계선이 된다고 하며(김용한, 101면), 판례는 불법행위에 있어서의 책임능력으로 13세 정도의 어린이의 정신능력을 요구하고 있는 것으로 보아(대판 1969. 7. 8, 68다2406), 법률행위에 있어서의 의사능력보다 불법행위에 있어서의 책임능력에 더 높은 정신능력을 요구하는 것으로 보인다.

【23】 行爲能力이란 무엇인가

1. 行爲能力의 意義

행위능력이란 행위자가 단독으로 유효한 법률행위를 할 수 있는 능력을 말한다. 의사능력이 없는 자의 행위를 법률상 무효로 한 것은 意思無能力者의 재산을 保護하기 위해서이다. 예컨대 A가 B소유의 시가 1억원 상당의 토지를 B의 의사무능력에 편승하여 5,000만원에 매수하기로 하여 B의 승낙을 얻었다 하더라도 B가 의사무능력자이기 때문에 A·B간의 계약은 무효가 되며, B는 토지의 소유권이전의무를 면하게 된다. 이와 같이 A·B간의 계약을 무효로 한다는 것은 의사능력이 없는 B를 보호하기 위해서이다.

2. 行爲能力者制度의 必要性

이와 같은 의사무능력자가 의사무능력을 이유로 하여 법률행위의 무효를 주장하기 위해서는 意思無能力者측에서 법률행위 당시에 의사능력이 없었다는 사실을 입증하여야 한다. 그러나 의사능력의 유무는 그 입증이 쉽지 않다. 한편 입증이 되어 그 법률행위가 무효라고 한다면 의사능력이 없었다는 사실을 모른 거래의 상대방은 뜻하지 않는 손해를 입게 된다. 여기에서 민법은 意思無能力者의 立證負擔을 면제해 주고, 거래의 상대방이 불측의 손해를 입지 않도록 하기 위해서 행위능력이 있는 자를 적극적으로 규정하지 않고, 반대로 행위무능력자를 객관적·획일적(未成年者, 限定治産者, 禁治産者)으로 정해 놓고, 그에 해당하는 자가 (의사능력이 불완전하든 완전하든 관계없이) 법정대리인의 동의를 얻지 않고 단독으로 법률행위를 하였을 때에는 의사능력이 없었다는 입증이 없이도 그 행위를 취소할 수 있도록 하였다. 그리고 거래의 상대방 역시 行爲能力이 없는 자를 획일적으로 정해둠으로써 행위무능력자임을 용이하게 알 수 있도록 하여 뜻하지 아니한 손해를 입지 않게 하였다. 이와 같이 민법은 객관적·획일적 표준에 해당하는 자를 행위무능력자라 하며, 그에 해당되지 않는 자를 행위능력자로 하고 있다. 따라서 행위능력이란 단독으로 완전하게 유효한 법률행위를 할 수 있는 자격 또는 능력을 말한다. 민법에서 단순히 「能力」 또는 「無能力」이라고 할 때에는 행위능력 또는 행위무능력을 의미한다.

3. 意思能力 없이 행한 無效와 行爲能力 없이 행한 取消의 競合

行爲無能力者가 동시에 意思無能力者인 경우에는 그 자가 행한 법률행위에 관하여 행위무능력을 이유로 한 취소와 의사무능력을 이유로 한 무효의 두 형식이 경합하게 된다. 이 경우 양자는 어떠한 관계에 있게 되느냐가 문제이다. 즉 양자는 병존이 가능한가와 가능하다면 선택하여 주장할 수 있는가이다. 예컨대 미성년자가 만취한 상태에서 계약을 체결한 경우 의사무능력을 이유로 한 無效를, 행위무능력을 이유로 한 取消를 선택적으로 행사할 수 있는가

표 2-2 各種 能力의 比較

항목 / 종류	意 味	能力의 判斷基準	能力이 없는 경우의 效果
權利能力	사법상의 권리의무의 주체가 될 수 있는 자격 또는 지위	형식적 기준에 의함 • 자연인 • 법인	권리의무가 귀속되지 않음.
意思能力	행위의 의미와 결과를 변식할 수 있는 정신능력	개개의 행위에 있어서 구체적으로 판단함(7~10세 정도).	법률행위는 무효
責任能力	불법행위의 결과를 변식할 수 있는 정신능력	개개의 행위에 있어서 구체적으로 판단함. 판례상으로는 의사능력보다 약간 높다고 봄(13세 정도).	불법행위의 책임을 지지 않음. →감독자가 책임을 짐(755조 본문).
行爲能力	법률행위를 단독으로 유효하게 할 수 있는 자격 또는 지위	형식적 기준에 의함. 미성년자·한정치산자·금치산자가 아닌 자는 행위능력이 있음.	단독으로 행한 법률행위는 취소할 수 있음.

이다. 이 문제에 관해서는 행위무능력제도가 의사무능력을 객관적으로 획일화한 제도인 이상 행위무능력을 이유로 하는 취소만을 인정하여야 한다는 주장도 있지만, 양자 중 어느 하나를 선택적으로 행사할 수 있다고 보는 것이 통설이다(이중효의 긍정).

Ⅲ. 無能力者制度

【24】 無能力者制度란 어떤 것인가

1. 無能力者制度의 意義

무능력자제도란 의사능력이 불완전한 자의 재산을 보호하고, 거래의 상대방으로 하여금 행위무능력자를 쉽게 알 수 있도록 하여 去來의 安全과 迅速을 기하기 위해서, 의사능력이 불완전한 자를 획일적으로 행위무능력자로 정하여, 그 者의 行爲가 意思能力이 있느냐 없느냐를 가리지 않고, 일률적으로 취소할 수 있게 하는 제도이다.

2. 無能力者의 種類

민법상 획일적으로 정하고 있는 무능력자는 ① 만 20세가 되지 아니한 자(未成年者), ② 心身이 薄弱하거나 재산의 낭비로 자기나 가족의 生活을 窮乏하게 할 염려가 있는 자로서 限定治産宣告를 받은 者(限定治産者), ③ 心身喪失의 상태에 있는 자로서 禁治産宣告를 받은 者(禁治産者)의 세 가지가 있다.

3. 無能力者制度의 適用範圍와 問題點

無能力者制度는 무능력자의 재산을 보호하기 위하여 인정된 것이므로 재산상의 법률행위를 대상으로 함을 원칙으로 하고 있다. 그러나 재산상의 행위라 할지라도 性質上 무능력자 제도가 적용되지 않는 경우가 있고, 家族法上의 行爲에 있어서는 본인의 의사를 존중하여야 하므로 이 역시 무능력자제도가 적용되지 않는다. 이를 설명하면 다음과 같다.

(1) 家族法上의 行爲

민법총칙에서 규정하는 무능력자제도는 보통의 재산적 법률행위에 적용되나, 家族法上의 법률행위에는 원칙적으로 適用되지 않는다. 왜냐하면 가족법상의 행위는 財産上의 行爲와 달라 이해타산을 목적으로 하는 것이 아닐 뿐만 아니라 의사능력이 있는 한 본인의 의사를 무엇보다도 존중하여야 하기 때문이다. 그러므로 가족법상의 행위에 있어서는 무능력자라 하더라도 본인에게 의사능력이 있는 한 有效한 行爲를 할 수 있는 것을 원칙으로 한다. 친족·상속편에서 행위능력에 관하여 총칙과 별도의 규정을 두고 있는 경우가 많은 것도 그러한 이유에서이다(예: 801조, 807조, 869조, 1061조~1063조).

(2) 事實的 契約關係의 行爲

버스·전철 등 교통관계의 이용관계, 자동판매기의 이용관계, 전화·전신·우편 등의 이용관계, 가스·수도·전기의 이용관계, 유료주차장의 이용관계 등 공중에 대하여 請約하는 定型的 供給關係에서 이용자가 무능력자라는 이유로 하여 자기가 행한 행위, 즉 버스를 이용한 운송계약, 자동판매기를 이용한 커피매매계약, 유료주차장 이용계약 등을 취소할 수 있느냐가 문제된다. 만약에 이와 같은 행위가 무능력을 이유삼아 취소할 수 있다고 한다면 사회의 경제활동에 혼란이 있게 되고 거래안전을 크게 위협하게 된다. 이와 같은 이용행위는 이용자가 계약성립의 의사를 표시하지 않더라도 정형적 또는 사회적·유형적 행위(예: 자동판매기의 이용 등)에 의하여 법적 구속을 받는다는 인식이 거래사회에서 확립되어 있다고 볼 수 있으므로 무능력자가 한 행위는 取消할 수 없는 有效한 것으로 보아야 한다는 주장이 유력시되고 있다(독일 판례는 같은 취지로 판시하였다).

(3) 團體設立行爲

행위무능력자가 회사 등 단체의 설립에 관여하였다는 이유로 활동을 개시한 단체의 존립이 부인되느냐가 문제된다. 만약 무능력자가 개입했다고 하여 그 설립이나 그의 행위를 취소하게 된다면 단체의 구성원은 물론 단체와 거래한 제3자에게도 크게 해를 입히게 되어 거래안전이 위협받게 된다. 그러므로 단체의 구성원 중 행위능력이 없는 자가 개입했다 하더라도 그 단체의 존립·존속에는 영향을 주지 않도록 하고, 다만 행위무능력자인 당해 구성원에 대해서만이 소급적으로 단체구성원으로서의 자격을 상실케 하든가 장래에 대해서 탈퇴시키는 것이 단체의 특수성으로 보아 타당하다고 본다.

(4) 無產者인 無能力者

민법의 무능력자제도는 財產을 가진 무능력자를 보호하는 제도이다. 재산이 없는 정신능력이 불완전한 자가 스스로 재산을 얻기 위하여 법률행위를 하려는 경우에는 전혀 실익이 없고, 오히려 폐해를 가져온다. 그러므로 재산을 갖지 않는 자의 보호를 위해서는 社會政策立法에 의하여야 하며, 그 한도에서 무능력자제도의 적용이 제한되는 경향이 있다.

【25】 未成年者는 언제부터 成年이 되는가

1. 成 年 期

민법은 「만 20세로 성년이 된다」고 규정하고 있다(4조). 이것을 成年期라고 한다. 따라서 성년기에 달하지 않는 자는 행위무능력자로서 단독으로 유효한 법률행위를 할 수 없는 것이 원칙이다. 연령계산방법은 출생일을 算入하며, 曆에 따라 계산한다(158조, 160조). 예컨대 1978. 10. 5. 오후 11시에 출생한 자는 1998. 10. 4. 오후 12시에 만 20세가 된다. 출생한 날은 1시간밖에 남아있지 않지만 하루로 계산한다. 출생의 시기는 호적부의 기재나 주민등록부 기재에 의하여 쉽게 알 수 있으나, 이 기재는 움직일 수 없는 것은 아니다(대판 1987. 12. 22, 87다카1932; 1994. 6. 10, 94다1883). 의사·조산사·동거인 등의 증명이나 기타 신뢰할 수 있는 증거에 의하여 진실한 出生時期를 확정할 수 있다.

2. 成年擬制

成年期를 만 20세로 한 것에는 예외가 있다. 미성년자가 혼인을 한 때에는 성년으로 보는 경우이다(826조의 2). 따라서 미성년자가 혼인을 하게 되면 친권에 복종하지 않게 된다. 이를 혼인에 의한 成年擬制라고 한다. 이를 인정하는 취지는 비록 미성년자라 할지라도 혼인을 하게 되면 성년자로 간주하여 자치능력을 인정하는 것이 바람직하다는 데에 있다. 말하자면 혼인을 해서도 성년에 이르지 못했다고 해서 일일이 親權者나 後見人의 간섭을 받고 모든 일에 통제를 받게 된다면 독립된 인격자로서의 대우를 받지 못한 것으로 되어 원만한 부부생활에 저해가 된다는 점을 감안한 것이다.

그리고 成年擬制는 민법상에 있어서 그렇다는 것이지 공직선거 등 公法上의 問題에는 적용되지 않는다. 여기서 문제가 되는 것은 미성년자가 婚姻한 후 성년이 되기 전에 혼인이 해소된 경우, 그 당사자는 다시 미성년자라는 무능력자로 되돌아 가느냐이다. 통설은 혼인으로 인하여 성년자가 된 자는 그 후 혼인이 해소(이혼 또는 당사자 일방의 사망)된다 하더라도 다시 행위무능력자로 복귀하지 않는다고 한다.

【26】 未成年者는 行爲能力이 있는가

1. 原　　則

미성년자가 법률행위를 하려면 法定代理人의 同意를 얻어야 한다(5조 1항). 동의를 얻지 않고 단독으로 한 법률행위는 미성년자 자신이나 그의 법정대리인은 취소할 수 있다(5조 2항). 법정대리인이 일단 동의를 했다 하더라도 미성년자가 아직 법률행위를 하지 아니한 때에는 그 동의를 취소할 수 있다(7조).

2. 例　外

이 원칙에 대한 예외로서 미성년자는 다음 사항에 대해서는 법정대리인의 동의없이 단독으로 유효한 법률행위를 할 수 있다. 그러나 의사능력만은 반드시 있어야 한다.

(1) 단순히 權利만을 얻거나, 義務만을 면하는 行爲(5조 1항 단서)

예컨대 부담없는 증여를 받는다든지, 채무를 면제받을 계약을 하는 경우와 같이 미성년자에게 이익이 있을 뿐 어떠한 부담도 없는 경우에는 법정대리인의 동의없이 단독으로 유효하게 할 수 있다.

(2) 處分이 許容된 財産의 處分行爲(6조)

法定代理人이 범위를 정하여 처분을 허락한 재산은 미성년자가 단독으로 처분할 수 있다. 여기서 「範圍를 定하여」라고 한 범위의 해석에 관하여 학설의 견해는 일치하고 있지 않다. 소수설은 사용목적을 정하고 있는 때에는 반드시 그 사용목적(예: 하숙비, 등록금 등) 안에서 처분하여야 하며, 사용목적을 정하고 있지 않는 때에는 재산이 범위 안에서 처분할 수 있다고 해석하여야 한다고 한다. 이에 대하여 다수설은 사용목적이 정하여져 있든 없든 간에 사용목적과는 관계없이 그 허락된 「재산의 범위 안」에서 任意處分을 할 수 있다고 해석하여야 한다고 한다.

생각건대 사용목적이라는 것은 법정대리인과 미성년자간의 내부문제이어서 미성년자와 거래하는 제3자는 이를 용이하게 알 수 없으므로 거래안전을 위해서 다수설이 타당하다고 본다. 그리고 제6조에서는 재산의 「處分」이라고만 하고 있으나, 이는 재산의 사용·수익도 포함한 것으로 해석하여야 한다.

(3) 許諾된 營業行爲

미성년자가 법정대리인으로부터 허락을 얻은 특정한 영업에 관하여는 成年者와 동일한 행위능력이 있다(8조 1항). 여기서 「영업」이란 商業(상 4조, 46조)에 한하지 않고 널리 영리를 목적으로 하는 사업을 말한다. 따라서 영리를 목적으로 한 이상 공업·상업·농업·어업 등을 모두 포함한다. 법정대리인이 영업을 허락하는 경우에는 그 영업의 「種類를 특정」하여야 한다. 그러므로 어떠한 영업을 하여도 좋다든가, 하나의 단위가 되는 영업의 일부만을 허락 또는 제한하는 것(예: 학용품장사를 하되 10만원 미만에 한한다는 것과 같은)은 미성년자의 보호 및 거래안전의 보호의 견지에서 인정되지 않는다. 그리고 여기서 「營業에 관하여」라는 것은 그 영업자체의 행위는 물론 그의 준비행위나 보조행위 등 직접·간접으로 필요하다고 인정되는 일체의 행위를 포함한다(예: 자금의 차입·점포의 구입·점원의 채용·물건의 매매 등). 營業許諾의 方式에 관해서는 제한이 없으며 명시·묵시를 불문한다. 그러나 영업이 상업인 때에는 상업등기를 하여야 한다(상 6조, 34조). 그리고 영업을 허락하게 되면 「成年者와 동일한 行爲能力」을 가진다는 것은 법정대리인의 동의가 필요하지 않을 뿐만 아니라 법정대리인의 대리권도 이 범위에서 소멸하는 것을 뜻한다.

(4) 代理行爲

미성년자의 법률행위의 제한은 무능력자 자신의 보호를 위한 것이므로 미성년자가 타인의 대리인으로서 법률행위를 하는 때에는 무능력자로서 그 행위능력이 제한되지 않는다(117조). 왜냐하면 대리인이 한 법률행위의 효과는 직접 본인(대리권을 수여하는 자)에게 귀속되므로 대리인인 미성년자가 불이익을 받는 일이 없기 때문이다.

(5) 遺言行爲

미성년자의 능력에 관한 민법 제5조는 유언에 관하여는 적용되지 않는다. 미성년자라도 만 17세가 되면 단독으로 遺言을 할 수 있다(1061조).

(6) 無限責任社員인 未成年者의 行爲

미성년자가 법정대리인의 許諾을 얻어 회사의 무한책임사원이 된 때에는 그 사원자격으로 인한 행위에 있어서 능력자로 본다(상 7조).

(7) 勤勞契約의 締結과 賃金의 請求

勤勞基準法은 「미성년자는 독자적으로 임금을 청구할 수 있다」(근기 66조)

고 정함과 동시에 「친권자 또는 후견인은 미성년자의 근로계약을 대리할 수 없다」(동법 65조 1항)라고 규정하고 있는데, 이 의미에 대하여서는 미성년자는 단독으로 근로계약을 체결할 수 있다는 견해(김용한, 111면; 이영준, 813면)와 법정대리인의 동의를 얻어 미성년자가 체결하여야 한다는 견해(곽윤직, 168면; 김주수, 146면; 김상용, 181면)로 나누어져 있다. 판례는 독자적으로 근로에 의한 賃金을 請求할 수 있는 것으로 하고 있다(대판 1981. 8. 25, 80다3146). 미성년자가 단독으로 할 수 있는 범위 내에 있어서는 법정대리인의 대리권이 제한되는 것은 물론이다. 이것은 자녀를 자기를 위한 희생물로 하는 부모가 있기 때문에 이러한 제한을 둔 것이다.

3. 同意와 許諾의 取消 또는 制限

(1) 同意와 許諾의 取消

미성년자가 법률행위를 하기 전에는 법정대리인은 그가 준 同意나 일정 범위의 재산처분에 대한 허락을 취소할 수 있다(7조). 이것은 미성년자의 이익을 보호한 것이다. 법정대리인이 취소하면 그때부터 장래에 향하여 동의가 없는 것으로 되므로 이 취소는 撤回라고 해야 한다. 그리고 이 취소는 善意의 제3자에게 대항하지 못한다고 해석하여야 할 것이다.

(2) 營業許諾의 取消와 制限

법정대리인은 미성년자에 대한 영업허락을 하였더라도 그것을 취소하거나 그 종류를 제한할 수 있다(8조 2항 본문). 이 역시 將來를 향해서만 효력이 있기 때문에 이 취소도 撤回의 뜻이다. 그러나 미성년자와 거래하는 상대방을 보호하기 위하여 선의의 제3자에게는 대항하지 못하도록 하였다(8조 2항 단서).

【27】 未成年者의 法定代理人은 누가 되며, 어떠한 權限이 있는가

미성년자는 일정한 경우를 제외하고는 단독으로 유효한 법률행위를 할 수 없다. 이와 같은 행위의 제한을 받고 있는 미성년자의 보호기관으로서 法定代理人을 두고 있다. 그러므로 여기서는 법정대리인은 누가 되며, 그의 權限은 무엇인가를 살펴보기로 한다.

1. 法定代理人이 될 수 있는 者

법정대리인이 될 수 있는 자는 제1차로 親權者이고, 친권자가 없거나 친권자가 친권을 행사할 수 없는 때에는 제2차로 後見人이 된다.

(1) 親權者

친권이란 미성년의 子를 보호하고 교양하기 위하여 그의 부모에게 인정되는 권리의무를 총칭해서 하는 말이다(913조). 이와 같은 친권을 행사할 수 있는 자를 친권자라고 한다. 친권자가 되는 者는 첫째로 未成年者의 父母가 된다. 그리고 친권행사는 부모가 공동으로 행사한다(909조 2항 본문). 그러나 부모의 의견이 일치하지 아니한 경우에는 당사자의 청구에 의하여 가정법원이 이를 정한다(909조 2항 단서). 그리고 부모의 일방이 친권을 행사할 수 없을 때 예컨대 부모 중 한 쪽이 사망 · 행방불명 · 친권상실 등인 경우에는 다른 일방이 이를 단독으로 행사한다(909조 3항). 둘째로 부모가 이혼한 경우에는 父母의 協議로 친권자를 정하고 협의를 할 수 없거나 협의가 이루어지지 아니한 경우에는 당사자의 청구에 의하여 가정법원에서 부모의 한 쪽을 친권자로 정한다(909조 4항 전문). 셋째로 婚姻外의 子에 관하여는 母가 單獨으로 親權을 행사하게 되고, 父가 인지한 후에는 부모가 이혼한 경우에 있어서와 같은 방법으로 친권자를 결정한다(909조 4항). 그리고 양자의 친권자는 양부모가 된다

(909조 5항).

(2) 後見人

미성년자의 친권자가 없거나 또는 친권자가 법률행위의 대리권과 재산관리권을 행사할 수 없는 때에는 後見人이 법정대리인이 된다(928조).

後見人이 될 수 있는 者는 첫째, 최후로 친권을 행사하는 자가 遺言으로 指定한 자(지정후견인; 931조 본문)이다. 둘째, 후견인의 지정이 없는 때에는 미성년자의 직계혈족·3촌 이내의 방계혈족의 순위로 후견인이 된다(법정후견인; 932조). 셋째, 법정후견인이 될 자가 없는 경우에는 미성년자의 친족(777조), 기타 이해관계인의 청구에 의하여 家庭法院이 選任한 者(선임후견인; 936조)가 후견인이 된다.

2. 法定代理人의 權限

친권자 또는 후견인은 미성년자에 대하여 일반적인 보호·교양·감독의 권리와 의무가 있으며, 미성년자의 법률행위에 관하여는 미성년자의 법정대리인으로서 同意權·代理權·取消權이 있다.

(1) 法定代理人의 同意權

(가) 同意權의 意義

법정대리인이 미성년자에 대하여 가지는 동의권이란 법정대리인이 미성년자의 법률행위에 관하여 그를 행하여도 좋다는 의사표시를 말한다. 미성년자는 법정대리인의 동의를 얻어 단독으로 유효한 법률행위를 할 수 있다(5조 본문). 일정한 범위의 재산의 처분과 영업에 관하여는 허락이라고 하지만(6조, 8조), 그 역시 성질은 동의와 같은 뜻이다. 물론 미성년자가 법정대리인의 동의를 얻어 유효한 법률행위를 하기 위해서는 의사능력이 있어야 함은 당연하다.

(나) 同意의 方法

동의의 방법은 제한이 없으므로 친권자가 子의 영업행위에 관하여 그를 묵인하고 업무를 돕는 것과 같은 默示의 同意도 유효하다. 그리고 동의는 미성년자에게 하는 것이 보통이지만 미성년자와 거래하는 상대방에게 하는 것도 무방하다. 또한 개개의 행위에 관하여 동의를 하는 것이 일방적이지만, 대체로 예견할 수 있는 행위의 범위 내에서 포괄적으로 하여도 무방하다. 그리고 親權者인 부모가 동의권을 행사할 때에는 부모가 공동으로 행사하여야 한다. 그러나 부모 일방이 共同名義로 동의를 한 때에는 다른 일방의 의사에 반한다 할지라도 상대방이 善意인 경우에는 그 동의는 有效하다(920조의 2).

(다) 同意權行使의 制限

동의를 주는 방법은 父母인 친권자는 아무런 구속을 받지 않지만, 후견인은 미성년자의 일정한 행위 즉, ① 영업을 하는 일, ② 借財 또는 保證을 하는 일, ③ 부동산 또는 중요재산에 관한 권리의 득실변경을 목적으로 하는 일, ④ 소송행위를 하는 일에 관하여 동의를 하려면 친족회의 동의를 얻어야 한다(950조).

그리고 예컨대 子의 재산을 친권자가 양수한다든지, 친권자의 채무에 관하여 子의 재산을 담보로 제공하는 등 친권자와 미성년자의 이익이 상반되는 행위에 관해서는 친권자는 동의권을 갖지 못하며, 가정법원이 선임하는 특별대리인의 동의가 필요하다(921조 1항). 한편 이해상반행위의 금지는 친권에 복종하는 수인의 子 사이에 이해가 충돌되는 경우에도 동일하게 적용된다(921조 2항).

(2) 法定代理人의 代理權

(가) 代理權의 意義

법정대리인의 대리권이란 법정대리인이 미성년자에 갈음하여 재산상의 법률행위를 할 수 있는 권한을 말한다. 민법은 「법정대리인은 미성년자의 재산상의 법률행위를 대리할 수 있다」(920조 본문, 949조 1항)라고 규정하여 법정대리인에게 대리권을 인정하고 있다. 유아와 같이 의사능력이 없는 자는 동의를 하여도 유효한 법률행위를 할 수 없으므로 이 경우에는 오로지 법정대리인의 대리에 의할 수밖에 없다.

(나) 代理權行使의 方法

대리의 방법은 單獨代理임이 원칙이나 친권자인 부모는 공동으로 대리를 하여야 한다(119조 단서). 共同代理는 부모의 공동명의로 대리권을 행사함을 의미한다. 그러나 공동친권자인 일방이 공동명의로 대리권을 행사하였으나 그것이 다른 일방의 의사에 반한다 하더라도 상대방이 선의인 경우에는 그 대리행위는 유효하다(920조의 2).

(다) 代理權行使의 制限

법정대리인이 대리권을 행사할 때에는 다음과 같은 제한이 있다.

① 대리권행사는 동의권의 경우와 마찬가지로 부모인 친권자는 아무런 제한없이 代理行爲를 할 수 있지만, 후견인은 일정 사항에 관하여 대리권을 행사할 때에는 親族會의 동의를 얻어야 한다(950조).

② 子의 행위를 목적으로 하는 債務를 발생시키는 행위, 예컨대 子가 타인에게 고용되는 契約 등을 代理함에 있어서는 본인의 동의를 요한다(920조 단서, 949조 2항). 그러나 미성년자의 동의가 있다 하더라도 근로기준법상 근로계약의 체결이나 임금청구에 대해서는 대리를 할 수 없다(근기 65조 1항, 66조).

③ 子의 재산을 친권자가 양수한다든지, 親權者의 채무에 관하여 子의 재산을 담보로 제공하는 등 親權者와 未成年者 사이에 이해가 상반되는 행위나, 동일한 친권에 복종하는 수인의 子 사이에 이해가 상반된 행위에 관하여는 법정대리인이 代理權을 행사할 수 없고, 가정법원이 선임한 特別代理人이 미성년자를 대리하여야 한다(921조 2항).

④ 子에게 無償으로 재산을 수여한 제3자가 그 재산에 대한 법정대리인의 관리권을 배제하는 意思를 表示한 때에는 법정대리인은 그에 관하여 대리권을 행사할 수 없다(918조, 956조).

(3) 法定代理人의 取消權

미성년자가 법정대리인의 동의를 얻지 않고 법률행위를 하였을 때에는 그 행위는 취소할 수 있다(5조). 취소할 수 있는 자는 미성년자 본인이거나 법정대리인 또는 그의 승계인이다(140조). 취소를 하게 되면 소급해서 무효가 된다(141조 본문). 따라서 미성년자가 행한 법률행위에 의하여 발생한 채무 등은 이행할 필요가 없게 되고, 이미 이행된 급부는 반환받을 권리가 있게 된다(741조 이하). 그리고 미성년자는 선의·악의를 불문하고 그 행위로 인하여 받은 이익이 현존하는 한도에서 상환하면 된다(141조 단서).

【28】限定治產宣告와 禁治產宣告란 무엇인가

한정치산선고와 금치산선고제도는 지금까지 이를 인용한 예가 거의 없다. 이는 우리의 현실사회에서 별 필요성이 없다는 데에 기인한 것으로 본다. 외국의 입법례에 있어서도 일찍이 독일에서는 이 제도를 폐지하고, 그 대신 1992년에 특별후견인 제도로 대체하였으며, 그에 영향을 받은 일본 역시 1999년 준금치산선고(우리나라의 한정치산선고에 해당), 금치산선고제도를 폐지하고, 그 대신 成年後見人制度로 바뀌었다.

우리나라도 한정치산선고와 금치산선고제도는 시대적 요청에 따라 조속히 개정되어야 한다.

1. 限定治產者

(1) 意　　義

限定治產者라 함은 心身이 薄弱하거나, 財產의 浪費로 자기나 가족의 생활을 궁박하게 할 염려가 있는 자로서 가정법원에서 한정치산 선고를 받은 자를 말한다(9조).

(2) 限定治產宣告

(가) 限定治產宣告의 要件

① **實質的 要件**　심신이 박약하거나, 자기나 가족의 생활을 궁박하게 할 염려가 있는 낭비자이어야 한다(9조 전문). 心神薄弱者란 심신상실의 정도에는 이르지 않으나 정신능력이 불완전한 자를 말하며, 財產浪費者란 단순한 낭비자가 아니고 낭비의 습성으로 자기나 가족의 생활을 궁박하게 할 염려가 있

어야 한다. 그리고 이 경우의 낭비는 비도덕적인 것만이 아니라 자선사업에 기부하는 때에도 낭비가 될 수 있다.

② **形式的 要件** 본인·배우자·4촌 이내의 친족·후견인 또는 검사 등의 청구가 있어야 한다(9조 후문). 여기에서 본인을 포함시키고 있는 것은 본인 스스로 자기 재산을 보호하기 위해서 한정치산선고를 원하면 이를 할 수 있도록 하기 위해서이다. 또한 검사를 두고 있는 것은 다른 청구권자가 없다거나, 있다 하더라도 한정치산선고를 청구하지 않는 경우에는 본인 또는 가족의 이익과 거래안전을 위하여 공익의 대표자로서 청구할 수 있도록 하기 위해서이다.

여기서 문제가 되는 것은 미성년자도 한정치산선고신청을 할 수 있느냐이다. 이에 관해서는 학설이 대립하고 있으나 성년을 앞둔 미성년자가 한정치산의 원인이 있을 경우 그 미성년자에게 미리 선고를 받게 함으로써 공백기를 메울 수 있게 하여 미성년자를 보호하고자 한정치산선고신청을 인정하는 것이 타당하다.

(나) 宣告의 節次

가정법원은 그 선고신청의 요건이 갖추어져 있다고 판단된 때에는 반드시 선고를 하여야 한다. 제9조는 「…선고하여야 한다」고 규정하고 있어 선고는 必然的이다. 그리고 한정치산선고를 하게 되면 이를 공고하고, 호적에 기재하게 된다(가심규 29; 호적령 20조 1항 6호).

(3) 限定治產者의 行爲能力

限定治產者의 能力은 미성년자의 경우와 같다(10조). 그러므로 한정치산자가 법정대리인의 동의나 허락없이 한 법률행위는 취소할 수 있다. 그리고 예외적으로 미성년자가 단독으로 법률행위를 할 수 있는 규정도 준용된다(10조, 5조).

그러나 다음과 같은 경우에는 학설상 견해의 대립이 있다. 첫째로 미성년자의 勤勞契約의 締結과 賃金의 請求에 관한 근로기준법상의 규정(근기 65조 1항, 66조)은 한정치산자에게도 준용되느냐이다. 근로기준법에서 미성년자에게 이와 같은 규정을 두고 있는 것은 법정대리인에 의하여 미성년자가 부당한 근로를 강요당하며, 임금을 법정대리인이 대신 받을 수 있게 한다면 이러한 미성년자는 법정대리인에 의한 희생자가 될 우려가 있기 때문에 이를 방지하기 위해서라고 본다. 이와 같은 사정은 한정치산자에게도 다를 바 없다고 할 것이므로 이 역시 한정치산자에게도 적용된다고 보는 것이 타당하다. 둘째로 約婚(801조, 802조)·婚姻(807조, 808조)·協議離婚(835조)·分家(788조)·入養(871조, 873조)·協議罷養(900조, 902조) 등의 家族法上의 行爲에 관하여서는 미성년자와 금치산자는 후견인의 동의를 얻어 행위를 할 수 있다고 규정하고 있으면서 한정치산자에 관해서는 아무런 규정을 두고 있지 않다. 그리하여 한정치산자에게도 이 규정을 준용할 수 있느냐가 문제된다. 생각건대 한정치산자에 대하여 언급이 없는 것은 결국 단독으로 유효하게 그러한 가족법상의 행위를 할 수 있다는 것을 전제로 한 것이라고 할 수 있다. 따라서 이 경우 한정치산자의 가족법상의 행위는 후견인의 동의없이도 단독으로 할 수 있다고 본다.

(4) 後見人(法定代理人)

한정치산자의 법정대리인은 後見人이다(938조). 한정치산의 선고가 있는 때에는 그 선고를 받은 자의 후견인을 반드시 두어야 한다(929조). 그리고 후견인은 1인에 한한다(930조).

후견인이 될 수 있는 者는 한정치산선고를 받을 자의 직계혈족·3촌 이내의 방계혈족의 순위로 후견인이 된다(933조). 그리고 혼인한 자가 한정치산선고를 받은 때에는 그의 配偶者가 후견인이 된다(934조). 이상의 후견인이 될 자가 없을 때에는 법원은 제777조의 규정에 의한 피후견인의 친족 기타 이해관계인의 청구에 의하여 후견인을 선임한다(936조).

後見人의 權限은 동의권·대리권·취소권을 갖는 등 미성년자의 법정대리인의 경우와 같다. 한정치산자의 후견인도 미성년자의 후견인과 마찬가지로 일정한 경우에는 동의 또는 대리를 함에 있어서 親族會의 同意를 얻어야 한다(950조).

(5) 限定治產宣告의 取消

한정치산선고의 원인이 소멸한 경우, 즉 ① 심신박약의 상태를 벗어나 정상적인 판단능력을 갖게 되었을 때, 낭비의 습성이 없어진 때에는 법원은 일정한 자의 청구에 의하여 그 선고를 취소하여야 한다(11조). 한정치산선고가 취소되면 한정치산자는 능력자로 복귀한다. 그러나 취소의 효력은 소급하지 않는다.

2. 禁治産者

(1) 意　　義

禁治産者란 心身喪失의 상태에 있는 자로서 일정한 자의 청구에 의하여 가정법원으로부터 금치산선고를 받은 자를 말한다(12조).

(2) 禁治産宣告

(가) 要　件

① **實質的 要件**　본인이 심신상실의 상태에 있어야 한다. 여기서 심신상실의 상태라 함은 자기의 행위의 결과를 인식할 만한 정신능력이 없는 것이 보통인 상태를 말한다. 때때로 의사능력을 회복하는 수가 있더라도 상관없다.

② **形式的 要件**　본인, 배우자, 4촌 이내의 친족, 후견인 또는 검사의 청구가 있어야 한다(9조, 12조). 본인을 포함시키는 것은 본인이 의사능력을 회복하고 있는 동안에 단독으로 청구하게 하려는 것이고, 검사를 든 것은 청구권자가 청구하지 않거나 또는 청구할 사람이 없는 경우에는 본인의 보호와 거래의 안전을 위하여 공익의 대표자로서 선고를 청구하게 한 것이다.

(나) 宣告의 節次

금치산선고의 절차와 선고 후의 조치 등은 한정치산선고의 경우와 같다. 이 역시 선고의 요건이 갖추어져 있을 때에는 반드시 선고를 하여야 한다. 즉 선고는 필연적이다.

(3) 禁治産者의 行爲能力

금치산자의 법률행위는 언제나 취소할 수 있다(13조). 후견인의 동의를 얻어서 하였다 하더라도 마찬가지이다. 그러나 가족법상의 행위에 있어서는 그의 특수성에 의해서 후견인의 동의를 얻어 유효하게 할 수 있는 경우가 있다(802조, 808조, 835조, 873조, 902조 등). 특히 유언행위는 만 17세에 달한 자로서 의사능력이 회복된 때에는 단독으로 유효하게 할 수 있다(1062조, 1063조).

(4) 後見人(法定代理人)

금치산자의 경우에는 한정치산자의 경우와 마찬가지로 후견인을 두어야 한다(929조). 후견인의 수는 1인에 한한다(930조). 금치산자의 후견인이 될 수 있는 자는 한정치산자의 경우와 같다(933조, 934조, 936조).

표 2-3 各種 無能力者의 對比

	未成年者	限定治産者	禁治産者
要 件	만 20세 미만인 자(4조)	심신박약자·재산낭비자로 가정법원의 선고를 받은 자(9조)	심신상실자로 가정법원의 선고를 받은 자(12조)
行爲能力	법정대리인의 동의를 얻어 행위를 할 수 있음(5조 1항 본문). 특정행위만을 법정대리인의 동의없이 단독으로 할 수 있음(5조 1항 단서, 8조).	좌 동 * 가족법상의 행위는 별개	단독으로 할 수 있는 행위는 없음(13조).
法定代理人	친권자(911조) 후견인(938조)	후견인(929조)	후견인(929) * 가족법상의 행위는 별개
法定代理人의 權限	동의권(5조 1항 본문) 대리권(920조 본문, 938조) 취소권(5조 2항, 140조) 추인권(143조)	좌 동	대리권(949조 1항) 취소권(13조, 140조) 추인권(143조) * 동의권은 없음.
無能力者의 行爲의 效果	동의없이 한 행위는 취소할 수 있음(5조 2항, 140조).	좌 동	동의여부와 관계없이 항상 취소할 수 있음(13조).

금치산자의 후견인이 가지는 임무와 권한은 금치산자의 요양·감호(947조)와 그 재산을 관리하고 그에 관한 법률행위를 대리하는 것이다(949조). 후견인이 대리권을 행사할 때에는 미성년자의 후견인의 경우와 마찬가지로 일정한 제한이 있다(949조 2항, 950조). 금치산자는 후견인의 동의를 얻어서도 유효한 행위를 할 수 없기 때문에 동의권이 없고, 代理權만을 갖는 것이 원칙이다. 그러나 예외적으로 약혼(802조), 혼인(808조 2항) 등 일정한 가족법상의 행위에 있어서는 동의권이 있다고 볼 수 있다. 그리고 후견인은 금치산자의 행위를 언제나 취소할 수 있는 취소권도 가진다(140조 이하).

(5) 禁治產宣告의 取消

금치산의 원인이 소멸한 때에는 일정한 자의 청구에 의하여 가정법원은 금치산선고를 취소하여야 한다(11조, 14조). 선고가 취소되면 선고를 받은 자는 행위능력을 회복하게 되고, 그 효력은 소급하지 않는다. 선고취소의 절차는 한정치산선고의 취소의 경우와 같다.

【29】 無能力者의 相對方의 保護는 어떻게 하는가

1. 相對方의 保護의 必要性

미성년자와 한정치산자가 法定代理人의 동의를 얻지 않고 법률행위를 한 경우와 금치산자가 법률행위를 한 경우에는 취소할 수 있으나 취소를 하느냐 않느냐는 無能力者측의 자유이다. 그리하여 무능력자의 거래의 상대방은 불안정한 지위에 있게 된다. 이러한 상태를 오래 내버려 두는 것은 상대방에 불리할 뿐만 아니라 이것을 기초로 하는 일반사회의 去來關係도 불안전한 상태에 놓이게 된다. 그리고 取消할 수 있는 행위의 상대방 중에서도 詐欺나 强迫을 행한 자는 이러한 不安全한 상태에 놓이는 것이 자기에게 그만한 이유가 있으므로 자업자득이라 하겠지만 이런 경우와는 다른 무능력자의 상대방은 오로지 무능력자의 보호 때문에 희생된다.

민법은 불확정한 법률관계를 조속히 확정하고자 取消할 수 있는 행위일반에 관하여 취소권의 短期消滅制度로서 「취소권은 추인할 수 있는 날로부터 3년 내, 法律行爲를 한 날로부터 10년 내에 취소하지 않으면 취소할 수 없게 된다」는 규정(146조)을 두어 이 두 가지 기간 중 어느 하나만 만료되어도 취소권은 소멸하도록 하였다. 그리고 또 취소할 수 있는 행위에 관하여 추인이라고 인정할 수 있는 일정한 사항이 있는 때에는 취소권자의 추인의사의 유무를 불문하고 법률상 당연히 추인이 있는 것으로 하여 취소할 수 있는 행위를 확정적으로 유효한 것으로 하는 法定追認制度를 두고 있다(145조).

그러나 취소권의 단기소멸제도는 3년 또는 10년이라는 비교적 장기간에 있어서 무능력자의 상대방은 불확정한 상태에 있게 되고, 법정추인제도 역시 법정추인을 인정하는 데에는 추인의 원인(무능력)이 종료된 후이어야 하며, 法定追認 사유 역시 극히 예외적인 것이어서 법률관계를 조속히 확정하여 무능력자의 상대방을 보호하는 데는 그렇게 큰 도움이 되지 못한다.

그리하여 민법은 무능력자의 상대방을 특별히 보호하기 위해서 무능력자의 상대방에게 催告權과 撤回權·拒否權, 그리고 일정한 경우에 무능력자의 取消權을 상실케 하는 제도를 두고 있다.

2. 催 告 權

(1) 催告權의 意義

무능력자의 상대방은 무능력자가 능력자가 된 후에는 본인에 대하여, 무능력자가 아직 능력자가 되지 못한 때에는 그 법정대리인에 대하여 1개월 이상의 기간을 정하여 그 취소할 수 있는 행위의 추인여부의 확답을 최고할 수 있다(15조 1항·2항). 이것을 무능력자의 相對方의 催告權이라고 한다.

催告權의 법률적 성질은 準法律行爲이며 形成權의 일종이다. 보통 최고라고 할 때에는 예컨대 채권자가 채무자에게 대하여 이행을 독촉하는 경우와 같이 어떤 자에 대하여 일정한 행위를 요구하는 경우를 말한다. 이와 같은 최고는 법률에 규정이 없어도 필요하다면 얼마든지 할 수 있다. 그러나 여기서 말한 무능력자의 상대방이 하는 최고란 이와는 달리 상대방의 의사표시가 없는 경우에는 법률의 규정에 의해서 경우에 따라 취소 또는 추인으로 보는 법률효과가 발생하는 준법률행위의 일종인 「意思의 通知」인 것이다. 그리고 이는 무능력자의 상대방의 일방적인 의사표시에 의하여 권리변동을 일으키는 형성권의 일종이다.

(2) 催告의 要件

무능력자의 상대방이 최고권을 행사하려면 ① 취소할 수 있는 행위를 적시하고, ② 1월 이상의 猶豫期間을 정하여, ③ 이를 追認하겠느냐 않느냐의 확답을 요구하여야 한다(15조 1항).

(3) 催告의 相對方

최고의 상대방은 무능력자인 본인이 능력자가 된 경우에는 본인이며(15조 1항), 아직 능력자가 되지 못한 때에는 그 법정대리인이 최고의 상대방이 된다(15조 2항). 그러므로 무능력자에 대해서 최고를 하여도 최고의 효과는 발생하지 않는다.

(4) 催告의 效果

최고를 받은 자가 유예기간 내에 追認 또는 取消의 확답을 하면 그에 따라 효과가 발생한다. 이것은 추인 또는 취소라는 의사표시의 효과이고, 여기서 말한 무능력자의 상대방이 한 최고 자체의 효과는 아니다. 무능력자의 상대방이 한 최고의 효과는 다음과 같다.

① 무능력자가 능력자로 된 뒤에 그 자가 최고를 받고 猶豫期間 안에 확답하지 않으면 추인한 것으로 본다(15조 1항).

② 무능력자가 아직 능력자로 되지 못하여 法定代理人에게 催告를 한 경우에 법정대리인이 유예기간 안에 아무런 확답을 하지 아니한 때에는 追認한 것으로 본다(15조 2항). 그러나 단독으로 추인하지 못하고 特別한 節次를 밟아야 한 경우(952조)에 그 유예기간 내에 특별한 절차를 밟아 확답을 하지 아니하면 그 행위를 취소한 것으로 본다(15조 3항). 여기서 「特別한 節次」란 法定代理人인 후견인이 민법 제950조 1항 1호 내지 3호에 든 법률행위에 관하여 추인을 하고자 할 때에는 親族會의 동의를 얻어야 하는데, 이때 친족회의 동의를 밟는 절차를 말한다(952조).

표 2-4 無能力者의 相對方의 催告와 效果

	최고의 상대방	확답이 없는 경우		조 문
무능력자가 능력자가 된 후	본 인	추인으로 본다		15조 1항
무능력자가 능력자가 되기 전	법정대리인	추인시 특별한 절차를 요하지 않을 때	추인으로 본다	15조 2항
		추인시 특별한 절차가 필요한 때	취소로 본다	15조 3항

3. 相對方의 撤回權과 拒絶權

催告制度는 1개월 이상의 유예기간이 요할 뿐만 아니라, 확답 여부는 무능력자측에 있으므로 이 제도가 있다고 하여도 상대방의 불이익이 완전히 해소되는 것은 아니다. 여기에서 민법은 상대방이 취소할 수 있는 행위의 추인여부를 최고하는 절차를 꺼리거나 아예 효력을 원하지 않은 경우에는 이를 없는 것으로 하여 법률적 구속으로부터 벗어날 수 있도록 하기 위하여 인정된 것이 相對方의 撤回權과 拒絶權이다. 전자는 계약에 관한 것이며, 후자는 단독행위에 관한 것이다.

(1) 撤 回 權

무능력자와 체결한 「契約」은 무능력자 쪽에서 추인이 있을 때까지 상대방은 그의 의사표시를 철회할 수 있다(16조 1항 본문). 그러나 상대방이 계약당시에 무능력자임을 알았을 때에는 그 意思表示를 철회할 수 없다(16조 1항 단서). 이를 알고서 체결한 상대방까지 보호할 필요가 없기 때문이다. 철회의 의사표시는 법정대리인 또는 무능력자에 대해서 할 수 있다(16조 3항).

(2) 拒 絶 權

무능력자의 「單獨行爲」는 무능력자측의 추인이 있을 때까지 무능력자의 상대방은 이를 拒絶할 수 있다(16조 2항). 여기에서 단독행위란 債務免除와 같이 상대방있는 경우를 말한다. 거절의 의사표시는 철회의 경우와 마찬가지로 법정대리인이나 무능력자 중 누구에게도 할 수 있다(16조 3항). 그런데 여기서 문제가 되는 것은 상대방이 의사표시를 수령할 당시 무능력자임을 알고 있었을 때에도 거절할 수 있느냐이다. 이에 관해서는 민법도 명문규정이 없기 때문에 학설은 나누어져 있다. 무능력자의 상대방은 무능력자임을 알고 있었더라도 거절권을 행사할 수 있다는 견해가 다수설이다.

생각건대 계약은 양 당사자의 意思表示의 合致로 성립하는 것이므로 상대방도 계약에 대하여 책임을 지는 것은 당연하지만, 단독행위는 무능력자의 일방적인 의사표시만 있고 상대방은 그 의사표시를 수령하는 데 지나지 않으므로 무능력자임을 알고 있었더라도 상대방의 책임을 물을 수 없다. 그러므로 상대방은 무능력자임을 알고 있는지의 여부와 관계없이 拒絶權을 행사할 수 있다는 다수설이 타당하다고 본다.

4. 取消權의 喪失(排除)

(1) 取消權喪失의 立法趣旨

무능력자가 상대방에게 詐術로써 능력자로 믿게 하거나, 미성년자나 한정치산자가 사술로써 법정대리인의 동의가 있는 것으로 믿게 한 때에는 무능력자는 그 행위를 취소하지 못한다(17조).

이것이 무능력자의 사술에 의한 취소권의 상실이다. 무능력자제도는 정신상태가 불완전한 자의 재산을 보호하기 위해서 상대방이나 제3자의 희생을 무릅쓰고 인정한 제도이다. 그러나 무능력자가 詐術을 써서 상대방으로 하여금 능력자로 믿게 하거나 法定代理人의 同意가 있는 것으로 믿게 하여 意思表示를 하는 경우에 있어서까지 무능력자를 보호한다는 것은 상대방에게 가혹할 뿐만 아니라 법의 이상에도 반한다고 아니할 수 없다.

물론 무능력자가 사술을 쓴 경우에 무능력자의 상대방은 詐欺나 錯誤를 이유로 법률행위를 취소하거나(110조, 109조, 141조), 또는 불법행위를 원인으로 하여 損害賠償請求를 할 수 있지만(750조), 이런 정도로는 무능력자의 상대방의 보호에 미흡하다. 여기에서 민법은 그러한 경우에 무능력자의 행위를 무능력자측에서 取消할 수 없도록 하여 상대방의 보호를 시도한 것이 제17조에 취소권을 상실케 하는 규정을 두는 이유인 것이다.

(2) 取消權喪失의 要件

무능력자의 행위가 취소할 수 없는 것이 되기 위해서는 다음과 같은 요건이 갖추어져야 한다.

(가) 무능력자가 能力者임을 믿게 하려고 하였거나(17조 1항), 또는 법정대리인의 동의가 있는 것으로 믿게 하려고 하였어야 한다(17조 2항). 전항의 경우 무능력자에는 미성년자, 한정치산자, 금치산자 등이 포함되지만, 후항의 경우에는 미성년자와 한정치산자만이 관계되고 금치산자는 이에 해당되지 않는다. 왜냐하면 금치산자는 법정대리인의 동의를 얻어도 단독으로 유효한 법률행위를 하지 못하기 때문에 설혹 동의가 있는 것으로 믿게 하여 행위를 한 경우에도 언제나 취소할 수 있기 때문이다.

(나) 詐術을 썼어야 한다(17조 1항·2항). 즉, 능력자로 믿게 하기 위하여 또는 法定代理人의 同意가 있는 것으로 믿게 하기 위하여 사술을 썼어야 한다. 「詐術」이란 남을 오신시키기 위한 속임수를 말한다. 구체적으로 어떤 경우가 사술이냐가 문제이다. 이에 관하여 少數說은 예컨대 호적등본이나 초본 또는 법정대리인의 동의서를 위조하여 제시하는 등 적극적인 기만수단을 쓴 경우를 말한다고 한다. 즉 이는 사술의 의미를 엄격히 해석하여 무능력자 보호에 중점을 두는 견해이다. 이에 반하여 多數說은 詐術이라는 개념을 넓게 해석하여 적극적으로 부정한 欺罔手段을 쓰는 경우는 물론이지만, 타인을 오신케 할 목적으로 보통사람을 오신케 할 만한 방법으로 誤信을 유발하거나 오신을 강하게 하는 것도 사술을 쓴 것으로 해석하고 있다. 이 설은 詐術의 의미를 넓게 해석하여 相對方의 保護 및 去來의 安全을 보다 중요시한 견해이다. 判例는 「민법 제17조에 이른바 사술로써 능력자로 믿게 한 때라 함은 無能力者가 상대방으로 하여금 能力者임을 믿게 하기 위하여 적극적으로 사기 수단을 쓴 경우를 말하는 것으로서, 단순히 자기가 능력자라 사칭함은 동조의 이른바 사술을 쓴 것이라고 할 수 없다 할 것이므로 본 건에 있어서 미성년자인 원고가 본 건 매매계약당시 원고 본인이 스스로 사장이라고 말하였다거나 또는 동석한 소외인이 상대방인 피고에 대하여 원고를 ○○주식회사의 사장이라고 호칭함이 있었다 하더라도 그것만으로써는 이른바 사술을 쓴 경우에 해당되지

아니한다 할 것」이라고 판시하여(대판 1971. 12. 14, 71다2045) 소수설을 취하고 있다. 생각건대 法律行爲의 安全과 善意者 保護를 위하여 사술의 범위를 넓게 해석하여야 하므로 다수설이 타당하다고 본다.

(다) 무능력자의 사술에 의하여 상대방이 능력자로 믿거나 또는 법정대리인의 동의가 있는 것으로 믿어야 한다. 즉, 無能力者의 詐術과 상대방의 誤信 사이에 因果關係가 있음을 요한다.

(라) 상대방이 그러한 誤信에 의하여 무능력자와 法律行爲를 하였어야 한다.

(3) 取消權 喪失의 效果

이와 같은 요건을 갖추었을 때에는 무능력자뿐만 아니라 법정대리인도 무능력을 이유로 그 행위를 취소할 수 없게 된다(17조 1항·2항).

Ⅳ. 民法上의 住所

【30】 住所란 무엇인가

1. 사람과 場所와의 關係

사람이 사회생활을 하는 데에는 어떠한 土地 즉 場所를 중심으로 하여 영위하는 경우가 일반적이다. 특히 法律關係에 있어서는 어떤 장소를 기점으로 하여 법률효과를 부여하는 경우가 많다. 예컨대 당사자간에 辨濟場所에 관하여 약속이 없었을 때에는 特定物의 引渡는 채권성립 당시에 그 물건이 있었던 장소에서 하여야 한다든지(467조 1항), 財産相續은 피상속인의 주소지에서 개시한다든지(998조), 종래의 주소나 거소를 떠나서 쉽사리 돌아올 가망이 없는 부재자의 재산을 관리하기 위해서 일정자의 청구에 의하여 가정법원에서 재산관리에 필요한 처분을 명한다든지(22조 1항 전단, 가심 2조 1항 1호) 하는 등 法律關係에 있어서 일정한 場所, 즉 주소를 기점으로 하여 法律效果가 부여되는 경우가 많다.

2. 住所를 정하는 基準

그렇다고 한다면 주소는 무엇을 기준으로 하여 결정하여야 하느냐가 문제이다. 이에 관해서는 다음과 같은 학설과 입법례가 있다.

첫째, 주소를 정하는 표준으로서 본적지, 주민등록지 등 일정한 형식적 표준에 의하여 획일적으로 주소를 정하는 形式主義와 생활의 실질관계에 기하여 구체적으로 결정하는 實質主義가 있다. 오늘날과 같이 사람의 생활관계가 여러 곳에 산재하여 행해지고 있는 현실에 비추어 형식주의에 의하여 획일적으로 주소를 정하는 것은 옳지 않으며 주소결정의 표준으로는 실질주의가 타당하다고 본다(통설).

둘째, 주소를 결정하는 입법례로서는 定住한 사실만 있으면 주소로 인정하는 客觀主義와 정주의 사실 외에 정주의사가 있어야 한다는 意思主義 내지 主觀主義가 있다. 의사주의는 정주의 의사를 외부에서 쉽사리 알 수 없어 법적 안전을 해할 뿐만 아니라, 의사능력이 없는 자는 주소를 가질 수 없다는 결함이 있다. 따라서 客觀主義가 타당하며 많은 나라들은 이 주의를 취하고 있다.

3. 民法上의 住所

(1) 住所의 意義

민법은 주소를 「生活의 根據되는 곳」이라 규정하고 있다(18조 1항). 생활의 근거되는 곳이란 생활관계의 중심이 되는 곳을 말한다(통설). 그렇다면 우리 민법은 앞에서 말한 여러 主義 중 어느 것을 따르고 있느냐가 문제이다. 민법에서 「생활의 근거되는 곳」을 주소로 한다고 명시하고 형식주의가 아닌 실질주의를 취하고 있음이 분명하며, 의사무능력자를 위한 법정주소제도를 두고 있지 않으며, 住所는 두 곳 이상 있을 수 있다는 複數主義를 취하고 있는 점에서 의사주의가 아닌 客觀主義를 취하고 있다고 볼 수 있다(이설이 없음). 주소에 관한 판례 역시 「민법 제18조 1항은 생활의 근거되는 곳을 주소로 한다고 규정하였는데, 생활의 근거가 되는 곳이란 생활관계의 중심적 장소를 말하고,

이는 국내에서 生計를 같이 하는 가족 및 국내에 소재하는 자산의 유무 등 생활관계의 客觀的 事實에 따라 판정하여야 한다」라고 판시하여 實質主義와 客觀主義에 따르고 있음을 알 수 있다(대판 1990. 8. 14, 89수8064).

(2) 住所의 個數

이와 같이 주소를 실질적·객관적으로 판정하여야 한다면 현대인의 복잡하게 분화된 생활상태에 있어서는 개개의 생활 관계에 관해서 각각 주소를 인정함이 요구된다. 예컨대 가족생활 관계에 있어서는 甲地, 직업에 관한 생활관계에 있어서는 乙地와 같이 주소를 개개의 생활 관계에 따라 여러 곳에 있을 수 있다고 보아야 한다. 우리 민법에 있어서도 「주소는 동시에 두 곳 이상 있을 수 있다」(18조 2항)라고 규정하여 주소에 관하여 複數主義를 취하고 있다.

(3) 住所의 法律上의 效果

주소는 私法關係뿐만 아니라 그 이외의 법률관계 특히 선거, 납세 등 公法上의 관계에 있어서도 중요한 효과를 부여하고 있다. 여기서 사법상에 있어서 중요한 것으로는 ① 不在 및 失踪의 표준(22조, 27조), ② 辨濟의 장소(467조), ③ 相續開始地(998조), ④ 어음행위의 장소(어음 2조~4조), ⑤ 裁判管轄決定의 표준(민소 2조), ⑥ 민사소송법상의 附加期間(민소 159조 2항), ⑦ 국제사법상 準據法을 결정하는 기준(국제 2조 2항, 7조 2항, 11조 2항, 14조, 25조 2항), ⑧ 歸化 및 國籍回復의 요건(국적 5조~7조, 14조) 등이 그 예이다.

4. 居所·假住所

(1) 居　所

거소란 주소와 같이 「生活의 根據되는 곳」은 아니지만 생활상 다소 계속하여 居住하고 있는 장소를 말한다. 예컨대 本宅은 주소이지만 별장, 하숙집 등은 거소이다.

거소는 다음과 같은 효과가 있다. 첫째로, 주소를 알 수 없을 때(19조), 둘째, 국내에 주소가 없을 때 각각 거소를 주소로 본다(20조).

(2) 假住所

假住所란 당사자가 어떤 去來上의 便宜를 위하여 당사자 사이의 의사에 의해서 인정된 장소를 말한다(21조). 가주소의 법률상의 효과는 그 행위에 관해서는 주소로 보고 주소에 관하여 발생한 효과가 가주소에 관하여 생기게 된다.

예컨대 광주에 주소를 가진 자가 서울에서 특정거래를 하면서 서울의 어떤 곳을 가주소를 정한 때에는 그 사람의 서울에서의 特定去來에 관하여는 가주소가 주소로서의 효과를 가진다.

5. 住所와 本籍地, 住民登錄地, 現在地와의 關係

(1) 本籍地

본적지란 戶籍法上 家의 所在地를 말한다. 家를 구성하는 가족의 입장에서 볼 때 이를 本籍이라고 한다. 본적은 호적법에 따라서 사람의 신분에 관한 것, 예컨대 출생, 혼인, 친족관계, 사망 등에 관한 사항을 본인의 申告에 의하여 형식적으로 정하여지며 생활의 본질을 기초로 하는 民法上의 住所와는 전혀 관계가 없다. 本籍地는 사람의 성명과 더불어 사람의 동일성을 인식 또는 확인하는 표준이 될 뿐이다.

(2) 住民登錄地

住民登錄地란 30일 이상 거주할 목적으로 주소 또는 거소를 가진 자가 주민등록법에 의하여 등록한 장소를 말한다(동법 6조, 10조). 주민등록은 자치단체가 주민을 등록케 함으로써 주민의 居住關係를 파악하고 각종 행정사무의 적정, 간이한 처리를 도모하기 위해서 마련된 제도이다(주민등록 1조). 주민등록지는 주소로 인정될 수 있는 중요한 자료가 되며 反證이 없는 한 주소로 추정된다. 다만 公法關係에 있어서는 주민등록지를 주소로 간주하고 있다(주민등록 17조의 7).

(3) 現在地

현재지란 土地와의 관계가 거소보다도 더욱 密接하지 못한 장소를 거소와 구별하기 위해서 부르는 경우가 있다. 예컨대 여행자가 일시 체재하고 있는 호텔이나 여관 같은 곳이 그 예이다. 그러나 현재지에 대하여 법률에서는 특별한 효과는 부여되지 않고 있지만 실제에 있어서는 居所는 현재지를 포함하는 것으로 해석된다.

V. 不在와 失踪

【31】 民法은 不在者에 대하여 어떤 措置를 취하고 있는가

1. 不在者에 대한 措置의 必要性

사람이 주소를 떠나 좀처럼 돌아올 가망이 없는 경우에는 그가 남겨둔 財産의 滅失을 방지하고 잔존배우자나 상속인 등의 이익을 보호하기 위해서 어떠한 조치를 강구할 필요가 있다.

2. 不在者에 대한 民法上의 두 措置

민법은 사람의 행방불명의 상태를 두 단계의 조치로 나누고 있다. 첫째의 조치로서 부재자가 아직 살아있는 것으로 믿고, 그의 재산을 관리해주면서 돌아오기를 기다리는 부재자의 「財産管理制度」를 두고 있고, 두 번째의 조치로서 부재자의 생사불명 상태가 일정기간 계속되고 살아 있을 가능성이 희박한 때에, 그 자를 일응 사망한 것으로 보고, 그를 중심으로 하는 법률관계를 확정,

표 2-5 行方不明 狀態의 2段階

종결케 하는 「失踪宣告制度」를 두고 있다. 학자들은 전자의 경우를 不在者라고 하고, 후자의 경우를 失踪者라고 부른다.

3. 失踪宣告와 유사한 認定死亡

이 밖에 실종선고와 유사한 것으로는 認定死亡이 있다. 실종선고는 사망의 개연성이 짙고 생사불명의 상태가 오랫동안 계속되는 경우에는 이해관계인이 법적 불안정 상태에 있게 되므로 이를 제거하기 위해서 법적으로 사망으로 의제하는 제도이나, 인정사망은 사체의 확인 등 사망의 확실한 증명은 없지만 주위의 여러 사정으로 보아 사망한 것이 틀림없다고 볼 수 있는 경우에 호적상 사망으로 기재하기 위해서 절차적 특례를 인정한 제도이다.

【32】 不在者의 財產管理制度란 어떤 것인가

1. 不在者의 意義

不在者란 종래의 住所나 居所를 떠나서 좀처럼 돌아올 가망이 없고, 스스로 재산을 관리할 수 없는 자를 말한다. 이를 구체적으로 설명하면 첫째로 주소나 거소를 떠나서 좀처럼 돌아올 가망이 없으면 되고, 생사가 불분명함을 요하지 않는다. 둘째로 不在者의 잔류재산을 관리할 필요가 있어야 한다. 그러므로 본인의 재산이 없거나, 재산이 있다 하더라도 본인이 다른 사람을 통해서 스스로 관리하고 있거나, 미성년자인 경우와 같이 법정대리인이 있는 자는 여기서 말한 부재자에 해당되지 않는다. 判例도 「當事者가 外國에 가 있다 하여도 계쟁부동산이나 기타의 그 소유재산을 국내에 있는 사람을 통하여 직접 관리하고 있는 사실이 인정된 때에는 부재자라고 할 수 없다」고 판시하였다 (대판 1960. 4. 21, 4292민상252).

2. 殘留財產의 管理

不在者에 친권자나 후견인과 같은 법률상의 財產管理人이 있거나, 부재자 스스로 관리인(임의대리인)을 두고 있는 경우에는 문제가 없지만, 이와 같은 관리인이 없는 경우에는 부재자의 재산이 盜難이나 滅失될 염려가 없지 않다. 따라서 이를 그대로 방치한다면 不在者 자신의 불이익뿐만 아니라, 부재자의 상속인, 채권자의 이익까지도 해하게 될 우려가 있고, 社會的·經濟的 견지에서도 바람직하지 못하다. 여기에서 민법은 부재자의 재산관리에 대해서 부재자가 스스로 관리인을 두는 경우와 두지 않는 경우로 나누어 규정을 두고, 전자에 있어서는 當事者의 의사를 존중하여 國家의 간섭을 최소한도로 그치고, 후자에 있어서는 不在者의 財產管理에 관하여 상세한 규정을 두고 있다.

(1) 不在者가 財產管理人을 두고 있지 않는 경우

(가) 家庭法院의 處分

부재자가 스스로 管理人을 두고 있지 않는 경우에는 가정법원은 이해관계인이나 검사의 청구에 의하여 재산관리에 「必要한 處分」을 명할 수 있다(22조 1항 전단).

여기서 「利害關係人」이란 상속인, 배우자, 채권자, 보증인 등과 같이 부재자의 재산보존에 대하여 법률상의 이해관계가 있는 자를 말한다(친구관계에 있는 자나 이웃사람은 여기서 말한 이해관계인이 아니다). 그리고 檢事를 청구권자로 한 것은 부재자의 재산관리 보존이 공익에 관한 경우도 있기 때문이다. 그리고 가정법원이 명한 「必要한 處分」이란 잔류재산의 봉인이나 경매 등도 있겠지만 재산관리인을 선임하는 것이 일반적이다.

(나) 財產管理人의 地位

家庭法院에서 선임된 부재자의 재산관리인의 법적 성질은 부재자의 意思에 의해서 선임된 것이 아니므로 일종의 법정대리인이다. 따라서 관리인은 언제든지 사임할 수 있고, 法院도 언제든지 改任할 수 있다(가심규 34조). 선임된 管理人의 權限은 부재자의 법정대리인이므로 민법 제118조에서 정한 관리행위는 자유로이 행할 수 있다. 그러나 그 외의 행위를 하고자 할 때에는 반드시 法院의 許可를 얻어야 한다(25조 전단). 허가없이 행한 행위는 무효이다(대판 1970. 1. 27, 69다1820).

또 관리인의 權利로는 재산관리를 위해서 지출한 필요비의 상환청구권, 過失없이 입은 손해배상청구권, 보수청구권 등이 있다. 한편 관리인으로서 부담하는 義務로는 관리인이 부재자와의 사이에 계약관계에 있는 것은 아니지만 그 직무의 성질상 부재자와의 계약관계에 있는 경우와 마찬가지로 수임자로서 선량한 관리자의 주의의무를 가지고 직무를 집행할 의무(681조 2항) 외에 재산목록의 작성(24조 1항), 재산관리에 필요한 처분의 수행(24조 2항), 담보제공(26조 1항) 등의 의무를 진다.

(다) 財産管理의 終了

가정법원에서 선임된 관리인은 부재자 본인이 스스로 그 재산을 관리할 수 있게 된 때(가심규 53조 전단), 不在者가 사망한 것이 분명하게 되거나 失踪宣告가 있는 때(가심규 50조)에는 가정법원은 부재자 본인 또는 이해관계인의 청구에 의하여 그 처분명령을 취소한다(가심규 53조 후단). 이로써 부재자의 재산관리는 종료된다. 이 경우의 취소의 효력은 소급하지 않으며 취소 전에 관리인이 한 행위는 그대로 유효하다(대판 1970. 1. 27, 69다719).

(2) 不在者가 財産管理人을 두는 경우

(가) 原 則

부재자가 재산관리인을 두고 있는 경우에는 부재자와 관리인과의 관계는 위임관계(680조 이하)이므로 그의 권한의 범위는 양자간의 계약에 의해서 정해진다. 계약에 의해서 정함이 없으면 민법 제118조에 의한 관리행위만을 할 수 있다. 이와 같이 부재자가 관리인을 둔 경우에는 가정법원의 감독을 받지 않는 것이 원칙이다.

(나) 例 外

그러나 다음과 같은 경우에는 예외적으로 가정법원의 간섭을 받는다.

① 管理人의 權限이 消滅한 경우 本人이 둔 관리인이 본인 부재중에

관리인의 권한이 소멸한 경우에는 처음부터 관리인이 없는 경우와 마찬가지로 이해관계인이나 검사의 청구에 의하여 가정법원은 재산관리에 필요한 處分을 명한다(22조 1항 후단).

② 不在者의 生死가 分明하지 않게 된 경우 이때에는 家庭法院은 관리인, 이해관계인 또는 검사의 청구에 의하여 관리인을 개임할 수 있고, 개임하지 않고 종전 관리인을 그대로 두고 감독만을 할 수도 있다(23조, 24조 3항). 개임하는 경우의 그 관리인의 권한·관리의 방법은 앞에서 설명한 본인이 관리인을 두지 않는 경우에 있어서와 같다. 개임하지 않고서 유임시킨 채로 감독만 하는 경우에는 가정법원은 관리인에 대하여 재산목록 작성, 재산보존에 필요한 처분을 명하고(24조 3항, 가소규 47조, 48조, 44조), 관리인이 권한을 넘는 행위를 할 때 허가를 주고(27조 후단), 상당한 담보를 제공하게 하거나 보수를 줄 수 있다(26조 3항).

【33】 失踪宣告制度란 어떤 것인가

1. 失踪宣告制度의 趣旨

종래의 주소를 떠나서 좀처럼 돌아올 가망이 없는 자가 生死不明의 상태에 있거나, 海難事故 등으로 사망한 것이 확실하지만 사체를 발견할 수 없는 경우가 있다. 이와 같은 경우에 남아 있는 가족은 처음에는 부재자가 살아있는 것으로 믿고 돌아오기를 기다리는 경우도 있겠지만 (不在者의 財産管理를 하면서) 생사불명의 상태가 오랫동안 계속하여 생존의 가망이 전혀 없다고 생각되는 경우에는 부재자의 재산의 정리나 殘存配偶者의 재혼 등을 생각하지 않을 수 없다. 그러나 법률상으로는 死亡의 確認이 되지 않을 때에는 생존하고 있는 것으로 취급하게 되므로 부재자의 재산상 및 신분상의 여러 법률관계를 처리하는 것은 허용되지 않는다. 그리하여 잔존 가족이나 채권자 등 利害關係人에게 매우 가혹한 결과가 생긴다. 여기에서 民法은 가정법원의 일정한 절차를 거쳐 사망한 것으로 보고 그 자를 둘러싼 財産上 및 身分上의 여러 관계를 확정하는 제도를 두고 있다(27조 이하). 이것이 실종선고제도이다.

2. 失踪宣告의 要件

가정법원에서 실종선고를 하기 위해서는 다음과 같은 요건이 갖추어져야 한다.

(1) 不在者가 生死가 分明하지 않을 것

「生死가 分明하지 아니한 때」라 함은 생존의 증명도 사망의 증명도 할 수 없는 경우를 말한다. 그러나 이것은 모든 사람에게 生死不明임을 요한다는 것은 아니고 실종선고청구권자와 법원에 불분명하면 된다.

(2) 生死不明의 狀態가 一定期間(失踪期間) 계속할 것

이 실종기간은 보통실종과 특별실종에 따라서 다르다.

(가) 普通失踪

보통실종이란 특별실종에 해당되지 않는 경우를 말하며, 그 기산점은 부재자가 생존하고 있다는 최후의 소식이 있는 때이다. 따라서 이때부터 5년이 경과하여야 한다(27조 1항).

(나) 特別失踪

특별실종은 특히 사망의 확률이 높은 경우로서 ① 전시에 임한 자(戰爭失踪), ② 침몰한 선박중에 있던 자(船舶失踪), ③ 추락한 항공기에 있던 자(航空機失踪), ④ 기타 사망의 원인이 될 위난을 당한 자(危難失踪)의 네 가지가 있다. 이들의 실종기간의 기산점은 전쟁실종은 전쟁이 종지한 때(강화조약이 체결된 때가 아니고 전쟁이 사실상 그쳤을 때), 선박실종은 선박이 침몰한 때, 항공기 실종은 항공기가 추락한 때, 위난실종은 위난이 종료한 때이다. 따라서 특별실종기간은 이때부터 1년이 경과하여야 한다(27조 2항).

표 2-6 失踪期間

종 류		기산점	실종기간	효 과
보통실종		최후의 소식이 있는 날	5년	사망으로 본다
특별실종	전쟁실종	전쟁이 終止한 때	1년	사망으로 본다
	선박실종	선박이 沈沒한 때		
	항공기실종	항공기가 墜落한 때		
	위난실종	위난이 終了한 때		

(3) 利害關係人이나 檢事의 請求가 있을 것

여기서 利害關係人이라 함은 失踪宣告로 인하여 법률상의 이해관계를 가진 자, 즉 신고가 있으면 권리를 취득하거나 의무를 면하는 자를 가리키며(예: 배우자, 상속인, 채권자, 부재자의 재산관리인, 생명보험금 수익자 등) 단순히 사실상의 이해관계를 갖는 자는 이에 해당되지 않는다. 판례도 「…이해관계인이라 함은 법률상뿐만 아니라 經濟的 또는 身分的 이해관계인이어야 한다」라고 판시하였다(대판 1961. 12. 19, 4294민재항649). 그리고 채권자 중 검사를 포함한 것은 공익의 대표자이기 때문이다.

(4) 公示催告를 할 것

실종선고의 요건이 갖추어졌을 때에는 家庭法院은 6월 이상의 기간을 정하여 그 기간 안에 不在者 本人이나 그의 생사를 아는 자로 하여금 申告하도록 공고하여야 한다(가소 54조, 55조, 26조). 공시최고 기간 내에 신고가 없는 경우에는 법원은 반드시 失踪宣告를 하여야 하며 신고는 필연적이다.

3. 失踪宣告의 效果

실종선고를 받은 자는 失踪期間이 만료되면 사망으로 보기 때문에 그 효과로서 사망으로 추정한다는 것이냐 간주한다는 것이냐, 사망으로 보는 시기는 어느 때이냐, 사망의 효과의 범위는 어디까지 미치느냐 등이 문제된다.

(1) 死亡으로 인정되는 形式

失踪宣告를 받은 자는 실종기간이 만료한 때 「사망한 것으로 본다」(28조). 여기서 문제는 사망으로 보는 데 있어서 반증을 들어 이를 번복할 수 있느냐이다. 이에 관한 立法例로서는 推定主義(독일)와 看做主義(일본)가 있다.

우리 민법은 「사망한 것으로 본다」라고 규정하고 있어 간주주의를 취하고 있다. 따라서 실종자의 생존 기타 반증을 들어서 宣告의 효과를 다투지 못하며 그 효과를 뒤집으려면 실종선고를 취소하는 절차를 거쳐야 한다. 判例도 「실종선고에 의한 死亡의 효과를 저지하려면 反證으로서는 안 되며 그 선고의 취소가 있어야 한다」라고 판시하여 견해를 같이하고 있다(대판 1970. 3. 10, 69다2103).

(2) 死亡의 效果가 생기는 時期

사망의 효과가 발생한 시기는 실종기간이 만료한 때이다(28조). 사망의 효과가 발생한 시기에 관한 입법주의로서는 宣告時主義(선고시를 표준으로 하는 것), 최후소식시주의 또는 위난발생시주의(최후의 소식 또는 위난 발생시를 표준으로 하는 것), 실종기간 中間時主義(실종기간의 어느 중간 시점을 표준으로 하는 것), 失踪期間滿了時主義(실종기간이 만료한 때를 표준으로 하는 것) 등이 있다.

우리 민법은 「기간이 만료한 때」라고 명시하고 있어(28조), 실종기간만료시주의를 취하고 있다. 예컨대, 보통실종의 경우 1970년 5월 5일 행방불명(최후의 소식)으로 1976년 3월 10일 선고의 청구가 있고, 같은 해 12월 10일 실종선고가 있었다고 한다면 1975년 5월 5일로써 실종기간이 만료되므로(157조) 그 날 오후 12시가 사망시기가 된다. 따라서 실종기간만료시에 사망한 것으로 보고 상속은 개시되고, 잔존 배우자는 재혼이 가능하게 된다.

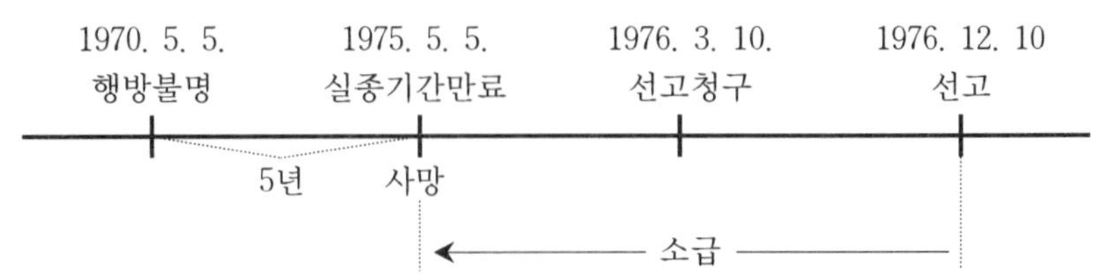

(3) 死亡으로서의 보는 範圍

실종선고는 실종자의 권리능력을 박탈하는 제도가 아니고 종래의 주소나 거소를 중심으로 사법상의 법률관계를 사망자로 처리·청산한다는 것이다.

그러므로 실종자가 생존하여 다른 장소에서 법률관계를 맺은 경우에는 실종선고의 효과는 그곳에 미치지 않으며 실종 전의 주소로 돌아온 후 새로이 행하게 된 법률관계는 失踪宣告의 取消가 없더라도 당연히 유효하다.

또 사망한 것으로 본다는 것은 사법상의 법률관계에만 관한 것이어서 공법상의 선거권, 피선거권의 유무나 실종자의 범죄의 성부 등은 실종선고와 관계가 없다.

(4) 失踪宣告와 生存推定

실종선고가 있는 경우에 사망하는 것으로 보는 시점, 즉, 실종기간만료시까지는 실종자가 생존한 것으로 볼 수 있는가. 이에 관하여 실종자는 생존한 것으로 추정한다고 해석하는 것이 통설이다.

그러므로 부재자는 법원의 실종선고가 없는 한 사망자로 간주되지 않는다고 하는 것은 당연하다(대판 1960. 9. 8, 4292민상885).

【34】 失踪宣告의 取消란 무엇인가

1. 意　義

실종선고의 취소란 실종선고를 받은 자가 생존하고 있거나, 선고에 의하여 사망으로 보는 시기가 실제의 사망시기와 다른 경우에 법원이 일정한 자의 청구에 의하여 실종선고를 취소하는 것을 말한다. 실종선고 취소의 요건이 갖추어졌을 때에는 법원은 반드시 취소선고를 하여야 한다. 즉 이는 선고와 마찬가지로 필연적이다.

2. 取消의 要件

실종선고를 받은 자가 ① 현재 生存하고 있는 사실, ② 宣告에 의하여 사망으로 보는 시기와 다른 時期에 사망한 사실, ③ 실종기간의 기산점 이후의 어느 시기에 생존하고 있었던 사실 중 어느 하나의 證明이 있는 경우에는 가정법원은 본인, 이해관계인 또는 검사의 청구에 의하여 실종선고를 취소하여야 한다(29조 1항 본문). 그리고 실종선고를 취소할 때에는 公示催告는 요하지 않는다.

3. 取消의 效果

(1) 原　　則

失踪宣告가 取消되면 실종선고에 의해서 발생된 법률관계는 소급적으로 무효가 된다. 그러므로 ① 실종자의 생존을 이유로 취소된 때에는 그의 가족관계와 재산관계는 선고 전의 상태로 환원된다. 예컨대 財産相續은 개시하지 않았던 것으로 되고, 소멸된 혼인관계는 부활한다. ② 선고에 의한 死亡時期와 다른 시기에 사망하였음을 이유로 하는 경우에는 그 時期를 標準으로 하여 다시 사망에 기인한 法律關係가 확정된다. 그러므로 법률관계의 환원은 없고, 사망시기가 달라지므로 상속인이 달라져서 재산관계가 정정된다. ③ 실종기간 기산점 이후의 生存을 이유로 하는 경우에는 일단 선고 전의 상태로 회복되고, 만일 이해관계인이 원하면 다시 새로운 실종선고를 청구할 수 있다.

(2) 例　　外

이와 같이 失踪宣告가 취소되면 처음부터 실종선고가 없었던 것이 되므로 이 원칙을 예외없이 관철한다면 실종선고를 신뢰한 殘存配偶者, 相續人 기타 이해관계인은 뜻하지 아니한 불이익을 받게 될 우려가 있다. 여기에서 민법은 原狀回復에 대하여 다음과 같은 두 가지의 예외를 인정하고 있다.

(가) 失踪宣告를 직접 原因으로 하여 財產을 取得한 경우

失踪宣告를 직접 원인으로 하여 재산을 취득한 자가 선의인 경우에는 그 받은 이익이 현존하는 한도에서 返還할 의무가 있고, 악의인 경우에는 그 받은 이익에 이자를 붙여서 반환하여야 하며, 損害가 있으면 그것을 賠償하여야 한다(29조 2항). 여기서 「직접 財產을 取得한 者」라 함은 예컨대 상속인·수유자·생명보험금수익자들을 가리키며, 이들로부터 法律行爲에 의하여 재산을 취득한 이른바 전득자는 포함되지 않는다. 실종선고를 직접 원인으로 하여 재산을 취득한 자는 성질상 不當利得에 해당되므로 그 범위도 선의·악의에 따라서 다르다. 즉 「善意인 경우」에는 이익의 現存하는 限度에서 반환하면 되므로 그 재산이 원형으로 있으면 그것을 반환하면 되고, 그것을 팔아서 현금으로 갖고 있거나 다른 물건을 매수하였을 때에는 現金 또는 物件을 반환하면 된다. 만약 소비하고 없는 때에는 반환을 요하지 않는다. 그러나 「惡意인 경우」에는 받은 利益에 利子를 붙여서 반환하여야 하고, 손해가 있으면 그것도 배상하여야 한다.

(나) 宣告後 取消前에 善意로 行爲를 한 경우

失踪宣告를 취소하였다 하더라도 宣告後 取消前에 선의로 한 행위의 효력에는 영향이 없다(29조 1항 단서). 예컨대 잔존배우자가 선의로 再婚을 하였다거나, 상속인이 상속받은 재산을 선의로 제3자에게 처분하였다면 그 행위는 유효하다. 그러나 실종기간 만료 후 失踪宣告前에 한 행위는 이에 해당하지 않는다. 여기서 「善意」란 실종선고가 사실에 반하는 것을 알지 못하였음을 의미한다. 그러나 「누가」 선의임을 요하나에 관해서는 單獨行爲에 있어서는 문제가 없지만 계약의 경우에 있어서는 처음의 계약자와 전득자 모두의 선의를 요하느냐가 문제된다. 이를 財產上의 행위와 家族法上의 행위로 나누어 살펴보기로 한다.

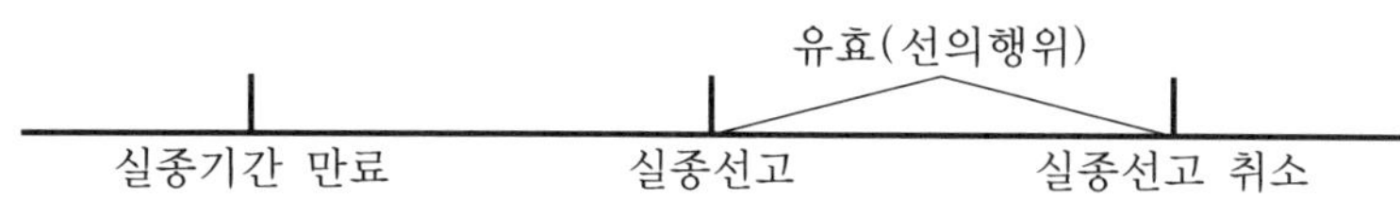

① **財産法上의 行爲** 多數說은 모든 契約當事者의 선의를 요하며 그 중 한 사람이라도 악의가 있으면 失踪宣告의 취소는 그 행위에 영향을 미친다고 한다. 예컨대 실종자 A의 재산을 B가 상속받아 그것을 제3자 C에게 매도하였을 때 B, C 모두가 선의이면 그 매매는 유효하지만, 어느 일방이라도 惡意가 있었다면 그 賣買契約은 무효가 되어 生存失踪者 A는 C에게 그 目的物을 반환받을 수 있다고 한다. 이 설은 B가 惡意였지만 C가 善意였다 하더라도 C는 보호받지 못하게 되며 거래안전을 해하게 된다는 비난이 있다.

이에 대하여 少數說은 당사자에 대하여 획일적으로 결정할 것이 아니라 선의자에 대한 관계에서는 유효로, 악의자에 대해서는 무효로 하듯이 각 당사자에 따라 개별적·상대적으로 그 효력을 결정하여야 한다는 것이다. 예컨대 상속받은 B의 재산이 C→D→E의 순으로 轉傳移轉된 경우, C 이하의 자는 각각 자기 자신이 선의이면 비록 전주가 악의였다 하더라도 보호받게 되므로 D가 악의였다 하더라도 E가 선의이면 生存失踪者 A는 E에게 目的物返還請求를 할 수 없다. 그러나 E가 악의이면 B·C·D가 모두 선의였다 하더라도 E는 보호받지 못하게 된다.

이상의 두 설을 놓고 볼 때 모든 당사자에 대하여 획일적으로 정할 것이 아니라 善意者에 대한 관계에 있어서는 有效로 하고, 악의자의 관계에 있어서는 무효로 함으로써 선의자의 보호와 거래안전을 기할 수 있다는 점에서 소수설이 타당하다고 본다.

② **家族法上의 行爲** 실종선고가 취소되면 선고 후 취소 전에 한 가족법상의 행위는 어떻게 되는 가에 관해서 특히 문제가 되는 것은 잔존배우자의 재혼의 경우이다. 재혼 당사자가 모두 善意였다면 실종선고가 취소되었다 하더라도 그 재혼관계가 유효함은 의심의 여지가 없다. 따라서 後婚은 유효하고 전혼은 부활하지 않는다. 그러나 당사자 쌍방 또는 일방당사자가 악의인 경우에는 어떻게 되느냐가 문제이다. 이는 혼인의 성질상 이를 당연히 무효로 할 것이 아니라 전혼이 부활한 것으로 보고 이는 不貞한 행위로서 이혼사유(840조 1호)가 되며, 후혼은 重婚으로서 취소할 수 있다고 보아야 한다(810조, 816조 1호, 818조 전단).

제 3 절 法 人

概 要

Ⅰ. 法人의 一般理論

1. 法人의 意義와 存在理由 問 035

(1) 法人의 意義

법인이란 자연인 이외의 것으로서 법률에 의하여 법인격이 부여된 사람의 단체나 재산의 결합체를 말한다. 민법상의 법인에는 영리아닌 사단법인과 재단법인이 있다.

(2) 法人의 存在理由

(가) 자연인인 개인으로서는 성취할 수 없는 목적을 법인에 의해서는 성취할 수 있으며,

(나) 사람의 단체나 재산의 결합체와의 거래에 있어서 법률관계의 명확화·단순화를 기하기 위해서이다.

2. 法人의 本質 問 036

법인은 실체가 존재하느냐, 존재한다고 한다면 그것은 어떠한 실체이냐의 문제가 법인의 본질론이다. 이에 관한 학설로서는 다음과 같다.

(1) 法人의 本質에 관한 學說

(가) 法人擬制說

권리의무의 주체는 자연인에 한하며, 법인은 법률에 의하여 자연인에 의제(성질이 다르지만 법률상 같은 것으로 본다)된 것에 지나지 않는다는 설이다.

(나) 法人否認說

의제설을 토대로 하여 실질적인 주체는 그를 구성하고 있는 개인 또는 재산에 있다고 하는 설이다. 이 설은 법인에 의해서 이익을 얻는 수익자 주체설, 법인재산의 관리자 주체설, 일정목적에 제공된 목적재산설 등으로 나누어진다.

(다) 法人實在說

법인의 실체는 법인의제설이 주장하는 바와 같이 공허한 것이 아니고 권리의무의 주체가 될 수 있는 실체가 사회적으로 존재하고 있다고 보는 설이다. 이 설은 또 사회적 유기체설, 조직체설, 사회적 작용설, 삼계기설 등으로 구분된다.

(2) 學說의 區別의 實益

민법상 법인의 본질에 관한 학설 중 어느 것을 취하느냐에 따라서 법인설립의 입법정책이나 법인의 권리능력·행위능력·불법행위능력의 범위에 있어서 차이가 있다.

3. 法人의 立法政策 問 037

근대초기 이래 법인의 입법정책은 법인의 본질론과 관련하여 법인 설립의 억제로부터 방임으로, 방임에서 통제로 변천하여 왔다.

(1) 근대 초기의 법인정책

중세봉건사회에서 군립하였던 길드(guild) 등의 단체는 개인의 자유와 권리를 구속하여 왔기 때문에 근대 개인주의·자유주의 시대에서는 법인설립을 원칙적으로 인정하지 않았다. 부득이 필요한 경우에는 특별한 입법 또는 국가의 특허에 의해서 법인을 인정하는 법인정책을 취하였다. 이러한 법인 정책의 이론적 뒷받침은 법인의제설이었다.

(2) 19세기의 법인정책

상공업의 발달과 시장의 확대로 과거의 법인설립금지정책을 바꾸어 법인을 자유롭게 설립할 수 있다는 입법정책으로 전환하였다. 그리하여 법인은 법률에 정한 기준에 따라 조직만 하면 그 설립을 자유롭게 할 수 있다는 준칙주의나 또는 일정한 경우에는 행정관청의 허가만 있으면 설립할 수 있다는 허가주의를 채택하였다.

(3) 현대의 법인정책

현대에 와서 빈부격차가 심하게 되었고 소수의 대기업체가 시장을 독점하여 국가 경제를 좌우하게 되자 국민 경제생활이 크게 위협을 받게 되었다. 이에 따라 국가는 법인정책을 해방정책에서 통제정책으로 전환하게 되었다. 즉, 각종 법인의 사회적 기능에 따라 법인설립에 있어서 억제·방임·조장·징제 등의 태도를 취하게 되었다.

4. 法人의 種類 問 038

(1) 公法人·私法人·中間法人

공법인이란 설립이나 관리운영에 국가의 공권력이 관여하는 법인을 말한다(예: 국가, 자치단체 등). 사법인이란 단체의 가입·회비의 징수 등 내부 법률관계에 국가 또는 공공단체의 강제적 권력작용이 미치지 않는 법인을 말한다. 중간법인이란 공법인도 아니고 사법인도 아닌 특수법인을 말한다(예: 한국은행, 주택공사, 농업협동조합, 노동조합 등).

(2) 營利法人과 非營利法人

私法人에는 영리법인과 비영리법인이 있다. 영리법인이란 事業利益을 구성원에게 분배하는 것을 목적으로 하는 법인을 말하며, 비영리법인이란 학술·종교 등 영리 아닌 사업을 목적으로 하는 법인을 말한다. 민법상의 법인은 비영리법인에 한하여 인정되며, 영리법인은 상법상의 법인에 속한다.

(3) 社團法人과 財團法人

민법상의 비영리법인은 그 실체가 사람의 단체냐 재산의 결합체이냐에 따라서 사단법인과 재단법인으로 구분된다.

(4) 內國法人과 外國法人

내국법인이란 우리나라 법에 의해서 설립된 법인을 말하며, 외국법인이란 우리나라 법에 의해서 설립되지 아니한 법인을 말한다.

5. 法人의 法人格否認의 法理 問 039

법인은 그 구성원이나 설립자와는 별개의 독자적 법인격을 가진다. 따라서 모든 책임은 법인 자신이 지며, 구성원이나 설립자가 지지 않는다. 그리하여 거래계에서 이와 같은 법인형식을 이용하여 불법·부당한 행위를 하는 경우가 있다. 그 유형으로는 「법인격 남용」, 「법인격의 형해화」의 경우이다.

판례와 학설은 그로 인한 사회적 폐단을 없도록 하게 하기 위해서 법인으로서의 존재는 인정하되 불법·부당한 목적에 관련된 특정의 법률관계에 있어서는 그에 한하여 독립된 법인격을 부인하고, 그 배후에 있는 실체에 대해서도 책임을 물어야 한다고 보는데 이를 「法人格否認의 法理」라고 한다.

Ⅱ. 法人의 設立

1. 法人設立에 관한 立法主義 問 040

(1) 法人設立의 立法主義

법인설립에 관한 입법주의에는 ① 특허주의, ② 강제주의, ③ 허가주의, ④ 인가주의, ⑤ 준칙주의, ⑥ 자유설립주의 등이 있다.

(2) 우리나라의 立法主義

우리나라는 자유설립주의를 제외하고는 모든 입법주의를 병행하고 있다. 민법상의 법인은 그 중에서 허가주의를 취하고 있다.

2. 非營利社團法人의 設立 問 041

(1) 要 件

(가) 非營利事業을 目的으로 할 것(32조 1항)

(나) 設立行爲가 있을 것

설립행위란 2인 이상의 설립자가 서면으로 정관을 작성하여 기명날인 하는 것을 말한다. 정관에는 목적·명칭·사무소 등의 필요적 기재사항과 그 외에 임의적 기재사항이 있다. 필요적 기재 사항을 빠뜨린 정관은 무효이다.

(다) 主務官廳의 許可가 있을 것

목적사업을 주관하는 주무관청의 허가를 받아야 한다(32조). 허가는 주무관청의 자유재량이다.

(라) 設立登記를 할 것

설립등기를 함으로써 법인은 성립한다(33조). 즉, 설립등기는 법인의 성립요건이다.

(2) 設立行爲의 性質

사단법인의 설립행위는 법률행위이며 요식행위이다. 사단법인 설립행위의 법적 성질은 이를 合同行爲로 보는 견해와 특수계약으로 보는 견해로 나뉘나 전자가 통설이다.

(3) 設立過程

사단법인은 3단계의 과정을 거쳐 성립한다. 제1단계는 발기인조합의 약정(설립자조합), 제2단계는 사단으로서의 실체의 구성(설립중의 법인), 제3단계는 주무관청의 허가를 얻어 법인의 설립등기를 하는 것으로서, 이로써 법인이 성립한다(법인으로서의 존립).

3. 非營利財團法人의 設立 問 042

(1) 要 件

(가) 營利아닌 事業을 目的으로 할 것

(나) 設立行爲(財產의 出捐과 定款作成)가 있을 것

(다) 主務官廳의 許可가 있을 것
(라) 設立登記를 할 것

(2) 設立行爲의 性質

재단법인의 설립행위는 법률행위이며 요식행위이다. 그리고 법률행위로서의 성질은 설립자가 1인인 경우에는 단독행위로 보는 데 異論이 없으나, 2인 이상인 경우에는 단독행위의 결합이라고 보는 설과 합동행위라고 보는 설로 나누어져 있는데 결합설이 통설이다.

Ⅲ. 法人의 能力

1. 法人能力의 特異性 問 043

법인은 자연인에 비해 능력에 있어서 여러 가지 특이성을 지니고 있다.

① 법인은 권리능력에 있어서 어느 범위까지 권리를 누릴 수 있으며, 의무를 부담할 수 있느냐가 문제된다.

② 법인은 행위능력에 있어서 그가 가진 권리와 의무를 취득하고 부담하기 위해서 어떤 종류의 행위를, 누가, 어떠한 형식으로 할 수 있느냐가 문제된다.

③ 법인은 불법행위능력에 있어서 누구의, 어떠한 불법행위에 대하여 법인 자신이 책임을 지느냐가 문제된다.

2. 法人의 權利能力 問 044

법인은 법률의 규정에 좇아 정관으로 정한 목적의 범위 내에서 권리능력을 가진다(34조). 그러므로 법인의 권리능력의 범위는 다음과 같은 제한이 있다.

(1) 性質에 의한 制限

법인은 자연인 천연의 성질을 전제로 한 권리는 향유할 수 없다(예: 생명권, 친권, 배우자의 권리, 정조권, 신체상의 자유권 등은 향유할 수 없다).

(2) 法律에 의한 制限

법인의 권리능력은 법률에 의해서 제한된다. 그러나 이에 관한 일반적인 규정은 없고 개별적인 규정만을 두고 있을 뿐이다(예: 청산법인은 청산의 목적의 범위 내에서(21조), 해산한 법인은 파산의 목적의 범위 내에서(채무자회생 및 파산에 관한 법률 328조)).

(3) 目的에 의한 制限

법인은「정관으로 정한 목적의 범위 내에서」권리능력이 인정된다.「목적의 범위 내」란 구체적으로 무엇을 의미하느냐에 관해서 학설은 대립하고 있다. 소수설은「목적을 달성하는 데 필요한 범위」라고 좁게 해석하고 있고(법인의제설), 다수설은「목적에 반하지 않는 범위 내」라고 이를 넓게 해석하고 있다(법인실재설). 오늘날의 법인의 사회적 기능으로 보아 다수설이 타당하다.

3. 法人의 行爲能力 問 045

법인은 자연인과 다르므로 ① 법인의 행위라고 할 수 있는 것이 있는가? 있다고 한다면 ② 누가, ③ 어떠한 형식으로, ④ 어떠한 범위의 행위를 하였을 때 이를 법인의 행위로 인정하느냐가 문제된다.

(1) 法人自身의 行爲가 있을 수 있는가

의제설에 의하면 법인은 권리능력은 있지만 행위능력은 없다고 한다. 그러나 실재설에 의하면 법인의 대표기관의 행위는 법인 자신의 행위라고 하여 법인의 행위능력을 인정하고 있다.

(2) 法人의 行爲는 누가 現實로 하는가

법인은 권리능력의 범위 내에서 대표기관에 의하여 행위를 한다. 대표기관은 이사(57조), 임시이사(63조), 특별대리인(64조), 청산인(82조) 등이다.

(3) 代表機關의 代表方式은 어떻게 하는가

대표기관의 대표의 방식은 대리에 관한 규정을 준용한다(59조 2항).

(4) 行爲能力의 範圍는 어디까지인가

법인의 행위능력의 범위는 법인의 권리능력의 범위와 같다.

4. 法人의 不法行爲 問 046 問 047

(1) 法人의 不法行爲能力의 有無

법인의 불법행위능력의 유무에 관해서 의제설은 법인의 행위능력을 부정하므로 불법행위능력도 인정하지 않는다. 그러나 법인의 행위능력을 인정하는 실재설에 의하면 법인의 이사 기타 대표자가 직무에 관하여 행한 불법행위는 법인 자신의 불법행위이며 따라서 법인은 불법행위능력을 갖는다고 한다(35조 1항).

(2) 要　件

(가) 代表機關의 行爲일 것

(나) 職務에 관한 行爲일 것

「직무에 관한 행위」란 외형상으로 보아서 목적의 범위 내의 행위로 인정되는 경우는 물론, 그 자체로서는 본래 직무행위에 속하지 않지만 직무행위와 정당한 결련관계에 있는 행위도 이에 포함된다.

(다) 代表機關의 行爲가 不法行爲의 一般的 要件를 갖출 것(750조)

(3) 效　果

(가) 法人 自身의 責任

이상의 세 가지 요건이 갖추어지면 법인은 피해자에게 손해를 배상할 책임이 있다(35조).

(나) 法人의 不法行爲가 성립하는 경우의 機關個人의 責任

위 요건이 구비한 불법행위에 대해서는 법인 자신은 물론 기관개인도 그 책임을 진다(35조 1항 후단). 따라서 피해자는 양자 중 선택적으로 손해배상청구를 할 수 있다.

(다) 法人의 不法行爲가 성립하지 않는 경우의 機關個人의 責任

법인의 목적 범위 이외의 행위로 인하여 타인에게 손해를 입혔을 때에는 법인 자신은 책임을 지지 않지만, 그 사항의 결의에 찬성하거나 그 결의를 집행한 사원, 이사 및 기타 대표자는 연대하여 책임을 진다(35조 2항).

(라) 被傭者의 不法行爲에 대한 法人의 責任

법인의 피용자(대표기관이 아닌 자 예컨대 지배인 등)가 법인의 업무에 관하여 불법행위를 한 경우, 법인은 사용자로서 피해자에 대해서 손해배상의 책임이 있다(756조).

Ⅳ. 法人의 機關

1. 機關의 意義 및 種類 問 048

(1) 機關의 意義

자연적 생명체가 아닌 법인이 독립된 법적 인격자로서 활동하기 위해서는 법인의 의사를 결정하고, 그 의사에 기하여 대외적으로 법인을 대표하고, 내부의 사무를 집행하는 일정한 조직이 필요하다. 이 조직을 법인의 기관이라고 한다.

(2) 機關의 性質

법인기관의 성질에 관하여 의제설은 법인의 기관을 법인과는 독립된 법인의 대리인이라 하지만, 실재설은 자연인에 있어서의 머리와 손발과 같이 법인의 조직체의 구성부분이라고 한다.

(3) 機關의 種類

법인의 기관으로는 업무를 집행하고 대표하는 이사, 의사결정기관인 사원총회(사단법인에 한하여), 감독기관인 감사 등의 세 종류가 있다.

2. 理事(業務執行機關) 問 049

(1) 意 義

理事란 대외적으로 법인을 대표하고 대내적으로 법인의 사무를 집행하는 사단법인과 재단법인의 상설 필수기관을 말한다. 이사의 수는 제한이 없으며 정관에서 임의로 정할 수 있다. 그리고 이사가 될 수 있는 자는 자연인에 한하며 자격상실 내지 자격정지의 형을 받은 자는 이사가 될 수 없다(형 43조).

(2) 選任과 解任 및 退任

(가) 選　任

이사의 선임방법은 정관에서 정함에 따라 사단법인에 있어서는 총회에서, 재단법인에 있어서는 이사회에서 선출한다(40조 5호, 43조). 이사의 선임행위의 성질을 법인과 이사간의 위임과 유사한 계약이라고 보는 것이 통설이다.

(나) 解任과 退任

이사의 해임과 퇴임은 정관의 정함에 따라서 하되 정관에서 정함이 없는 경우에는 민법의 위임에 관한 규정을 준용한다(127조, 689조).

(다) 登　記

이사의 주소·성명은 등기사항이다(49조 2항). 이 등기는 제3자에 대한 대항요건이다(54조 1항).

(3) 理事의 職務權限

(가) 法人代表(對外的 權限)

① 代表權　　이사는 법인의 사무에 관하여 각자 법인을 대표한다(59조 1항).

② 代表權의 制限　　㉠ 定款에 의한 制限, ㉡ 社員總會의 決議에 의한 制限, ㉢ 法人과 理事의 利益相反事項의 代表禁止(特別代理人), ㉣ 復任權의 制限 등이 있다. 이와 같은 이사의 대표권의 제한은 등기하여야 제3자에 대항할 수 있다(60조).

(나) 法人의 事務執行(對內的 權限)

이사는 대내적으로 모든 法人事務를 집행할 권한이 있다(58조 1항). 수인의 이사가 있는 때에는 과반수 결의에 의한다(58조 2항). 이사의 중요 사무로는 ① 재산목록작성(55조 1항), ② 사단법인의 사원명부 작성, ③ 총회의사에 관한 의사록의 작성(76조), ④ 사원총회의 소집(69조, 70조), ⑤ 파산신청(79조), ⑥ 해산시 청산인이 되는 일(83조), ⑦ 법인등기를 신청(49조~52조, 85조, 94조)하는 일이다.

(다) 理事의 義務

법인과 이사와의 관계는 위임과 유사한 계약이므로 이사는 「선량한 관리자의 주의의무」를 진다(61조, 681조).

(4) 理事會

민법상의 법인에 있어서 공익법인법의 적용을 받는 공익법인이나(동법 6조) 상법상의 주식회사(상 390조)를 제외하고는 이사회를 필수기관으로 하고 있지 않지만 법인의 업무집행에 관한 의사를 결정하기 위하여 이사 전원으로 이사회를 구성하는 것이 보통이다. 이사회의 소집·의결·의사록의 작성 등에 관해서는 정관에 특별한 규정이 없는 경우에는 사원총회에 관한 규정을 준용한다(71조~76조).

(5) 臨時理事

이사가 전혀 없거나 결원이 생긴 경우에 그 보충의 지체로 법인 또는 타인에게 손해가 생길 염려가 있는 경우에는 법원은 이해관계인 또는 검사의 청구에 의하여 임시이사를 선임한다(63조). 임시이사는 정식이사가 선임될 때까지 존속하는 법인의 임시기관이다.

(6) 特別代理人

법인과 이사와의 사이에 이익이 상반되는 경우 이해관계인 또는 검사의 청구에 의하여 법원이 선임하는 법인의 임시적 기관이다(64조, 63조).

3. 監事(監督機關) 問 050

(1) 意 義

감사란 법인의 재산사항과 이사의 업무집행을 감독하는 법인의 감독기관이다. 감사는 정관 또는 총회의 의결로 둘 수 있는 임의기관이다(66조).

(2) 選任方法과 資格

감사는 정관 또는 총회의 결의에 의하여 선임한다(66조). 감사의 자격은 자연인에 한하며 자격상실 또는 자격정지 이상의 형을 받은 사실이 없어야 한다(형 43조).

(3) 職務와 義務

① 법인의 재산사항을 감사하는 일, ② 이사의 업무집행의 상황을 감사하는 일, ③ 재산사항 또는 업무집행에 관하여 부정 또는 불비한 것이 있음을

발견한 때에는 이를 총회 또는 주무관청에 보고하는 일, ④ 그 보고를 하기 위하여 필요한 때에는 총회를 소집하는 일 등이다(67조).

감사의 직무는 이사를 감독하는 것이므로 업무집행권이나 대표권은 없다. 감사는 이사의 경우와 마찬가지로 선량한 관리자의 주의의무가 있다.

4. 社員總會(意思決議機關) 問 051

(1) 意　義

사원총회란 사단법인(재단법인에는 있을 수 없음)의 최고의사 결정기관이며, 총사원으로써 구성되는 필수기관이다.

(2) 總會의 種類

사원총회에는 통상총회와 임시총회가 있다. 통상총회는 매년 1회 이상 이사가 소집한다(69조). 임시총회는 일정한 경우에 소집되는 총회를 말한다(70조 1항·2항, 67조 4항).

(3) 總會의 召集節次

총회의 소집은 1주간 전에 그 회의의 목적사항을 기재한 통지를 발하고 기타 정관에서 정한 방법에 의하여야 한다(71조).

(4) 總會의 權限

총회는 정관변경, 임의해산 등은 물론 정관으로 이사 또는 기타 임원에게 위임한 사항 외에는 모두 총회의 결의에 의한다(68조).

(5) 總會의 決議

(가) 總會의 成立

총회가 결의권을 행사하기 위해서는 적법한 총회소집이 있어야 하고, 의사정족수(2인 이상의 사원출석)에 이르러야 한다.

(나) 決議事項

총회의 결의사항은 그 총회를 소집한 때 미리 통지한 사항에 관하여서만 결의한다(72조 본문).

(다) 社員의 決議權

사원은 정관에 특별한 정함이 없는 때에는 각자 평등한 결의권을 갖는다(73조 1항). 그러나 예외적으로 사단법인과 사원간에 이익이 상반되는 경우에는 당해 사원은 결의권이 없다(74조).

(라) 決議方法

결의에 필요한 의결정족수는 정관 또는 민법에 다른 규정이 없으면 사원 과반수의 출석과 출석사원의 결의권의 과반수로써 한다(75조 1항). 결의방법은 직접 출석하거나 서면 또는 대리인에 의하여도 가능하다(75조 2항). 그러나 공익법인법의 적용을 받는 公益法人에 있어서는 서면결의에 의할 수 없다(동법 9조 3항).

(6) 社員權

(가) 意義 및 性質

사원권이란 사단법인의 사원으로서의 지위에서 법인에 대하여 가지는 권리의 총체를 말한다. 사원권의 법적 성질은 사단의 업무에의 참여를 중심으로 하는 1개의 포괄적 권리로서, 여러 종류의 권능은 이로부터 유출된 지분적 권능이다.

(나) 社員權의 內容

사원권은 공익권과 자익권으로 나누어진다.

① 共益權 법인 자체의 목적을 달성하기 위해서 사원이 법인의 관리·운영에 참가하는 권리를 말한다(예: 결의권, 소수사원권, 사무집행권, 감독권 등).

② 自益權 사원 개인의 이익을 얻는 것을 내용으로 하는 권리이다(예: 영리법인에 있어 이익배당청구권, 잔여재산분배 청구권, 비영리법인에 있어서 설비이용권).

(다) 社員權의 移轉性

공익성이 강한 민법상의 「사단법인의 사원의 지위는 양도 또는 상속할 수 없으며(56조), 영리성이 강한 상법상의 영리법인에 있어서는 양도와 상속이 허용된다(상 335조).

(라) 社員의 義務

사원의 의무로는 출자의무, 회비납입 의무 등을 들 수 있다.

V. 法人의 住所 問 052

1. 法人住所의 意義

법인주소란 주된 사무소의 소재지가 있는 곳을 말한다(36조). 「주된 사무소」란 법인의 최고수뇌가 있는 장소를 말한다.

2. 法人住所의 效果

주소의 효과는 자연인의 경우와 같다. 법인 주소는 등기사항이다(49조 1항).

VI. 定款의 變更 問 053

1. 定款變更의 意義

법인의 동일성을 유지하면서 그 조직을 변경하는 것을 정관의 변경이라고 한다. 정관의 변경이 허용될 수 있느냐가 문제된다. 정관변경은 사단법인과 재단법인에 있어서 그 사정이 다르다.

2. 社團法人의 定款變更

(1) 定款變更可能의 原則

사단법인은 그 구성원인 사원의 총의에 의하여 자율적으로 운영하는 것이므로 그 인적 결합체의 동일성을 상실하지 않는 한 스스로 변경할 수 있음이 원칙이다.

(2) 定款變更의 要件

(가) 社員總會의 決議

정관의 변경은 총사원의 3분의 2 이상의 동의가 있는 때에 한하여 이를 변경할 수 있다(42조 본문). 그러나 정수에 관하여 정관에 다른 규정이 있는 때에는 그에 의한다(동조 단서). 그리고 정관변경은 사원총회의 전권사항이므로 정관에서 총회결의에 의하지 않고 정관을 변경할 수 있다고 하더라도 그 정관의 규정은 무효이다.

(나) 主務官廳의 許可

정관의 변경은 주무관청의 허가를 얻지 아니하면 그 효력이 없다(42조 2항). 그리고 변경사항이 등기사항인 경우에는 변경등기를 하지 아니하면 그 변경을 제3자에게 대항할 수 없다(54조 1항 참조).

(3) 定款變更의 限界

정관에 정관변경금지규정이 있다 하더라도 사단법인의 본질이 자율적인 법인이라는 점에서 정관변경이 가능하다고 본다. 단지 전 사원의 동의가 있어야 한다는 것이 통설이다.

3. 財團法人의 定款變更

(1) 定款不變更의 原則

재단법인은 설립자가 정한 정관에 따라 운영되는 타율적 법인이므로 그 정관은 변경할 수 없는 것이 원칙이다.

(2) 例　外

그러나 다음과 같은 경우에는 例外的으로 정관변경이 가능하다.

(가) 다음 事項 중 어느 하나가 存在할 것

① 定款에 變更方法을 定하고 있을 때(42조 1항)

② 財團法人의 目的達成 또는 財産의 保存을 위하여 적당한 때(45조 2항)

③ 財團法人의 目的達成이 不可能한 때(46조)

(나) 主務官廳의 許可를 얻을 것

정관의 변경은 주무관청의 허가를 얻어야 효력이 발생한다(45조 3항).

(3) 基本財産의 處分과 定款의 變更

기본재산은 법인의 실체인 동시에 법인의 목적을 수행하기 위한 기본적 수단이므로 재단법인의 기본재산의 처분행위는 그 정관의 변경이 수반되어야 하고, 주무관청의 허가를 얻어야 한다. 허가를 얻지 못하면 그 처분행위는 무효다(대판 1976. 11. 9, 76다486).

Ⅶ. 法人의 消滅 問 052

1. 法人消滅의 意義

법인의 소멸이란 자연인의 경우 사망과 마찬가지로 법인이 권리능력을 상실한 때를 말한다. 법인소멸의 과정은 법인이 해산을 하고 청산절차에 들어가며, 청산이 종료됨으로써 法人이 소멸한다.

2. 解　　散

(1) 解散의 意義

해산이란 해산사유가 발생했을 때 법인 본래의 적극활동을 정지하고 청산 절차에 들어가는 것을 말한다.

(2) 解散事由

법인은 다음과 같은 사유가 있을 때 해산된다.

(가) 社團法人, 財産法人에 共通된 解散事由(77조 1항)

① 존립기간의 만료 기타 정관이 정한 해산사유의 발생(40조 7호, 43조), ② 법인의 목적달성 또는 목적불능, ③ 파산(79조), ④ 주무관청의 설립허가의 취소(38조) 등이다.

(나) 社團法人에 특유한 解散事由(77조 2항)

① 社員이 1인도 없게 된 때, ② 총회의 결의가 있는 때이다.

3. 淸　　算

(1) 淸算의 意義

청산이란 해산한 법인의 재산관계의 정리를 말한다. 청산절차는 파산인 경우와 그 외의 경우가 있다. 여기서 말하는 청산이란 후자의 경우를 말한다.

(2) 清算法人의 能力

청산법인이란 해산 후 청산을 종료할 때까지 사이의 법인을 말한다. 청산법인의 능력은 청산목적의 범위 내에 한정된다.

(3) 清算法人의 機關

(가) 清算人

① 清算人의 地位 법인의 해산으로 본래의 법인 이사는 당연히 그 지위를 상실하고 새로 취임한 청산인이 그 능력의 범위 내에서 대외적으로 청산법인을 대표하고 대내적으로 청산사무를 집행한다(87조 2항). 즉 본래의 이사와 같은 지위에 있게 된다.

② 清算人이 되는 者 청산이 되는 자는 정관에서 정하는 자이며, 정관에서 정하고 있지 않으면 총회의 결의로써 선임되나 총회에서 선임하지도 않는 경우에는 해산 당시의 理事가 당연히 清算人이 된다(82조). 그러나 법인이 해산할 때 위에 해당하는 자가 없으면 법원이 직권으로 또는 이해관계인의 청구에 의하여 청산인을 선임한다(83조).

③ 清算人의 解任 중요한 사유가 있는 때에는 법원은 직권 또는 이해관계인이나 검사의 청구에 의하여 청산인을 해임할 수 있다(84조).

(나) 기타의 機關

이사를 제외한 기타의 기관인 감사와 총회는 그 지위를 그대로 유지한다.

(4) 清算人의 職務權限(清算業務)

청산인은 먼저 법인의 해산등기와 주무관청에 신고를 필한 후 ① 현존사무의 종결(87조 1항 1호), ② 채권추심(동항 2호), ③ 채무변제(동항 2호), ④ 잔존재산의 인도(동항 3호), 채무를 완제하지 못한 때에는 ⑤ 파산신청과 공고를 하고(93조 1항), ⑥ 청산이 종결되면 3주간 안에 이를 등기하고 주무관청에 신고(94조)함으로써 법인은 완전히 소멸한다.

Ⅷ. 法人의 登記 問 055

1. 法人登記의 必要性

법인과 거래하는 제3자를 보호하기 위해서 법인의 조직과 내용을 공시하는 등기제도가 필요하다.

2. 登記의 效力

법인의 설립등기(33조)는 법인성립의 효력요건이지만, 그 밖의 등기사항은 제3자에 대한 대항요건이다.

3. 登記의 種類

법인등기에는 설립등기, 변경등기, 分事務所設置登記, 사무소이전등기, 변경등기, 해산등기 등이 있다.

4. 登記實行의 保障方法

법인의 등기실행을 보장하기 위해서 이사 기타 청산인이 법인에 관한 등기를 해태한 때에는 과태료에 처하도록 하고 있다(97조1호, 49조, 51조, 85조).

Ⅸ. 法人의 監督과 罰則 問 056

1. 法人의 監督

법인의 감독기관은 설립 및 업무집행의 경우와 해산 및 청산의 경우에 따라 다르다. 業務의 監督은 주무관청이 행하며(37조), 解散·淸算의 監督은 법원이 행한다(95조).

2. 罰　則

법인감독기관이 법인의 감독을 완전하게 하기 위하여 민법은 설립허가취소권과 청산인을 해임할 수 있는 권한을 인정하고 있으며, 이사·감사·청산인이 벌칙규정을 위반한 때에는 과태료에 처한다(97조).

X. 權利能力 없는 社團과 財團 問 057

1. 問題의 所在

설립등기를 갖추고 있지 않은 사단이나 재단에 대해서 민법에는 몇 개의 규정을 두고 있을 뿐이다. 그리하여 이에 대해서는 어떠한 법규를 적용할 것이냐가 문제된다. 사단과 재단으로 나누어 살펴보기로 한다.

2. 權利能力 없는 社團

(1) 意　義

권리능력 없는 사단이란 사단으로서의 실체를 갖추고 있으면서 법인설립등기를 하지 아니하여 권리능력을 갖지 못한 인적 단체를 말한다.

(2) 要　件

권리능력 없는 사단의 요건은 ① 단체로서의 조직을 갖추고, ② 구성원의 변경에 관계없이 단체가 존속하며, ③ 그 조직에 있어서 대표의 방법·총회의 운영·예산의 관리 기타 사단으로서의 중요한 점이 규칙(정관)으로써 확정되어 있어야 한다.

(3) 發生理由

① 주무관청의 허가를 얻지 못한 경우, ② 주무관청의 간섭을 받지 않기 위하여 권리능력 없는 사단으로 남아 있는 경우, ③ 사단으로서 실체는 갖추고 있으나 아직 설립등기를 완료하지 못하고 있는 경우(설립중의 사단) 등이다.

(4) 權利能力 없는 社團의 特異性

(가) 權利能力 없는 社團이 組合과 다른 점

① 단체의 형성에 있어서 법률행위의 성질이 다르다. ② 거래의 주체가 다르다. ③ 재산의 소유형태가 다르다. ④ 채무에 관한 책임의 소재가 다르다.

(나) 權利能力 없는 社團이 社團法人과 다른 점

① 사단법인은 권리능력을 갖지만 권리능력 없는 사단은 등기능력, 민사소송법상의 당사자 능력 등을 제외하고는 권리능력을 갖지 않는다. ② 재산소유형태가 사단법인인 경우에는 단독소유이지만 권리능력 없는 사단은 재산의 소유형태가 총유란 점이 다르다.

(5) 權利能力 없는 社團에 대한 適用法規

권리능력 없는 사단은 사단법인이나 조합과 마찬가지로 그 실체가 단체란 점에서는 공통되므로 법규적용에 있어서 사단법인과 조합의 규정 중 어느 법을 적용할 것이냐가 문제된다. 우리나라의 학설과 판례는 권리능력 없는 사단에 대하여 사단법인에 관한 규정을 유추적용하여야 한다는 것이 지배적인 견해다.

(가) 內部關係

먼저 정관에 따르며 정관에 규정이 없는 경우에는 사단법인에 관한 규정을 유추적용한다.

(나) 外部關係

권리능력 없는 사단도 대표자가 정하여져 있으면 소송상의 당사자 능력을 가진다(민소 48조). 그밖의 권리능력 없는 사단의 권리능력 · 행위능력 · 대표기관의 권한과 그 대표의 형식 · 대표기관의 불법행위로 인한 손해배상책임 등에 관해서는 정관을 적용하고 그에 규정이 없는 경우에는 사단법인에 관한 규정을 유추적용한다.

(다) 財産歸屬關係

① **財産歸屬關係의 法的性質** 공동소유형태인 총유로 한다(275조).

② **財産歸屬關係의 公示方法** 부동산인 경우에는 사단 명의로 등기할 수 있다(부등 30조). 그 밖의 재산 즉, 동산 · 채권 등의 공시방법에 대해서는 아무런 규정이 없으므로 예금 채권 등에 관해서는 대표자의 성명에 사단 대표자임을 표시하거나, 동산에 관하여서는 사단의 대표자 개인이 점유하는 수밖에 없다.

③ **團體의 債務와 構成員의 個人責任** 권리능력 없는 사단의 채무는 단체 자체가 부담하며, 구성원은 책임을 지지 않는다.

3. 權利能力 없는 財團

(1) 意 義

권리능력 없는 재단이란 재단법인으로서의 실체는 갖추고 있으나, 법인격을 취득하지 못한 목적재산을 말한다.

(2) 財團의 形態

일반적으로 재단의 형태는 두 가지가 있다.

그 하나는 채권자나 제3자를 보호하기 위해서 개인소유의 재산을 그 자의 다른 재산과 구별해서 다루는 경우로서 이른바 특별재산이다(예: 파산재단, 재단저당의 목적이 된 재단, 한정승인을 한 상속재산, 상속인 없는 상속재산 등).

다른 하나는 비영리 목적을 위한 목적재산으로서 그 재산을 개인재산과 분리하여 통일적으로 관리하는 경우이며, 실질적으로 사적 소유를 벗어난 재산이다. 이에 해당하는 것으로는 신탁법에 의한 신탁재산, 법인재산, 권리능력 없는 재단 등이 있다.

(3) 發生理由

권리능력 없는 사단인 경우와 같다.

(4) 權利能力 없는 財團에 대한 適用法規

권리능력 없는 재단에 대해 민법은 몇 개의 규정을 두고 있을 뿐이다. 따라서 이에 대하여 어떤 법규를 적용할 것이냐에 관해서는 권리능력 없는 사단의 경우와 마찬가지로 학설과 판례에 따를 수밖에 없다.

첫째로, 권리능력 없는 재단에 대해서는 소송능력을 인정하고 있으므로 제소할 수 있고 응소할 수 있으며 강제집행을 할 수도 있고 당할 수도 있다(민소 48조).

둘째로, 권리능력 없는 재단도 등기능력이 있으므로 재단명의로 등기를 할 수 있다(부등 30조). 등기에 의해서 단독소유를 할 수 있다(부등 30조).

셋째로, 부동산이 아닌 그 밖의 재산권에 대해서는 신탁의 법리에 따라

관리자 개인의 명의로 하는 수밖에 없을 것이다.

넷째로, 채무에 대해서도 재단 자신이 목적재산의 범위 내에서 책임지며, 관리자 개인은 책임을 지지 않는다.

다섯째, 그 밖의 경우에는 민법의 규정 중에서 법인격을 전제로 하는 것을 제외하고는 이를 권리능력 없는 재단에 유추적용하여야 한다.

XI. 外國法人 問 058

1. 外國法人의 意義

외국법인이란 한국법률에 준거하지 아니하고 국내에 주된 사무소를 두고 있지 않은 법인을 말한다.

내·외국법인의 구별에 관한 학설로는 ① 설립준거법설, ② 주소지설, ③ 설립자 국적기준설 등이 있다. 이 중 우리나라는 설립준거법설과 주소지설의 절충설을 취하고 있다.

2. 外國法人의 權利能力

외국법인의 권리능력에 관해서는 헌법정신에 따라 내·외국법인평등주의를 취하고 있다. 그러나 법률 또는 조약에 의하여 어떤 제한이 있을 수 있음은 당연하다.

本 論

Ⅰ. 法人의 一般理論

【35】 法人이란 무엇인가

1. 法人의 意義

법인이란 자연인 이외의 것으로서 법인격이 부여된 사람의 단체나 재산의 결합체를 말한다. 우리의 주위에는 「社團法人 ○○○○」, 「財團法人 ○○○○」, 「株式會社 ○○○○」, 「學校法人 ○○○○」 등 다양한 법인명칭의 간판을 걸고 사무소를 설치하여 사업을 운영하는 사람의 단체(社團)나, 재산결합체(財團)를 수없이 볼 수 있다. 이들의 실체를 살펴보면 실제 그것을 운영하고 있는 것은 개개의 개인인데도 그의 활동에 의한 권리나 의무는 실제로 행동한 개인에게 귀속되는 것이 아니고 사람의 단체나 재산의 결합체에 귀속한다. 이와 같이 자연인 이외에 일정한 사람의 집단이나 재산의 결합체에 법률에 의하여 권리의무의 주체, 즉 권리능력을 인정한 것을 法人 또는 法人格이라고 한다.

민법상의 법인으로는 일정한 목적을 가진 사람의 단체인 사단법인과 일정한 목적을 위하여 제공된 재산의 결합체인 재단법인의 두 경우가 있다.

2. 法人의 存在理由

이와 같은 자연인 이외에 인적·물적 결합체에 법인격을 인정한 이유는 무엇인가? 이에 관해서는 다음과 같은 두 가지 이유를 들 수 있다.

① 자연인 개인으로서는 달성하지 못하는 목적을 법인에 의해서는 성취할 수 있다. 우리의 사회·경제생활에 있어서 한정이 있는 개인의 생명·재산·활동능력으로써는 도저히 그 목적을 달성할 수 없는 사업이 존재한다. 예컨대,

어떤 목적사업을 수행하기 위해서는 많은 자산이 필요하다거나, 세계적으로 광범위하게 활동을 할 필요가 있다거나, 사업경영에 있어서 고도의 운영능력과 기술이 필요하다거나 사업목적이 항구적으로 지속성을 요하는 경우가 있다. 이와 같은 사업은 수명과 능력에 한계가 있는 자연인으로서는 그 목적사업의 수행이 불가능하다. 따라서 이의 사업을 완수하기 위해서는 다수인의 공동체(사단)나 일정목적을 위해서 출연한 재산(재단) 자체에 독자적인 법인격을 부여하여 그의 활동에 기대할 수밖에 없다. 여기에서 자연인 이외에 超個人的인 조직체로서 법인제도의 필요성이 있다.

② 사람의 단체나 재산의 결합체의 거래에 있어서 법률관계의 명확화·단순화를 위해서 법인제도가 필요하다.

먼저 사람의 단체의 경우를 보면 사법상의 권리의무의 주체를 개개의 自然人으로 한정한다면, 다수인이 결합한 단체에 있어서는 단체 자체로서의 거래는 있을 수 없다. 그 결과 단체가 권리나 재산을 취득하거나 처분할 때에는 구성원 전원의 이름으로 하거나, 단체구성원 전원의 위임에 의한 대표자의 이름으로 할 수밖에 없다. 이렇게 될 때 구성원 전원의 이름으로 하여야 하는 복잡성이 있고, 대표자 이름으로 취득할 때에도 외견상으로는 단순한 것같이 보이지만, 대표자 개인이 자기의 이름으로 소유권이 있음을 기화로 단체재산을 私利를 위해서 처분한다거나, 대표자의 채권자에 의해서 强制執行을 당한다거나, 사망시에 그 상속인에게 그 재산이 相續되는 등 단체재산이 부당하게 처리되는 경우가 있게 된다. 그러므로 자연인 외에 일정 목적을 가진 단체 자체의 명의로 권리를 취득하거나 의무를 부담할 수 있는 지위·자격을 갖도록 함으로써 私法上의 法律關係를 명확화·단순화를 기할 수 있다.

다음으로 재단의 경우를 보면, 일정한 목적을 위해 바쳐진 출연재산이 설립자나 관리자의 개인재산과 그 한계가 명확치 않아 법률관계가 복합할 뿐만 아니라 그 재산의 보호에 있어서도 문제가 많다. 여기에서 일정한 목적재산을 설립자나 관리자의 個人財產과는 다른 독립재산으로 다루어 그 목적을 수행할 수 있도록 하게 할 필요성이 있다. 이 점에 관하여 영미법계에 있어서는 그러한 재산을 별개 독립된 권리주체로 한다는 구성을 하지 않고 그것을 특정의 관리자에게 귀속시키되 다만 그 재산(受託財產)을 관리자의 개인재산으로부터 구별하는 방법을 강구함으로써 그 재산을 원래의 목적에 따라 관리 운영할 수 있도록 하는 信託制度를 창안·발전시켰다. 그러나 대륙법계의 나라에서는 주체없는 재산은 인정할 수 없다는 바탕이 기초가 되기 때문에 사단의 경우와 같이 그 재산의 귀속주체로서 일종의 법인(재단법인)을 만들어 법률관계를 처리한다. 우리나라는 신탁과 재단법인의 두 제도를 다 인정하고 있지만, 목적재산의 獨立性을 명확히 한다는 점에서 大陸法系의 財團法人制度를 주로 취하고 있다.

【36】 法人의 本質은 무엇인가

자연인 이외의 존재에 법인격을 인정한 것을 법인이라고 한다면 그 본체는 무엇인가? 다시 말하면 자연인에게는 자연인으로서의 실체가 있는 것과 마찬가지로 법인에 있어서도 독자의 실체가 존재하고 있는 것인가? 만약 실체가 존재한다면 그 실체는 무엇인가라는 문제가 법인의 본질론이다. 이에 관한 학설과 학설에 따른 실익을 고찰하면 다음과 같다.

1. 法人의 本質에 관한 學說

법인의 본질에 관한 학설로서는 법인의제설·법인부인설·법인실재설 등이 있다.

(1) 法人擬制說

이 설은 권리의무의 주체가 될 수 있는 것은 자유의사를 가진 자연인에 한하는 것이므로 자연인이 아니면서, 권리의무의 주체가 될 수 있는 것은 법률에 의하여 자연인을 의제(성질이 다른 것에 법률상 같은 효과를 주는 것)하여 법인격이 인정된 것이라고 한다(Savigny). 이 설은 19세기 전반에 있어서 개인의사 절대존중의 사상에 따라 단체는 그 구성원의 자유를 구속한다 하여 권리의무의 주체는 개인(자연인) 또는 국가 외에는 원칙적으로 인정하지 않았다. 다만 예외적으로 자연인 이외의 단체에 대해서 권리의무의 주체를 인정하고자 할 때에는 오직 주권자의 명령이나 법률에 의한 특허 또는 허가를 요하였다. 그리하여 당시의 법인설립에 대한 특허주의나 허가주의의 이론적 기초가 되었다.

이 설은 자연인이 자연인이기 때문에 당연히 법인격을 인정받는 것이 아니라 독립된 사회적 작용을 담당하여 권리능력자가 되기에 적합한 사회적 가치를 지니고 있기 때문에 법률에 의해서 법인격을 갖는 것과 마찬가지로, 법인 역시 그러한 사회적 작용을 담당하여 권리능력자가 되기에 적합한 사회적 가치가 있으므로 법률에 의해서 법인격을 갖게 된다는 점을 이해하지 못하였다.

그러나 구성원이나 개인재산과 독립된 권리의무의 주체를 설정하는 기술적 의제를 창안한 점은 오늘날에 있어서도 이를 무시할 수 없다고 본다.

(2) 法人否認說

이 설은 법인의제설이 말한 바와 같이 법인은 법률에 의하여 자연인에 의제된 것이라고 한다면 결국 법인은 독자의 사회적 실체를 가지지 않는 것이 된다. 여기에서 그 본체를 법인을 구성하고 있는 개인이나 재산에서 찾으려고 하는 학설이 나타나게 되었다. 이 설이 법인부인설이다. 그리고 그 실질적인 주체를 학자에 따라 달리 보는 바 ① 법인에 의해서 이익을 얻은 수익자 주체설(Jhering), ② 법인재산의 관리자 주체설(Hölder), ③ 일정 목적에 제공된 목적 재산설(Brinz)은 모두 법인부인설에 해당한다.

이 설은 법인이 권리의무의 주체로서 사회생활을 하고 있고 국가발전에 기여하고 있는 실체를 가지고 있는 데도 이를 부인하고 있으며 법인을 관념적인 권리의무의 주체에 불과한 것으로 보아, 실질적인 주체는 그를 구성하고 있는 재산 또는 관리자에 있다고 하는바, 이와 같은 태도는 오늘날의 법인제도에는 적합하지 않다고 본다.

(3) 法人實在說

이 설은 법인의 실체는 법인의제설의 주장처럼 공허한 것이 아니라, 권리의무의 주체가 될 수 있는 실체가 사회적으로 실재하고 있다는 견해이다. 이는 사회적으로 실재하고 있는 실체를 어떻게 보느냐에 따라서 사회적 유기체설, 조직체설, 사회적 작용설, 삼계기설로 나뉜다.

(가) 社會的 有機體說

이는 법인의 실체를 사회적 유기체로 보는 설이다(Gierke). 자연인은 자연적 유기체로서 고유의 의사를 가지고 있는 것과 마찬가지로 법인도 사회적 유기체로서 고유의 의사를 가지고 있다는 것이다. 즉 사단법인에 있어서는 총회의 결의, 재단법인에 있어서는 설립자의 의사가 바로 법인 고유의 의사라고 한다. 이는 19세기 중엽의 반단체사상과 법인의제설을 극복하고 자본주의의 발전에 따른 법인의 자유설립의 요망과 그를 뒷받침하고 있는 준칙주의 실현의 이론적 근거가 되었다.

이 설은 법인의 실체는 공허한 것이 아니라 사회적인 활동의 단위로서 실재하는 것이라는 것을 명백히 하여 의제설의 오류를 탈피한 점에서 찬양할 만하다. 그러나 사회적으로 실재하는 실체를 유기체로 볼 수 있느냐 또는 단체 고유의사가 존재한 것으로 볼 수 있느냐는 사회학적인 문제인데도 이를 법이론학적인 측면에서 무조건 긍정적으로 받아들이고 있는 것은 잘못이라 할 수 있다. 설사 법인을 사회적 유기체로 본다고 할지라도 무엇 때문에 이와 같은 실체에 대해서 권리주체로 인정하여야 하느냐에 관해서는 아무런 해답을 주고 있지 않다.

(나) 組織體說

이 설은 법인은 그 실체가 사회적 유기체가 아니고 권리의무의 주체임에 적합한 법률상의 조직체라고 한다(Michoud). 법인은 그가 가진 일정한 이익을 실현하기 위하여 기구를 갖춘 단체이며, 법질서의 가치에 부합한 조직체로서 재편성된 실체라고 한다. 그리고 법인이 가지는 의사는 사회적 유기체에서 말한 자연인과 같은 자유의사가 아니라 사단에 있어서는 총회의 결의, 재단에 있어서는 설립자의 의사와 같이 조직에 의해서 형성된 의사를 말한다고 한다. 그리하여 이를 일명 法律(組織)意思說이라고도 부른다. 이 설이 일본의 통설이며, 우리나라도 이 설을 지지하는 학자들이 있다.

이 조직체설은 유기체설이 사회적 이론에 그치고, 법률이론이 되지 못한 점을 시정한 면에서는 진일보된 견해라고 볼 수 있으나, 법인에게 법인격을 부여하는 이유를 밝히고 있지 못하고 있다는 비난이 있다.

(다) 社會的 作用說(社會的 價値說)

이 설은 법인이 사회적으로 실재하는 근거는 자연인과 마찬가지로 독립의 사회적 작용을 담당하고 있기 때문에 권리주체에 적합한 사회적 가치를 가진 것이라고 한다(我妻 榮). 이 설이 우리나라의 다수설이기도 하다.

조직체설이 국가는 어떠한 기능을 하는 단체에 법인격을 인정하여야 하느냐에 대한 해결을 주지 못하고 있는 점에 창안하여, 국가는 하나의 사회적 실체가 법인격을 인정받는 것은 사회적 가치가 있는 사회적 작용을 하고 있기 때문이라는 것이다.

그러나 법인으로 인정하기 위해서는 하나의 사회적 실체가 법인격을 인정받기 위해서는 가치있는 사회적 작용을 하고 있는 것만으로는 충분하지 않으며, 권리의무의 통일적인 귀속점이 되는 법기술적인 존재이어야 하는 데도 이 점을 간과하고 있다는 데에 이 설의 결함이 있다.

(라) 法人三契機說

이는 최근의 유력한 학설로서 법인의 성립을 실체적 계기 · 가치적 계기 · 기술적 계기로 나누어 분석하고, 이상의 삼계기를 갖춘 실체가 법인의 본질이라고 한다(四宮和夫). 즉, 법인이 성립되기 위해서는 첫째, 실체적 계기로서 사회적 · 경제적 관점에서 보아 자연인이 아니면서 거래의 주체가 되는 데 적합한 실체(사단 · 재단)가 존재하여야 하고 둘째, 가치적 계기로서 이와 같은 실체가 실정법의 정책적 견지에서 거래의 주체가 되는 데 가치가 있다고 인정될 수 있는 것이어야 하며 셋째, 기술적 계기로서 법인은 자연인이 아닌 존재를 권리의무의 통일적인 귀속점이 되게 하는 기술적인 존재라야 한다는 것이다.

(4) 檢　討

생각건대, 이상에서 살펴본 여러 학설들 중 법인의제설은 법인의 기술적 계기를, 법인부인설은 실체적 계기를, 유기체설은 실체적 계기를, 조직체설은 실체적 계기와 기술적 계기를, 사회적 작용설은 가치적 계기를 각각 중요시하는 것으로서, 결국 법인에 관한 학설의 대립은 법인에 있어서의 실체적 계기 · 가치적 계기 및 기술적 계기 중에서 어느 것을 강조하느냐의 차이가 있는 데에 불과하다. 오늘날 다양성을 지닌 현대 사회에 있어서는 어느 한 면만을 강조하는 종래의 학설들은 취할 바가 못 된다. 그러므로 법인이란 법인격을 인정하기에 적합한 실체가 존재하여야 하고, 그 실체가 법질서상 존재가치가 있어야 하며, 그가 권리의무의 귀속주체가 될 수 있는 법기술이 갖추어진 존재라고 볼 수 있다. 그러므로 법인에 관한 학설은 삼계기설이 타당하다고 본다. 따라서 법인을 둘러 싼 여러 문제를 처리함에 있어서는 종래의 어느 특정 학설에 구애됨이 없이 세 가지 계기를 염두에 두면서 타당한 해결을 꾀하도록 하여야 한다.

2. 學說의 區別의 實益

민법상 법인본질론을 논하게 된 실익은 어느 학설을 취하느냐에 따라서 법인설립의 입법정책, 법인의 권리능력·행위능력·불법행위능력, 권리능력 없는 사단 및 재단 등에 대한 실정법의 해석 및 적용상에 차이가 있다.

① 법인설립의 입법정책에 있어서 법인의제설을 취하게 되면 자연인이 출생함으로써 당연히 법인격을 취득하는 것과는 달리 법인에 있어서는 특별법의 제정이나 국가의 명령이 있는 경우에 한하여 인정된다. 따라서 법인의 설립에 있어서 입법주의는 특허주의 내지 허가주의를 취하게 된다.

그러나 법인실재설을 취하게 되면 법적 주체인 실체가 사회적으로 실재할 때 폭넓게 법인격을 인정하는 것으로서 이 설의 입법주의는 법인을 자유롭게 설립할 수 있는 준칙주의나 자유설립주의를 취하게 되는 것이다.

② 법인의 권리능력에 관해서 법인의제설의 입장은 권리의무의 주체는 자연인에 한하므로 법인의 권리능력은 법률이 특히 자연인에 의제하여 인정한다는 것이다. 따라서 법인의 권리능력의 범위는 법인의 목적의 범위 내에 한정되고 이를 엄격히 해석하려고 한다.

그러나 법인실재설에 있어서는 법인은 법률에 의하여 의제된 공허물이 아니고 사회적으로 실재하며 당연히 권리의무의 주체가 된다고 한다. 따라서 법인의 권리능력의 범위에 있어서도 법인의 정관에서 정하고 있는 목적사항에 엄격히 한정할 것이 아니라 폭넓게 인정하여야 한다고 한다.

③ 법인의 행위능력에 관하여 법인의제설에 의하면 법인은 권리능력은 있으나 행위능력은 없기 때문에 법인의 현실적 행위는 이사 등의 대리인의 행위

를 통해서 권리를 행사하고 의무를 수행할 수밖에 없고(대리행위설), 행위능력의 범위에 있어서도 법인의 목적으로서 열거되는 행위에 엄격하게 한정하는 태도를 취한다.

그러나 법인실재설에 있어서는 법인의 실체는 사회적으로 실재한 것이고, 그 자체가 단체적 의사 또는 조직적 의사를 가지고 있고 그 대표기관인 이사 등의 행위는 바로 법인 자신의 행위라고 하며(대표행위설), 법인행위능력의 범위도 법인의 목적으로서 열거된 사항에 한하지 않고 이를 넓게 인정하려고 한다.

④ 법인의 불법행위능력에 관하여 법인의제설에 의하면 법인은 법인 자신의 행위가 있을 수 없으므로 법인의 불법행위능력 역시 인정할 수 없다고 한다. 따라서 법인에 불법행위의 책임을 인정한 민법상의 규정(35조)은 타인의 불법행위에 대하여 법인이 책임을 지게 하는 것이므로, 이는 제3자를 보호하기 위해서 정책적 편리규정이라고 한다.

그러나 법인실재설은 법인 자신이 스스로 법률행위를 할 수 있으므로 법인 자신의 불법행위능력 역시 이를 인정함은 당연하다고 한다. 따라서 법인의 불법행위에 관한 민법상의 규정은 정책적인 편리규정이 아니라 사리상 당연한 규정이라고 한다. 그리고 불법행위능력의 범위에 있어서도 이를 폭넓게 인정하려고 한다.

⑤ 권리능력 없는 사단과 재단에 있어서도 법인의제설에 의하면 자연인 이외는 원칙적으로 법인격을 인정하지 않고 있으므로 권리능력 없는 사단이나 재단에 대해서는 그 존재를 부인하려고 하나 반면에, 법인실재설은 사단 또는 재단으로서의 실체가 사회적으로 존재하는 때에는 되도록 법률적 지위를 인정하려고 한다.

이와 같이 종래의 법인본질론은 어느 학설을 취하느냐에 따라서 법인입법정책이나 법인법규의 해석에 있어서 많은 차이가 있다.

【37】 法人에 관한 立法政策은 어떻게 變遷하여 왔는가

근대 초기 이래 법인의 입법정책은 법인의 本質論과 관련하여 법인설립의 억제로부터 방임으로, 방임에서 통제로 변천하여 왔다. 이에 따라 법인설립에 있어서도 특허주의에서 시작하여 허가주의를 거쳐 準則主義 내지는 自由設立主義로 변천하여 왔다. 이하에서는 법인의 입법정책의 변천과정에 관하여 고찰하기로 한다.

1. 近代法의 立法政策

(1) 社團法人

첫째, 근대 초기에는 원칙적으로 사단법인은 인정하지 않았다. 중세봉건사회에서 군림하였던 길드(guild) 등의 단체는 개인의 자유와 권리를 구속하여 왔기 때문에 근대 개인주의 · 자유주의시대하에서는 사단법인의 설립을 원칙적으로 인정하지 않았다. 부득이 필요한 경우에는 특별한 입법 또는 국가의 특허에 의하여 법인을 인정하는 법인정책을 취하였다. 이러한 사단법인 부인의 입법의 태도는 개인의 능력을 자유로이 발휘하는 데에 큰 도움이 되었고, 근로자 단체의 활동을 금지함으로써 신흥공업발전에도 크게 기여하였다. 이와 같은 법인설립금지정책의 이면에는 법인본질에 관한 학설로서 법인의제설이 이론적 뒷받침을 하였다.

둘째, 근대 초기의 이와 같은 法人抑制政策은 19세기 중엽에 와서 그 태도를 변경하지 않을 수 없었다. 근대 초기 이후 상공업이 어느 정도 발달하게 되자, 시장의 확대와 세계적 통상으로 대규모의 기업경영이 필요하게 되었다. 그러나 개인의 재력과 활동능력으로써는 그 한계가 있어 이에 부응할 수 없음을 깨닫게 되었다. 특히 자본의 집중이 용이한 회사제도의 필요성이 더욱 더 요청되었다. 여기에서 국가는 사단에 대한 입법정책을 변경하지 않을 수 없었고, 과거의 법인설립의 억제 정책을 바꾸어 법인은 법률에 정한 기준에 따라 조직만 하면 그 설립을 자유롭게 할 수 있다는 준칙주의나 또는 일정한 경우에는 행정관청의 허가만 얻으면 설립할 수 있다는 허가주의를 채택하게 되었다. 그리고 그 이론적 뒷받침으로서는 법인본질에 관한 법인실재설이 주장되었다.

이에 따른 각국의 立法例를 보면 프랑스는 1867년에 회사에 관하여 준칙주의를 취한 후 비영리법인에까지 이를 확대하였고, 독일은 1870년에 회사와 영리조합에 준칙주의를 취하였던 것을 그 후 비영리사단법인에까지 확대시켰다. 스위스의 구 채무법은 1881년에 회사·공익법인에 준칙주의를 인정하다가 1907년에는 비영리사단에 대해서는 자유설립주의를 인정하게 되었다.

(2) 財團法人

재단법인에 있어서는 사단법인의 입법정책처럼 심한 변천은 없었지만, 재단에 있어서도 처음에는 사단과 마찬가지로 법인설립을 원칙적으로 금지하였다. 중세기의 教會財團 같은 宗教財團이 막강한 특권을 누리고 있었고, 이에 의하여 개인의 자유 또한 많은 구속을 받아왔었다. 그리하여 개인의 자유주의를 이상으로 하는 근대법하에서 모든 재단의 설립을 금압한 입법정책은 당연한 것이었다.

그러나 그 후 19세기 중엽에 와서는 財團法人設立을 억제하는 것은 그 자체가 개인의 재산처분의 자유에 역행하고, 개인이 욕구하는 자유의사를 구속하는 것이라고 하여 재단에 대한 국가의 입법정책도 근대 초기와는 달리 자유롭게 설립할 수 있도록 하였다. 그뿐만 아니라 재단법인은 주로 공익을 위하여 설립한 것이기 때문에 이를 구태여 禁止할 이유가 없다는 데에 또 하나의 이유가 있었다.

이에 따라 재단법인 설립에 관한 각국의 입법주의는 許可主義 또는 自由設立主義를 취하게 되었다.

2. 現代法의 立法政策

위에서 언급한 바와 같이 법인설립의 입법정책은 근대법의 금압주의에서, 19세기 해방의 역사로 전개되었으나, 20세기의 경제사회는 그 사정이 또 달라졌다. 자유로운 경쟁적 기업활동에 의해서 산업이 고도로 발달하게 되자, 빈부의 격차가 심하게 되었고 기업은 집중에서 결합의 현상으로 소수 대기업체가 시장을 독점하여 국가경제를 좌우하게 된 것이다. 그로 인하여 국민경제생활은 크게 위협을 받게 되었다. 이에 따라 국가는 과거의 법인해방정책에서 통제정책으로 그 입법정책을 전환하기에 이르렀다. 요컨대 현대법하에 있어서 국가의 法人政策은 국가의 부강과 국민경제의 안정, 그리고 국민복지의 향상이라는 법의 이념을 실현하기 위해서 각종 법인의 사회적 기능에 따라 법인설립을 억제·방임·조장·강제하게 되었다.

【38】 法人에는 어떤 種類가 있는가

법인은 자유로이 설립할 수 없고 법률의 규정에 의해서만 설립할 수 있다(31조). 그리고 이에 관한 법률로는 민법·상법뿐만 아니라 지방자치법·노동조합법 등 많은 법들이 있다.

법인의 종류는 다양하며 여러 가지 기준에 따라 분류할 수 있다. 즉 적용법규를 기준으로 하여 공법인·사법인·중간법인으로 나눌 수 있고, 私法人은 또 법인의 목적에 따라 영리법인과 비영리법인으로, 그 실체에 따라 사단법인과 새난법인으로 나누어진다. 그리고 법인설립의 준거법에 따라서 내국법인과 외국법인으로 분류된다.

1. 公法人·私法人·中間法人

법인은 적용법규를 기준으로 하여 公法人·私法人·中間法人으로 구별할 수 있다.

(1) 公法人·私法人의 意義

公法人이라 함은 그 설립이나 관리·운영에 국가의 공권력이 관여하는 법인을 말한다. 예컨대 통치적 작용을 남당하는 국가, 국가이외에 일정한 공무를 행하게 하기 위하여 국가에 의하여 존립이 인정된 자치단체 및 공공단체(자치단체는 서울특별시·광역시·도/시·군·구이며, 자치단체 이외의 공공단체는 농지개량조합, 농림조합 등이다) 등이 공법인이다. 이에 대해 私法人이란 단체의 가입·회비의 징수 등 내부의 법률관계에 국가 또는 공공단체의 강제적 권력작용이 미치지 않는 법인을 말한다. 즉 영리사단법인인 민사회사(농업회사나 어업회사 등)와 商社會社(상법상의 각종 회사), 그리고 비영리사단법인(사단법인 재향군인회, 법인으로 된 종교단체, 법인으로 된 종중 등)과 비영리재단법인(법인으로 된 장학재단이나 고아원) 등이 이에 해당한다.

(2) 公法人과 私法人의 區別의 實益

공법인과 사법인은 다음과 같은 점에서 구별의 실익이 있다. ① 분쟁이 발생하였을 때 그 관할 법원은 공법인에 있어서는 행정법원이고, 사법인에 있어서는 민사법원이다(쟁송의 관할). ② 각종 부담금의 징수방법으로 공법인은 세법상의 특수절차에 의하고, 사법인은 민사소송법의 강제집행절차에 의한다. ③ 범죄성립에 있어서 공법인은 기관이나 피용자에 대하여 직무에 관한 범죄가 성립하나, 사법인은 그러하지 아니하다(형법상의 독직죄의 성립여부). ④ 문서의 위조·변조에 있어서 공법인은 공문서의 위조·변조가 되나, 사법인은 사문서 위조·변조가 된다(문서의 위조·변조). ⑤ 불법행위의 적용법규에 있어서 공법인은 국가배상법에 따라 손해배상책임을 지나, 사법인은 민법의 규정에 따라 불법행위로서 손해배상책임을 지는(불법행위의 적용법규) 점에서 공법인과 사법인의 구별의 필요성이 있다.

(3) 公法人과 私法人의 區別 基準

그러나 실제적으로는 공법인과 사법인의 구별이 어려운 경우가 적지 않다. 학설상 양자의 구별기준에 관하여 여러 가지 견해가 있다. 즉 법인설립의 준거법에 있다는 설, 법인의 설립목적에 있다는 설, 법인의 설립·관리에 있어서 통치권에 의하느냐의 여부에 있다는 설 등으로 대립되어 있다. 종래의 지배적 견해는 법인의 설립이나 가입이 강제되는 것, 법인의 임원을 국가가 임명하거나 임원이 공무원으로 되어 있는 것과 같이 법인의 설립이나 관리에 국가의 공권력이 관여하는 것은 모두 공법인이라 하고, 그 밖의 법인은 사법인이라 하였다.

(4) 中間法人

오늘날에 와서 국가는 경제·사회정책적인 입장에서 많은 특수법인의 설립을 조장 또는 강제하기에 이르렀다. 그리하여 공법인도 사법인도 아닌 중간법인인 특수법인이 수없이 출현하게 되었다. 예컨대 한국은행, 대한주택공사, 농업협동조합, 노동조합, 학교법인 등이 중간법인에 해당된다. 이들이 속출함으로 인하여 공법인과 사법인의 구별이 더욱 어렵게 되었을 뿐만 아니라 법률의 적용에 있어서도 공법인 또는 사법인에 관한 법률 중 어느 것에 따라야 할 것인가의 문제가 발생하게 되었다. 생각건대 중간법인을 공법인 또는 사법인 중 어느 하나를 선택하여 해결할 것이 아니라 그 법인에 관하여 문제가 되는 법률관계를 여러 각도에서 검토하여 그것이 공법관계냐 사법관계이냐를 판단하여 관계법을 적용하는 것이 타당하다고 본다(통설).

2. 營利法人과 非營利法人

私法人은 그 법인이 영리를 꾀하는 것을 목적으로 하느냐 않느냐에 따라 영리법인과 비영리법인으로 나눌 수 있다.

(1) 營利法人

영리법인란 사업이익을 구성원에게 분배할 것을 목적으로 하는 사단법인을 말한다. 설령 그 사업이 교통·통신·보도·출판 등의 공공사업을 목적으로 하는 경우라도 사원의 이익을 목적으로 하는 것은 영리법인이 된다. 그리고 재단법인에 있어서는 이익을 분배받을 구성원이 없으므로 영리의 목적으로는 설립할 수 없고, 영리법인은 오로지 사단법인에 한하여 인정된다.

또한 영리법인은 영리를 목적으로 商行爲(상 46조)를 영업으로 하느냐 상행위 이외의 사업을 영리의 목적으로 하느냐에 따라 상사회사와 민사회사로 나누어진다. 상사회사는 상행위, 즉 상법 제46조에 열거된 사항을 영업으로 하는 것을 목적으로 하는 사단법인으로서 주식회사·합명회사·합자회사·유한회사 등을 말하며, 민사회사란 상행위 이외의 영리행위, 즉 농입·어업 등을 통해서 영리활동을 하는 사단법인을 말한다. 그러나 민사회사는 설립 기타 모든 사항에 관하여 상사회사의 규정에 따르는 것으로 하고(39조), 상법에서는 제169조에서 「本法에서 會社라 함은 商行爲 其他 營利를 目的으로 하여 設立한 社團을 이른다」라고 하여 민사회사를 상사회사와 동일하게 다루기 때문에 현행법상 민사회사와 상사회사를 구별할 실익은 없다.

(2) 非營利法人

비영리법인이란 학술·종교·자선·기예·사교 기타 영리 아닌 사업을 목적으로 하는 사단법인과 재단법인을 말한다(32조). 영리 아닌 사업을 목적으로 하여야 하므로 영리도 아울러 목적으로 하는 경우에는 비영리법인이 아니라 영리법인이다. 다만 비영리사업의 목적을 달성하기 위해서 필요하고, 그 본질에 반하지 아니할 정도의 부수적인 영리행위는 상관없다(예컨대 학교법인이 학생들에게 수업료를 징수하는 경우 등). 여기서 비영리사업이란 공익사업(불특정 다수의 사회일반인의 이익)은 물론 공익사업 이외의 비영리 사업(특정 다수인의 이익)을 포함한다.

그리고 민법상의 비영리법인은 비영리사단법인과 재단법인에 한하여 인정된다.

3. 社團法人과 財團法人

민법상의 비영리법인은 그 실체가 사람의 집합체인가 재산의 결합체인가에 따라서 사단법인과 재단법인으로 나눈다.

社團法人이란 일정의 목적을 위하여 결합된 사람의 집합체, 즉 단체가 법인이 된 것을 말한다. 이는 그의 구성원으로서 사원이 반드시 존재함을 필요로 하며, 사원의 개인의사를 통합하여 단체의사를 형성하기 위한 사원총회를 불가결의 기관으로 하고, 그 단체의사에 의하여 자율적으로 활동하는 법인이다.

이에 대하여 財團法人은 일정한 목적을 위하여 출연된 재산의 결합체를 법인으로 한 것을 말한다. 재단법인은 사원과 사원총회는 존재하지 않지만, 재산을 출연한 설립자의 의사에 구속되어 타율적으로 활동하는 법인이다.

사단법인에는 민법상의 비영리사단법인과 상법상의 영리사단법인이 있는데 반하여, 재단법인은 민법상의 비영리재단법인만이 인정된다. 사단법인과 재단법인 간에는 설립행위·목적 내지 정관의 변경, 의사결정기관·해산사유 등에서 차이가 있다.

법인은 그 실체가 사람의 집단(사단)이냐, 재산의 결합체(재단)이냐에 따라서 사단법인과 재단법인으로 구별되지만, 이들은 하나의 이념형에 불과하고 실제에 있어서는 단체의 색채가 농후한 것이 재단법인이 되고 있다든지, 반대로 재단(재산의 결합체)의 색채가 있는 것이 사단법인으로 되어 있는 경우도 있다. 또한 특별법상의 법인에 있어서는 양자의 색채가 겸비된 경우도 있다

(예컨대 학교법인·의료법인·종교법인 등). 그러나 민법상의 법인에 있어서는 사단법인과 재단법인의 중간형 법인을 인정하지 않으며, 그 실체가 인적·물적 요소를 모두 갖추고 있더라도 사단법인이나 재단법인 중 어느 하나를 선택하여 설립하여야 한다.

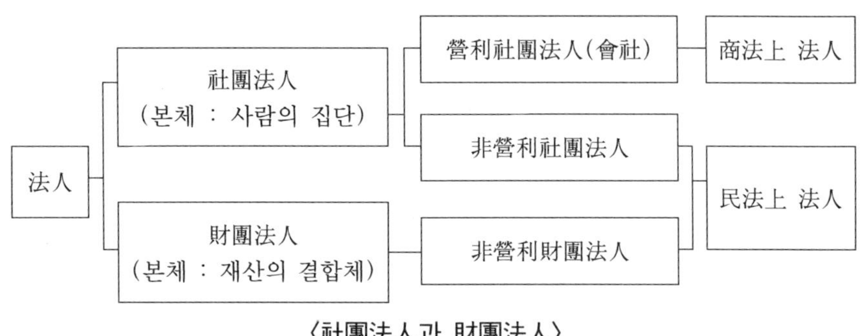

〈社團法人과 財團法人〉

4. 內國法人과 外國法人

법인은 그 설립의 준거법에 따라 내국법인과 외국법인으로 구분된다.

우리나라 법에 의하여 설립된 경우에는 내국법인이고, 우리나라 법에 준거하여 설립되지 않은 법인이 외국법인이다.

외국법인을 어떻게 다룰 것이냐에 관하여 민법은 내·외국법인의 평등주의를 원칙으로 하고 있다. 그러나 외국상사법인, 즉 영리법인인 외국법인에 관하여는 상법에 상세한 규정을 두고 있다(상 614조 이하).

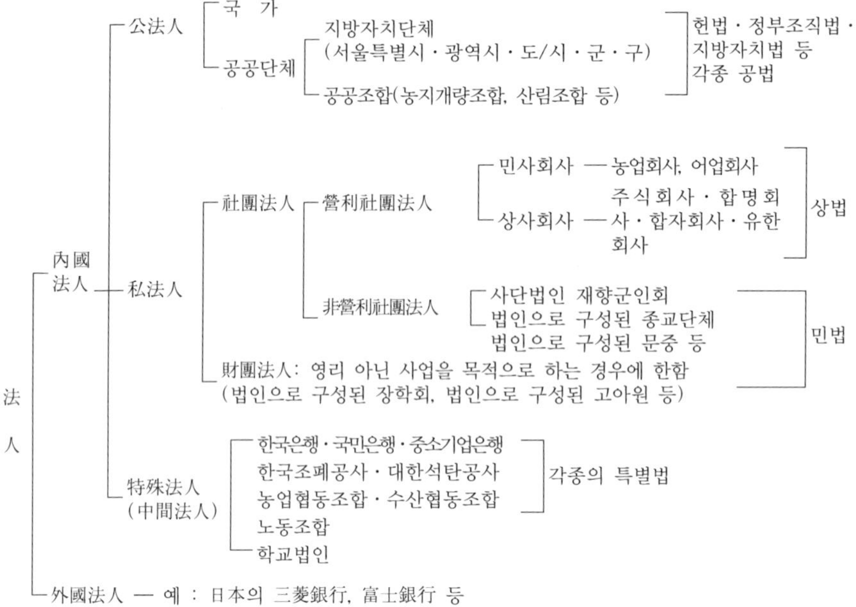

〈法人의 種類〉

【39】 法人格否認의 法理

1. 意 義

법인은 그 구성원이나 설립자와는 별개의 법인격을 가진다. 그러므로 법인은 그가 갖고 있는 재산의 한도 내에서 의무를 부담하고 책임을 지며, 법인의 구성원이나 설립자는 책임을 지지 않는다.

그러나 실제 거래계에서 이와 같은 법인형식을 이용하여 불법·부당한 행위를 하는 경우가 있다. 그 유형으로는 첫째, 법률의 적용을 회피하기 위해 법인의 독립된 법인격을 악용하는 「法人格 濫用」의 경우이다. 예컨대 채무자가 채권자의 强制執行을 면하기 위해 새로운 법인체를 설립하고 거기에 투자의 형식으로 자기 재산을 도피시키는 경우가 그 한 예이다. 둘째, 외형상으로 법인의 형식을 갖추어 놓고 있을 뿐 실질적으로는 그 배후에 있는 자가 개인 기업을 영위하는 이른바 「法人格의 形骸化」의 경우이다. 예컨대 외형상 법인을 설립해 놓고 실질적으로 자기의 기업을 운영하고 이익을 꾀하면서, 對外的인 책임에 있어서는 空虛한 법인에 귀속케 하여 선의의 제3자를 희생시키는 경우이다.

판례와 학설은 이와 같은 경우, 법인의 법리를 그대로 적용하게 된다면 정의와 공평의 이념에 반할 뿐만 아니라 진실한 권리자를 해하게 된다고 하여 회사의 법인격으로서의 존재는 인정하되 불법·부당한 목적에 관련된 특정의 법률관계에 있어서는 독립된 법인격을 부인하고 그 배후에 있는 실체(법인 또는 개인)에 대해서 책임을 묻도록 하여야 한다고 한다. 이것이 바로 「法人格否認의 法理」라고 하는 이론이다. 그리고 이에 관한 이론적 근거로는 신의칙(2조 1항)과 권리남용금시의 원칙(2조 2항)을 들고 있다.

2. 外國의 判例

법인격부인의 이론은 원래 미국과 독일의 판례에 의해서 형성되었다. 그 후 일본에 있어서도 이를 계수하여 다음과 같은 두 경우에 법인격을 부인하고 있다.

(1) 法人格의 濫用의 경우

법률의 금지규정이나 채무이행을 회피하기 위해서 법인격을 남용하는 경우 그 회사의 법인격을 부인하고 회사의 배후에 있는 회사나 개인이 책임을 지도록 하였다. 이에 관한 일본 판례로서는 「居室의 명도의무·연체임료 등의 채무를 가진 A회사가 그 채무를 면탈할 목적으로 B회사를 설립하고, A회사의 영업재산을 B회사에 유용하는 경우에는 신의칙상 신·구회사가 별개의 인격이라고 주장할 수 없다」라고 하였다(日最判 昭和 48年, 1973. 10. 16, 民集 27卷 9號, 1240面). 이는 법인격을 남용한 것으로 보고, 두 법인의 독립성을 부인하고 동일시 한 것이다.

(2) 法人格의 形骸化의 경우

법인격의 남용이라고 볼 수 없는 경우에도 법인형식을 이용한 자와 법인이 실질적 · 경제적으로 동일하다고 볼 수 있는 경우에는 그 법인의 형식을 무시하고 그 실체에 효력이 미친다고 하였다. 이에 관한 구체적인 일본 판례로서는 건물의 임차인 A회사(실질적으로 B의 개인기업)와 임대인 C 간의 임대차 기간이 만료됨에 임하여 C와 A회사의 경영자 B 사이에 건물을 명도한다는 합의 · 화해가 있었음에도 불구하고 B는 계약의 임차인은 A회사라 하여 명도를 거절한 사안에 대하여, 위의 법인격을 부인하고 화해의 효력은 A회사에도 미친다고 하였다(日最判 昭和 44年, 1969. 2. 27, 民集 23卷 2號, 2351面). 이 경우는 법인격의 형해화의 경우로서 법인 A와 그의 경영자 B를 동일시 한 것이다.

3. 우리 判例의 態度

우리나라 판례는 처음에는 법인격부인의 법리를 인정하지 아니하였으나(대판 1977. 9. 13, 74다954), 그 후 이를 지지하기에 이르렀다(대판 1988. 11. 12, 87다카1671).

(1) 法人格濫用의 경우

A회사가 X회사를 설립하여 A소유의 선박을 X의 명의로 선적을 두고 있는 — 해운기업에서 통용되는 이른바 便宜置籍을 하고 있는 — 선박에 대하여 A회사는 Y조선소와 선박수리계약을 체결하고 Y조선소는 이를 수리하였으나, A회사는 수리비를 지급하고 있지 않아, Y회사는 선박수리채권의 집행을 보전하기 위하여 위 선박을 가압류하였다. 이 가압류에 대하여 X회사는 위 선박은 A회사의 소유가 아니라 X회사의 소유라고 하여 제3자 이의의 소를 제기하였다.

이 사안에 대하여 대법원에서는 「원고 X회사와 A회사는 외형상 별개의 회사로 되어 있지만 원고 X회사는 이 사건 선박의 실제 소유자인 A회사가 이른바 편의치적을 위하여 설립한 회사로서 실제로는 이들 회사의 사무실과 경영진 등이 모두 동일하므로 이러한 지위에 있는 원고 X회사가 법률의 적용을 회피하기 위하여 별개의 법인격을 가지는 회사라고 주장하는 것은 신의성실의 원칙에 위반하거나 법인격을 남용하는 것으로 허용될 수 없다」라고 판시하여 이 가압류의 사안에 한해서는 A와 X를 동일시 하여 X의 이의신청을 배척하였다.

(2) 法人格形骸化의 경우

A는 B회사가 분양광고를 낸 건물에 대하여 분양신청을 하면서 계약금과 중도금으로 2억 5천만원을 지급하였는데, 그 후 건물이 자금부족으로 완공되지 못하자, A는 B회사와의 매매계약을 해제하면서 B회사와 B회사의 대표이사인 C를 상대로 위 매매대금반환을 청구하였다. 그런데 B회사의 내부관계를 보면 B회사의 주식은 모두 5,000주인데 B회사의 대표이사인 C가 그 대부분을 소유하고 있고, 주주총회나 이사회의 결의 역시 외관상 회사로서의 명목을 갖추기 위한 것일 뿐, 실질적으로는 이러한 법적 절차가 지켜지지 아니한 채, C 개인의 의사대로 회사운영에 관한 일체의 결정이 이루어졌으며, 분양대금도 회사에 귀속되지 않고, C가 임의로 건물의 부지대금으로 사용하고, 그 부지도 C 명의로 소유등기를 하였으며, 위 건물의 공사대금은 166억원에 이르고 분양대금 총액도 수백억원에 이르는 데 반해 외견상으로 B회사는 독립된 법인으로 존재하고 있지만, 실질적으로는 그의 배후에 있는 C의 개인기업체와 다름이 없었다. 그런데도 A의 매매계약해제로 인한 계약금 및 중도금반환청구에 대하여 C는 그 책임이 B회사에게 있다고 하여 이를 거절하였다.

이 사안에 대하여 대법원에서는 「회사는 그 구성원인 사원과는 별개의 법인격을 가지는 것이고, 이는 이른바 1인 회사라 하여도 마찬가지이다. 그러나 회사가 외형상으로는 법인의 형식을 갖추고 있으나 이는 법인의 형태를 빌리고 있는 것에 지나지 아니하고 그 실질에 있어서는 완전히 그 인격의 배후에 있는 타인의 개인 기업에 불과하고, 그것이 배후자에 대한 법률적용을 회피하기 위한 수단으로 함부로 쓰여지는 경우에는 비록 외견상으로는 회사의 행위라 할지라도 회사와 그 배후자가 별개의 인격책임을 내세워 회사에게만 그로 인한 법적 효과가 귀속됨을 주장하면서 배후자의 책임을 부정하는 것은 신의성실의 원칙에 위반되는 법인격의 남용으로서 심히 정의와 형평에 반하여 허용될 수 없다 할 것이고, 따라서 회사는 물론 그 배후자인 타인에 대하여도 회사의 행위에 관한 책임을 물을 수 있다고 보아야 할 것이다」라고 판시하였다

(대판 2001. 1. 19, 97다21604).

이와 같은 대법원의 판결은 법인격의 남용이라고 표현하고는 있지만 이는 법인격 형해화 현상이라고 볼 수 있다. 즉 B회사는 형식상은 주식회사의 형태를 갖추고 있으나, 이는 회사의 형식을 빌리고 있는 것에 지나지 않고, 그 실질은 그 배후에 있는 C의 개인기업으로 보고 C에게도 책임이 있음을 밝히고 있다.

4. 私 見

오늘날의 산업사회에서 기업은 거의 법인의 형식을 갖추어 사회적·경제적 활동을 하고 있다. 그러나 한편으로는 법인의 독자적인 법인격을 이용하여 자기의 이익을 꾀하고, 법규의 적용을 회피하거나 채무를 면하기 위해서 법인을 남용하는 경우가 많고, 다른 한편으로는 형식적으로 법인을 설립해 놓고 실질적으로는 개인 기업을 영위하면서 그 책임만을 공허한 법인에게 귀속케 하는 경우도 많다. 그리하여 경제질서를 크게 해치고 있다. 이러한 중대한 사회적 문제를 해결하기 위해서 법인격부인의 법리에 따르고 있는 판례와 학설은 정당하다고 보며, 더 나아가 이에 관한 입법조치가 필요하다고 본다.

Ⅱ. 法人의 設立

【40】 法人設立에 관한 立法主義에는 어떤 것이 있는가

우리는 흔히 사단이나 재단의 실체가 형성되면 즉시 권리능력을 가지게 되고 법인이 설립된 것으로 이해하는 경향이 있다. 그러나 사단 또는 재단이 법인이 되기 위해서는 법인으로서의 실체가 존재하는 것 외에 주무관청의 허가를 받아 설립등기를 하여야 한다.

1. 法人設立의 立法主義

법인의 설립에 관한 각국의 입법주의는 시대에 따라 변천하여 왔다. 오늘날에 금압·방임의 어느 한 극단에 치우치지 않고 법인의 여러 특징에 착안하여 금압·방임·조장·강제의 여러 설립주의를 취하고 있다.

(1) 特許主義

國家政策에 중대한 영향을 미치는 국가의 재정·금융·산업 등에 관한 법인 설립에 있어서 특별법의 제정을 필요로 하는 주의이다. 예컨대 한국은행법에 의한 한국은행·한국석탄공사법에 의한 한국석탄공사·대한주택공사법에 의한 대한주택공사·한국조폐공사법에 의한 한국조폐공사·한국과학기술원법에 의한 한국과학기술원·대한교원공제회법에 의한 대한교원공제회·한국전력공사법에 의한 한국전력공사 등은 특허주의에 의한 법인이다.

(2) 强制主義

법인 설립을 국가가 강제하는 주의이다. 예컨대 변호사회(변호사 25조~27조), 변리사회(변리사 12조), 공인회계사회(공인회계사 14조) 등이 그 대표적인 예이다.

(3) 許可主義

법인이 설립에 관하여 주무관청의 사유재량에 의한 허가를 얻어야 하는 주의를 허가주의라고 한다. 예컨대 민법상의 비영리사단법인과 재단법인은 이 주의를 취하고 있다.

(4) 認可主義

인가주의란 법률이 정한 일정한 요건을 갖추어 인가를 신청하면 主務官廳은 그 요건이 갖추어져 있는 이상 반드시 인가하여야 하는 주의이다. 예컨대 변호사회(동법 41조), 상공회의소(동법 7조), 농업협동조합(동법 15조), 중소기업협동조합(동법 28조), 자동차운송사업조합(동법 55조), 해운조합(동법 9조),

의사회 등이다.

(5) 準則主義

법인설립에 관한 요건을 미리 정해 놓고 그 요건을 갖춘 때에는 당연히 법인이 성립되는 것으로 하되, 그 조직과 내용을 공시하기 위하여 登記를 成立要件으로 하는 주의이다. 예컨대 각종의 영리법인(상 175조), 노동조합(노동조합 및 노동관계조정 6조) 등이 이에 해당된다.

(6) 自由設立主義

법인의 설립에 관하여 아무런 법률적·행정적 제한이 없고 일정한 요건, 즉 법인으로서의 實體를 갖추면 당연히 법인격을 인정하는 주의이다(스위스민법은 비영리법인의 설립에 한하여 이를 인정하고 있다). 우리나라는 이 주의를 취하고 있지 않다.

2. 우리나라의 法人設立에 관한 立法主義

우리나라는 위에서 본 바와 같이 自由設立主義를 제외하고는 모든 입법주의를 병행하고 있다. 민법상의 법인은 許可主義를 취하여 비영리법인으로서 사단법인과 재단법인을 인정하고 있으며, 상법은 준칙주의를 취하여 영리법인으로서 각종의 회사를 인정하고 있다. 이외에 국가의 정책에 따라 각종의 特別法에 의해서 특허주의·인가주의·강제주의를 취하고 있다.

【41】 非營利社團法人의 設立은 어떻게 하는가

1. 非營利社團法人의 要件

민법상의 비영리사단법인의 설립은 ① 그 목적이 비영리이어야 하고, ② 정관의 작성과 ③ 주무관청의 허가 및 ④ 설립등기를 하여야 한다.

(1) 非營利 事業을 目的으로 할 것

비영리 사단법인은 학술·종교·자선·기예·사교 기타 영리 아닌 사업을 목적으로 하여야 한다(32조 전단). 營利 아닌 事業이란 구성원 각자의 이익을 목적으로 하지 않는 사업을 말하며, 반드시 공익(사회 일반의 이익)을 목적으로 할 필요는 없다. 그러나 비영리사업의 목적을 달성하는 데 필요한 運營資金을 얻기 위하여 필요한 한도에서 그 本質에 반하지 않는 한 영리행위를 하는 것은 상관없지만(예컨대 대학부속병원에서 치료비를 받는 경우, 법인회관의 사용료를 받는 경우 등), 수입으로 들어 온 이익은 어떠한 형식으로든지 구성원에게 분배할 수 없다.

(2) 設立行爲(定款作成)가 있을 것

(가) 設立行爲의 意義

사단법인의 設立행위란 2인 이상의 설립자가 법인의 내부조직에 관한 근본규칙을 정하여 서면에 기재하고 記名捺印하는 행위를 말한다(40조). 이 서면을 定款이라고 한다. 그리고 정관의 작성에는 2인 이상이 참여하여야 하고 기명날인이 있어야 한다. 기명날인이 없는 정관은 무효이다.

(나) 定款의 記載事項

정관의 기재사항에는 필요적 기재사항과 임의적 기재사항이 있다. 필요적 기재사항이란 민법 제40조 1호 내지 7호의 기재사항을 말하며, 그 중 하나라도 결여되면 효력이 생기지 않는다.

① 必要的 記載事項

ⓐ 目 的　　「본회는 ○○○을 목적으로 한다」라고 기재한다. 전술한 바와 같이 민법상의 법인은 그 목적이 비영리이어야 한다.

ⓑ 名 稱　　「본회의 명칭은 사단법인 ○○○○라고 한다」라고 기재하는 것이 일반적이다. 그러나 명칭을 어떻게 표시하여야 하느냐에 관해서는 특별한 제한이 없으므로 반드시 사단법인이라고 명기하지 아니하여도 상관없다. 다만 상법상의 회사에 있어서는 반드시 「합명회사 ○○○○」, 「합자회사 ○○○○」, 「수식회사 ○○○○」, 「유한회사 ○○○○」의 문

자를 사용하여야 한다(상 19조).

ⓒ 事務所　「본회의 사무소는 ○○시 ○○구 ○○동 ○○번지에 둔다」라고 기재한다. 사무소가 여러 곳이 있는 경우에는 이를 모두 기재하되 주된 사무소를 정하여야 한다(36조 참조).

ⓓ 資産에 관한 規定　자산의 종류, 구성, 운용방법, 회비 기타 출자의무에 관한 사항을 기재한다.

ⓔ 理事의 任免에 관한 規定　이사의 임면의 방법에 관한 규정을 두어야 한다. 일반적으로 이사의 수, 자격, 임기, 선임 및 해임에 관한 방법 등을 정한다. 이사의 任免에 관해서는 법률에 정한 바가 없으므로 총회의 결의를 요하지 않거나 사원이 아닌 자를 임명하기로 정하여도 상관없다.

ⓕ 社員資格의 得失에 관한 規定　사원자격·입사·퇴사·제명 등에 대한 규정을 두어야 한다. 여기서 말한 사원이란 법인에 고용된 부장·과장·과원 등의 직원을 말하는 것이 아니라 사단의 구성원이나 주식회사의 주주를 말한다.

ⓖ 存立時期나 解散事由　존립시기나 해산사유를 정한 때에는 그 시기나 사유를 정관에 기재하여야 한다. 다만 이는 그것을 정한 경우에 한하여 기재하여야 하는 것이므로 정하지 아니한 경우에는 기재할 필요가 없다.

② 任意的 記載事項　정관에는 위에서 열거한 7개의 필요적 기재사항 이외에도 사단법인의 근본규칙이 될 수 있는 사항을 기재할 수 있다. 이러한 사항을 「임의적 기재사항」이라고 한다. 이에 관해서는 특별한 제한이 없으나 실제에 있어서는 총회소집절차나 이사회의 구성 등을 정하는 예가 많다. 이와 같은 임의적 기재사항은 정관에 기재하지 않는다 하더라도 정관이 무효로 되지 않지만, 일단 정관에 기재하게 되면 필요적 기재사항과 마찬가지로 사단내부에서 법규범으로서의 효력을 가진다.

(3) 主務官廳의 許可가 있을 것

우리 민법은 비영리사단법인에 있어서는 許可主義를 취하고 있으므로 주무관청의 허가가 필요하다(32조). 여기서 主務官廳이란 법인의 목적사업을 주관하는 행정관청을 말한다. 예컨대 학술·종교·기예 등에 대해서는 교육인적자원부장관이, 자선·보건위생 등에 대해서는 보건복지부장관이 주무관청이 된다. 두 개 이상의 행정관청이 법인의 목적과 관련되는 경우에는 이들 모두의 허가를 요한다는 것이 다수설이다.

이와 같이 사단법인의 설립에 있어 주무관청의 자유재량에 의한 허가를 요한다는 것은 법인설립의 자유의 원칙에 반할 뿐만 아니라 사회발전에서 오는 시대적 요구에 역행된다고 볼 수 있으므로, 이를 인가주의로 개정하는 것이 바람직하다고 본다.

(4) 設立登記를 할 것

주된 사무소의 소재지에서 설립등기를 하여야 하며, 설립등기는 민법상 법인의 성립요건이다(33조).

2. 非營利社團法人의 設立行爲의 性質

사단법인의 설립행위는 하나의 단체를 조직하여 그에 법인격 취득의 효과를 발생케 하려는 의사표시를 요소로 하는 법률행위이며, 정관작성에 일정사항을 기재하여 설립자의 기명날인을 요하는 요식행위다. 여기서 문제는 사단법인의 설립행위, 즉 정관작성행위를 법률행위라고 한다면 어떠한 성질을 갖는 법률행위인가 하는 것이다. 이에 관해서는 합동행위설과 특수계약설이 대립하고 있다.

생각건대 계약은 양 당사자간에 상호대립된 2인 이상의 의사표시(예컨대 팔겠다는 청약과 사겠다는 승낙)가 합치되어 성립되는 것이지만, 사단법인의 설립행위는 2인 이상의 당사자가 공동으로 동일 목적으로 행한 의사표시의 합치로써 성립되는 것이므로 계약과 다르다. 또한 2인 이상의 합의를 필요로 하기 때문에 단독행위와도 다르다. 따라서 사단법인의 설립행위는 合同行爲라고 보는 것이 타당하다. 이 설이 통설이기도 하다.

이와 같이 사단법인의 설립행위를 합동행위로 본다면 합동행위를 구성하는 의사표시의 일부분에 의사의 흠결(107조, 109조)이나, 하자(110조)가 있어서 무효 또는 취소가 된다 하더라도 다른 의사표시의 효력에는 영향을 미치지 아니한다. 그리고 자기계약이나 쌍방대리금지의 법리(124조)도 적용될 여지가 없다. 단지 여기서 문제는 허위표시에 관한 민법 제108조를 사단법인의 설립행위에 적용시킬 수 있느냐이지만, 상대방없는 합동행위에는 그 적용이 없다고 보는 것이 타당하다(다수설).

3. 非營利社團法人의 設立過程

법인은 3단계의 과정을 거쳐 성립된다. 제1단계에서는 2인 이상의 발기인들이 법인설립이라는 공동목적을 달성할 것을 약정한다. 그리고 2단계에서는 그 약정에 따른 이행행위로서, 예컨대 사무실의 임차, 정관의 작성, 구성원의 결정, 기타 법인설립 요건을 갖추어 법인의 기초가 될 단체를 구성한다. 마지막으로 제3단계에서 주무관청의 허가를 얻어 설립등기를 함으로써 법인이 성립한다. 이 가운데 제1단계에 있는 것을 발기인조합, 제2단계에 있는 것을 설립중의 법인이라고 한다.

여기서의 발기인조합은 민법상의 조합이며, 설립중의 법인이 창립되기 이전에 발기인들이 한 행위의 모든 책임은 조합자체가 부담한다. 발기인들이 조합계약의 이행행위로서 정관을 작성하고 법인의 기초가 될 단체를 조직하게 되면 설립중의 법인이 성립한다. 그러나 설립중의 법인은 법인격을 갖고 있지 않기 때문에 이는 일종의 권리능력없는 사단법인인 것이다. 그리고 설립중의 법인의 행위에 의한 권리의무는 설립 후의 법인에 귀속하게 된다. 왜냐하면 설립중의 법인과 설립 후의 법인은 실질적으로 동일한 것으로 보아야 하기 때문이다.

【42】 非營利財團法人의 設立은 어떻게 하는가

1. 非營利財團法人의 設立要件

민법상의 비영리재단법인의 설립요건은 ① 목적이 비영리이어야 하고, ②

재산의 출연과, ③ 정관의 작성이 있어야 하며, ④ 주무관청의 허가 및 ⑤ 설립등기를 하여야 한다.

(1) 營利 아닌 事業을 목적으로 할 것

사단법인의 설립의 경우와 같다(32조).

(2) 設立行爲(財産의 出捐과 定款作成)가 있을 것

(가) 財團法人의 設立行爲의 意義

재단법인의 설립자는 일정재산을 출연하고 재단법인의 근본규칙을 정하여(정관)서면에 기재하고 기명날인하여야 한다(43조). 이것이 재단법인의 설립행위이다. 그러므로 사단법인에 있어서는 정관작성이 설립행위인 데 대하여, 재단법인에 있어서는 정관작성과 재산의 출연을 합하여 설립행위라고 한다. 따라서 사단법인의 설립행위와 근본적으로 다른 점은 재산을 출연하는 데에 있다.

(나) 財産의 出捐

① 財産의 出捐과 適用法規 재단법인의 설립행위는 정관작성 외에 일정재산의 출연(자기의 재산상의 손실로 상대방을 이득케 하는 것)이 있어야 한다. 출연재산의 종류는 이를 묻지 않는다. 재산출연 행위는 무상이므로 증여 및 유증과 비슷하다. 민법은 生前處分으로 재단법인을 설립한 때에는 재산출연은 증여에 관한 規定을 준용하고(47조 1항), 유언으로써 하는 재산출연은 遺贈에 관한 규정을 준용한다(47조 2항)고 규정하고 있다.

② 出捐財産이 歸屬時期 出捐財産의 歸屬時期에 관하여서는 생전처분으로 재단법인을 설립하는 경우와 유언으로 재단법인을 설립하는 경우로 나누어 고찰하여야 한다.

ⓐ 遺言으로 法人을 설립한 경우 이에 관하여 민법은 「遺言으로 재단법인을 설립한 때에는 出捐財産은 유언의 효력이 발생한 때로부터 法人에 귀속한 것으로 본다」(48조 2항)라고 규정하고 있다. 여기서 유언으로 재단법인을 설립한 때 출연재산은 유언의 효력이 발생한 때로부터 법인에 귀속한다고 하지만 유언의 효력발생시기는 유언자가 사망한 때

이고(1073조 1항), 법인이 설립한 시기는 설립등기를 한 때이므로(33조), 유언에 의한 財團法人의 설립은 항상 유언의 효력이 발생한 후에 법인설립등기를 한 때이기 때문에 유언자가 사망 후 법인이 설립할 때까지의 사이에 출연재산은 일단 상속재산으로서 상속인에게 귀속하였다가(997조) 법인이 설립되면 그때 법인에게 귀속된다고 보아야 한다. 단지 여기서 문제가 되는 것은 재산의 이전에 있어서 공시방법을 요하는 경우는 공시방법을 갖추어야 하느냐, 아니면 갖추지 아니하여도 당연히 법인이 설립된 때 이전되느냐이다. 이는 생전처분으로 법인을 설립한 경우와 같은 문제가 거론되게 되므로 그곳에서 언급하기로 한다.

ⓑ 生前處分으로 法人을 설립하는 경우　이에 관하여 민법은 「생전처분으로 재단법인을 설립하는 때에는 출연재산은 법인이 설립된 때로부터 법인의 재산이 된다」(48조 1항)고 규정하고 있다. 따라서 출연재산은 設立登記를 한 때에 법인에 귀속하게 된다. 그러나 이와 같은 출연재산의 귀속시기에 관한 민법 제48조는 출연재산이 物權인 때에는 物權變動에 관하여 부동산은 登記(186조), 동산은 引渡(188조 1항)를 각각 요구하고 있는 形式主義와 관련하여, 그리고 지시채권의 양도에는 증서의 배서・교부(508조)를, 무기명채권에는 증서의 교부(523조)를 각각 效力發生要件으로 하는 채권양도에 관한 원칙과 관련하여, 그 출연재산은 법인이 설립한 때 당연히 귀속하느냐, 그렇지 않으면 등기 또는 인도, 배서・교부 또는 교부한 때 귀속하느냐가 문제된다.

통설은 출연재산이 物權인 경우에는 민법 제48조를 제186조 및 제188조 1항의 예외의 경우로서 제187조가 말하는 「…기타 법률의 규정…」에 해당되므로 등기나 인도없이 물권은 당연히 법인설립등기를 한 때에 법인에 귀속한다고 한다. 그리고 출연재산이 채권인 경우에는 지명채권에 있어서는 제48조가 규정하는 시기에 법인에게 귀속되고, 指示債權에 있어서는 증서의 배서와 교부, 무기명채권에 있어서는 증서의 교부가 없어도 법인이 설립한 때 당연히 법인에게 귀속한다고 한다. 즉 제48조를 제508조나 제523조의 특별규정으로 보아야 한다고 한다. 이에 대하여 소수설은 공시방법을 갖추게 될 때, 즉 등기・인도・배서・교부가 있을 때에 비로소 그 출연재산이 법인에 귀속한다고 한다. 출연재산이 이와 같은 공시방법을 갖추지 아니한 때에는 법인은 제48조에 의해서 출연재산 이전청구권이 발생할 뿐이라고 한다. 그러나 판례는 土地를 출연한 사안에서 출연자와 법인 사이에서는 다수설과 같이 등기없이도 출연부동산은 법인설립과 동시에 법인에게 귀속한다고 하면서, 법인이 그가 취득한 不動產을 가지고 제3자에 대항하기 위해서는 제186조의 원칙에 따라 등기를 필요로 한다고 하여(대판 1979. 12. 11, 78다481·482; 1981. 12. 22, 80다2762·2763) 대내·대외의 경우에 있어서 각각 다른 이원주의를 취하고 있다.

생각건대 재단법인의 존립은 출연재산에 있으므로 생전처분이나 유언의 어느 경우에 있어서나 공시방법을 갖추지 않는다 하더라도 法人의 設立 또는 설립자의 사망 후 법인이 설립된 때에 당연히 귀속한다고 보는 통설이 타당하다고 본다. 왜냐하면 그렇지 아니할 때에는 출연재산 없는 재단법인이 있게 되기 때문이다.

(다) 定款의 作成

재단법인의 설립자는 법인의 근본규칙을 정하여 이를 서면에 기재하고 이에 기명날인하여야 한다(43조). 정관의 기재사항에는 사단법인의 경우와 마찬가지로 필요적 기재사항과 임의적 기재사항이 있다. 必要的 記載事項은 목적·명칭·사무소의 소재지, 자산에 관한 규정, 이사의 임면에 관한 규정 등 5개 사항은 사단법인의 경우와 같으나, 사원자격의 득실에 관한 규정(40조 6호)과 법인의 존립시기나 해산사유(40조 7호)는 필요적 기재사항에서 제외되고 있는 점이 다르다. 사원에 관한 규정은 재단법인에는 사원이 없기 때문에 당연한 것이고, 存立時期·解散事由에 관한 규정은 법인의 영구성을 고려하고 설립자의 의사를 존중하기 위하여 임의적 기재사항으로 한 것이다.

(라) 定款의 補充

정관은 필요적 기재사항이 하나라도 빠지면 무효가 된다. 그러나 民法은 재단법인의 설립자가 정관의 가장 중요한 사항인 目的과 資產에 관하여서만 규정하고 명칭·사무소소재지 또는 이사임면의 방법 등과 같이 비교적 가벼운 사항을 정하지 않고 사망한 경우에는 이해관계인 또는 검사의 청구에 의하여 법원이 그 부분을 보충함으로써 정관을 유효한 것으로 할 수 있게 하고 있다(44조). 이것은 되도록 이미 재산을 출연한 死者의 의사를 존중하는 동시에 비영리사업을 조장하고자 하는 취지이다.

(3) 主務官廳의 許可를 받아 設立登記를 할 것

비영리사단법인의 경우와 같이 재단법인이 성립하기 위해서는 주무관청의 허가를 받아 설립등기를 하여야 한다. 그리고 설립등기는 재단법인의 성립요건이 된다.

2. 非營利財團法人의 設立行爲의 性質

재단법인의 설립행위는 설립자가 일정한 재산을 출연하고 서면으로 정관을 작성하는 요식행위이다. 그리고 재단에 법인격취득의 효과를 발생시키려고 하는 의사표시를 요소로 하는 법률행위이다. 이러한 법률행위로서의 성질은

표 2-8 非營利社團法人과 非營利財團法人의 對比

	非營利社團法人	非營利財團法人
設立行爲	정관작성	정관작성 및 재산출연
法的 性質	다수설: 합동행위 소수설: 특수계약	1인인 경우: 단독행위 2인인 경우: 다수설-단독행위의 경합 소수설-합동행위
定 款	① 目的 ② 名稱 ③ 事務所 ④ 資産에 관한 규정 ⑤ 理事의 任免에 관한 규정 ⑥ 社員資格의 得失에 관한 규정 ⑦ 存立時期와 存立事由를 정한 때에는 그 시기 또는 사유	①~⑤는 같음 ⑥~⑦는 제외
定款變更	원칙적으로 可能	원칙적으로 不可能

설립자가 1인인 경우에는 상대방 없는 단독행위라는 데는 이론이 없으나, 2인 이상의 설립자가 공동으로 하나의 재단법인을 설립하는 경우에는 단독행위의 경합이라고 보는 설과 합동행위라고 보는 설로 나누어져 있다. 단독행위의 경합설이 타당하다고 본다(다수설).

Ⅲ. 法人의 能力

【43】 法人의 能力은 어떤 特異性을 지니고 있는가

1. 法人能力의 特異性

법인이 권리의무의 주체로서 법인격이 있다고 한다면 자연인과 마찬가지로 權利能力은 물론 行爲能力·不法行爲能力도 인정하여야 할 것이다. 그러나 일정 목적을 위하여 인위적으로 조직된 법인은 그 능력에 있어서 천연적인 생명체인 자연인과는 근본적으로 다른 특이성이 있다.

① 권리능력에 있어서는 자연인은 근대의 법사상에 의해서 모든 사람은 출생함으로써 평등한 권리능력을 갖지만, 법인에 있어서는 각종의 법인마다 일정한 목적을 가진 조직체이므로 어떠한 범위의 권리의 향유와 의무부담을 인정할 수 있느냐(권리능력)가 문제된다.

② 행위능력에 관해서는 自然人은 의사능력이 없거나 불완전한 자에 대하여 그의 행위능력을 어떻게 제한하여 보호하여야 하느냐가 문제되지만, 법인의 경우에 있어서는 어떠한 종류의 행위를 누가 어떠한 형식으로 하여야 하느냐(행위능력)가 문제된다.

③ 불법행위에 있어서는 자연인의 경우에는 의사능력이 있는 자가 불법행위의 요건을 갖추게 되면 당연히 본인 자신의 배상책임을 인정하지만, 법인에 있어서는 자연인을 통하여 행위를 할 수밖에 없으므로 누구의 어떠한 불법행위에 대하여 법인 자신이 배상책임을 지느냐(불법행위능력)가 문제된다.

2. 法人能力의 擴張傾向

이러한 법인의 능력의 문제는 법인의 입법주의 내지 법인본질론과 밀접한 관계가 있다. 즉 법인의 본질에 관한 학설이 법인의제설로부터 법인실재설 내지 삼계기설로 기울어지고, 법인에 관한 입법주의가 제한적 태도에서 긍정적인 태도로 번천하자 그에 따라 법인의 능력도 점차 확대되었다. 그리하여 오늘날의 법인은 ① 권리능력에 대해서는 남녀의 성·연령·육체 등을 전제로 한 권리의무는 법인의 성질상 향유할 수 없고 부담할 수 없음을 물론이지만, 기타의 권리의무는 법인의 목적으로 보아 적당한 모든 것을 향유할 수 있으며 부담할 수 있고, ② 행위능력에 대해서 각종의 법인이 사회관계에 있어서 담당한 작용을 하는 데 필요한 모든 행위를 할 수 있으며, ③ 불법행위에 대해서는 법인의 절대적인 신용을 배경으로 하여 행해진 불법행위는 널리 법인 자신의 책임으로써 손해배상을 하여야 한다는 경향이 뚜렷하게 되었다.

3. 法人能力에 관한 規定의 適用範圍

법인능력에 관한 민법상의 규정은 비영리법인에 한하는 것이 아니라 모든 법인에 공통적으로 적용된다. 그리고 법인능력에 관한 규정은 强行規定이다.

【44】 法人의 權利能力이란 무엇인가

1. 法人의 權利能力의 意義

법인의 권리능력이란 사람의 단체(사단)나 재산의 결합체(재단)로 권리의무의 주체가 될 수 있는 지위 또는 자격을 말한다. 즉 법인이 자기의 이름으로 권리를 취득하고 의무를 부담할 수 있는 능력을 의미한다. 법인이 권리의무의 주체로서 독자적으로 권리를 취득하거나 의무를 부담하는 구체적인 경우를 살펴보면 다음과 같다.

(1) 權利의 取得

사단이나 재단이 법인으로서 권리능력을 갖게 되면 법인 자신의 이름으로 權利를 취득하고 거래의 主體가 된다. 예컨대 법인은 자기의 이름으로 不動産登記를 할 수 있고, 은행에 예금도 할 수 있으며, 손해배상청구권도 가진다. 그러나 법인이 아닌 사람의 집단이 부동산을 취득할 때에는 그 전 구성원이 공동소유형태로서 共有나 合有 등의 형식으로 할 수밖에 없고, 은행에 예금을 할 때에도 공동의 명의로 하거나 대표자의 명의로 할 수밖에 없다(단지 권리능력없는 사단은 대표자의 청구에 의해서 독자적으로 부동산등기를 할 수 있다). 또 법인이 아닌 재산의 결합체가 부동산을 취득할 때에는 설립자의 명의로 등기를 할 수밖에 없고, 은행에 예금도 설립자 개인의 명의로 할 수밖에 없다. 이렇게 되면 단체자체의 재산과 구성원 개개인의 재산과의 구별이 모호하여 거래의 제3자 간에 여러 가지 문제가 생기게 된다.

(2) 義務의 負擔

법인은 獨自的으로 의무를 부담하며 책임을 진다. 법인이 채무를 부담한다 하더라도 구성원 개인이나 설립자는 그에 대해서 책임을 지지 않는다(예외: 합명회사 사원이나 합자회사의 무한책임 사원). 법인의 債權者는 구성원이나 설립자의 개인재산을 押留할 수 없으며, 반대로 구성원이나 설립자의 채권자도 법인재산에 대하여 어떠한 권리행사도 할 수 없다.

2. 法人의 權利能力의 範圍와 制限

(1) 權利能力의 範圍

법인의 권리능력을 어느 범위까지 인정할 수 있느냐에 관해서 자연인은 출생함으로써 모든 사람은 평등하게 권리능력을 갖기 때문에 별 문제가 없지만, 법인에 있어서는 각 법인마다 일정한 목적을 가진 인적·물적인 결합체이기 때문에 그 권리능력의 범위에 있어서도 각종 법인에 대하여 어느 범위까지 권리능력을 인정할 수 있느냐가 문제된다.

민법은 "법인은 법률의 규정에 좇아 정관으로 정한 목적의 범위 내에서 권리와 의무의 주체가 된다"(34조)고 규정하여 각종 법인은 법률의 규정에 좇아 정관으로 정한 범위 내에서 권리능력이 있음을 밝히고 있다.

(2) 法人의 權利能力의 制限

법인의 권리능력은 자연인과 달리 "법률의 규정에 좇아 정관으로 정한 목적의 범위 내"에서 인정되므로 법인의 권리능력의 범위는 법률에 의한 제한, 목적에 의한 제한이 있게 된다. 그리고 법인은 자연인과는 달리 육체를 가지고 있지 않으므로 성질상의 제한이 있음은 명문의 규정이 없더라도 당연하다.

(가) 性質에 의한 制限

법인은 자연인과 같은 육체를 기지고 있지 않으므로 자연인만이 가질 수 있는 性·年齡 또는 친족관계와 같은 자연인의 천연의 성질을 요건으로 하는 권리는 향유할 수 없다. 즉 생명권·친권·배우자의 권리·정조권·신체상의 자유권 등은 향유할 수 없다. 그러나 인격권 중에서 신체를 전제로 하지 않는 것, 즉 명예권·성명권·신용권 등은 향유할 수 있다. 상속권은 피상속인과 일정한 親族關係에 있는 자연인에 한하여 인정되므로(1000조~1004조) 법인은 이를 향유할 수 없으나 법인도 遺贈은 받을 수 있으므로 包括遺贈에 의해서 상속권과 같은 효과를 거둘 수 있다(1078조).

(나) 法律에 의한 制限

법인의 권리능력은 法律에 의해서 부여된 것이므로 그 權利能力의 범위도 법률로 制限할 수 있음은 당연하다. 그러나 실제에 있어서는 일반적인 제한규정은 없고, 개별적인 제한규정만을 두고 있을 뿐이다. 그 예로서는 淸算法人은 「청산의 목적범위 내」에서(81조), 해산한 법인은 파산의 목적의 범위 내에서(채무자회생 및 파산에 관한 법률 328조) 權利能力을 인정하고 있고, 회사는 다른 회사의 無限責任社員이 될 수 없다는 규정을 두고 있을 뿐이다(상 173조). 그리고 권리능력의 제한은 법률에 의해서만 할 수 있고, 명령에 의해서는 할 수 없다(구민법에서는 명령에 의해서도 제한할 수 있었다).

(다) 目的에 의한 制限

민법은 제34조에서 「定款으로 정한 목적의 범위 내에서 …」 법인의 권리능력을 인정한다고 규정하고 있다. 法人은 일정한 목적을 기본으로 하여 存立된 것이므로 법인은 그가 가진 目的에 의하여 권리능력의 제한을 인정하지 않을 수 없다.

그러나 「목적의 범위 내」란 법인의 정관에 목적으로 열거된 사항에 한하느냐에 관해서 견해가 대립하고 있다. 소수설은 「적극적으로 목적을 달성하는데 필요한 범위 내」라고 좁게 해석(법인의제설)하는 반면에, 다수설은 「소극적으로 목적에 반하지 않는 범위 내」라고 하여 이를 넓게 해석(법인실재설)하고 있다. 판례는 소수설과 같은 입장에서 「정관에서 정한 목적과 그 목적을 달성함에 있어 직접·간접으로 필요한 범위 내」라고 판시하여(대판 1946. 2. 8, 4278민상179; 1968. 5. 21, 68다461; 1974. 11. 26, 74다310) 그 범위를 좁게 해석하고 있다.

생각건대, 민법 제34조는 법인의 권리능력을 목적의 범위 안에 제한한 것이라고 볼 것이 아니라 법인이 非營利라는 목적 이외의 목적에 法人組織을 濫用하는 것을 막으려는 정책적 규정으로 보아서 그의 목적에 반하지 않는 한 모든 권리와 의무의 주체가 될 수 있다라고 보아야 한다. 따라서 다수설이 타당하다.

【45】 法人의 行爲能力이란 무엇인가

法人은 일정한 목적의 실현을 위한 社會的 活動의 주체로서 법률에 의해서 법인격을 인정한 것이라고 한다면, 그의 권리능력의 범위 내에서 행위능력도 인정하여야 할 것이다. 自然人에 있어서는 의사능력이 불완전한 자를 보호하기 위해서 行爲無能力者制度를 두고 있고, 예외적으로 行爲能力이 있는 것으로 하고 있다. 그러나 법인에 있어서는 자연인과 달리 그의 행위능력에 있어서는 無能力이라는 것은 문제가 되지 않고 오로지 ① 법인자신의 행위라는 것이 있을 수 있느냐, 있다고 한다면 ② 누가, ③ 어떠한 형식으로, ④ 어떠한 범위의 행위를 할 수 있느냐가 문제된다. 이러한 것들이 바로 법인의 행위능력의 문제이며 이는 法人本質論과 밀접하게 관련되어 있다.

1. 法人 自身의 行爲가 있을 수 있는가

법인 자신의 행위가 있을 수 있느냐에 관하여 법인의 본질론과 관련해서 부정설과 긍정설이 있다. 부정설은 法人擬制說을 근거로 하여 법인은 權利能力은 있으나 행위능력은 없기 때문에 법인이 현실적으로 권리를 얻고 의무를 부담하기 위해서는 외부의 대리인의 행위에 의하여 할 수밖에 없고, 법인자신의 행위란 있을 수 없다고 한다(대리설). 이에 반하여 긍정설은 法人實在說을 근거로 하여 법인은 사회적 기능을 영위하기 위해서 조직된 실체로서 단체적 의사 내지 조직적 의사를 가지고 있으므로 그 의사에 기한 법인 자신의 행위를 인정하여야 하고 그 의사를 실현하기 위한 理事 기타의 法人機關의 행위가 바로 법인의 행위라고 한다(대표설). 법인본질론의 학설의 경향이 의제설로부터 실재설로 이행하고 있는 오늘날에 있어서는 법인의 행위의 존부에 관해서도 긍정설이 타당하다고 본다(통설).

2. 法人의 行爲는 누가 現實로 하는가

법인 자신의 행위를 인정한다고 하지만, 법인은 자연적인 생활체가 아니므로 법인은 현실적으로 행위를 할 수 없다. 그러므로 자연인의 행위에 의할 수밖에 없다. 이를 할 수 있는 자연인을 법인의 대표기관이라고 한다. 이와 같은 법인의 代表機關이 그의 권리능력의 범위 내에 속하는 행위를 하였을 때에는 이것을 법인 자신의 행위라고 한다. 그리고 법인의 대표기관은 누가 되느냐에 관해서는 법인의 內部組織에 의하여 정하여진다. 비영리법인에 있어서는 원칙적으로 이사(57조)가 되지만, 理事가 없거나 결원인 경우에는 임시이사(63조)가, 그리고 법인과 이사간에 이익이 상반되는 경우에는 특별대리인(64조)이, 법인이 해산되는 경우에는 淸算人(82조)이 대표기관이 된다.

3. 法人 代表의 方式은 어떻게 하는가

대표기관의 代表形式은 대리행위에 있어서의 대리방식과 같다. 법인과 대표기관과의 관계는 본래 독립된 개인간에 있어서의 代理關係와 달리 법인의 대표기관이 그 자격에 의하여 행한 행위는 법인 자신의 행위라고 보게 되므로 본인과 대리인과의 관계보다 더 훨씬 밀접한 관계이며, 민법에서는 이러한 관계를 표현하기 위하여 「이사는 … 법인을 대표한다」라고 규정하고 있다(59조 1항 본문). 그러나 실질적으로는 대표기관의 대표는 대리관계와 비슷하므로 그 법률의 요건, 효과는 결국에 있어서는 대리의 경우와 다르지 않다. 그리하여 민법에서는 법인의 대표에 관하여는 대리에 관한 규정을 준용한다(59조 2항)라고 규정하고 있다. 그러므로 이사 등의 대표기관의 대리방식은 대리행위에 있어서와 같이 「법인(본인)을 위한 것임을 표시」하여야 한다(114조 1항). 예컨대 「甲법인 대표이사 乙某人」이라는 형식으로 행해지는 것이 보통이다.

4. 法人의 行爲能力의 範圍는 어디까지인가

법인의 行爲能力의 범위에 관해서 민법은 아무런 규정을 두고 있지 않다. 그러나 민법 제34조는 法人의 권리능력의 범위를 표시함과 동시에 행위능력의 범위도 표시한 것으로 해석하고 있는 것이 통설이다. 그러므로 법인은 그 목적에 반하지 않는 범위 내에서 권리능력을 가지므로 그 행위를 할 수 있는 범위에 있어서도 그의 권리능력의 범위에 속하는 權利義務를 현실적으로 취득하고 부담하기 위한 모든 행위를 할 수 있다고 보아야 한다. 다시 말하면 권리능력의 범위는 행위능력의 범위와 일치한다고 볼 수 있다. 그러므로 법인의 대표기관의 행위라 할지라도 그 범위를 벗어난 행위는 法人의 行爲라고 인정되지 않으며, 그것은 대표기관 개인의 행위인 것이다. 判例도 「회사의 代表理事가 그 회사를 대표하여 그 회사의 사업목적 범위에 속하지 아니한 타인의 손해배상의무를 연대보증한 경우에는 동 보증행위는 회사에 대하여 효력이 없다」라고 하여 같은 취지로 판시하였다(대판 1975. 12. 23, 75다1479).

【46】 法人은 不法行爲能力이 있는가

1. 問題의 提起

법인의 불법행위 능력에 있어서도 법인의 행위능력에 있어서와 마찬가지로 ① 법인이 스스로 불법행위를 할 수 있는가, ② 할 수 있다고 한다면 누구의, 어떠한 불법행위에 대해서 법인 자신이 책임을 지느냐가 문제된다. 전자의 경우가 법인 자신의 불법행위능력의 유무의 문제이고, 후자의 경우가 법인의 불법행위의 요건의 문제이다.

2. 法人의 不法行爲能力의 有無

법인의 불법행위능력에 관하여 민법 제35조 1항 전단에 「법인은 이사 기타 대표자가 그 직무에 관하여 타인에게 가한 손해를 배상할 책임이 있다」라고 규정하여 法人의 不法行爲能力을 인정하고 있다. 그러나 문제는 이 조항이 법인 자신의 불법행위능력을 인정한 규정이라고 볼 수 있느냐이다. 이에 관해서 법인의제설과 법인실재설은 각각 그 견해를 달리하고 있다.

법인의제설에 의하면 권리의무의 주체는 자연인에 한하므로 자연인 이외에 권리의무의 주체가 되는 것은 법률에 의해서 자연인에 의제한 것이라고 한다. 법인의 行爲 및 不法行爲라고 하는 것은 원래 존재하지 않으며, 민법 제35조 1항 전단에서 법인에게 손해배상책임을 인정한 것은 정책상 편의규정인 것이라고 한다. 따라서 법인의 불법행위의 책임은 항상 타인의 행위에 대해서 인정된 代理責任이라고 한다. 그러므로 법인의 불법행위 책임의 범위도 자연이 좁게 된다.

이에 반하여 법인실재설에 의하면 법인도 하나의 사회적으로 실재한 것으로서 그는 團體意思를 가지고 스스로 행동하는 것이므로 법인이란 법률에 의해서 의제된 산물이 아니고 사회적 실재라고 한다. 그러므로 대표기관인 이사의 행위는 법인 자신의 행위이며, 따라서 이사의 직무행위에 관한 불법행위는 바로 법인 자신의 불법행위라고 한다. 그 결과 민법 제35조 1항 전단은 법인의 불법행위능력에 대한 당연한 것을 규정한 것이며, 주의적 규정에 불과하다고 한다. 따라서 법인의 불법행위 책임의 범위도 자연이 넓게 인정된다.

3. 法人의 不法行爲의 要件

민법 제35조는 법인이 당연히 가지고 있는 불법행위능력을 규정한 것으로 보는 것이 통설이다. 이에 따라 법인의 불법행위의 성립요건을 개관하면 다음과 같다.

(1) 代表機關의 行爲일 것

법인의 행위로서 인정되는 것은 먼저 代表機關의 行爲에 한한다. 법인은 대표기관을 「理事 기타 代表者」라고 규정하고 있다(35조 1항). 따라서 법인의 대표기관은 이사 기타 대표자, 즉 이사외에 臨時理事(63조), 特別代理人(64조), 淸算人(82조, 83조) 등을 들 수 있다. 그러므로 대표기관으로부터 일정한 대리권이 수여된 지배인(상 10조)이나 특정행위에 관하여 이사가 선임한 대리인(62조) 또는 법인업무에 종사한 부장·과장 등의 직원은 법인의 대표기관이 아니므로 설사 그가 입무에 관하여 타인에게 손해를 가하였다 하더라도 법인의 불법행위가 성립하지 않으며, 다만 민법 제756조에 의해서 법인은 使用者로서의 책임을 질 뿐이다. 그리고 사원총회 및 감사도 기관이기는 하지만, 외부에 대하여 행동하는 것이 아니므로 대표기관이 아니다.

(2) 代表機關이 「職務에 관하여」 他人에게 損害를 가하였을 것

代表機關이 직무행위에 관하여 타인에게 損害를 가하여야 한다. 법인의 행위란 법인의 대표기관이 직무에 관하여 행한 행위이므로, 법인의 불법행위는 대표기관이 직무에 관하여 행한 행위로 인하여 他人에게 손해를 가한 경우에 성립하는 것이다. 그러나 실제에 있어서 어떠한 행위가 법인의 직무에 관한 행위라고 볼 수 있느냐는 그리 쉬운 문제가 아니다. 「職務行爲에 관하여」를 엄격히 해석하여 그 범위를 좁게 보면 법인의 재산은 보호되지만, 무자력한 대표기관 개인에게 책임이 돌아가기 때문에 被害者에게는 불리하다. 이에 반하여 이를 넓게 해석하여 그 범위를 넓게 인정한다면 거래의 제3자는 보호되지만 법인의 책임은 가중되어 법인재산이 감소될 우려가 있다.

직무행위의 범위에 관해서 학설과 판례는 非營利法人에 대해서는 이를 좁게 해석하여 법인의 재산을 보호하려는 경향에 있고, 영리법인에 대해서는 이를 넓게 해석하여 법인보다 거래의 제3자를 보호하여 거래의 안전을 기하려는 경향에 있다.

민법상 비영리법인의 직무행위의 범위에 관하여 이를 구체적으로 살펴보면 「職務에 관하여」란 외형상으로 보아서 목적의 범위 내의 행위로 인정되는 행위에 의하는 경우는 물론이고, 그 자체로서는 본래 직무행위에는 속하지 않지만 직무행위와 정당한 牽聯關係에 있는 행위에 대해서도 이에 포함된다고 한다.

이에 관하여 판례 역시 회사의 대표이사가 회사소유의 자동차에 대한 집행관의 强制執行을 방해하여 押留를 불가능하게 하므로써 채권자에게 손해를 입힌 경우의 사안에 대하여 「대표자의 이와 같은 행위는 회사의 재산관리라는 직무행위에 상당하는 것이고, 회사는 그 손해를 배상할 책임이 있다」(대판 1959. 8. 27, 4291민상395)라고 판시하여 직무행위와 견련관계가 있는 이상 설사 不當한 行爲라 할지라도 이는 직무행위에 해당한다고 하였다. 그리고 또 피고법인 Y의 대표이사인 A는 Y가 경영하는 학교운동장의 확장 등의 공사에 사용할 목적으로 원고 X로부터 금원을 차용하였고, X는 그 지급을 확보하기 위하여 Y의 대표이사 명의로 발행한 차용금 상당액을 액면금으로 한 당좌수표를 교부받았다. 그러나 X는 Y가 위 차용금의 변제기일에 변제하지 아니하므로 그 당좌수표를 Y에게 지급제시하였으나 무거래를 이유로 지급거절당했다. 이에 X가 Y를 상대로 소를 제기한 사안에 대하여 「학교법인의 대표자가 교육시설의 확장 등 학교의 정상적인 유지경영을 위하여 금원을 차용하고 수표를 발행한 행위는 피고법인인 대표자의 직무행위라 할 것이고 또 이는 피고법인의 직무행위에 관한 행위로서의 외형을 갖추었다 할 것이니, 설사 A가 원고로부터 차용한 금원을 피고법인의 유지경영을 위한 것이 아닌 개인적인 용도에 소비하였다 하더라도 그러한 사실만으로는 위 A의 금원차용 등 행위가 피고법인의 직무행위에 관한 행위로 볼 것임에 지장을 준다고 할 수 없다」(대판 1975. 8. 19, 75다666)라고 판시하였다. 이와 같이 판례는 職務에 관한 行爲란 그 자체로서는 본래 직무행위에 속하지 않다 하더라도 직무행위와 사회관념상 상당한 견련성을 가지는 행위는 이에 해당한다고 하였다.

(3) 代表機關의 行爲가 不法行爲의 一般的 要件을 갖출 것

法人의 不法行爲가 성립하기 위해서는 위에서 말한 요건 외에(35조 1항) 이사 등의 대표기관이 자연인으로서 갖추어야 할 일반적인 불법행위의 성립요건(750조 이하)이 갖추어져야 한다. 즉 이사 등의 행위는 ① 책임능력이 있을 것, ② 고의 또는 과실이 있을 것, ③ 피해자의 권리가 침해되었을 것, ④ 被害者가 손해를 입었을 것 등의 요건을 모두 갖추고 있어야 한다.

4. 法人의 不法行爲의 效果

(1) 法人의 責任

법인의 대표기관이 직무에 관하여 위에서 언급한 요건이 갖추어지게 되면 법인은 피해자에 대하여 그 損害를 賠償할 責任이 있다(35조 1항). 이외에도, 대표기관인 이사의 불법행위에 의함이 아니고 법인 스스로 책임을 지는 경우가 있다. 예컨대 법인 소유 토지상의 공작물의 설치·보존에 있어서 瑕疵로 인하여 타인에게 손해를 입힌 경우에 법인이 책임을 지게 됨은 당연하다(758조 1항 단서).

(2) 法人의 不法行爲가 成立되는 경우의 機關個人의 責任

법인의 불법행위가 성립하는 경우 법인 스스로가 책임을 지게 됨은 당연하지만, 이때 대표기관 個人도 책임을 지느냐가 문제된다. 이에 관해서는 법인의 본질론에 관한 학설 중 어느 설을 취하느냐에 따라서 그 결론이 다르다.

법인의 불법행위의 능력을 부인하는 의제설에 의하면 비록 정책적 특별규정(35조 1항)에 의하여 법인이 책임을 진다 하더라도 대표기관의 행위는 어디까지나 그 행위자 자신의 행위이므로 기관 개인도 마땅히 불법행위의 책임을 져야 한다고 한다.

이에 반하여 실재설에 의하면 대표기관의 행위는 法人自身의 행위이므로

機關個人의 責任이란 있을 수 없다. 그러나 대표기관의 행위는 일면에는 법인의 행위임과 동시에 타면에 있어서는 대표기관 개인의 행위로서의 성질을 가지고 있으므로 전자의 관계에서 法人의 責任이 있게 되고, 후자의 관계에 있어서는 個人으로서의 책임을 지게 된다고 설명한다(통설).

민법에 있어서도 제35조 1항 후단에서 「이사 기타 대표자는 이로 인하여 자기의 손해배상책임을 면하지 못한다」라고 규정하여 기관개인도 법인과 함께 그 책임을 지도록 명시하여 실재설의 견해를 따르고 있다. 따라서 피해자는 양자 중 선택적으로 손해배상청구를 할 수 있고, 이 청구관계는 不眞正連帶債務의 관계에 있다고 본다.

즉 대외적으로는 피해자는 법인 또는 대표기관 개인 중 누구에 대해서도 전 손해의 배상청구를 할 수 있고, 대외적으로 법인이 피해자에게 배상을 하였을 때 그 불법행위가 機關個人이 선량한 관리자로서의 주의의무를 해태하여 발생하였을 경우에는 법인은 기관개인에게 求償權을 행사할 수 있다(65조). 그러나 대표기관의 행위가 무과실적으로 행해진 경우에는 법인은 구상권을 갖지 못한다.

(3) 法人의 不法行爲가 成立되지 않는 경우의 機關個人의 責任

법인의 職務執行의 범위를 벗어난 대표기관의 불법행위로 인하여 타인에게 손해를 입힌 경우에 법인의 불법행위는 성립하지 않으므로 법인은 책임을 지지 않는다. 그러나 法人의 信用을 이용해서 행하여진 불법행위는 타인에게 주는 손해가 큰 경우가 적지 않으므로 제3자의 보호를 특별히 고려할 필요가 있다. 여기에서 민법은 제35조 2항에서 "법인의 목적 범위 외의 행위로 인하여 타인에게 손해를 가한 때에는 그 사항의 결의에 찬성하거나 그 결의를 집행한 社員, 理事, 기타 대표자가 연대하여 배상하여야 한다"고 규정하여 단체의 신용을 이용하여 불법행위를 한 자에 대해서 제3자를 두텁게 보호하고 있다.

(4) 被用者의 不法行爲에 대한 法人의 責任

법인의 피용자(이사가 아닌 자)가 법인의 업무에 관하여 불법행위를 한 경우, 법인은 사용자로서 피해자에 대해서 손해배상의 책임을 진다(756조 1항 본문). 이 경우 법인이 손해배상의 책임을 지는 것은 법인 자신의 불법행위의 결과로서 책임을 지는 것이 아니라 피해자를 구제하기 위해서 불법행위자인 피용자를 대위하여 책임을 지도록 한 것이다(통설). 그리고 법인은 사후에 피용자에 대하여 구상권을 행사할 수 있다(756조 3항).

【47】 法人의 不法行爲責任과 表現代理責任과는 어떠한 관계에 있는가

1. 法人의 不法行爲責任과 表現代理責任과의 關係

법인에게 민법 제126조에 의한 表見代理責任과 제35조에 의한 不法行爲責任이 성립한 경우, 거래의 상대방은 양 규정 중 어느 것에 의한 책임을 물을 수 있는가? 예컨대 민법 제126조는 A의 대리인 B가 A로부터 수여된 대리권의 범위를 초월하여, A의 대리인으로서 C와 거래행위를 행하는 경우에 C가 그 권한이 있다고 「믿을 만할 정당한 이유」가 있는 때에는, A는 B와 C간의 행위에 대하여 책임을 진다고 규정하고 있다(즉, 有權代理의 경우와 같이 A・B 간에 계약관계가 성립하고, A는 계약상의 의무를 부담한다). 이와 같은 경우 A를 법인으루 하고, B를 代表權을 가진 이사로 한 경우에 있어서도 동조의 적용을 받게 되는 것은 말할 나위도 없지만, 이사가 권한 밖의 행위를 한다는 것은 민법 제35조의 법인의 불법행위의 요건도 갖추고 있으므로 민법 제126조와 제35조의 관계가 문제된다.

2. 民法 제35조와 제126조의 差異

이 양 규정 중 어느 규정을 적용할 것이냐의 문제는 양자간에 요건상으로나 효과상에 있어서 여러 가지 차이가 있기 때문이다. 즉 ① 제35조 1항은 손해액을 한도로 하는 金錢賠償을 원칙으로 하는 데 대하여, 제126조는 법률행위가 유효하게 되므로 法律行爲 내용에 따른 이행책임이 인정된다. ② 제35조 1항은 상대방의 선의는 요구되지 않지만 과실이 있는 경우에 한하여 과실상계의 적용을 받는 데 대하여, 제126조는 상대방에게 善意・無過失이 요구된다.

③ 제35조 1항은 피해자인 상대방은 법인뿐만 아니라 대표자 개인의 책임도 추급할 수 있는 데 대하여 제126조의 相對方은 본인의 책임만을 묻는다. ④ 제35조의 책임은 3년의 단기소멸시효(766조)에 걸리는 데 대하여, 제126조의 책임은 일반채권의 消滅時效期間이 적용된다. 이와 같이 양자 간에는 여러 가지 차이가 있다.

3. 學說과 判例의 傾向

법인의 대표기관이 권한을 초월하여 부정한 代表行爲를 한 경우, 제35조를 유추적용하여 법인의 불법행위책임을 인정하는 설(이영준, 872면), 먼저 권한을 초월한 表見代理의 규정인 126조를 적용하고 그 적용요건이 부정되는 경우에 제35조의 규정을 적용하여야 한다는 설(고상룡, 213면; 황적인, 112면), 양 책임의 요건이 다르므로 양 책임의 競合을 인정하고 어느 책임을 묻든 상대방이 자유로이 선택하여 행사할 수 있다는 설(김주수, 80면) 등으로 대립되어 있다.

이에 대하여 판례는 일관하여 예컨대 「행위의 외형상 法人의 代表者의 직무행위라고 인정할 수 있는 것이라면, 설사 그것이 대표자 개인의 사리를 도모하기 위한 것이거나 혹은 法令의 규정에 위반된 것이었다 하더라도 직무에 관한 행위에 해당한다」고 판시하여 제126조의 表見代理의 原理에 의하지 않고 제35조의 법인의 不法行爲責任의 성립을 인정하고 있다(대판 1969. 8. 26, 68다2320; 1974. 5. 28, 73다2014).

4. 私　　見

생각건대 法人의 代表機關의 직무수행이 민법 제35조에 의한 법인의 불법행위가 되는 경우에 그것이 제126조에 의한 권한을 초월한 표현대리에도 해당될 때에는 어느 규정을 적용하여야 할 것인가에 관해서는 위에서 언급한 바와 같이 양 규정간에는 요건상으로나 효과상에 있어서 여러 가지 차이가 있어 어느 규정을 취하느냐에 따라서 當事者間에 利害關係가 다르게 된다. 법인의 대표기관의 직무행위에 의한 불법행위나 表見代理는 그 원인이 법인(대표기관) 측에 있으므로 그와 거래관계에 있는 상대방을 보호할 필요성이 있다. 그러므로 상대방의 보호를 위해서는 불법행위를 원인으로 하는 損害賠償請求權을 인정하는 것보다 상대방이 원래 원했던 법률행위의 내용에 따른 이행책임을 묻도록 하여야 한다. 그런데도 판례는 履行責任을 묻는 표현대리의 이론에 의하지 않고 손해배상의 원인이 되는 불법행위의 책임만을 인정하고 있어 이를 취할 바가 못 되며, 표현대리의 규정인 제126조를 우선적으로 적용하여야 한다는 설이 타당하다고 본다.

Ⅳ. 法人의 機關

【48】 法人의 機關이란 무엇이며 어떠한 것이 있는가

1. 法人의 機關의 意義

法人은 권리를 취득할 수 있고 의무를 부담할 수 있는 권리능력은 있지만, 자연인과 같이 스스로 활동할 수 있는 육체와 두뇌를 가지고 있지 않다. 여기에서 자연적 생활체가 아닌 법인이 獨立된 法的 人格者로서 활동하기 위해서는 법인의 意思를 결정하고, 그 의사에 기하여 외부에 대하여 行動하고, 내부의 事務를 집행하는 일정한 조직이 필요하다. 이 조직을 이루는 것이 법인의 기관이다.

2. 法人機關의 性質

법인기관의 성질에 관하여 의제설과 실재설은 그 견해를 달리하고 있다. 의제설에 의하면 機關은 법인의 외부에서 법인과 대립되는 별개의 인격이며, 그것은 의제인격인 법인의 代理人이라고 한다. 이에 반하여 실재설에 의하면 법인의 이사 기타 기관은 마치 자연인에 있어서의 머리와 손발과 같이 법인이라는 組織體의 구성부분이며 법인의 의사를 결정하고 법인의 업무를 담당하는 것이라고 한다.

3. 法人機關의 種類

법인의 기관은 법인의 종류에 따라 다르지만 業務執行機關, 意思決定機關 및 監督機關의 3종류가 있다. 기관에는 필수기관과 임의기관이 있다. 사단법인과 재단법인에 공통된 의사집행의 필수기관으로서 理事가 있고, 사단법인에만 인정되는 필수기관으로서 社員總會가 있다. 그리고 監事는 사단법인과 재단법인에 있어서는 임의기관이지만, 공익법인 및 상법상의 주식회사에서는 필수적 기관이다(공익법인의 설립·운영에 관한 법률 5조 1항, 상 312조, 400조). 이밖에 민법에 규정은 없지만 법인의 임의기관으로서 고문·자문위원 등의 명칭을 가진 기관들을 定款에서 특별히 정한 때에는 법인의 기관이 될 수 있다.

【49】 理事(業務執行機關)란 어떤 것인가

1. 理事의 意義

理事란 대외적으로 법인을 대표하고(대표기관), 대내적으로 법인의 사무를 집행하는(업무집행기관) 사단법인과 재단법인의 常設必須機關을 말한다. 이사의 수와 임기는 제한이 없으며, 정관에서 임의로 정할 수 있다(57조, 40조, 43조). 그리고 이사가 될 수 있는 자는 自然人에 한하며, 자격상실 또는 자격정지의 형을 받은 자는 이사가 될 수 없다(형 43조 1항).

2. 理事의 任免

이사의 선임, 해임, 퇴임 등의 임면방법은 사단법인이나 재단법인에 있어서 정관의 필요적 기재사항이다(40조 5호, 43조). 그러므로 이사의 選任·解任·退任은 정관에 의하여 정해진다.

(1) 理事의 選任

이사의 선임방법은 정관의 정함에 따라 社團法人에 있어서는 사원총회에서, 財團法人에 있어서는 理事會에서 선출한다고 규정하는 경우가 일반적이다(40조 5호, 43조).

이사의 선임행위의 성질은 민법에 규정한 바는 없지만, 법인과 이사간의 委任에 유사한 계약이라고 보는 것이 통설이다. 따라서 사원총회에서(사단법인의 경우), 또 이사회에서(재단법인의 경우) 선임하게 되면 위임에 유사한 계약에 의해서 理事로서의 地位를 취득한 것으로 된다. 그러나 때로는 이사의 선임행위가 묵시적으로 행해진 경우도 있다. 판례는 「법인대표자의 유임 내지 중임을 금하는 규약이 없는 이상 임기만료 후 대표자의 개임이 없었다면 그 법인은 그 대표자의 임기만료와 동시에 묵시적으로 다시 代表者로 선임되었다고 해석할 것이다」라고 판시하여 이사의 선임이 默示的으로 행해진 경우가 있음을 말해주고 있다(대판 1970. 9. 17, 70다1256).

(2) 理事의 解任・退任

理事의 解任・退任은 정관에서 정함에 의한다. 그러나 정관에 규정이 없거나, 또는 정관에 규정이 있다 하더라도 불충분한 경우에는 民法의 위임에 관한 규정을 준용하여 이를 보충하여야 한다(127조, 689조). 그 결과 이사는 자유로이 사임할 수 있고(그러나 부득이한 사유 없이 法人이 불리한 시기에 辭退한 때에는 그 손해를 배상하여야 한다), 任期가 滿了되면 그 지위가 상실된다. 그러나 판례는 임기가 만료되었다 하더라도 후임 이사의 선임이 없는 경우에는 후임자가 정해질 때까지 계속해서 職務를 수행할 權限이 있다고 판시하였다(대판 1963. 4. 18, 63다15; 1972. 4. 11, 72나86).

(3) 登　　記

이사의 姓名, 住所는 등기사항이며, 이를 등기하지 않으면 이사의 선임・해임・퇴임을 가지고 제3자에게 대항할 수 없다(49조 2항, 54조 1항). 이와 같이 법인의 선임・해임・퇴임에 관한 變更登記는 법인의 설립등기와 달리 효력발생요건이 아니고 제3자에 대한 對抗要件이다(대판 1967. 2. 21, 66다1347).

3. 理事의 職務權限

이사는 대외적으로 법인을 대표하고 대내적으로 업무를 집행할 권한이 있다. 따라서 이사는 법인대표권과 법인업무집행권을 갖는다.

(1) 法人代表(對外的 權限)

(가) 代表權

이사는 法人의 事務에 관하여 각자 법인을 대표한다(59조 1항). 이사가 법인을 대표하는 직무권한의 범위는 법인의 행위능력에 속하는 모든 사항에 관하여 代表權을 가지는 것이 원칙이다.

이사의 대표방법은 이사가 수인이라도 이사는 각각 단독으로 법인을 대표한다. 즉 單獨代表가 원칙이다. 그리고 대표방식은 대리에 관한 규정이 준용되므로(59조 2항), 이사가 법인을 대표함에 있어서는 대리에 있어서와 마찬가지로 법인을 위한 것임을 表示하여야 한다(115조). 예컨대 「A 법인의 이사 B」라는 형식으로 행해진다.

(나) 代表權의 制限

이사의 대표권은 다음과 같은 제한이 있다.

① 定款에 의한 制限 이사의 대표권은 定款에 의하여 제한할 수 있다(59조 1항 단서 전단). 예컨대 이사는 共同으로 대표권을 행할 수 있다든지, 일정의 행위는 總會의 決議를 거쳐서 행사할 수 있다든지, 이사장 또는 회장만이 대표권을 갖는다든지 하는 경우가 이에 해당된다. 그러나 이사의 대표권의 제한은 정관에 기재하여야 하며, 정관에 기재하지 않은 대표권의 제한은 무효이다(41조). 그리고 이를 登記하지 아니하면 제3자에게 對抗할 수 없다(60조).

여기서 문제가 되는 것은「제3자」의 범위의 문제이다. 소수설(무제한설)은 제3자에는 선의자는 물론 악의자도 포함되며, 따라서 악의자에 대항하기 위해서도 이사의 대표권에 대한 제한은 등기하여야 한다고 한다(김용한, 184면; 고상룡, 229면; 김증한, 209면). 이에 반하여 다수설(제한설)은 악의의 제3자는 보호할 이유가 없으므로 이사의 대표권의 제한은 등기되어 있지 않더라도 악의의 제3자에게는 대항할 수 있다고 한다(곽윤직, 147면; 김상용, 247면; 김증한·김학동, 204면; 백태승, 252면; 김주수, 243면).

판례는 초기에는 다수설과 같은 태도이었으나(대판 1962. 1. 11, 4294민상473), 최근에는 소수설에 따라 등기하지 않으면 악의의 제3자에게도 대항할 수 없다고 판시하고 있다(대판 1992. 2. 14, 91다24564). 그러나 악의의 제3자는 보호할 필요가 없으므로 등기없이도 악의의 제3자에게는 대항할 수 있다고 해석하는 것이 타당하다.

② 社員總會의 決議에 의한 制限 민법에는 이사가 社團法人을 대표할 때에는 「총회의 의결에 의하여야 한다」라고 규정하고 있다(59조 1항 단서). 따라서 이 규정은 사단법인의 이사의 대표권은 社員總會의 의결에 의해서 제한할 수 있음을 뜻한다. 이 경우에 의한 제한 역시 定款에 기재하여야 유효하며(41조) 이를 登記하지 아니하면 제3자에 대항하지 못한다(60조). 그리고 代表權의 制限으로 대표권을 완전히 박탈할 수는 없다(대판 1958. 6. 26, 4290민상659).

③ 法人과 理事의 利益相反事項의 代表禁止(特別代理人) 법인의 이익과 이사 개인의 이익이 相反하는 사항에 관하여는 그 이사는 대표권을 갖지 못하며, 특별대리인으로 하여금 법인을 대표하게 한다(64조). 예컨대 A 법인의 이사 B가 자기소유의 토지를 A 법인에게 매각하는 경우와 같이 법인의 이익과 이사 개인의 이익이 상반되는 경우에 B에게 A 법인의 대표권을 인정하게 되면 不公正한 去來를 할 우려가 있으므로 이해관계인 또는 검사의 청구에 의하여 법원에서 특별대리인을 선임하고 그로 하여금 A 법인을 대표하여 B와 거래를 하도록 하였다. 그러나 수인의 이사가 있는 경우에는 特別代理人을 선임할 필요 없이 법인과 이익이 상반되지 않는 다른 이사로 하여금 법인을 대표케 하여야 한다.

④ 復任權의 制限 이사는 정관 또는 총회의 결의에 의해서 복임권이 제한된다. 이사는 법인의 모든 사항에 관하여 스스로 代表權을 행사할 수 있는 것이 원칙이다. 그러나 이사라 할지라도 모든 사항에 관하여 대표권을 적절히 행사할 수 있는 능력이 있다고는 볼 수 없다. 여기에서 이사는 定款 또는 總會의 議決로 금지하지 아니한 사항에 한하여 他人으로 하여금 특정한 행위를 대리하게 할 수 있도록 하였다(62조). 이 경우 당해 이사는 그 대리인의 선임·감독에 관하여 책임을 진다(121조 1항). 그러나 이와 같은 대리인은 법인

의 기관은 아니다.

(2) 法人의 事務執行(對內的 權限)

이사는 대내적으로 법인의 모든 事務를 집행할 권한이 있다(58조 1항). 理事가 數人이 있는 경우에는 정관에 다른 규정이 없으면 법인의 사무집행은 이사의 과반수로써 결정한다(58조 2항).

이사가 집행하여야 할 중요한 사무로는 ① 財產目錄의 작성(55조 1항), ② 사단법인의 社員名簿의 작성(55조 2항), ③ 총회의사록의 작성(76조), ④ 사원총회의 소집(69조, 70조), ⑤ 파산의 신청(79조), ⑥ 해산시 청산인이 되는 일(82조), ⑦ 법인등기의 신청(49조~52조, 85조, 94조) 등이다.

(3) 理事의 義務(理事의 注意義務)

法人과 理事와의 관계는 위임에 유사한 계약이므로 이사는 선량한 관리자의 주의로 그 직무를 행할 의무가 있다(61조, 681조). 「善良한 管理者의 注意義務」란 거래상 일반적으로 요구되는 주의, 다시 말해서 이사라는 직업, 그가 속하는 사회적 지위 등에 따라 일반적으로 요구되는 정도의 주의를 말한다.

이사가 직무집행을 함에 있어 이와 같은 주의를 게을리 하여 법인에게 손해를 끼쳤을 때에는 채무불이행으로 인한 損害賠償責任을 진다. 그리고 이사가 수인이 있는 경우 그 임무를 해태한 때에는 그 이사들은 법인에 대해서 連帶하여 손해배상책임을 진다(65조).

4. 理 事 會

앞에서 언급한 바와 같이 이사가 수인이 있는 경우에는 定款에 다른 규정이 없으면 법인의 사무집행은 이사의 과반수로써 결정한다(58조 2항). 여기서 민법상의 비영리법인에 있어서는 이사회를 필수기관으로 하고 있지 않지만, 법인의 업무집행에 관한 의사를 결정하기 위하여 이사 전원으로 이사회를 구성하는 것이 보통이다. 그러나 공익법인법의 적용을 받는 公益法人이나 상법상의 株式會社에 있어서는 이사회를 상설필수기관으로 하고 있다(공익법인의 설립·운영에 관한 법률 6조, 상 390조 이하).

이사회의 소집·의결·의사록의 작성 등에 관해서는 정관에 특별한 규정이 없는 경우에는 사원총회에 관한 규정을 준용한다(71조~76조).

5. 臨時理事

理事가 전혀 없게 되거나, 결원이 생긴 경우에 그 보충의 지체로 말미암아 法人 또는 他人에게 손해가 생길 염려가 있는 경우에는 법원은 이해관계인 또는 檢事의 청구에 의하여 臨時理事를 선임하여야 한다(63조). 임시이사는 정식이사가 선임될 때까지 이사와 동일한 권한을 갖는 법인의 기관이다. 정식이사가 취임하게 되면 임시이사는 당연히 소멸되고 퇴임하게 된다.

임시이사의 선임을 신청할 수 있는「利害關係人」이란 임시이사가 선임되는 것에 관하여 법률상의 이해관계가 있는 자, 즉 사건의 本人, 법인의 다른 理事, 社員, 債權者 등을 말한다. 판례는 그 법인의 정당한 최후의 이사였다가 퇴임한 자이거나, 그 이사선임신청 당시에 그 법인의 등기부상의 이사로서 동 법인의 업무처리를 담당해온 자도 이해관계인에 해당된다고 한다(대판 1976. 12. 10, 76마394).

6. 特別代理人

법인과 이사간에 이익이 상반되는 경우(예: 법인의 재산을 이사가 매수하는 경우) 이해관계인 또는 검사의 청구에 의하여 법원이 선임하는 법인의 임시적 기관이다(63조, 64조). 이를 특별대리인이라고 하지만, 이 역시 법인의 기관인 점은 틀림없다.

【50】 監事란 무엇인가

1. 監事의 意義

監事란 법인의 財產狀況과 이사의 事務執行을 감독하는 법인의 감독기관이다. 민법상의 감사는 이사와 달리 법인의 필수기관이 아니고 정관 또는 총회의 의결로 둘 수 있는 任意機關이다(66조). 그러나 공익법인법의 적용을 받는 공익법인이나, 상법상의 주식회사에 있어서 감사는 반드시 두어야 할 필수기관이다(공익법인의 설립·운영에 관한 법률 5조, 상 312조, 409조).

2. 選任方法과 資格

감사는 정관 또는 총회의 결의에 의하여 선임한다(66조). 그리고 감사는 법인의 대표기관이 아니므로 감사의 성명과 주소는 등기사항이 아니다.

감사의 자격은 자연인에 한하며 자격상실·자격정지 이상의 형을 받은 자는 감사가 될 수 없다(형 43조).

3. 職務權限과 義務

監事의 職務權限은 ① 법인의 재산상황을 감사하는 일, ② 이사의 업무집행의 상황을 감사하는 일, ③ 재산상황 또는 업무집행에 관하여 不正 또는 不備한 것이 있음을 발견한 때에는 이를 총회 또는 주무관청에 보고하는 일, ④ 그 보고를 하기 위하여 필요한 때에는 총회를 소집하는 일 등이다(67조). 이상의 법정사항외에도 감사가 理事의 監督機關으로서 그 직무를 다하기 위하여 필요한 경우에는 그밖의 행위도 할 수 있다고 보아야 한다(통설). 그러나 업무집행권이나 대표권은 없다.

감사의 의무는 민법에 명문규정은 없지만 선임행위의 성질상 이사의 경우와 마찬가지로 선량한 관리자의 주의의무가 있으며(681조 참조), 이 의무에 위반하면 債務不履行의 責任을 진다(390조).

【51】 社員總會란 어떤 것인가

1. 社員總會의 意義

社員總會는 사단법인의 最高意思決定機關이며, 총사원으로 구성되는 필수 기관이다. 따라서 이사나 임원에 위임된 사항을 제외한 모든 사무를 의결하며, 정관이나 의결로써도 이를 廢止할 수 없다.

2. 總會의 種類

사원총회에는 통상총회와 임시총회가 있다.

(1) 通常總會

通常總會는 적어도 매년 1회 이상 이사에 의해서 소집된다(69조). 소집시기는 정관에 규정이 없으면 총회의 의결로 정할 수 있고 총회의 의결도 없는 경우에는 이사가 임의로 설정한다.

(2) 臨時總會

臨時總會는 일시의 필요에 따라 소집되는 사원총회로서 그의 소집은 ① 이사가 필요하다고 인정한 때(70조 1항), ② 감사가 필요하다고 인정한 때(67조 4호), ③ 총 사원의 5분의 1 이상으로부터 회의목적사항을 제시하여 청구한 때이다(70조 2항). 그러나 총 회원의 5분의 1 이상의 청구에 의하는 사원총회에 있어서 그 「5분의 1 이상」의 정수는 정관으로 증감할 수 있으나 소수사원의 총회소집권을 박탈하지는 못한다. 사원의 총회소집을 위한 최소한도의 固有權을 少數社員權이라 한다. 소수사원의 총회소집청구가 있는 후 2주간 내에 이사가 총회소집의 절차를 취하지 않을 때에는 청구한 사원이 法院의 許可를 얻어 스스로 총회를 소집할 수 있다(70소 3항).

3. 總會의 召集節次

總會의 召集은 1주간 전에 그 회의의 목적사항을 기재한 通知를 발하고 기타 정관에 정한 방법에 의하여야 한다(71조). 여기서 「1주간 전」의 계산방법은 민법상의 기간계산방법(제7절 '기간' 참조)에 따라 소급계산을 한다. 즉 週의 기산점은 期間의 初日이 산입되지 않으므로(157조), 이 규정을 유추하여 예컨대 12월 10일에 총회를 열려면 기간의 초일은 산입하지 아니하므로 적어도 12월 9일부터 기산하여 1주일이 되는 12월 3일에 총회의 召集通知를 발송하여야 한다(15조 유추). 그리고 기일의 1주간 전이란 1주간 전에 사원에 到達함을 요하는 것이 아니고 1주간 전에 통지를 발하면 된다. 기간은 정관에 의해서도 단축하지 못하나 적당한 기간으로 연장하는 것은 무방하다. 통지의 방법은 개별통지, 신문광고, 기관회지 등으로 하는 것이 보통이나, 정관에 아무런 규정이 없으면 전 사원에게 알릴 수 있는 적당한 방법을 이사가 택하면 된다.

4. 總會의 權限

(1) 議決權의 範圍

총회의 의결권의 범위는 정관으로 이사 또는 기타 임원에게 위임한 사항 이외에는 모두 총회의 결의에 의한다(68조). 그러나 총회는 決議機關이지 집행기관은 아니므로 대외적인 代表權이나 내부적인 사무집행을 할 권한은 없다.

(2) 權　限

총회의 권한으로서 민법에서 규정하고 있는 것으로는 ① 정관의 변경(42조), ② 법인의 임의해산(77조 2항), ③ 監事 및 淸算人의 선임(66조, 82조 단서), ④ 정관에 의해서 이사 기타의 임원에 위임된 것을 제외한 모든 법인의 업무에 대해서 결의할 권한(68조) 등이다. 특히 이 중 정관변경이나 법인의 임의해산과 같이 법인운영의 기본에 관한 사항은 사원총회의 전속적 권한에 속하며 이러한 권한은 정관으로서도 박탈할 수 없다. 그리고 사단법인의 사원총회는 최고의 결의기관이기는 하지만 사단법인의 운영에 참가하는 사원의 권리, 예컨대 소수사원권(70조 2항)·사원의 결의권(73조)과 같은 이른바 社員固有權은 정관 또는 총회의 결의에 의해서도 이를 박탈하거나 제한할 수 없다. 왜냐하면 社員固有權의 박탈 또는 제한은 社團法人의 본질적 성격에 반하기 때문이다.

5. 總會의 決議

(1) 總會의 成立

총회가 결의권을 행사하기 위해서는 총회가 적법하게 성립되어 있어야 한다. 그러기 위해서는 첫째 적법한 총회소집이 있어야 하고, 둘째 의사정족수에 이르러야 한다. 의사정족수에 관하여는 민법에 규정이 없기 때문에 학설의 견해는 대립하고 있다. 다수설은 정관에 정한 바가 없으면 2인 이상의 社員의 出席이 있어야 한다. 이에 반하여 소수설은 제75조 1항을 근거로 총사원의 과반수의 출석으로써 총회는 성립한다고 한다. 그러나 제75조 1항의 정족수는 議決定足數이지 의사정족수가 아니므로 다수설이 타당하다고 본다.

(2) 決議事項

총회의 결의사항은 그 總會를 召集할 때 미리 통지한 사항에 관하여서만 결의한다(72조 본문). 그러나 정관에 다른 규정이 있는 때에는 미리 通知하지 않는 사항에 관해서도 결의할 수 있다(72조 단서).

(3) 社員의 決議權

총회에 있어서 社員의 決議權은 정관에 특별한 정함이 없을 때에는 각자 평등한 결의권을 갖는다(73조 1항). 그러나 주식회사에 있어서는 1주마다 1개의 결의권을 갖지만(상 369조), 예외적으로 결의권이 없는 경우가 있다. 즉 사단법인과 사원간에 이익이 상반되는 경우이다(74조). 이와 같은 경우에는 당해 사원은 의결권이 없다.

(4) 決議方法

결의에 필요한 議決定足數는 정관 또는 민법에 다른 규정이 없으면 사원 과반수의 출석과 출석사원의 결의권의 과반수로써 한다(75조 1항). 그리고 여기서 「민법의 다른 규정」이란 定款變更은 총 사원의 3분의 2, 任意解散은 총 사원의 4분의 3 이상의 수를 요하는 경우이다(42조 1항 본문, 78조 본문). 그러나 이러한 경우에도 정관에 다른 규정이 있으면 그 정관의 규정에 의한다(42조 1항 단서, 78조 단서). 그리고 서면 또는 대리인에 의하여 결의권을 행사할 수 있다(75조 2항, 73조 2항). 그러나 정관이나 다른 법률에 다른 규정이 있을 때에는 그 규정에 따른다(예컨대 공익법인법의 적용을 받는 公益法人에 있어서는 서면결의에 의할 수 없다(동법 9조 3항)).

(5) 社員總會決議의 瑕疵

사원총회의 결의가 節次上 또는 內容上 瑕疵가 있는 때에는 사원은 상법의 주주총회의 규정(상 376조, 380조)을 유추적용하여 결의의 취소·무효 및 부존재 확인의 소를 제기할 수 있다고 본다(일본의 판례는 이를 인정하고 있다. 日最判 昭和 47年 1972. 11. 9 民集 26卷 9號, 1513面).

(6) 議事錄의 作成

이사는 총회의 의사에 관하여 의사록을 작성하여야 하며, 이 의사록에는 의사의 경과, 요령 및 결과를 기재하고 의장 및 출석한 이사가 기명날인하여 이를 주된 사업소에 비치하여야 한다(76조).

6. 社員權(社員의 地位)

(1) 意義 및 性質

사단법인의 사원이 사원으로서의 지위에서 법인에 대하여 가지는 權利의 總體를 社員權이라고 한다. 사원권의 법적 성질은 사단의 업무에 참여를 중심으로 1개의 包括的 權利로서 여러 종류의 권능은 이로부터 유출한 지분적 권능이라고 볼 수 있다. 따라서 사원권은 재산권(물권·채권 등)·가족권·인격권 등 어느 것에도 속하지 않는 특수한 권리이다.

(2) 社員權의 內容

사원권은 共益權과 自益權으로 크게 나눌 수 있다.

(가) 共益權

共益權이란 법인자체의 목적을 달성하기 위해서 社員이 법인의 관리·운영에 참가하는 권리를 말한다. 예컨대 결의권·소수사원권·사무집행권·감독권 등이 이에 속한다. 非營利法人에 있어서는 자익권보다 공익권이 강하다.

(나) 自益權

自益權은 사원 個人의 利益을 얻을 것을 내용으로 하는 권리로서, 예컨대 영리법인에 있어서의 이익배당청구권·잔여재산분배청구권, 비영리법인에 있어서의 설비이용권 등이 이에 속한다. 營利法人에 있어서는 공익권보다 자익권이 강하다.

(3) 社員權의 移轉性

사원권은 비영리법인이나 영리법인이냐에 따라서 이전성의 유무에 차이가 있다. 공익성이 강한 비영리법인에는 양도성·상속성이 부인된다. 민법상의 사단법인은 공익성이 강하기 때문에 사단법인의 사원의 지위는 양도 또는 상속할 수 없다고 규정하고 있다(56조). 그러나 판례는 사단법인의 사원의 지위는 양도 또는 상속할 수 없다고 한 민법 제56조의 규정은 강행규정은 아니라고 할 것이므로, 정관에 의하여 이를 인정하고 있을 때에는 양도·상속이 허용된다고 하고 있다(대판 1992. 4. 14, 91다26850). 상법상의 법인은 자익성(自益性)이 강하기 때문에 원칙적으로 양도·상속이 허용됨은 당연하다(상 335조 참조).

(4) 社員의 義務

사원의 의무로서는 출자의무(영리법인의 경우)·회비납입이무 등을 들 수 있다.

Ⅴ. 法人의 住所

【52】 法人의 住所란 어떤 것인가

1. 法人 住所의 意義

법인의 법률관계에 있어서도 자연인과 마찬가지로 일정한 장소를 기준으로 할 것을 정할 필요가 있다. 따라서 민법은 "법인의 주소는 주된 사무소의 소재지에 있는 것으로 한다"(36조)라고 규정하고 있다.

「주된 사무소」란 법인의 최고 수뇌부가 있는 장소를 말하며, 수 개의 주소가 있는 경우에는 그 중추가 되는 사무소가 그 주된 사무소가 된다. 정관에 주된 사무소로 기재된 사무소와 사실상의 주된 사무소가 다를 경우에는 사무소가 이전되었다고 보는 것이 통설이다.

2. 法人 住所의 效果

주소의 효과는 자연인의 경우와 마찬가지이다. 다만 법인설립등기는 주된 사무소의 소재지에서 하여야 하고(49조 1항), 사무소를 이전한 경우에는 이를 등기하여야만 제3자에게 대항할 수 있다(54조 1항).

Ⅵ. 定款의 變更

【53】 定款의 變更은 어떻게 하는가

1. 定款變更의 意義

법인의 동일성을 유지하면서 그 조직을 변경하는 것을 정관의 변경이라고 한다. 법인의 목적과 조직에 관한 근본규칙은 정관에 의해서 정해진다. 여기에서 문제는 정관은 변경할 수 있느냐이다. 이에 관하여는 사단법인의 경우와 재단법인의 경우로 나누어 살펴보기로 한다.

2. 社團法人의 定款變更

(1) 定款變更可能의 原則

人的 結合體인 사단법인은 그 구성원인 사원의 總意에 의하여 자율적으로 운영하는 것을 본질로 한다. 그러므로 그 인적 단체가 동일성을 상실하지 않는 한, 스스로 정관을 변경할 수 있음은 당연하다. 단지 정관은 사단법인의 根本規則이므로 이를 변경할 때에는 다음과 같은 要件이 요구된다.

(2) 定款變更의 要件

사단법인이 정관을 변경하기 위해서는 사원총회의 결의를 거쳐 주무관청의 허가를 얻어야 한다.

(가) 社員總會의 決議

定款의 變更은 총 사원의 3분의 2 이상의 동의가 있는 때에 한하여 이를 변경할 수 있다(42조 본문). 그러나 정수에 관하여 정관에 다른 규정이 있는 때에는 그에 의한다(동조 단서). 정관변경은 社員總會의 專權事項이므로 정관에서 총회의 결의에 의하지 않고 변경할 수 있다든지(예컨대 이사회의 결의로 변경할 수 있다고 정하는 경우), 사단법인은 자율적인 법인인데도 총 사원의 동의가 있더라도 변경할 수 없다든지 하는 것은 허용되지 않는다.

(나) 主務官廳의 許可

정관의 변경은 主務官廳의 허가를 얻어야 效力이 발생한다(42조 2항). 그리고 허가의 법적 성질에 관하여 종래에는 이를 행정법상의 허가로 보고 허가여부는 주무관청의 자유재량에 속한다고 하였다(대판 1985. 8. 20, 84누509). 그러나 최근 판례는 재단법인의 정관변경과 관련된 사안에서 그 태도를 변경하여 인가로서의 성질이 있는 것으로 판시하고 있다(대판(전) 1996. 5. 16, 95누4810).

변경사항이 등기사항인 경우(49조 2항 참조)에는 변경등기를 하지 아니하면 그 변경을 제3자에게 對抗할 수 없다(54조 1항).

(3) 定款變更의 限界

정관변경의 한계에 관해서는 다음과 같은 것들이 문제된다.

첫째, 정관에 定款變更禁止規定이 있는 경우에도 정관을 변경할 수 있는가이다. 사단법인의 본질이 自律的인 法人이라는 점에서 그러한 정관규정은 拘束力이 없다고 본다. 따라서 이러한 경우에도 정관은 변경할 수 있는 것이다. 다만 총사원의 동의가 있어야 한다는 것이 통설이다.

둘째, 정관에서 정하고 있는 目的의 變更도 가능하느냐이다. 법인의 목적을 변경하게 되면 당해 법인의 同一性이 喪失한다고 하여 소극설이 있으나, 목적의 변경도 정관변경의 일종이므로 민법 제42조에 특별히 제외한다는 예를 두고 있지 않는 이상 목적에 관한 정관변경도 가능하다고 본다. 다만 總社員의 同意를 요한다는 견해가 통설이다. 그러나 법인의 목적변경이 어떠한 경우에도 가능하다는 것은 아니다. 예컨대 非營利法人을 營利法人으로 변경할 수 없는 것이다. 왜냐하면 법인의 동일성을 상실한 결과가 되기 때문이다.

3. 財團法人의 定款變更

(1) 定款變更不許의 原則

재단법인의 정관도 변경할 수 있는가. 재단법인은 그 활동을 자율적으로 결정할 機關이 없고 오로지 설립자의 客觀的 意思(정관)에 의하여 규율되는 타율적 법인이기 때문에 정관의 변경은 원칙적으로 허용되지 않는다.

(2) 例 外

그러나 財團法人의 정관변경을 전혀 인정하지 않는다면 재단법인에 대하여 社會的 實情에 적합한 활동을 기대할 수 없게 되는 경우가 생길 수 있다. 이에 민법은 일정한 경우에 한하여 재단법인의 정관도 변경할 수 있다는 例外規定을 두고 있다. 예외적으로 정관을 변경할 수 있는 요건으로는 다음과 같다.

(가) 다음 사항 중 어느 하나가 존재할 것

① 定款에 變更方法을 정하고 있을 때 설립자가 정관 중에 그 정관의 변경방법을 정하고 있을 때에 한하여 변경할 수 있다(45조 1항). 그러나 이러한 변경은 본래의 의미에서 정관변경이 아니라 단순한 定款의 實行이라고 볼 수 있다.

② 財團法人의 目的達成 또는 財産의 保存을 위하여 적당한 때 정관에 그 변경방법을 정하지 아니한 경우에도 재단법인의 目的達成 또는 財産의 保全을 위하여 적당한 때에는 명칭 또는 사무소의 소재지는 변경할 수 있다(45조 2항).

③ 財團法人의 目的達成이 不可能한 때 재단법인의 목적을 달성할 수 없는 경우에는 설립자나 이사는 주무관청의 허가를 얻어 設立趣旨를 참작하여 그 목적이나 기타 정관의 규정을 변경할 수 있다(46조). 원래 법인의 목적을 달성할 수 없게 되면 解散할 수밖에 없다(77조 1항). 그러나 민법은 특히 비영리사업의 조장과 設立者의 意思를 참작함으로써 정관의 변경에 의하여 재단법인이 존속활동을 할 수 있게 하고 있다.

(나) 主務官廳의 許可를 얻을 것

위의 경우의 정관의 변경은 주무관청의 허가를 얻어야 하며 許可를 얻지 아니한 정관변경은 效力이 없다(45조 3항). 그리고 그것이 登記事項이면 등기하여야 제3자에게 대항할 수 있다(49조 2항).

(3) 基本財産의 處分과 定款의 變更

재단법인의 기본재산은 재단법인의 실체를 이루므로 性質上 함부로 處分할 수 없다. 그래서 그에 관해서는 정관에 기재하기로 되어 있다. 그렇다면 정관에 정한 節次에 따라 基本財産을 처분하게 되면 이는 유효하느냐가 문제이다. 이에 관해서 판례는 재단법인의 기본재산의 處分行爲는 정관변경이 수반되어야 하고, 주무관청의 허가가 있어서야 유효하다(대판 1978. 8. 22, 78다1038 · 1039). 그리고 基本財産을 增減시키는 경우에도 정관변경이 되므로 주무관청의 허가를 받아야 한다고 한다(대판 1969. 7. 22, 67다568). 학설도 같은 견해를 취하고 있다. 따라서 주무관청의 허가없는 기본재산처분행위는 무효인 것이다.

Ⅶ. 法人의 消滅

【54】 法人은 어떠한 節次를 거쳐 消滅하는가

1. 法人消滅의 意義

法人의 消滅이란 자연인에 있어서의 사망과 마찬가지로 법인이 권리능력을 상실하는 것을 말한다. 그런데 자연인의 사망의 경우에는 그 유산은 상속인에게 승계되지만, 법인의 경우에는 相續이라는 것이 없으므로 재산관계를 정리하는 절차를 밟아 단계적으로 법인의 권리능력의 소멸을 인정할 수밖에 없다. 즉 먼저 「解散」결정을 하고 이어서 「淸算」단계에 들어가 그 재산관계의 정리절차를 밟아 청산을 종료한 후 이를 등기하고 주무관청에 신고함으로써 법인은 소멸한다. 청산에 관한 민법의 규정은 제3자의 이해관계에 영향이 크므로 강행법규이다. 이에 반한 정관의 규정이나 총회의 결의는 무효이다.

2. 解　　散

(1) 解散의 意義

解散이란 해산사유가 발생했을 때 법인 본래의 목적수행을 위한 적극적인 활동을 정지하고 청산절차에 들어가는 것을 말한다. 따라서 해산은 法人의 消滅이 아니고 권리능력의 범위를 잔무정리에 제한한 것이다. 이와 같이 能力이 제한된 청산을 목적으로 하는 법인을 淸算法人이라고 한다.

법인의 해산사유는 사단법인과 재단법인에 공통된 사유와 사단법인에 특유한 사유가 있다.

(2) 社團法人·財團法人에 共通된 解散事由(77조 1항)

(가) 存立期間의 滿了 기타 定款에 정한 解散事由의 發生

법인의 존립시기나 해산사유는 사단법인에 있어서는 정관의 필요적 기재사항(40조 7호)이며, 재단법인에 있어서는 임의적 기재사항이지만 어느 경우나 이러한 사유가 발생하면 법인은 해산한다.

(나) 法人의 目的達成 또는 達成不能

법인이 목적달성을 하였거나, 법인의 목적달성이 불능인 경우에는 법인은 존속할 필요가 없으므로 법인은 해산한다.

(다) 破　産

법인이 債務를 완제할 수 없게 된 때, 즉 채무초과(소극재산이 적극재산보다 많은 경우)가 된 때에는 이사는 遲滯없이 破産申請을 하여야 하고(79조), 이를 게을리 하면 과태료의 처분을 받는다(97조 4호). 법인의 파산원인은 債務超過로 족하며, 자연인의 경우처럼 支給不能을 요하지 않는다(채무자회생 및 파산에 관한 법률 305조, 306조). 법인의 債權者도 파산신청을 할 수 있다(동법 294조).

(라) 主務官廳의 設立許可의 取消

법인이 ① 목적이외의 사업을 하거나, ② 설립허가의 조건에 위반하거나, ③ 기타 공익을 해하는 행위를 한 때에는 주무관청은 그 허가를 취소할 수 있다(38조). 이러한 설립허가의 취소는 장래를 향하여 法人의 존재를 否認하는 것이기 때문에 遡及效가 없다.

(2) 社團法人의 特有한 解散事由(77조 2항)

(가) 社員이 없게 된 때

사원이 한 명도 없게 된 경우에는 사단법인은 해산된다. 사원이 한 명도 없게 된 원인에 있어서는 탈퇴, 해임, 사망 등 어느 경우나 관계하지 않는다. 이는 사단법인은 自然人의 集合體란 점에서 그 성질상 당연하다.

(나) 總會의 決意

총회의 결의에 의한 해산을 任意解散이라 하며, 그것은 사원총회의 전권사항이다. 해산결의는 정관에 다른 규정이 없으면 총사원 4분의 3 이상의 동의를 필요로 한다(78조).

3. 清　　算

(1) 清算의 意義

清算이란 해산한 법인의 재산관계의 정리를 말한다. 清算節次는 파산의 경우와 그렇지 않는 경우가 있다. 破産으로 해산한 경우는 파산법에 따라 破産管財人이 청산을 하지만, 기타 원인에 의하여 해산한 경우에는 民法에 정하는 절차에 따라 清算人이 청산한다. 여기서 말하는 청산이란 후자의 경우를 말한다. 청산절차는 어느 것이든 모두 제3자의 利害關係에 중대한 영향을 미치기 때문에 이에 관한 규정은 강행법규이다. 따라서 정관에 다른 규정을 두더라도 그것은 무효이다.

(2) 淸算法人의 能力

淸算法人이란 해산 후 청산을 종료할 때까지의 사이의 법인을 말한다. 청산법인은 청산의 목적의 범위 내에 있어서 존속하는 법인이므로(81조) 그 능력도 청산목적의 범위 내에 한정된다. 그러나 그 청산목적의 범위는 法人의 本質과 청산의 性質에 비추어 넓게 풀이하여야 한다. 예컨대, 청산에 필요한 범위에서 필요한 자금을 차용한다든가, 경매절차에 참가한다든가, 법인공로자에 위로금을 증여한다든가 하는 것 등은 目的의 範圍 내에 들어간다고 볼 수 있지만, 본래의 업무활동을 행한다는 것은 목적의 범위를 벗어난 행위라고 볼 수 있다. 이와 같이 청산법인은 해산 전의 법인에 비하여 그 목적이 변하고 또한 能力의 範圍도 축소되지만, 그래도 해산 전의 법인과 同一性을 지속함은 이미 기술하였다.

(3) 淸算法人의 機關

청산법인에서는 理事에 갈음하여 청산인이 업무집행과 대표기관이 되지만, 청산법인과 해산 전의 법인과는 동일성을 가지므로 이사 이외의 監事나 總會는 그대로 지속된다.

(가) 淸算人

① 淸算人의 地位 법인의 해산으로 본래의 법인의 이사는 당연히 그 지위를 상실하고 이에 갈음하여 새로 취임하는 淸算人이 청산법인의 능력의 범위 내에서 대외적으로 淸算法人을 대표하고 대내적으로 淸算事務를 집행한다(87조 2항). 즉 본래의 理事와 같은 지위에 있게 된다. 따라서 본래의 이사가 가졌던 모든 권한에 관한 규정은 청산인에 준용된다(96조).

② 淸算人의 選任 청산인이 되는 자는 제1차적으로 정관에서 정한 자이고, 정관에 정한 바가 없는 경우에는 제2차적으로 총회의 결의에 의한다. 총회에서도 결의가 없을 때에는 해산 당시의 이사가 청산인이 된다(82조).

그러나 이상의 경우에 의해서도 해당자가 없을 때에는 법원에서 직권으로 또는 이해관계인이나 검사의 청구에 의하여 청산인을 선임하게 된다(83조).

③ 淸算人의 解任 그리고 중요한 사유가 있는 때, 예컨대 청산인이 중

병으로 직무를 수행할 수 없다든가, 법인의 재산을 횡령한다든가 하는 경우에는 제3자에게 미치는 영향이 크기 때문에 법원은 직권 또는 利害關係人이나 檢事의 청구에 의하여 청산인을 해임할 수 있다(84조).

(나) 기타 機關

이사를 제외한 기타의 기관은 변동이 없다. 즉 감사는 계속해서 청산인의 직무를 감독하며, 총회 역시 그대로 청산법인의 最高意思決定機關으로서의 지위를 지속한다.

(4) 淸算人의 職務權限(淸算事務)

민법 제87조는 청산인의 직무권한을 열거식으로 규정하고 있다. 그러나 청산인의 職務權限은 이에 限定되는 것은 아니며 청산의 본질상 必要한 事項은 모두 청산인의 직무권한에 포함된다. 그리고 청산인의 직무권한의 범위는 그대로 청산사무의 내용이 된다.

민법에서 규정하고 있는 청산사무는 다음과 같다.

(가) 法人 解散의 登記와 申告(85조 1항, 86조)

청산인은 破産의 경우를 제외하고는 그 취임 후 3주간 안에 해산의 사유 및 연월일, 청산인의 주소·성명, 그리고 청산인의 代表權을 제한한 때에는 그 제한 등을 주된 사무소와 분사무소의 소재지에서 등기하고(85조 1항), 같은 사항을 주무관청에 申告하여야 한다(86조).

(나) 現存事務의 終結(87조 1항 1호)

청산이란 해산 전 미완결 사무를 완결하는 것을 의미하므로 새로운 사업을 시작하는 것은 허용되지 않는다. 그러나 현존사무를 종결시키기 위하여 새로 法律行爲를 하는 것은 무방하다.

(다) 債權의 推尋(87조 1항 2호)

변제기가 도래하지 않는 채권이나 조건부 채권과 같은 것은 즉시 推尋할 수 없으므로 채권을 讓渡 기타 換價處分 등 정당한 방법으로 환가하여야 한다

(민소 574조).

(라) 債務의 辨濟(87조 1항 2호)

채무의 변제에 관해서는 청산절차를 되도록 빨리 매듭짓고, 제3자의 이익을 보호하기 위하여 민법에는 상세한 규정을 두고 있다(88조~92조).

① 채무변제는 債權申告의 督促을 하여야 한다. 청산인은 취임한 날로부터 2월 안에 3회 이상의 公告로 채권자에 대하여 2월 이상의 기간 안에 그 채권을 신고할 것을 催告하여야 한다(88조 1항). 이 공고에는 채권자가 기간 안에 신고하지 않으면 청산으로부터 제외된다는 것을 表示하여야 한다(88조 2항). 이와 같은 공고는 청산인을 알지 못하는 일반채권자에게 채권신고를 독촉하기 위한 것이므로 알고 있는 債權者에 대하여는 개별적으로 채권을 申告할 것을 최고하여야 한다(89조).

② 채무변제는 債權申告期間이 경과한 후에 하여야 한다(90조 본문). 채권신고기간 안에 채무를 변제할 수 있게 하면 변제 도중에 支給不能의 사태가 발생하게 될 때 다른 채권자간에 공평을 해칠 염려가 있기 때문이다. 그 결과 채권자는 변제기가 도래한 후에도 채권신고기간이 경과할 때까지는 변제받을 수 없게 되어 법인의 履行遲滯가 되므로(387조), 법인은 그러한 채권자에게는 지연손해배상을 하여야 한다(90조 단서).

③ 淸算中의 法人은 아직 변제기에 이르지 않는 債權에 대해서도 변제할 수 있다(90조 1항). 즉 청산법인은 期限의 利益을 포기하여 辨濟할 수 있다. 그리고 조건부의 채권·존속기간이 부정확한 채무 기타 가액이 불확정한 채권에 관해서는 法院이 정한 감정인의 평가에 의하여 변제하여야 한다(91조 2항).

④ 채권신고기간 내에 신고하지 않는 債權者는 청산에서 제외된다. 그러나 제외된 채권자는 법인의 채무를 완제한 후 귀속권리자에게 引渡하지 않는 財産에 대해서만 변제를 청구할 수 있다(92조).

⑤ 청산인이 알고 있는 채권자에 대해서는 비록 그 申告가 없더라도 청산에서 제외하지 못하며, 반드시 변제하여야 한다(89조 단서). 만일 債權者가 受領하지 않을 때에는 이를 供託하여야 한다(487조 이하 참조).

(마) 殘餘財產의 引渡(87조 1항 3호)

법인의 채무 완제 후 잔여재산이 있을 때에는 첫째로 정관에서 정한 歸屬者에게 귀속하며(80조 1항), 둘째로 정관에서 정한 자가 없거나 또는 지정하는 방법을 정하지 아니한 때에는 청산인이 주무관청의 허가(사단법인에 있어서는 허가 이외에도 사원총회의 결의를 얻어)를 얻어 그 法人의 目的과 유사한 목적을 위하여 그 재산을 처분할 수 있다(80조 2항). 셋째로 위의 어느 방법으로써도 처분되지 아니한 경우에는 그 잔여재산은 國家에 귀속한다(80조 3항). 따라서 그 어느 경우에 있어서도 構成員에게 잔여재산을 分配할 수는 없다(그러나 영리법인에 있어서는 잔여재산은 사원 또는 주주에게 분배된다).

(바) 破產申請과 公告

청산중에 법인의 재산이 그 채무를 완제하기에 부족한 것이 판명된 때에는 청산인은 遲滯없이 파산선고를 신청하고 이를 公告하여야 한다(93조 1항). 청산인이 파산신청이나 공고를 해태하거나 부정공고를 한 때에는 과태료의 처분을 받는다(97조 7호).

法人의 파산으로 破產管財人이 선임되면 청산인은 파산관재인에게 사무를 인계하여야 하며, 인계함으로써 청산인의 임무는 종료된다(93조 2항). 그러나 여기서 파산관재인에게 인계되는 것은 어디까지나 파산재단에 관한 사무에 한정된다. 그 밖의 사무에 관한 청산인의 임무는 여전히 남아 있다고 본다. 판례도 청산종료의 등기가 종료되었다 하더라도 청산사무가 종료되지 아니한 때에는 清算法人으로서 存續한다고 판시하였다(대판 1980. 4. 8, 79다2036).

(사) 清算終結의 登記와 申告

청산이 종결되면 청산인은 3주간 안에 이를 등기하고 주무관청에 신고하여야 한다(94조). 이로써 법인은 완전히 소멸한다. 그러나 판례는 청산종료등기가 경료한 후에도 청산사무가 종결되었다고 할 수 없는 경우에는, 청산법인으로 계속 존속한다고 판시하고 있다(대판 1980. 4. 8, 79다2036).

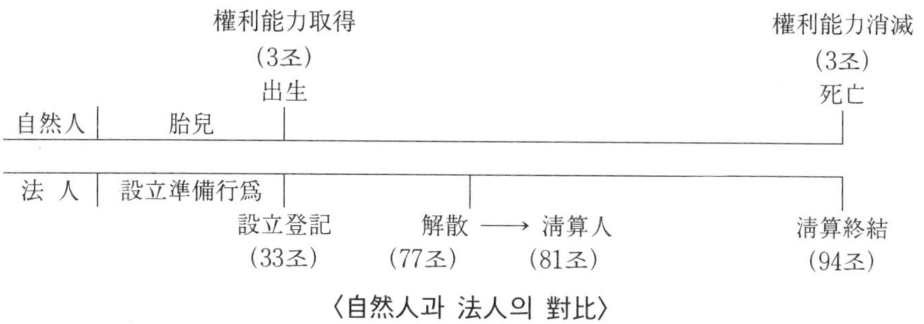

〈自然人과 法人의 對比〉

Ⅷ. 法人의 登記

【55】 法人의 登記制度란 어떤 것인가

1. 法人登記制度의 必要性

법인은 정관을 작성하고 주무관청의 허가를 얻어 設立登記를 함으로써 法人格을 갖게 된다. 그 존재는 자연인과 같은 외형을 갖지 않으므로 외부로부터 그 인격의 발생·소멸의 시기, 그의 조직·소재·자산상태 등을 인식하기가 곤란하다. 따라서 널리 이를 제3자가 알 수 있도록 하지 아니하면 이와 거래를 하는 자는 뜻하지 아니한 손해를 입게 된다. 이러한 이유에서 法人의 組織·內容을 등기하여 이를 일반에 公示함으로써 去來의 安全을 도모하고자 하는 법인등기제도의 필요성이 있는 것이다.

2. 登記의 效力

등기의 효력에 관해서는 성립요건주의와 대항요건주의가 있다. 우리 민법은 두 주의를 병행하고 있다. 즉 설립등기(33조)는 성립요건주의를 취하고, 그 외의 등기, 예컨대 분사무소 설치 및 사무소이전등기(50조, 51조)·변경등기(52조)·해산등기(94조) 등 모두는 대항요건주의를 취하고 있다.

3. 法人登記의 種類

법인등기는 다음과 같은 종류가 있다.

(1) 設立登記

법인은 주된 사무소의 소재지에서 設立登記를 함으로써 성립한다(33조). 따라서 법인의 설립등기는 법인의 성립요건이다. 그리고 법인의 설립등기는 법인의 設立許可書가 도착한 날로부터 3주간 이내에 주된 事務所의 所在地에서 하여야 한다(49조 1항). 設立登記事項은 ① 목적, ② 명칭, ③ 사무소, ④ 설립허가의 연월일, ⑤ 존속시기나 해산사유를 정한 때에는 그 시기 또는 사유, ⑥ 자산의 총액, ⑦ 출자의 방법을 정한 때에는 그 방법, ⑧ 이사의 성명·주소, ⑨ 이사의 대표권을 제한한 때에는 그 제한 등이다(49조 2항).

(2) 變更登記

變更登記란 설립등기의 등기사항 중에 變更이 있는 경우에 하는 등기를 말한다. 민법 제49조 2항의 설립등기의 등기사항에 변경이 있는 때에는 3주간 내에 변경등기를 하여야 한다(52조, 49조 2항). 그리고 3주간의 등기기간의 계산은 등기사항이 관청의 허가를 요하는 것이면, 허가서가 도착한 날로부터 기산한다(53조). 이 등기사항은 그 등기 후가 아니면 제3자에 對抗하지 못한다(54조 1항). 그리고 등기한 사항은 법원이 지체없이 공고하여야 한다(54조 2항).

(3) 分事務所設置登記 및 事務所移轉登記

법인의 분사무소(분사무소란 주된 사무소 이외에 설치된 사무소를 말한다)를 설치한 때에는 주된 사무소의 소재지에서는 3주간 안에 분사무소 설치의 등기를 하여야 하고 그 분사무소소재지에서는 역시 3주간 내에 설립등기 사항을 등기하여야 한다. 그리고 다른 기존 分事務所소재지에서는 그 신설하였음을 등기하면 된다(50조 1항). 그러나 주된 사무소 또는 기존의 분사무소소재지를 관할하는 등기소의 관할 구역 안에서 분사무소를 설치하는 경우에는 3주간 안에 그 분사무소 설치만을 등기하면 되고, 설립등기사항을 등기할 필요는 없다

(50조 2항).

법인이 그 사무소(여기서 사무소라 함은 주사무소와 분사무소)를 이전하는 때에는 구소재지에서 3주간 안에 이전등기를 하고, 신소재지에서는 같은 기간 안에 설립등기사항을 등기하여야 한다(51조 1항). 동일한 등기소의 관할구역 안에서 사무소를 이전한 때에는 그 이전한 것을 등기하면 된다(51조 2항).

(4) 解散登記

청산인은 파산의 경우를 제외하고는 그 취임 후 3주간 내에 해산사유 및 연월일, 청산인의 성명 및 주소, 청산인의 대표권을 제한할 때에는 그 제한을 주된 사무소 및 분사무소소재지에서 등기를 하여야 한다(85조 1항). 청산이 종결된 때에는 청산인은 3주간 내에 이를 등기하고, 주무관청에 신고하여야 한다(94조).

4. 登記를 確實하게 하기 위한 保障方法

민법은 등기를 强制하는 방법으로서 등기를 理事 기타 淸算人의 직무로 하고 있고, 法人에 관한 모든 登記는 주무관청의 허가서가 도착한 날로부터 3주간 안에 이를 하지 않은 때에는 과태료에 치하도록 하고 있다(97조 1호, 49조, 51조, 85조).

그리고 민법은 설립등기(33조)를 법인의 成立要件으로 하고 있으며, 그 이외의 분사무소 설치 및 사무소이전등기(50조, 51조)·변경등기(52조)·해산등기(94조) 등은 모두 제3자에 대한 對抗要件으로 하고 있다(54조 1항).

Ⅸ. 法人의 監督과 罰則

【56】 法人의 監督과 罰則이란 어떤 것인가

1. 法人의 監督

법인은 감사가 이사의 직무집행에 대하여 감독을 하지만, 이는 자주적 감독으로서 임의기관이므로 감독으로서의 기능이 충분하지 못하다. 그리고 비영리법인의 활동은 사회에 중대한 영향을 미칠 뿐만 아니라 공익을 해하는 경우도 있다. 여기서 민법은 법인 내부의 자주적인 감사외에 공적 기관의 감독을 받도록 하고 있다(37조, 38조).

법인의 공적 감독기관은 그 설립·업무집행의 경우와 해산 및 청산의 경우에 따라 다르다. 즉 법인의 설립·업무집행의 감독기관은 主務官廳이며, 해산·청산의 감독기관은 法院이다. 이와 같이 감독기관을 달리 하는 까닭은 법인의 業務執行은 법인의 목적에 따라 감독의 내용도 다르므로 設立許可를 해준 주무관청이 이를 감독하는 것이 적합함에 대하여, 해산·청산은 법인의 목적과 관계없는 재산관계의 정리뿐만 아니라 제3자의 이해에 영향이 크므로 절차를 嚴格·公正하게 행하게 하기 위해서 법원의 감독을 받도록 한 것이다. 이를 나누어 설명하면 다음과 같다.

(1) 業務의 監督(主務官廳에 의한 監督)

법인의 사무는 주무관청이 검사(檢査)·감독한다(37조). 감독의 내용은 法人의 事務 및 財産狀況을 검사하는 것이다. 법인이 목적이외의 사업을 하거나, 설립허가의 조건에 위반하거나, 기타 공익을 해하는 행위를 한 때에는 주무관청은 그 허가를 취소할 수 있다(38조). 또 이사·감사·청산인이 주무관청 또는 법원의 검사·감독을 방해한 때에는 벌칙 적용을 받는다(97조 3호).

(2) 解散·淸算의 監督(法院에 의한 監督)

법인의 해산 및 청산은 법원이 검사·감독한다(95조). 監督權行使의 내용으로 법원은 언제든지 職權으로 감독에 필요한 검사를 할 수 있으며, 중요한 사유가 있는 때에는 淸算人을 解任할 수 있다(84조).

2. 罰　　則

법인감독기관이 법인의 감독을 완전하게 하기 위하여 민법은 설립허가취소권과 청산인을 해임할 수 있는 권한을 인정하고 있는 외에 이사·감사·청산인은 다음 사항을 위반한 때에는 5만원 이하의 過怠料에 처하게 된다(97조).

① 法人에 대한 登記를 懈怠한 때

② 財產目錄 또는 社員名簿 作成·備置에 관한 義務를 違反하거나, 不正記載를 한 때

③ 主務官廳 또는 법원의 檢査·監督을 妨害한 때

④ 主務官廳 또는 總會에 對하여 事實아닌 申告를 하거나, 事實을 隱蔽한 때

⑤ 總會議事錄의 作成·備置義務에 대하여 違反하거나, 또는 淸算人이 債權申告 期間 내에 辨濟를 때

⑥ 破產宣告의 申請을 懈怠한 때

⑦ 淸算人이 債權申告 내지 破產宣告 신청의 公告를 懈怠하거나, 不正한 公告를 한 때

과태료는 형법상의 刑罰은 아니며 민법상의 秩序를 維持하기 위한 일종의 秩序罰이다.

Ⅹ. 權利能力 없는 社團과 財團

【57】 權利能力 없는 社團과 財團이란 어떠한 것인가

1. 問題의 所在

권리능력 없는 사단과 재단은 법인으로서의 「실체」를 갖추고 있으면서도 법인격을 갖지 못한 것을 말한다. 권리능력 없는 사단이나 재단은 법인격을 갖춘 법인과 마찬가지로 사회적 활동을 하고 있는 데도 민법에서는 권리능력 없는 사단의 재산관계에 관한 총유의 규정(275조~278조), 권리능력 없는 사단과 재단의 등기법상의 부동산등기능력(부등 30조), 민사소송법상의 당사자능력(민소 52조)만을 인정하고 있을 뿐 그밖에는 아무런 규정을 두고 있지 않다. 따라서 권리능력 없는 사단 또는 재단은 어떠한 실체를 의미하며, 이에 대해서는 어떠한 법규를 적용할 것이냐가 문제된다. 사단과 재단으로 나누어 고찰해 보기로 한다.

2. 權利能力 없는 社團

(1) 權利能力 없는 社團의 意義

權利能力 없는 社團이란 사단으로서의 실체를 갖추고 있으면서 법인설립등기를 하지 아니하여 法人格을 갖지 못한 인적 단체를 말한다. 이를 法人格 없는 社團 또는 非法人社團이라고 한다.

(2) 權利能力 없는 社團의 要件

權利能力 없는 社團의 要件은 ① 단체로서의 조직을 갖추고, ② 구성원의 변경에 관계없이 단체가 존속하며, ③ 그 조직에 있어서 대표의 방법, 총회의

운영, 재산의 관리 기타 사단으로서의 중요한 점이 규칙으로써 확정되어 있어야 한다(통설). 판례도 통설과 같이 「非法人社團은 계속적 성질이 있는 목적을 가지고 조직된 단체로서 단체규약에 의하여 代表者資格이 인정되는 대표자가 있는 단체에 한할 것」(대판 1957. 12. 5, 4390민상244)이라고 판시하였다.

그리고 판례에 나타난 권리능력 없는 사단의 예로서는 법인설립등기를 갖추지 않고 있는 宗中(대판 1984. 4. 12, 83도195), 敎會의 신도단체(대판 1960. 2. 25, 4291민상467), 洞會나 自然部落(대판 1954. 4. 27, 4286민상33; 1981. 9. 8, 80다2810), 佛敎信徒會(대판 1982. 2. 23, 81누42) 등을 들 수 있다. 판례가 적시하고 있는 것 외에도 실제 사회에 있어서는 동창회, 향우회, 학술연구단체 등 헤아릴 수 없이 많다.

(3) 權利能力 없는 社團의 發生理由

일정한 목적을 실현하기 위해서 결합된 人的 團體가 민법에서 정한 일정한 요건을 갖추어 設立登記를 하게 되면 법인이 성립한다(31조, 33조). 그런데도 이와 같은 법인으로서 요건을 갖추지 않는 권리능력 없는 사단이 존재하는 이유는 무엇인가?

그 이유로서는 첫째로, 현행 민법상 비영리법인이 성립하기 위해서는 단체로서의 실체를 갖추어 주무관청의 허가를 얻어 設立登記를 하여야 하기 때문에, 이와 같은 要件 不備로 허가를 얻지 못한 경우에는 권리능력 없는 사단으로 남게 된다.

둘째로는, 설립자가 主務官廳의 監督 기타 法的 規制를 꺼려 처음부터 법인설립을 원하지 않는 경우이다.

셋째의 이유로는 사단으로서는 실체를 갖추고 있지만 아직 主務官廳의 許可와 設立登記 節次를 완료하고 있지 않은 상태(설립중의 사단법인)에 있는 경우 등이 권리능력 없는 사단의 발생요인이 된다.

(4) 權利能力 없는 社團의 特異性

권리능력 없는 사단은 사단법인, 조합과는 어떤 점에서 차이가 있는가를 살펴보는 것이 중요하다.

(가) 權利能力 없는 社團이 組合과 다른 점

권리능력 없는 사단과 組合과는 다음과 같은 차이가 있다.

첫째, 법률행위의 성질이 다르다. 통설에 따라 법률행위의 종류를 契約·合同行爲·單獨行爲로 나눈다면 권리능력 없는 사단의 설립행위는 다수의 의사표시가 상호대립적인 것이 아니라 공동목적을 위한 내용과 방향이 같은 의사의 합치로 이루어진 合同行爲인 데 반하여, 조합은 2인 이상이 相互出資하여 공동사업을 경영할 것을 목적으로 한 상호대립된 의사의 합치로써 이루어진 계약(703조)의 일종이라는 점에서 다르다.

둘째, 거래의 주체가 다르다. 去來의 主體에 있어서 社團은 사단 그 자체가 構成員과는 독립된 存在이며, 그 대표행위는 이사(회장) 내지 기타 대표자가 행하고 그 법률효과는 단체자체에 귀속하며 단체의 구성원에게 귀속하지 않는다. 그러나 조합에 있어서는 構成員 모두가 거래의 주체가 된다. 그리하여 대외적인 행위는 구성원 전원 또는 전원으로부터 代理權이 수여된 자에 의하여 행해지며, 그 법률효과는 각 구성원에게 귀속한다.

셋째, 재산의 소유형태가 다르다. 社團의 財産은 구성원의 개인 재산으로부터 독립된 총사원의 總有에 속하지만(275조, 278조), 조합에 있어서는 전 조합원의 合有에 속한다(704조, 271조). 따라서 전자에는 각 구성원의 持分權이 없지만, 후자에 있어서는 구성원 각자의 持分權이 있다.

넷째, 채무에 관한 책임자가 다르다. 사단의 債務는 사단자체의 채무로서 사원 개인에게는 책임이 없는 데 반하여, 조합의 채무는 조합원 자신의 채무이며 각 조합원이 채무의 비율에 따라 책임을 진다(712조). 즉 전자의 경우에는 각 社員이 有限責任을 갖지만, 후자의 경우에는 각 구성원이 無限責任을 진다.

이와 같이 사단과 조합은 단체성의 강약에 차이가 있을 뿐 단체란 점에서는 차이가 없다. 따라서 사단과 조합은 단체의 실체에 관한 구별에 지나지 않으며 이를 법인으로 하느냐는 입법정책상의 문제이다. 실체가 조합이면서도 법인격이 부여된 것이 있고(합명회사), 그 실체가 사단이면서도 법인격이 부여되지 않는 것이 있다.

표 2-9 權利能力없는 社團과 組合과의 相異點

사항 \ 종별	권리능력없는 사단	조 합
법률행위의 성질	합동행위	계 약
거래의 주체(대외관계)	사단자체(이사 기타 대표자를 통하여 행사)	조합원 모두(공동 또는 대리인을 통하여 행사)
재산의 소유형태	총유(지분권이 없음)	합유(지분권이 있음)
債 務	사단자체(개인의 책임이 없음)	조합원자신(조합원 개개인이 책임을 짐)

(나) 權利能力 없는 社團이 社團法人과 다른 점

사단법인과 권리능력 없는 사단은 그 실체가 일정한 목적을 가진 단체란 점에는 공통된다. 그러나 사단법인은 권리능력을 갖지만, 권리능력 없는 사단은 일정한 경우를 제외하고는 권리능력을 갖지 않는다는 점에서 근본적인 차이가 있다. 즉 등기법상의 등기능력, 민사소송법상의 당사자능력을 갖는 외에는 권리능력을 인정하지 않는다. 그리고 법인이 가진 재산은 단독소유이지만, 권리능력 없는 사단의 소유형태는 총유인 점에서 양자는 다르다.

(5) 權利能力 없는 社團에 대한 適用法規

앞에서 언급한 바와 같이 민법에는 권리능력 없는 사단에 대하여 몇 가지 규정을 두고 있을 뿐 그 외에는 아무런 규정을 두고 있지 않다. 권리능력 없는 사단은 사단법인과 조합과는 그 실체가 단체란 점에서는 공통되므로 법규적용에 있어서 어느 하나를 택할 수밖에 없다고 본다.

독일 민법은 법인 이외의 권리능력 없는 사단은 조합으로 취급하고 있다(독민 54조). 우리 민법도 종래에는 이를 조합으로 보고, 민법 제703조 이하의 조합규정을 유추적용하였으나, 최근에는 단체의 실체가 조합과는 다르므로 법인과 같이 단체적 성격이 강하다 하여 민법상의 사단법인에 관한 규정 중 법인격을 전제로 하는 것을 제외하고는 모두 이를 유추적용하여야 한다는 것이 통설이며 판례의 견해이다.

통설과 판례의 입장에서 권리능력 없는 사단의 구체적 법률관계를 개관하여 보면 다음과 같다.

(가) 內部關係

권리능력 없는 사단의 내부관계에 관하여는 먼저 당해 사단의 定款이 적용되고, 정관의 규정이 없는 경우에는 民法의 社團法人에 관한 규정(예: 사원총회, 이사, 감사 등)을 유추적용하여야 한다(대판 1967. 7. 4, 67다549).

(나) 外部關係

권리능력 없는 사단의 권리능력·행위능력·대표기관의 권한과 그 대표의 형식·대표기관의 불법행위로 인한 사단의 賠償責任 등도 먼저 사단의 정관에 따르고 그에 관한 규정이 없는 경우에는 사단법인의 규정을 유추적용하여야 한다.

그리고 권리능력 없는 사단도 그 대표자가 정해져 있으면 소송상의 當事者能力이 있어, 사단의 이름으로 訴를 제기할 수 있고 訴에 응할 수도 있다(민소 48조).

(다) 財産歸屬關係

① 歸屬財産의 法的 性質 권리능력 없는 사단의 재산귀속관계에 관하여 민법은 「法人 아닌 社團의 사원이 집합체로서 물건을 소유할 때에는 總有로 한다」고 규정하여 인격 없는 사단에 대하여는 총유라는 공동소유형태를 인정하고 있다(275조). 그리고 所有權 이외의 재산권에 관하여도 총유에 관한 규정이 준용되므로 소유권 이외의 채권 등을 비롯한 각종의 재산권도 「準總有」인 것이다(278조). 따라서 법인격 없는 사단의 사원은 共有나 合有의 경우와 같은 지분권이 없으며, 사단법인의 소유형태는 單獨所有인 데 반하여 법인격 없는 사단의 재산소유상태는 공동소유형태의 하나인 總有 또는 準總有이다.

② 財産歸屬關係의 公示方法 부동산등기법 제30조 1항에 「종중·문중 기타 代表者나 管理人이 있는 법인 아닌 사단이나 재단에 속하는 부동산의 등기에 관하여서는 그 사단 또는 재단을 登記權利者 또는 登記義務者로 한다」고 하고, 동조 2항에서 「전 1항의 등기는 그 사단 또는 재단의 명의로 그 대표자 또는 관리인이 이를 신청한다」라고 규정하여 권리능력 없는 사단도 직접 社團

의 名義로 登記할 수 있도록 하였다. 그러나 그 밖의 재산 즉 동산·채권 등에 대한 公示方法에 관하여는 아무런 규정이 없다. 그러므로 예금채권 등에 관하여서는 대표자의 명의에 사단대표자라는 것을 명시하여 사단채권임을 표시하거나 동산에 관하여서는 사단의 대표자가 점유하는 수밖에 없다.

③ 團體의 債務와 構成員의 個人責任 법인격 없는 사단의 채무는 그 구성원에게 總有的으로 귀속한다. 즉 총사원이 準總有를 하게 된다. 따라서 그 債務에 대해서는 社團이 지며, 구성원 개개인은 사원의 회비 기타 부담금을 지급하면 되고, 그외에는 어떠한 책임도 지지 않는다(유한책임). 이것이 조합에 있어서의 組合員이 無限責任을 지는 경우와 다르다.

3. 權利能力 없는 財團

(1) 權利能力 없는 財團의 意義

민법상의 권리능력 없는 재단이란 재단법인이 될 수 있는 실체는 갖추고 있으나, 법인격을 갖지 못한 재산의 결합체를 말한다. 예컨대 법인설립등기가 되어 있지 않은 유치원·육영회·교회재단·불교재단·장학재단 등이 이에 해당된다.

(2) 財團의 形態

널리 재산의 결합체인 재단의 실체는 크게 나누어 두 가지가 있다. 그 하나는 어떤 개인소유에 속하는 재산을 채권자나 제3자를 보호하기 위해서 법률상 그 자의 다른 재산과 구별해서 다루는 경우로서 이른바 특별재산이다. 그 예로서는 ① 破産財團(채무자 회생 및 파산에 관한 법률 382조), ② 각종의 財團抵當의 목적이 되는 財團(광업재단저당 2조, 4조, 6조; 공장저당 3조 이하), ③ 限定承認을 한 相續財産(1028조 이하), ④ 상속인이 없는 相續財産(1053조 이하) 등이다.

다른 하나는 非營利目的을 위한 목적재산으로서 그 재산을 개인재산과 분리·독립하여 통일적으로 관리를 하는 경우이며, 실질적으로는 사적 소유를 벗어난 재산이다. 그러나 그것은 주인없는 재산은 아니며, 그 관리를 위한 형식적인 주체를 필요로 한다. 이의 관리는 ① 信託法에 의하여 신탁의 방법에 의하는 것, ② 민법의 규정에 의한 法人組織에 의하는 것, ③ 권리능력 없는 재단에 의하는 것 등의 세 가지 경우로 구별된다.

〈個人 財産과 구별해서 다루는 財産의 形態〉

개인에 속하는 재산을 채권자나 제3자를 보호하기 위해서 법률상 그 자의 다른 재산과 구별해서 다루는 경우

① 파산재단(채무자 회생 및 파산에 관한 법률 382조 이하)
② 각종 재단저당의 목적이 되는 재단(광업재단저당법 2조, 4조, 6조, 공장저당법 3조 이하)
③ 한정승인을 한 상속재산(1028조)
④ 상속인 없는 상속재산(1053조)

비영리목적을 위하여 출연된 재산으로 개인재산과 분리된 재산

① 신탁법상의 신탁재산(신탁법)
② 재단법인의 재단(민법 31조~97조)
③ 권리능력 없는 재단의 재단

(3) 權利能力 없는 財團의 發生理由

권리능력 없는 재단이 법인격을 갖지 않고 그대로 存在하고 있는 理由가 무엇인가? 이에 관해서는 권리능력 없는 사단의 경우와 마찬가지로 ① 재단법인의 設立許可 申請을 했지만 주무관청의 허가를 얻지 못했거나, ② 설립자가 주무관청의 監督과 規制를 꺼려 법인으로서의 설립을 원하지 않는다거나, ③ 법인이 될 수 있는 實體를 갖추고 있는 데도 주무관청의 허가와 등기를 해태한 경우(설립중의 재단법인)에 권리능력 없는 재단으로 남게 된다.

(4) 權利能力 없는 財團에 대한 適用法規

신탁에 의한 신탁재산이나 법인격을 가진 재단법인에 관해서는 각각 관계법에 의해서 규율되지만, 권리능력 없는 재단에 대해서는 登記能力(부등 30조)과 訴訟當事者能力(민소 48조)을 인정하고 있을 뿐이다. 그리하여 그 이외의 경우 어떠한 법규를 적용하느냐에 관해서는 권리능력 없는 사단의 경우와 마찬가지로 오로지 학설과 판례에 의할 수밖에 없다.

① 권리능력 없는 재단은 권리능력 없는 사단의 경우와 마찬가지로 訴訟上 當事者能力이 인정된다(민소 48조). 따라서 권리능력 없는 재단의 관리인이 있으면 그 이름으로 提訴할 수 있고, 應訴할 수 있다. 그리고 강제집행의 관계에 있어서도 재단법인과 권리능력 없는 재단 사이에는 아무런 차이가 없다.

② 권리능력 없는 재단은 권리능력 없는 사단과 마찬가지로 登記能力이 인정된다(부등 30조). 따라서 부동산등기는 재단 명의로 할 수 있고 권리능력 없는 재단의 單獨所有에 귀속하는 것으로 된다. 그러나 부동산이 아닌 그밖의 재산권의 귀속관계에 관해서는 아무런 규정이 없어 문제이다. 따라서 부동산 이외의 권리의 형식적인 귀속관계는 신탁의 법리에 의해서 관리자 개인명의로 하는 수밖에 없을 것이다.

③ 義務 역시 권리능력 없는 재단에 속하며 그 責任은 그 재단의 目的財産에 限定된다고 보아야 한다. 즉 관리자(대표자)가 재단의 이름으로 한 거래행위의 효과는 재단에 귀속하며 그 채무에 대한 책임은 권리능력 없는 재단이 부담하며, 관리자 개인이 지는 것은 아니다(동지: 日最判 昭和 44年 1969. 11. 4, 民集 23卷 11號, 1951面).

④ 그밖의 경우에는 권리능력 없는 사단의 경우와 마찬가지로 민법의 재단법인의 규정 중에서 法人格을 前提로 하는 것을 제외하고는 이를 권리능력 없는 재단에 유추적용하여야 할 것이다.

XI. 外國法人

【58】 外國法人이란 어떤 것인가

1. 外國法人의 意義

外國法人이란 법인 설립에 있어서 한국의 法律에 준거하지 아니하였고 국내에 主된 事務所를 두고 있지도 않은 법인을 말한다.

자연인에 대해서는 국내외인의 기준에 관한 國籍法이 있지만, 법인은 내외국법인으로 구분하는 법률이 있지 않다. 그리하여 무엇을 기준으로 하여 外國法人을 內國法人과 구별하느냐에 관하여 학설이 갈라져 있다. 즉, ① 법인설립의 준거법이 국내법이냐 아니냐를 기준으로 하는 設立準據法說, ② 주된 사무소가 국내에 있느냐 아니냐를 기준으로 하는 住所地說, ③ 설립자가 내국인이냐 외국인이냐를 기준으로 하는 設立者 國籍基準說 등이 있다.

우리나라의 국내법인의 설립은 국내법에 의하여 설립되고 국내의 주된 사무소의 소재지에서 설립등기를 하여야 한다(31조, 33조). 이와 같이 국내법에 의해서 설립된 법인이 국내법인이며, 국내법인이 아닌 것은 외국법인이다. 그러므로 내국법인과 외국법인의 구별은 위 학설 중 주소지설과 설립준거법설의 절충설을 취하고 있음을 알 수 있다. 그러므로 設立者가 外國人이라 할지라도 설립준거법이 국내법이고 주된 사무소가 국내에 있는 경우에는 내국법인이며 외국법인이 아니다. 또 설립자가 국내인이라 할지라도 국내법에 의해서 설립되지 않는 법인은 외국법인이지 국내법인이 아니다.

2. 外國法人의 權利能力

현행 우리 민법은 외국법인의 권리능력에 관하여 아무런 규정을 두고 있지 않다. 구 민법에서는 認許主義를 취하여 국가가 인허하는 외국법인에만 권리능력을 인정하였다. 그런데 외국법인에 있어서도 상사회사만 인허를 하였고 그밖의 법인, 민법상의 이른바 非營利法人은 특별법 또는 條約에 의한 특례가 인정되지 않는 한 국내에서의 활동이 거부되었다. 그러나 인류문화의 발달로 개방화·국제화에 따라 법인에 있어서도 국내에 외국법인의 설립의 필요성이 있게 되어 오늘날에 와서는 외국법인의 차별적 규정을 두지 않고 있다. 이는 憲法精神에 따라 내외국법인 平等主義를 당연한 것으로 본 결과이다.

그러나 이는 어디까지나 원칙에 지나지 않으며, 법률 또는 조약에 의하여 어떤 제한이 있게 됨은 불가피하다. 즉 외국회사의 활동에 관해서는 상법에 상세한 제한규정을 두고 있으며(상 614조 이하) 또 광업법(6조), 수산업법(5조)에서는 내국법인일지라도 자본이나 의결권 과반수 이상이 外國人에 속하는 경우에는 그 활동을 제한할 수 있도록 하였다.

第3章 權利의 客體

Ⅰ. 權利의 客體의 一般理論

Ⅱ. 物　　件

Ⅲ. 不動産과 動産

Ⅳ. 主物과 從物

Ⅴ. 元物과 果實

제 3 장 權利의 客體

概 要

Ⅰ. 權利의 客體의 一般理論 問 059

1. 權利의 客體의 意義

모든 권리는 일정한 사회적 이익을 그 내용으로 하고 있으며, 그 사회적 이익을 실현하기 위한 일정한 대상을 권리의 객체라고 한다.

2. 權利의 客體의 種類

권리의 객체는 권리의 종류에 따라 다르다. 물권에 있어서는 물건, 채권에 있어서는 채권자의 행위, 형성권에 있어서는 법률관계, 무채재산권에 있어서는 정신적 창작물, 인격권에 있어서는 인격적 이익, 친족권에 있어서는 친족법상의 신분, 상속권에 있어서는 상속재산이다.

3. 權利의 客體에 관한 民法上의 規定

민법총칙에서는 모든 권리의 객체에 일반적인 규정을 두고 있지 않고 제98조 내지 102조에서 물권의 객체인 物件에 관하여서만 규정을 두고 있다.

Ⅱ. 物 件 問 060

1. 物件의 意義

물건이란 유체물 및 전기 기타 관리할 수 있는 자연력을 말한다(98조).

2. 物件의 要件

민법상 물권의 객체가 될 수 있는 물건이기 위해서는 다음과 같은 요건이 필요하다.

(1) 管理可能한 有體物이나 自然力일 것

공간의 일부를 차지하고 있는 五感에 의하여 지각할 수 있고 형태를 가진 유체물과 이러한 형태를 갖지 않는 자연력인 무체물이어야 한다. 그리고 이들은 사람의 관리가 가능한 것이어야 한다.

(2) 사람이 아닌 外界의 것일 것

민법상의 물건이 되기 위해서는 사람이 아닌 외계의 것이어야 한다. 그러나 여기서 문제가 되는 것은 신체의 일부나, 시체가 물건이 될 수 있느냐이다. 이를 살펴보면 다음과 같다

(가) 身體의 一部

신체의 일부는 소유권의 객체가 될 수 없다. 그러나 신체로부터 분리된 것, 즉 모발, 치아, 혈액 등은 독립된 물건이 될 수 있으며, 그 소유권은 분리된 사람에 귀속한다.

(나) 屍 體

시체에 대해서는 물건으로 보는 것이 통설이다. 그러나 소유권의 객체가 될 수 있느냐에 관해서 학설은 대립하고 있다. 다수설은 소유권을 인정하되 일반 소유권과 달리 매장, 제사, 공양 등의 의무가 따르는 특수한 소유권이라고 한다. 이에 반해 소수설은 소유권이라고 할 수 없고 매장, 제사하는 권리에 지나지 않으며 이를 양도, 포기할 수 없는 관습법상의 관리권이라고 한다.

(3) 獨立한 物件일 것

물권은 물권의 객체를 배타적으로 지배하는 권리이므로 물권의 객체는 하나의 물건으로 생각되는 독립물이어야 한다. 단일물이나 합성물은 독립된 물건이 될 수 있지만 물건의 일부나 구성부분 또는 집합물은 원칙적으로 독립물이 되지 못한다. 그러나 물건의 일부나 집합물 위에 하나의 물권을 인정하여야 할 사회적 필요나 실익이 있고, 공시가 가능한 경우에는 예외적으로 물권의 객체가 될 수 있다. 예컨대, 토지의 일부에 대한 지상권, 승역지의 일부에 대한 지역권, 부동산의 일부에 대한 전세권 등은 부동산의 일부에 대한 공시가 가능하며, 그 밖의 공장저당법과 같은 특별법에 의하여 물건의 집단에 대해서 공시를 전제로 하여 하나의 물권이 인정되는 경우가 있다.

3. 物件의 分類 問 061

물건을 분류하면 실정법상으로는 ① 부동산 · 동산, ② 주물 · 종물, ③ 원물 · 과실 등이며, 講學上으로는 ① 단일물 · 합성물 및 집합물, ② 융통물 · 불융통물, ③ 가분물 · 불가분물, ④ 대체물 · 비대체물, ⑤ 소비물 · 비소비물, ⑥ 특정물 · 불특정물 등으로 분류할 수 있다.

Ⅲ. 不動産과 動産 問 062

1. 不 動 産

(1) 不動産의 意義

부동산이란 토지 및 그 정착물을 말한다(99조 1항). 토지와 그 정착물은 다음과 같다.

(2) 土　地

토지란 일정범위의 지면과 그 지면의 정당한 이익이 있는 상하를 말한다(212조). 토지의 개수는 인위적으로 지표에 선을 그어 경계로 삼고 구획하여 지적공부에 지번을 붙여 하나의 물건으로 등제되면 일필의 토지(독립물)가 된다(지적 3조, 17조).

(3) 定着物로서 독립부동산으로 인정되는 物件

토지의 정착물이란 토지에 고정적으로 부착되어 있는 물건으로서 이와 같은 상태로 계속해서 사용하는 것이 그 물건의 거래상의 성질로 인정되는 것을 말한다. 토지의 정착물은 당해 토지와 별개의 독립된 부동산으로 취급되는 것이 있고 토지의 일부로 취급되는 것이 있다. 토지의 정착물 중 독립정착물로 취급되는 것으로는 다음과 같다.

(가) 建　物

건물이란 지상·지하에 설치된 건축물을 말하며, 이는 토지와는 별개의 독립된 부동산이다. 건물의 개수는 토지와 달리 등기부에 의하지 않고 현존하고 있는 상황에 의하여 결정된다.

(나) 立木法에 의한 立木

토지에 생육하고 있는 수목은 원래 토지의 일부이지만 立木法에 의하여 立木등기를 하게 되면 이는 토지와 독립된 부동산이 된다(입목 3조 1항).

(다) 明認方法에 의한 樹木의 集團

입목법에 의하여 입목등기가 되어 있지 않은 수목은 토지의 일부이지만, 관습법상의 「明認方法」을 갖추게 되면 독립된 부동산으로 인정된다. 여기서 「明認方法」이란 특정수목의 집단이 누구의 소유에 속하는가를 어느 누구나 쉽게 알 수 있도록 공시하는 방법을 말한다.

(라) 明認方法에 의한 未分離의 果實

과수의 열매, 뽕잎, 잎담배 등과 같이 분리되지 않는 과실은 토지의 일부이지만 이에 대하여 명인방법이라는 공시방법을 갖추게 되면 토지와 독립된 물건으로서 거래의 목적물이 될 수 있다.

(마) 他人의 土地에 耕作栽培한 農作物

판례는 타인의 토지에 경작한 농작물은 설령 권한 없이 위법하게 경작을 하였다 하더라도 이는 토지에 예속되지 않고 경작자의 소유에 속한다고 한다. 그리고 이 경우 명인방법도 필요치 않다고 한다.

2. 動　　産

(1) 動産의 意義

동산이란 부동산 이외의 물건을 말한다(99조 2항). 그러나 선박, 자동차, 항공기, 중기 등은 동산이지만 경제적 의의가 부동산과 비슷하므로 그에 관한 권리관계를 등기·등록으로 공시하여 법률상 부동산으로 취급하고 있다(선박은 상 743조, 자동차는 자동차관리 5조, 중기는 중기저당 5조).

(2) 特殊한 動産(金錢)

금전은 존재형태로 보아 동산이지만 교환가치 이외에는 보통 물건이 가지는 개성을 갖고 있지 않고 있기 때문에 동산에 적용되는 규정은 금전에는 적용되지 않는다. 다만 일정량의 가치급부를 청구하는 채권적 청구권이 인정될 뿐이다.

3. 不動産과 動産의 差異 問 063

(1) 공시방법이 다르다. 부동산은 등기, 동산은 점유이다.

(2) 물권변동의 성립요건이 다르다. 부동산은 등기, 동산은 인도이다.

(3) 공시방법에 대한 공신력이 다르다. 부동산에 있어서 등기는 공신력이 없으나, 동산에 있어서 점유는 공신력을 인정하고 있다.

(4) 제한물권의 설정이 다르다. 부동산에는 지상권, 지역권, 전세권, 저당권을 설정할 수 있지만, 동산에 있어서는 질권만을 인정한다.

(5) 소유권의 취득시효기간이 다르다. 부동산 소유권의 등기취득시효는 10년, 점유취득시효는 20년이지만, 동산은 선의취득시효는 5년, 악의취득시효는 10년이다.

(6) 환매기간이 다르다. 부동산의 환매기간은 5년, 동산의 경우에는 3년이다.

(7) 무주물의 소유권 귀속이 다르다. 무주부동산은 국유에 귀속하지만, 무주의 동산은 점유한 자가 소유권을 취득한다.

(8) 부합의 효력이 다르다. 부동산은 소유자가 부합된 동산의 소유권을 취득하지만, 동산에 있어서는 동산의 주종을 구별할 수 있는 경우에는 주된 동산의 소유자가 소유권을 취득하고, 주종을 구별할 수 없는 경우에는 가액의 비율로 공유한다.

(9) 재판관할이 다르다. 부동산인 경우에는 부동산 소재지의 법원이, 동산은 피고의 주소지 법원에 제소할 수 있다.

(10) 강제집행의 절차가 다르다. 부동산의 경우에는 강제경매나 강제관리에 의하나 동산인 경우에는 압류에 의한다.

Ⅳ. 主物과 從物 問 064

1. 主物과 從物 制度의 趣旨

물건의 소유자가 그 물건의 상용에 공(供)하기 위하여 자기의 소유인 다른 물건을 이에 부속시킨 경우에 「그 물건」을 주물이라 하고, 주물에 부속된 「다른 물건」을 종물이라고 한다(100조 1항).

민법은 개개의 독립물을 처분한 때에는 각각 독립적으로 처분하는 것을 원칙으로 하지만, 두 개의 물건 사이에 경제적인 주종관계를 이루어 서로 돕는 관계에 있는 때에는 이를 파괴하지 않고 법률적 운명을 같이 하도록 하고 있다. 이것이 주물·종물의 제도적 취지이다.

2. 從物의 要件

종물이 되기 위해서는 다음과 같은 요건이 갖추어져야 한다.

(1) 종물은 주물의 상용에 공하여야 한다. 즉 계속해서 주물의 효용을 도와야 한다.

(2) 종물은 독립한 물건이어야 한다. 따라서 주물의 일부나 구성부분이어서는 안 된다.

(3) 주물과 종물은 같은 소유자에 속하여야 한다.

(4) 주물·종물은 동산이건 부동산이건 상관없다.

3. 從物의 效果

종물은 주물의 처분에 따른다(100조 2항). 따라서 주물의 소유권이 양도되면 종물의 소유권도 당연히 이전된다. 또 주물에 관한 임대차가 있으면 임대차의 목적물에는 종물도 당연히 포함한다. 그러나 이러한 규정은 임의규정이므로 당사자의 특약에 의해서 종물만을 처분할 수 있다.

V. 元物과 果實 問 065

1. 元物과 果實의 區別의 趣旨

한 물건으로부터 생기는 경제적 수익을 과실이라 하며, 과실을 생기게 하는 물건을 원물이라고 한다. 수익자의 변동으로 과실의 분배에 관하여 다툼이 생길 염려가 있어 민법은 이에 관한 귀속범위를 정하고 있다. 그리고 과실은 그 태양에 따라 천연과실과 법정과실로 구분된다.

2. 天然果實

(1) 意　義

천연과실이란 물건의 경제적 용도에 따라 수취하는 산출물을 말한다(101조 1항). 천연과실은 분리하기 전에는 원물의 구성부분이나 분리된 후에는 독립물이 된다.

(2) 天然果實의 歸屬

천연과실은 그 원물로부터 분리한 때에 이를 수취할 권리자에게 귀속한다(102조 2항). 그러나 이와 같은 규정은 임의규정이므로 당사자의 특약에 의하여 과실취득권을 달리할 수도 있다.

3. 法定果實

(1) 意　義

법정과실이란 원물을 타인에게 사용케 하고 그 대가로서 수취하는 금전 기타 물건을 말한다(101조 2항).

(2) 法定果實의 歸屬

법정과실은 수취할 권리의 존속기간의 일수의 비율로 취득한다(102조 2항). 그러나 당사자간의 약정에 의해서 달리할 수 있다.

本 論

Ⅰ. 權利의 客體의 一般理論

【59】 權利의 客體란 무엇인가

1. 權利의 客體의 意義

모든 權利는 일정한 사회적 이익을 그 내용으로 하고 있으며, 그 사회적 이익을 실현하기 위한 대상을 권리의 객체라고 한다. 예컨대 A가 B의 물건을 매수하였다고 할 때, 所有權을 취득한 A는 權利의 主體인 것이고, A가 그 所有權을 누릴 수 있는 대상인 물건이 權利의 客體인 것이다.

2. 權利의 客體의 種類

權利의 客體는 권리의 종류에 따라 다르다. 즉 物權은 일정의 물건을 직접 지배해서 이익을 얻는 것이므로 그 이익을 얻을 수 있는 대상인 物件이 권리의 객체인 것이고, 債權은 채권자가 채무자에게 특정의 행위를 요구하고 그 행위에 의하여 이익을 얻을 수 있는 권리이므로 채권은 債務者의 행위가 권리의 객체인 것이다. 그 외에 形成權에 있어서는 법률관계, 無體財產權에 있어서는 발명·意匠·저작물 등 정신적 창작물, 人格權에 있어서는 생명·신체·성명·명예·초상 등 인격적 이익, 親族權에 있어서는 친족법상의 신분(지위), 相續權에 있어서는 상속재산이 각각 권리의 객체가 된다.

3. 權利의 客體에 관한 民法上의 規定

民法은 權利의 主體에 대해서는 일반적인 규정을 두고 있지만, 權利의 客

體에 대해서는 일반적인 規定을 두고 있지 않다. 그 이유는 권리의 객체는 다양하기 때문에 이를 통일적으로 한데 묶어서 규정한다는 것은 立法技術上 곤란할 뿐만 아니라 그렇게 할 필요성을 느끼지 않기 때문이다. 그러나 물건은 직접적으로 물권의 객체가 될 뿐만 아니라 채권·형성권 기타의 권리에도 간접적으로 관계되기 때문에 權利 客體에 가운데서 특히 物件에 관해서만 민법총칙에 통칙적 규정을 두고 있다.

표 3-1 權利客體의 種類

권리의 종류	권리의 객체
物　權	특정된 독립의 물건
債　權	채무자의 행위
形 成 權	법률관계
無體財産權	발명·의장·저작물 등 정신적 창작물
人 格 權	생명·신체·성명·명예·초상 등 인격적 이익
親 族 權	친족법상의 신분(지위)
相 續 權	상속재산

Ⅱ. 物　件

【60】 物件이란 무엇인가

1. 物件의 意義

權利의 客體로서 物件에 관하여 민법에서는 「물건이라 함은 有體物 및 電氣 기타 管理할 수 있는 自然力을 말한다」(98조)라고 하여 물건에 관한 정의규정을 두고 있다.

2. 物件의 要件

민법상의 물건이 되기 위해서는 다음과 같은 요건이 필요하다.

(1) 管理可能한 有體物이나 自然力일 것

「有體物」이란 공간의 일부를 차지하고 五感에 의하여 지각할 수 있는 형태를 가진 것을 말한다. 예컨대 토지·건물·자동차·보석 등과 같은 고체를 비롯하여 액체·기체 등이다. 이에 대하여 「전기 기타 自然力」이란 전기·열·광·음향·향기·원자력·풍력·에너지 등과 같이 어떤 형태는 없고, 다만 사고상의 존재에 지나지 않는 것을 말한다.

그러나 이와 같은 有體物이나 전기 기타 自然力이 모두 권리의 객체가 되는 것은 아니다. 권리의 객체가 되기 위해서는 이에 대하여 사람의 「관리가 가능」해야 한다. 민법에는 마치 전기 기타 자연력에 대해서만 관리할 수 있는 것을 요구하는 것 같지만, 이는 유체물에 있어서도 마찬가지다. 관리할 수 있다는 것은 排他的 支配가 가능하다는 것을 의미하는데 관리 내지 지배가 불가능한 유체물이나 자연력은 법률상 使用·收益·處分할 수 없으므로 권리의 객체가 될 수 없다. 따라서 유체물이라 할지라도 일·월·성신·공기·해양 등은 사람의 관리 내지 지배가 불가능하므로 권리의 객체가 될 수 없다. 그러나 海洋에 있어서 행정적으로 이를 구획하여 지배할 수 있는 것은 漁業權의 객체가 된다. 그리고 自然力 등의 無體物도 사람이 지배할 수 없는 태양의 광선이나, 대기 속에 방송되어 있는 전파와 같이 배타적 지배가능의 한계를 벗어난 무체의 自然力은 권리의 객체인 물건이 될 수 없다. 그러나 배타적 지배나 관리가 가능하느냐는 상대적이어서 科學의 發展에 따라 流動的인 것이다.

(2) 사람이 아닌 外界의 것일 것

人格絶對主義를 취하고 있는 근대시민법은 법적 주체인 사람에 대해서는 他人의 배타적 지배가 허용되지 않는다. 만약 사람이 유체물이라고 해서 권리의 객체로 인정하게 된다면 중세시대의 奴隷制度를 인정하는 것이 되므로 이는 近代法의 정신에 반하며, 公序良俗에 위배되어 허용할 수 없는 것이다. 따라서 민법상의 물건이 되기 위해서는 사람이 아닌 外界의 것임을 필요로 한다. 다만 여기서 문제가 되는 것은 身體의 一部나 屍體가 물건이 될 수 있는가이다. 이를 살펴보면 다음과 같다.

(가) 身體의 一部

자기의 신체도 독립된 물건이 아니므로 소유권의 객체가 될 수 없다. 인체에 부착된 의치 · 의안 · 의수 · 의족 등도 신체의 일부이며 物件이 아니다. 그러나 身體로부터 분리된 것, 예컨대 모발 · 치아 · 혈액 등은 물건이 되며, 그 所有權은 분리된 사람에 속한다. 그리고 신체의 일부를 분리하는 債權契約(예: 절단수술계약 등) 또는 절단된 물건의 處分行爲(기증, 양도)는 社會秩序에 반하지 않는 경우에 한하여 유효하다. 따라서 수혈이나 관계법에 따라 행하는 장기이식수술은 허용된다고 할 것이다.

(나) 屍 體

시체를 물건으로 볼 수 있느냐에 관해서 통설은 이를 긍정한다. 그러나 所有權의 客體가 될 수 있느냐에 관해서는 학설은 대립하고 있다. 다수설은 소유권은 인정하되 그 내용에 있어서는 통상의 소유권과 달리 그 시체를 사용 · 수익 · 처분할 수 없고 오로지 埋葬 · 祭祀 · 供養 등을 내용으로 하는 특수한 소유권이라고 한다. 이에 반하여 소수설은 시체에 대한 권리는 이를 所有權이라 할 수 없고, 오로지 매장 · 제사하는 권리에 지나지 않으며 이는 讓渡 · 抛棄할 수 없는 관습법상의 관리권이라고 한다.

시체를 물건으로 보는 이상 特殊한 所有權이라고 하는 다수설이 나당하다고 본다. 단지 여기서 몇 가지 문제가 되는 것은 첫째, 시체의 귀속자는 누가 되느냐이다. 이는 우리나라 현행 민법상의 규정으로 보아 祭祀를 주재하는 자에 속한다고 보아야 한다(1003조의 3). 둘째, 시체의 귀속자는 屍體의 處分行爲를 할 수 있느냐이다. 시체의 처분행위는 사회질서에 반하므로 무효라고 보아야 한다. 셋째, 故人이 생전에 자기의 遺骨處分을 遺言하였을 때 이는 유효하느냐이다. 선량한 풍속 기타 사회질서에 반하지 않는 한 유효하다고 보지만 이를 실행할 법적 구속력은 없다고 본다.

(3) 獨立한 物件일 것

(가) 原 則

權利의 客體는 하나의 물건으로 여겨지는 독립한 것이어야 한다. 따라서 물건의 일부나 構成部分 또는 물건의 集團은 원칙적으로 하나의 물권의 객체가 되지 못한다.

그런데 어떠한 물건을 하나의 獨立된 物件으로 볼 수 있는가. 일반적으로 물건 중에는 책상·의자·책 등과 같이 형태상 단일한 일체를 이루고 그 구성부분이 개성을 잃고 있는 單一物이 있고, 보석반지·자동차 등과 같이 각 구성부분이 개성을 잃지 않고 그들이 결합하여 단일한 형태를 이루고 있는 合成物이 있다. 그리고 토지와 수목, 과수와 과실, 공장과 기계 등의 경우처럼 다른 물건과 결합하여 각자의 경제상의 독자적 가치를 잃지 않고 독립된 가치를 가진 集合物도 있다. 이 경우 하나의 독립된 물건으로 볼 것이냐, 수 개의 물건으로 볼 것이냐는 物權法上의 一物一權主義와 관련하여 대단히 중요한 의미를 가진다. 일반적으로 위에서 말한 단일물이나 합성물을 하나의 물건으로 보는 데에는 재론의 여지가 없다. 그러나 그 외의 경우에 있어서는 경제거래의 실제에 직응하여 社會通念 또는 去來觀念에 따라 결정할 수밖에 없을 것이다.

物權에는 배타성이 있기 때문에 공시방법이 필요하며 이를 갖추기 위해서 一物一權主義를 취하게 된다. 一物一權主義란 한 개의 물건에는 하나의 물권만을 인정하는 원칙이다. 物權에 있어서 이 원칙이 요구되는 근거로는 ① 물건의 일부나 집단 위에 하나의 물권을 인정할 社會的 實益이 없다는 것과, ② 물건의 일부나 집단 위에 하나의 物權을 인정한다면 그의 公示가 困難하거나 또는 공시를 混亂하게 한다는 데에 있다.

그러나 하나의 물권의 객체는 하나의 獨立된 物件에 한하여 인정된다는 일물일권주의의 원칙에는 상당한 예외가 인정되고 있다. 물건의 일부인 경우와 집합물인 경우로 구분하여 살펴보기로 한다.

(나) 例 外

① 物件의 一部 물건의 일부는 독립된 물건이 아니므로 물권의 객체가 될 수 없다는 것이 원칙이다. 그러나 물건의 일부라 하더라도 去來의 實益이

있고, 어느 정도 公示가 가능하거나 또는 공시와 관계없는 경우에는 예외적으로 권리의 객체로 인정된다. 예컨대 부동산의 일부에 전세권 등의 용익물권을 인정한다든지(부등 136조, 137조, 139조), 미분리의 과실과 수목의 집단에 明認方法이라는 관습법상의 공시방법을 갖춘 경우에는 부동산의 일부라 할지라도 독립된 물건으로 보고 물권의 객체로 인정된다.

② **集合物** 어느 창고 안의 상품전체라든가, 어느 공장 시설전체와 같이 여러 물건이 결합되어 경제적으로 단일의 가치를 가지며 또한 거래상으로도 일체로서 취급된 다수 물건의 집합을 集合物이라고 한다. 이와 같은 集合物은 一物一權主義의 原則에 따라 하나의 물권의 객체로 인정될 수 없음은 당연하다. 그러나 集合物 전체에 대해서 하나의 물권, 특히 約定擔保物權을 설정하게 되면 개개 물건의 교환가치의 총화로 얻을 수 있는 것보다 더 큰 가치를 확보하게 되고 그 利用을 용이하게 할 수 있다. 예컨대 어느 공장부지가 시가 5억원, 건물이 1억원, 기계가 1억원, 원료와 제품이 3억원이라고 하자. 이 전체 재산을 담보로 하여 금융기관으로부터 융자를 얻으려고 할 때에 일물일권주의의 원칙에 의하여 물건의 각각에 대해서 抵當權 또는 質權을 설정하지 아니하면 안 되고, 따라서 被融資額은 각 물건평가액의 합계인 10억원을 넘지 않을 것이다. 그러나 이 공장이 가동하고 있을 때, 위의 각 물건이 유기적으로 결합한 전체로서는 10억원이 넘는 — 예컨대 11억원 — 가치가 있게 되므로 거래계에 있어서는 이를 고려하는 경우가 적지 않다. 이와 같은 경우에 집합물의 전체에 하나의 擔保物權의 설정이 허용된다면 이 공장은 11억원이 훨씬 넘는 가치의 물권으로서 평가를 받게 된다.

그리하여 一物一權主義의 例外로서 집합물을 법률상 하나의 물건으로 다루어야 할 사회적 필요성이 있고, 또한 적당한 公示方法을 갖출 수 있다면 집합물에 있어서도 하나의 물권의 객체로 인정할 필요성이 있다. 그리하여 特別法에 의해서 이를 인정하고 있다. 그 예로서 기업을 구성하는 수 개의 물건을 일체로써 1개의 擔保物權의 목적물로 인정하는 각종의 財團抵當權 등의 특별법을 들 수 있다. 그러나 이와 같은 특별법이 없는 경우에는 하나의 物件으로 인정되지 않는다.

【61】 物件의 種類는 어떠한 것이 있는가

물건은 實定法上으로는 부동산 · 동산, 주물 · 종물, 원물 · 과실 등으로 분류할 수 있고, 講學上으로는 단일물 · 합성물 및 집합물, 융통물 · 불융통물, 가분물 · 불가분물, 대체물 · 비대체물, 소비물 · 비소비물, 특정물 · 불특정물 등으로 분류할 수 있다. 실정법상의 분류에 대해서는 다음 항에서 설명하기로 하고, 단일물 · 합성물 및 집합물은 이미 설명하였으므로 여기서는 그밖의 강학상의 분류에 관하여 살펴보기로 한다.

1. 融通物과 不融通物

이는 물건이 私法上의 거래의 객체가 될 수 있느냐 없느냐에 의한 구별이다. 사법상의 거래의 객체가 될 수 있는 물건을 融通物이라 하고, 거래의 객체가 될 수 없거나 또는 거래가 제한된 물건을 不融通物이라고 한다. 不融通物에는 다음과 같은 것들이 있다.

(1) 公 用 物

國家 또는 公共團體의 소유에 속하고 국가 또는 공공단체의 공공목적의 사용에 제공된 물건을 말한다. 예컨대 관청의 건물, 국립학교의 건물 등이 이에 속한다. 이러한 물건도 公用廢止 후에는 거래의 객체가 될 수 있다.

(2) 公共用物

공중의 일반적 사용에 제공되는 물건을 공공용물이라고 한다. 예컨대 도로 · 공원 · 하천 · 교량 · 항만 등이 이에 속한다. 公共用物은 公用物과 달라서 반드시 국가나 공공단체의 소유임을 요하지 않으며, 私有에 속하는 경우도 있다. 예컨대 도로부지가 私有地인 경우가 그 한 예이다(도로 5조). 公共用物도 公用廢止가 있을 때까지는 사법상 거래의 객체가 되지 않는다.

(3) 禁制物

이는 법령의 규정에 의하여 私人의 所有·所持가 금지되거나 또는 사인의 소유·소지는 할 수 있되 다만 거래가 금지되거나 제한되는 물건을 말한다. 예컨대 阿片煙·아편흡식기구(형 198조 이하), 僞造·變造된 通貨와 그 유사물(형 207조 이하), 음란한 문서·도화·그 밖의 물건(형 243조, 244조 참조) 등은 앞의 예이고, 국보·지정문화재(문화재보호 20조, 23조, 42조 이하, 54조 등 참조) 등은 뒤의 것의 예이다.

2. 可分物과 不可分物

금전·곡물·토지 등과 같이 物件의 性質 또는 價格을 현서하게 손상하지 않고도 분할이 가능한 물건을 可分物이라 하고, 소·말·자동차 등과 같이 물건의 성질이나 가치를 크게 손상하지 않고는 분할이 불가능한 물건을 不可分物이라고 한다. 이의 구별의 실익은 共有物의 分割(269조), 多數當事者의 債權關係(408조)에서 찾아 볼 수 있다.

3. 代替物과 不代替物

금전·술·곡물처럼 一般去來에 있어서 그 개성이 중요시되지 않는 물건으로서 동종·동질·동량의 다른 물건으로 대신하여 바꿀 수 있는 물건을 代替物이라 하고, 토지·건물·골동품·고서 등처럼 一般去來上 그 물건의 개성이 중요시되는 물건으로서 다른 물건과 바꿀 수 없는 것을 不代替物이라 한다. 이의 구별의 실익은 消費貸借(598조 이하 참고), 消費任置(702조 이하), 使用貸借(609조 이하), 賃貸借(618조 이하) 등에서 나타난다.

4. 消費物과 非消費物

飮食物과 같이 일회사용에 의하여 그 존재를 잃는 물건이나, 金錢과 같이 일회의 사용에 의하여 主體가 변경되는 물건을 消費物이라고 하고, 토지·건물·기계와 같이 동일주체가 反復하여 사용할 수 있는 물건을 非消費物이라고 한다. 이의 구별의 실익은 消費物은 消費貸借의 목적물이 되고(598조 이하), 非消費物은 使用貸借(609조) 또는 賃貸借(618조)의 목적물이 된다는 데에 있다.

5. 特定物과 不特定物

이 책, 저 쌀과 같이 구체적인 거래에 있어서 당사자가 物件의 個性을 중시하여 같은 종류의 다른 물건과 대체하지 못하게 한 물건을 特定物이라 하고, 다른 물건과 대체할 수 있게 하는 물건을 不特定物이라고 한다. 이 구별은 당사자의 의사에 기인한 주관적 구별이므로 엄격한 의미에 있어서는 물건의 구별이라기보다는 去來方法의 구별이라고 할 수 있다. 이 구별의 실익은 債權의 目的物의 保管義務(374조), 債務辨濟의 場所(467조), 賣渡人의 擔保責任(570조), 契約의 原始的 不能의 發生 등에서 나타난다.

Ⅲ. 不動產과 動產

【62】 不動產과 動產이란 무엇인가

1. 不 動 產

민법에서는 不動產을 「土地 및 그 定着物」이라고 규정하고 있다(99조 1항). 따라서 부동산이란 토지와 토지의 정착물을 말하며, 이를 나누어 설명하면 다음과 같다.

(1) 土　　地

여기서 土地라 함은 一定範圍의 地面과 그 地面의 정당한 이익이 있는 상하(즉 공중과 지하)를 말한다(212조 참조). 正當한 利益이 있다는 것은 사람의 지배가 가능함을 의미한다. 따라서 정당한 이익이 있는 범위 안의 토지의 구성물 즉, 地中의 岩石 · 土砂 · 地下水 등은 토지와 별개의 독립물이 아니고 토지에 포함되는 것으로 土地의 所有權은 당연히 그 구성물에 미친다. 그러나 鑛業法의 적용을 받은 未採掘의 鑛物은 국가가 채굴 · 취득할 권리를 부여할 권능을 가지고 있으므로(광업 2조) 토지와는 별개의 독립물이다. 그리고 미채굴의 광물의 성질에 관하여 이를 독립한 부동산으로 보지 않고 국가의 排他的 採掘取得許可權의 객체라고 보는 견해가 있으나, 이는 국유에 속하는 독립한 부동산으로 보는 것이 타당하다.

토지의 개수는 인위적으로 地表에 선을 그어 경개로 삼고 구획하여 지적공부(즉 토지대장, 임야대장)에 地番을 붙여 하나의 물건으로 등재되면 1필의 토지라고 불리운다(지적 3조, 17조; 부등 15조, 93조). 그리고 1필의 토지의 일부에 대해서 分筆節次를 밟아 등기를 하지 않고서는 그것을 讓渡하거나 制限物權을 설정하거나 또는 時效取得하지 못한다. 그러나 用益物權의 設定만은 분필절차를 밟지 않더라도 1필의 토지의 일부 위에 설정할 수 있는 예외가 있다(부등 136조, 137조, 139조).

토지는 바다(海)와 河川과는 다르다. 바다는 私所有權의 목적이 될 수 없고, 다만 漁業權(수산업 24조) · 公有水面埋立權(공유수면매립 4조 이하) · 公有水面使用權(공유수면관리 4조 이하) 등의 用益權이 성립할 수 있을 따름이다. 토지와 바다이 分界線은 公有水面管理法의 정함에 따라 최고 만조수위선으로 하고 있다(동법 2조 2항). 하천도 역시 國有에 속하며(하천 3조), 私人은 관리권의 허가를 얻어 하천구역을 占用할 수는 있어도 하천구역을 소유할 수는 없다(동법 25조).

(2) 定着物로서 獨立不動產으로 認定되는 物件

土地의 定着物이란 토지에 固定的으로 附着되어 쉽게 이동할 수 없는 물건으로서 이와 같은 상태로 계속해서 사용하는 것이 그 물건의 去來上의 性質로 인정되는 것을 말한다. 정착물은 모두 부동산이지만 이에는 건물 등과 같이 그것이 정착하고 있는 토지와는 별개의 독립된 不動產으로 취급되는 것이 있고, 돌담 · 구거(溝渠)나 도로의 포장 등과 같이 그것이 정착하고 있는 토지의 일부에 지나지 않는 것이 있다. 현행법상 토지의 정착물 중 독립된 부동산으로 취급되는 것으로는 다음과 같은 것들이 있다.

(가) 建 物

건물이란 地上·地下에 설치된 建築物을 말하며, 이는 土地와는 별개의 독립된 부동산이다(로마법을 비롯한 독일·프랑스법은 건물을 토지의 일부로 취급하고 있다). 따라서 토지와는 별개로 登記簿를 두고 있으며(부등 14조 1항), 物權의 得失變更은 원칙적으로 등기하여야 효력이 생긴다(186조, 187조).

이와 같이 건물을 독립된 부동산으로 보기 때문에 건축 중인 경우에는 어느 때부터 건물로 보며, 헐고 있는 건물은 어느 때부터 건물이 아닌 것으로 볼 것이냐는 讓渡나 押留 등에 있어서 중요한 차이가 있다. 즉 양도할 때에 건물이라고 할 수 있는 것이라면 讓受人은 등기없이는 所有權을 취득할 수 없고, 이에 반하여 건물이라고 할 수 없는 것이라면 이는 동산의 집단에 지나지 않으므로 登記는 필요없고 引渡만 있으면 所有權을 취득하게 된다(188조). 또한 押留에 있어서도 동산의 압류방법과 부동산의 압류방법이 다르다. 건물이냐 아니냐에 관해서는 일정한 표준이 있는 것이 아니므로 오로지 社會觀念에 의하여 결정할 수밖에 없다. 判例는 네 개의 나무기둥을 세우고 그 위에 油紙로 지붕을 얹었고, 사면 중 앞면을 제외한 삼면에 松板을 띄엄띄엄 가로질러 놓았으나 벽이라고 볼 만한 시설이 되어 있지 않는 물건이라면 쉽게 이를 해체·이동할 수 있는 것이어서 이는 건물이라고 볼 수 없다고 하였다(대판 1966. 5. 31, 66다551). 그러므로 건물이라고 보기 위해서는 최소한의 기둥과 지붕 그리고 주벽이 이루어졌을 때, 이를 法律上 建物이라 할 수 있다고 하였다(대판 1986. 11. 11, 86누173).

건물의 개수는 토지와 달리 登記簿에 의하지 않고 현존하고 있는 상황에 의하여 결정한다. 따라서 등기부상 1개의 건물로서 1용지에 記載되었다 하더라도 사실상 분할되어 2개의 건물이 되었다고 한다면 2개의 건물로서 각각 소유권의 객체가 된다. 건물 개수에 관한 표준에 있어서는 건물의 물리적 구조뿐만 아니라 周圍建物과의 접착의 정도, 연결의 설비, 소유자의 의사 등을 고려하여 결정하여야 한다(대판 1961. 11. 23, 4293민상624; 1964. 11. 28, 64마678). 그러나 1동의 건물로 등기된 것은 그 일부를 구분하여 分割登記를 하기 전에는 독립물로서 처분하지 못한다(대판 1962. 1. 13, 4293민상859). 그러나 예외적으로 1동의 建物의 일부에 대해서 傳貰權을 설정할 수 있음은 토지의 경우와 마찬가지이다(부등 139조 2항).

(나) 立木法에 의한 立木

토지 위에 자라고 있는 樹木은 본래 토지의 定着物로서 토지의 일부이다. 그러나 산림에 投資를 촉진하고 거래를 보호하기 위해서 1973년 「立木에 관한 法律」을 제정하여, 이 법에 정한 데로 입목등기를 하게 되면 토지와 별개의 독립물로 인정받게 되었다. 동법에 의하면 토지에 부착된 수목의 집단으로서 그 소유자가 이 법에 의하여 所有權保存登記를 하게 되면 이를 「立木」이라 하고(동법 2조 1항), "樹木의 集團"의 범위는 1필의 토지 또는 1필의 토지의 일부분에 생립하고 있는 모든 樹種의 樹木으로 되어 있으며(종전에 수목의 종류를 제한하였으나 1995년 동법시행령의 개정으로 모든 수종의 수목을 입목의 대상으로 하였다 동시행령 1조), 이는 토지와 독립된 부동산이다(동법 3조 1항). 따라서 立木의 所有者는 토지와 분리하여 입목을 讓渡하거나 이를 抵當權의 목적으로 할 수 있다(동법 3조 2항). 그리고 입목의 지반인 토지에 관한 所有權이나 地上權의 처분은 그 입목에 영향을 미치지 않는 것으로 하였다(동법 3조 3항).

(다) 明認方法에 의한 樹木의 集團

立木法에 의한 所有權保存登記를 하지 아니한 수목의 집단은 立木法이 적용되지 아니하므로 이는 토지의 정착물로서 토지의 일부에 지나지 않는다. 그러나 판례는 관습법상 공시방법인 「明認方法」을 갖추게 되면 독립된 부동산으로 인정하고 있다. 그러므로 입목법의 적용을 받지 않고, 明認方法도 강구하지 아니한 수목의 집단은 결국 토지의 구성부분으로서 남게 된다. 여기서 명인방법이란 특정 수목의 집단이 누구의 所有에 속하는가를 어느 누구나 쉽게 알 수 있도록 公示하는 방법을 말한다. 예컨대 樹木의 集團의 주위의 요소요소에 樹皮를 깍아서 所有者의 성명을 써둔다는지, 수목의 집단의 주위에 성명을 표시한 木札을 세워둔다든지 하는 방법이 그것이다. 그리고 이와 같은 명인방법은 특정되어 있는 목적물에 관하여 이를 하여야 한다(대판 1976. 4. 27, 76다72; 1972. 12. 12, 72다1351). 그러나 명인방법에 의한 수목의 집단은 소유권의 객체가 될 뿐이고, 다른 權利의 目的으로는 하지 못한다(예컨대 抵當權 등은 인정될 수 없다. 그러나 讓渡擔保는 가능하다). 그리고 집단이 아닌 개개의 樹木에 관해서도 거래의 필요가 있으면 같은 이론을 인정하는 것이 좋을 것이다. 주의할 것은 명인방법에 의한 樹木의 集團은 不動產임은 재론의 여지가 없지만,

이를 분리하였을 때에는 동산이 된다고 보아야 한다.

(라) 明認方法에 의한 未分離의 果實

과수의 열매, 뽕잎, 잎담배, 立稻 등과 같이 아직 分離되지 않은 果實은 土地의 일부에 지나지 않지만, 이에 대해서도 明認方法을 갖춘 때에는 독립된 물건으로서 거래의 목적물이 될 수 있음이 判例에 의해서 인정되고 있다. 그러나 이를 不動産으로 보느냐 動産으로 보느냐에 관해서는 학설이 나누어져 있으나, 다수설과 판례는 분리된 후에는 動産으로 볼 수 있지만, 아직 分離되고 있지 않은 상태에서는 不動産으로 보아야 한다고 한다(대판 1976. 4. 27, 76다72).

(마) 他人의 土地에 耕作栽培한 農作物

他人의 토지에 耕作栽培한 각종 農産物은 토지의 구성부분으로서 土地의 所有者의 소유에 속한다(256조 본문). 그러나 賃借權 등의 權原에 의하여 타인의 토지에 경작·재배한 경우에는 그 농작물은 토지에 부합하지 않고, 독립된 부동산으로 취급하여 경작자의 소유에 속한다고 보는 것이 민법 제256조의 단서의 규정상 명백하다. 그런데 판례는 수목의 경우와는 달리 권원없이 타인의 토지에서 경작·재배한 농작물에 관하여서만은 언제나 그리고 심지어는 경작자가 違法하게 土地所有者나 占有者를 배제하여 耕作한 경우에도 그 농산물의 소유권은 耕作者에게 귀속하고 土地使用의 법률관계는 이를 별도로 처리하여야 한다고 판시하고 있으며, 이것이 대법원의 굳은 견해이다. 그리고 이와 같은 경우에는 파종시부터 수확할 때까지는 그리 길지 않고 耕作者가 항상 支配管理를 하고 있기 때문에 明認方法도 갖출 필요가 없다고 한다(대판 1963. 2. 21, 62다913; 1965. 7. 20, 65다874; 1967. 7. 11, 67다893; 1968. 6. 4, 68다613·614 등).

2. 動　　産

(1) 動産의 意義

動産이란 不動産이외의 物件을 말한다(99조 2항). 따라서 管理可能한 自然

力, 즉 전기・열기・냉기・향기 등의 무체물이나 토지에 부착하고 있지만 쉽사리 그 所在를 이전할 수 있는 假植 등의 수목, 판자집・공중전화함 등은 토지의 정착물이 아니므로 이들은 동산인 것이다.

그러나 선박・자동차・항공기・중기 등은 동산이지만 경제적 의의가 不動産과 비슷하므로 그에 관한 권리관계를 登記・登錄으로 공시하여 法律上 不動産으로 취급되고 있음은 기술한 바와 같다(선박은 상 743조, 자동차는 자동차관리 5조, 중기는 중기저당 5조 참조).

상품권・승차권・입장권・무기명채권 등과 같이 특정의 채권자를 지정하지 않고 債權證書의 정당한 소지인에게 변제하여야 할 證券的 債權인 無記名債權은 구민법에서는 동산으로 보았으나(구민 86조 3항), 현행 민법은 이를 동산으로 보지 않고 債權의 일종으로서 채권편에서 다루고 있다.

(2) 特殊한 動産

金錢은 존재형태로 보아 동산이지만 교환가치이외에는 보통 물건이 가지는 개성을 갖고 있지 않기 때문에 동산에 적용되는 규정은 금전에는 적용되지 아니한다. 다만 일정량의 價値給付를 청구하는 債權的 返還請求權이 인정될 뿐이다. 또 화폐의 점유는 곧 그 화폐의 소유를 의미하기 때문에 화폐를 占有하는 者는 언제나 그 소유권을 취득하게 된다. 따라서 화폐는 善意取得(250조 단서 참조)이나 間接占有(194조 참조)도 인정되지 않는다. 이와 같이 화폐는 일반 동산과 다른 특수한 동산인 것이다.

【63】 不動産과 動産은 어떻게 다른가

不動産과 動産은 이동여부 등 性質이 다르므로 양자간에 법률상의 취급에 있어서도 여러 가지 차이점이 있다. 그 내용을 分說하면 다음과 같다.

1. 公示方法

공시방법은 不動産에 있어서는 登記, 動産에 있어서는 占有이다. 부동산은 토지 및 정착물로서 용이하게 그 위치를 이동할 수 없는 것이므로 公的 帳簿의 기재에 의한 登記를 公示方法으로 하고 있다. 동산은 부동산의 경우와 달리 그 위치를 용이하게 변경할 수 있기 때문에 등기와 같은 공시방법은 적합하지 않으므로 占有를 公示方法으로 하고 있다.

2. 物權變動의 成立要件

부동산물권변동에 있어서는 登記(186조), 동산물권변동에 있어서는 引渡 즉, 점유이전(188~190조)을 성립요건으로 한다.

3. 公示方法에 대한 公信力

公信力이 있다는 것은 公示에 대응하는 물권이 존재하지 않음에도 공시를 信賴하여 物件去來를 한 者를 보호하기 위해서 진실한 物權이 존재하는 것과 같은 법률적 효과를 인정하는 것을 말한다. 이 원칙에 의하면 예컨대 登記・占有 등과 같은 公示方法에 의하여 A의 所有로 表示되어 있다면 설혹 그 물건의 진실한 소유자가 B라 하여도 공시된 대로의 효과, 즉 A의 소유에 속한 것으로 법률상 취급하게 된다. 우리 민법은 동산의 경우, 물건의 이전이 빈번하고 또 占有라는 公示方法이 극히 불안전하므로 거래의 안전을 보호하기 위해서 善意取得制度를 채용하여(249조) 占有에 公信力을 인정하고 있다. 그러나 不動產의 登記에 있어서는 公信力을 인정하지 않고 있다. 그러므로 예컨대 등기부상 所有名義人으로 되어 있는 자로부터 매수하였다 하더라도 그 名義人이 진실한 소유자가 아니라면 買受人은 不動產所有權을 취득할 수 없게 된다.

4. 制限物權의 設定

地上權・地役權・傳貰權・抵當權은 不動產에 한하여 설정할 수 있지만(279조, 291조, 303조 1항, 356조), 質權은 動產에 한해서 설정할 수 있다(329조). 그러나 留置權은 부동산・동산 모두에 인정되므로 이 점에 있어서는 양자간에 차이가 없다.

5. 所有權의 取得時效期間

不動産所有權의 취득시효기간은 登記簿取得時效는 10년이며, 占有取得時效는 20년이다(245조). 그러나 動産所有權의 경우에는 善意取得時效는 5년이고, 惡意取得時效인 경우에는 10년으로 부동산취득시효보다 짧다(246조).

6. 還買의 期間

還買란 매매계약과 동시에 매매목적물을 환매할 권리를 보유하고, 일정기간 안에 그 還買權을 행사하여 목적물을 다시 買受하는 것을 말한다. 부동산의 還買期間은 5년을 넘지 못하나, 動産의 경우에는 3년을 넘지 못한다는 점이 다르다(591조).

7. 無主物의 歸屬

無主의 부동산은 國有에 귀속하나(252조 2항), 무주의 동산은 所有의 意思로 占有한 자가 그 所有權을 취득한다는(252조 1항) 점에서 양자간에 차이가 있다.

8. 附合의 效力

附合이란 所有者를 각각 달리하는 수 개의 물건이 결합하여 1개의 물건으로 되는 것을 말한다. 부동산의 부합에 있어서는 부동산소유자가 附合된 動産의 所有權을 취득하지만(256조 본문), 동산에 있어서는 주종을 구별할 수 있는 때에는 주된 동산의 소유자가 합성물의 소유권을 취득하고(257조 전단), 주종을 구별할 수 없는 때에는 각 동산의 소유자는 부합 당시의 가액의 비율로 合成物을 共有하게 된다(동조 후단).

9. 裁判管轄

不動產에 관한 訴의 提起는 부동산소재지의 법원에 하게 되나(민소 18조), 動產에 있어서는 被告의 주소지의 법원에 제기하는 것이 원칙이다(민소 1조,

표 3-2 不動產과 動產의 法律上 差異

區 分	不動產	動 產
① 公示方法	登記	占有
② 物權變動의 成立要件	登記(186조)	引渡(188조~190조)
③ 公信力	登記簿에 공신력없음	占有에 공신력이 있음
④ 取得時效期間	登記簿取得時效 10년 (245조 1항) 占有取得時效 20년 (245조 2항)	善意取得時效 5년 (246조 1항) 惡意取得時效 10년 (246조 2항)
⑤ 制限物權의 設定	地上權(279조), 地役權(291조), 傳貰權(303조 1항), 抵當權(356조), 留置權(320조 1항)	質權(329조), 留置權(320조 1항)
⑥ 還買期間	5년 이내(591조)	3년 이내(591조)
⑦ 無主物의 歸屬	國有 (252조 2항)	所有의 意思로 점유한 자 (252조 1항)
⑧ 附合의 效力	부합한 동산의 소유권은 부동산 소유자가 취득 (256조 본문)	주종을 구별할 수 있는 때는 주된 동산의 소유자가 취득 (257조 전단) 주종을 구별할 수 없는 경우에는 가액의 비율로 共有 (257조 후단)
⑨ 裁判管轄	不動產 所在地 (민소 20조)	被告의 住所地 (민소 2조, 3조)
⑩ 强制執行의 節次	强制競賣・强制管理 (민사집행 78조)	押留(민사집행 188조)

2조).

10. 强制執行의 節次

强制執行의 방법에 있어서 부동산은 强制競賣나 强制管理를 하지만(민소 599조), 동산은 押留에 의한다(민소 525조).

Ⅳ. 主物과 從物

【64】 主物과 從物이란 무엇인가

1. 主物과 從物制度의 趣旨

物件의 所有者가 그 물건의 常用에 供하기 위하여 자기 所有인 다른 물건을 이에 附屬시킨 경우에 「그 물건」을 主物이라 하고, 주물에 부속된 「다른 물건」을 從物이라고 한다(100조 1항). 예컨대 가옥과 정원, 주택과 별채로 된 광, 시계와 시계줄, 자물쇠와 열쇠, 배(船)와 노(櫓)의 경우, 가옥·주택·시계·자물쇠·배 등은 주물이고, 정원·광·시계줄·열쇠·노 등은 從物에 속한다.

민법은 개개의 獨立의 物件은 처분에 있어서도 각각 獨立的으로 하는 것을 원칙으로 한다. 그러나 두 개의 물건 사이에 客觀的·經濟的인 主從結合關係를 이루어 경제적 이용을 돕는 관계에 있는 때에는 이를 분리하지 않고 법률적 운명을 같이 하도록 하는 것이 主物·從物의 제도이다.

2. 從物의 要件

(1) 從物은 主物의 상용에 공여하고 있어야 한다

「常用에 供與한다」는 것은 통상 계속해서 주물의 經濟的 效用을 돕는다고 하는 客觀的 關係가 있는 경우를 말한다. 그러므로 일시적으로 주물의 효용을 돕는 물건이나 주물의 所有者의 상용에 공여하고 있을 뿐, 주물 그 자체의 효용과는 직접 관계가 없는 물건, 예컨대 침구·책상·난로·식기 등은 가옥의 종물이 아니다.

(2) 從物은 獨立한 物件이어야 한다

민법 제100조에 「… 자기의 소유인 다른 물건을 이에 부속하게 한 때…」라고 규정하고 있다. 여기서 「다른 물건」인 종물은 獨立物임을 의미한다. 어느 물건(主物)에 다른 물건이 부속된 경우 그 부속물의 존재형태는 두 가지 경우가 있다. 그 하나는 부속물이 주물에 부속되어있다 하더라도 여전히 그 독립성을 지니고 있는 경우이다(가옥 내에 설치된 에어컨). 이 경우에는 부속물(에어컨)의 소유권은 주물의 소유권에 흡수되지 않는다. 다른 하나는 그 부속물이 주물 자체에 흡수되어 물건으로서의 독립성을 갖지 못하는 경우이다(건물에 붙여진 타일). 이 경우에는 그 부속물의 소유권은 원칙적으로 주물에 흡수되었기 때문에 주물의 본질을 구성하는 부분에 불과하다. 종물은 독립성있는 전자의 경우를 말하고, 후자인 「本質的 構成物」은 독립성이 없기 때문에 從物이 아니다.

(3) 主物과 從物은 같은 所有者에 속하여야 한다

타인의 소유에 속하는 물건 사이에 主物과 從物의 관계를 인정한다면 주물과 종물은 법률적 운명을 같이 하는 결과 주물의 처분으로 종물의 所有者의 權利가 침해될 염려가 있기 때문이다. 그러나 제3자의 권리를 해하지 않는 범위 내에서 소유자를 달리하는 물건의 결합에 있어서는 주물·종물의 관계를 인정하는 데 학설은 일치하고 있다.

(4) 主物과 從物은 동산이건 부동산이건 상관없다

예컨대 가옥과 정원·주택과 별채의 광은 양자가 모두 부동산의 예이고, 자물쇠와 열쇠·배의 노·새와 새장 등은 동산의 예이다.

3. 從物의 效果

從物은 主物의 處分에 따른다(100조 2항). 즉 주물의 처분행위의 효력은 종물에도 미친다는 뜻이다. 예컨대 A가 B 소유건물을 매수한 경우 당사자간에 특별한 약정이 없는 때에는 매수인 A는 건물본체인 주물뿐만 아니라 별채인 광, 정원수 등 종물도 함께 취득한다. 여기서 「處分」이란 物權行爲(예: 소유권의 양도 등)이거나 債權行爲(예: 매매, 임대 등)이거나를 불문한다. 그러나 이에 관한 규정은 强行規定이 아니므로 당사자의 특약에 의해서 그 효력을 배제할 수 있다. 따라서 특약에 의해서 종물만의 처분도 가능하다(통설).

그리고 이와 같은 주물·종물의 이론은 權利相互間에도 성립한다(통설). 예컨대 元本債權이 양도되면 利子債權도 양도되며, 건물이 양도되면 그 건물을 위한 대지의 임차권도 건물의 양수인에게 이전된다.

Ⅴ. 元物과 果實

【65】 元物과 果實이란 무엇인가

1. 元物과 果實의 區別의 趣旨

한 物件으로부터 생기는 經濟的 收益을 果實이라 하며, 果實을 생기게 하는 물건을 元物이라고 한다. 원래 수익(과실)은 수익자에게 귀속하는 것이나, 수익자의 변동이 생기는 경우에 과실의 분배 등에 관하여 다툼이 생길 염려가 있으므로 民法은 과실의 귀속범위를 정하고 있다. 과실은 원물로부터 생기는 態樣에 의해서 天然果實과 法定果實로 나누어진다.

2. 天然果實

(1) 意　義

천연과실이란 물건의 經濟的 用途에 따라 수취하는 産出物을 말한다(101조 1항). 여기서 「産出物」이란 自然的・有機的으로 산출된 물건(예컨대 과일・야채・달걀・우유 등)에 한하지 않고, 人爲的・無機的으로 수취한 물건(예컨대 광물・석재・토사・벌채될 材木 등)도 元物이 곧 소비되지 않고 경제적 견지에서 元物의 收益이라고 인정될 수 있는 한 이를 모두 포함한다. 天然果實은 이를 분리하기 전에는 元物의 구성부분이며, 분리된 후에 비로소 독립한 물건이 된다.

(2) 天然果實의 歸屬

天然果實은 그 元物로부터 분리한 때에 이를 수취할 권리자에게 귀속한다(102조 2항). 원물로부터 분리된 과실이 누구에게 속하느냐에 관해서는 게르만법의 生産主義와 로마법의 分離主義 내지 元物主義가 있는데 우리 민법은 分離主義를 따르고 있다. 과실의 수취권을 가지는 것은 원물의 소유자(입목법에 의하여 입목보존등기를 한 자를 포함한다)인 것이 보통이나(211조 참조), 예외적으로 賃借權者(618조), 地上權者(279조), 傳貰權者(303조) 등도 收取權이 인정된다. 그리고 판례는 분리하지 않고 있는 수목 등 未分離의 天然果實에 대해서 관습법상의 공시방법인 明認方法을 갖추었을 때에는 명인방법을 갖춘 자가 그 과실을 취득할 권리가 있다고 한다. 그러나 경작・재배한 모(벼의 싹)・立稻・약초・양파・마늘・고추 등의 미분리의 農作物에 대해서는 경작권이 있든 없든 간에 명인방법을 갖추지 않아도 언제나 경작자에게 그 收取權(所有權)이 있다고 한다(대판 1963. 2. 1, 62다913; 1965. 7. 20, 65다874; 1969. 2. 18, 68도906). 이와 같은 천연과실의 수취권에 관한 규정들은 임의규정이므로 당사자의 특약에 의하여 果實取得權者를 달리할 수도 있다.

3. 法定果實

(1) 意 義

元物을 他人에게 사용케 하고 그 대가로서 收取하는 金錢 기타의 물건을 말한다(101조 2항). 예컨대 물건의 임차에 있어서의 사용료(집세, 지료), 금전대차에 있어서 이자 등이 이에 속한다. 그러므로 사용의 대가가 아닌 권리금·예금·주식의 배당 등은 이에 속하지 않는다. 그리고 元物과 果物은 모두 물건이어야 하므로 勞動의 대가나 權利使用의 대가는 과실이 아니다.

(2) 法定果實의 歸屬

法定果實은 수취할 권리의 존속기간의 日數의 비율로 취득한다(102조 2항). 예컨대 가옥 賃貸料 100만원을 매년 말에 지불할 것을 약정하고 타인에 임대한 가옥을 정확히 반년 만에 매도하였을 경우에는 매도인과 매수인은 그 임대료를 半分하여 각각 50만원씩을 수취하게 된다. 그러나 이에 관한 제102조 2항의 규정은 任意規定이므로 당사자가 다른 約定을 하는 경우에는 그 약정에 따른다.

第4章 權利變動

제 4 장　權利變動

第 1 節　權利變動과 原因

概　要

Ⅰ. 權利의 變動 問 066

1. 法律關係와 權利變動

사회생활관계를 규율하는 규범에는 법률·도덕·종교·관습 등 여러 가지가 있으나 이 중 법률에 의해서 규율되는 관계를 법률관계라고 한다. 법률관계가 있게 되면 당사자간에 없는 권리가 생기거나, 있는 권리가 소멸하거나, 권리의 내용이 변경된다. 이것을 권리변동이라고 한다.

2. 權利變動의 態樣

권리가 변동하는 내용은 권리의 발생·변경·소멸의 모습으로 나타난다.

(1) 權利의 發生(取得)

권리가 발생한다는 것은 어떤 사람이 권리를 취득한다는 뜻이다. 이것에는 원시취득(절대적 발생)과 승계취득(상대적 발생)이 있다.

(가) 原始取得

다른 사람의 권리에 의하지 않고 새로운 권리를 취득하는 경우이다(예: 무주물선점(252조), 유실물습득(253조), 선의취득(249조), 시효취득(245조) 등).

(나) 承繼取得

타인의 권리에 기하여 권리를 취득하는 경우이다(예: 매매, 상속 등). 승계취득에는 또 이전적 승계와 설정적 승계로, 그리고 이전적 승계에는 포괄승계와 특정승계로 나누어진다.

(2) 權利의 變更

권리의 변경이란 권리가 동일성을 잃지 않고 권리의 주체·내용·작용을 변경하는 것을 말한다.

(3) 權利의 消滅(喪失)

권리의 소멸이란 권리자가 권리를 상실하는 경우를 말한다. 이것은 또 절대적 소멸과 상대적 소멸로 나누어진다.

3. 權利變動의 原因 問 067

(1) 權利變動의 發生過程

권리변동의 발생과정은 법률사실→법률요건→법률효과의 발생으로 전개된다.

(2) 法律要件·法律事實

권리변동의 원인은 법률요건이다. 법률요건은 하나 또는 수 개의 법률사실로 구성되어 있다.

(3) 法律事實의 分類

법률요건을 구성하는 법률사실은 「용태(容態)」와 「사건(事件)」으로 크게 나눌 수 있다. 「용태」란 사람의 정신작용에 기인한 법률사실을 말하며, 「사건」이란 사람의 정신작용에 기인하지 않고 발생한 법률사실을 말한다.

(가) 容態(사람의 정신작용에 기인한 法律事實)

용태는 정신작용이 외부의 행위로 나타나는 「外部的 容態」와 외부에 나타나지 않고 내심의 의식에 머물러 있는 「內部的 容態」로 나누어진다.

① 外部的 容態(行爲) 이에는 ① 적법행위로서 법률행위와 준법률행위가 있고, ② 위법행위로서 채무불이행과 불법행위가 있다.

② 內部的 容態(내부의 意識의 상태) ① 관념적 용태(예: 선의 · 악의 · 정당한 관리인이라는 신뢰 등), ② 의사적 용태(예: 소유의 의사 · 사무관리에 있어서 본인의 의사 · 이해관계없는 제3자의 변제에 있어서의 채무자의 의사 등) 등이 있다.

(나) 事件(사람의 정신 작용에 의하지 않는 法律事實)

이에 관한 법률사실로는 출생, 사망, 실종, 시간의 경과, 물건의 자연적 발생, 소멸 등을 들 수 있다.

Ⅱ. 權利變動에 관한 民法上의 規定 問 068

권리변동을 발생시키는 법률요건으로는 ① 의사표시를 불가결의 요소로 한 법률행위와 ② 법률의 규정에 의하는 경우가 있다. 후자에 속하는 중요한 것으로는 소멸시효 · 취득시효, 사무관리 · 부당이득 · 불법행위, 상속 등이 있으나 이 중 취득시효는 물권편에, 사무관리 · 부당이득 · 불법행위는 채권편에, 상속은 상속편에 각각 규정을 두고 있다.

민법총칙편에서는 법률행위 · 기간 · 소멸시효 등 재산법상의 권리변동을 위주로 그 통칙적 규정을 두고 있다. 그러나 권리변동을 발생시키는 법률요건 중 가장 중요한 것은 법률행위이므로 민법총칙에서는 이에 관해서 상세한 규정을 두고 있다.

本 論

Ⅰ. 權利의 變動

【66】 權利變動이란 무엇인가

1. 法律關係와 權利變動

우리의 社會生活關係는 법률·도덕·종교·관습 등 여러 가지 社會規範에 의해서 규율되고 있으나, 그 중에서도 가장 중요한 것은 법률에 의해서 규율되는 社會生活關係이다. 法의 목적 내지 이념에 비추어 사회질서유지를 위하여 반드시 지켜야 할 생활관계는 법률에 의해서 규율된다. 이와 같이 법률에 의해서 규율되는 生活關係를 법률관계라고 한다.

법률관계가 있게 되면 법은 일정한 사항을 보장하고 강제하기 위하여 그에 일정한 법률효과를 부여한다. 이 法律效果로서 權利變動 즉, 권리의 발생·변경·소멸이 있게 된다. 예컨대 우리의 일상생활에서 흔히 행하여지는 매매의 경우를 보자. 매도인 A가 매수인 B에게 35평짜리 아파트를 1억 5천만원에 사라고 請約하고, B가 이를 사겠다고 承諾을 하였다면 매매라는 법률관계가 있게 되고, 그 法律效果로서 A는 B에 대하여 아파트 대금을 청구할 권리와 소유권이전의 의무가, B는 A에 대하여 아파트 所有權移轉請求를 할 權利와 代金支給의 義務가 발생한다. 이와 같이 법률관계가 있게 되면 당사자간에 없는 권리가 생기고, 있는 권리가 소멸한다. 이것이 權利變動이다.

권리변동은 권리와 의무의 변동을 일으키는 것이지만, 근대 민법은 권리중심으로 이루어져 있으므로 권리변동에 있어서도 권리·의무의 발생·변경·소멸이라고 말하지 않고, 권리의 발생·변경·소멸이라고 부른다.

2. 權利變動의 態樣

權利變動은 권리자체를 중심으로 보면 권리의 발생·변경·소멸이 되고, 권리의 主體를 중심으로 보면 권리의 취득·변경·상실이라는 모습으로 나타난다.

(1) 權利의 發生(取得)

權利가 어떠한 자에 발생한다는 것은 그 자가 권리를 취득하는 것을 말한다. 權利의 取得에는 原始取得(絶對的 發生)과 承繼取得(相對的 發生)이 있다.

(가) 原始取得

原始取得은 다른 사람의 權利에 의하지 않고 새로운 권리를 取得하는 경우를 말한다. 예컨대, 가옥을 신축한 자가 그 신축한 家屋의 소유권을 처음으로 취득하는 경우와 無主物先占(252조), 遺失物拾得(253조), 善意取得(249조), 時效取得(245조) 등도 이에 속한다. 그리고 원시취득은 취득 전의 권리상태에 의하여 영향을 받지 않는다. 예컨대 동산물권을 善意取得한 경우 취득 전의 권리에 어떠한 제한이 있다 하더라도 선의취득을 한 경우에는 그와 같은 제한이 없게 된다.

(나) 承繼取得

承繼取得은 他人의 권리에 기하여 권리를 取得하는 경우를 말한다. 예컨대 매매·상속 등에 의한 취득이 그것이다. 승계취득은 後主는 前主가 가지고 있었던 권리 이상의 권리를 취득하지 못하며 前主의 權利에 제한이나 하자가 있으면 後主의 權利도 같은 제한 또는 하자를 가지게 된다. 이 승계취득은 또 移轉的 承繼와 設定的(創設的) 承繼로 나누어진다.

移轉的 承繼는 권리가 同一性을 유지하면서 그 주체의 변경만이 있는 경우를 말한다. 이전적 승계는 다시 相續, 포괄유증·회사의 합병 등과 같이 하나의 취득원인에 의하여 前主의 권리 전부가 일체로써 승계되는 包括承繼와 매매(568조), 증여(554조) 등과 같이 권리가 개개의 취득원인에 의하여 승계되

는 特定承繼로 나누어진다.

設定的 承繼는 前權利者의 권리를 그대로 존속하면서 그 권리의 내용 중 일부만을 새로운 권리자가 취득하는 경우이다. 예컨대, 타인의 소유권 위에 地上權 · 抵當權 등의 제한물권이나 임차권을 설정하는 경우이다.

(2) 權利의 變更

權利의 變更이란 권리가 그 동일성을 잃지 않고서 權利의 주체 · 내용 · 작용을 변경하는 경우를 말한다. 主體의 變更은 소유권의 이전 · 채권의 양도 등과 같이 권리의 주체가 바꾸어지는 경우이며, 內容의 變更은 목적물의 증감, 특정물의 인도를 내용으로 하는 채권이 손해배상청구권으로 변경되는 경우를 말한다. 그리고 作用의 變更은 저당권의 순위가 변경되는 경우나, 부동산 임차권등기에 의한 제3자에 대한 대항력이 발생한 경우 등을 말한다.

(3) 權利의 消滅(喪失)

권리의 소멸이란 권리자가 권리를 상실하는 경우를 말한다. 이에는 목적물

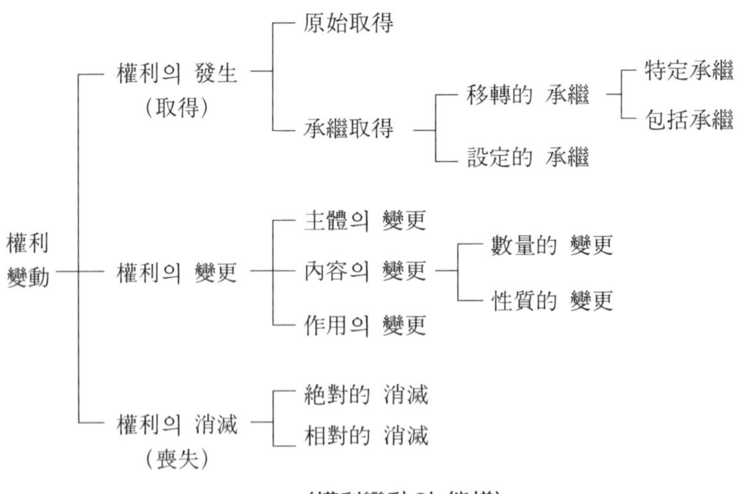

〈權利變動의 態樣〉

멸실, 消滅時效에 의한 권리의 소멸, 또는 권리의 포기 등과 같이 기존의 권리자체가 소멸하는 絶對的 消滅과 매매 · 채권양도와 같이 권리자체는 소멸하지 않고 단지 主體만이 변경되는 相對的 消滅이 있다.

3. 權利變動의 發生過程

권리변동의 발생과정을 보면 하나 또는 수 개의 「법률사실」이 합해져서 하나의 「법률요건」을 이루게 되고, 그 법률요건이 원인이 되어 「법률효과」로서 권리변동 즉, 권리가 발생 · 변경 · 소멸한다. 이와 같이 권리변동의 과정은 法律事實 → 法律要件 → 法律效果의 발생으로 전개된다.

【67】 權利變動의 原因은 무엇인가(法律事實과 法律要件)

1. 法律要件과 法律事實

權利變動, 즉 권리의 발생 · 변경 · 소멸은 우연히 생기는 것이 아니다. 이는 반드시 일정한 원인이 있을 때 그 결과로서 나타난다. 이와 같은 권리변동의 원인을 법률요건이라 하며, 법률요건은 하나 또는 수 개의 법률사실로 구성되어 있다. 예컨대 매매의 경우는 「청약」과 「승낙」이라는 법률사실이 결합하여 매매라는 법률요건이 성립되고, 동의와 추인 등의 단독행위는 하나의 의사표시라는 일개의 법률사실로 법률요건이 성립한다. 이와 같은 법률요건이 원인이 되어 그 효과로서 권리 · 의무가 발생한다.

법률요건 중에서 가장 중요한 것은 법률행위이며, 사적자치가 허용되는 것은 바로 이 분야이다. 그러나 법률요건은 의사표시에 의한 法律行爲에 한하지 않고, 準法律行爲 · 不法行爲 · 不當利得 · 事務管理 · 事件 등 다양하다.

법률요건의 법리는 원래 형법학의 범죄구성요건의 이론을 민법학이 도입한 것이다.

2. 法律事實의 分類

法律要件을 구성하는 法律事實은 다양하다. 그 기준을 어디에 두느냐에 따라서 여러 가지로 구분할 수 있다. 여기서는 종래의 일반적인 분류방법에 따라 사람의 정신작용에 기인한 법률사실, 즉 「容態」와 사람의 정신작용에 기인하지 않는 법률사실 즉 「事件」으로 크게 나누어 고찰하기로 한다.

(1) 容態(사람의 精神作用에 기인한 法律事實)

容態란 사람의 정신작용에 기인한 법률사실을 말한다. 용태는 정신작용이 외부의 행위로서 나타나는 「外部的 容態」와 외부에 나타나지 않고 내심의 의식에 머물러 있는 「內部的 容態」로 나누어진다. 전자를 「行爲」라 하고, 후자를 「意識」이라고 한다.

(가) 外部的 容態(行爲)

정신작용이 외부의 행위로써 나타나는 외부적 용태 즉, 행위에는 법에서 허용된 適法行爲로서 法律行爲, 準法律行爲가 있고, 법에서 허용되지 않는 違法行爲가 있다. 따라서 법률행위·준법률행위·위법행위에 관하여 이들을 구성하고 있는 법률사실을 살펴보기로 한다.

① 法律行爲 법률행위는 의사표시를 불가결의 구성요소로 하는 법률요건이다. 법률요건은 그의 구성요소인 의사표시의 법률사실의 모습에 따라 契約·單獨行爲·合同行爲로 구분된다. 이들을 구성하고 있는 법률사실은 다음과 같다.

ⓐ 契 約

㉠ 意思表示 의사표시란 일정한 법률효과의 발생을 의욕하는 의사의 표시를 말하며, 법률행위에 있어서 없어서는 안 되는 법률사실이다. 계약이라는 법률요건은 청약의 의사표시, 승낙의 의사표시와 두 의사표시의 합치라는 세 가지 법률사실에 의해서 성립된다.

㉡ 意思의 實現 계약의 성립에 있어서 청약의 의사표시에 대하여 승낙이라는 의사표시 없이 이에 갈음하여 승낙으로 추단할 수 있는 사

실이 있는 때에도 계약은 성립한 것으로 본다. 이것이 의사실현에 의한 계약이라고 한다. 예컨대 위독한 환자의 진료요구(청약)에 대하여 醫師는 진료를 해주겠다는 승낙의 의사표시 없이 직접 진료행위를 하는 경우이다. 민법은 승낙의 의사표시로 인정되는 사실이 있는 때에는 계약은 성립한 것으로 본다고 규정하여 의사실현에 의한 계약의 성립을 인정하고 있다(532조). 그러나 의사실현은 의사표시와 달라서 의사표시나 상대방의 의사수령은 필요로 하지 않기 때문에, 의사표시의 효력발생시기에 관한 규정(111조), 의사표시의 수령능력에 관한 규정(112조), 진의아닌 의사표시에 관한 규정(107조), 통정허위표시에 관한 규정(108조)은 적용되지 않지만, 착오나 사기·강박에 의한 의사표시에 관한 규정(109조, 110조)은 적용될 수 있다고 본다.

㉢ 社會定型的 行爲 사회정형적 행위란 예컨대 공중에 제공(청약)되고 있는 전기·전신·전화·수도·버스·자동판매기 등의 정형적 이용행위를 말한다. 통설은 이러한 사회정형적 행위도 승낙이라는 법률사실로 보고 계약의 성립을 인정하고 있다. 이와 같은 사회정형적 행위는 의사표시와는 그 성질이 다르며, 사실상의 효과의사가 존재하지 않는 점에서 의사실현과도 다르다. 그럼에도 불구하고 계약관계가 성립한다고 하는 것은 사회정형행위(예컨대 전기의 사용, 버스의 승차)에 의해서 법적 구속을 받는다는 의식이 현대거래사회에서 확립되고 있다는 데에 기인한 것이다. 따라서 사회정형적 행위에 있어서는 그 행위에 모순된 異議는 고려되지 않는다. 주차관리인에게 요금지급거절의 의사표시를 하였다 하더라도 주차를 한 이상, 그 요금지급의무는 면할 수 없다. 그리고 행위능력에 관한 규정도 적용되지 않으며, 단지 자기의 행위의 사회정형적인 의미를 이해하는 능력같은 의사능력만은 필요하다고 본다.

ⓑ 合同行爲 합동행위란 예컨대 사단법인의 설립행위와 같이 목적과 방향이 같은 수 개의 의사표시인 법률사실이 결합되어 성립하는 법률행위를 말한다. 의사표시의 목적과 방향이 같고, 일부 참여자의 의사표시가 취소 또는 무효가 되더라도 합동행위의 성립에는 지장이 없다는 점에서 계약과 다르다.

ⓒ 單獨行爲　　단독행위란 일방적 의사표시인 법률사실에 의해서 성립한 법률행위를 말한다. 이에는 취소·추인·채무면제·해제 등과 같이 상대방이 있는 경우와 유언과 같이 상대방이 없는 경우가 있다. 이는 어느 경우나 하나의 의사표시인 법률사실이 하나의 법률요건인 법률행위를 이룬다.

② 準法律行爲　　法律行爲는 표의자의 의사표시에 의하여 의욕한 대로 법률효과가 발생하지만, 準法律行爲는 행위자의 의사표시와는 관계없이 법률의 규정에 의하여 일정한 법률효과가 부여되는 점에서 차이가 있다. 예컨대 채권자 A가 채무자 B에 대하여 채무이행을 청구하는 催告를 한 때에는 채권자의 의사와는 관계없이 제174조에 의한 時效中斷과 제544조에 의한 契約解除權이라는 법률효과가 생긴다.

이와 같은 준법률행위에 해당되는 것으로는 意思의 通知·觀念의 通知·感情의 表示·事實行爲 등을 들 수 있다.

ⓐ 意思의 通知　　意思의 通知란 자기의 의사를 타인에게 통지하는 행위로서, 그로 인한 법률효과가 의사표시의 내용에 따라 발생하는 것이 아니라 법률의 규정에 의해서 발생하는 경우를 말한다. 이에 해당되는 것으로는 무능력자의 상대방이 취소할 수 있는 행위에 대한 추인여부의 확답을 구하는 최고(15조), 채무이행을 청구하는 최고(174조, 544조) 등 각종의 최고와 변제수령의 거절(487조), 무능력자의 상대방이 하는 거절(16조) 등 각종의 거절 등을 들 수 있다. 이들의 최고와 거절인 법률요건은 여러 가지 법률사실로 구성되어 있다. 그 예를 들면 무능력자의 상대방의 최고가 추인의 효과가 생기기 위해서는 첫째, 최고가 무능력자가 능력자가 된 후에야 하며, 둘째, 무능력자의 상대방이 1월 이상의 기간을 정하여 추인여부의 확답을 구하여야 하고, 셋째, 능력자가 된 자가 일정기간 내에 확답을 발하지 아니하는 등의 법률사실이 있어야 한다.

ⓑ 觀念의 通知　　觀念의 通知란 어떤 사실을 타인에게 알리는 행위로서 통지자의 의사와는 관계없이 법률의 규정에 의하여 일정한 법률효과가 발생하는 경우를 말한다. 이에 해당되는 경우로서는 채권양도인이 지명채권을 양도하였다는 통지(450조), 社員總會召集의 通知(71조), 공탁자가 채권자에게 공탁을 하였다는 공탁통지(488조 3항), 승낙연착의 통지(528조) 등 각종의 통지 또는 채무의 승인(168조) 등이다. 이들의 통지가 법률효과

의 발생원인인 법률요건이 성립하기 위해서는 이를 구성하는 법률사실이 갖추어져야 한다. 그 한 예로 지명채권의 양도의 경우를 보면 채권자가 채권양도를 채무자 또는 제3자에게 대항하기 위해서는 첫째로 채권이 존재하고 있을 것, 둘째로 채권양도의 사실이 있었을 것, 셋째로 채권양도의 사실을 채무자에게 통지하였을 것 등의 법률사실이 있어야 한다(450조).

ⓒ 感情의 表示　　感情의 表示란 용서와 같은 감정을 표시함으로써, 용서자의 의사와는 관계없이 법률의 규정에 의하여 법률효과가 생기는 경우를 말한다. 예컨대 배우자 일방의 不貞行爲에 대해서 상대방 배우자가 이를 용서한다든지(841조), 受贈者가 贈與者에 대하여 범죄행위를 하거나 부양의무를 이행하지 아니한 경우에 증여자가 수증자에게 용서하는(556조) 법률사실이 이에 해당된다. 이와 같은 경우에는 법률의 규정에 의하여 전자의 경우에는 이혼사유가 소멸하고, 후자의 경우에는 贈與契約의 해제권이 소멸하는 법률효과가 발생한다.

ⓓ 事實行爲　　事實行爲란 행위자의 내심적 의식과는 관계없이 그러한 행위가 행하여져 있다는 것 또는 그 행위에 의하여 생긴 결과만이 법률상의 일정한 효과가 부여되는 경우를 말한다. 이것은 다시 두 가지로 나누어져 있다.

㉠ 純粹事實行爲　　이는 외부적으로 결과의 발생만 있으면 이에 대하여 법률이 일정한 효과를 부여하는 행위이다. 예컨대 생활의 근거가 되는 곳을 주소로 인정(18조)한다든가, 매장물을 발견한 자에게 소유권을 인정(254조)한다든가, 타인의 동산에 가공한 때에는 그 물건의 소유권은 원자료의 소유자에게 귀속한다(259조 본문)는가 하는 경우이다.

㉡ 混合事實行爲　　이는 외부적 결과발생외에 내부적으로 일정의식이 수반되는 경우에 일정한 법률효과를 부여하는 행위이다. 예컨대 無主의 동산을 「소유의 의사」로 점유한 자는 그 소유권을 취득(無主物先占, 252조 1항)한다든지, 사무관리자가 「타인을 위한 의사」를 가지고 타인의 사무를 관리한 경우에는 그 타인에게 비용상환청구권이 발생(事務管理, 734조 이하)한다든지 하는 경우이다.

ⓒ 違法行爲　　違法行爲란 그 행위가 法律상 허용될 수 없는 것으로서, 법률이 일정한 불이익한 효과를 부여하는 법률요건을 말한다. 이에 해당되

는 것으로는 채무불이행(390조 이하)과 불법행위(750조 이하)가 있다. 이들 중 불법행위를 하고 있는 법률사실로는 첫째, 행위자가 고의과실이 있을 것, 둘째 위법한 행위가 있을 것, 셋째 타인에게 손해를 가하였을 것 등이 있다.

(나) 內部的 容態(意識)

내부적 용태란 마음 속의 의식을 말한다. 원래 법은 사람의 행위를 규율하는 것이므로 마음속의 의식이나 심리상태는 법률상 어떤 의미도 주어지지 않는 것이 원칙이다. 그러나 법률은 다른 법률사실과 관련하여 예외적으로 내부적 용태에 대하여도 법률상의 의미를 인정하여 이를 법률사실로 하고 있는 경우가 있다. 이에는 두 가지 경우가 있다.

① **觀念的 容態** 관념적 용태란 일정한 사실을 아느냐 모르느냐의 마음 속의 의식을 말한다. 그 예로서는 선의·악의(29조 2항, 201조), 정당한 대리인이라는 신뢰(126조) 등이다.

② **意思的 容態** 의사적 용태란 행위자가 마음속에 일정한 의사를 가지고 있느냐 아니냐에 대한 내심적 의식을 말한다. 예컨대 「소유의 의사」(197조, 202조, 245조, 246조), 사무관리에 있어서의 「본인의 의사」(734조 2항), 利害關係없는 제3자의 변제에 있어서의 「채무자의 의사」(469조 2항) 등이다.

(2) 事件(사람의 精神作用에 의하지 않는 法律事實)

「事件」이란 사람의 정신적 작용에 기인하지 않고 법률의 규정에 의하여 법률상의 효과가 발생하는 법률사실을 말한다. 이에는 출생과 사망(3조)·실종(27조, 28조)·시간의 경과(162조 이하, 245조 이하)·물건의 자연적 발생과 소멸과 같이 전혀 사람의 정신작용과 관계없는 법률사실인 경우와, 物件의 破壞·果實의 分離·附合(256조, 257조)·混合(258조)과 같이 사람의 정신작용에 의하는 것이라도 정신작용을 전혀 문제삼지 않고, 오직 결과의 발생만을 문제로 삼아서 그것에 일정한 법률효과를 부여하는 법률사실도 있다.

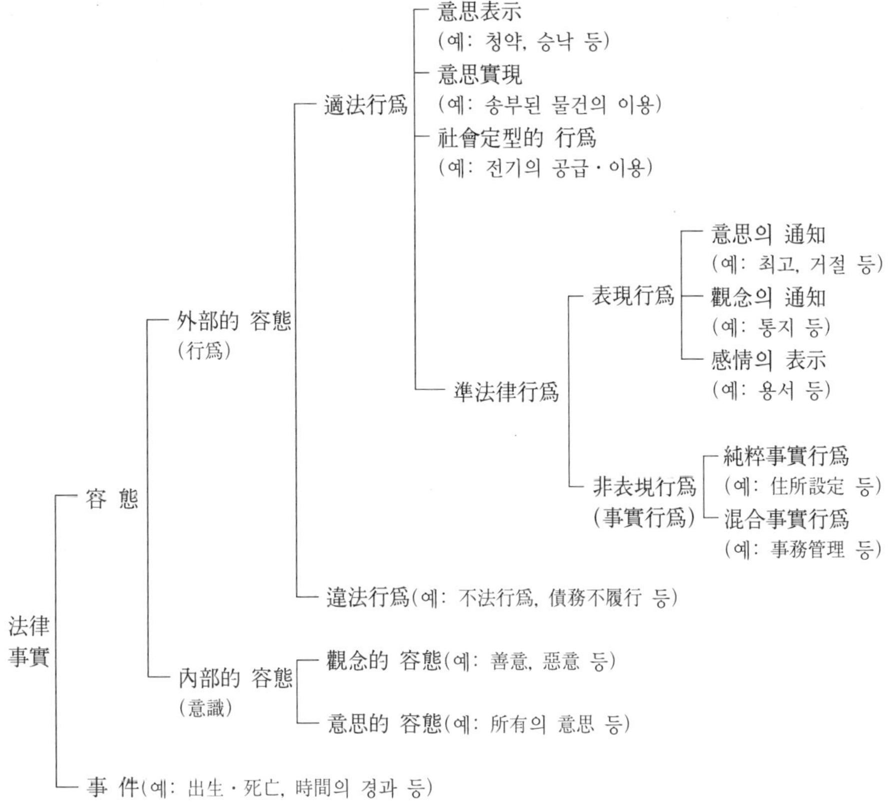

〈法律事實의 分類〉

3. 法律事實의 具體的 事例

앞에서 언급한 바와 같이 권리변동의 원인이 되는 法律要件은 한 개 또는 수 개의 법률사실로 구성되어 있다. 법률요건으로서 전형적인 것으로는 法律行爲, 準法律行爲, 違法行爲, 事件 등을 들 수 있다. 구체적인 사례를 들어 각종의 법률요건은 어떠한 法律事實로 구성되어 있는가를 알아보기로 한다.

첫째, 매도인 A가 매수인 B에게 토지를 5,000만원에 팔겠다는 請約을 하였고, B가 이를 承諾하였다면 매매계약은 성립하고, 그 법률효과로서 A는 B에게 목적물의 인도의무를, B는 A에게 대금지급의무를 진다(563조).

둘째, 채무자 B가 채무이행을 하지 않아 채권자 A가 상당한 기간을 정하여 이행의 催告(의사의 통지)를 하였음에도 채무자 B가 채무이행을 하지 않았다면 그 법률효과로서 채권자 A의 의사와는 관계없이 법률의 규정에 의하여 時效中斷(174조)과 契約解除權(544조)이 발생한다.

셋째, 운전자 A가 醉中에 차를 몰던 중 운전잘못으로 행인 B를 치어 상처를 입혔다면 A는 B에게 불법행위로 인한 손해배상의무를 진다(750조).

넷째, A가 死亡하였는데 그의 배우자 B와 子 C만 있는 경우, B와 C는 A의 유산에 대하여 법률에서 정한 비율의 재산상속을 받게 된다(1009조).

위의 사례에 있어서 첫째의 事例를 보면 A의 소유권이전의무와 B의 대금지급의무가 있게 되는 법률효과는 계약이라는 法律要件이 원인이 되어 발생한 것이다. 그리고 이 법률요건은 「A의 청약」이라는 의사표시, 「B의 승낙」이라는 의사표시, 그리고 이들의 「두 意思의 合致」라는 세 개의 법률사실로 구성되어 있다. 둘째의 사례의 경우를 보면 채권자의 의사와는 관계없이 법률의 규정에 의하여 時效中斷(168조 1호)과 契約解除權(544조)이 있게 되는 법률효과는 準法律行爲인 의사의 통지(최고)라는 법률요건에 의해서 발생한 것이다. 그리고 이 법률요건을 구성하는 법률사실은 「채무자가 이행지체에 있는 사실」, 「채권자가 채무이행을 최고한 사실」, 「채무자가 상당한 기간 내에 채무이행을 하지 아니하였다는 사실」 등이다. 셋째의 事例는 A가 B에 대해서 손해배상의무가 있게 되는 법률효과는 「不法行爲」라는 법률요건이 원인이 되어 발생한 것이다. 이 법률요건은 「운전자 A에게 사고발생에 대한 고의·과실이 있었다는 사실」, 「취중에 운전잘못이 있었다는 사실」, 그로 인하여 「행인 B에게 부상을 입혔다는 사실」 등의 법률사실로 구성되어 있다. 마지막으로 넷째의 事例를 보면 A의 사망(事件)으로 B(배우자), C(子)가 유산상속을 받게 된 상속법상의 법률효과는 상속이라는 법률요건이 원인이 되어 발생한 것이다. 이 상속이라는 법률요건은 「사람이 사망한 사실」과 「사망자와 일정한 신분관계가 존재한 사실」 등의 두 개의 법률사실로 이루어져 있다(1000조).

표 4-1 法律事實의 事例分析

<table>
<tr><th rowspan="2">區 分</th><th colspan="2">權利變動의 原因</th><th>權利變動</th></tr>
<tr><th>法律要件의 類型</th><th>法律事實의 事例 分析</th><th>法律效果</th></tr>
<tr><td rowspan="3">行 爲</td><td>法律行爲
• 契約
• 單獨行爲(取消 · 追認 등)
• 合同行爲(社團法人의 設立行爲)</td><td>예: 賣買契約의 경우
(1) 請約의 意思表示
(2) 承諾의 意思表示
(3) 두 意思表示의 合致</td><td>(1) 所有權移轉을 받을 권리와 代金支給義務
(2) 代金支給을 받을 권리와 所有權移轉義務</td></tr>
<tr><td>準法律行爲
• 意思의 通知(催告)
• 觀念의 通知(通知)
• 感情의 表示(容恕)
• 事實行爲(遺失物拾得, 埋藏物發見, 加工, 住所의 設定, 先占, 事務管理 등)</td><td>예: 意思의 通知(債務履行의 催告)의 경우
(1) 債務가 存在할 것
(2) 履行遲滯에 있을 것
(3) 債權者의 履行催告가 있을 것
(4) 債務者가 상당한 期間 내에 履行하지 않을 것</td><td>(1) 時效中斷의 效力發生
(2) 契約解除權發生</td></tr>
<tr><td>違法行爲
• 不法行爲
• 債務不履行</td><td>예: 不法行爲의 경우
(1) 加害者가 故意 또는 過失이 있을 것
(2) 違法한 行爲가 있을 것
(3) 相對方에게 損害를 가하였을 것</td><td>損害賠償請求權의 發生</td></tr>
<tr><td>事 件</td><td>事 件
• 出生 · 死亡 · 失踪
• 物件의 自然的 發生과 消滅
• 時間의 經過 · 天然果實의 분리 · 物件의 破壞
• 混合 · 附合
• 不當利得 등</td><td>예: 死亡으로 인한 財産相續의 경우
(1) 被相續人이 死亡한 事實이 있을 것
(2) 死亡者와 일정한 身分關係가 있을 것</td><td>相續財産取得</td></tr>
</table>

Ⅱ. 權利變動에 관한 民法上의 規定

【68】 權利變動에 관하여 民法은 어떻게 規定하고 있는가

권리변동을 일으키는 법률요건으로는 법률행위와 법률의 규정에 의하는 경우가 있다.

후자에 속하는 주요한 것으로는 소멸시효 · 취득시효 · 사무관리 · 부당이득 · 불법행위 · 상속 등이 있다. 그 중 취득시효는 물권편에, 사무관리 · 부당이득 · 불법행위는 채권편에, 상속은 상속편에 각각 규정하고 있다.

민법총칙편에서 규정하는 법률요건으로는 법률행위와, 법률의 규정에 의한 소멸시효의 두 가지가 있다. 법률행위 중 계약에 관한 상세한 내용은 채권편에 규정을 두고 있고, 민법총칙에서는 다만 단독행위와 계약에 관해서 의사표시를 중심으로 한 법률행위 일반에 관하여 규정을 하고 있다. 그리고 또 한편으로 법률의 규정에 의한 소멸시효와 그 부속적 전제가 되고 있는 기간에 관하여 규정을 두고 있다.

제 2 절 法律行爲

第 1 款 法律行爲 一般理論

槪 要

Ⅰ. 法律行爲의 意義와 法律行爲自由의 原則

1. 法律行爲의 意義 問 069

법률행위란 법률효과의 발생을 의욕한 하나 또는 수 개의 의사표시를 불가결의 요소로 하는 법률요건을 말한다. 법률행위의 성질을 분석하면 다음과 같다.

① 법률행위는 「법률요건」의 하나이다.
② 법률행위는 「의사표시를 불가결의 요소」로 하고 있다.
③ 법률행위는 「표의자가 의욕한 효과」가 생긴다.
④ 법률행위는 「사적자치의 수단」이다.

2. 法律行爲 自由의 原則 問 070

(1) 法律行爲의 基本原則

법률행위는 사적자치의 원리에 따라 자유롭게 행할 수 있는 것이 원칙이다. 이 원칙은 개인의 사법상의 법률관계는 개인이 그의 책임하에 자유로이 결정하고 행할 수 있어야 한다는 것이다.

(2) 法律行爲自由의 原則의 修正

그러나 이 원칙은 자본주의 사회가 발전함에 따라 빈부의 격차, 노사의 대립 등 사회적·경제적 폐단이 속출하게 되어 이의 수정이 불가피하게 되었다.

Ⅱ. 法律行爲의 種類 問 071

1. 單獨行爲·契約·合同行爲

법률행위의 구성요소인 의사표시의 모습에 따른 분류이다.

(1) 單獨行爲

당사자 일방의 의사표시만으로 성립하는 법률행위를 말한다. 이에는 상대방있는 단독행위와 상대방없는 단독행위가 있다. 전자는 의사표시가 상대방에 도달함으로써 효력이 발생하며(예: 동의·채무면제·상계·취소·해제 등), 후자는 의사표시를 수령할 상대방이 특정되어 있지 않으며 의사표시가 있으면 곧 효력이 발생하는 경우이다(예: 유언·재단법인의 설립행위·권리포기 등).

(2) 契 約

상호 대립되는 두 사람 이상의 의사표시가 합치됨으로써 성립되는 법률행위이다. 좁은 의미의 계약이라고 할 때는 채권계약을 말한다.

(3) 合同行爲

내용과 방향이 같은 수 개의 의사표시가 합하여 성립하는 법률행위이다. 이는 수 개의 의사표시를 요하는 점에서 단독행위와 다르고, 또 수 개의 의사표시의 내용과 방향이 같은 점에서 계약과 다르다.

2. 要式行爲·不要式行爲

의사표시가 일정한 방식의 필요여부에 의한 분류이다.

(1) 要式行爲

의사표시가 일정한 형식을 필요로 하는 법률행위이다(예: 혼인 · 법인의 설립행위 · 유언 등).

(2) 不要式行爲

의사표시를 일정한 방식을 요하지 않은 법률행위를 말한다. 법률행위는 불요식행위인 것이 원칙이다.

3. 死因行爲 · 生前行爲

법률행위의 효력발생 시기에 의한 구별이다.

(1) 死因行爲

법률행위는 생전에 성립하지만, 행위자의 사망에 의하여 효력이 발생하는 법률행위를 말한다(예: 유언, 사인증여 등).

(2) 生前行爲

법률행위의 효력이 행위자의 사망과는 관계되지 않는 법률행위를 말한다. 사인행위를 제외한 모든 법률행위가 이에 해당된다

4. 債權行爲 · 物權行爲 · 準物權行爲

법률행위의 효력의 종류에 의한 분류이다.

(1) 債權行爲

채권의 발생을 목적으로 하는 법률행위이다(예: 증여 · 매매 · 교환 등).

(2) 物權行爲

직접 물권의 발생을 목적으로 하는 법률행위를 말한다(예: 소유권 이전행위, 지상권 · 전세권 설정행위 등). 이는 처분행위이므로 이행이란 문제를 남기지 않는 점에서 채권행위와 다르다.

(3) 準物權行爲

물권이외의 권리의 발생・변경・소멸을 직접 발생하게 하는 법률행위를 말한다(예: 채권양도, 무체재산권의 양도, 채무면제 등).

5. 財産行爲・家族法上의 行爲

법률행위가 재산관계의 변동을 목적으로 하느냐, 가족법관계의 변동을 목적으로 하느냐에 따른 분류이다.

(1) 財産行爲

재산관계의 변동을 목적으로 하는 법률행위이다(예: 채권행위, 물권행위, 준물권행위 등).

(2) 家族法上의 行爲

가족관계의 변동을 목적으로 하는 법률행위이다(예: 혼인, 입양 등).

6. 有償行爲・無償行爲

자기의 출연에 대하여 상대방으로부터 그에 대응하는 대가를 받느냐 받지 않느냐에 따른 분류이다.

(1) 有償行爲

자기의 출연행위에 대하여 그에 대응하는 대가가 수반되는 법률행위를 말한다(예: 매매, 교환 등).

(2) 無償行爲

출연행위에 대하여 그에 상응하는 대가가 수반되지 않는 법률행위를 말한다(예: 증여 등).

7. 有因行爲・無因行爲

출연행위가 원인행위의 유효・무효에 의해서 영향을 받느냐 받지 않느냐에 의한 분류이다.

(1) 有因行爲

출연행위는 출연을 하게 된 원인이 있기 마련인데 그 원인행위가 무효인 경우에는 출연행위도 무효가 되는 경우를 말한다. 우리 민법은 유인주의를 원칙으로 하고 있다.

(2) 無因行爲

원인행위가 무효라 하더라도 출연행위는 아무런 영향을 받지 않고 유효한 것으로 보는 법률행위를 말한다(예: 어음·수표행위 등).

8. 信託法上의 信託行爲·民法解釋學上의 信託行爲·判例上의 名義信託

(1) 信託法上의 信託行爲

신탁법상의 信託行爲란 위탁자가 수탁자에게 일정한 재산을 이전하면서 수탁자로 하여금 위탁자나 제3자의 이익을 위하여 또는 학술·종교·자선 등 공공의 이익을 위하여 그 재산권을 관리·처분케 하는 것을 내용으로 하는 계약의 체결이나 위탁자의 유언행위를 말한다(신탁 1조 2항, 2조). 이에 관해서는 信託法에 상세한 규정을 하고 있다

(2) 民法解釋學上의 信託行爲

민법해석학상의 신탁행위란 채무자(위탁자)가 채권자(수탁자)에게 담보의 목적을 위하여 그 필요한 정도를 넘는 소유권을 이전해주면서 채권자(수탁자)에게 그 권리를 담보의 목적 이상으로 행사해서는 아니 될 의무를 부담케 하는 계약을 말한다. 본래 이 이론은 채권담보를 위하여 소유권 이전의 형식을 취하는 양도담보를 법적 이론으로 설명하기 위해서 민법해석학상의 신탁행위로 이론 구성한 것이다.

(3) 判例上의 名義信託

명의신탁이란 위탁자와 수탁자 간에 대내적으로는 위탁자가 여전히 소유권을 보유하고 이를 관리·처분하면서 공부상의 소유명의만을 수탁자로 해두는 경우를 말한다. 공부상의 소유명의를 수탁자에게 맡겨둔다는 점에서 이 역시 일종의 신탁행위인 것이다. 이는 판례에 의해서 형성된 개념이다.

Ⅲ. 法律行爲의 要件 問 072

법률행위가 당사자가 원한 대로 법률효과가 발생하기 위해서느 법률행위가 성립되어 존재하여야 하고(법률행위 성립요건), 그 존재하는 법률행위가 유효하여야 한다(유효요건).

1. 成立要件

법률행위 성립요건이란 외형상 법률행위가 존재하기 위하여 갖추어야 하는 요건으로서 일반적 성립요건과 특별성립요건이 있다.

(1) 一般的 成立要件

모든 법률행위에 공통된 성립요건이다. ① 당사자, ② 법률행위의 목적, ③ 의사표시 등이다.

(2) 特別成立要件

개개의 법률행위에 특별히 요구되는 성립요건으로서 법률의 규정에 의하여 정해진다(예: 법인설립행위에 있어서의 설립등기, 유언에 있어서의 일정한 방식, 어음행위에 있어서의 일정한 요식 등).

2. 效力要件(有效要件)

성립요건을 갖춘 법률행위가 효력을 발생하기 위하여 필요로 하는 요건이다. 이 역시 일반적 효력요건과 특별효력 요건이 있다.

(1) 一般的 效力要件

모든 법률행위의 효력발생에 필요로 하는 요건으로서 이에는 ① 당사자가 능력이 있을 것, ② 법률행위의 목적이 확정·가능·적법·사회적 타당성이 있을 것, ③ 의사표시가 의사와 표시가 일치하고, 의사표시에 하자가 없을 것 등이다.

(2) 特別效力要件

각종의 법률행위에 있어서 특유한 효력요건으로서 예컨대 대리행위에 있어서 대리권의 존재, 조건부·기한부 법률행위에 있어서 조건의 성취와 기한의 도래, 유언에 있어서의 유언자의 사망 등이다.

3. 法律行爲의 要件에 관한 論述의 순서

법률행위의 유효요건 중 當事者에 관해서는 앞에서 언급하였으므로 그밖의 것으로서 法律行爲의 目的, 意思表示에 관하여 다음에서 순차로 설명하기로 한다.

本 論

Ⅰ. 法律行爲의 意義와 法律行爲自由의 原則

【69】 法律行爲란 무엇인가

1. 法律行爲의 意義

法律行爲란 법률효과의 발생을 의욕하는 하나 또는 수 개의 의사표시를 불가결의 요소로 하는 法律要件을 말한다. 예컨대 매매의 경우를 보면 매수인 A가 청약을 한 것은 대금을 지급하고, 그 토지를 취득하려는 의욕이 있기 때문이며, 매도인 B가 承諾을 한 것은 토지의 취득을 의욕한 때문이다. 여기에서 법률은 당사자가 의욕한 대로의 효과를 보장하고 A에게는 대금의 지급을, B에게는 토지의 인도를 각가 명하게 된다. 이와 같이 당사자가 일정한 법률효과의 발생을 의욕하고, 그 취지를 외부에 표시한 행위를 의사표시라고 한다. 그리고 이 의사표시를 불가결의 구성요소로 한 법률요건, 즉 계약을 법률행위라고 한다.

2. 法律行爲의 性質

법률행위의 성질을 분설하면 다음과 같다.

(1) 법률행위는 「法律要件」의 하나이다

법률요건이란 법률효과의 발생 원인을 말한다. 예컨대 법률행위인 계약은 법률요건이며, 계약이 원인이 되어 그 효과로서 권리의무가 발생한다. 법률요건에는 법률행위를 비롯하여 준법률행위, 위법행위, 사건 등 여러 가지가 있다. 민법총칙에서는 이 중 법률행위에 관하여 상세한 규정을 두고 있다. 그리고 법률행위는 그 구성요소인 의사표시의 모습에 따라 계약·단독행위·합동행위로 나눌 수 있다.

(2) 법률행위는 「意思表示를 不可缺의 要素」로 하고 있다

법률행위가 의사표시를 불가결의 요소로 한다는 것은 법률행위에는 하나 또는 수 개의 의사표시가 반드시 필요하다는 것이지, 모든 법률행위가 의사표시만으로 이루어진다는 것은 아니다. 예컨대 취소·해제 등과 같은 단독행위는 하나의 의사표시에 의해서, 契約은 청약과 승낙의 두 개의 意思表示가 합치되어서 성립되지만, 질권설정행위는 의사표시외에 목적물의 인도라는 법률사실이 있어야 하고, 재단법인의 설립행위는 법인설립의 의사표시(정관작성) 외에 재산의 출연·주무관청의 허가와 설립등기 등의 법률사실이 있어야 성립한다. 이와 같이 법률행위는 의사표시만으로 또는 의사표시 외에 다른 법률사실과 합해져서 성립한다. 그러나 법률행위는 어느 경우에나 의사표시만은 반드시 있어야 한다.

(3) 법률행위는 「表意者가 意慾한 대로」 법률효과가 생긴다

법률행위란 의사표시가 반드시 필요하며, 의사표시는 표의자가 법률효과의 발생을 원하는 내심적 의사를 외부에 표시하는 행위이므로 법률행위는 의사표시의 내용에 따라 당사자가 의욕한 대로 법률효과가 생긴다. 매매의 예를 들면 매도인의 팔겠다는 의사표시와 매수인의 사겠다는 의사표시에 따라 매도인은 대금을 지급받을 권리가, 매수인은 목적물의 인도를 받을 권리가 발생한다.

법률요건 중에는 당사자가 의사표시에 의해서 의욕한 대로 법률효과가 생기는 경우가 있고, 당사자의 의사표시와는 관계없이 법률의 규정에 의하여 법률효과가 생기는 경우가 있다. 전자의 경우가 법률행위이고, 후자의 경우가 준법률행위·위법행위·사건이다. 이런 면에서 법률행위는 법률요건인 준법률행위 등과 다르다.

(4) 법률행위는 「私的自治의 手段」이다

사적자치란 사적 생활관계는 어느 누구의 간섭을 받지 않고, 개개인의 자유로운 의사에 의해서 처리하는 원칙이다. 이와 같은 사적자치는 법률행위에 의해서 이루어지는 것이므로 이를 법률행위 자유의 원칙이라고도 한다. 인간은 사적 생활에 있어서 타인의 간섭을 받지 않고, 자기의 자유의사에 의해서 처리하는 사적자치를 이상으로 한다. 이와 같은 사적자치는 역사적으로 오랜 투쟁 끝에 봉건주의의 신분계급의 타파로 이루어진 것이다. 사적자치는 법률행위에 의해서 이루어지는 것이므로 법률행위는 사적자치의 수단이다.

【70】 法律行爲自由의 原則이란 무엇인가

1. 法律行爲의 基本原則

법률행위는 사적자치의 원칙에 따라 자유롭게 행할 수 있는 것이 원칙이다. 이 原則은 개인의 사법상의 법률관계는 개인이 그 책임하에 자유로이 결정하고 행할 수 있어야 한다는 것이다. 법률행위는 계약이 중심이 되어 있기 때문에 이를 契約自由의 原則이라고도 한다. 이것은 근대 시민사회가 개인의 자유와 평등을 기초로 하고 있는 데에 대응하여 근대시민법상 확립된 하나의 이상이다. 그러나 이 원칙은 처음부터 인정된 것은 아니다. 고대에는 일반 서민의 사회생활관계는 출생한 때부터 신분이나 계급이 결정되어 본인의 의사에 의해서 자유로이 결정될 여지는 극히 협소하였다. 그것이 문화의 발달에 수반하여 개인의사의 자유의 범위가 점점 증대되어 결국 近世初期의 개인주의사상에 의하여 봉건주의제도에 있어서의 신분적·경제적 구속이 타파되고, 법률행위(계약)만이 개인의 사회생활관계를 결정할 수 있다고 여기게 되어 이 원칙이 확립된 것이다.

이 원칙이 인정됨으로써 사람은 그 경제활동에 있어서 자유로운 활동으로 창의력을 충분히 발휘할 수 있었으며 그 결과 자본주의 사회가 비약적으로 발전하게 되었다.

2. 法律行爲自由의 原則의 修正

그러나 자본주의사회가 급진적으로 발전함에 따라 사람들 사이에는 빈부의 격차가 극심하였고 勞動者와 資本家와의 계급대립이 격화되어 갔으며, 구체적인 인간은 결코 자유·평등한 인격자가 아니라는 것이 명백해졌다. 따라서 법률행위의 자유의 원칙은 모든 사람에게 평등한 문화적 생존을 보장하여야 한다는 이상을 달성하기에는 부적절 하였다. 그리하여 20세기에 와서는 이 원칙을 수정·제한하지 않으면 안 되게 되었다. 즉 經濟的 弱者를 보호하기 위해서 契約約款의 효력을 否認 또는 제한하거나, 일정의 계약을 체결할 것을 직접 또는 간접으로 규제하거나, 勞動者團體의 보호·육성을 위하여 각종 사회법을 제정하는 등 법률행위 자유의 원칙을 수정 내지 제한이 불가피하게 되었다.

Ⅱ. 法律行爲의 種類

【71】 法律行爲의 種類는 어떤 것인가

법률행위는 여러 가지 기준에 의해서 분류되나 그 중 중요한 것으로는 다음과 같은 것들을 들 수 있다.

1. 單獨行爲 · 契約 · 合同行爲

법률행위를 의사표시의 모습에 따라 분류하면 단독행위 · 계약 · 합동행위로 분류할 수 있다.

(1) 單獨行爲

이것은 당사자일방의 의사표시만으로 성립하는 법률행위이며, 일방행위라고도 한다. 이에는 상대방 있는 단독행위와 상대방 없는 단독행위가 있다. 상대방 있는 단독행위는 同意 · 取消 · 債務免除 · 相計 · 解除 · 解止 등이 있으며, 이 의사표시는 상대방에게 도달하여야 법률효과가 발생한다. 상대방 없는 단독행위는 遺言 · 財團法人의 設立 등이 이에 해당되며, 이 의사표시는 수령할 상대방이 특정되어 있지 않으므로 의사표시가 있으면 곧 법률효과가 발생한다. 그리고 單獨行爲는 당사자의 일방적 意思表示만으로 法律效果가 생기고 그에 따라 상대방을 일방적으로 구속하게 되므로 법률에 규정이 있는 경우에 한하여 허용된다(5조, 110조, 406조, 544조).

(2) 契 約

이는 두 사람 이상의 상호 대립되는 의사표시가 합치됨으로써 성립되는 법률행위이다. 이를 쌍방행위라고도 한다. 이에 해당되는 것으로는 예컨대 매매 · 증여 · 임대차 등을 들 수 있다. 계약은 두 사람 이상의 대립된 의사의 합치를 요하므로, 일방적인 의사표시에 의해서 성립된 단독행위나 목적과 방향이 같은 수인의 의사의 합치에 의해서 성립하는 합동행위와 구별된다. 그리고 계약은 당사자 쌍방의 의사표시의 합치에 의해서 이루어지므로 사적자치의 수단이기도 하며 强行法規나 선량한 風俗 기타 社會秩序에 반하지 않는 한 자유롭게 체결할 수 있다.

계약에는 채권계약 · 물권계약 · 가족법상의 계약 등이 있으나 좁은 의미의 계약은 債權契約을 말한다. 민법에는 채권계약에 관해서 일반적 규정을 두고 이를 다른 계약에 유추적용하고 있다.

(3) 合同行爲

이는 목적과 방향이 같은 두 개 이상의 의사표시가 합치되어 성립하는 법률행위를 말한다. 이에 속한 것으로는 社團法人의 設立行爲가 있다. 합동행위는 수인의 의사의 합치에 의해서 성립하는 점에서 계약과 같으나, 계약은 당사자의 의사표시의 내용이 대립하고 있는 데에 반하여 합동행위는 각자의 의사표시의 목적과 방향이 같은 점에서 다르다.

〈意思表示의 모습에 따른 法律行爲의 分類〉

	單獨行爲	契 約	合同行爲
意思表示의 모습	●⇨	●⇨⇦●	●⇨ ●⇨ ●⇨
具體的인 例	取消, 解除, 債務免除, 相計	契約	社團法人의 設立行爲

2. 要式行爲 · 不要式行爲

의사표시가 일정한 방식에 따라서 행하여지는 것이 法律行爲의 要件으로 되어 있느냐 아니냐에 의한 구별이다.

(1) 要式行爲

이것은 의사표시를 서면 기타 일정한 방식을 필요로 하는 법률행위를 말한다. 법률행위는 契約自由의 原則에 따라 불요식이 원칙이나, 遺言의 경우처럼 법률관계를 명확하게 하기 위하여(1060조 이하), 어음·수표 등의 有價證券에 관한 행위처럼 외형을 신뢰하여 원활한 거래가 이루어지게 하도록 하기 위하여(어음 1조, 75조; 수표 1조), 일정한 방식을 필요로 하는 경우가 있고, 또 婚姻과 같이 의사표시외에는 일정한 방식(신고)을 갖추는 것이 요구되는 경우도 있다(812조). 이와 같은 법률행위를 요식행위라고 한다.

(2) 不要式行爲

이는 어떠한 방식도 필요로 하지 않고 의사표시만으로 행해지는 법률행위를 말한다. 법률행위 자유의 원칙을 취하고 있는 현행법 하에서는 특별한 규정이 없는 한 不要式行爲가 원칙이다.

3. 死因行爲·生前行爲

이는 법률행위의 효력발생시기에 의한 구별이다.

(1) 死因行爲

死因行爲란 행위는 생전에 성립하지만, 행위자의 사망에 의하여 효력이 발생하는 법률행위를 말하며, 유언(1073조), 死因贈與(562조) 등이 이에 해당된다.

(2) 生前行爲

生前行爲란 법률행위의 효력이 행위자의 사망과는 관계되지 않는 법률행위를 말한다. 사인행위 이외의 모든 법률행위는 이에 해당된다.

4. 債權行爲·物權行爲·準物權行爲

법률행위 효과의 종류에 의하여 채권행위·물권행위·준물권행위로 구분된다.

(1) 債權行爲

채권행위란 채권의 발생을 목적으로 하는 법률행위를 말한다. 예컨대 증여・매매・대차 등의 계약이 이에 해당된다. 채권행위는 특별한 경우(現實賣買)를 제외하고는 장래이행(매매계약인 경우 목적물의 인도와 대금지급의무)이라는 문제를 남긴다는 점에서 物權行爲 및 準物權行爲와 다르다.

(2) 物權行爲

물권행위란 직접 물권의 발생・변경・소멸을 생기게 하는 법률행위를 말한다. 예컨대, 소유권이전행위, 지상권이나 저당권 등과 같은 制限物權의 설정행위가 이에 속한다. 물권행위는 직접 물권변동을 일으키는 處分行爲이므로 이행이라는 문제를 남기지 않는 점에서 채권행위와 다르다.

물권행위는 직접 물권변동을 발생케 하는 행위이므로 어떤 경우에 이와 같은 물권행위가 행해진 것으로 볼 것이냐가 문제이다. 물권행위에 관해서는 의사주의(佛法主義)와 형식주의(獨法主義) 두 立法主義가 있다. 전자에 있어서는 당사자간에 물권적 합의만 있으면 직접 물권변동(공시방법은 제3자에 대한 대항요건으로 본다)이 생기므로 별 문제가 없으나, 후자의 경우에 있어서는 물권적 합의 외에 공시방법으로서 부동산인 경우에는 登記, 동산인 경우에는 引渡가 있지 않고서는 물권변동이 생기지 않는다. 그러므로 우리나라와 같은 형식주의하에서 물권변동은 당사자간에 물권적 합의만으로는 이루어질 수 없고, 물권적 합의와 부동산의 경우에는 登記, 동산인 경우에는 목적물의 引渡가 있어야 한다. 이렇게 함으로써 채권행위와 달라 장래에 이행이란 문제가 생기지 않는다.

(3) 準物權行爲

준물권행위란 물권 이외의 권리의 발생・변경・소멸을 직접 발생하게 하는 법률행위를 말한다. 예컨대, 債權讓渡(449조 1항), 저작권과 같은 無體財產權의 讓渡, 債務免除(506조 본문) 등이 이에 속한다. 이에 의하여 권리가 종국적으로 변동되므로 이행이라는 문제를 남기지 않는 점에서 물권행위와 흡사하다.

5. 財産行爲 · 家族法上의 行爲

이는 법률행위가 재산관계의 변동을 목적으로 하느냐, 가족법관계의 변동을 목적으로 하느냐에 따른 분류이다.

(1) 財産行爲

재산행위는 재산관계의 변동을 목적으로 하는 행위로서 채권행위 · 물권행위 · 準物權行爲가 이에 속한다.

(2) 家族法上의 行爲

가족법상의 행위는 가족법관계의 변동을 목적으로 하는 행위로서, 혼인 · 입양 · 유언 등이 이에 속한다.

6. 有償行爲 · 無償行爲

出捐行爲에는 자기의 출연에 대하여 상대방으로부터 그에 대응하는 代價를 받는 경우가 있고, 상대방으로부터 대가를 받지 않는 경우가 있다. 전자를 「有償行爲」라고 하며, 후자의 경우를 「無償行爲」라고 한다. 예컨대, 매매의 경우와 같이 매도인이 매매의 목적물을 매수인에게 양도(매도인의 財産減少로 매수인의 재산을 증가케 하는 행위)하고 그에 대한 대가로서 매수인으로부터 대금의 지급을 받는 경우가 유상행위이며, 이에 반하여 증여와 같이 贈與者가 증여의 목적물을 受贈者에게 양도가 있을 뿐 이에 대한 대가관계가 수반되지 않는 경우가 무상행위에 해당된다.

7. 有因行爲 · 無因行爲

出捐行爲, 즉 금전을 교부하거나, 家屋의 소유권을 이전하는 행위 등은 매도나 증여 등을 원인으로 해서 이루어지게 된다. 그러나 원인된 매매계약이나 증여계약 등이 무효 또는 취소되었다고 한다면 出捐의 원인이 없으므로 出捐

行爲自體도 무효가 되느냐가 문제이다. 원인행위가 무효이면 出捐行爲도 무효라고 보는 것이 有因行爲說이며, 이에 반하여 원인행위가 무효라 하더라도 出捐行爲는 아무런 영향을 받지 않고 유효한 것으로 보는 것이 無因行爲說이다.

우리 민법은 有因主義를 원칙으로 삼고 있다. 그러나 특히 외형을 존중하여 거래안전을 중요시하고 있는 어음·수표행위와 같은 指示債權의 양도에 관해서는 無因主義를 취하고 있다(513조~515조). 이밖에 물권행위가 그 원인인 채권행위와의 관계에 있어서 유인인지 무인인지는 물권행위에 있어서 크게 다투어지고 있다.

8. 信託法上의 信託行爲·民法 解釋學上의 信託行爲·判例上의 名義信託

법률행위의 일종인 信託行爲에는 信託法上의 신탁행위, 民法解釋學上의 신탁행위, 判例에 의해서 형성된 신탁행위 등이 있다.

(1) 信託法上의 信託行爲

신탁법상의 信託行爲란 委託者가 受託者에게 일정한 재산권을 이전하면서 수탁자로 하여금 위탁자나 제3자의 이익을 위하여 또는 학술·종교·자선 등 공익사업을 위하여 그 재산권을 管理·處分케 하는 것을 내용으로 하는 契約의 체결 혹은, 위탁자의 遺言을 말한다(동법 1조 2항, 2조). 예컨대 위탁자가 외국에 이민을 가면서 수탁자에게 자기의 재산을 이전해 주고 관리케 하는 계약을 체결하거나, 위탁자가 수탁자에게 자기 재산을 이전해 주면서 그 재산으로 학술·종교·자선 등 공익사업을 하여 줄 것을 내용으로 하는 유언이 그 예이다.

신탁법의 주된 내용은 신탁재산을 수탁자의 고유재산과 구별된 독립성을 갖도록 하기 위해서 수탁자로 하여금 財産目錄帳簿를 작성·비치케 하고(동법 30조, 33조), 수탁자의 相續財産에 속하지 않도록 하였으며(동법 25조), 수탁자의 채권자는 신탁재산에 대하여 强制執行이나 競賣를 금하도록 하였다(동법 21조). 그리고 登記할 수 있는 신탁재산은 이를 등기함으로써 신탁재산관계를 제3자에게 대항할 수 있도록 하였다(동법 3조).

이와 같은 신탁제도는 英美法系에서 발전한 것으로서 우리나라에 도입된지 얼마되지 않아, 아직은 그렇게 많이 행해지고 있지 않으며, 오히려 大陸法系에서 발전한 財團法人制度를 많이 선호하고 있다.

(2) 民法解釋學上의 信託行爲

민법 해석학상의 신탁행위란 채무자(위탁자)가 채권자(수탁자)에게 담보의 목적을 위하여 그 필요한 정도를 넘는 所有權을 이전해 주면서 채권자(受託者)에게 그 권리를 담보의 목적 이상으로 행사해서는 아니 될 의무를 부담케 하는 계약을 가리킨다.

원래 이 이론은 채권담보를 위하여 소유권이전의 형식을 취하는 양도담보를 법이론적으로 설명하기 위해서 민법해석상의 신탁행위로 이론구성하였다. 그러나 부동산의 양도담보는 채권자명의로 등기가 되어 있기 때문에 채무자의 고가의 재산이 소액의 채무에 의해시 희생이 되는 경우가 많아 債務者의 救濟를 위해서 「假登記擔保등에 관한 法律」이 제정됨으로써, 종래 신탁행위로 설명하던 讓渡擔保 설정행위는 담보권의 설정행위로 파악되게 되어 더 이상의 논의는 필요가 없게 되었다. 그리하여 이 이론은 動産讓渡擔保나 債權推尋을 위한 채권양도를 법이론적으로 해석하는 데에 뒷받침되고 있을 뿐이다.

(3) 判例上의 名義信託

名義信託이란 위탁자와 수탁자 간에 대내적으로는 위탁자가 여전히 소유권을 보유하고, 이를 관리·처분하면서 公簿上의 소유명의만을 수탁자로 해두는 경우를 말한다. 公簿上의 소유명의를 수탁자에게 맡겨 둔다는 점에서 이 역시 일종의 신탁행위인 것이다. 이는 실정법에 의해서 인성된 것이 아니라 判例에 의해서 형성된 개념이다(대판 1965. 5. 18, 65다312; 1987. 5. 12, 86다카2653).

판례상의 명의신탁은 위탁자와 수탁자 간의 대내적 법률관계에서는 위탁자를 소유자로 보고, 제3자를 위한 대외적 관계에서는 수탁자를 소유자로 본다는 특징이 있다. 그리고 수탁자로부터 목적물을 양수한 제3자는 善意이든 惡意이든 언제나 소유권을 유효하게 취득한 것으로 보고 있다(대판 1962. 1. 5, 4294민상165; 1963. 9. 19, 63다388).

명의신탁의 유효성에 관하여 학설은 사적자치의 원칙에 따라 판례를 지지하는 유효설이 있고, 허위표시로서 무효라고 주장하는 설이 대립하고 있으나,

판례와 같이 유효로 보는 것이 통설이다.

그러나 이와 같은 판례상의 명의신탁은 근래에 와서 단순한 편의만을 위한 것이 아니라 탈세·탈법·재산은닉·투기 등의 목적으로 악용되는 각종 폐단을 가져오게 되어, 그에 대한 대책으로「不動産實權利者名義登記에 관한 法律」을 제정하여 명의신탁을 원칙적으로 무효로 보게 되었다(동법 4조 1항). 다만 宗中財産의 명의신탁과 夫婦間의 명의신탁만은 유효한 것으로 인정하여(동법 8조), 이 법이 시행된 후부터는 이 두 경우에만 판례상의 명의신탁 이론이 적용될 뿐이다.

Ⅲ. 法律行爲의 要件

【72】法律行爲의 要件이란 무엇인가

法律行爲가 당사자가 의욕한 대로 법률효과가 발생하기 위해서는 법률행위가 성립되어 존재하여야 하고(성립요건), 그 존재하는 법률행위가 유효하여야 한다(유효요건).

1. 成立要件

법률행위의 성립요건이란 외형상(실질적인 유효여부는 접어두고) 법률행위가 존재하기 위하여 갖추어야 하는 요건으로서 一般的 成立要件과 特別成立要件이 있다.

(1) 一般的 成立要件

一般的 成立要件은 모든 法律行爲에 공통된 요건이다. 계약의 경우를 보면 양 당사자가 어떠한 목적을 달성하기 위해서 상호 意思表示를 하고 그 意思表示가 合致됨으로써 계약이 성립한 것과 같이 ① 當事者의 존재, ② 그 법률행

위를 구성하는 意思表示의 존재, ③ 당사자가 실현하고자 하는 目的이 존재하여야 한다. 이것이 법률행위의 일반적 성립요건이다.

(2) 特別成立要件

特別成立要件은 법률의 규정에 의하여 개개의 법률행위에 특별히 요구되는 성립요건이다. 예컨대, 법인설립행위에 있어서의 설립등기(33조), 유언에 있어서의 일정한 방식(1060조 이하), 어음행위에 있어서의 일정한 要式(어음법 1조), 동산질권설정에 있어서의 물건의 인도(330조) 등이다.

이와 같은 법률행위의 성립요건이 갖추어지게 될 때 법률행위는 존재하게 되며, 이와 같은 요건이 결여될 때에는 당해 법률행위는 不成立·不存在한 것이 되어 유효·무효라는 문제는 논할 여지가 없다.

2. 效力要件(有效要件)

성립요건을 갖춘 법률행위가 법률상의 일정한 효과가 발생하기 위해서는 효력요건이 갖추어져야 한다. 이에는 일반적 효력요건과 특별효력요건이 있다. 이와 같은 요건을 갖추지 않게 되면 그 법률행위는 무효로 되거나 또는 취소할 수 있게 된다.

(1) 一般的 效力要件

일반적 효력요건은 모든 법률행위의 효력발생에 필요로 하는 요건으로서 이에는 세 가지가 있나.

첫째, 당사자가 權利能力, 行爲能力, 意思能力이 존재하여야 한다(3조, 5조, 10조, 13조). 당사자가 의사능력이 없으면 그가 행한 법률행위는 무효가 되며, 행위능력이 없으면 일단은 유효하지만 취소를 하게 되면 소급하여 무효가 된다. 그리고 권리능력이 없는 경우에는 법률효과는 발생하지 않는다(이에 관한 상세한 설명은 앞에서 언급하였다).

둘째, 법률행위의 목적이 確定할 수 있어야 하고, 實現可能하여야 하며, 適法하고, 社會的 妥當性이 있어야 한다. 법률행위의 목적이 불확정, 실현불가능, 강행법규의 위반, 선량한 풍속 기타 사회질서에 반한 때에는 그 법률행위는 무효가 된다(이에 관한 상세한 설명은 다음 항에서 하기로 한다).

셋째, 의사표시에 관하여 意思와 表示가 一致하여야 하고, 의사표시에 瑕疵가 없어야 한다. 그렇지 않은 때에는 무효 또는 취소가 된다(이에 관한 구체적인 설명은 별항에서 하기로 한다).

(2) 特別效力要件

특별효력요건이란 각종의 법률행위에 있어서 특유한 효력요건으로서, 예컨대 條件附 法律行爲에 있어서의 조건의 成就, 期限附 法律行爲에 있어서의 기한의 도래, 유언에 있어서의 유언자의 死亡, 代理行爲에 있어서의 대리권의 존재 등이 이것이다.

3. 法律行爲의 有效要件에 관한 民法總則上의 規定

민법총칙은 법률행위가 유효하기 위한 일반적 요건으로서 ① 당사자에 관한 요건, ② 법률행위의 목적에 관한 요건, ③ 법률행위의 요소인 의사표시에 관한 요건을 규정하고 있다. 또 특수한 요건으로는 ① 대리행위에 있어서 대리권의 존재, ② 조건부·기한부 법률행위에 있어서의 조건의 성취와 기한의 도래를 규정하고 있다. 이들 여러 요건 중에서 당사자에 관한 요건은 이미 설명하였으므로 기타의 요건에 관하여 순차로 설명하기로 한다.

표 4-2 法律行爲의 要件

成立要件	效力要件
일반적 성립요건	일반적 효력요건
(1) 當事者	(1) 當事者가 ① 權利能力, ② 行爲能力, ③ 意思能力을 가지고 있을 것
(2) 法律行爲의 目的	(2) 법률행위의 목적이 ① 확정할 수 있고, ② 실현가능, ③ 적법하며, ④ 사회적 타당성이 있어야 한다.
(3) 意思表示	(3) 의사표시에 관하여 ① 의사와 표시가 일치하고, ② 의사표시에 하자가

	없어야 한다.
특별성립요건	특별효력요건
예: • 법인설립에 있어서 설립등기 • 유언에 있어서 일정한 방식 • 어음·수표행위에 있어서 일정한 요식 • 동산질권행위에 있어서 목적물의 인도 등	예: • 조건부법률행위에 있어서 조건의 성취 • 기한부법률행위에 있어서 기한이 도래 • 대리행위에 있어서 대리권의 수여 • 유언에 있어서 유언자의 사망 등

第 2 款　法律行爲의 目的

概　要

Ⅰ. 法律行爲의 目的 問 073

1. 法律行爲의 目的의 意義

법률행위의 목적이란 행위자가 법률행위에 의해서 발생시키려고 하는 법률효과를 말한다. 법률행위가 성립하려면 목적이 존재해야 하고 법률행위의 효력이 발생하기 위해서는 법률행위의 목적이 확정·가능·적법·사회적 타당성이라는 여러 요건이 갖추어져야 한다.

2. 目的의 確定 問 074

법률행위가 유효하기 위해서는 그 법률행위의 목적이 확정되어 있거나 확정될 수 있는 것이어야 한다. 불확정한 법률행위는 무효이다.

3. 目的의 實現可能 問 075

(1) 實現可能性의 意義

법률행위가 유효하기 위해서는 법률행위의 목적이 실현가능해야 한다. 실현불가능한 것을 목적으로 하는 법률행위는 무효이다.

(2) 可能·不能의 基準

법률행위의 목적이 실현 가능이냐 불능이냐는 물리적 기준에 의할 것이 아니라 사회 통념에 의해서 결정된다.

(3) 目的의 不能으로 無效가 되는 경우

(가) 목적이 原始的으로 不能하여야 한다

법률행위가 성립하는 시점을 기준으로 하여 원시적 불능과 후발적 불능으로 나눌 수 있는데 법률행위의 목적이 불능으로 인하여 무효가 되는 경우는 원시적 불능에 한한다.

(나) 目的의 一部가 不能해도 全體가 無效인 것이 原則이다

법률행위의 목적의 일부 불능인 경우에는 결국 법률행위 전체가 무효가 되는 것이 원칙이나(37조 본문). 그러나 무효한 부분이 없더라도 당사자간에 법률행위를 하였으리라고 인정될 때에는 나머지 부분은 유효하다(137조 단서).

(다) 目的이 客觀的 不能이어야 한다

객관적 불능이란 예컨대 한강에 빠트린 반지를 찾아내는 계약과 같이 어느 누구나 실현이 불가능한 경우를 말한다. 주관적 불능이란 불능의 원인이 특정인에게만 존재하는 경우를 말한다. 법률행위의 목적이 불능으로 인하여 무효로 된 경우는 원시적인 객관적 불능인 경우에 한하여 무효로 된다.

(라) 目的이 事實的 不能이어야 한다

여기서 말한 법률행위 목적의 불능으로 무효가 되는 경우는 사실적 불능인 경우이며 법률적 불능은 강행법규나 사회질서 위반사항에서 논의하게 된다.

4. 目的의 適法 問 076

(1) 適法의 意義

적법이란 법률행위의 목적이 사법영역에 속하는 강행규정(강행법규)과 단속규정 중 효력규정에 위배되지 않음을 말한다. 법률행위의 목적이 이와 같은 규정에 위반했을 때에는 그 법률행위는 무효가 된다. 私法上의 강행규정과 단속규정 중 효력규정이 무엇이냐를 알기 위해서는 전자의 경우는 임의법규와의 구별을, 후자의 경우는 단순한 단속규정과의 구별이 필요하다.

(2) 强行規定과 任意規定

(가) 强行規定과 任意規定의 意義

사법의 규정은 강제성의 유무에 따라 강행규정과 임의규정으로 나눌 수 있다. 강행규정이란「법령 중의 선량한 풍속 기타 사회질서에 관계있는 규정」(105조의 반대해석)을 말하며, 법률행위의 목적이 이와 같은 규정에 위반한 때에는 당해 행위는 무효가 된다. 임의규정이란「법령 중 선량한 풍속 기타 사회질서에 관계없는 규정」(105조)을 말하며, 당사자의 의사에 의하여 그 적용을 배제하거나 그와 다른 약정을 할 수 있는 규정을 말한다.

(나) 强行規定과 任意規定의 판단의 標準

양자의 구별은 규정의 목적·내용·성질·입법취지 등을 종합적으로 고찰하여 판단하여야 한다.

(3) 效力規定과 단순한 團束規定

(가) 效力規定과 단순한 團束規定의 意義

사법영역에 있어서 강행규정 외에 행정상의 목적을 위하여 사인간의 거래 행위를 제한 또는 금지하는 법규가 있다. 이를 단속규정이라고 한다. 그리고 단속규정 중에는 거래행위의 사법상의 효력의 발생을 인정하지 않는「효력규정」이 있고, 법규에 정한 형사처벌이 있을 뿐 사법상의 효력에는 영향이 없는「단순한 단속법규」가 있다. 따라서 法律行爲가 유효하기 위해서는 효력규정에 반하지 않아야 한다.

(나) 兩者의 區別標準

양자의 구별에 관해서 민법은 아무런 규정을 두고 있지 않다. 그러므로 당해 법규의 입법취지, 당해 위법행위의 사회적 비난의 정도, 위법행위의 무효로 인한 상대방 내지 사회일반에 미치는 영향 등을 종합적으로 고려하여 당해 법규가 내용 그 자체의 실현을 즉 「결과발생」을 금한 것이냐, 그렇지 않으면 단순히 그러한 「행위」를 하는 것을 금하고 있는 것인가를 검토하여 전자에 해당된다고 볼 때에는 효력규정인 것이고, 후자에 해당된다고 볼 때에는 단순한 단속규정이라고 보아야 한다.

(4) 强行法規違反의 모습

강행법규위반의 모습으로는 직접적 위반행위와 간접적 위반행위, 즉 탈법행위가 있다.

(가) 直接的 違反

강행법규 자체를 직접적으로 위반하는 경우로서 이 행위는 항상 무효이다. 예컨대 질권설정계약을 체결하면서 유질약관을 붙이는 것은 유질 계약금지규정(339조)을 직접적으로 위반한 경우이다.

(나) 脫法行爲(間接的 違反) 問 077

① 脫法行爲의 意義 탈법행위란 강행법규가 금하고 있는 것을 정면으로 위반하지 않고, 회피수단에 의해서 이를 실질적으로 실현하는 행위를 말한다. 법률행위의 목적이 탈법행위인 경우에는 무효가 되는 경우가 있다.

② 脫法行爲의 無效의 限界 탈법행위가 법률이 탈법행위로 인해 달성되는 「목적자체를 금지」하는 경우는 무효이고, 법률이 목적자체를 금하는 것이 아니고 특정의 「수단 또는 행위」를 금지하는 경우에는 유효하다.

(다) 立法論

탈법행위의 발생요인이 기존법규와 사회적·경제적 현실이 맞지 않는 데에 있으므로 기존 법규의 해석에 의해서 해결하려고 하는 것보다 사회적·경제적 사정에 알맞은 새로운 입법조치가 이루어져야 한다.

5. 目的의 社會的 妥當性 問 078

(1) 社會的 妥當性의 意義

법률행위의 목적이 개개의 강행법규에 위반되지 않는다 하더라도 「선량한 풍속기타 사회질서」에 위반한 사항을 목적으로 하는 법률행위는 무효이다(103조). 「선량한 풍속기타 사회질서」란 사회생활의 평화와 질서를 유지하기 위하여 국민들이 반드시 지켜야 할 일반규범을 말한다. 사회적 타당성이 없는 행위를 반사회적 행위라고도 한다.

(2) 反社會的 行爲의 事例

판례에 나타난 反社會的 行爲로는 ① 정의관념에 반하는 행위, ② 인륜에 반하는 행위, ③ 개인의 자유를 지나치게 제한하는 행위, ④ 생존의 기초가 되는 재산의 처분행위, ⑤ 지나친 사행적인 행위, ⑥ 불공정한 법률행위(폭리행위) 등을 들 수 있다.

(3) 反社會的 行爲의 效果

(가) 一般的 效果

반사회적 법률행위는 무효이다(103조). 이를 이행 전과 이행 후로 구분하여 살펴보면 다음과 같다.

① **履行前** 　법률행위가 사회질서에 반하여 무효인 경우 아직 이행하지 아니한 상태에 있는 때에는 이행할 필요가 없다.

② **履行後** 　이행 후에는 원인무효에 의한 부당이득으로서 반환청구를 할 수 있는 것 같지만, 이를 인정하면 반사회적 행위를 한 자를 보호하는 형태가 되므로, 민법 제746조 본문은 불법원인급여로서 반환청구를 할 수 없다고 규정하고 있다. 그러나 불법원인이 수익자에게만 있는 경우에는 반환청구를 할 수 있다고 한다(746조 단서).

(나) 動機의 不法의 效果

사회질서에 반한 동기에 의하여 법률행위를 한 경우에는 동기가 표시된 경우에 한하여 무효가 된다고 보는 견해가 다수설이다.

(4) 不公正한 法律行爲 問 079

(가) 意　義

불공정한 법률행위란 당사자의 궁박·경솔 또는 무경험으로 인하여 급여가 현저하게 균형을 잃은 법률행위를 말한다. 이는 민법 제104조로 독립된 규정을 두고 있지만, 제103조에서 말한 반사회적 행위의 일종으로서 무효가 된다(104조).

(나) 要　件

① **主觀的 要件** 　피해자의 궁박·경솔·무경험을 이용하여야 한다.

② **客觀的 要件** 　급부와 반대급부와의 사이에 현저한 불균형이 있어

야 한다.

(다) 效 果

불공정 법률행위는 무효이다. 아직 이행하지 않았다면 이행할 필요가 없지만, 이행을 한 경우에는 일반적인 반사회행위와 달라 불법원인이 폭리자측에 있으므로 민법 제746조 단서를 적용하여 피해자는 급여한 것의 반환을 청구할 수 있다고 본다.

Ⅱ. 法律行爲의 解釋 問 080

1. 法律行爲의 解釋의 意義

법률행위의 해석이란 법률행위의 내용(목적)을 명확히 밝히는 것을 말한다. 이는 당사자의 내심의 의사를 밝히는 것이 아니라 표시행위가 가지는 객관적 의미를 밝히는 것을 의미한다.

2. 法律行爲의 解釋의 標準

법률행위의 해석의 표준은 ① 당사자가 의도하려는 목적, ② 사실인 관습, ③ 임의법규, ④ 조리(신의성실의 원칙) 등이다(106조 참조).

3. 法律行爲 解釋의 性質

법률행위의 해석의 성질은 일정한 사실의 존재를 확정하는 사실문제가 아니고 그 사실을 일정표준에 기하여 법률적으로 판단하는 법률문제인 것이다. 그러므로 당사자의 목적·관습·임의법규·조리에 위배되는 해석은 법규위반이 되는 것이어서 상고이유가 된다.

本　論

Ⅰ. 法律行爲의 目的

【73】 法律行爲의 目的이란 무엇인가

1. 法律行爲의 目的의 意義

법률행위의 목적이란 행위자가 법률행위에 의해서 발생시키려고 하는 법률효과를 말한다. 법률행위는 의사표시에 의해서 행해지므로 의사표시의 내용이라고도 한다. 예컨대 매매라는 法律行爲의 목적은 매수인의 소유권이전청구권과 매도인의 대금청구권이다.

2. 法律行爲의 目的의 內容

법률행위의 목적의 내용은 의사표시의 내용이지만, 동기와 조건도 법률행위의 목적이 될 수 있는가? 동기란 일정한 법률효과를 의욕하고 법률행위를 하기에 이른 결의이유이나. 이와 같은 동기가 법률행위의 목적이 될 수 있느냐에 관해서는 학설은 나누어져 있으나 표의자가 의사표시의 내용으로 표시된 경우에 한하여 법률행위의 내용이 되고, 당해 법률행위의 목적의 일부가 된다고 하는 견해가 다수설이다. 그리고 조건은 일반적으로 법률행위의 부관으로서 설명되고 있지만 실질적으로는 법률행위의 내용을 구성한다.

3. 法律行爲 目的의 限界

私法에 있어서 「自治의 原則」은 어떠한 사항을 법률행위의 목적으로 할 것인가는 당사자의 자유에 맡기는 것이 원칙이지만, 여기에 국가적·사회적 입장에서 일정한 한계가 있는 것은 당연하다. 또 법적 보호를 할 가치가 있는 것을 내용으로 하지 아니하면 그 법률행위를 법률상 유효로 할 이유가 없는 것이 당연하다.

4. 法律行爲 目的에 관한 民法上의 規定

민법은 법률행위의 목적에 대하여 그 존재를 법률행위의 성립요건으로 하고, 그 목적은 또 다시 일정한 유효요건의 구비를 필요로 하고 있다. 이를 결한 때에는 당해 법률행위의 효력발생은 부인된다(유효요건). 즉 법률행위의 목적이 ① 확정, ② 실행가능, ③ 적법, ④ 사회적으로 타당하여야 유효한 것으로 하고 있다.

【74】 法律行爲의 目的의 確定이란 어떠한 경우인가

법률행위가 유효하기 위해서는 그 법률행위의 목적(내용)이 확정되어 있거나, 적어도 이행기까지 확정될 수 있는 것이어야 한다.

목적이 불확정한 법률행위는 법률이 그를 조력하여 법률효과를 부여하는 것이 불가능하기 때문에 그 법률행위는 유효요건이 결여되어 무효가 된다. 예컨대 막연히 너에게 무엇을 주겠다고 하는 贈與契約을 체결하였다면, 이 계약은 무엇을 주겠다고 하는 것인지 그 목적이 불확정하므로 이 계약은 무효한 것이어서 증여자는 어떤 의무도 부담하지 않으며 수증자 역시 어떠한 권리도 취득하지 않는다. 법률행위의 목적이 확정될 수 있다는 것은 현재 확정되어 있는 경우뿐만 아니라 장래 이행기까지 확정될 수 있는 경우를 말한다. 예컨대 저 가운데 모자 하나를 주겠다고 한 증여계약인 경우에는 장래 선택에 의해서 확정될 수 있으므로 그 경우에도 유효한 것이다. 그리고 법률행위의 목적이 확정되어 있느냐, 장래 이행기까지 확정될 수 있느냐의 문제는 의사표시의 해석이나 법률의 규정(보충규정) 내지 거래상의 관습에 의해서 결정된다.

이 법률행위의 목적의 확실성은 법률행위 해석의 문제와 연결된다. 법률행위의 해석에 관해서는 다른 항에서 설명하기로 한다.

【75】 法律行爲 目的의 實現可能이란 어떤 경우인가

1. 實現可能性의 意義

법률행위가 有效하기 위해서는 그 목적이 실현가능해야 한다. 실현불가능한 사항을 목적으로 한 법률행위는 법적 효과를 인정한다 하더라도 아무런 의미가 없기 때문에 그 계약은 無效이다. 또 법률행위의 목적 자체는 실현이 가능하다 하더라도 그 효력발생을 정지하고 있는 條件의 成就가 불능인 때에도 마찬가지이다. 예컨대 죽은 사람이 살아서 돌아오면 장학금을 지급하겠다는 계약을 체결한 경우, 장학금을 지급하겠다는 법률행위의 목적은 가능하지만, 그 效力發生을 정지하고 있는 조건(살아서 돌아오면)의 성취가 불능한 것이어서 결국 법률행위의 目的 全體가 불능으로 되어 무효가 된다.

2. 可能·不可能의 基準

법률행위의 목적이 실현 가능하냐 불능하냐는 物理的 基準에 의할 것이 아니라 오로지 社會一般觀念에 의하여 결정된다. 즉, 물리적으로 가능하다 하더라도 사회일반관념상 불능이라고 볼 수 있는 것은 역시 불능이 된다. 예컨대, 태평양바다에 빠뜨린 보석반지를 찾아내는 계약은 이에 해당된다. 이는 과학적 방법으로는 가능하다 하더라도 社會一般의 觀念上으로는 실현이 불능하다. 그리고 불능은 확정적인 것이어야 하므로 일시적인 불능은 불능이 아니다.

3. 目的의 不可能으로 無效가 되는 경우

법률행위가 그 목적의 불능으로 무효가 되는 것은 다음과 같은 경우에 한한다.

(1) 目的이 原始的으로 不能하여야 한다

법률행위의 목적의 불능은 법률행위가 성립하는 시점을 기준으로 하여 原始的 不能과 後發的 不能으로 나눌 수 있다.

原始的 不能이란 법률행위의 성립당시에 이미 그 목적이 實現不可能한 경우를 말한다. 예컨대 가옥의 賣買契約을 체결한 전날 밤에 그 가옥이 화재로 소실되어 버린 경우이다. 이러한 경우에는 목적의 실현 불능으로 그 매매계약은 당연히 무효가 된다. 다만 채무자(매도인)가 그 불능을 알았거나 알 수 있었을 경우에는 계약체결상의 過失責任으로서 그 상대방(예: 매수인)이 계약의 유효를 믿었음으로 인하여 받을 손해, 즉 信賴利益에 대한 손해(교통비, 등기열람비, 부동산중개비 등)를 배상할 의무가 있다(535조). 이와 반대로 상대방(매수인)이 그러한 불능을 알았거나 알 수 있었을 때에는 채무자는 그러한 배상책임이 없다(동조 2항).

後發的 不能이란 법률행위 성립 당시에 목적의 실현이 가능하였지만 그 이행 전에 불능으로 되는 경우를 말한다. 예컨대, 건물의 매매계약 체결 후에 그 건물이 전소된 경우이다. 이러한 경우에는 原始的 不能의 경우와는 달리 그 법률행위는 유효하다. 다만 有效하게 성립된 계약에 대해서 목적의 불능으로 인한 채무불이행의 일종인 이행불능으로 채무자는 손해배상의 책임을 지며(390조 이하), 채권자는 契約을 解除할 수 있다(546조). 그러나 債務者에게 고의·과실이 없는 경우, 예컨대, 벼락(낙뢰)으로 인하여 건물이 전소된 경우에는 이는 위험부담의 문제로서 자기의 채무의 이행의무를 면하게 되며 相對方(매수인)도 그 이행을 청구(대금지급)할 수 없게 된다.

(2) 目的의 一部가 不能해도 全體가 無效인 것이 原則이다

法律行爲의 목적이 원시적으로 전부불능인 경우에는 법률행위 전체가 무효로 됨은 앞에서 언급하였다. 그러나 여기서 문제가 되는 것은 일부불능의 경우에는 법률행위의 일부만이 무효로 되는가, 전부가 무효로 되는가이다. 예컨대 契約의 目的物인 건물의 일부가 소실된 경우에 그 不能部分이 무효가 되는 것은 당연하지만 나머지 부분도 무효로 되느냐이다. 이에 대하여 民法은 법률행위의 일부가 무효인 때에는 그 전부를 무효로 함을 원칙으로 하고 있다

(137조 본문). 다만 그 무효부분이 없다 하더라도 法律行爲를 하였을 것이라고 인정될 때에는 나머지 부분은 무효로 되지 아니한다(동조 단서). 민법은 이외에도 일부무효에 관하여 特別規定을 두고 있다. 즉 권리의 存續期間에 관하여 당사자가 법정기간 이상의 장기간을 약정한 때에는 법정기간으로 단축하며(312조, 591조, 651조), 解除條件만이 불능인 때에는 조건없는 법률행위로 간주하여 법률행위 자체를 유효한 것으로 하고 있다(151조 이하).

(3) 目的이 客觀的 不能이어야 한다

법률행위의 목적의 불능은 이를 다시 객관적 불능과 주관적 불능으로 구분할 수 있는데 법률행위가 무효가 되는 경우로는 원시적으로 객관적 불능이어야 한다.

客觀的 不能이란 예컨대, 한강에 빠뜨린 반지를 찾아내는 계약과 같이 어느 누구나 실현이 불가능한 경우를 말한다. 이에 대하여 主觀的 不能이란 불능의 원인이 特定人에게만 존재하는 경우를 말한다. 예컨대, 3일 내에 1억원을 지급하라는 계약은 큰 회사의 사장으로서는 가능해도, 일용 노동자에게는 불가능하다. 이와 같은 경우를 主觀的 不能이라고 한다.

법률행위의 목적이 불능으로 인하여 무효로 된 경우는 원시적인 객관적 불능의 경우만 이에 해당된다. 그러나 주관적 불능인 경우에는 그 法律行爲는 무효가 되는 것이 아니고 유효한 것이지만, 다만 그 채무를 이행하지 못함에 대한 채무불이행의 책임이 있을 뿐이다.

(4) 目的이 事實的 不能이어야 한다

법률행위의 목적의 불능은 불능이 되는 근거에 의하여 사실적 불능과 법률적 불능으로 구분할 수 있다. 法律的 不能은 법률행위의 불능을 강행법규나 사회질서 위반으로 그 행위의 실현을 불가능하게 하는 경우를 말하며, 事實的 不能이란 自然的·物理的 이유에 의한 불능을 말한다. 예컨대 목적 부동산의 소실로 인하여 실현이 불능한 경우이다. 여기서 논할 법률행위의 목적의 불능이란 주로 사실적 불능인 경우이며, 법률적 불능은 强行法規나 社會秩序 위반 사항에서 논할 문제이다.

【76】 法律行爲의 目的의 適法이란 어떤 경우인가

1. 法律行爲 目的의 適法의 意義

법률행위가 유효하기 위해서는 그 목적(내용)이 적법하여야 한다. 여기서 「適法」이란 법률행위의 목적이 사법 영역에 속하는 강행규정(좁은 의미의 강행법규)과 행정적 금지·제한규정인 단속법규 중 효력규정에 위배되지 않음을 말한다. 법률행위의 목적이 이와 같은 규정에 위반한 때에는 그 법률행위는 무효가 된다.

私法上의 강행규정과 團束法規 중 효력규정이 무엇이냐를 알기 위해서는 전자의 경우에는 임의법규와의 구별을, 후자의 경우에는 단순한 단속규정과의 구별이 필요하다.

2. 强行規定과 任意規定

(1) 强行規定과 任意規定의 意義

민법상의 각종 규정의 위반에 대하여 무효여부에 따라 강행규정과 임의규정으로 나눌 수 있다. 强行規定(강행법규)이란 「법령 중의 선량한 풍속 기타 사회질서에 관계있는 규정」(105조 반대해석)을 말하며, 이 규정을 當事者의 意思에 의해서 배제하거나 이와 다른 특약을 할 수 없다. 예컨대, 민법은 제185조에서 물권관계의 단순화·명료화로 거래안전을 위해서 「物權은 법률 또는 慣習法에 의하는 외에는 임의로 創設할 수 없다」라고 규정하여 물권은 法律에서 정한 종류 외에는 임의로 창설할 수 없게 하고 있다. 이는 强行規定이기 때문에 이에 반한 물권의 창설은 무효가 된다. 이에 반하여 임의규정(또는 임의법규)이란 「법령 중 선량한 풍속 기타 社會秩序에 관계없는 규정」(105조)을 말하며, 당사자의 의사에 의하여 그 적용을 배제하거나 그와 다른 특약을 할 수 있는 규정을 말한다. 예컨대, 민법 제473조의 「변제의 비용은 다른 意思表

示가 없으면 채무자의 부담으로 한다」라는 규정은 임의규정이므로 당사자간에 이와 다른 약정에 의해서 변제의 비용을 債權者의 부담으로 할 수도 있다. 그러므로 임의규정은 당사자간에 약정이 없을 때 비로소 그 규정의 내용에 따르게 되는 補充規定으로서의 성질을 가진다.

(2) 强行規定과 任意規定의 區別基準

민법의 규정들은 강행규정이 아니면 임의규정에 해당된다. 민법의 규정 중에 임의규정을 명시하고 있는 경우, 예컨대 「다른 의사가 없으면」(473조) 또는 「당사자간에 특별한 의사표시가 없으면」(468조)이라고 하는 경우에는 임의규정임이 명백하다. 그러나 이와 같은 명시가 없는 규정에 대해서는 강행규정이냐 임의규정이냐가 문제된다. 이는 해석상의 문제이므로 각 규정의 목적 · 내용 · 성질 · 입법취지 등을 종합적으로 고찰하여 판단하여야 한다. 그 중요한 것을 간추려 보면 ① 사회의 기본적 倫理觀의 根幹이 되는 것(친족 · 상속편에 많다), ② 家族關係秩序의 유지에 관한 것(친족 · 상속편에 많다), ③ 법률질서의 基本構造에 관한 것(권리능력 · 행위능력에 관한 규정 등), ④ 제3자나 社會一般의 利害에 직접 중요한 영향을 끼치는 것(물권편에 많다), ⑤ 去來의 安全 · 確定을 도모함을 목적으로 설정된 규정인 것(법인제도 · 유가증권 제도에 많다), ⑥ 경제적 약자를 보호하기 위한 社會政策的인 것(時效利益의 拋棄의 禁止(184조), 流質契約의 禁止(339조), 주택임대차보호법, 상가건물임대차보호법, 농지법, 노동법 등 특별법에 많다) 등은 강행법규이고, 債權法을 비롯해서 강행법규에 해당되지 않는 것은 임의법규이다.

3. 效力規定과 단순한 團束規定

(1) 效力規定과 단순한 團束規定의 意義

私法領域에 있어서 강행규정 외에 행정상의 목적(경찰단속, 경제규제 등)을 위하여 사인간의 거래행위를 制限 또는 禁止하는 법규가 있다. 이를 團束法規라고 한다. 단속법규 중에는 그에 위반할 때 거래행위의 사법상의 효력의 발생을 인정하지 않는 「효력규정」이 있고, 법규에 정한 형사처벌이 있을 뿐 거래행위의 사법상의 효력에는 영향이 없는 「단순한 단속규정」이 있다. 그러므로 법률행위가 유효하기 위해서는 그 목적이 앞에서 말한 强行法規는 물론 행정상의 단속법규 중 효력규정에도 반하지 않아야 한다.

(2) 兩者의 區別基準

여기서 문제가 되는 것은 어떤 단속규정이 효력규정이냐 단순한 단속규정이냐이다. 예컨대 國土利用管理法은 土地投機를 단속하기 위해서 동법 제21조의 3 제1항 本文에서 「① 허가구역 안에 있는 토지에 관한 所有權, 地上權 기타 사용·수익을 목적으로 하는 권리로서 대통령령이 정하는 권리를 이전 또는 설정하는 계약(예약을 포함한다)을 체결하고자 하는 당사자는 공동으로 대통령령이 정하는 바에 따라 시장·군수 또는 구청장의 허가를 받아야 한다」라고 규정하고, 동법 제7항에서 「제1항의 규정에 의한 허가를 받지 아니하고 체결한 土地去來契約은 그 효력을 발생하지 아니한다」라고 규정하여 명문으로써 효력규정임을 밝히고 있다. 그러나 이와 같은 명문 규정이 없는 團束規定에 대해서는 효력규정이냐 단순한 단속규정이냐가 문제된다.

효력규정과 단순한 단속규정의 구별의 표준에 관해서 일반적 원칙 규정은 두고 있지 않다. 行政法規에는 단순한 단속규정이 많겠지만, 구체적으로는 단속법규를 규정한 立法의 趣旨, 당해 違法行爲의 사회적 비난의 정도, 위법행위의 무효로 인한 상대방 내지 사회일반에 미치는 영향 등을 종합적으로 고려하여 당해 법규가 내용 그 자체의 실현, 즉 「결과 발생」을 금하고 있는 것이냐, 그렇지 않으면 단순히 그러한 「행위」를 하는 것을 금하고 있는 것인가를 검토하여 전자에 해당된다고 볼 때에는 효력규정인 것이고, 후자에 해당된다고 볼 때에는 단순한 단속규정인 것이다.

(3) 效力規定과 단순한 團束規定의 事例와 判例

(가) 事 例

대체로 警察法規는 단속규정이 대부분이어서 이에 위반된 경우에는 원칙적으로 처벌을 받을 뿐, 당해 行爲의 私法上의 效力에는 영향이 미치지 않는 경우가 많다. 예컨대, 무허가음식점의 음식물 판매행위(식품위생 22조 1항), 허가없이 숙박업을 하는 행위(숙박업 9조 1호), 공무원의 영업행위(국가공무원 78

조), 행정관청의 허가없이 하는 고물상 영업행위(고물영업 26조) 등은 그 입법 취지가 행정상 질서유지를 위해서 행위자체를 금지·제한하는 데에 있으므로 이에 위반된 행위는 그에 따른 처벌을 받을 뿐, 사법상의 효력발생에는 영향이 없다(대판 1980. 7. 8, 80다544).

그러나 銃砲火藥類團束法에 의한 行商과 屋外販賣禁止 條項에 위반한 행위(8조, 57조), 典當鋪營業法에 의한 名義貸與禁止 條項에 위반한 행위(6조, 31조), 私立學校法에 위반하여 이사회의 결의 및 감독청의 허가 없이 金員을 차용하는 행위(28조, 73조 2호) 등은 行政秩序上 내용 그 자체의 실현을 금지하기 위한 규정이므로 이에 위반하는 경우에는 그에 따른 처벌을 받을 뿐만 아니라 그에 해당된 사법상의 효과도 인정하지 않는다.

(나) 判 例

이에 관하여 이해를 돕기 위해서 한 판례를 소개하면 다음과 같다. 1988년 10월 10일 甲(피고)은 아파트와 대지를 350만원에 乙에게 팔았다. 賣買契約의 내용은 乙이 分讓代金을 내기로 하고, 만일 乙이 제3자 丙에게 전매한 경우에는 甲이 丙에게 직접所有權移轉登記를 해주기로 합의하였다. 그 후 乙은 2개월 후인 동년 12월 28일 丙(원고)으로부터 1,020만원을 받고 당해 부동산을 丙에게 팔았다. 제2의 매매계약의 내용은 兵이 나머지 分讓代金 1,796만원을 국민주택사업주체인 분양자에게 내기로 하고 또한 甲이 아파트를 분양 받았을 때 융자받은 500만원의 채무는 丙이 인수하기로 하였으며 소유권이전등기는 甲으로부터 丙에게 직접 해주기로 약정하였다. 그 후 丙은 위 분양대금과 融資金을 모두 완불하고 그 아파트에 입주하여 살고 있었는데, 甲이 丙에게 아파트의 소유권이전등기를 거부하여 丙이 甲을 상대로 소송을 제기하였다.

원심판결인 수원지법 1992. 7. 14 선고 91다755 판결은 원고 丙의 승소판결을 내렸는데 甲이 이에 불복하여 상고하였다.

이 사안에 있어서의 쟁점은 부동산등기특별조치법 제2조 제2항은 "부동산 소유권을 이전받을 것을 내용으로 하는 계약을 체결한 자가 그 부동산에 대하여 다시 제3자와 소유권이전을 내용으로 하는 계약이나 제3자에게 계약당사지의 지위를 이진하는 계약을 체결하고사 할 때에는 그 제3자와 계약을 체결하기 전에 먼저 체결된 계약에 따라 소유권이전등기를 신청하여야 한다"고 규정하고 조세부과를 면하려 하거나 시점간의 가격변동에 따른 이득을 얻을 목적으로 이에 위반한 행위를 하였을 때에는 乙(未登記轉賣者)은 부동산등기특별조치법 제8조 제1호에 의하여 3년 이하의 징역이나 1억원 이하의 벌금에 처하게 되어 있는데, 본 사안의 내용과 같은 甲에서 丙으로 옮기는 中間省略登記의 合意 즉 乙과 丙간에 체결된 미등기전매계약은 사법상 효력을 갖느냐가 문제이다.

이에 관하여 대법원은 租稅免脫과 不動産投機 등을 방지하기 위하여 부동산등기특별조치법 제2조 제2항에서는 등기하지 아니하고 제3자에게 전매하는 행위를 금지하고, 동법 제8조 제1호에서는 租稅賦課를 면하려는 목적으로 전매행위를 한 경우에 형사처벌 하도록 되어 있으나 이로써 전차매도한 당사자 사이의 中間省略登記합의에 관한 사법상의 효력까지 무효로 한다는 취지는 아니며, 中間省略登記의 합의가 민법 제103조 또는 信義則에 위반되어 무효라고 볼 수는 없다고 판단한 원심 판결은 적법하다고 하였다(대판 1993. 1. 26, 92다39112). 이와 같이 대법원의 견해는 不動産投機防止를 위한 부동산등기특별조치법 제2조 2항은 효력규정이 아니라 단순한 단속규정임을 밝히고 있다(학설에는 이를 효력규정으로 보아야 한다는 견해가 있다).

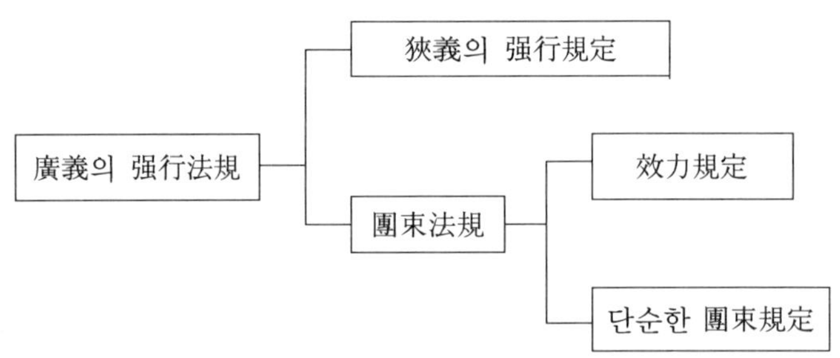

〈狹義의 强行法規과 效力規定〉

4. 强行規定(效力規定)違反의 모습

강행법규위반은 직접적 위반과 간접적 위반으로 구분할 수 있는데 특히 문제가 되는 것은 간접적 위반, 즉 탈법행위이다.

(1) 直接的 違反

강행규정을 직접적으로 위반한 경우에는 그 행위는 무효이다. 예컨대 질권설정계약을 체결하면서 유질약관을 붙이는 것은 유질계약금지의 규정(339조)을 직접적으로 위반하는 것으로서 무효이다.

(2) 間接的 違反(脫法行爲)

강행규정 자체에는 직접적으로 위반되지는 않지만, 강행규정이 금지하고 있는 것을 회피수단에 의하여 실질적으로 실현하는 행위를 말한다. 이와 같은 탈법행위를 모두 무효로 할 것이냐가 문제된다. 이에 대해서는 다음 항에서 설명하기로 한다.

【77】 脫法行爲란 무엇인가

1. 脫法行爲의 意義

脫法行爲란 강행법규가 금하고 있는 것을 정면으로 위반함이 없이, 회피수단에 의해서 이를 실질적으로 실현하는 행위를 말한다. 예컨대 年金受給權을 擔保로 하는 것을 금지하는 공무원연금법상 규정의 적용을 면하기 위해서 이를 정면으로 담보의 형식으로 하지 않고, 채무자가 채권자에게 연금의 추심을 委任하고 채무를 완제할 때까지 그 委任을 해제하지 않겠다는 특약을 함으로써 실질적으로는 年金受給權을 담보로 하는 것과 동일한 효과를 달성하는 경우가 그 좋은 예이다.

脫法行爲는 정면으로 强行法規에 위반되는 것은 아니지만, 그것이 강행법규의 정신에 반하고 법률에 허용하지 않는 결과의 발생을 목적으로 하기 때문에 무효이다.

2. 脫法行爲의 無效의 限界

강행법규 가운데는 탈법행위를 명문규정으로 금지하는 경우도 있다. 예컨대 舊利子制限法 제2조와 제3조에 의하면 利率의 制限을 초과하는 高利를 얻기 위하여 예금·할인금·수수료·공제금·체당금 기타 명칭의 여하를 묻지 않고 금전대차에 관하여 채권자가 받은 것은 이를 탈법행위로 보아 무효로 한다고 규정하고 있다. 그러나 이러한 명문규정이 없는 경우에는 어느 범위까지 무효로 보아야 하느냐가 문제이다. 학설과 판례는 무효인 脫法行爲의 한계를 다음과 같이 주장하고 있다.

강행법규의 취지가 經濟的 弱者를 보호하기 위해서 다른 어떤 회피수단에 의한다 하더라도 그 「결과발생」을 절대적으로 금지하려는 데에 있는 때에는 그 회피수단은 탈법행위로서 무효가 된다. 그러나 강행법규의 취지가 결과발생 자체를 禁止하는 데에 있는 것이 아니고 去來安全의 보호를 주된 목적으로 「특정의 행위」만을 금지하려는 데에 있는 경우에는 그 회피수단인 탈법행위는 유효한 것이 된다.

이를 다시 요약하면 ① 강행법규의 취지가 특정의 행위를 금지하고 있을 뿐 일정한 효과발생까지 금지한 것이 아니며, ② 강행법규성을 가지고 수단의 금지를 강행하는 것이 오히려 거래실정에 맞지 않기 때문에 회피수단을 강구하지 않으면 아니되는 社會的 실정에 있는 경우에는 그 회피수단은 유효한 것이 된다.

3. 脫法行爲의 具體的 事例

위에서 언급한 탈법행위의 무효여부를 판단하는 기준에 따라 구체적인 사례를 다음과 같이 들어 보기로 한다.

(1) 脫法行爲로서 無效로 본 事例

無效인 탈법행위의 사례로서는 公務員年金受給權의 담보금지 규정에 대한 회피행위를 들 수 있다. 공무원연금법 제32조에 의하면 「給與를 받을 權利는 이를 讓渡, 押留하거나 擔保에 제공할 수 없다」라고 하여 연금수급권을 양도 또는 담보로 하는 것을 禁하고 있다. 그런데 연급법상의 담보금지규정의 적용을 면하기 위하여 채무자가 채권자에게 연금증서를 교부하고 연금수령에 관한 代理權을 수여하여 연금의 추심을 위임하고, 債務를 完濟할 때까지 그 위임을 해제하지 않겠다는 特約을 하게 되면 연금수급권을 담보로 하는 것과 동일한 효과를 볼 수 있다.

그러나 공무원연금법 제32조의 담보금지규정의 취지는 경제적 약자인 退職公務員을 보호하기 위해서, 연금수급권을 담보로 제공하는 것을 철저히 금지하는 데에 있으므로 이를 어떠한 방법에 의하든 간에 결과적으로 담보목적을 달성하게 되는 행위는 허락되지 않는다는 것이다. 따라서 이는 탈법행위로서 무효인 것이다. 우리나라의 通說과 일본의 判例는 같은 견해를 취하고 있다(日最判 昭和 16年 1941. 8. 26, 民集 20卷 17號, 1108面. 우리나라는 年金法 실시가 얼마 되지 않아 아직 이에 관한 판례를 찾아 볼 수 없다).

(2) 脫法行爲를 有效로 본 事例

脫法行爲로서 유효로 본 사례로서는 動産讓渡擔保를 들 수 있다. 예를 들면 채무자 A가 채권자 B로부터 영농자금을 융자 받으면서 A소유의 농기구를 형식적으로 매각함과 동시에 B로부터 그것을 貸借하여 계속 사용하면서 약정기간 내에 債務를 辨濟하지 못하면 B는 농기구에 대하여 확정적으로 소유권을 취득하기로 하였다. 이러한 방법은 動産讓渡擔保라고 하여 관습으로 행하여지고 있는 擔保方法이다. 動産에는 質權을 설정할 수는 있어도 저당권의 목직으로는 하시 못하므로, 여기서 다른 적당한 담보물을 가지고 있지 못한 자가 농기구라는 동산의 所有權을 채권자에게 讓渡하고 이를 빌려서 자기 수중에 두고 계속 사용하는 방법을 취한다. 이것은 형식적으로 본다면 동산 위에 質權을 설정하려면 목적물을 質權者에게 인도하여야 한다는 민법 제332조와 질권설정자는 채무변제기 전의 계약으로 채권자에게 변제에 갈음하여 質物의 소유권을 취득하게 하는 流質契約을 금지하는 제339조의 강행규정을 회피하는 행위로서 무효로 보아야 할 것이다.

그러나 이는 거래계의 요청과 이에 대응하는 擔保制度의 不備에서 야기된 것으로 볼 수 있고, 질권에 관한 강행규정의 입법취지가 去來安全을 기하기 위해서 「특정행위에 관한 행위」를 금지하는 데에 있으므로 금지된 것과 다른 수단으로 동일한 결과를 일어나게 하는 動産擔保 행위는 허용될 수 있는 것이다. 학설과 판례(대판 1966. 9. 20, 66다9114; 1972. 7. 14, 72다1933; 1982. 9. 13, 81다254 등)는 질권제도의 유질계약 금지규정에도 불구하고 회피수단에 의한 動産讓渡擔保는 유효하다고 하였다.

4. 立 法 論

위에서 언급한 바와 같이 脫法行爲가 발생된 요인으로는 기존 법규가 사회적·경제적 현실에 맞지 않는 것에 있으므로 단순히 기존 법규의 해석만으로 해결을 한다는 것은 바람직한 것이 되지 못한다. 따라서 社會的·經濟的 사정에 알맞은 새로운 입법조치가 그때그때 이루어져야 한다.

【78】 法律行爲의 目的의 社會的 妥當性이란 어떤 경우인가

1. 社會的 妥當性의 意義

법률행위의 목적이 개개의 强行法規에 위배되지 않는다 하더라도 「선량한 풍속 기타 사회질서」에 위반한 사항을 내용으로 하는 법률행위는 무효이다(103조). 「善良한 風俗」이란 社會一般의 道德觀念, 즉 모든 국민에게 지킬 것이 요구되는 최소한의 道德律을 말한다. 그리고 「社會秩序」란 국가사회의 공공적 질서 내지 일반적인 이익을 말한다. 이 양자의 관계에 있어서는 어떤 학자는 선량한 풍속은 사회질서의 일종이라고 하지만, 「善良한 風俗」은 윤리개념인데 대하여 「社會秩序」는 공익의 개념인 점에서 서로 다르며, 각각 규율의 대상이 다르다. 그러므로 이들의 개념을 분리하여 이해함이 타당하다. 그러나 이 양자를 합하여 社會的 妥當性이라고 말하며, 이를 잃은 행위를 反社會的 行爲라고 일컫는다.

그런데 反社會行爲를 일일이 열거하여 규정한다는 것은 불가능하다. 설사 구체적으로 규정을 하였다 하더라도 시대의 變遷에 따라 금지되었던 행위가 허용되기도 하고, 허용되었던 행위가 禁止하지 아니하면 안 되는 경우도 있게 된다. 이러한 時代的 變化에 따라 成文法으로 즉시 그에 대처할 수는 없는 것이다. 여기에서 法律은 개개의 강행규정 외에 일반적·포괄적인 법의 根本理念을 천명하는 추상적 일반조항(Generalklausel)을 두어 개개의 法律行爲의 내용 내지 목적이 사회적으로 타당하느냐를 판단하는 기준으로 삼고 있다. 이것이 민법 제103조의 규정이다.

2. 判例에 나타난 反社會的 行爲의 具體的 事例

판례에서 나타난 反社會的 行爲의 구체적 사례로서는 다음과 같은 것들을 들 수 있다.

(1) 正義觀念에 反하는 行爲

犯罪를 내용으로 하는 행위는 正義觀念에 반하는 것으로서 무효이다. 判例는 예컨대 密輸入을 위한 자금의 貸借나 出資行爲(대판 1956. 1. 26, 4288민상96), 도박으로 잃은 돈을 회복하기 위하여 협박하여 所有權移轉登記를 받은 행위(대판 1974. 7. 23, 74다157), 부동산의 매도인에게 이중매매를 적극 권유하여 매수한 행위(대판 1969. 11. 25, 66다1565), 타인으로부터 信託받은 재산을 매각·횡령한다는 정을 알면서 그 受託者로부터 이를 아주 싸게 매수하는 행위(대판 1963. 3. 28, 62다862) 등은 정의관념에 반하는 것으로서 무효라고 하였다.

(2) 人倫에 反하는 行爲

父母와 子女 사이, 夫婦間의 人倫에 반하는 법률행위는 無效이다. 예컨대 子가 父母에 대해서 불법행위로 인한 손해배상을 청구하는 행위, 자와 부모가 동거하지 아니하기로 하는 약정을 한 경우 등은 부모와 자녀 사이에서 인륜에 반하는 행위로서 무효이다. 그리고 妾契約(대판 1967. 10. 6, 67다1134) 또는 처 있는 남자가 다른 여자와 맺은 혼인계약 등은 부부 사이에 있어서 인륜에 반하는 행위로서 무효이다.

(3) 個人의 自由를 지나치게 制限하는 行爲

개인의 자유를 극도로 제한하는 행위로는 ① 타인의 정신적·신체적 자유와 인권을 극도로 제한하는 행위나, ② 경제적 자유를 지나치게 구속하는 것을 목적으로 하는 행위를 말하며, 이는 반사회적 행위로서 無效이다. 전자의 예로서는 인신매매계약, 매춘계약, 회사근무 중 결혼하지 않겠다는 계약, 평생 이혼하지 않겠다는 약정 등이며, 후자의 예로는 근로자에게 근로관계의 解止權을 박탈하는 약정, 피용자가 퇴직 후 고용주와 경쟁관계에 있는 영업을 하지 않는다는 약정, 營業讓渡者가 일정한 기간 같은 종류의 영업을 하지 않는다는 계약 등이 해당된다.

(4) 生存의 基礎가 되는 재산의 處分行爲

生存의 기초가 되는 財産을 처분케 하는 법률행위는 생존을 불가능케 하므로 이러한 행위는 사회질서에 반한 것으로서 무효인 것이다. 예컨대 장차 취득하게 될 전 재산을 讓渡한다는 것과 같은 계약은 무효이다. 판례는 寺刹이 그 존립에 필수불가결한 재산인 林野를 贈與하는 행위는 무효라고 하였다(대판 1970. 3. 31, 69다2293; 1991. 8. 27, 90다19848).

(5) 지나치게 射倖的인 行爲

사람은 어느 누구나 사행성이 있다. 그러나 그 정도가 지나치면 社會秩序에 반한다. 賭博行爲 같은 것이 그 대표적인 예이다. 그러나 射倖行爲라 하더라도 법률에 인정된 것, 즉 경마투표권(한국마사회 6조), 주택복권(주택건설촉진 17조)과 같은 것은 違法性이 없다.

(6) 不公正한 法律行爲(暴利行爲)

당사자의 窮迫·輕率 또는 무경험을 이용하여 暴利를 취한 행위는 무효이다(104조). 민법은 이에 관하여 명문규정을 두고 있지만, 이 역시 민법 제103조의 일종이다. 이에 관한 구체적인 설명은 별도의 항에서 논하기로 한다.

3. 反社會的 行爲의 效果

(1) 一般的 效果

善良한 風俗 기타 社會秩序에 위반한 사항을 내용으로 하는 법률행위는 무효이다(103조). 따라서 그 법률행위에 의하여 발생시키려고 했던 법률효과의 발생은 부정되며, 구체적인 내용은 이행 전과 이행 후로 나누어 고찰하여야 한다.

(가) 履行前

법률행위가 사회질서에 빈하여 무효인 경우, 아직 이행을 하지 않는 경우에는 이를 이행할 필요가 업고, 상대방도 이행청구를 할 수 없다.

(나) 履行後

이행 후에는 불법원인에 의한 不當利得으로서 반환청구를 할 수 있는 것 같이 보이지만, 만일 그렇게 한다면 법이 금지하는 행위를 자행한 자에 대하여 보호를 해 주게 되는 자기모순에 빠지게 된다. 그리하여 민법 제746조는 본문에서 「불법의 원인으로 인하여 재산을 급여하거나 노무를 제공한 때에는 그 이익의 반환을 청구하지 못한다」라고 하고 있고, 동조 단서에서는 「그 불법원인이 수익자에게만 있는 때에는 그러하지 아니하다」라고 규정하고 있다.

이에 관하여 大法院 判例도 반환청구를 할 수 없다는 건해를 취하고 있나. 원고가 도박장에서 도박자금으로 400만원을 피고로부터 빌리고 그 채무를 담보하기 위해서 원고의 소유 부동산을 피고 앞으로 所有權移轉登記를 경료하였다. 그 후 원고는 민법 제103조에 의한 反社會的 行爲로서 원인행위가 無效이므로 피고에 대해서 소유권이전등기 말소를 청구하였다. 이 사안에 대하여 대법원은 「민법 제746조의 규정 趣旨는 민법 제103조와 함께 사법의 기본이념으로 사회적 타당성이 없는 행위를 한 사람은 그 형식여하를 불문하고 스스로 한 不法行爲의 무효를 주장하여 그 복구를 구할 수 없다는 법의 이상을 표현한 것이고 부당이득반환청구만을 제한하는 규정이 아니므로 불법의 원인으로 급여를 한 사람이 그 原因行爲가 무효라고 주장하고 그 결과 給與物의 소유권이 자기에게 있다는 주장으로 소유권에 기한 반환청구를 하는 것도 허용할 수 없다는 것이니 도박채무가 불법무효로 존재하지 않는다는 이유로 양도담보조로 이전해 준 所有權移轉登記의 抹消를 청구하는 것은 허용하지 않는다」고 판시하였다(대판 1989. 9. 29, 89다카5994). 민법 제103조와 제746조의 立法趣旨는 반사회적 법률행위에 대하여 이행 전이냐 이행 후이냐를 막론하고 국가적 보호를 주지 아니하겠다는 것으로서 제103조의 반사회적 행위와 제746조의 불법행위는 동일한 것으로 해석하여야 하므로, 이 사안에 대한 不當利得返還請求나 所有權移轉登記의 抹消를 청구하는 것은 허용하지 않는다는 대법원 판결은 타당하다고 본다.

(2) 動機의 不法의 效果

사회질서에 반한 동기에 기하여 법률행위를 한 경우, 그 행위 자체가 反社會的인 것으로 無效로 되는가? 예컨대, 도박을 위하여 금전을 빌린다든가, 살인을 하기 위하여 무기를 매수한다든가 하는 경우에 그 행위는 무효로 되느냐이다. 이에 관해서는 動機가 표시된 경우에만 무효가 된다는 다수설과, 비록 동기를 표시하지 않았다 하더라도 相對方이 이를 알거나 알 수 있었을 때에는 무효가 된다는 소수설이 있다. 動機가 표시되지 않는데도 그를 알거나 알 수 있었을 정도로 무효로 한다는 것은 거래안전을 해하게 되므로 동기가 표시된 경우에 한하여 무효가 된다는 다수설이 타당하다고 본다.

【79】 不公正法律行爲란 무엇인가

1. 不公正法律行爲의 意義

불공정 법률행위란 당사자의 궁박·경솔 또는 무경험으로 인하여 給與가 현저하게 균형을 잃은 법률행위를 말하며, 이것을 暴利行爲라고 한다. 민법 제104조는 이러한 법률행위는 무효로 하고 있다. 예컨대, 판례는 「해외파견 근무중 교통사고로 사망한 피해자의 父가 별로 교육을 받지 못하고 시골에서 날품

팔이로 생계를 유지하는 66세의 노인으로서 원래 아는 것과 경험이 없고 사고 경위도 알지 못한 데다가 아들이 사망했다는 悲報에 큰 충격을 받아 경험이 없는 상태에서 가해회사의 규모나 신용에 비추어 위 加害會社職員들의 말을 진실한 것으로 믿고 위 亡人의 사망에 따른 損害賠償金으로 지급받을 수 있는 금액보다 훨씬 적은 금액만을 지급 받으면서 위 가해회사가 제시한 합의서에 날인한 것이라면 위 합의는 輕率·窮迫·무경험 상태에서 이루어진 현저하게 공정을 잃은 법률행위로서 무효이다」(대판 1987. 5. 12, 86아카1824)라고 판시한 것이 그 예이다. 이와 같이 폭리행위를 금하고 있는 규정으로는 제104조만이 아니고 代物辨濟의 豫約에 관한 제607조 및 제608조와 流質契約을 금지하는 제339조 등이 있다.

여기서의 不公正法律行爲도 반사회질서의 법률행위로 보여지기 때문에 제103조와 제104조와의 관계가 문제된다. 이 점에 대하여 통설 및 판례는 독립된 것으로 보지 않고 제104조를 제103조의 例示로 보고 있다. 따라서 不公正性이 현저하기만 하면 제104의 요건을 완전히 갖추고 있지 않다 하더라도 그 행위는 제103조에 위반하는 반사회적 행위가 되는 수도 있다고 본다.

2. 不公正法律行爲의 要件

不公正法律行爲가 성립되기 위해서는 다음과 같은 두 가지 요건이 구비되어야 한다.

(1) 主觀的 要件

주관적 요건으로서는 피해자의 窮迫·輕率 또는 無經驗을 이용하였어야 한다. 여기서 「窮迫」이란 물질적 또는 정신적으로 급박한 상태에 있는 것을 의미한다. 판례는 피해자가 무식한 婦女子로서 남편을 여의고 아무런 생업이 없어 어린 남매를 부양할 길 없이 방황한 경우(대판 1964. 12. 29, 64다1188), 이를 궁박에 해당한 경우라고 하였다. 「輕率」이란 의사를 결정하는 데 있어서 그 행위의 결과나 장래에 관하여 보통인이 할 수 있는 생각을 할 수 없는 심적 상태를 말한다. 그리고 「무경험」이란 일반적인 생활경험이 불충분한 경우를 말한다. 판례는 賣渡人이 평소 어리석은 사람이어서 時價 8분의 1 정도로

賣買處分한 경우에 경솔·무경험을 인정하였다(대판 1977. 12. 13, 76다2179).

(2) 客觀的 要件

객관적 요건으로서는 급부와 반대급부와의 사이에 현저한 불균형이 있어야 한다. 어느 정도의 차이가 이에 해당하느냐에 관해서는 구체적인 기준은 없지만 제103조의 「선량한 풍속 기타 사회질서」가 추상적인 표준이 될 것이다. 판례는 대체로 4-5배 정도 이상의 이익을 폭리행위로 보고 있다(대판 1977. 12. 13, 76다2179).

그리고 價額의 판단의 시기에 관해서는 계약 체결시 즉, 법률행위시이냐 이행시이냐의 문제가 있으나 행위시를 기준으로 하여야 한다(通說). 왜냐하면 행위시에 정상적인 법률행위가 그 후의 사정의 변경으로 폭리행위로 전환된다는 불합리한 결과를 가져오기 때문이다.

3. 不公正法律行爲의 效果

不公正法律行爲는 무효이다. 따라서 이행하지 않았으면 이행할 필요가 없고, 이행을 한 경우에는 불법원인은 폭리자 쪽에만 있으므로 민법 제746조 단서를 적용하여 피해자는 급여한 것의 반환을 청구할 수 있다. 그러나 폭리자가 피해자에게 급부한 것에 대해서는 폭리자는 반환청구를 할 수 있느냐의 문제가 있다. 이에 관해서 학설은 대립하고 있지만, 이는 피해자의 경우와 달리 민법 제746조 본문에 의하여 폭리자의 피해자에 대한 반환청구는 허용되지 않는다고 본다.

Ⅱ. 法律行爲의 解釋

【80】 法律行爲의 解釋은 어떻게 하는가

1. 法律行爲의 解釋의 意義

법률행위의 해석이란 법률행위의 목적 및 내용을 명확하게 밝히는 것을 말한다. 대체로 法律行爲(특히 계약)의 내용은 법률지식이 없는 문외한인 보통 사람들간에 결정되는 경우가 많다. 그리하여 계약의 내용이 논리적으로 전후 모순이 있거나, 용어가 不分明하거나, 중요한 사항이 빠뜨려져 있거나 하는 등 법률행위의 내용이 확실치 못하여 당사자간에 분쟁의 씨가 되는 경우가 허다하다. 이와 같은 경우 법관은 그 내용이 애매하고 불확정한 점이 있을 때에는 합리적 판단에 의하여 이를 보충하지 아니하면 안 된다. 여기에서 法律行爲의 內容의 確定·補充이란 법률행위의 해석의 필요성이 있게 된다.

법률행위의 목적은 그 요소인 意思表示에 의해서 결정되므로 그 해석의 대상은 결국 그것을 조성한 의사표시인 것이다. 그러므로 法律行爲의 解釋이란 의사표시의 내용을 명백히 하는 것을 말한다. 그러나 의사표시의 해석은 당사자의 內心의 意思(眞意)를 탐구하는 데에 있는 것이 아니고 외형적으로 표시된 것을 중심으로 하여 객관적인 의미를 파악하는 데 있다. 판례도 身分保證契約의 해석에 있어서 「당사자의 내심적 의사여하를 불문하고 그 書面의 기재에 의하여 당사자의 참된 의사를 탐구하도록 합리적으로 해석하여야 한다」라고 判示하여(대판 1964. 4. 18, 4294민상1236) 법률행위의 해석은 내심의 效果意思가 아니고 表示上의 效果意思를 탐구하는 데에 있음을 밝히고 있다.

2. 法律行爲의 解釋의 標準

법률행위의 해석은 무엇을 표준으로 하여야 할 것이냐가 문제이다. 이에 관해서는 民法에 제106조(사실인 관습)만을 두고 있을 뿐, 그 밖에 아무런 규정을 두고 있지 않다. 이에 관하여 學說은 당사자가 의욕한 목적, 관습, 임의규정, 條理 등이 법률행위해석의 표준이 된다는 데 견해를 같이하고 있다.

(1) 當事者가 의도하는 目的

법률행위는 社會的・經濟的 목적을 달성하기 위한 수단이다. 그러므로 법률행위의 해석은 당사자가 달성하려는 목적을 포착하는 것이 제1차적 해석의 기준이다.

이를 위해서는 표시행위의 표현이나 문자에만 구애됨이 없이 행위 당시의 제반사정을 고려하여 당사자가 의도 하는 취지를 알아내고, 그 취지를 달성하도록 法律行爲의 내용에 언급이 없거나 불확실한 점은 이를 보충하고 전후 모순된 점에 대해서는 가능한 한 이를 통일적으로 해석하여 당사자가 의도한 목적 내지 의사실현이 가능 또는 유효하도록 해야 한다. 判例도 「계약서에 사용된 문자의 의미를 계약 당사자가 기도하는 목적과 계약 당시의 제반사정을 참작하여 합리적으로 해석하여야 한다」고 판시하였다(대판 1965. 9. 28, 65아1519・1520).

(2) 慣　　習

법률행위 해석의 제2차적 기준은 「慣習」이다. 민법 제106조는 「법령 중의 선량한 풍속 기타 사회질서에 관계없는 규정과 다른 관습이 있는 경우에 당사자의 의사가 명확하지 아니한 때에는 그 관습에 의한다」고 규정하여 관습이 법률행위의 해석의 기준이 됨을 명백히 하고 있다. 즉, 强行法規에 위배되지 않고 또한 任意法規와 다른 관습이 있을 때에, 當事者가 특히 그 관습에 의하지 않는다는 것을 명백히 한 경우를 제외하고는 그 관습은 임의법규에 우선하여 법률행위 해석의 기준이 된다.

이와 같이 관습을 법률행위의 해석의 기준으로 하고 있는 것은 우리의 일상생활 특히 法律關係의 生活은 그 시대 그 지방에 있어서의 관습 속에서 행해지고 있기 때문에 법률행위에 있어서 사용된 文字·用語·動作 등은 물론 법률행위의 모든 내용도 慣習에 따라 해석하는 것이 당연하기 때문이다.

여기서 유의하여야 할 것은 법률행위의 해석의 기준이 되는 것은 관습 즉 「사실인 관습」을 말한 것이며 관습법과는 다르다는 점이다. 「慣習法」은 하나의 관습이 사회 사람들로 하여금 法과 다름이 없다는 확신에 의하여 支持되어 법으로서의 가치를 갖게 된 관습을 말하며(1조), 이에 대하여 「사실인 관습」은 사회 사람들로 하여금 아직 법과 다름이 없다는 정도의 法的 確信을 갖지 못한 관습을 말한다(106조). 이 양자의 法律的 性質에 관해서는 학설이 나누어져 있지만 사실인 관습은 법률행위의 해석의 기준 즉, 법률행위의 내용을 확정하는 기준인 데 반하여, 慣習法은 확정된 법률사실에 대하여 적용될 法源의 순위가 되는 점에서 사실인 관습과 다르다고 본다. 그러나 사실인 관습이 법률행위 해석의 기준이 되기 위해서는 두 가지 요건이 갖추어져 있어야 한다. 첫째, 强行法規에 위반하지 않고 또한 任意法規와는 다른 관습이 있어야 한다. 물론 임의법규가 없는 경우에도 관습이 적용되는 것은 당연하다. 둘째, 當事者의 意思가 명확하지 않는 경우에 관습에 의하여 해석하게 된다. 당사자가 적극적으로 관습에 의한다는 의사를 표시하였을 때에는 그 관습은 意思表示의 내용이 되므로 낭사자의 의사표시로서 해석의 기준이 된다.

(3) 任意規定

法律行爲 解釋의 제3차의 기준이 되는 것으로는 임의법규이다. 강행법규에 속하시 않는 규정 즉, 「法令 중의 善良한 風俗 기타 社會秩序와 관계없는 규정」을 임의법규라고 한다(105조). 이것은 社會秩序나 公益에 직접 관계가 없는 규정이므로 강제적으로 지킬 필요가 없고, 따라서 당사자가 그 규정과 다른 특약을 하여 그 적용을 回避하거나 排斥하여도 상관이 없는 규정이다. 즉 이에 의하면 의사표시의 내용이 임의법규와 상이할 때에는 그 법규는 배척되는 데 반하여 별단의 意思表示가 없는 경우 또는 그것이 불완전·불명확한 경우에는 임의법규가 적용되게 된다. 따라서 임의법규는 이런 점에서 법률행위의 해석의 기준이 된다.

(4) 條理(信義誠實의 原則)

법률행위 해석의 제4차 기준으로는 信義誠實의 原則 즉, 條理가 있다. 독일 민법은 「계약은 거래의 관행을 고려하여 신의성실의 원칙에 따라서 이를 해석하여야 한다」(동법 157조)고 규정하여 신의성실의 원칙을 법률행위 해석의 기준으로 하고 있다. 우리나라 민법은 이와 같은 明文規定은 두고 있지 않지만 당사자가 의도하는 목적 · 사실인 관습 · 임의법규의 어느 것에 의해서도 법률행위의 내용을 명확히 할 수 없는 경우에는 법률상의 행동원리인 신의성실의 원칙, 즉 사물의 道理나 근본이념이 되는 條理에 따라 함은 당연한 일이다.

3. 法律行爲 解釋의 性質(解釋은 事實問題냐 法律問題냐)

법률행위의 해석이 사실문제냐 법률문제냐는 대단히 중요하다. 그것을 사실문제라고 한다면 上告審에서 다툴 수 있는 上告理由가 되지 않지만, 법률문제라고 한다면 상고심에서 다툴 수 있는 상고이유가 되기 때문이다. 법률행위의 해석의 임무는 표시행위가 가지는 객관적인 법률적 의의를 확정하는 것이다. 그러므로 법률행위의 해석은 일정한 사실의 존재를 확정하는 사실문제가 아니고, 그 사실을 일정 표준에 기하여 법률적으로 판단하는 법률문제인 것이다. 그러므로 당사자의 목적 · 관습 · 임의법규 · 조리에 위배되는 해석은 법규위반이 되는 것이어서 상고이유가 된다.

第3款 意思表示

槪 要

Ⅰ. 意思表示의 一般理論 問 081

1. 意思表示의 意義

의사표시란 일정한 법률효과의 발생을 의욕하는 뜻을 외부에 표시함을 말한다. 법률행위는 한 개 또는 수 개의 의사표시를 불가결의 요소로 하여 구성된 법률요건이므로 의사표시는 법률행위에 있어서 없어서는 아니 될 법률사실이다.

2. 意思表示의 構成要素

의사표시의 성립과정을 보면 일반적으로 동기, 효과의사, 표시의사, 표시행위의 순위로 전개된다. ① 동기란 의사 결정을 하게 된 원인을 말하며, ② 효과의사란 표의자의 법률상 일정한 효과발생을 의욕하는 내심의 의사를 말한다. ③ 표시의사란 효과의사를 외부에 표시하려는 의사를 말한다. ④ 표시행위란 효과의사를 외부에 표시하는 행위이다.

이 중 의사표시의 구성요소가 되는 것은 어떠한 것들이냐에 관해서는 학설상 이견이 있으나, 통설은 「효과의사」와 「표시행위」로 보고 있다.

3. 意思表示에 관한 立法主義

효과의사와 표시행위의 내용이 일치하지 않거나 일치한다 하더라도 어떤 흠이 있는 경우에는 이를 무효 또는 취소할 수 있는 것으로 하느냐 유효로 하느냐에 관해서 의사주의와 표시주의의 두 입법주의가 있다.

(1) 意思主義

내심의 효과의사를 의사표시의 본체로 보고 내심의 효과의사와 일치하지 않는 의사표시는 무효 또는 취소할 수 있는 것으로 보는 주의이다.

(2) 表示主義

표시행위를 의사표시의 본체로 보고 표시행위가 내심의 효과의사와 일치하지 않는다 하더라도 표시한 대로 법률효과를 인정하는 주의이다.

4. 民法의 態度

우리 민법은 절충주의를 취하고 있다. 즉 「의사와 표시의 불일치」나 「하자있는 의사표시」에 있어서 표의자와 상대방, 그리고 제3자 간의 이해를 고려하여 법률효과를 경우에 따라서는 유효 또는 무효로 인정하거나 취소할 수 있도록 했다. 그리고 가족법 관계에 있어서는 당사자의 진의가 절대적으로 필요로 하므로 표시주의가 적용될 여지가 없다.

Ⅱ. 意思와 表示의 不一致

1. 意思와 表示의 不一致의 意義 問 082

의사와 표시의 불일치란 내심의 효과의사와 표시상의 효과의사가 일치하지 않는 경우를 말한다. 이를 「의사의 흠결」이라고도 한다. 의사와 표시의 불일치를 표의자가 스스로 알고 있는 경우와 알지 못하는 경우가 있다. 전자의 경우는 상대방과 통정하는 경우, 즉 「허위표시」와 그렇지 않은 경우 즉 「진의 아닌 의사표시」가 있다. 후자의 경우는 의사와 표시의 불일치를 표의자가 알지 못하는 「착오」가 있다. 이를 차례대로 설명하면 다음과 같다.

2. 眞意 아닌 意思表示(心裡留保) 問 083

(1) 意　義

진의 아닌 의사표시란 표의자가 진의 아님을 알고 한 의사표시를 말한다.

이를 심리유보라고도 한다.

(2) 要 件

(가) 의사표시가 있을 것

(나) 표시로부터 추단되는 의사(표시상의 효과의사)와 진의(내심적 효과의사)가 일치하지 아니할 것

(다) 표의자가 스스로 그 사실을 알고 있을 것

(라) 표의자가 그러한 행위를 하게 된 이유나 동기는 묻지 않는다.

(3) 效 果

(가) 原 則

표시된 대로 법률효과가 생긴다(표시주의)(107조 1항 본문).

(나) 例 外

상대방이 진의 아님을 알았거나 이를 알 수 있었을 때에는 무효이다(107조 1항 단서).

(다) 無效에 대한 제3자 보호

이 무효는 선의의 제3자에 대항하지 못한다(107조 2항).

(4) 本條의 適用範圍

(가) 민법제 107조가 적용되는 범위는 계약은 물론 상대방이 있든 없든 간에 모든 단독행위에 적용된다. 그러나 상대방 없는 단독행위에 있어서는 동조 1항 단서는 적용될 여지가 없다.

(나) 가족법상의 행위는 본인의 진의가 절대적으로 필요로 하므로 항상 무효가 되며, 상법상의 행위에 있어서는 유효함이 원칙이다.

3. 虛僞表示 問 084

(1) 意 義

허위표시란 상대방과 통모하여서 하는 진의 아닌 의사표시를 말한다(108조)(예: 채무자가 채권자의 압류를 면하기 위해서 자기의 재산을 타인과 짜고 타인의 명의로 매매를 가장하여 이전등기를 하는 경우).

(2) 要 件

(가) 의사표시가 있을 것
(나) 의사(내심의 효과의사)와 표시(표시상의 효과의사)가 일치하지 아니할 것
(다) 의사와 표시가 불일치 함을 표의자가 알고 있을 것
(라) 진의와 다른 의사표시를 함에 있어서 상대방과의 사이에 통모가 있을 것
(마) 허위표시를 하게 된 목적이나 동기는 묻지 않는다.

(3) 效 果

(가) 당사자 간에는 무효이다(108조 1항).
(나) 그러나 그 의사표시의 무효는 선의의 제3자에게 대항하지 못한다(108조 2항).

(4) 虛僞表示의 撤回

허위표시는 당사간의 합의에 의하여 철회할 수 있다. 그러나 제3자에게 대항하기 위해서는 권리 명의를 회복하게 할 뿐만 아니라 허위표시에 의해서 작출된 외관 내지 외형을 제거하여야 한다.

(5) 適用範圍

(가) 허위표시는 계약은 물론 상대방 있는 단독 행위에 적용된다. 그러나 상대방 없는 단독행위나 합동행위에는 적용되지 않는다.
(나) 가족법상의 행위에 관해서는 언제나 무효이다(통설).

(6) 虛僞表示와 區別하여야 할 行爲

(가) 隱匿行爲
은닉행위란 허위표시의 이면에 감추어져 있는 행위를 말한다. 은닉행위는 당사자 간에 진의와 의사의 합치가 있으므로 이에 관한 행위의 유효요건이 갖추어져 있으면 그 은닉행위는 유효하다고 보아야 한다.
(나) 民法解釋學上의 信託行爲
민법해석학상의 신탁행위란 예컨대, 담보의 목적으로 하는 소유권 양도의 경우와 같이 상대방에게 그 행위의 경제적 목적을 넘는 권리를 주고 상대방으로 하여금 그 목적의 범위 안에서만 그 권리를 행사하게 하려는 행위를 말한다. 이와 같은 신탁행위는 권리를 이전하려는 진의가 있기 때문에 그것은

허위표시가 아니라는 것이 통설이다.

4. 錯誤에 의한 意思表示 問 085 問 086

(1) 意 義

착오에 의한 의사표시란 표시된 내용과 내심의 의사가 일치하지 않음을 표의자 자신이 알지 못하고 한 의사표시를 말한다.

(2) 錯誤의 類型

(가) 表示上의 錯誤

표시행위 자체를 잘못한 경우이다(예: 오기·오담 등).

(나) 內容의 錯誤

표시행위가 가지는 의미를 잘못 알고 한 경우이다(예: 달러와 파운드의 가치가 같은 것이라고 오인하고 100달러라고 쓸 것을 100파운드라고 쓴 경우이다).

(다) 表示機關의 錯誤

심부름을 하는 사람으로 하여금 구두로 전달하는 경우와 같이 표시기관을 통한 의사표시에 있어서 그 내용을 잘못 전달하는 경우이다.

(라) 動機의 錯誤

의사표시를 하게 된 동기에 착오가 있는 경우이다(예: 철도부설예정지로 오신하고 그 토지를 고가로 매수한 경우). 동기의 착오는 그 동기가 표시되고 상대방이 알고 있는 경우에 한하여 착오로 취급하는 것이 다수설과 판례의 견해이다.

(3) 效 果

(가) 表意者에 대한 效果

법률행위의 내용의 중요한 부분에 착오가 있고, 그 착오를 일으키는 데 중대한 과실이 없는 때에 한하여 표의자는 그 의사표시를 취소할 수 있다(109조 1항). 「법률행위의 내용에 중요한 부분」이란 표의자가 그러한 착오가 없었더라면 그 의사표시를 하지 않았으리라고 생각될 정도이고, 보통 일반인도 표의자의 입장에 선다면 그 의사표시를 하지 않았으리라는 경우이다.

(나) 제3자에 대한 效果

착오에 의한 법률행위의 취소는 선의의 제3자에게 대항하지 못한다(109조

2항). 이는 거래안전을 위해서이다.

(4) 適用範圍

(가) 가족법상의 행위에는 당사자의 의사가 절대적으로 필요로 하므로 민법 제109조의 착오규정은 적용되지 않는다(통설).

(나) 재산행위 중에서 외형을 중요시 하는 정형적 거래행위에 있어서는 본조의 적용이 제한되는 경우가 있다(상 320조 1항).

Ⅲ. 瑕疵있는 意思表示

1. 意 義 問 087

하자 있는 의사표시란 표의자가 타인의 사기 또는 강박에 의하여 의사표시를 한 경우를 말한다. 민법은 이러한 하자있는 의사표시를 취소할 수 있도록 하고 있다(110조). 앞에서 말한 진의 아닌 意思表示, 허위표시, 착오 등은 표시에 해당하는 내부의 효과 의사가 존재하지 않지만, 하자있는 의사표시는 표시에 해당하는 내심의 효과의사가 존재하고, 단지 의사결정이 자유롭게 행해지지 않았다는 점이 다르다.

민법에서는 제110조에서 「사기, 강박에 의한 의사표시」에 관한 규정을 두고 있고, 이를 「하자있는 의사표시」라고 부르고 있다.

2. 詐欺에 의한 意思表示 問 088

(1) 意 義

사기에 의한 의사표시란 타인의 기망행위에 의하여 착오에 빠지고, 그 착오에 의하여 의사표시를 한 경우를 말한다.

(2) 要 件

(가) 사기자(의사표시의 상대방 또는 제3자)가 표의자로 하여금 착오에 빠지게 하려는 고의와 그로 인한 의사표시를 하게 하려는 고의가 있어야 한다.

(나) 사기자의 위법한 기망행위가 있어야 한다.

(다) 표의자가 착오에 빠지고 그 착오에 의거하여 의사표시를 하였어야 한다.

(3) 效 果

(가) 相對方이 詐欺를 한 경우

표의자는 그 의사표시를 취소할 수 있다(110조 1항). 설혹 상대방이 범죄 행위로 처벌을 받는다 하더라도 취소하지 않는 이상 사기에 의한 의사표시는 유효하다.

(나) 第3者가 詐欺를 한 경우

제3자의 사기로 「상대방 없는 의사표시」를 한 때에는 표의자는 언제든지 그 의사표시를 취소할 수 있지만(110조 1항·2항 참조), 제3자의 사기로 「상대방 있는 의사표시」를 한 때에는 상대방이 그 사기의 사실을 알았거나 알 수 있었을 때에 한하여 취소할 수 있다(110조 2항).

(다) 第3者에 대한 效果

사기에 의한 의사표시의 취소는 선의의 제3자에게 대항하지 못한다(110조 3항).

(4) 適用範圍

가족법상의 행위에 대해서는 사기에 관한 민법 제110조는 적용되지 않으며 독자적인 특칙을 두고 있다. 재산법상의 행위에 있어서도 외형을 신뢰하여 신속·대량적으로 행해지는 것에 대해서는 민법 제110조가 적용되지 않는다(상 320조 참조).

3. 强迫에 의한 意思表示 問 089

(1) 意 義

강박에 의한 의사표시란 표의자가 타인의 강박행위로 인해 공포심을 가지게 되고 그 공포심에 의해서 한 의사표시를 말한다.

(2) 要 件

(가) 강박행위자가 표의자로 하여금 공포심을 갖게 하려는 고의와 그로 인해 의사표시를 하게 하려는 고의가 있을 것

(나) 강박자의 위법한 강박행위가 있을 것
(다) 표의자가 공포심을 갖고 그로 인하여 의사표시를 할 것

(3) 效 果

(가) 相對方의 强迫의 경우

상대방의 강박에 의한 의시표시는 표의자가 이를 취소할 수 있다(110조). 그러나 취소하지 않는 한 그 의사표시는 유효하다.

(나) 제3자의 强迫의 경우

제3자의 강박으로 상대방 없는 의사표시를 행한 때에는 표의자는 언제든지 취소할 수 있지만(110조 1항·2항 참조). 제3자의 강박으로 상대방 있는 의사표시를 한 때에는 상대방이 그 강박의 사실을 알았거나 알 수 있었을 때 한하여 취소할 수 있다(110조 2항).

(다) 제3자에 대한 效果

강박에 의한 의사표시의 취소는 선의의 제3자에게 대항하지 못한다(110조 3항).

(4) 適用範圍

(가) 가족법상의 행위

가족법상의 행위는 민법 제110조의 적용이 없고 독자의 규정을 두고 있다.

(나) 재산법상의 행위

이 역시 사기의 경우와 마찬가지로 외형을 신뢰하여 신속·대량적으로 행해지는 것에 대해서는 민법 제110조가 적용되지 않는다.

Ⅳ. 意思表示의 效力發生 問 090

1. 意思表示의 效力發生의 時期

(1) 到達主義의 原則

의사표시는 상대방에 도달함으로써 효력이 발생함이 원칙이다(111조 1항). 상대방 없는 의사표시는 표시가 완료한 때에 효력이 생긴다.

(2) 到達主義의 例外

신속·대량·획일적인 거래의 경우에는 예외적으로 발신주의를 취하는 경우가 있다(예: 계약의 승낙의 통지(531조). 무능력자나 무권대리인의 상대방이 한 추인 여부의 최고에 대한 확답(15조, 131조) 등).

2. 公示에 의한 意思表示의 效力發生時期

의사표시의 상대방이 누군지 모르거나 그 주소를 알 수 없는 경우에는 민사소송법상의 공시송달에 의한다(113조).

3. 意思表示의 受領能力

행위무능력자는 의사표시의 수령능력이 없다. 따라서 의사표시가 무능력자인 상대방에게 도달하여도 의사표시의 효력발생을 주장할 수 없다(112조).

本 論

Ⅰ. 意思表示의 一般理論

【81】 意思表示란 무엇인가

1. 意思表示의 意義

의사표시란 일정한 법률효과의 발생을 의욕하는 뜻을 외부에 표시하는 것을 말한다. 예컨대 어떤 물건을 팔겠다는 請約의 의사표시를 하거나, 이에 내하여 그 물건을 사겠다는 승낙의 의사표시를 한 경우와 같이 표의자가 원하는 의사의 표시를 말한다.

법률행위는 한 개 또는 수 개의 의사표시를 요소로 하여 구성되는 법률요건이므로, 의사표시는 법률행위의 불가결의 요소가 되는 法律事實이다.

2. 意思表示의 構成要素

(1) 意思表示의 成立過程

의사표시의 성립과정을 구체적으로 살펴보면, 예컨대, 어떤 사람이 자기 집을 짓기 위해서 위치가 좋은 땅을 사고 싶다는 생각을 한다(動機). 신문광고 등 다각적으로 알아본 결과 마침내 마음에 든 땅을 발견하고, 이를 사기로 결심한다(效果意思). 그리하여 소유자를 만나 매매계약을 체결하려고 생각하고(表示意思), 그를 찾아가 「이 땅을 사겠다」고 말한다(表示行爲). 이와 같이 의사표시의 성립과정은 동기, 효과의사, 표시의사, 표시행위 순위로 전개된다.

이를 구체적으로 말하면 「動機」란 의사결정을 하게 된 원인을 말하며, 예컨대 市場이 개설된 줄 알고 그 땅을 사려고 하는 연유를 말한다. 「效果意思」란 표의자의 법률상 일정한 효과발생을 바라는 내심의 의사를 말한다. 그리고 「表示意思」란 효과의사를 외부에 표시하려는 의사이다. 이 의사는 효과의사와 표시행위를 심리적으로 매개하는 의사이다. 그리고 「表示行爲」란 효과의사를 외부에 표현하는 행위를 말한다. 외부에 표현하는 행위는 언어·문자·거동·침묵 등이 이에 해당된다. 이와 같이 의사표시가 성립하는 과정은 어떤 동기에 의하여 효과의사를 결정하고, 이를 표시하려는 표시의사를 갖고, 그 뜻을 외부에 표시하는 표시행위를 함으로써 이루어진다.

(2) 意思表示의 要素

의사표시의 구성요소가 되는 것은 효과의사와 표시행위는 의심의 여지가 없지만 이 중에서 문제가 되는 것은 動機와 表示意思가 의사표시의 構成要素가 되느냐이다. 먼저 「동기」의 경우를 보면 동기는 의사결정에 선행하여 의사결정의 직접적인 원인이 된 심리적인 과정이기 때문에 통상적으로는 별 법률적 의미가 없으므로 의사표시의 구성요소가 아니라고 보아야 한다(通說). 다만 동기가 표시되었을 때 의사표시의 내용이 되며, 動機의 不法이나 動機의 錯誤 등 법률적 문제가 되는 경우가 있다. 다음으로 「表示意思」의 경우를 보면 예컨대, 魚物競賣場에서 경매를 할 때 손을 들은 경우에는 거래관행상 경매에 응할 의사표시에 해당된다. 그런데 경매를 구경하고 있던 A가 건너편에 있는 자기 친구 B에게 인사하려고 손을 들었다. 이 경우 表示意思가 意思表示의 구성요소라고 한다면 여기에서의 손을 들은 행위는 경매에 응찰하려는 표시의사가 없었으므로 의사표시는 성립하지 않고 경매에 응찰한 것이 되지 않는다. 이에 반하여 표시의사가 의사표시의 구성요소가 아니라고 한다면 표시의사가 없다 하더라도 의사표시는 성립하므로 여기에 있어서는 경매와는 무관한 거수행위라 할지라도 競賣에 응찰한 것으로 된다. 이와 같이 표시의사가 의사표시의 구성요소가 되느냐, 아니 되ㄴ냐에 따라 법률관계가 달리진다. 심리학적으로는 확실히 표시행위와 같은 것이 존재하는 것을 인정할 수 있겠지만 법률적으로는 이와 같은 것을 의사표시를 위한 독립된 구성요소로 보아야 할 실 이익이 없고, 표시의사는 표의자의 내부적인 심리상태에서 상대방은 외부에서 이를 알기가 어렵기 때문에 去來安全을 위해서 표시의사는 의사표시의 구성요소가 아니라고 보는 것이 타당하다(통설). 이를 취함으로 인한 표의자의 보호는 착오에 의한 취소를 하면 된다. 요컨대, 意思表示는 效果意思와 表示行爲의 두 요소로 구성되어 있다고 보아야 한다.

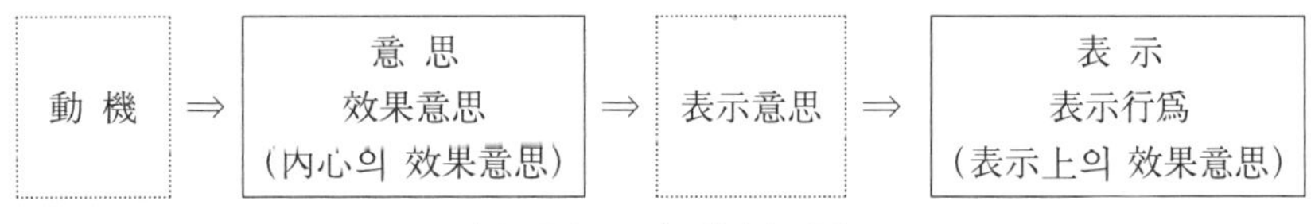

〈意思表示의 成立過程〉

3. 意思表示에 관한 立法主義

(1) 意思主義와 表示主義

意思表示에 있어서 表意者의 내심에 있는 진실한 효과의사(내심의 효과의사)와 표시행위에서 추단되는 효과의사(표시상의 효과의사)가 어떤 이유로 일치하지 않는 경우가 있다. 이 경우 내심의 효과의사를 중요시하여 이 의사에 합치하지 않는 표시는 무효 또는 취소할 수 있는 행위로 하는 주의를 意思主義라고 하며, 의사표시의 내용은 표시행위를 표준으로 하여 의사표시가 효력을 발생하려면 표시행위가 있으면 족하고 효과의사의 유무는 고려할 필요가 없다고 보는, 즉 표시행위에서 추단되는 효과의사를 중요시한 주의를 表示主義라고 한다. 예컨대 100,000원이라고 쓰려고 하였는데 어떤 잘못으로 1,000,000원으로 쓴 경우, 意思主義에 의하면 내심의 효과의사와 다르기 때문에 언제나 무효가 되고, 表示主義에 의하면 내심의 효과의사와는 관계없이 표시된 대로 1,000,000원으로서 효력이 발생한다. 이와 같이 의사주의는 거래의 안전이나 제3자 보호보다 표의자의 보호를 중요시한다. 이에 반하여 표시주의는 표의자 본인의 이익보다 선의의 상대방의 이익이나 사회거래의 안전을 더 중요시한다.

(2) 折衷主義

그리하여 입법례는 이 두 입법주의는 어느 것이나 취할 바가 못 된다 하여 折衷主義를 취하고 있는 것이 일반적이다. 즉 거래의 신속과 안전을 기초로 하는 상거래 내지 다수의 利害關係人이 긴밀하게 결합하는 團體關係上의 법률행위에 대해서는 표시주의에 치중하고, 가족법상의 행위나 표의자의 진의(내심의 효과의사)를 보다 더 중요시 하여야 할 경우에는 의사주의에 더 치중하는 折衷主義를 취하고 있는 것이 일반적이다.

4. 民法上의 立法主義

우리 민법도 折衷主義를 취하고 있다. 舊民法은 의사주의에 치우친 경향이 있다 하여 비난이 있었다. 그리하여 우리 현행 민법에 있어서는 표시주의에 중점을 두는 절충주의를 채용하고 있다. 즉 「意思와 表示가 불일치」한 경우, 표시행위가 내심의 효과의사와 다르다고 하여 이를 모두 무효로 하지 않고, 眞意 아닌 意思表示에 있어서는 표의자의 진의아님을 알았거나 알 수 있었을 때(107조), 通情虛僞表示를 하였을 때(108조)는 무효로 했고, 錯誤(109조)와 같이 표의자가 불일치를 모르는 경우에는 구민법에는 무효로 하였던 것을 취소할 수 있는 것으로 하고 있다. 詐欺나 强迫에 의하여 효과의사가 형성된 경우에는 이를 「瑕疵있는 意思表示」라 하여 그 의사표시를 취소할 수 있도록 했다(110조).

표 4-3 民法上 非正常的 意思表示의 類型과 效果

類　　型	效 果
1. 意思와 表示의 不一致	
• 眞意 아닌 意思表示(107조)	
㉠ 상대방이 表意者의 眞意 아님을 모르는 경우	有 效
㉡ 상대방이 表意者의 眞意 아님을 아는 경우	無 效
• 虛僞表示(108조)	無 效
• 錯誤에 의한 意思表示(108조)	取 消
2. 瑕疵있는 意思表示	
• 詐欺와 强迫에 의한 意思表示(110조)	取 消

Ⅱ. 意思와 表示의 不一致

【82】 意思와 表示의 不一致란 어떠한 경우를 말하는가

1. 意思와 表示의 不一致의 意義

의사와 표시의 불일치란 內心의 效果意思와 表示上의 效果意思가 일치하지 않는 경우를 말한다. 효과의사란 일정한 법률효과의 발생을 원하는 의사를 말하는데 이에 관해서는 두 가지 경우를 생각할 수 있다. 그 하나는 표의자(意思表示를 한 者)가 내심으로 생각하고 있는 의사가 있는데 이를 내심의 효과의사라고 하며, 다른 하나는 표의자의 표시행위에 의하여 추단되는 효과의사가 있는데 이를 표시상의 효과의사라고 한다. 예컨대, A라는 땅을 사려고 마음을 먹었는데 잘못하여 그 옆에 있는 B라는 땅을 사겠다고 표시한 경우, 表意者의

眞意, 즉 「내심의 효과의사」는 A라는 땅을 사겠다는 것이고, 표의자의 표시행위에 의해서 추단되는 「표시상의 효과의사」는 B라는 땅을 사겠다는 것이 된다. 일반적으로 효과의사 또는 의사라고 할 때에는 내심의 효과의사를 말하고, 표시행위 또는 표시라고 말할 때에는 표시상의 효과의사를 말한다. 위에서 본 바와 같이 내심의 효과의사와 표시상의 효과의사 즉, 의사와 표시가 일치하지 않는 경우를 「意思의 欠缺」이라고도 한다.

2. 意思와 表示가 不一致한 경우

내심의 의사표시와 표시상의 효과의사가 일치하지 않는 경우, 즉 의사의 흠결에는 그 불일치를 표의자 자신이 알고 의사표시를 한 경우와 알지 못하고 한 경우가 있다. 전자에 속하는 것으로는 眞意 아닌 意思表示(107조)와 通情虛僞表示(108조)가 있고, 후자에 속한 것으로는 錯誤(109조)가 있다.

이들의 경우, 그러한 의사표시의 효력을 어떻게 할 것인가? 즉, 의사(내심의 效果意思)를 중시할 것이냐, 표시(표시상의 효과의사)를 중시할 것이냐의 문제가 있다. 이에 관해서는 앞에서 언급한 바와 같이 우리 민법은 의사와 표시와의 불일치가 있는 경우에 극단적인 의사주의이론이나 표시주의이론을 피하고 절충주의를 취하여 표의자와 상대방, 그리고 제3자와의 이해관계의 조절을 꾀하고 있다. 의사와 표시가 일치하지 않는 경우인 진의 아닌 의사표시, 통정허위표시, 착오 등에 관하여 차례로 설명하기로 한다.

【83】 眞意 아닌 意思表示란 무엇인가

1. 意 義

진의 아닌 의사표시란 표의자가 진의 아님을 알고서 한 의사표시를 말한다. 이를 非眞意意思表示, 心裡留保라고도 한다. 예컨대, 토지를 살 의사가 없는데도 이 토지를 사겠다고 표시를 한 경우와 같이 表意者 자신이 진의가 아님을 알면서 허위로 의사표시를 한 경우이다. 진의 아닌 의사표시는 표의자 본인이 의사와 표시가 불일치함을 알고 있는 점에서 착오에 의한 의사표시와 다르며, 진의 아닌 의사표시는 상대방과 통모하는 일이 없는 점에서 통정허위 표시와 다르다.

2. 要　件

민법상의 진의 아닌 의사표시로서 법률상의 효과가 발생하기 위해서는 다음과 같은 요건이 필요하다.

(1) 意思表示가 있을 것. 객관적으로 일정한 법률효과를 추단할 만한 가치 있는 행위가 있어야 한다. 그러므로 의사표시로 인정할 가치가 없는 것, 예컨대 교단이나 무대 위에서 교수나 배우가 한 행위는 법률효과를 의욕한 의사표시가 아니므로 여기서 말한 의사표시에 해당되지 아니한다.

(2) 표시로부터 추단되는 의사(표시상의 효과의사)와 진의(내심의 효과의사)가 일치하지 아니할 것

(3) 표의자가 스스로 그 사실을 알고 있을 것

(4) 표의자가 그러한 행위를 하게 된 동기나 이유는 묻지 않는다.

3. 效　果

(1) 原　則

진의 아닌 의사표시는 표시된 대로 효과가 발생한다(107조 1항 본문). 즉, 표의자의 진의가 어떠한 것이든 표시된 대로의 효력이 생긴다. 이와 같이 표시주의의 이론에 따른 것은 거짓말을 한 자를 보호할 필요가 없기 때문이다.

(2) 例　外

악의나 과실있는 상대방을 보호할 필요가 없는 경우, 예컨대, 「상대방이 표의자의 진의 아님을 알았거나 알 수 있었을 경우에는 무효」가 된다(107조 1항 단서). 판례는 조합의 조합장이 조합을 위해서가 아니라 자기를 위하여 유용

하고자 借用한다는 사실을 대주인 은행이 알 수 있었을 경우에, 제107조 1항 단서를 유추적용하여 그 소비대차계약이 조합에 대하여 효력을 발생할 수 없다고 하였다(대판 1975. 3. 25, 74다1452).

3. 無效에 대한 제3자 保護

이 무효는 선의의 제3자에게 대항하지 못한다(107조 2항). 「善意」, 「제3자」, 「對抗할 수 없다」 등의 의의에 관하여는 설명의 중복을 피하기 위해서 제108조 2항의 虛僞表示에서 언급하기로 한다.

4. 適用範圍

(1) 單獨行爲

민법 제107조는 상대방있는 의사표시나 상대방없는 의사표시에 모두 적용된다. 그러나 제107조 1항 단서는 상대방없는 경우에는 적용되지 아니하므로 언제나 유효하다.

(2) 家族法上의 行爲

가족법상의 행위는 당사자의 의사를 절대적으로 필요로 하므로 민법 제107조는 적용되지 않는다. 혼인과 입양에 관해서는 그 뜻을 명문으로 규정하고 있다(815조 1호, 883조 1호).

(3) 商法上의 行爲

주식인수의 청약과 같이 단체적 행위에 있어서는 항상 절대적 효력을 인정할 필요가 있다. 그리하여 제107조 2항의 적용을 배제하고 있으므로 이 경우에는 언제나 유효하다(상 302조 3항, 425조).

【84】 虛僞表示란 무엇인가

1. 意　　義

허위표시란 표의자가 상대방과 통모해서 하는 진의 아닌 의사표시를 말한다. 이를 「通情虛僞表示」 또는 「通情假裝行爲」라고도 한다(108조). 진의 아닌 의사표시를 상대방과 통모하여 한다는 점에서 표의자만이 행한 진의 아닌 의사표시와 다르다.

허위표시의 예로는 채무자가 채권자의 압류를 면하기 위해서 賣買를 가장하여 부동산을 타인에게 등기이전을 하거나, 증여자가 증여를 하면서 증여세를 면탈하고자 수증자와 공모하여 매매를 假裝하고 수증자에게 소유권이전등기를 하는 경우이다. 판례는 「피고의 원고들에 대한 점유취득시효완성을 원인으로 한 소유권이전등기의무를 면탈하기 위하여 피고와 소외인이 짜고 가장매매를 하고 이를 원인으로 피고로부터 소외인으로의 토지소유권이전등기가 이루어졌다고 하여 이를 원인무효의 등기라고 본다」라고 한 것은 통정허위표시의 한 좋은 예이다(대판 1990. 6. 12, 88다카16898).

2. 要　　件

통정허위표시로서 민법상의 효과가 발생하기 위해서는 다음과 같은 요건이 갖추어져야 한다.

(1) 意思表示가 있을 것

의사표시가 있었다고 사회통념상 인식할 수 있는 외형이 있어야 한다. 실제적으로는 증서의 작성·등기·등록 등과 같은 외형을 취하는 것이 일반적이다.

(2) 意思(內心의 效果意思)와 表示(表示上의 效果意思)가 一致하지 아니할 것

예컨대 진의는 증여인데도 외형상으로는 매매의 형식을 취하는 경우와 같이 내심의 효과의사와 표시상의 효과의사가 일치하지 아니하여야 한다.

(3) 意思와 表示가 不一致함을 表意者가 알고 있을 것

의사와 표시가 불일치함을 당사자가 알고 있는 점에서 착오의 경우와 다르다.

(4) 眞意와 다른 意思表示를 함에 있어서 相對方과의 사이에 通謀가 있을 것

외형상 진의 아닌 의사표시를 하는데 통모가 있어야 하기 때문에 상대방이 그 사정을 알고 있는 데 불과하거나 쌍방적 비진의 의사표시는 통정허위표시가 되지 않는다.

(5) 虛僞表示를 하게 된 目的이나 動機는 묻지 않는다

일반적으로 제3자를 속이려는 목적, 즉 강제집행의 면탈·재산은닉·세금감면 등으로 하는 경우가 많을 것이지만, 어떠한 목적이나 동기이든 상관없다.

3. 效　果

(1) 當事者間의 效果

통정허위표시는 당사자간에 있어서는 언제나 무효이다(108조 1항). 이는 당사자간의 진의 아닌 의사표시에 대해서 법률효과를 부여할 필요가 없기 때문이다. 따라서 아직 이행하지 않았다면 이행할 필요가 없으며, 이미 부동산매매·증여 등의 외형적 행위와 함께 등기되어 있는 경우에는 소유권이전의 효과는 생기지 않는다. 소유권은 여전히 매도인이나 증여자에게 있기 때문에 매도인이나 증여자는 원인무효로서 가장등기의 말소를 청구할 수 있거나 말소대신에 이전등기를 청구할 수 있다.

(2) 제3자에 대한 效果

제3자에 대한 관계에 있어서 허위표시의 무효는 선의의 제3자에게 對抗하지 못한다(108조 2항). 예컨대, A가 자기 소유의 부동산을 B와 통모하여 매각한 것처럼 가장하여 소유권이전등기를 한 경우, C가 그 부동산을 B의 소유라고 믿고, B로부터 이를 매수하여 소유권이전등기를 하였다면 C는 그 부동산 소유권을 유효하게 취득한다. 우리 민법은 등기에 공신력을 인정하지 않고 있으므로 C는 부동산소유권을 선의취득하지 못한다. 그런데도 이 경우에 있어서는 선의의 제3자에게 무효의 효과를 주장할 수 없게 한 것은 제3자가 허위의 의사표시를 진실한 의사표시라고 믿고 거래를 한 경우 제3자를 보호할 필요가 있을 뿐만 아니라 일반거래의 안전을 위해서이다.

(가) 「善意」의 意味

「善意」라 함은 이해관계가 발생할 때 의사표시가 허위사실임을 알지 못한 경우를 말한다. 그리고 선의에는 무과실을 요하지 않는다(통설). 단지 여기서 문제가 되는 것은 선의의 제3자로부터 새로이 권리를 취득한 자가 악의인 경우에는 어떻게 되느냐이다. 이 경우에는 새로이 권리를 취득한 전득자가 악의라 하더라도 무효로써 주장하지 못한다. 왜냐하면 전득자는 선의자의 지위를 계승하였기 때문이다.

(나) 「제3자」의 意味

제3자란 당사자와 그 包括承繼人(예: 상속인 등) 이외의 자로서 허위표시를 유효한 것으로 믿고 새로이 이해관계를 맺는 자를 말한다(대판 1983. 1. 18, 82다594). 예컨대 가장매매의 매수인으로부터 그 목적부동산을 취득한 자, 가장매매의 매수인으로부터 저당권 기타 제한물권을 설정받은 자, 가장매매에 기인한 대금채권의 양수인, 가장소비대차에 기인한 채권의 양수인, 가장매매의 매수인에 대한 압류채권자 등이 이에 해당한다.

(다) 「對抗하지 못한다」의 意味

「대항하지 못한다」라는 것은 허위표시의 당사자는 제3자에 대하여 허위표시의 무효를 주장할 수 없다는 것이다. 따라서 선의의 제3자에 대해서는 표시된 대로 효력이 생기게 된다. 예컨대 부동산의 가장양수인으로부터 선의로 새로이 전득한 제3자는 제1의 양도가 무효라 하더라도 유효히 소유권을 취득한다는 것이다.

여기서 문제가 되는 것은 선의의 제3자도 허위표시의 무효를 주장할 수 있는가이다. 이에 관해서는 적극설과 소극설이 있으나 선의의 제3자가 스스로 보호받을 뜻이 없을 때에는 구태여 이를 인정하지 않을 수 없으므로 무효를 주장할 수 있다고 함이 타당하다고 본다.

4. 虛僞表示의 撤回

허위표시는 당사자간의 합의에 의해서 철회할 수 있다. 그러나 이를 제3자에게 대항하기 위해서는 당사자간의 합의만으로는 안 되며, 진정한 권리자에게 증서·등기·등록 등의 권리명의를 회복하게 할 뿐만 아니라 허위표시에 의해서 만들어진 외관 내지 외형을 제거하여야 한다.

5. 適用範圍

(1) 契約·單獨行爲·合同行爲

허위표시는 상대방과 통모하여 이루어지므로 계약은 물론 상대방있는 단독행위에도 적용되는 것은 당연하지만, 상대방없는 단독행위나 합동행위에는 적용되지 않는다(통설). 그리고 계약인 경우에 있어서는 채권계약이든 물권계약이든 모두 적용된다.

(2) 家族法上의 行爲

가족법상의 행위는 당사자의 의사가 절대적으로 존중되어야 하므로 통정허위표시는 본조의 규정과는 관계없이 언제나 무효이다(통설). 그리고 제108조 2항에 의한 선의의 제3자에 대한 관계에 있어서도 유효로 한다는 것은 가족법관계의 본질상 부당하다. 따라서 제108조 2항도 적용되지 않으며, 제3자에 대한 관계 역시 모두 무효이다. 그러나 가족법의 행위라 할지라도 재산법적 요소가 짙은 행위, 예컨대 상속재산 분할의 협의(1013조), 상속재산의 포기(1041조) 등에 관하여는 본조가 적용되는 경우가 있다.

6. 虛僞表示와 區別하여야 할 行爲

(1) 隱匿行爲

은닉행위란 허위표시의 이면에 감추어져 있는 행위를 말한다. 예컨대 증여를 하면서 증여세를 포탈하기 위해서 표면상 매매의 형식을 취하는 경우, 그 이면에 감추어져 있는 증여행위를 은닉행위라고 한다. 여기에서 문제가 되는 것은 표면상의 매매행위는 허위표시로서 무효이지만, 그 이면에 있는 증여행위, 즉 은닉행위는 유효한가이다. 그 이면에 있는 은닉행위는 당사자간에 진의의 의사의 합치가 있으므로 이에 관한 행위의 유효요건이 갖추어져 있으면, 그 이면에 있는 증여행위는 유효하다.

(2) 民法解釋學上의 信託行爲

우리나라는 신탁행위라는 용어를 다양하게 사용하고 있다. 즉 신탁법상의 신탁행위, 민법해석학상의 신탁행위, 판례상의 명의신탁 등이다. 이 중 허위표시와 관련하여 고찰할 필요가 있는 것은 민법해석학상의 신탁행위이다.

민법해석학상의 신탁행위란 예컨대, 담보의 목적으로 하는 소유권양도의 경우와 같이 상대방에게 그 행위의 경제적 목적을 넘는 권리를 주고 상대방으로 하여금 그 목적의 범위 안에서만 그 권리를 행사하게 하려는 행위를 말한다. 이와 같은 민법해석학상의 신탁행위는 허위표시가 아닌가 하는 문제가 있다. 그러나 경제적 목적을 위하여 그 목적범위를 초과하는 권리를 이전한다는 진의(내심의 효과의사)와 권리이전의 표시행위(표시상의 효과의사)가 일치하므로 허위표시가 아니며, 이는 유효한 행위인 것이다(통설).

【85】 錯誤에 의한 意思表示란 어떤 것인가

1. 錯誤의 意義

착오라 함은 표시된 내용(표시상의 효과의사)과 내심의 의사(내심의 효과의사)가 불일치함을 표의자 자신이 알지 못하는 경우를 말한다(대판 1967. 6. 27, 67다793). 예컨대, 100만원이라고 쓴다는 것을 잘못하여 1,000만원으로 쓴 경우와 같이 의사(100만원)와 표시(1,000만원)가 일치하지 않는 것을 표의자가 모르고 한 의사표시를 말한다. 그리고 표의자가 意思와 表示의 불일치를 알지 못한 점에서 이를 알고 한 진의 아닌 의사표시나 허위표시와 다르다. 민법은 이러한 착오에 의한 의사표시가 모두 법률효력에 영향을 미치게 된다면 거래는 거의 성립할 수 없게 되므로 ① 법률행위의 내용의 중요부분에 착오가 있고, ② 표의자가 그 착오를 일으키는 데 중대한 과실이 없을 때 한하여 표의자는 당해 의사표시를 취소할 수 있도록 했다(109조).

2. 錯誤의 類型

일반적으로 착오가 행해진 유형으로는 다음과 같은 것들을 들 수 있다.

(1) 表示上의 錯誤(表示行爲 그 자체에 관한 錯誤)

이는 표시행위 자체를 잘못하여 내심적 효과의사와 표시상의 효과의사에 불일치가 생기는 경우로서 誤記·誤談이 이에 해당된다. 예컨대 10만원이라고 쓴다는 것이 100만원이라고 잘못 쓴 경우가 이에 해당된다.

(2) 內容의 錯誤(表示行爲의 의미에 관한 錯誤)

표시행위 자체에는 착오가 없으나 그 내용의 의미를 잘못 이해하여 의사와 표시가 일치하지 않는 경우를 말한다. 예컨대, 달러와 파운드의 가치가 같은 것이라고 誤認하고 100달러라고 쓸 것을 100파운드라고 쓴 경우이다.

(3) 表示機關의 錯誤

심부름을 하는 사람으로 하여금 口頭로 전달하는 경우와 같이 表示機關을 통한 意思表示에 있어서 그 내용을 잘못 전달하는 때에는 본인의 착오와 同一視한다. 이는 使者에 의한 전달이 표시행위가 되기 때문이다. 그러나 대리인인 경우에 있어서는 착오의 유무는 代理人을 표준으로 하여 판단되기 때문에 대리인에 의한 표시의 내용과 본인의 의사가 다르다 하더라도 본인 자신의 착오가 되지 않는다. 또 이미 완성된 의사표시가 전달된 경우 예컨대, 투함된 편지가 잘못 전달된 때에는 의사표시의 부도착이 생길 뿐 착오가 되지 않는다.

(4) 動機의 錯誤

意思表示를 하게 된 동기에 착오가 있는 경우이다. 동기의 착오란 예컨대, 鐵道부설예정지로 오신하고 그 토지를 고가로 매수한 경우나 수태한 말로 오신하고 수태하지 않는 말을 사는 경우이다. 이와 같은 경우에는 표시상의 효과의사에 대응하는 내심의 효과의사(위의 예에서는 「이 말을 산다」라고 하는 의사)는 존재하지만, 단지 그 내심의 의사의 결정이 하나의 사항에 대해 잘못 인식하거나 또는 오판에 의하여 행해진 것이라는 점에서 병리적 사정이 있는 것에 불과하다. 동기의 착오가 제109조에 해당되는 착오가 될 수 있느냐에 관해서 학설은 나누어져 있다. 多數說과 判例는 동기가 표시되고 있는 경우에는 그 동기는 意思表示의 내용이 되므로 그 범위 안에서 동기의 착오는 표시행위의 내용의 착오의 문제가 되지만, 동기가 표시되지 않는 경우에는 착오의 문제가 일어나지 않는다고 한다. 동기의 착오에 관한 상세한 설명은 다음 항에서 논하기로 한다.

3. 錯誤의 效果

(1) 表意者에 대한 效果

착오의 효과는 표의자의 보호와 상대방의 이익과의 조절에 유의하지 않으면 안 된다. 舊民法은 법률행위 내용의 요소에 착오가 있고, 錯誤를 일으키는데 중대한 과실이 없는 때에는 그 법률행위는 「無效」로 하였다. 그러나 이는 너무 의사주의에 치우친 경향이 있다 하여, 현행 민법은 이에 표시주의를 가미하여 표의자는 상대방에 대하여 당해 행위를 「取消」할 수 있도록 하여 표의자의 보호뿐만 아니라 상대방의 보호에도 유의하였다(109조 1항).

착오에 의한 의사표시를 표의자가 취소하기 위한 요건으로서는 ① 법률행위의 내용의 중요부분에 착오가 있고, ② 그 착오를 일으키는 데 중대한 과실이 없어야 한다. 이를 구체적으로 설명하면 다음과 같다.

(가) 法律行爲 內容의 重要部分에 錯誤가 있어야 한다

취소할 수 있는 착오가 되기 위해서는 법률행위의 내용의 「중요부분에 착오」가 있어야 한다. 법률행위의 내용의 중요부분이란 어떤 경우를 말하느냐에 관해서 통설은 ① 표의자가 그러한 착오가 없었더라면 그 의사표시를 하지 않았으리라고 생각될 정도로 중요한 것이어야 하고(주관적 요건), ② 일반 사람들도 표의자의 입장에 섰더라면 그러한 의사표시를 하지 않았으리라고 생각될 정도로 중요한 것이어야 한다(객관적 요건). 어떤 경우가 이에 해당하느냐에 관해서는 형식적, 획일적으로 결정할 것이 아니라 구체적·개별적으로 결정하여야 한다.

학자들은 중요부분의 착오에 해당되는 경우로서 일반적으로 다음과 같은 경우를 들고 있다.

① 법률행위의 성질에 관한 착오로서는 임대차를 사용대차로 오인하거나 連帶債務를 保證債務로 오인한 경우 등이다.

② 당사자인 사람에 관한 착오로서는 타인에 중점을 두는 법률행위 예컨대, 증여·대차·신용매매 등과 같은 사람의 동일성에 관한 착오나, 상대방의 직업·자산·신분 등에 관한 착오로서 그것이 중요한 의의를 가진 법률행위에 있어서는 중요부분의 착오가 된다. 그러나 이러한 착오는 동기의 착오에 해당되는 경우가 많으므로 표시되어 의사표시의 내용으로 되는 것이 필요하다.

③ 목적물에 관한 착오로서는 A 馬인줄 알고 B 馬를 산 경우와 같이 목적물의 동일성에 관한 착오이거나, 鑛山을 샀는데 품질이 매우 불량하다거나 매장량이 현저히 부족한 경우와 같이 목적물의 性狀·數量·價格에 관한 착오는 중요부분에 관한 착오가 된다. 그러나 대개의 경우 동기의 착오에 해당되는 경우가 많으므로 그 동기가 의사표시의 내용에 표시되어야 한다. 판례는

농지 1,389평이 모두 경작할 수 있는 것인 줄 알고 매수하였는데 그 중 600평이 하천을 이루고 있는 경우(대판 1968. 3. 26, 67다2160), 매매목적물 1,800평을 경작이 가능한 농지로 알고 매수하였으나, 실제로는 그 중 1,355평이 하천부지인 경우(대판 1974. 4. 23, 74다54) 등에는 매매계약의 중요부분에 착오가 있는 것에 해당한다고 하였다. 그러나 건물과 부지를 현상대로 매수하였는데 실제로는 0.2평이 부족하다 하더라도 그러한 사소한 차이만으로는 매매계약의 중요부분에 착오가 있다고 볼 수 없다고 하였다(대판 1984. 4. 10, 23다카1328 · 1329).

(나) 錯誤를 일으키는 데에 重大한 過失이 없어야 한다.

취소할 수 있는 착오가 되기 위해서는 表意者가 錯誤를 일으키는 데 「重大한 過失」이 없어야 한다(109조 본문 단서). 법률행위의 내용의 중요부분에 착오가 있다 하더라도 표의자에게 「중대한 과실」이 있을 때에는 그 법률행위는 취소할 수 없다. 여기서 「중대한 과실」이란 표의자의 직업, 행위의 종류, 목적 등에 비추어 보통 요구되는 注意를 현저하게 결여한 경우를 말한다. 다시 말하면 표의자가 각 안건의 사실관계에 있어서 오로지 보통사람이 하여야 할 注意의 정도를 표준으로 하여 주의를 현저하게 결여하였느냐의 여부는 객관적으로 이를 판단하여야 하고(추상적 과실), 표의자의 주관적 주의를 표준으로 하여 판단(구체적 과실)해서는 안 된다.

판례의 예를 들면 원고가 공장이 협소하여 새로운 공장을 설립할 목적으로 토지를 매수하였으나 알아본 결과 이 토지는 공장설립이 불가능한 지역이었다. 그리하여 원고는 법률행위의 내용의 중요부분에 착오가 있다 하여 이를 원인으로 피고를 상대로 취소의 청구를 하였다. 이 사안에 대하여 「원고로서는 먼저 위 토지상에 원고가 설립하고자 하는 공장을 건축할 수 있는지의 여부를 관할관청에 알아보아야 할 주의의무가 있고, 또 이와 같이 알아보았다면 위 토지상에 원고가 의도한 공장의 건축이 불가능함을 쉽게 알 수 있었다고 보이므로, 원고가 이러한 주의의무를 다하지 아니한 채 이 사건 매매계약을 체결한 것은 중대한 과실이 있다고 보아야 할 것이다」라고 판시하였다(대판 1993. 6. 29, 92다38881; 1992. 11. 24, 92다25830 · 25847).

(2) 제3자에 대한 效果

착오에 의한 법률행위의 취소가 되는 경우에도 이 취소는 선의의 제3자에게 대항하지 못한다(109조 2항). 여기에서 「선의」·「제3자」·「대항할 수 없다」 등은 모두 통정허위표시의 경우에 관하여 살펴본 바와 같다. 본 항은 제3자를 보호하여 거래의 안전을 기하기 위해서이다. 예컨대, A가 착오로 부동산을 B에게 매도하였는데, B가 선의의 제3자인 C에게 다시 전매하였다. A가 착오를 이유로 B와의 매매계약을 취소하였다. 이 경우 등기에 公信力을 인정하지 않기 때문에 A는 C에게 부동산의 반환을 청구할 수 있게 될 것이다. 그러나 이런 경우까지 그 반환을 인정한다는 것은 거래의 안전을 크게 해하기 때문에 A는 C에 대하여 부동산의 반환을 요구할 수 없도록 하였다.

4. 適用範圍

법률행위의 내용의 중요한 부분에 착오가 있고, 착오를 일으키는 데 중대한 과실이 없을 때에는 표의자는 이를 취소할 수 있다는 민법 제109조 규정은 일반적으로 私法上의 의사표시에 적용된다(대판 1970. 6. 30, 후7호). 그러나 예외적으로 성질상 적용될 수 없는 몇 가지 경우가 있다.

① 家族法上의 행위에 대해서는 그 성질상 당사자의 의사를 절대적으로 필요로 하므로 민법 제109조는 적용이 제한된다. 즉 무효로 하는 것이 원칙이다(815조, 888조). 착오로 인한 혼인행위나 입양행위는 무효로 한다는 명문규정이 있으나(815조, 883조), 이런 규정이 없는 경우도 마찬가지이다.

② 財産行爲에 있어서도 외형을 신뢰하고 행한 정형적 거래행위에 있어서는 특히 거래의 안전을 보호할 필요가 있어, 주식의 인수와 같이 사회일반에 큰 영향을 미치는 단체적 행위에는 본조의 적용이 제한된다(상 320조). 예컨대 회사설립 후에 주식을 인수한 자는 착오를 이유로 하여 그 인수를 취소하지 못한다(상 320조 1항).

【86】動機의 錯誤도 取消할 수 있는가

1. 動機의 錯誤의 意義

동기의 착오란 표시에 대응하는 내심의 의사는 존재하지만, 그 내심의 의사를 결정하는 과정에 착오가 있는 경우를 말한다. 예컨대 고속도로가 개설될 것이라고 믿고 이 토지를 산다고 표시하여 매수하였는데 실은 고속도로 예정지가 아닌 경우, 수태한 말(馬)이라고 생각하여 이 말을 산다고 표시하여 매수하였는데 그렇지 않은 말을 매수한 경우 등이 동기의 착오에 속한다.

2. 動機의 錯誤를 取消할 수 있는 경우

동기의 착오도 민법 제109조가 적용되는 착오가 될 수 있는가. 이에 관해서는 판례와 학설은 다음과 같다.

판례는 동기의 착오는 법률행위의 내용의 중요부분의 착오가 될 수 없으며, 단시 낭사자 사이에 특히 그 동기를 계약의 내용으로 삼는 때에 한하여 그 법률행위는 취소할 수 있다고 한다(대판 1967. 6. 27, 67다7933; 1985. 4. 23, 84다카890; 1984. 10. 23, 83다카1187).

다수설 역시 같은 견해를 취하여 외부에 표시되지 않는 동기의 착오를 고려하여 법률행위의 효력에 영향을 미치게 한다면 일반거래의 안전을 기할 수 없을 뿐만 아니라 動機의 錯誤로 인하여 발생되는 불이익을 표의자 스스로가 부담하는 것이 타당하다는 것이다. 따라서 의사표시의 동기에 착오가 있는 경우에는 그 동기가 표시되어 意思表示의 내용으로 삼았을 때 한하여 민법 제109조 적용을 받을 수 있는 착오가 된다는 것이다(고상룡, 172). 이에 반하여 소수설은 동기의 착오는 표시의 유무를 묻지 않고 취소의 대상이 된다고 한다. 그 이유로는 첫째, 判例上 착오가 문제된 사안은 거의 동기의 착오의 사건이며, 이를 다른 착오와 구별하여 다룬다면 제109조의 실효성은 현저하게 좁혀진다는 것이다. 둘째, 다수설이 말하기를 동기의 착오는 천차만별이어서 이를 고려하게 된다면 去來의 安全을 해한다고 하지만 이는 다른 유형의 착오에 있어서도 다를 바 없다는 것이다. 이 설은 최근에 와서 충분한 이유가 있다 하여 支持者가 점점 많아져 다수설을 번복할 경향에 있다.

Ⅲ. 瑕疵있는 意思表示

【87】 瑕疵있는 意思表示란 어떤 경우인가

하자있는 의사표시란 표의자가 타인의 사기 또는 강박에 의하여 의사표시를 한 경우를 말한다. 의사표시는 사적자치의 원칙에 의해서 자유로이 의사결정을 하여야 한다. 그러므로 표의자가 타인의 위법한 간섭에 의하여 의사표시를 하였다면 표의자를 그 의사표시에 얽매이게 할 수 없다. 그리하여 민법은 이러한 하자있는 의사표시는 취소할 수 있도록 하였다(110조).

앞에서 말한 非眞意意思表示, 虛僞表示, 錯誤와 같은 意思와 表示와의 不一致의 경우에는 표시에 해당하는 내부의 效果意思가 존재하지 않지만, 詐欺나 强迫에 의한 의사표시는 표시에 해당하는 내심의 효과의사는 존재하되, 단지 의사결정이 자유롭게 행해지지 않는 것뿐이다.

일반적으로 사기·강박은 형법에서는 사회의 해악을 제거하고 피해자를 보호하기 위해서 형사책임을 지도록 하고 있는 반면에, 민법에서는 사기·강박을 당한 자의 정당한 이익을 보호하기 위해서 불법행위로서 피해자에게 손해배상청구권을 인정하고, 그에 의하여 행해진 의사표시를 취소할 수도 있도록 하고 있다. 그러나 이와 같은 세 가지의 효과는 각각 목적과 요건이 다르므로 하나의 사기 또는 강박이 세 가지 효과가 반드시 수반되는 것은 아니다.

민법에서는 「사기·강박에 의한 의사표시」에 관하여 제110조 하나의 조문만을 두고 있고, 이를 「하자있는 의사표시」라고 부르고 있다. 다음 항에서 이를 「사기에 의한 의사표시」와 「강박에 의한 의사표시」로 나누어 설명하기로 한다.

【88】詐欺에 의한 意思表示란 무엇인가

1. 意　　義

詐欺에 의한 의사표시란 타인(상대방 또는 제3자)의 기망행위에 의하여 착오에 빠지고, 그 결과로써 한 의사표시를 말한다. 예컨대, B가 人工寶石을 천연보석이라고 A를 속여 A로 하여금 이를 믿게 하고(착오에 빠지게 하고), A가 그 착오에 의해서 한 「이 보석을 산다」라고 하는 의사표시를 사기에 의한 의사표시라고 한다. 이와 같이 사기에 의한 의사표시는 표시로부터 추단되는 효과의사(표시상의 효과의사)에 대응하는 내심의 효과의사는 존재하지만, 단지 내심의 의사의 결정·성립에 이르는 과정에 하자가 있기 때문에 강박에 의한 의사표시와 함께 이를 「하자있는 의사표시」라고 부른다.

민법은 사기에 의한 의사표시를 한 자를 구제하기 위해서 민법 제109조의 「법률행위의 중요부분에 착오」가 없더라도 표의자는 사기에 의한 의사표시로써 보호된다. 그리고 사기에 의하여 중요한 부분에 착오가 있을 때에는 민법 제109조도 적용됨은 당연하다.

2. 要　　件

사기에 의한 의사표시를 취소하기 위해서는 다음과 같은 요건이 필요하다.

(1) 詐欺者에게 2단계의 故意가 있어야 한다

표의자를 기망하여 착오에 빠지게 하려는 1단계의 고의와 그 착오에 기하여 표의자로 하여금 의사표시를 하게 하려는 2단계의 고의가 있어야 한다. 예컨대, 신문사의 허위의 날조기사는 착오에 빠뜨리려는 고의는 있으나, 이에 기하여 의사표시를 하게 하려는 2단계의 고의가 없기 때문에 그 기사로 말미암아 착오를 일으켜 의사표시를 하였다 하더라도 신문사의 사기를 이유로 그 의사표시를 취소할 수 없는 것이다.

그리고 여기에서의 「고의」란 행위의 결과를 알고 있으면서, 그 행위를 할 결의를 말한다.

(2) 위법한 欺罔行爲가 있어야 한다

기망행위란 진실이 아닌 사실을 진실이라고 속여 상대방을 믿게 하는 행위를 말한다. 적극적으로 허위사실의 날조나 소극적으로 진실의 사실을 숨기는 행위를 포함하지만, 경우에 따라서는 침묵도 기망행위가 된다. 또한 사기에 의해서 비로소 착오에 빠지게 하려는 행위나 이미 빠져 있는 착오를 더욱 더 강도를 높이게 하는 경우도 기망행위가 될 수 있다.

그리고 기망행위는 위법성이 있어야 한다. 즉 기망행위가 사회일반의 거래관념에 비추어 위법시될 만한 정도의 것이어야 한다. 다시 말하면 거래상 경미한 정도의 기망행위나 특수한 환경에서 행해진 약간의 기망행위는 위법성이 없는 경우가 있다. 예컨대 일반 거래계에서 보면 신용있는 백화점의 행위로서는 기망행위가 되는 경우에도 노변잡화상의 행위로서는 기망행위가 되지 않는 경우가 있다.

(3) 表意者가 錯誤에 빠지고 그 錯誤에 의하여 意思表示를 하여야 한다

착오와 의사표시 간에 인과관계가 있어야 하는데 여기서의 인과관계는 표의자의 주관적인 것으로서 족하며, 제109조의 착오에 있어서와 같은 보통 일반인을 기준으로 착오가 없었더라면 표의자는 그 의사표시를 하지 아니하였을 것이라고 인정되는 정도의 객관적인 인과관계의 존재를 요하지 않는다. 특히 사기에 의한 착오는 제109조의 착오의 경우와 달라 기망행위에 의해서 동기의 착오가 생기는 것으로 충분하며, 법률행위의 내용의 중요한 부분에 존재하는 것을 요하지 않는다.

3. 效　　果

(1) 相對方의 詐欺에 의한 경우

상대방의 사기에 의하여 의사표시를 한 때에는 表意者는 그 의사표시를 취소할 수 있다(110조 1항). 예컨대 A는 B의 속임수에 빠져 時價에 비하여 훨씬 저렴한 가격으로 B에게 토지를 매도한 A는 B의 사기를 이유로 A·B간의 토지매매계약을 취소하고, A는 B에 대하여 토지의 반환청구를 할 수 있다. 이와 같은 사기에 의한 의사표시는 취소를 함으로써 비로소 소급적으로 무효가 된다. 그러나 취소하지 않는 이상 그대로 유효하다.

사기에 의한 의사표시는 피사기자가 「법률행위의 중요부분의 착오」에 빠져 의사표시를 한 경우에는 제109조의 착오에도 해당된다. 이 경우에는 표의자는 제109조의 착오에 의한 취소나 제110조의 사기에 의한 취소와 선택적으로 주장할 수 있다. 이는 어느 것이나 표의자를 보호하기 위해서 인정된 제도이기 때문이다.

(2) 제3자의 詐欺의 경우

표의자가 상대방이 아닌 제3자의 사기에 의하여 의사표시를 한 경우에는 표의자가 사기에 의한 의사표시를 함에 있어서 「상대방이 없는 경우」와 「상대방이 있는 경우」의 두 경우로 나누어 고찰할 필요가 있다.

(가) 표의자가 제3자의 사기에 의해서 「상대방이 없는 의사표시」를 한 경우에는 표의자는 언제든지 그 의사표시를 취소할 수 있다. 의사표시의 상대방이 없는 경우에는 제110조 2항이 적용될 여지가 없기 때문이다.

(나) 「상대방 있는 의사표시」에 있어서 제3자가 사기를 한 경우에는 상대방이 그 사실을 알았거나 알 수 있었을 경우에 한하여 그 의사표시를 취소할 수 있다(110조 2항). 예컨대, A는 보석상인인 C로부터 B가 소유하고 있는 보석은 사연보석이 틀림없으니 사라는 권유에 그를 믿고 고가로 샀다. 그 후 그 보석이 자연보석이 아니라 인공보석인데도 보석상인인 C의 기만에 의해서 그를 믿고 매수하였음을 알게 되었다. 이 경우에는 상대방 B가 제3자 C가 사기를 한 사실을 알았거나 알 수 있었을 경우에 한하여 A는 A·B간에 한 매매계약을 취소할 수 있다. 이는 이와 같은 사실을 알지 못한 상대방을 보호하기 위해서이다.

(3) 善意의 제3자에 대한 效果

사기에 의한 의사표시의 취소는 선의의 제3자에게 대항하지 못한다(110조

3항). 예컨대, A가 B의 사기에 의하여 자기 소유부동산을 B에게 매도하였는데, B가 이것을 다시 C에게 轉賣하였다. 이 경우 A는 사기를 원인으로 A·B간의 계약을 취소하게 되면 그 결과 A·B간의 계약은 처음부터 무효인 것이 되고(141조), B는 처음부터 부동산 소유권을 취득하지 않은 것이 되어 B로부터 C에게 소유권의 이전도 없는 것이 되므로 A는 無權利者인 C에 대해서 목적물의 반환청구를 할 수 있게 된다. 그러나 이렇게 되면 선의의 제3자, 즉 轉得者는 뜻하지 않는 불이익을 입게 된다. 그리하여 선의의 제3자를 보호하기 위해서 A·B간의 계약의 취소의 효과를 선의의 제3자에게는 미치지 못하게 하였다. 따라서 A는 C에 대해서 그 부동산의 반환청구는 할 수 없고, 다만 B에 대해서 손해배상을 청구할 수밖에 없다. 제110조 3항에서의 「제3자」, 「선의」, 「대항할 수 없다」 등의 의미는 모두 허위표시나 착오에서 설명한 바와 같다.

4. 適用範圍

(1) 家族法上의 行爲

가족법상의 행위에 있어서는 제110조의 적용이 없고, 독자적인 규정을 두고 있다(816조, 823조, 884조 참조).

(2) 財産法上의 行爲

재산법상의 행위에 있어서도 외형을 신뢰하여 신속·대량적으로 행해지는 것에 대해서는 착오에 있어서와 마찬가지로 제110조가 적용되지 않는다(상 320조 참조). 즉 회사설립 후에는 주식을 인수한 자는 사기를 이유로 하여 그 인수를 취소하지 못한다.

【89】强迫에 의한 意思表示란 무엇인가

1. 意　　義

강박에 의한 의사표시란 표의자가 타인(상대방 또는 제3자)의 강박행위에 의하여 공포심을 가지게 되고, 그 공포심에 의해서 한 의사표시를 말한다. 강박에 의한 의사표시는 표시의사에 대응하는 내심의 의사는 존재하나 그 내심의 의사를 결정하는 과정에 타인의 부당한 간섭이 있는 경우이다. 사기에 의한 의사표시와 함께 하자있는 의사표시라고 불리운다.

强迫에 의한 의사표시는 표시의사와 내심의 의사가 일치한 점에서 비진의표시와 허위표시와 다르며, 강박에 의한 의사표시는 표의자에게 착오가 없다는 점에서 착오나 사기에 의한 의사표시와 다르다.

민법은 강박에 의한 의사표시를 일응은 유효로 하되 표의자의 원에 따라 취소할 수 있도록 하였다(111조). 이와 같이 취소할 수 있도록 한 것은 표의자를 보호하기 위해서이다.

2. 要　　件

강박에 의한 의사표시를 취소하기 위해서는 다음과 같은 요건이 필요하다.

(1) 强迫者에게 2단계의 故意가 있어야 한다

강박자는 사기의 경우와 마찬가지로 표의자에 공포심을 일으키려는 1단계의 고의와 그 공포심에 기하여 의사표시를 하게 하려는 2단계의 고의가 있어야 한다(대판 1975. 3. 25, 73다1048). 고의의 개념은 사기에 있어서와 같다.

(2) 위법한 强迫行爲가 있어야 한다

강박이란 불법으로 해악을 통지하여 상대방에게 공포심을 생기게 하는 행위를 말한다. 공포심을 갖게 하는 해악은 재산적 해악이든 비재산적 해악이든 상관없으며, 현재의 것이든 장래의 것이든 상관없다. 그리고 공포의 정도는 표의자로 하여금 공포심을 일으키는 데에 충분한 것이면 족하고, 그 정도가 너무 지나쳐 항거 불능의 상태인 경우에는 효과의사에 대응하는 내심의 의사가 없는 것이므로 그 의사표시는 불성립 즉, 무효라고 하여야 한다(대판 1974. 2. 26, 73다1143).

그리고 강박행위는 위법성이 있어야 한다. 그 이유는 사기에 있어서와 같지만, 여기서 특히 문제가 되는 것은 정당한 권리행사로서 강박행위를 하는 경우이다. 예컨대 불법행위를 한 자에 대하여 고발 또는 고소 등 형사소추를 하겠다고 하는 경우이다. 단순한 권리행사가 아니고 부정한 이익의 취득을 목적으로 한 때에는 그 강박행위는 위법성이 있다고 보는 것이 통설이다.

(3) 表意者가 공포심을 갖고 그로 인하여 意思表示를 하여야 한다

강박행위에 의해서 표의자가 공포심을 갖게 되고(강박행위와 공포심간의 인과관계), 그 공포심에 의해서 의사표시를 하여야 한다(공포심과 의사표시간의 인과관계). 그리고 공포심을 갖게 된 이유는 보통 일반인을 기준으로 하여 판단할 것이 아니라 표의자를 기준으로 하여 판단하여야 함은 사기의 경우와 같다.

3. 效　果

(1) 相對方의 强迫의 경우

표의자는 사기의 경우와 마찬가지로 강박에 의한 의사표시는 취소할 수 있다(110조). 표의자가 취소하지 않는 한 유효하며, 취소함으로써 비로소 소급하여 무효가 된다.

(2) 제3자의 强迫의 경우

제3자의 강박으로 의사표시를 한 경우에는 상대방이 있느냐 없느냐에 따라 그 효과가 다르다. 「상대방이 없는 의사표시」의 경우에는 표의자는 그 의사표시를 언제든지 취소할 수 있다(110조 1항 · 2항 참조). 그러나 「상대방 있는 의사표시」의 경우에는 상대방이 강박의 사실을 알았거나 알 수 있었을 때에 한하여 취소할 수 있다(110조 2항).

(3) 제3자에 대한 效果

강박에 의한 의사표시의 취소는 선의의 제3자에게 대항하지 못한다(110조 3항). 여기서의 「제3자」, 「선의」, 「대항할 수 없다」 등의 의미는 앞에서 언급한 바와 같다.

4. 適用範圍

(1) 家族法上의 行爲

가족법상의 행위는 제110조의 적용이 없고, 독자적인 규정을 두고 있음은 사기의 경우와 같다.

(2) 財産法上의 行爲

이 역시 사기의 경우와 마찬가지로 외형을 신뢰하여 신속·대량적으로 행해지는 것에 대해서는 제110조가 적용되지 않는다.

Ⅳ. 意思表示의 效力發生時期와 受領能力

【90】 意思表示는 언제 效力이 發生하는가

1. 意思表示의 效力發生時期가 問題되는 경우

의사표시는 표시행위가 완료함으로써 성립하나, 그 효력의 발생은 반드시 성립한 때와 같지 않다. 예컨대, 서점에서 책을 사는 경우와 같이 상대방의 면전에서 의사표시를 하는 경우나, 상대방이 면전에는 없지만 격지자간에 전화로 말하는 경우와 같은 對話者간에는 의사표시가 있음으로써 그 의사표시는 성립함과 동시에 그 효력도 발생한다. 또 상대방 없는 단독행위, 예컨대, 유언이나 재단법인의 설립행위와 같은 경우에는 특정인의 수령을 필요로 하지 않으므로 이 역시 의사표시가 성립함과 동시에 효력이 발생한다(단지 예외적으로 특별규정에 의하여 효력발생 시기를 정한 경우가 있다. 1073조, 48조). 이와 같은 경우에는 의사표시의 효력발생시기가 특별히 문제되지 않는다.

그러나 여기서 문제가 되는 경우로는 떨어져 있는 상대방(隔地者)에게 전화 등이 아닌 서면으로 의사표시를 하는 경우이다. ① 표시와 전달과의 사이에 시간적인 간격이 있는 경우에 의사표시는 언제 효력이 발생하느냐(의사표시의 효력발생시기), ② 의사표시의 상대방을 알지 못하거나 상대방의 소재를 알지 못한 경우에 그에 대한 의사표시는 어떻게 하며, 어느 때에 효력이 발생하느냐(의사표시의 공시송달의 문제), ③ 의사표시를 수령하는 상대방이 행위무능력자인 경우 그 의사표시는 효력이 생기느냐(의사표시의 수령능력의 문제) 등이 문제된다. 민법은 이 세 가지 점에 관하여 규정을 두고 있다(111조~113조).

2. 相對方 있는 意思表示의 效力發生時期

(1) 立法主義

상대방이 있는 의사표시에 있어서 멀리 떨어져 있는 상대방에게 서면 등을 통하여 의사표시를 전달되는 과정을 보면 먼저 表意者는 의사표시의 내용을 서면으로 작성하여(表白), 이를 우체통에 넣는다(發信). 이 서면이 상대방에 傳達되어(到達), 상대방은 이것을 읽고 그 내용을 알게 되는(了知) 네 단계를 거치게 된다. 어느 경우를 의사표시의 효력발생시기로 보느냐에 관해서 表白主義, 發信主義, 到達主義, 了知主義 등의 입법주의로 나누어진다.

그런데 표백주의와 요지주의는 당사자 일방에 지나치게 기울어진 경향이 있는 반면, 도달주의는 양 당사자의 이익을 가장 잘 조절하고 있다고 할 수 있다. 우리 민법은 도달주의를 원칙으로 하고(111조 1항), 특수한 경우에 한하여 예외적으로 발신주의를 취하고 있다(15조, 71조, 131조, 455조, 531조).

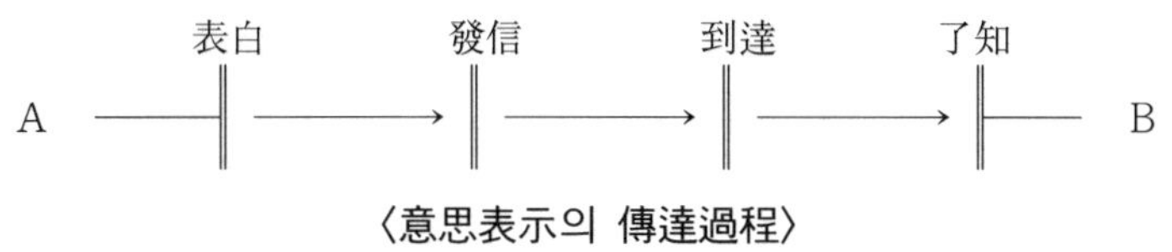

〈意思表示의 傳達過程〉

(2) 到達主義의 原則

민법은 상대방이 있는 의사표시의 효력발생시기에 관하여 민법 제111조 1항에서 「상대방 있는 의사표시는 그 통지가 상대방에 도달한 때로부터 그 효력이 생긴다」라고 규정하여 도달주의의 원칙을 명백히 하고 있다.

여기서의 상대방 있는 의사표시에 있어서의 「상대방」이란 의사표시의 도달에 어느 정도 시간을 요하는 관계에 있는 자를 말한 것으로 대화자에 대한 관념이다. 따라서 당사자간에 물리적 거리에 있는 모든 경우를 말한 것이 아니다. 서울에서 광주로 전화를 한 경우에는 대화자이지 隔地者간이 아니다. 이 점에서 보면 隔地者라고 말한 것보다 隔時者라고 하는 것이 적절하다 할 것이다. 또 「到達」이란 의사표시가 상대방의 支配內에 있어 사회통념상 서면의 내용을 알 수 있는 상태에 있는 경우를 말한다. 예컨대, 서면을 직접 상대방에게 교부함을 요하지 않으며 우편수신함에 투입되거나, 가족·동거인·고용인 등에게 교부되었으면 족하고 상대방이 이를 了知하고 있지 않다 하더라도 了知할 수 있는 상태에 있게 되면 도달로 본다(通說, 대판 1960. 12. 5, 4293민상455; 1983. 8. 25, 82아카439). 그러나 수령자가 수령능력을 갖지 않는 경우에는 도달이라고 볼 수 없다(수령능력에 관해서는 후술함).

(3) 到達主義의 效果

의사표시는 상대방에게 도달한 때에 그 효력이 발생한다. 이와 같은 도달주의는 주로 발신 후 도달 전에 意思表示의 효력여하가 문제된다. 그 중요한 경우를 보면 다음과 같다.

(가) 意思表示의 延着·不着

도달주의를 취하는 결과 의사표시가 어떤 사고로 불착되는 경우에는 효력이 발생하지 않으며, 연착이 되면 그 때부터 효력이 발생하는 등 表意者의 불이익으로 돌아간다.

(나) 意思表示의 撤回

의사표시는 도달한 때 효력이 발생하므로 발신 후라 하더라도 도달 전이라면 임의로 철회할 수 있다. 이 점에서는 表意者에게 유리하다. 그러나 그 의사표시의 철회는 늦어도 먼저 발신한 의사표시와 동시에 도달하여야 한다.

(다) 發信後의 變更

의사표시의 도달은 이미 성립된 의사표시의 效力發生要件에 불과하므로 표의자의 활동은 발신에 의하여 종료하게 되므로, 발신 후에 표의자가 사망하거나 행위능력을 상실하여도 그 의사표시의 효력에는 아무런 영향이 없다(111조 2항).

(4) 到達主義의 例外(發信主義)

신속・대량・획일적인 거래의 경우에는 예외적으로 발신주의를 취한다. 예컨대 계약의 승낙의 통지(531조), 무능력자나 무권대리인의 상대방이 한 추인여부의 최고에 대한 확답(15조, 131조), 채무인수의 경우 채권자에 대한 승낙의 최고에 대한 확답(455조) 등의 경우이다.

3. 公示送達에 의한 意思表示의 效力發生時期

표의자의 과실 없이 상대방을 알지 못하였거나, 상대방의 소재를 알지 못한 경우, 예컨대 피상속인이 사망하였는데 상속인이 누구인지 알지 못한 경우나, 상대방이 행방불명인 경우에 의사표시는 민사소송법 및 민사소송규칙의 정함에 따라 送達할 수 있다(113조; 민소 179조~181조). 이것을 공시송달이라고 한다. 공시송달의 방법은 法院書記 또는 書記가 송달할 서류를 보관하고 그 사유를 법원게시장에 게시하는 방법으로 한다. 법원은 공시송달의 사유를 官報나 新聞紙上에 공고할 것을 명할 수도 있다. 공시송달의 관할은 상대방을 알지 못하는 경우에는 표의자의 주소지를, 그리고 상대방의 소재를 알지 못한 경우에는 상대방의 최후의 주소지를 관할하는 지방법원의 관할에 속한다. 그러나 외국에서 하여야 할 송달에 관하여는 공시송달의 사실을 그 나라에 주재하는 대한민국의 대사·공사·영사에게 촉탁하는 방법으로 이루어진다(민소 180조 3항, 191조, 176조).

공시송달에 의한 의사표시는 게시한 날로부터 2주일이 경과한 때에 상대방에게 도달할 것으로 본다(민소 181조). 다만 외국에서 한 공시송달의 경우에는 최초의 송달에 한하여 실시한 날로부터 2월이 경과하여야 효력이 생긴다(민소 196조 3항).

4. 意思表示의 受領能力

의사표시가 상대방에 도달하고 상대방이 이를 了知 가능한 상태에 있는 때, 그 효력이 발생하는 것이므로 수령사가 그 의사표시의 내용을 이해할 것을 필요로 한다. 이와 같이 수령한 의사표시를 了知할 수 있는 능력을 의사표시의 수령능력이라고 한다.

우리 민법은 未成年者·限定治産者·禁治産者는 의사표시를 받아들일 능력이 없다고 하고 있으므로 표의자는 이러한 사람들에 대한 의사표시는 도달의 효력발생을 주장하지 못한다(112조 본문). 그러나 무능력자측에서 그 도달을 주장하는 것은 무방하다. 그리고 무능력자의 법정대리인이 그 도달한 사실을 안 뒤에는 표의자는 그 도달과 효력발생을 주장할 수 있다(112조 단서).

여기서 문제가 되는 것은 모든 無能力者를 예외없이 수령능력이 없는 것으로 보아야 하느냐이다. 의사표시의 受領能力은 스스로 의사를 결정하고 발표할 수 있는 능력이 행위능력보다 그 정도가 낮다고 볼 수 있으므로 未成年者나 限定治産者는 일정한 경우에 행위능력이 인정되므로, 이 경우에는 수령능력도 인정된다고 보는 것이 타당하다.

第4款 法律行爲의 代理

槪 要

Ⅰ. 代理의 一般理論

1. 代理의 意義와 社會的 作用 問 091

(1) 意 義

대리란 대리인이 본인의 이름으로 법률행위를 하거나, 또는 의사표시를 수령하고, 그 법률행위의 효과는 직접 본인에게 귀속케 하는 제도를 말한다.

(2) 代理制度의 社會的 作用(代理制度의 存在理由)

대리제도의 사회적 작용은 ① 사적자치의 확장(임의대리의 측면)과, ② 사적자치의 보충(법정대리의 측면)에 있다.

2. 代理의 本質 問 092

(1) 代理의 本質

법률행위의 효과는 행위자에게 귀속하여야 하는데도 대리에 있어서는 법률행위를 한 자가 법률효과를 받지 않고 법률행위를 하지 않는 본인에게 법률효과를 귀속케 하는 이론적 근거는 무엇이냐의 문제가 代理의 本質論이다.

대리의 본질론에 관한 학설로는 ① 본인행위설, ② 공동행위설, ③ 대리인행위설 등이 있다. 대리인이 그 행위를 직접 본인에게 귀속시키려는 의사(대리의사)를 가지고 행위를 한 것이므로 대리인행위설이 타당하다고 보며 통설도 이 설을 취하고 있다.

(2) 代理와 基礎的 內部關係

위임등 기초적 내부관계와 대리관계는 서로 독립된 별개의 관계이다. 현행 민법도 위임기타 기초적 내부관계는 이를 「代理의 原因된 法律關係」라고 하며 양자를 별개의 관계로 보고있다.

(3) 代理가 認定되는 範圍

대리가 인정된 범위로는 法律行爲에 한한다. 대리가 인정되지 않는 경우로는 ① 準法律行爲, ② 不法行爲 등이 있으며, 법률행위라 하더라도 ③ 본인의 의사에 의해서만 행해져야 할 일신전속적 법률행위, 즉 혼인·이혼·인지·유언 등의 가족법상의 행위는 대리가 허용되지 않는다. 이를 「대리에 친하지 않는 행위」라고 한다.

(4) 代理와 구별하여야 할 概念

대리와 구별하여야 할 개념으로는 다음과 같은 것들이 있다.

(가) 使 者

사자는 본인의 의사표시를 전달한 자이어서 의사표시를 스스로 하는 것이 아니므로 대리가 아니다.

(나) 間接代理

간접대리는 자기이름으로 법률행위를 하고 그 효과도 일단 자기에게 귀속케 한 후 본인에게 이전하는 것이므로 이는 대리가 아니다.

(다) 法人의 代表

법인의 대표기관은 법인과 서로 대립하는 지위에 있는 것이 아니고 그 행위는 바로 법인의 행위가 되는 점, 대표는 대리에 있어서 성립할 수 없는 사실행위나 불법행위에 관해서도 성립하는 점에서 대리와 다르다.

(라) 제3자를 위한 契約

계약에 관여하지 아니한 제3자가 계약으로부터 발생한 권리를 취득한다는 점에서 대리와 유사하나 대리에 있어서는 본인은 모든 면에서 당사자가 되는 데 반하여, 제3자를 위한 계약에서의 제3자는 계약당사자는 아니며, 단지 계약상의 급부청구권을 가질 뿐이라는 점에서 다르다.

(마) 信 託

신탁제도는 수탁자가 신탁재산의 재산권을 취득하는 점과 수탁자가 대리에 있어서와 같이 본인의 이름으로 거래를 하지 않고 수탁자의 이름으로 관리·처분을 하는 점에서 대리와 다르다.

3. 代理의 種類 問 093

(1) 任意代理와 法定代理

임의대리란 사적자치의 확장을 위하여 본인의 의사에 의하여 대리권이 주어지는 경우이며, 법정대리는 사적자치의 보충을 위하여 본인 의사와는 관계없이 법률의 규정에 의하여 대리권이 주어지는 경우이다.

(2) 能動代理와 受動代理

능동대리란 본인을 위하여 제3자에게 의사표시를 하는 대리이며, 수동대리란 본인을 위하여 제3자의 의사표시를 수령하는 대리이다.

(3) 有權代理와 無勸代理

유권대리란 정당한 대리권이 있는 자가 행한 대리를 말하며, 무권대리란 정당한 대리권이 없는 자가 행한 대리를 말한다.

4. 代理의 三面關係 問 094

대리관계는 本人과 代理人(대리권의 수여), 代理人과 相對方(대리행위), 相對方과 本人(대리에 의한 법률효과의 귀속)의 삼면관계로 구성된다.

Ⅱ. 代理權(本人과 代理人과의 關係)

1. 代理權의 意義의 法的 性質

(1) 代理權의 意義

대리권이란 본인을 위하여 의사표시를 하거나 수령하여 본인에게 직접 그 법률효과를 귀속케 하는 지위 또는 자격을 말한다.

(2) 代理權의 法的 性質 問 095

대리권에 관한 법적 성질에 관해서는 ① 권리부인설, ② 형성권설(권리설), ③ 자격설(능력설) 등이 있다. 대리권은 대리인의 대리행위에 의해서 그 법률의 효과를 직접 본인에게 귀속케 하는 자격 또는 지위라고 보는 자격설이 타당하다. 따라서 이는 권리가 아니고 권한인 것이다.

2. 代理權의 發生原因 問 096

대리권은 본인의 의사에 기하여 발생하는 경우와 본인의 의사와는 관계없이 발생하는 경우가 있다. 전자를 임의대리라고 하고 후자를 법정대리라고 한다.

(1) 法定代理權의 發生原因

법정대리권의 발생원인으로는 다음과 같은 세 가지 경우가 있다.

(가) 법률의 규정(예: 미성년자의 친권자, 일상가사대리권을 가진 夫 또는 妻, 금치산자 또는 한정치산자의 後見人 등)

(나) 지정권자의 지정(예: 지정후견인(931조), 지정유언집행자(1093조))

(다) 법원의 선임(예: 부재자 재산권리인 상속재산 관리인, 유언집행자(1096조) 등)이 이에 속한다.

(2) 任意代理權의 發生原因 問 097

(가) 임의대리권의 발생원인은 본인의 의사에 의한 대리권의 수여행위이다. 이와 같은 대리권의 수여행위를 수권행위라고 한다.

(나) 수권행위의 법적 성질은 ① 기초적 내부관계와 별개의 행위이고, ② 단독행위이며, ③ 무인행위이다. 그리고 ④ 불요식 행위이다.

3. 代理權의 範圍와 制限

(1) 代理權의 範圍 問 098

대리권의 범위는 법정대리권의 경우와 임의대리권의 경우에 따라서 다르다.

(가) 法定代理權의 範圍

법정대리권의 범위는 개개의 법률규정에 의한다(920조, 949조, 1101조, 1044

조 2항, 1047조 2항).

(나) 任意代理權의 範圍

① 授權行爲에 의하여 정하여지는 경우 임의대리권의 범위는 수권행위의 내용에 의하여 정하여진다. 구체적으로 그 범위가 어느 정도이냐는 결코 수권행위의 해석에 의해서 결정할 문제이다.

② 代理權의 範圍에 관한 民法의 補充規定 수권행위의 해석에 의해서도 대리권의 범위가 분명하지 않은 경우가 있다. 민법은 이와 같은 경우를 대비해서 그 보충규정으로서 제118조를 두고 있다. 동조에 의하면 代理人은 ⓐ 보존행위, ⓑ 이용행위, ⓒ 개량행위를 할 수 있다.

(2) 代理權의 制限 問 *099*

대리권의 제한으로는 자기계약 및 쌍방대리의 금지와 공동대리 등이다.

(가) 自己契約 및 雙方代理의 禁止

자기계약이란 대리인이 한편으로는 본인을 대리하고, 다른 한편으로는 대리인 자신을 위하여 계약을 체결하는 경우를 말하고, 쌍방대리란 한사람의 대리인이 본인을 대리함과 동시에 상대방을 대리하여 계약을 체결하는 경우를 말한다. 자기계약과 쌍방대리는 본인의 이익을 보호하기 위하여 금지된다(124조). 그러나 본인의 승낙이 있거나, 채무의 이행행위는 가능하다.

(나) 共同代理

대리인이 수인인 경우에는 각자 대리행위를 하는 것이 원칙이지만 법률의 규정이나 수권행위에 의해서 대리인 전부가 공동으로 대리를 하여야 할 경우가 있다. 이 경우는 공동으로만 대리를 할 수 있다는 점에서 일종의 대리권의 제한이 된다. 공동대리의 경우 대리인이 단독으로 대리행위를 하였을 때에는 그 효과는 본인에 귀속하지 않고 일종의 권한을 넘는 무권대리가 된다.

4. 代理權의 消滅 問 *100*

대리권의 소멸원인에는 법정대리와 임의대리에 공통되는 것과 각 경우에 특유한 것이 있다.

(1) 法定代理權와 任意代理權에 공통된 消滅原因(127조)

① 본인의 사망, ② 대리인의 사망, ③ 대리권 발생 후 대리인의 금치산 또는 파산이다.

(2) 任意代理權의 특유한 消滅原因(128조)

임의대리권의 특유한 소멸 원인으로는 ① 原因된 법률관계의 종료, ② 수권행위의 철회, ③ 본인의 파산 등을 들 수 있다.

(3) 法定代理權의 특유한 消滅原因

법정대리권의 특유한 소멸원인으로서는 부재자재산관리인을 법원에서 취소한 경우(22조 2항), 부재자재산관리인을 법원에서 개임한 경우(23조), 父 또는 母가 친권의 상실을 선고받은 경우(924조), 법정대리인인 친권자가 법률행위의 대리권과 재산관리권 상실의 선고를 받은 경우(925조) 등이다.

Ⅲ. 代理行爲(代理人과 相對方과의 關係)

1. 顯名主義(代理意思의 表示) 問 101

(1) 顯名主義의 意義

현명주의란 대리인이 상대방에 대하여 대리행위를 할 때 「본인을 위한 것임을 표시」하는 주의를 말한다(114조). 이것을 현명주의라고 한다. 「본인을 위한 것임을 표시하여」 한다는 것은 그 행위의 법률적 효과를 본인에게 귀속케 한다는 의사를 뜻한다.

(2) 受動代理의 경우

대리인이 본인의 이름을 표시하는 것은 능동대리의 경우이고, 수동대리에 있어서는 상대방측에서 본인에게 대한 의사표시임을 표시하여야 한다(114조 2항). 이 경우에는 대리인측에서 현명하여 수령한다는 것은 불가능하기 때문이다.

(3) 顯名의 方法

현명의 방법은 일반적으로 계약서 등의 서면에 "김○○대리인 박○○"이라는 형식으로 한다. 그러나 본인의 이름을 명시하지 않고 대리인이 자기 이름을 표시하여 법률행위를 하였다 하더라도 법률행위 전체로 보아 대리인 자신을 위한 것이 아니고 본인을 위한 행위라고 판단된 때에는 대리의 의사표시가 있다고 볼 수 있다(대판 1984. 4. 10, 83다카316).

(4) 顯名을 하지 않는 行爲

대리인이 대리행위를 함에 있어서 본인을 위한 것임을 표시하지 아니한 때에는 그 의사표시는 자기를 위한 것으로 본다(115조 본문). 그러나 상대방이 대리인으로서 한 것임을 알았거나 알 수 있었을 때에는 대리인 행위로서의 효과가 발생한다(115조 단서).

(5) 顯名主義의 例外

商行爲의 대리에 있어서는 현명을 하지 않아도 된다(상 48조 본문).

2. 代理行爲의 瑕疵 問 102

(1) 原 則

법률행위의 당사자는 代理人이므로 진의 아닌 의사표시, 통정허위표시, 착오, 사기, 강박 또는 어느 사정을 알았거나 과실로 알지 못한 것으로 인하여 영향을 받을 경우에 그 사실의 유무는 대리인을 표준으로 하여 결정함을 원칙으로 한다(116조 1항).

(2) 例 外

그러나 특정한 법률행위를 위임한 경우에 대리인이 본인의 지시에 좇아 그 행위를 한 때에는 본인은 자기가 안 사정 또는 과실로 인하여 알지 못한 사정에 관하여 대리인의 부지를 주장할 수 없다(116조 2항). 즉 대리인이 선의이더라도 본인이 악의이면 그 본인은 선의의 보호를 받을 자격이 없게 된다.

3. 代理人의 能力 問 103

(1) 代理行爲를 위한 能力

대리인은 행위능력자임을 요하지 않는다(117조). 그 이유는 대리인의 대리행위의 효과는 직접 본인에게 돌아가므로 대리인의 보호를 문제 삼을 필요가 없고, 본인이 대리인의 재능을 믿고 대리권을 수여한 이상 설령 대리인이 무능력자라 하더라도 그를 이유로 본인이 법률행위의 효과를 부인한다는 것은 타당하지 않기 때문이다. 그리고 여기서 무능력자란 행위무능력자를 말한 것이므로 의사능력은 있어야 한다. 대리행위를 의사능력을 없는 상태에서 행해졌다면 그 법률행위는 일반원칙에 따라 무효임은 당연하다.

(2) 제117조의 適用範圍

대리인은 행위능력자임을 요하지 않는다는 민법 제117조가 法定代理에도 적용될 수 있느냐에 관해서는 견해가 대립하고 있다. 법정대리에 있어서 특별규정을 두어 행위능력이 있어야 한다는 경우뿐만 아니라 이와 같은 규정이 없는 경우에도 행위능력이 있어야 한다는 설과 이와 같은 특별규정이 있는 경우외에는 행위능력을 요하지 않는다는 설이 있다. 본인을 보호한다는 차원에서 행위능력을 요한다는 설이 타당하다고 본다.

(3) 無能力者인 代理人과 本人과의 關係

대리인은 행위능력자임을 요하지 않는다는 것은 대리인이 무능력자라 하더라도 그 대리행위를 취소할 수 없다는 의미이다. 대리인과 본인간에 내부적 계약관계나 수권행위에 있어서 대리인은 어떠한 능력을 요하느냐는 전혀 별개의 문제이다. 즉 대리인은 본인과의 내부적 계약관계, 가령 위임계약을 무능력을 이유로 취소할 수 있다.

그런데 이때 문제가 되는 것은 대리권도 소멸하느냐이다. 이에 관해서는 수권행위의 성질을 어떻게 파악하느냐에 따라서 차이가 있게 된다. 즉 수권행위와 원인된 법률관계에 관해서 유인설을 취할 때에는 대리권도 소멸하며, 무인설을 취할 때에는 대리권은 소멸하지 않는다.

Ⅳ. 代理의 效果(本人과 代理人과의 關係)

1. 代理效果의 歸屬 問 *104*

(1) 代理人이 행한 法律行爲의 效果

대리행위에 의해서 발생한 권리・의무는 직접 본인에게 귀속한다(114조).

(2) 代理人이 행한 不法行爲의 效果

불법행위의 효과는 대리인에게 발생하고 본인에게 귀속하지 아니한다. 그러나 본인과 대리인 사이에 사용자 관계가 인정될 때에는 사용자인 본인은 피용자인 대리인의 불법행위에 대하여 사용자로서 불법행위 책임을 지는 수가 있다(756조).

2. 代理에 있어서 本人의 能力

본인은 대리인의 대리행위에 의한 권리의무의 귀속자이므로 권리능력은 있어야 하지만, 본인 스스로 법률행위를 하는 것이 아니므로 행위능력이나 의사능력을 요하는 것은 아니다. 그러나 내부계약 체결이나 수권행위에 있어서는 본인은 행위능력이 있어야 하며 행위 무능력자인 경우에는 이를 취소할 수 있다.

Ⅴ. 復代理 問 105

1. 復代理人의 意義 및 法的 性質

복대리인이란 대리인이 자기의 권한 내의 행위를 하게 하기 위하여 대리인 자신의 이름으로 선임한 본인의 대리인을 말한다.

복대리인의 법적 성질은 다음과 같다.

① 복대리인은 본인의 대리인이지 대리인의 대리가 아니다(123조 1항).

② 복대리인은 대리인이 자기의 이름으로 선임한 자이므로 복대리인의 복임해위는 대리행위가 아니다.

③ 대리인은 복대리를 선임하더라도 여전히 대리권을 갖는다.

2. 代理人의 復任權

대리인이 복대리인을 선임할 수 있는 권한을 복임권이라고 한다. 복임권의 유무와 범위는 법정대리와 임의대리에 있어서 다르다.

(1) 法定代理

언제든지 복임권이 있다(122조).

(2) 任意代理

임의대리는 원칙적으로 복임권이 없다. 그러나 예외적으로 ① 본인의 승낙이 있을 때, ② 부득이한 사유가 있을 때(본인의 소재 불명 등으로 본인의 승낙을 얻을 수 없을 때)에는 복임권을 갖는다(120조).

3. 復代理人을 選任한 代理人의 責任

(1) 法定代理人

법정대리인은 언제든지 복임권을 갖는 반면에 복대리인의 행위에 관하여는 자신에게 선임·감독의 과실이 있건 없건 모든 책임을 진다(122조 본문). 즉 일종의 무과실책임이다.

(2) 任意代理

임의대리인이 복대리인을 선임한 때에는 선임·감독에 관하여 본인에 대하여 책임이 있다(121조 1항). 그러나 본인의 지명에 의하여 복대리인을 선임한 때에는 그 복대리인이 부적임 또는 불성실함을 알고 본인에 대한 통지나 해임을 해태한 때에 한하여 책임을 진다(122조 2항).

4. 復代理人의 地位 問 106

(1) 復代理人과 代理人

복대리인은 대리인의 감독을 받으며, 복대리인의 권한은 대리인의 권한보다 더 클 수 없으며, 代理人이 대리권이 소멸하면 복대리인의 권한도 소멸한다.

(2) 復代理人과 相對方

복대리인은 제3자(상대방)에 대하여는 대리인과 동일한 권리의무가 있다(123조 2항).

(3) 復代理人과 本人

복대리인은 본인에 대하여도 대리인과 동일한 권리의무가 있다(123조 2항). 그리고 복대리인도 다시 복대리인을 선임할 수 있다.

5. 復代理權의 消滅 問 107

복대리권의 소멸원인은 다음과 같다.

(1) 代理權 一般의 消滅原因

복대리권도 대리권의 일종이므로 대리권 일반의 소멸원인에 의하여 소멸한다.

(2) 複代理의 특유한 消滅原因

① 대리인과 복대리인간의 수권관계의 소멸
② 대리인이 가진 대리권의 소멸에 의해서 복대리권은 소멸한다.

Ⅳ. 無權代理

1. 無權代理의 意義와 類型 問 108

무권대리라 함은 대리권 없이 행해진 대리행위를 말한다. 다시 말하면 대리행위의 다른 요건은 갖추고 있지만 대리권만 없는 경우이다.

무권대리의 유형으로는 본인에게도 책임의 일부가 있는 「表見代理」와 본인에게 전혀 책임이 없는 「좁은 의미의 무권대리」가 있다.

2. 表見代理 問 109

(1) 表見代理制度의 意義와 趣旨

표현대리란 대리행위를 한자에게 대리권이 있는 것과 같은 외관이 있고, 그 외관 발생에 본인이 어느 정도 책임이 있는 경우이다.

이와 같은 경우에는 본인에 그 효과를 귀속케 함으로써 그 외관을 신뢰한 상대방을 보호하고 거래안전을 도모하려는 것이 표현대리제도의 취지이다.

(2) 表見代理의 種類

표현대리의 종류로는 다음과 같은 세 가지의 경우가 있다.

(가) 代理權授與表示에 의한 表見代理 問 110

① 意 義　본인이 대리권을 수여하지 않았음에도 불구하고, 대리행위의 상대방이 될 제3자에 대해서 어느 특정인에게 대리권을 수여하였다는 뜻을 표시한 경우에는 그 제3자와 특정인 간에 행해진 대리행위를 대리권수여표시에 의한 表現代理라고 한다(125조).

② 要 件　① 본인의 대리권수여의 표시가 있을 것, ② 대리권수여가 없을 것, ③ 표시된 범위 내의 행위를 하였을 것, ④ 상대방이 선의·무과실일 것 등이다.

③ 適用範圍　대리권 수여표시에 의한 표현대리의 적용범위는 임의대리에 한한다.

(나) 權限을 넘은 表見代理 問 111

① 意 義　권한을 넘은 표현대리란 대리권이 있는 대리인이 그 권한을 넘은 행위를 한 경우를 말한다. 이 경우 제3자가 그 권한이 있다고 믿을 만한 정당한 이유가 있는 때에는 본인은 그 권한을 넘는 행위에 대해서 책임을 진다(126조).

② 要 件　① 대리인에게 기본대리권이 존재하여야 한다. ② 대리인이 권한을 넘은 행위를 하였어야 한다. ③ 상대방이 대리권이 있다고 믿을 만한 정당한 사유가 있어야 한다.

③ 適用範圍　권한을 넘은 표현대리에 관한 민법 제126조의 적용범위는 임의대리뿐만 아니라 법정대리에 있어서도 적용된다.

(나) 代理權消滅 후의 表見代理 問 112

① 意 義　이전에 대리권을 가지고 있었던 자가 대리권이 소멸 후 아직도 대리권이 있는 것처럼 대리행위를 한 경우를 대리권 소멸 후의 표현대리라고 하며, 이에 대해서는 본인이 책임을 진다(129조).

② 要 件　① 대리권 소멸 후에 대리행위를 하였어야 한다. ② 상대방이 대리권의 소멸을 모르는 데에 선의·무과실이어야 한다.

③ 適用範圍　대리권 소멸 후의 표현 대리에 관한 민법 제129조의 적용범위는 임의대리와 법정대리에 모두 적용된다.

(3) 效 果

표현대리의 세 가지 유형의 경우의 효과는 모두 동일하다. 즉 표현대리의 효과는 진정한 대리인이 행한 대리행위와 같은 효력이 있다. 따라서 본인은 법률효과가 자신에게 귀속하는 것을 거부할 수 없다.

3. 좁은 意味의 無權代理 問 113

(1) 意 義

대리권이 없는 자가 대리행위를 한 경우에 표현대리라고 볼 수 있는 요건을 갖추고 있지 않는 경우의 무권대리행위를 좁은 의미의 무권대리라고 한다. 좁은 의미의 무권대리인의 효과는 무권대리 행위가 계약이냐 단독행위냐에 따라서 다르다.

(2) 契約의 無權代理

(가) 本人에 대한 效果

① **本人의 追認權** 본인이 무권대리 행위를 추인하게 되면 계약을 한 때에 소급하여 유효한 것으로 된다(133조 본문).

② **本人의 追認拒絶權** 本人이 추인을 거절하면 무권대리행위는 처음부터 본인에게 효력이 없는 것으로 확정된다(132조).

③ **相續과 追認拒絶權** 무권대리인이 본인을 상속한 경우에는 무권대리행위는 유효로 되며, 무권대리인은 본인의 지위에서 추인을 거절할 수 없다.

(나) 相對方에 대한 效果

무권대리인의 상대방은 본인에 대하여 최고권과 철회권을 갖는다.

① **催告權** 무권대리인의 상대방은 상당한 기간을 정하여 그 기간내에 추인하느냐의 여부를 확답하라는 뜻을 본인에게 최고할 수 있고, 그 기간 내에 확답을 발하지 않을 때에는 추인을 거절한 것으로 본다(131조).

② **撤回權** 무권대리인의 상대방은 계약 당시에 무권대리임을 알지 못한 경우에 한하여 본인이 아직 추인하지 않고 있는 동안에는 본인이나 대리인에 대하여 계약을 철회할 수 있다(134조).

(다) 無權代理人의 責任

① **無權代理人의 相對方에 대한 責任** 무권대리인은 그 대리권을 증명하지 못하고 또 본인의 추인을 얻지 못한 때에는 상대방의 선택에 따라 계약

의 이행 또는 손해배상의 책임을 진다(135조 1항). 그러나 상대방이 무권대리인의 대리권 없음을 알았거나 알지 못하는 데에 과실이 있었을 때 또는 대리인으로 계약한 자가 행위능력이 없는 때에는 상대방은 무권대리인에 대해서 책임을 물을 수 없다(135조 2항).

② 無權代理人의 本人에 대한 責任 무권대리 행위는 본인의 추인이 없으면 아무런 법률효과 발생하지 않는다. 따라서 무권대리인과 본인과의 사이에는 어떠한 법률관계도 생기지 않는다. 그러나 실질적으로는 본인에 대하여 사무관리나 부당이득이나 불법행위가 성립되는 경우가 있다. 이런 경우는 무권대리에 있어서 특유한 경우가 아니고 일반 법이론의 원칙에 기하여 인정되는 데 지나지 않는다.

(3) 單獨行爲의 無權代理

① 相對方 없는 단독행위는 항상 절대 무효이다.

② 상대방 있는 단독행위도 원칙적으로 무효이지만, 첫째, 능동대리에 있어서 상대방이 무권대리에 동의하거나 대리권을 다투지 아니한 때, 둘째, 수동대리에 있어서 무권대리인의 동의를 얻어서 행위를 한 때에는 계약의 무권대리의 경우와 마찬가지 효과가 생긴다(136조).

本 論

Ⅰ. 代理의 一般理論

【91】 代理制度의 社會的 作用은 무엇인가

1. 代理의 意義

대리란 대리인이 본인을 대신하여 법률행위를 하고, 그 법률행위의 효과는 직접 본인에게 귀속케 하는 제도를 말한다. 실제의 거래에 있어서는 본인이 직접하지 않고 타인으로 하여금 대신 하게 하는 경우가 많다. 토지소유자 A가 토지를 매도하여 줄 것을 부동산업자 B에게 의뢰하고, B가 A의 대리인으로서 매수인 C간에 토지매매계약을 하는 경우가 그 한 예이다. 이 경우에 실제 C에 대해 토지를 팔겠다고 청약의 의사표시를 한 자는 A가 아니고 B이며, 또 C로부터 토지를 사겠다는 承諾의 의사표시를 수령한 자는 A가 아니고 B이지만, 단지 그 효과는 A에게 귀속하고, 매매계약은 B·C간이 아니라 A·C간에 성립하게 된다. 원래 법률행위는 의사표시를 한 자가 그 효과를 갖는 것이 원칙이다. 그러나 대리에 있어서는 법률행위를 행한 자와 그에 의한 효과, 즉, 권리를 취득하거나 의무를 부담하는 자가 다르다는 점에 특색이 있다.

2. 代理制度의 社會的 作用(存在理由)

이와 같은 대리제도를 인정하게 된 이유는 다음과 같은 두 경우를 들 수 있다.

(1) 私的自治의 擴張

근대 민법은 각 개인의 법률관계의 형성은 자기 의사에 의하여 결정하는 것을 원칙으로 한다. 이것을 사적자치의 원칙이라고 한다. 그러나 개인의 거래활동에 있어서 각자가 스스로 할 수 있는 범위는 시간적·지능적·육체적 조건에 의하여 일정한 한계가 있다. 더구나 오늘날 고도로 발달한 資本主義經濟組織 아래에서의 去來에 있어서는 고도의 지식과 기술이 필요할 뿐만 아니라 그 범위 역시 세계적으로 확대되고 있어 자기가 직접 모든 거래행위를 행한다는 것은 불가능하다. 여기에서 사적자치의 확장이 불가피하며, 타인을 대리인 즉, 임의대리인으로 하여 거래를 하지 않을 수 없게 되었다. 이와 같이 현대의 기업활동은 代理制度를 빼놓고 생각할 수 없다. 이러한 의미에서 대리제도는 사적자치의 확장 내지 연장이라는 사회적 작용 내지 기능이 있다.

(2) 私的自治의 補充

근대 민법은 모든 사람에게 권리능력이 인정되기 때문에 각자는 스스로 법률행위를 하고 그에 의하여 권리를 얻고 의무를 부담하게 된다. 그러나 意思無能力者는 권리능력이 있으면서도 자기 스스로 법률행위를 할 수 없다. 이들 무능력자가 권리를 취득하려면 法定代理人의 대리나 동의가 있어야 한다. 따라서 무능력자가 권리·의무를 취득할 수 있는 것은 代理制度가 인정되어 있기 때문이다. 이 경우에 있어서의 대리는 무능력자에 대한 사적자치의 보충이라는 기능이 있다.

【92】 代理의 法的 性質은 무엇인가

1. 代理의 本質

대리는 대리인이 상대방에게 본인의 이름으로 의사표시를 하거나, 이를 수령하고, 그 法律效果는 직접 본인에게 귀속케 하는 제도임을 앞에서 언급하였다. 이와 같이 대리제도는 법률행위 내지 의사표시를 하는 자와 그 법률효과를 갖는 자가 다르다. 원래 법률행위는 私的自治의 原則上 그 효과는 행위자에게 귀속한다. 그런데도 대리에 있어서는 법률행위를 한 자가 법률효과를 받지 않고 법률행위를 하지 않는 본인에게 법률효과를 귀속케 하는 이론적 근거는 무엇인가. 이것이 代理의 本質論이며 이에 관하여 학설은 대립하고 있다.

(1) 本人行爲說

이 설은 대리인은 본인의 기관임으로 대리인의 행위는 곧 본인의 행위라는 주장이다. 그리고 법률행위의 하자의 유무는 本人을 표준으로 하여 결정하여야 한다는 것이다.

(2) 共同行爲說

이 설은 대리는 본인과 대리인이 공동으로 법률행위를 한 것이며, 그 효과는 본인에 귀속한다는 주장이다. 따라서 법률행위의 하자의 유무는 本人과 代理人이 그에 관련하는 정도에 따라서 양자를 각각 표준으로 하여 결정하여야 한다고 한다.

(3) 代理人行爲說

이 설은 현실의 행위자는 대리인 자신이며, 그 효과는 법률의 규정에 따라 본인에게 귀속된다는 주장이다. 법률행위의 하자의 유무는 代理人을 표준으로 하여 결정하여야 한다고 한다.

(4) 民法의 態度

本人行爲說과 共同行爲說은 본인의 행위나 의사에 기인하지 않고서는 본인에게 法律效果가 발생할 수 없다는 사적자치의 원칙을 근거로 하고 있으며, 그 법률행위의 하자의 유무는 관련되는 정도에 따른 本人과 代理人을 표준으로 하여 결정하여야 한다고 한다. 그러나 이 學說들은 대리인이 현실적으로 대리행위를 한 점을 외면하고 있을 뿐만 아니라, 代理人이 그 행위를 직접 본인에게 귀속시키려는 의사(대리의사)를 가지고 행위를 한 것이므로 사적자치의 원칙에도 반하지 않는다고 볼 수 있어 代理人行爲說이 타당하다고 본다. 그리고 우리 민법도 제116조에서 대리행위의 하자의 유무는 대리인을 표준으로 하여서 결정하여야 한다고 규정함으로써 代理人行爲說에 입각하고 있다고 볼 수 있으며, 이 설이 통설이기도 하다.

2. 代理와 基礎的 內部關係

(1) 問題의 提起

대리는 대리인이 本人에 대신(본인의 이름으로)해서 法律行爲를 하고 그 법률효과를 직접 본인에게 귀속케 하는 제도이므로 대리인이 대리행위를 하기 위해서는 대리를 할 수 있는 權限, 즉 대리권이 있어야 한다. 이와 같은 대리권의 발생은 法定代理에 있어서는 법률의 규정, 任意代理에 있어서는 본인이 대리인에게 대리권을 수여하는 행위가 있어야 한다. 여기에서 법정대리에 있어서는 대리권이 법률의 규정에 의하여 발생되기 때문에 별 문제가 없지만, 임의대리에 있어서는 본인과 대리인 사이에 내부계약관계가 성립하게 되면 당연히 대리권이 발생하는 것으로 보아야 하는지, 그렇지 않으면 대리관계는 내부계약관계와는 별개의 것으로서 별도의 授權行爲가 있어야 하는지가 문제된다.

(2) 代理權과 內部契約關係와의 關係

종래에는 대리관계를 본인과 대리인간의 內部委任契約關係의 對外關係로 이해하였다. 다시 말하면 代理關係는 내부계약관계가 성립되면 계약의 내용에 따른 권리·의무뿐만 아니라 대외적으로 대리를 할 수 있는 대리관계도 당연히 발생한다고 여겼다. 그리고 대리관계는 내부위임계약이 있는 경우에 한하여 존재한다고 하였다. 그러나 대리관계는 내부계약관계와는 별개의 것이며 내부위임관계가 있다고 해서 반드시 대리가 수반되는 것이 아니다. 그리고 대리관계는 위임관계 외에도 고용·도급·조합 등에 있어서도 있을 수 있다.

이에 관하여 구체적으로 살펴보면 委任이란 委任人이 受任人에게 사무처리를 위탁하고 수임인이 이를 승낙함으로써 성립하지만(680조), 수임인이 내부계약의 내용에 따른 수임의무를 수행하기 위해서는 별도로 위임인과 수임인간에 대리권 수여행위가 있어야 한다. 예컨대 A가 B에 대해서 가옥을 팔아달라는 요청을 하였을 경우 B가 이를 팔아 주겠다는 승낙을 하였다면, 이에 의해서 A·B간에 부동산매도에 관한 委任契約이 성립하고, B는 善良한 管理者의 注意義務로써 사무를 처리할 의무를 갖게 된다. 그러나 B는 A를 위해서 부동산을 제3자에게 매각할 의무를 갖고는 있지만, 그 부동산은 A의 소유에 속하고 있기 때문에 A에 대신하여 이를 매각할 수 있는 대리권이 있지 않고서는 B로서는 제3자에 대해서 A의 부동산 매각이 불가능하다. 따라서 위임계약에 의해서 생긴 受任者로서의 의무를 이행하기 위해서는 내부위임계약과는 별도의 대리권수여가 있어야 한다. 물론 代理關係와 內部契約關係와는 이론상 별개란 뜻이므로 실제로는 대리권 수여가 내부계약관계와 동시에 행해지는 경우도 있을 것이고, 때로는 별도로 행해지는 경우도 있을 것이다. 내부계약에 따른 대리권이 존재하느냐는 오로지 법률행위의 해석에 의해서 판단할 문제이다.

대리를 필요로 하는 내부계약관계에는 위임만이 있는 것이 아니라 그 외에도 都給, 雇傭, 組合 등에 의하여 수여되는 경우도 있다. 도급의 예로서는 A와 건축업자인 B간에 신축건물의 도급계약을 약정한 때, A가 건축자재 구입비를 B에게 주면서 A를 대리하여 資材를 구입하여 주기로 한 경우이다. 이와 같은 경우에 내부계약관계는 都給이지만, 대외적으로는 代理가 필요한 경우이다. 그리고 고용의 경우에는 예컨대, 많은 점포를 가진 A가 그 점포 하나를 B에게 맡기기 위해서 B를 고용하여 본인(A)을 대리해서 물건을 팔거나 사도록 하는 경우에 있어서도 대리가 있을 수 있다. 이 역시 내부계약관계는 고용이지만, 대외적으로 대리가 필요한 경우이다.

그리고 또 위임이 있다고 해서 반드시 代理權 授與가 있는 것은 아니다. 委託賣買(상 101조)와 같이 위임이면서도 대리를 수반하지 않은 것이 있다. 예컨대, 위임이면서도 대리에 의하지 않고 수임인이 자기의 이름으로 행위를 하고 그 법률행위의 효과를 수임인이 취득한 후 이를 위임인에게 이전하는 형식 즉, 간접대리의 형식으로도 행해지는 경우가 있다. 이 경우는 내부계약이 위임이면서도 대리가 수반되지 않은 경우이다.

이와 같이 代理는 內部委任契約關係와는 별개의 것이며, 또 대리를 필요로 하는 내부계약은 위임의 경우뿐만 아니라 그 외의 경우에도 있을 수 있음을 알 수 있다.

(3) 立法例와 民法의 態度

입법례에 있어서는 프랑스 민법은 위임을 대리행위를 행하는 권한을 수여하는 계약이라고 하여 대리관계는 내부의 위임계약관계의 외부적 관계라고 하였다. 우리나라 舊民法도 프랑스 민법의 영향을 받아 이른바 任意代理를 "위임에 의한 대리"라고 규정하여(구민 104조, 111조), 代理關係를 內部의 委任契約이라고 하였다. 그러나 독일의 법학자 Paul Laband 박사가 1866년에 대리는 내부계약관계와 별개의 관계라고 주장이 있은 후, 독일 민법은 Laband의 견해를 본받아 대리와 내부계약관계는 별개의 것으로 인정하게 되었다. 우리 민법도 구민법과는 달리 제128조에서 任意代理權을 "法律行爲에 의하여 수여된 代理權"이며, "代理의 原因된 法律關係"라 하여 대리는 위임 등 내부계약관계와는 별개의 것임을 밝히고 있다.

그러나 대리관계는 내부계약관계와는 별개로 존재한다고 하지만 이 양자는 반드시 별개로 행해져야 한다는 것은 아니고 경우에 따라서는 내부계약관계와 결합되어서 동시에 행해지는 경우도 있다. 이는 오직 법률관계의 해석에 의해서 판단할 문제이다.

3. 代理가 許容되는 範圍

(1) 代理가 허용되는 경우

대리는 本人을 대신하여 相對方에게 意思表示를 하거나, 상대방의 의사표시를 수령하고, 그 法律效果는 직접 본인에게 귀속케 하는 제도이다. 그러므로 대리는 법률행위 내지 의사표시에 한하여 허용된다.

(2) 代理가 허용되지 않는 경우

이와 같이 대리는 법률행위에 한하여 인정되므로 법률행위가 아닌 準法律行爲, 事實行爲, 不法行爲 등에는 대리가 인정되지 않는다. 그리고 법률행위라 하더라도 그 성질상 본인의 의사가 절대적으로 필요로 하는 가족법의 행위에 대해서는 대리가 허용되지 않는다.

(가) 準法律行爲

대리는 법률행위에 한하여 인정되는 것이므로 법률의 규정에 의해서 법률효과가 발생하는 준법률행위에는 대리가 인정되지 않는 것이 원칙이다. 그러나 이사의 통지에 해당하는 각종의 催告(15조, 88조, 31조, 381조, 552조)나 관념의 통지에 해당하는 社員總會 召集의 通知(71조), 債權讓渡의 通知나 承諾(450조) 등과 같은 의사표시와 유사한 準法律行爲는 의사표시에 관한 규정이 유추적용되므로 대리에 관한 규정도 유추적용된다. 따라서 이와 같은 준법률행위에는 대리가 허용된다고 본다.

(나) 事實行爲

事實行爲도 법률행위가 아니므로 대리가 허용되지 않는다. 예컨대, 사실행위에 제3자의 협력이 있었다 하더라도 그것은 補助行爲일 뿐, 이와 같은 보조행위는 대리에 관한 규정이 적용될 수 없다. 그러나 사실행위가 의사표시와 결합하여 법률행위를 이룰 때에는 법률행위의 대리를 허용하는 의미에서 사실행위의 대리도 가능하게 되는 경우가 있다. 예컨대 質權設定契約(330조, 332

조, 355조)이나 動産讓渡契約(188조~190조) 등의 대리에 있어서는 사실행위인 동산의 인도에 관하여도 대리가 허용될 수 있다(異見이 있음).

(다) 不法行爲

불법행위도 법률행위가 아닌 위법행위이므로 대리가 허용되지 않는다. 대리인이 동시에 본인의 피용자인 경우에는 대리인의 불법행위에 대하여 본인이 손해배상 책임을 지는 수가 있으나 이것은 사용자로서 배상책임(756조)을 지는 것이지 불법행위를 한 대리인의 본인으로서 배상책임을 지는 것은 아니다. 이사 기타 대표자의 불법행위에 대하여 법인은 손해를 배상할 책임이 있으나(35조 1항) 이것 역시 법인 자신의 불법행위책임을 규정한 것이지 불법행위의 대리를 규정한 것은 아니다.

(라) 代理에 親하지 않는 法律行爲

法律行爲라 하더라도 代理가 허용되지 않는 경우가 있다. 법률행위라 하더라도 성질상 본인의 의사에 의해서만 행해져야 할 一身專屬權的 法律行爲, 즉 혼인, 이혼, 인지, 유언 등과 같이 본인의 의사를 절대적으로 필요로 하는 家族法上의 행위에는 대리가 허용되지 않는다. 이와 같이 대리가 허용되지 아니하는 법률행위를 「代理에 親하지 않는 法律行爲」라고 한다. 그러나 가족법상의 행위라도 재산행위의 성질도 함께 가지는 행위에 있어서는 대리가 가능하다. 예컨대 부양청구권의 행사 등이 그에 해당한다.

4. 代理와 區別하여야 할 槪念

代理制度의 개념을 정확히 이해하기 위해서는 대리와 구별하여야 할 몇가지 제도와 비교·검토하는 것이 필요하다.

(1) 使　　者

(가) 使者의 意義

대리인은 의사를 스스로 결정하여 본인에 대신하여 법률행위를 하지만, 使者는 본인이 결정한 내심적 효과의사를 상대방에게 표시하거나 또는 전달함으로써 표시행위의 완성에 협력하는 자를 말한다. 예컨대, 본인이 작성한 편지를 상대방에게 전달하거나(傳達機關), 본인이 결정한 의사를 구두로 상대방에게 전달하는 자(表示機關)가 使者에 속한다. 그 가운데에서 대리와 비슷한 것이 후자의 경우이다.

(나) 使者와 代理人과의 差異

첫째, 대리에 있어서는 대리인 자신이 효과의사 결정권을 갖고 있지만, 使者에 있어서는 효과의사 결정권을 갖고 있지 않는 점에서 기본적인 상이점이 있다. 둘째, 대리인은 행위능력자임을 요하지 않는 것이 원칙이지만, 의사는 대리인이 결정하므로 의사능력만은 있어야 한다. 그러나 使者는 본인의 의사표시를 전달한 자이므로 의사능력은 요하지 않는다고 본다. 셋째, 대리에서는 대리인이 본인의 의사내용과 다른 의사표시를 한 경우에는 권한을 넘는 것으로 일정한 요건하에 표현대리(126조)가 성립하게 되고 대리인이 의사표시를 한 대로 그 효과는 본인에게 귀속한다. 그러나 使者가 의사표시를 잘못한 경우에는 본인의 표시상의 착오(109조)로서, 그 의사표시는 취소할 수 있다. 넷째, 대리에서는 의사의 흠결이나 의사표시의 하자 또는 선의·악의는 대리인을 표준으로 하여 판단하지만(116조 1항), 使者의 경우에는 表意者(본인)를 표준으로 하여 판단하여야 한다.

(다) 使者와 代理의 區別標準

代理人과 使者간에는 위에서와 같이 여러 가지 차이점이 있지만 실제에 있어서는 대리인인지 사자인지 구별하기 어려운 경우가 있다. 이와 같은 경우, 구별의 표준에 관하여 학설은 대립하고 있다. 다수설은 외관관계를 기준으로 하여 행위자가 상대방에게 대리인이라고 표시하였으면 대리인이고, 使者라고 표시하였다면 使者로 보아야 한다고 한다. 이에 대하여 소수설은 행위자와 본인과의 내부관계를 기준으로 하여 행위자가 스스로 의사를 결정할 자유가 있으면 대리인이고, 그렇지 않으면 使者라고 한다. 생각건대 실제 거래에 있어서는 거래안전과 상대방의 보호를 경시할 수 없으므로 대리인과 사자를 구별함에 있어서는 대리인과 본인과의 내부관계를 기준으로 할 것이 아니라 대리인과 상대방간의 외관을 기준으로 하여 판단하는 것이 타당하다고 본다. 判例도

"대리인이 아니고 사실행위를 위한 사자라 하더라도 외관상 그에게 어떠한 권한이 있는 것 같은 표시 내지 행동이 있어 상대방이 그를 믿었고 또 그를 믿음에 있어 정당한 사유가 있었다면 표시주의의 법리에 의하여 본인에게 책임이 있다"라고 判示(대판 1962. 2. 8, 4294민상192)하여 외관을 존중하는 다수설에 따르고 있다.

(2) 間接代理

간접대리란 委託賣買(상 101조)에 있어서처럼 행위자가 자기의 이름으로써 타인의 계산으로 제3자와 法律行爲를 하고 그 行爲의 效果는 직접 행위자에게 귀속하지만, 그가 취득한 권리·의무를 타인에게 이전할 의무를 부담하는 관계를 말한다. 대리에 있어서는 본인의 이름으로 의사표시를 하는 데 대하여 간접대리는 자기의 이름으로 의사표시를 하는 점, 그 법률효과도 대리에 있어서는 직접 본인에게 귀속하지만 간접대리의 경우에는 일단 間接代理人인 행위자에게 귀속하였다가 다시 本人에게 이전(청산)하는 형식을 취하는 점에서 양자는 다르다. 이리하여 본래적 의미에 있어서의 대리는 이와 같은 간접대리에 대하여 直接代理라고 부른다.

(3) 法人의 代表

법인은 대표기관(이사)의 행위에 의하여 직접 권리의무를 취득하는 점에서 대리와 유사하다. 그러나 代表機關은 법인과 서로 대립하는 지위에 있는 것이 아니고 그 행위는 바로 법인의 행위가 되는 것이나, 대리의 경우에는 대리인은 별개의 독립된 법적 지위를 가지며 행위도 어디까지나 대리인의 행위인 점에서 다르다. 또한 대표는 事實行爲나 不法行爲에 관해서도 성립하는 점에서 대리와는 다르다.

(4) 제3자를 위한 契約

제3자를 위한 계약이란 예컨대, A와 B 사이에서 A가 B에 대하여 시계의 소유권을 취득할 수 있는 권리를 제3자 C로 하여금 취득케 하는 계약을 말한다(539조). A를 要約者, B를 諾約者, C를 受益者라고 하는데, 대리와 대비하여 보면 요약자는 대리인, 수익자는 본인, 낙약자는 상대방에 해당된다. 제3자를 위한 계약은 계약에 관여하지 아니한 제3자(수익자)가 계약으로부터 발생하는 권리를 취득한다는 점에서 대리와 유사하다. 그러나 代理에 있어서는 본인은 모든 면에서 당사자가 되는 데에 반하여, 제3자를 위한 계약에서의 제3자는 계약 당사자는 아니며 단지 계약상의 給付請求權을 가질 뿐이다. 그리고 계약상의 의무도 대리에 있어서는 전적으로 본인이 부담하지만 제3자를 위한 계약에서의 제3자는 그러한 의무를 부담하지 아니하고 요약자가 부담하는 점에서도 대리와 다르다. 그리고 제3자를 위한 계약에 있어서는 제3자는 수익의 의사표시를 하여야 비로소 채무자(낙약자)에 대하여 권리를 취득하지만, 대리에 있어서는 본인의 수익의 의사표시를 요하지 않고 대리인의 대리행위에 의하여 직접권리를 취득한다는 점에서 다르다.

(5) 間接占有

間接占有란 타인의 占有를 매개로 하여 점유를 하는 경우를 말한다. 예컨대, 지상권, 전세권, 질권, 임차권 등의 관계로 지상권자, 전세권자, 질권자, 임차인 등으로 하여금 물건을 점유하게 한 자는 간접으로 점유권을 갖게 된다(194조). 이는 타인이 기재하여 본인에게 효과가 생기게 하는 점에서 대리와 비슷한 점이 있으나, 점유는 의사표시가 아니므로 간접점유는 대리의 일종으로 볼 수 없다.

(6) 信　託

信託이란 委託者가 受託者에게 재산권을 이전하고 수탁자로 하여금 위탁자를 위하여 신탁재산을 관리, 처분하는 법률관계를 말한다. 우리나라에서 인정하고 있는 신탁제도로서는 信託法上의 信託, 民法 解釋學上의 信託行爲, 그리고 단순히 公簿上 所有名義만을 타인명의로 해두는 判例에서 인정하고 있는 名義信託이 있다. 이와 같은 신탁제도는 수탁자(대리에 있어서는 대리인에 비유됨)가 신탁재산의 재산권을 자기명의로 취득한 점, 수탁자가 대리에 있어서와 같이 본인(타인)의 이름으로 거래를 하지 않고 수탁자의 이름으로 관리·처분을 하는 점에서 대리와 다르다.

【93】 代理의 種類란 어떤 것인가

代理는 여러 가지 基準에 의하여 分類할 수 있는데, 그 중요한 것을 들면 다음과 같다.

1. 任意代理 · 法定代理

대리제도는 앞에서 말한 두 가지 존재이유에 대응하여 임의대리와 법정대리로 나누어진다. 任意代理는 사적자치의 확장을 위하여 본인의 의사에 의하여 대리권이 주어지는 경우이고, 法定代理는 사적자치의 보충을 위하여 본인의 의사와는 관계없이 법률의 규정에 의하여 대리권이 주어지는 경우이다.

양자의 구별의 실익은 주로 대리인의 復任權에서 나타난다. 즉, 법정대리인은 본인의사와는 관계없이 법률의 규정에 의하여 대리인이 된 자이므로 자유로이 復代理人을 선임할 수 있고(122조 본문), 그 대신 복대리인이 행한 행위에 대해서는 모든 책임을 지게 되어 있다. 그러나 임의대리에 있어서는 본인의 신뢰에 의하여 대리인이 된 자이므로 원칙적으로 復代理人을 선임할 수 없고, 다만 本人의 承諾이 있거나 부득이한 사유가 있는 때에 한하여 예외적으로 복대리인의 선임이 인정된다(120조). 그리고 복대리인이 한 행위에 대한 책임도 그 선임 · 감독에 過失이 있는 경우에 한하여 책임을 진다(121조).

2. 能動代理 · 受動代理

이는 대리행위의 모습에 의한 분류이다. 대리인이 본인을 위하여 상대방에 대하여 의사표시를 하는 경우를 能動代理라고 하고, 대리인이 본인을 위하여 상대방의 의사표시를 수령하는 경우를 受動代理라고 한다. 예컨대 토지매도의 대리권을 가진 자가 상대방에게 청약의 의사표시를 한 경우가 능동대리이고, 상대방으로부터 승낙의 의사표시를 받은 경우를 수동대리라고 한다. 특별한 사정이 없는 한 대리인은 이들 양자의 대리권을 갖는 것이 보통이다. 예컨대 대리인에 의한 계약에 있어서는 청약을 하게 되는 능동대리와 상대방의 승낙을 수령하게 되는 수동대리를 갖게 된다. 이의 구별의 실익은 顯名主義 및 單獨行爲의 無權代理에서 차이가 있다.

3. 有權代理 · 無權代理

이는 대리인이라고 칭하는 자가 정당한 대리권이 있느냐 없느냐에 의한 구별이다. 정당한 대리권이 있는 자가 행한 대리를 有權代理라고 하며, 一般的으로 代理라고 할 때는 이를 가르킨다. 이에 반하여 정당한 대리권이 없는 자가 행한 대리를 無權代理라고 하며, 이는 다시 대리인이라고 칭하는 자와 본인과의 사이에 특별한 관계의 유무에 따라 表見代理와 좁은 의미의 無權代理로 구분된다.

이들 유권대리와 무권대리, 그리고 무권대리에 있어서 표현대리와 협의의 무권대리의 구별의 실익은 법률효과의 귀속 · 본인의 책임 등에 차이가 있다.

【94】 代理의 三面關係란 어떤 것인가

대리는 대리인이 본인을 위하여 상대방과 법률행위를 하고 그 법률행위의 효과를 직접 본인에게 歸屬케 하는 제도이므로 대리의 법률관계는 본인과 대리인과의 관계, 대리인과 상대방과의 관계, 그리고 상대방과 본인과의 관계로 구성되어 있다.

1. 本人과 代理人과의 關係

본인과 대리인간의 관계는 본인이 대리인에 대한 代理權 授與에 의한 대리권의 관계로서 이것이 대리관계 중에서 가장 중심이 되는 관계이다. 여기에서는 주로 대리권의 본질, 대리권의 발생원인, 대리권의 범위, 대리권의 제한, 대리권의 소멸 등이 논의된다.

2. 代理人과 相對方과의 關係

대리인과 상대방간의 관계는 代理行爲의 關係로서 대리행위의 방식, 대리인의 능력, 대리행위의 하자 등이 논의된다.

3. 相對方과 本人과의 關係

상대방과 본인과의 관계는 代理行爲의 效果關係로서 그 효과는 누구에게 귀속되며, 본인은 최소한 어떠한 능력이 필요한가 등이 논의된다.

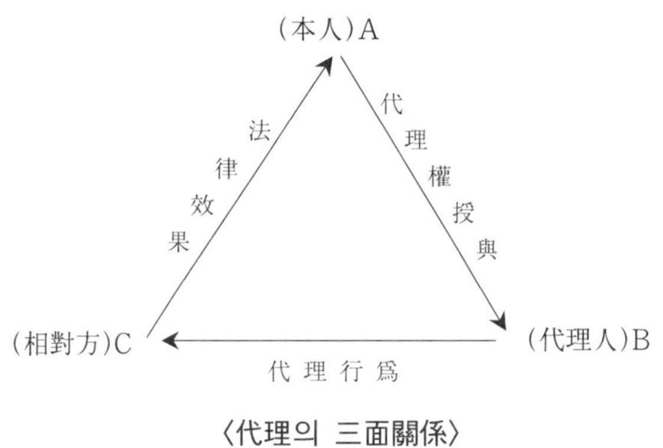

〈代理의 三面關係〉

II. 代理權 — 本人과 代理人과의 관계 —

【95】 代理權의 法的 性質은 무엇인가

1. 代理權의 意義

대리권이란 대리인이 본인을 위하여 의사표시를 하거나 또는 의사표시를 수령하여 직접 본인에게 법률효과를 발생하게 하는 법률상의 지위 또는 자격을 말한다. 일반적으로 권리는 행위자에게 귀속하지만 대리에 있어서는 권리를 취득하는 자는 행위자 자신이 아니고 본인인 것이다. 따라서 대리권은 대리인이 그 행위의 법률효과를 본인으로 하여금 취득케 할 수 있는 지위 또는 자격인 것이다. 그러므로 대리권은 통상적인 의미에서의 권리가 아니고 일종의 권한인 것이다.

2. 代理權의 法的 性質

대리권이란 대리인이 자기가 행한 법률행위의 효과를 본인에게 귀속케 할 수 있는 자격이라고 하지만, 대리권에 관한 법률적 성질에 관해서 종래부터 학설은 나누이져 있다.

첫째, 權利否認說이다. 이 설은 대리권은 위임 등 내부계약관계의 외부관계이기 때문에 내부계약관계와 독립한 대리권이란 존재하지 않는다는 것이다. 그러나 현행 우리나라 민법은 대리란 위임 등 내부계약관계와는 별개의 것으로 인정하고 있으므로 이 설은 옳지 않다고 본다.

둘째, 形成權說(권리설)이다. 이 설은 대리권이란 대리인이 대리권에 의해서 대리행위를 한 이상 그에 의해서 발생된 권리는 타인 즉, 본인의 의사와는 관계없이 그에 귀속하게 되므로 대리권은 형성권이라는 일종의 권리라고 한다. 이 설은 능동대리에 있어서는 타당성을 인정할 수 있더라도, 수동대리에 있어서는 대리인은 적극적으로 자기의 의사표시에 의하여 법률상태를 형성하는 것이 아니므로 역시 옳지 않다고 본다.

셋째로 들 수 있는 것이 資格說(능력설)이다. 이 설은 대리권이란 권리가 아니라 행위능력과 같이 법률상 일정한 법률효과를 타인 즉, 본인에게 귀속케 하는 능력 또는 자격이라고 하는 설이다. 이 설이 우리나라의 통설이다.

생각건대, 대리권은 대리인의 대리행위에 의해서 그 법률의 효과를 타인 즉, 본인에게 돌아가게 하는 자격 또는 능력임은 의심의 여지가 없다. 대리인이 행한 법률행위의 효과는 행위자인 대리인 자신이 아니고 본인에게 돌아가게 하는 것이므로 이는 권리가 아니라 권한이라고 보아야 한다. 그러므로 대리권의 법적 성질은 자격설 내지 능력설이 타당하다고 본다.

【96】 代理權의 發生原因은 무엇인가

대리권은 본인의 의사에 기하여 발생하는 경우와 본인의 의사와는 관계없이 발생하는 경우가 있다. 전자를 임의대리라고 하고, 후자를 법정대리라고 한다. 이들의 발생원인을 설명하면 다음과 같다.

1. 法定代理權의 發生原因

법정대리란 대리인이 본인의 대리인이 됨에 있어서 본인의 의사에 기하지 않고 법률의 규정에 의하는 경우를 말한다. 이의 발생원으로는 세 가지의 경우가 있다.

(가) 첫째로 본인에 대해서 일정의 지위에 있는 자가 당연히 대리권이 발생하는 경우이다. 예컨대, 미성년자의 친권자(911조, 920조), 일상가사대리권을 가진 夫 또는 妻(827조), 금치산자 또는 한정치산자의 後見人(933조) 등이 이에 속한다.

(나) 둘째, 본인이외의 자의 지정에 의해서 대리권이 발생하는 경우이다. 예컨대, 지정후견인(931조), 지정유언집행자(1093조, 1094조) 등이 이에 속한다.

(다) 셋째, 법원의 선임행위에 의하여 대리권이 발생하는 경우이다. 예컨대 不在者의 재산관리인(23조, 24조), 상속재산관리인(1023조, 1040조, 1047조, 1053조), 유언집행자(1096조) 등이 이에 속한다.

2. 任意代理權의 發生原因

임의대리에 있어서의 대리권은 본인의 의사에 의하여 대리인에게 대리권을 수여함으로써 발생한다. 이와 같이 본인이 대리인에게 대리권을 수여하는 행위를 授權行爲라고 한다. 수권행위의 법적 성질에 관해서는 다음 항에서 설명하기로 한다.

【97】 授權行爲의 法的 性質은 무엇인가

수권행위의 법적 성질은 수권행위는 내부적 계약관계와 별개의 독립된 행위이냐, 독립된 행위라고 한다면 그 행위는 단독행위이냐 계약이냐, 또 수권행위는 내부의 계약관계와 유인이냐 무인이냐, 그리고 요식행위이냐 불요식 행위이냐가 문제가 된다.

1. 授權行爲는 內部的 契約關係와 別個의 행위이다

수권행위는 내부적 계약관계, 즉 위임, 도급, 고용, 조합 등과는 구별하여야 한다. 바꾸어 말하면 수권행위는 본인과 대리인 사이의 내부적 계약관계를 발생케 하는 행위 그 자체는 아니며, 그것과는 독립하여 대리권의 발생만을 목적으로 하는 별도의 행위인 것이다.

구체적으로 위임의 경우의 예를 보면, 위임이란 당사자의 일방이 상대방에 대하여 일정한 사무처리를 위탁하고 상대방이 이를 受諾함으로써 성립하는 계약이다(680조). 즉, A가 B에 대해서 부동산의 매각을 의뢰하고 B가 이를 수락하게 되면 이에 의하여 A·B간에 부동산 매각에 관한 위임계약은 성립하고 B는 선량한 관리자의 주의의무를 가지고 사무를 처리할 의무를 A에 대해서 지게 된다. 그러나 B가 A에 대해서 부동산을 제3자에게 매도할 의무를 가졌다 하더라도 그 부동산은 A의 소유에 속한 것이므로 A에 내신하여 그 부동산을 매도할 수 있는 권한 즉, 대리권을 수여받지 아니하고서는 B는 제3자에 대해서 A 소유의 부동산을 매도할 수가 없고, 그 결과 A에 대해서 의무이행이 불가능하다. 왜냐하면 위임계약은 A·B간의 내부관계를 정함에 그치고 대외적 관계에 어떠한 영향도 주는 것이 아니기 때문이다. 따라서 위임에서 발생한 수임자의 의무이행을 수행하기 위해서는 내부적 계약관계와 별도로 대리권 수여행위가 있어야 한다. 판례에 있어서도 "위임과 대리권 수여는 별개의 독립된 행위로서 위임은 위탁자와 수탁자간의 내부적 채권채무관계를 말하고, 대리권은 대리인의 행위의 효과가 본인에게 미치는 대외적 자격을 말하는 것으로 위임계약에 대리권수여가 수반되는 일은 있으나 위임계약만으로는 그 효력은 위탁자와 수탁자 이외에는 미치는 것이 아니므로 … (중략) … 대리관계와는 아무런 관계가 없다"(대판 1962. 5. 24, 4294민상251 · 252)고 판시하여 대리권 수여행위는 내부적 계약관계와는 별개의 행위임을 밝히고 있다. 이것이 우리나라의 다수설이기도 하다.

그러나 대리권 수여행위는 내부계약관계와 별개의 독자적인 것이라 하더라도 이는 어디까지나 관념상으로 그렇다는 것이지 반드시 외형상 별개로 행해져야 한다는 것은 아니다. 실제로는 오히려 양자가 합쳐서 동시에 행해지는 경우가 보통이다. 왜냐하면 수권행위는 단독행위인 데다 민법상 어떠한 방식도 요구하고 있지 않기 때문이다. 내부적 계약관계 외에 수권행위가 있었느냐의 여부는 그때그때에 계약내용과 제반사정을 참작하여 결정할 수밖에 없다. 따라서 대리권 수여유무는 법률행위의 해석에 의하여 결정될 문제인 것이다.

2. 授權行爲는 單獨行爲로 보는것이 다수설이다

수권행위는 계약이냐, 단독행위이냐에 관해서는 견해가 대립하고 있다. 다수설은 수권행위는 상대방 있는 단독행위라고 한다. 그 이유로는 수권행위는 대리인에게 일정한 지위만을 부여할 뿐, 아무런 권리나 의무가 발생하지 않는 점, 대리인은 능력자임을 요하지 않는다는 점(117조), 그리고 수권행위는 내부계약관계가 종료 전에도 본인이 일방적으로 철회할 수 있다는 점(128조 후단) 등을 들고 있다. 이에 대하여 소수설은 수권행위는 본인과 대리인간에 행해지는 무명계약이라고 주장한다. 그 근거로는 민법상에 단독행위라는 명문규정이 없다는 것을 들고 있다. 생각건대, 소수설과 같이 계약설을 취하게 된다면 수권행위에 있어서 대리인의 의사표시에 어떤 흠이 있을 때, 예컨대, 무능력, 의사의 흠결, 사기, 강박 등이 있을 때에 그의 수권행위는 무효 또는 취소가 되어 대리행위는 소급하여 무권대리가 되므로 거래안전이 크게 위협받게 된다. 그러나 다수설인 단독행위설을 취하게 되면 대리인에 어떤 흠이 있다 하더라도 수권행위의 효력을 좌우시키지 않기 때문에 대리인의 대리행위는 아무런 영향을 받지 않고 유권대리로서 존속한다. 따라서 거래의 안전을 꾀한다는 견지에서 상대방있는 단독행위설이 타당하다고 본다.

3. 授權行爲는 內部契約關係와 無因으로 보는것이 다수설이다

수권행위는 내부계약관계와 별개의 법률행위라고 한다면 내부적 계약관계와 유인이냐 또는 무인이냐가 문제된다. 바꾸어 말하면 내부적 계약관계인 위임, 도급, 고용, 조합 등이 무효 또는 취소가 된 경우에 수권행위도 그 영향을 받아 소급하여 그 효력을 잃게 되느냐이다. 이에 관하여 학설은 내부적 계약관계가 무효 또는 취소가 된 경우에는 수권행위도 무효 또는 취소가 된다는 유인설이 소수설이고, 영향을 받지 않고 유효하다는 무인설이 다수설이다.

생각건대 수권행위를 내부적 계약관계로부터 독자적 존재로 인정하는 것이 제3자보호와 거래안전을 위하여 바람직하다고 볼 수 있으므로 수권행위의 무인성을 인정한 다수설이 타당하다고 본다.

4. 授權行爲는 不要式行爲이다

수권행위의 방식에는 특별한 제한이 없다. 즉 불요식 행위이다. 구두로나 묵시적으로도 가능하지만 일반적으로는 "위임장"을 교부하는 경우가 많다. 그러나 위임장을 작성하는 것이 곧 수권행위를 의미하는 것이 아니며 그것은 대리권을 수여하였다는 증거에 지나지 않는다. 위임장 없이도 대리권 수여는 가능하며, 반대로 위임장이 있다 해서 언제나 정당한 수권행위가 있다고도 볼 수 없다. 일반적으로 위임장에는 "본인은 모씨를 본인의 대리인으로 정하고 다음 사항을 위임합니다"라는 문언과 위임사항(대리권한의 내용범위)을 기재하고 본인이 기명날인하는 것이 보통이다. 한편 위임장에는 대리인의 성명 또는 위임사항을 기재하지 않고 백지로 두는 경우가 있다. 이것을 백지위임장이라고 한다. 백지위임장도 나중에 백지부분을 보충하면 위임장으로서 유효하게 된다. 이와 같은 백지위임장은 주로 주주총회에서의 결의권 행사, 주식의 名義改書 등을 위하여 활용된다.

보기: 위임장의 例

委任狀

本人은 ○○市 ○○區 ○○洞 ○○番地 洪吉童 氏를 나의 代理人으로 정하고 다음 事項을 委任합니다.

1. 다음 不動産을 매각하고 그 代金受領과 所有權移轉登記에 관한 一 切의 件
2. 不動産 表示

○○市 ○○區 ○○洞 ○○番地
垈地 : ○○○㎡

2006년 7월 1일

위임자 주소 :

성명 : ○○○

【98】 代理權은 어느 範圍까지 認定되는가

代理權의 범위는 법정대리권의 경우와 임의대리권의 경우에 따라 각각 다르다. 그러므로 이를 나누어 살펴보기로 한다.

1. 法定代理權의 範圍

법정대리권의 범위는 각종의 법정대리인에 관하여 규정이 있으므로 이들 법규의 해석에 의하여 그 범위는 결정된다. 예컨대, 친권자 또는 후견인은 무능력자의 일반재산에 관한 법률행위를 대리할 권한을 가지며(920조, 949조), 유언집행자는 유언의 목적인 재산의 관리 기타 유언의 집행에 필요한 일체의 행위를 할 권리를 가진다(1101조).

2. 任意代理權의 範圍

(1) 授權行爲에 의하여 정하여지는 경우

任意代理權의 範圍는 수권행위의 내용에 의하여 정하여진다. 구체적으로는 본인이 대리인에게 좁게 범위를 한정하여 대리권을 수여하거나, 포괄적으로 넓게 범위를 정하여 대리권을 수여하거나 본인의 자유이다. 그러나 본인의 의사가 명확하지 않는 경우에는 수권행위의 해석에 의해서 그의 행위를 정할 수밖에 없다. 판례에서도 부동산 처분에 관한 소요서류를 교부하는 것은 특단의 사정이 없는 한 그 부동산의 처분에 관한 대리권을 준 것으로 해석되며(대판 1959. 7. 2, 4292민상329), 소비대차체결의 대리권은 그 체결내용을 이루는 기한을 연기하고 이자와 대금을 수령할 권한(대판 1948. 2. 17, 1974민상236)과 토지매각의 대리권은 잔대금을 수령하고 등기를 해 줄 권한이 있다(대판 1958. 3. 27, 4290민상840)고 하였다. 그러나 해외 출장중 아버지에게 인장을 보관시켰다는 사실만으로는 대리권의 수여로 볼 수 없고(대판 1964. 5. 26, 63다955) 부동산 관리인에게 인감을 보관시킨 사실이 있다 하더라도 그 부동산의 처분권한을 수여하였다고 보지 아니한다(대판 1973. 6. 5, 72다2617)고 하였다.

(2) 代理權의 範圍에 관한 民法의 補充規定

수권행위의 해석에 의해서도 대리권의 범위가 분명하지 않은 경우가 있다. 민법은 이와 같은 경우를 위해서 보충규정을 두고 있다(118조). 즉, 대리권이 존재함은 명백하나 그 범위가 불명한 경우에는 대리인은 보존행위와 대리의 목적인 물건이나 권리의 성질을 변하지 않는 범위 내에서 이용행위나 개량행위 등 이른바 관리행위는 할 수 있다고 규정하고 있다. 이를 구체적으로 설명하면 다음과 같다.

(가) 保存行爲

보존행위란 재산의 현상을 유지하는 데 필요한 일체의 행위를 말한다. 예컨대, 소멸시효의 중단, 미등기부동산의 등기, 파손된 가옥의 수리, 기한이 도래한 채무의 변제, 부패하기 쉬운 물건의 처분 등과 같이 본인의 재산 전체로 보아 현상 유지라고 볼 수 있는 일체의 행위를 말한다. 이와 같은 보존행위는 대리인은 무제한으로 할 수 있다.

(나) 利用行爲

이용행위란 재산의 수익을 꾀하는 행위를 말한다. 예컨대, 물건을 임대하거나, 금전을 이자부로 대여하는 행위 등이 이에 해당된다. 이러한 이용행위는 재산 증식을 위한 적극적인 행위인 점에서, 재산현상유지를 위한 소극적 행위인 보존행위와 다르다. 그리고 이용행위는 보존행위에 있어서와 같이 무제한으로 할 수 있는 것이 아니고 대리의 목적인 물건이나 권리의 성질을 변경하지 아니한 범위 내에서 할 수 있다(118조 2호). 대리의 목적인 물건이나 권리의 성질의 변경 여부를 결정하는 표준은 사회거래 통념에 의하여 결정할 수밖에 없다. 예컨대, 은행예금을 개인에게 대여한다든가, 현금을 주식으로 바꾼다든가 하는 행위는 성질의 변경에 해당되므로 이와 같은 행위는 할 수 없다.

(다) 改良行爲

개량행위란 대리의 목적인 물건이나 권리의 사용가치 또는 교환가치를 증가시키는 행위를 말한다. 예컨대, 무이자채권을 이자채권으로 바꾼다든가, 또는 소유권에 저당권의 제한을 말소시키는 행위 등이 이에 해당된다. 개량행위도 이용행위와 같이 물건이나 권리의 성질을 변하지 아니한 범위 내에서 할 수 있다.

이상에서 언급한 보존행위, 이용행위, 개량행위에 해당된 행위가 설혹 본인의 이익을 해치는 경우가 있다 하더라고 그 행위는 대리권의 범위 내에 속함은 변함이 없다. 이때에 대리인이 본인에게 책임을 지는 일이 있다 하더라도 그것은 본인, 대리인 사이의 내부관계이고 대리관계에는 아무런 영향을 미치지 아니한다. 반대로 객체의 성질을 변하게 하는 이용행위나, 개량행위를 하여 그 결과 본인의 이익이 되었다 하더라도 그것은 역시 대리권의 범위를 벗어난 행위이며 당연 대리행위로서 성립하지는 못하며 무권대리에 해당된다고 보아야 한다. 그러므로 본인이 그 결과를 바라고자 할 때에는 별도로 무권대리에 대한 추인을 하여야 한다.

【99】 代理權은 어떤 경우에 制限되는가

대리인은 대리권의 범위 내에서 대리행위를 할 권한이 있다. 그러나 민법에는 일정한 경우에 대리권의 제한을 두고 있는 경우가 있다. 이와 같은 경우로는 자기계약 및 쌍방대리의 금지(124조)와 공동대리(119조) 등이 있다.

1. 自己契約 및 雙方代理의 禁止

(1) 自己契約 및 雙方代理의 意義

자기계약이란 대리인이 한편으로는 본인을 대리하고, 다른 한편으로는 대리인 자신을 위하여 계약을 맺은 경우를 말한다. 예컨대, A로부터 부동산 매도의 대리권을 수여받은 B가 스스로 매수인이 되는 경우이다. 쌍방대리란 한 사람의 대리인이 본인을 대리함과 동시에 상대방을 대리하여 계약을 체결하는 경우를 말한다. 예컨대 B가 한편으로는 매도인 A의 대리인으로, 또 한편으로는 매수인 C의 대리인자격을 겸하여 매매계약을 B 혼자서 체결하는 경우를 말한다.

(2) 禁止의 原則

자기계약과 쌍방대리는 어느 것이나 이론적으로는 성립이 가능하지만, 대리인의 대리행위에 의해서 본인의 이익을 부당하게 해할 염려가 있어 민법은 이를 원칙적으로 금하고 있다(124조 본문). 따라서 이와 같은 경우에는 대리인의 대리권행사가 제한된다.

(3) 禁止의 例外

이와 같은 자기계약, 쌍방대리를 금지한 이유는 본인을 해할 염려가 있기 때문이다. 그러나 그러한 폐단이 없는 경우에는 이를 특별히 금지할 필요가 없다. 민법은 이와 같은 관점에서 다음과 같은 예외를 두고 있다.

(가) 本人의 許諾

본인이 미리 자기계약, 쌍방대리를 승낙한 경우에는 그 대리는 유효하다(124조 본문).

(나) 債務의 履行

채무이행에 있어서도 자기계약, 쌍방대리는 어느 것이나 유효하다고 하고 있다(124조 단서). 채무이행은 이미 확정되어 있는 법률관계의 결제이며 새로운 이해관계를 발생케 하는 것이 아니므로 본인의 이익을 해할 우려가 없기 때문이다. 예컨대, 소유권이전에 따르는 이전등기 절차에 대하여 등기권리자, 등기의무자의 쌍방을 대리하는 행위, 금전출납권이 있는 대리인이 본인에 대한 채권을 가지고 있는 경우에 그 기한이 도래하여 본인의 적금으로부터 찾아내어 변제에 충당하는 행위 등은 허용된다고 보아야 한다. 그러나 채무의 이행이라 할지라도 새로운 이해관계를 발생케 하여 본인에게 불이익을 줄 염려가 있을 수 있는 경우에는 자기계약이나 쌍방대리는 금지된다. 그 예로서 代物辨濟(466조), 更改(500조), 기한 미도래의 채무의 변제, 다툼이 있는 채무의 변제, 항변권이 부착된 채무의 변제를 들 수 있다.

(4) 禁止規定 違反의 效果

민법 제124조에 의하여 금지되고 있는 자기계약·쌍방대리라 하더라도, 그 대리행위는 절대무효가 아니라 무권대리행위이다. 따라서 당연히 본인에 대하여 효력이 발생하지는 않으나, 본인이 이를 사후에 추인하면 완전히 유효하게 된다.

(5) 自己契約 및 雙方代理 禁止의 適用範圍

자기계약 및 쌍방대리의 금지에 관한 제124조는 법정대리, 임의대리의 양자에 모두 적용된다. 특히 법정대리에 관해서는 민법 제124조 외에 법정대리인과 본인과의 이익이 상반되는 경우에는 대리권이 없다고 규정한 경우가 많다(921조, 951조, 64조, 상 398조).

2. 共同代理

(1) 共同代理의 意義 및 趣旨

代理權이 制限되는 경우의 또 하나로의 예는 공동대리가 있다. 공동대리란 수인의 대리인이 공동으로 대리행위를 하지 아니하면 대리행위로서 효력이 발생하지 않는 경우를 말한다. 공동대리인은 대리인이 수인있는 경우와 다르다. 대리인이 수인이 있는 경우에는 각자가 독립하여 대리행위를 하는 것이 원칙이지만, 共同代理인의 대리권행사는 단독으로는 할 수 없고, 공동으로 합의에 의해서만 행할 수 있다는 점에서 양자간에 차이가 있다. 공동대리의 전형적인 예로는 부모가 공동으로 친권을 행사하는 경우의 法定代理를 들 수 있다(909조 2항 본문).

공동대리는 대리권행사를 단독으로 할 수 없고, 공동대리인 전원의 합의에 의해서만 할 수 있게 한 입법취지는 수인의 대리인으로 하여 상호협의하에 의사결정을 신중히 하게 함으로써 졸속한 의사결정이나 대리권의 남용으로부터 본인을 보호하고자 하는 데 있다. 그러므로 공동대리는 각 대리인에게 있어서는 그 대리권의 제한이 된다.

(2) 共同代理에 있어서의 問題點

공동대리에 있어서는 몇 가지 문제가 있다. 첫째, 공동대리에 있어서 공동은 수인의 대리인이 의사결정을 공동으로 하여야 한다는 의미인지, 그렇지 않으면 의사표시를 공동으로 하여야 한다는 의미인지가 문제이다. 공동대리제도는 본인의 보호를 위해서 의사의 결정을 신중히 하여야 한다는 점에 있다고 볼 수 있으므로 공동대리에서의 공동은 의사결정을 공동으로 하여야 한다고 보아야 한다(통설). 따라서 내부적으로 공동대리인 전원의 의사의 합치가 있는 한 외부에 있어서의 의사표시는 공동대리인 중 일부인이 하여도 무방하다고 할 것이다.

둘째, 수인의 대리인이 있는 경우에 그것이 공동대리인가 단독대리인가의 판단기준은 무엇인가 하는 문제이다. 이는 결국 법률의 규정이나 수권행위의 해석에 의하여 정하여지는 것이지만 공동대리로 한다는 것이 법률의 규정이나 수권행위에서 특별히 정함이 없는 한 원칙적으로 단독행위(각자대리)이며, 대리인 각자가 단독으로 본인을 대리한 것으로 보아야 한다(119조).

셋째, 수동대리에 있어서도 공동대리로만 상대방의 의사표시를 수령하여야 하느냐이다. 수동대리에 있어서는 상대방의 보호와 거래의 편리를 위하여 각 대리인이 단독으로 수령할 권한이 있다고 보아야 한다.

(3) 共同代理違反의 效果

공동대리에 있어서 전원이 공동으로 대리행위를 하지 않고 한 사람의 대리인이 단독으로 또 일부의 대리인이 참여하지 않는 수인의 대리인이 본인을 위하여 행한 대리행위의 효과는 본인에게 귀속하지 않으며 이는 권한을 넘는 무권대리가 된다.

【100】 代理權의 消滅原因은 무엇인가

代理權의 消滅原因에는 法定代理와 任意代理에 共通되는 것과 각 경우의 特有한 것이 있다.

1. 法定代理와 任意代理에 共通된 消滅原因

法定代理와 任意代理에 공통된 消滅原因에는 본인의 사망, 대리인의 사망, 대리인의 금치산 또는 파산 등이다.

(1) 本人의 死亡

(가) 原 則

본인이 사망하게 되면 그 대리인은 사망한 본인의 상속인의 대리인이 될 수 없고, 대리권은 소멸한다(127조 1호). 이와 같이 본인의 사망을 대리권의 소멸사유로 한 이유는 법정대리에 있어서는 일정한 신분관계에 기하여 생긴 것이므로 그러한 신분관계가 소멸하면 대리권도 소멸하는 것이 당연하기 때문이다(예: 미성년자가 사망한 경우에는 법정대리의 대리권도 소멸한다). 임의대리에 있어서는 대리권은 본인과 대리인 사이의 신뢰를 기초로 하여 수여된 것이기 때문에, 본인의 신뢰와는 관계가 없는 본인의 상속인을 위해서 그대로 대리권을 갖는 것은 적당하지 않기 때문이다.

(나) 例 外

그러나 본인이 사망하여도 대리권이 소멸하지 아니하는 몇 가지의 예외가 있다.

첫째, 본인과 대리인 사이에 본인이 사망하여도 대리권은 소멸하지 않는다는 특약이 있을 때에는 본인이 사망하여도 대리권은 소멸하지 않는다. 왜냐하면 민법 제127조 1호의 규정은 강행규정이 아니므로 이와 같은 특약을 무효로 할 이유가 없기 때문이다(이에 관해서는 異說이 있다).

둘째, 내부위임 계약관계가 종료 후 급박한 사정이 있는 때에는 수임인은 위임인의 상속인이나 법정대리인이 위임사무를 처리할 수 있을 때까지 그 대리권도 존속한다(691조 참조). 예컨대, 위임계약관계가 종료 후 즉시 소멸시효에 걸릴 염려가 있고 이를 해태하면 위임인이 중대한 손해를 입게 될 때에는 위임이 이미 종료하였어도 위임인을 대리하여 시효중단의 조치를 취할 수 있다. 그리고 급박한 사정에 의한 대리권존속에 관한 민법 제692조의 규정이 친권자, 후견인, 유언집행자에게도 준용되므로(919조, 959조, 1103조), 이러한 급박한 사정이 있는 한 법정대리권은 존속한다고 하여야 할 것이다. 판례도 부재자재산관리인은 그 부재자의 사망이 확인된 후라 하더라도 선임법원이 취소하지 않는 한 관리인으로서의 권한이 소멸하지 않는다고 하였다(대판 1967. 2. 21, 66다2352; 1971. 3. 23, 71다189).

셋째, 이외에도 특별한 규정에 의하여 본인이 사망하였다 하더라도 대리권이 존속하는 경우가 있다. 즉, 상행위의 위임에 의한 대리권은 본인의 사망에 의하여 소멸하지 않고 그 상속인과 대리인 사이에 대리관계가 그대로 존속하며(상 50조), 또 소송대리에 있어서도 소송대리인이 있는 동안 당사자가 사망하더라도 소송절차는 중단되지 않고 대리인의 대리권은 그대로 존속한다(민소 216조).

(2) 代理人의 死亡

대리인이 사망하면 임의대리와 법정대리의 어느 경우에 있어서나 그의 대리권도 당연히 소멸하며, 대리인의 상속인이 대리인의 지위를 승계하지 않는다(127조 2호 전단). 왜냐하면 임의대리에 있어서는 대리관계가 본인과의 신뢰관계에 기하기 때문에 대리인의 상속인이 대리인의 지위를 승계한다는 것은 적합하지 않으며, 법정대리에 있어서도 협의나 지정, 법원의 선임에 의한 대리인의 경우에는 임의대리의 경우와 마찬가지일 뿐만 아니라, 또 본인에 대하여 일정한 지위에 있는 자가 당연히 대리인이 되는 경우(친권자, 후견인)도 대리인의 상속인이 대리인의 지위를 승계하게 되면 마치 본인과의 특수한 법적 관계에 있는 것과 같게 되기 때문이다. 다만 대리인의 사망 후에도 급박한 사정이 있는 경우에는 본인의 사망의 경우와 마찬가지로 대리권의 수여 또는 선임이 있을 때까지 대리인의 상속인이 대리권 행사를 할 수 있다고 보는 것이 타당하다(692조 참조).

(3) 代理人의 禁治產 또는 破產

민법에는 대리인은 행위능력자임을 요하지 않는다(117조)라고 규정하고 있어 금치산자나 파산을 받은 자라 할지라도 법정대리나 임의대리에 있어서 대리인이 되는 데는 아무런 지장이 없다. 그러나 본인이 처음에 능력자를 대리인으로 선임하고 그 후에 무능력이 되었다면 본인과 대리인 사이에 신뢰관계나 본인의 경제적 신용의 상실이라는 사태가 발생하므로 민법은 이를 공통된 대리권소멸 원인으로 하고 있다(127조 2호). 대리인의 한정치산에 대해서는 민법상 아무런 규정을 두고 있지 않음은 입법의 미비라고 아니 볼 수 없다.

2. 任意代理에 特有한 消滅原因

임의대리의 특유의 소멸원인으로는 원인된 법률관계의 종료, 수권행위의 철회 등을 들 수 있다.

(1) 原因된 法律關係의 終了

임의대리권은 그 원인된 법률관계(내부계약관계)의 종료에 의하여 소멸한다(128조 전단). 수권행위는 그 원인된 법률관계의 실현을 위한 수단이기 때문에 내부계약관계, 즉 위임, 고용, 도급, 조합계약 등이 종료되면 대리권도 그 존재의 필요성이 없기 때문에 민법은 이를 대리권의 소멸원인으로 한 것이다.

(2) 授權行爲의 撤回

대리권은 또 원인된 법률관계(위임, 고용, 도급, 조합, 등의 계약관계)의 종료 전에 본인이 수권행위를 철회하면 소멸한다(128조 후단). 철회란 표의자가 그 의사표시의 효과를 장래에 향하여 소멸시키는 상대방 있는 단독행위임을 전제로 한 것이다. 철회의 의사표시의 상대방은 민법에 규정은 없지만 대리인에 대해서는 물론 대리행위의 상대방인 제3자에 대해서 할 수 있다. 다만 대리인에 대하여 철회를 한 경우에는 대리권 소멸 후의 표현대리(129조)의 문제가 생기게 된다. 철회의 방법은 명시적으로도 할 수 있고 위임장의 반환을 요구하는 것과 같이 묵시적으로 할 수 있다. 그리고 철회할 수 있다는 민법상의 규정은 임의규정이므로 수권행위를 철회할 수 없다는 특약도 가능하지만, 그 不撤回特約에 의하여 본인에게 부당하게 불이익을 준 경우에는 반사회질서의 법률행위로서 무효가 된다.

(3) 本人의 破産

민법에 규정이 없어 학설은 대립하고 있으나, 수권행위는 신임관계를 바탕으로 하고 있기 때문에 본인의 파산은 임의대리권을 소멸시킨다고 보아야 한다.

3. 法定代理에 特有한 消滅原因

法定代理權 특유의 소멸원인으로는 각종 代理人에 개별적으로 규정되어 있다. 즉 不在者財産管理人을 법원에서 취소하는 경우(22조 2항), 不在者財産管理人을 법원에서 改任한 경우(23조), 父 또는 母가 親權의 喪失을 宣告받은 경우(924조), 法定代理人인 친권자가 법률행위의 代理權과 財産管理權 상실의

선고를 받은 경우(925조), 법정대리인인 친권자가 법원의 許可를 얻어 대리인을 辭退한 경우(927조 1항), 後見人이 후견인으로서의 缺格事由가 발생한 경우(937조), 後見人이 법원의 허가를 얻어 사퇴한 경우(939조), 후견인의 임무가 종료한 경우(957조)에는 法定代理權이 소멸한다.

Ⅲ. 代理行爲 — 代理人과 相對方과의 關係 —

【101】 顯名主義란 어떠한 것인가

1. 顯名主義

(1) 顯名主義의 意義

현명주의란 대리인이 상대방에 대하여 대리행위를 할 때 「본인을 위한 것임을 표시」하여 하는 방법을 현명주의라고 한다. 예컨대 「김○○의 대리인 박○○」라는 형식으로 하는 것이 일반적이다.

민법 제114조에는 「대리인이 권한 내에서 본인을 위한 것임을 표시한 의사표시는 직접 본인에게 효력이 생긴다」라고 규정하여 현명주의를 취하고 있다. 여기서 "본인을 위한 것임을 표시"한다는 것은 그 행위의 법률효과를 직접 본인에게 귀속시키려고 하는 의사를 뜻하는 것이지, "본인의 이익을 위하여"라는 뜻은 아니다. 따라서 설혹 대리인의 대리행위가 본인에게 불이익한 경우라 할지라도 그 효과는 본인에게 귀속한다.

민법이 현명주의를 취하고 있는 이유는 대리는 의사표시를 한 자와 그에 의한 법률효과의 귀속자가 다른, 즉 의사표시를 한 자는 대리인이고, 법률효과의 귀속자는 본인이므로 본인을 위한 것임을 표시하지 아니하면 대리인 자신을 위한 것으로 판단할 우려가 있기 때문이다. 여기에서 대리인이 대리행위를 할 때에는 본인을 위한 것임을 명백히 표시할 필요가 있는 것이다.

(2) 受動代理에 있어서의 顯名

수동대리에 있어서는 상대방이 본인을 위한 것임을 표시하여야 한다. 이 경우에는 대리인측에서 현명하여 수령하는 것은 불가능하고 불필요하기 때문이다. 민법 제114 제2항은 이러한 뜻을 규명한 것이다.

(3) 顯名의 方法

이와 같은 대리의사표시의 방법으로는 아무런 제한이 없다. 일반적으로 계약서 등의 서면에 "김○○대리인 박○○ 印"이라는 형식으로 하는 것이 보통이지만 반드시 이와 같은 서면에 한하지 않고 구두로나 묵시로도 할 수 있다. 그리고 대리인의 명의로 한 경우에도 법률행위의 전체로 보아 대리인을 위한 행위가 아니고, 본인을 위하여 하는 행위라고 판단된 때에는 내리의사표시가 있다고 볼 수 있다(대판 1984. 4. 10, 83다카316). 예컨대 "甲회사 이사 乙" 또는 "甲회사 영업소장 乙"이라는 형식으로 표시하여도 현명으로 인정할 수 있다(대판 1974. 9. 24, 74다955; 1968. 3. 5, 67다2297). 또한 대리인이 자기이름을 표시하지 않고 직접 본인의 이름만을 적고 본인의 印章을 찍는 방법으로 대리행위를 하는 경우에도 주위의 여러 사정으로 보아 대리의사가 있다고 인정한 때에는 대리행위가 성립한다고 보아야 한다. 판례 역시 "대리인이 대리인임을 표시하여 의사표시를 하는 것이 아니고 본인명의로도 할 수 있다(대판 1963. 5. 9, 63다67)"라고 하여 본인서명 법률행위를 유효한 대리행위라고 하였으며 학설도 이설이 없다.

2. 顯名을 하지 않는 行爲

(1) 제115조의 本文

대리인이 대리행위를 함에 있어서 본인을 위한 것임을 표시하지 아니한 때에는 그 의사표시는 자기를 위한 것으로 본다(115조 본문). 이때 대리인이 내심에 있어서 본인을 위한 의사가 있었다 하더라도 의사와 표시가 일치하지 않는다 하여 착오를 주장하지 못한다(109조). 왜냐하면 이러한 경우에 대리인으로 하여금 착오를 이유로 하여 취소할 수 있다고 한다면 상대방은 뜻하지 아니한 손해를 입게 되고, 나아가서 거래의 안전을 해할 수 있기 때문이다. 그래서 상대방 보호와 거래안전을 위하여 대리인의 취소권을 배제하고 대리인의 행위로 확정하자는 것이다.

(2) 제115조의 但書

그러나 대리인이 본인을 위한 것임을 표시하지 않는 경우에도 상대방이 대리인으로서 한 것임을 알았거나 알 수 있었을 때에는 대리인의 의사표시는 본인에 대하여 효과가 생긴다(115조 단서). 이러한 경우 대리의 효과를 인정하여도 상대방의 이익을 해하지 않기 때문이다.

3. 顯名主義의 例外

대리인에 있어서는 현명주의에 대한 예외가 있다. 商行爲의 대리에 있어서는 본인을 위한 것임을 표시하지 아니 하여도 그 행위는 본인에게 귀속한다(상 48조 본문). 이와 같이 상행위의 대리에 있어서 현명주의가 적용되지 아니한 것은 상거래의 非個人性에 근거하고 있다고 할 것이다.

문제는 민법상의 법률행위에 있어서도 개인을 중시하지 않는 거래(예컨대 영업주를 상대로 하는 거래 등)에 관해서는 현명주의의 예외를 인정할 수 있는가이다. 이를 긍정하는 주장이 있지만, 민법상 명문규정을 두고 있지 않는 이상 현명주의의 예외를 인정한다는 것은 무리한 해석이라고 생각된다.

【102】 代理行爲의 瑕疵는 누구를 標準으로 하여 결정하는가

1. 原　　則

대리행위에 있어서 의사표시를 한 사람은 본인이 아니고 대리인이다. 그러므로 대리행위의 하자의 유무와 어떤 사정의 知·不知는 본인에 관하여서가 아니라 대리인에 관하여 정하여야 함은 당연하다. 그리하여 민법 제116조 1항에는 「의사표시의 효력이 의사의 흠결, 사기, 강박 또는 어느 사정을 알았거나 과실로 알지 못한 것으로 인하여 영향을 받을 경우에 그 사실의 유무는 대리인을 표준으로 하여 결정한다」고 규정하고 있다. 이는 非眞意表示가 있었느냐, 通情虛僞表示가 있었느냐, 錯誤가 있었느냐, 詐欺·强迫을 당하였느냐의 유무, 그리고 매매의 목적물에 하자가 있었던 것을 알았거나 알지 못하였느냐의 유무는 본인이 아니고 대리인을 표준으로 하여 결정하여야 한다는 것이다. 이는 임의대리뿐만 아니라 법정대리에 있어서도 마찬가지이다.

이를 구체적으로 살펴보면 다음과 같다.

(1) 非眞意表示

대리인이 진의 아님을 알고 한 의사표시는 표시한 대로 효력이 발생한다(107조 1항 본문). 그러나 상대방이 진의 아님을 알았거나, 알 수 있었을 경우에는 진의 아닌 의사표시는 무효이다(107조 1항 단서). 이 의사표시의 무효는 선의의 제3자에게는 대항하지 못한다(107조 2항). 여기에서 제3자에는 본인은 해당되지 않는다.

그리고 대리인의 상대방이 진의 아닌 의사표시를 한 경우에는 그 의사표시 역시 유효하지만, 대리인이 진의 아님을 알았거나, 알 수 있었을 경우에는 그 의사표시는 무효로 보아야 한다. 그러나 본인이 이를 안 경우에는 대리인이 선의·무과실이라도 그 행위는 무효이다.

(2) 虛僞表示

대리인이 상대방과 통정하여 허위의 의사표시를 한 경우에는 본인의 선의·악의를 불문하고, 그 의사표시는 본인과의 관계에 있어서 당연히 무효이다(108조 1항). 이때 본인이 통정의 사실을 알지 못하였다 하더라도 본인은 제3자가 아니기 때문에 선의의 제3자로서 보호받지 못한다.

(3) 錯　　誤

대리인의 의사표시는 그 법률행위의 내용의 중요한 부분에 착오가 있는 때에는 대리인의 중대한 과실로 인한 것이 아닌 한 본인은 이를 취소할 수 있다(109조 1항). 착오의 유무, 중대한 과실의 유무는 모두 대리인을 표준으로 하여 결정한다. 따라서 본인에게 착오가 있다 하더라도 대리인에게 착오가 없으면 취소할 수 없다.

그리고 착오로 인한 대리인의 취소권은 본인에게 귀속되지만, 대리인도 취소권을 행사할 수 있다고 본다.

(4) 詐欺·强迫

(가) 대리인이 상대방의 사기·강박에 의하여 의사표시를 한 경우에는 본인은 그 의사표시를 취소할 수 있다(110조 1항). 사기·강박을 받았느냐의 유무는 대리인을 표준으로 하여 결정하여야 하므로, 본인이 사기·강박을 당하였다 하더라도 대리인이 사기·강박을 당하지 않는 한 본인은 그 대리행위를 취소할 수 없다.

(나) 상대방이 대리인의 사기·강박에 의하여 의사표시를 한 경우에는 상대방은 그 의사표시를 취소할 수 있다(110조 1항 참조). 본인은 제110조 3항의 제3자에 해당되지 아니하므로 상대방은 본인의 知·不知와 관계없이 언제나 그 의사표시를 취소할 수 있다.

(다) 제3자가 상대방을 사기·강박한 경우에는 본인이나 대리인이 그 사실을 알았거나 알 수 있었을 경우에 한하여 그 의사표시를 취소할 수 있다(110조 2항).

(5) 賣渡人의 瑕疵擔保責任

매매의 목적물에 하자가 있어서 계약의 목적을 달성할 수 없는 경우에는 대리인이 하자가 있는 것을 알지 못하였거나, 알지 못한데 대하여 과실이 없는 때에는 본인은 그 계약을 해제할 수 있다(580조 1항, 575조 1항).

2. 例　外

위에서 말한 바와 같이 일반적으로 대리인의 대리행위에 대한 하자는 대리인을 표준으로 하여 결정하지만, 특정한 법률행위를 위임한 경우에 대리인이 본인의 지시에 좇아 그 행위를 한 때에는, 본인은 자기가 안 사정 또는 과실로 인하여 알지 못한 사정에 관하여 대리인의 不知를 주장할 수 없다(116조 2항). 예컨대, B 소유의 집을 A가 사려고 한다. 그러나 B 소유의 집은 지어진지가 오래되어 비만 오면 빗물이 새곤 하였다. A는 이 사실을 알고 있으면서도 그 사실을 모른 C에게 대리권을 주어 B의 집을 사게 하였다. A는 그 집을 취득한 후 민법 제580조에 따라 매매의 목적물에 하자가 있다 하여 손해배상청구를 하였다. 민법 제580조에는 매도인의 하자담보책임을 규정하고 있는데 이를 청구하기 위해서는 매수인의 선의를 요건으로 하고 있다. 이 경우 A가 C의 선의를 이유로 민법 제580조의 책임을 B에게 물을 수 있다고 한다면 이는 신의칙에 반한다고 할 수 있다. 여기에서 민법은 제116조 2항에 본인은 자기가 안 사정 또는 과실로 인하여 알지 못한 사정에 관하여 대리인의 不知를 주장하지 못한다고 규정하였다. 이는 대리인이 선의이더라도 본인이 악의이면 이와 같은 본인을 보호할 필요가 없기 때문이다.

【103】 代理人은 어떠한 能力을 요하는가

1. 代理行爲를 위한 能力

민법 제117조에는 "대리인은 행위능력자임을 요하지 아니한다"라고 규정하고 있다. 대리행위도 법률행위이므로 유효한 법률행위를 하기 위해서는 행위자가 행위능력이 있어야 함이 원칙이다. 그런데도 민법 제117조에 대리인에 대해서는 행위능력자임을 요하지 않는다고 하는 이유는 첫째로 대리인의 대리행위의 효과는 직접 본인에게 돌아가고 대리인에게는 미치지 아니하므로 대리인의 보호를 특별히 문제삼을 필요가 없으며, 둘째로 본인이 특정인의 재능을 믿고 대리권을 수여한 이상 설령 대리인이 무능력자라 하더라도 그를 이유로 본인이 법률행위의 효과를 부인한다는 것은 타당하지 않기 때문이다.

물론 여기서 말한 무능력이란 행위무능력을 말한 것이고 의사무능력을 말한 것은 아니다. 대리행위를 의사능력이 없는 상태에 있는 자가 행하였을 때에는 그 법률행위는 일반원칙에 따라 무효임은 당연하다.

2. 제117조의 適用範圍

대리인이 행위능력자임을 요하지 아니한다는 민법 제117조의 규정은 법정대리에 대해서도 적용할 수 있느냐가 문제이다. 왜냐하면 법정대리관계는 본인의 의사와는 관계없이 발생하므로 본인의 이익보호라는 관점에서 볼 때 임의대리의 경우와는 동일하게 취급할 수 없기 때문이다. 다만, 민법에서 법정대리인 중에 행위능력자이어야 한다는 특별규정을 두고 있는 경우, 예컨대 미성년자는 혼인에 의하여 성년으로 擬制되지 않고서는 그의 子에 대하여 친권을 행사하지 못하며(910조, 826조의 2), 무능력자는 후견인이나 유언집행자가 될 수 없다(937조 1호 · 2호, 1098조)고 규정하고 있는 경우 등에는 별 문제가 없다. 그러나 이러한 제한규정이 없는 경우에 있어서는 학설은 나누어져 있다. 다수설은 法定代理權은 개개의 경우뿐만 아니라 포괄적인 직무권한이 주어지기 때문에 본인의 이익을 보호하기 위해서 특별한 규정이 없는 경우에도 행위능력이 있어야 한다고 주장한다. 이에 대하여 소수설은 특별규정이 있는 경우 외에는 민법 제117조의 규정의 적용을 인정하여 무능력자도 법정대리인이 될 수 있다고 한다. 법정대리에 있어서는 본인의 이익을 보호하기 위해서 대리인은 행위능력이 있어야 한다고 보는 다수설이 타당하다.

3. 無能力者인 代理人과 本人과의 關係

민법 제117조의 대리인은 능력자임을 요하지 않는다고 하는 것은 대리인이 무능력자이더라도 이를 이유로 대리행위를 취소할 수 없음을 의미한다. 그러므로 대리인과 본인간에 내부적 계약관계나 수권행위에 있어서 대리인은 어떠한 능력을 요하느냐 하는 것은 전혀 별개의 문제이다.

본인과 대리인간의 내부적 계약관계, 즉 위임, 도급, 조합 등은 일반적인 계약관계이므로 대리인이 무능력자인 경우에는 이를 이유로 취소할 수 있음은 의심의 여지가 없다. 그러나 그를 기초로 한 수권행위에 있어서는 그 성질을 어떻게 보느냐에 따라 달라질 수 있다. 일반적으로 수권행위를 단독행위로 보는 것이 지배적인 견해이므로 대리인이 무능력자라 하더라도 이를 취소할 수 없는 것이다.

그러나 여기서 문제가 되는 것은 기초적 내부관계가 대리인의 행위무능력을 이유로 취소된 경우 수권행위의 효력은 어떻게 되느냐이다. 이에 관하여 소수설인 有因說에 의하면 기초적 내부계약관계가 실효되면 수권행위도 소급적으로 실효가 되므로 이미 행하여진 대리행위는 무권대리행위가 된다고 한다. 그러나 다수설인 無因說에 의하면 민법 제128조에 의해서 기초적 계약관계가 실효되면 대리권은 장래에 향하여 소멸할 뿐 소급적으로 대리권이 소멸하지 않는다고 한다. 생각건대 거래의 안전을 위해서 무인설이 타당하다고 본다.

Ⅳ. 代理의 效果 — 本人과 相對方과의 관계 —

【104】 代理行爲의 效果는 누구에게 歸屬되는가

1. 代理行爲의 效果

대리행위의 효과는 누구에게 귀속되는가에 관해서 법률행위와 불법행위의 경우로 나누어서 고찰할 필요가 있다.

(1) 代理人이 행한 法律行爲의 效果

대리인이 대리권의 범위 내에서 본인을 위한 것임을 표시하여 대리행위를 한 때에는 그 효과는 「직접」 본인에게 귀속한다(114조). 대리행위의 효과가 「직접」 본인에게 귀속한다는 것은 간접대리에 있어서와 같이 일단 대리인에게 효과가 발생하였다가 다시 본인에게 이전하는 것이 아니라 마치 본인 자신이 그 행위를 한 것과 같이 바로 본인에게 생긴다는 뜻이다.

본인에게 직접 발생하는 대리행위의 효과는, 예컨대 본인인 A가 대리인 B에 의해서 상대방인 C로부터 가옥을 買受한 경우, A는 C에 대하여 직접 건물 소유권 이전등기를 청구할 수 있으며, C의 과실로 인하여 물건이 소실된 경우에는 이행불능에 따른 손해배상청구 또는 계약해제를 할 수 있다(390조, 546조 참조). 그리고 B가 C의 사기 또는 강박에 의하여 매매계약을 체결한 경우에 A는 그 매매계약을 취소할 수 있다(110조 참조).

(2) 代理人이 행한 不法行爲의 效果

불법행위는 대리가 허용되지 않기 때문에 대리인의 불법행위의 효과는 대리인에게 발생하고 본인에게 귀속하지 아니한다. 그러나 본인과 대리인 사이에 사용자 관계가 인정될 때에는 사용자인 본인은 피용자인 대리인의 불법행위에 대하여 사용자배상책임(756조)이 인정될 뿐이다. 또 사실행위도 대리가 인정되지 않으므로 불법행위의 효과와 마찬가지로 본인에게 생기지 않는다. 그러나 예컨대, 대리인이 물건에 관하여 가공(259조)하거나 매장물발견(254조)을 한 때에는 都給, 雇傭 기타의 내부적 법률관계에 의하여 본인에게 소유권이 귀속하게 되는 경우가 있다.

2. 代理에 있어서 本人의 能力

본인은 대리인의 대리행위에 의한 권리의무의 歸屬者이므로 권리능력은 필요하지만, 본인이 스스로 법률행위 내지 의사표시를 하는 것이 아니므로 행위능력이나 의사능력을 요하는 것은 아니다.

그러나 내부계약관계나 수권행위에 있어서의 본인의 능력은 별개문제이다. 그러므로 내부계약의 체결이나 授權行爲에 있어서는 본인은 행위능력이 있어야 하며 행위무능력자인 경우에는 이를 취소할 수 있다.

Ⅴ. 復代理

【105】 復代理人이란 무엇인가

1. 復代理人의 意義 및 法的 性質

복대리인이란 대리인이 그의 권한 내의 행위를 하게 하기 위하여 대리인 자신의 이름으로 선임한 본인의 代理人이다. 예컨대 任意代理의 경우 소송수행의 의뢰를 맡은 변호사가 부득이한 사유로 다른 변호사를 復代理人으로 선임하여 법정에 출석토록 하거나, 법정대리의 경우 후견인이 해외여행을 하는 동안 다른 사람을 복대리인으로 선임하여 무능력자의 재산을 관리케 하는 경우 등이 그 예이다.

복대리인의 법적 성질로서 ① 복대리인은 본인의 대리인이지 대리인의 대리인이 아니고(대리인의 단순한 使者나 補助者도 아니라는 점), ② 복대리인은 대리인이 자기의 이름으로 선임된 자이며, 본인의 이름으로 선임된 자가 아니므로 복대리인의 선임행위는 대리행위가 아니며, ③ 대리인은 복대리인의 선임후에도 여전히 대리권을 보유하고 있다는 점에서 복임행위는 竝存的·設定的 행위이다.

2. 代理人의 復任權

대리인이 복대리인을 선임할 수 있는 권한을 복임권이라고 한다. 어떠한 경우에 복임권이 있느냐에 관해서는 임의대리인과 법정대리인에 따라서 다르다.

(1) 任意代理人

임의대리인은 원칙적으로 복임권이 없다. 임의대리인은 본인의 신임을 기초로 하고 있고, 언제든지 사임할 수 있기 때문이다. 그러나 예외적으로 ① 본인의 承諾이 있거나, ② 부득이한 사유가 있는 때에는 복임권을 갖는다(120조). 여기서 「부득이한 사유가 있는 때」라 함은 예컨대 身病이나 海外旅行, 기타 긴박한 사정으로 스스로 대리행위를 할 수 없고, 본인의 허락을 받을 시간적 여유가 없는 경우를 의미한다.

(2) 法定代理人

법정대리인은 언제든지 복임권이 있다(122조). 그 이유는 ① 법정대리인은 임의대리인보다 그 대리권의 범위가 광범위하고, ② 본인의 신임에 기하여 대리인이 된 것이 아니어서 용이하게 사임할 수 없으며, ③ 본인에게 承諾의 능력이 없는 경우가 많기 때문이다.

3. 復代理人을 選任한 代理人의 責任

(1) 任意代理

임의대리인이 복대리인을 선임한 때에는 선임·감독에 관하여 본인에 대하여 책임이 있다(121조 1항). 여기서 「選任」에 관한 책임이란, 예컨대 대리인이 不適任者를 복대리인으로 선임하였기 때문에 본인에게 손해가 생긴 경우를 말하며, 「監督」에 관한 책임이란 예컨대, 복대리인에 필요한 주의를 하지 아니하였기 때문에 본인에게 손해가 생긴 경우를 말한다. 그러나 임의대리인이 본인의 지명에 의하여 복대리인을 선임한 경우에는 그 책임이 경감된다. 즉, 복대리인으로서 不適任·不誠實함을 알고 있으면서도 그 사실을 본인에게 통지하지 않거나, 또는 복대리인의 해임을 태만히 한 경우에 한하여 본인에게 대하여 손해배상책임을 진다(121조 2항).

(2) 法定代理

법정대리인은 언제든지 復任權을 행사할 수 있는 반면 復代理人의 행위에 관하여는 자신에게 선임·감독에 과실이 있건 없건 모든 책임을 진다(122조 본문). 이는 일종의 無過失責任이다.

그러나 질병, 여행 등 부득이한 사유로 復代理人을 선임한 경우에는 그 책임이 輕減되어 임의대리인의 경우와 마찬가지로 復代理人의 선임·감독에 과실이 있는 경우에 한하여 책임을 진다(122조 단서).

【106】 復代理人의 地位는 어떤 것인가(復代理人의 三面關係)

복대리인은 본인, 상대방, 대리인에 대해서 다음과 같은 법률관계에 서게 된다.

1. 復代理人과 本人과의 關係

복대리인은 대리인의 이름으로 선임된 자이지만 대리인의 대리인이 아니라 본인의 대리인이다(123조 1항). 그러므로 복대리인이 본인을 위한 것임을 표시하여 대리행위를 한 때에는 그 효과는 직접 본인에게 귀속한다.

그러나 복대리인은 대리인에 의해서 선임된 자이므로 본인과의 사이에는 대리인이라는 것 외에는 아무런 내부관계는 존재하지 않는다. 하지만 본인은 복대리인의 대리행위에 의하여 대리인의 대리행위에 의하는 경우와 같은 利害關係가 있기 때문에 민법은 제123조 2항에서 「복대리인은 본인에 대하여 대리인과 동일한 권리의무가 있다」고 규정하여, 복대리인에 대해서도 대리인에 대한 것과 같은 內部關係의 성립을 인정하고 있다. 따라서 내부관계에 있어서 대리인이 본인에 대하여 受任關係에 있을 때에는 복대리인도 대리인과 마찬가지로 본인의 수임자로서 선관주의의무(681조), 수령한 금전 등의 인도의무(684조), 비용상환청구권(688조), 報酬請求權(686조) 등의 권리·의무를 갖는다.

2. 復代理人과 相對方과의 關係

복대리인은 본인의 代理人이므로 복대리인의 상대방에 대한 대리행위는 대리의 일반원칙이 그대로 적용된다. 따라서 복대리인이 대리행위를 함에 있어서는 본인을 위한 것임을 표시하여야 하며(114조 1항), 본인을 위한 것임을 표시하지 아니한 경우에는 그 意思表示는 복대리인 자신을 위한 것으로 본다

(115조 본문). 복대리행위의 하자에 관해서는 복대리인을 표준으로 결정하여야 하며(116조), 복대리인은 대리인과 마찬가지로 행위능력자임을 요하지 아니한다(117조). 기타 상대방에 대하여는 대리인과 동일한 권리·의무가 있다(123조 2항).

3. 復代理人과 代理人과의 關係

復代理人은 대리인에 의해서 선임된 자이므로 대리인의 감독을 받는다. 그리고 복대리인의 대리권은 그 존재 및 범위에 있어서 대리인의 대리권에 의존하므로 대리인의 대리권보다 그 범위가 넓을 수 없으며, 대리권이 소멸하면 復代理權도 소멸한다. 그러나 복대리인을 선임한다 하더라도 대리인의 대리권은 소멸하지 않고 복대리인의 대리권과 병존하며 양자 모두 본인을 대리한다.

【107】 復代理權은 어떠한 경우에 消滅하는가

1. 代理權 一般의 消滅原因

복대리권은 대리권의 일종이므로 대리권 일반의 소멸원인에 의하여 소멸한다. 즉, 본인의 사망, 복대리인의 사망, 복대리인의 금치산·파산에 의하여 소멸한다.

2. 復代理의 특유한 消滅原因

① 복대리권은 대리인이 수여한 것이므로 대리인과 복대리인 사이의 기초적 법률관계의 종료 및 대리인의 復任行爲의 철회에 의해서도 消滅한다. 그리고 ② 복대리권은 대리인의 대리권을 전제로 하는 것이므로 대리인이 가진 대리권의 소멸에 의해서도 소멸한다.

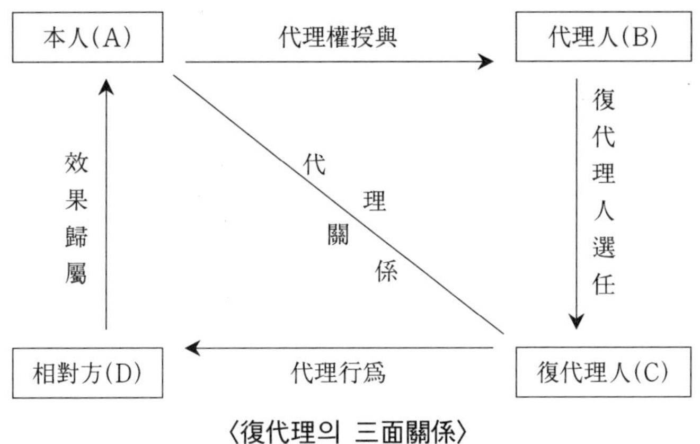

〈復代理의 三面關係〉

Ⅵ. 無權代理

【108】 無權代理란 어떠한 制度인가

1. 無權代理의 意義

無權代理란 대리권이 없이 행해진 대리행위를 말한다. 바꾸어 말하면, 대리행위의 현명주의 등 다른 요건은 갖추고 있지만, 대리권만 없는 행위이다. 예컨대, A의 대리인이라고 하여 C에 대해서 의사표시를 한 B가 실제로는 대리권이 없는 경우이다.

2. 無權代理와 相對方의 保護

無權代理行爲는 대리권 없이 행해진 행위이므로 그 행위의 효과를 본인에게 귀속시킬 수 없을 뿐만 아니라 또 한편, 대리인도 자신을 위하여 법률행위를 한 것이 아니므로 대리인에게 생기게 할 수도 없다. 결국 無權代理行爲는 법률효과가 발생하지 않으며, 다만 상대방은 無權代理人에 대해서 不法行爲責

任을 물을 뿐이다. 그러므로 이와 같은 이론을 그대로 일관한다면 대리권이 있는 것으로 믿고 거래를 한 상대방은 뜻하지 않는 불이익을 받게 된다. 더구나 대리권이 있는지 없는지 또 그 범위는 어떠한 것인지에 관해서는 본인·대리인 사이의 내부관계에 속하는 것이어서 외부로부터 정확히 판단하는 것은 그리 쉬운 일이 아니다. 그리하여 대리인을 통한 거래행위는 안심하고 행할 수 없고, 대리제도의 사회적신용을 잃게 될 위험성이 있다. 여기에서 민법은 무권대리가 행해졌을 경우, 본인의 이익을 무단히 침해하지 않는 범위 내에서 상대방의 보호를 꾀하고 있다.

3. 無權代理의 類型

민법은 이와 같은 문제점을 해결하기 위해서 무권대리를 크게 두 경우로 나누어 그 효과를 달리하고 있다. 첫째, 대리인이 무권대리행위를 할 때 본인에게도 일부의 책임이 있다고 생각되는 특별한 사정이 있는 경우에는 유권대리에 준하는 취급을 함으로써 본인의 이익의 희생하에 상대방을 보호하고 거래안전을 꾀하려는 表見代理制度와 둘째, 무권대리 행위가 본인과는 아무런 관계가 없는 경우에도 이를 당연히 무효로 하지 않고 본인에게 追認의 기회를 주어 그러한 追認이 있는 경우에는 본인에게 대리의 효과를 발생케 하고, 그와 같은 追認이 없는 경우에 한하여 무권대리인 자신이 상대방에 대하여 일정한 책임을 지도록 하는 좁은 의미의 무권대리제도를 두고 있다. 이 양자의 무권대리를 포함하여 넓은 의미의 무권대리라고 한다.

〈넓은 의미의 無權代理〉

表見代理	① 대리권수여의 표시에 의한 표현대리(125조) ② 권한을 넘은 표현대리(126조) ③ 대리권소멸 후의 표현대리(129조)
좁은 意味의 無權代理	① 계약의 무권대리(130조) ② 단독행위의 무권대리(136조)

4. 表見代理와 좁은 意味의 無權代理와의 관계(法規適用關係)

표현대리는 곧 유권대리행위로 되어버리는 것이 아니며, 그것은 여전히 무권대리로서의 성질을 지니고 있다. 그러므로 상대방은 표현대리를 주장하여 유효한 대리행위로서의 효력을 발생케 할 수 있지만, 표현대리를 주장하지 않고, 좁은 의미의 무권대리에 있어서처럼, 상대방은 이를 무권대리행위로서 撤回를 할 수 있다(134조). 이에 대응하여 본인은 追認함으로써 유효한 대리로서 확정함과 동시에 상대방의 철회권을 소멸시킬 수도 있다(130조). 그리고 상대방은 본인에 대하여 追認여부의 확답을 催告하고, 일정기간 내에 확답을 발하지 않을 때에는 추인을 거절한 것으로 본다(131조).

그러나 여기서 문제가 되는 것은 표현대리에 있어서 상대방이 표현대리를 주장하지 않고, 그렇다고 해서 무권대리행위를 철회하지도 않고 바로 무권대리인에 대해서 민법 제135조에 의한 「계약의 이행 또는 손해배상의 청구」를 할 수 있느냐이다. 이에 관해서 학설은 대립하고 있다. 통설은 표현대리를 무권대리의 일종으로 보고 표현대리와 좁은 의미의 무권대리를 합한 것을 넓은 의미의 무권대리라고 하면서 표현대리는 좁은 의미의 무권대리로서의 성질과 일치하고 있기 때문에 좁은 의미의 무권대리의 규정(130조 이하)도 표현대리에 적용되지만 제135조(무권대리인의 상대방에 대한 책임)는 표현대리가 성립하지 않는 경우의 규정이므로 표현대리가 성립하게 되면, 제135조는 적용되지 않는다고 한다. 이에 대하여 소수설은 통설에서 말한 좁은 의미의 무권대리가 무권대리의 일반적·원칙적인 것이고, 표현대리는 무권대리의 특수한 것이라고 하며, 따라서 원칙적인 무권대리에 관한 규정들은 당연히 모두 표현대리에도 적용된다고 한다. 상대방은 표현대리를 주장하여 본인의 책임을 묻거나 직접 무권대리인에 대해서 계약의 이행 또는 손해배상의 청구를 하거나, 선택적으로 할 수 있다고 한다.

생각건대, 표현대리가 성립하게 되면, 그 대리행위는 유권대리와 마찬가지로 본인에 대하여 상대방이 원래에 기대했던 대로 법률효과가 발생한다. 그런데도 상대방은 이를 받아들이지 않고 곧바로 표현대리인에게 제135조에 의하여 계약의 이행 또는 손해배상의 책임을 묻는다는 것은 상대방의 보호에 너무 치우쳐 형평을 잃게 된다. 따라서 표현대리에 있어서는 제135조는 적용되지 않는다는 통설이 타당하다고 본다.

【109】 表見代理란 어떠한 制度인가

1. 表見代理 制度의 意義

대리권이 없는 데도 불구하고 대리인이라고 칭하여 의사표시를 한 경우에는 무권대리로서 무효인 것이 원칙이다. 그러나 무권대리행위 중에는 대리인에게 대리권이 없음에도 불구하고 마치 그것이 있는 것과 같은 外觀이 존재하고, 또 그러한 외관의 발생에 관하여 본인이 어느 정도의 원인을 주고 있는 경우가 있다. 이와 같은 경우에는 본인에게 그 효과(대리효과)를 귀속케 하고 마치 대리관계가 있는 것 같이 다룸으로써 그 외관을 신뢰한 상대방을 보호하고 거래안전을 도모하려는 것이 표현대리제도의 취지이다.

2. 表見代理의 種類

민법에는 무권대리이지만 대리관계가 있는 것과 동일하게 다루는 표현대리로서 세 가지 경우를 규정하고 있다. 첫째, 본인이 대리권을 授與하였다는 뜻을 상대방에게 표시하였으나 실제로는 대리권을 수여하지 않았는데 대리행위를 한 경우(125조), 둘째, 대리인이 대리권의 범위를 초월하여 대리행위를 한 경우(126조), 셋째, 대리권이 소멸하였음에도 그 대리행위를 한 경우(129조) 등이다. 이와 같은 세 가지의 표현대리가 일정한 요건을 갖추게 되면 본인은 유효한 대리관계가 있는 것과 같은 책임을 진다.

3. 表見代理에 대한 本人 責任의 根據

표현대리는 대리권이 없는 데도 왜 본인이 대리관계가 있는 것과 같은 책임을 져야 하는가. 즉 그 책임의 근거는 무엇인가. 이에 관해서 통설은 본인의 책임의 근거를 대리권이 존재한 것으로 믿을 수 있는 외관에 대한 「相對方의 信賴」에 두고 있다. 즉 하나의 외관보호의 법리에 근거를 두고 있다. 그러나 본인이 표현대리로서 책임을 지기 위해서는 외관에 대한 상대방의 신뢰만으로 되는 것이 아니다. 그 외에도 대리권이 존재한 것으로 볼 수 있는 外觀作用에 대한 본인의 적극적인 관여가 있어야 한다. 그러므로 外觀에 대한 「相對方의 信賴」와 「本人의 歸責性」이 책임발생의 근원이 된다. 예컨대, 인감증명 등 所有權移轉登記에 필요한 일체의 서류를 위조하거나, 훔친 경우에는 상대방이 대리권이 있는 것으로 믿을 수밖에 없는 완벽한 권리외관을 갖추었지만, 본인이 권리외관을 이룬 데에 아무런 관여가 없을 때에는 본인에게 귀책사유가 없으므로 표현대리는 성립하지 않는다. 따라서 이 경우에는 협의의 무권대리로서 본인은 아무런 책임을 지지 않는다.

4. 表見代理의 一般的 效果

표현대리는 상대방이 주장할 때에 비로소 본인이 그 대리행위에 대해서 책임을 진다. 아무리 표현대리의 요건을 갖추었다 하더라도 상대방이 표현대리를 주장하지 않는 한 표현대리의 효과는 발생하지 않으며 본인은 책임을 지지 않는다.

그리고 표현대리는 상대방의 보호를 위해서 인정된 것이므로 표현대리의 효과는 상대방만 주장할 수 있으며, 표현대리인이나 본인의 주장은 인정되지 않는다. 그러나 본인은 표현대리행위를 추인함으로써 같은 결과를 얻을 수 있다(132조).

【110】 代理權授與表示에 의한 表見代理란 무엇인가

1. 意 義

본인이 대리권을 수여하지 않았음에도 불구하고, 대리행위의 상대방이 될 제3자에 대해서 어느 특정인에게 대리권을 수여하였다는 뜻을 표시한 경우에 그 제3자와 특정인간에 행해진 법률행위를 代理權授與表示에 의한 表見代理라고 하며, 본인은 그에 대해서 책임을 진다(125조). 예컨대, 본인 A가 자기소유의 부동산 매각에 대한 대리권을 특정인 B에게 授與했다는 뜻을 제3자 C에 대하여 표시하였으나, 실제로는 B에게 대리권을 수여하지 않았는데도, 그러한 사실을 모르는 C가 B를 A의 대리인으로 믿고 B와 당해 不動産賣買契約을 체결한 경우가 그 예이다.

이와 같은 표현대리는 어느 특정인에게 대리권을 수여하지 않았음에도 대리권을 수여하였다고 표시한 점에서 본인에게 귀책사유가 있고, 제3자는 그를 믿고 거래를 하였기에, 이와 같은 외관을 신뢰한 제3자 즉 상대방을 보호할 필요성이 있게 된다. 여기에서 민법은 제125조에서 본인은 그 특정인과 제3자간의 법률행위에 대하여 책임이 있다고 규정하여 본인과 특정인간에 유권대리와 같은 효과가 발생하도록 했다.

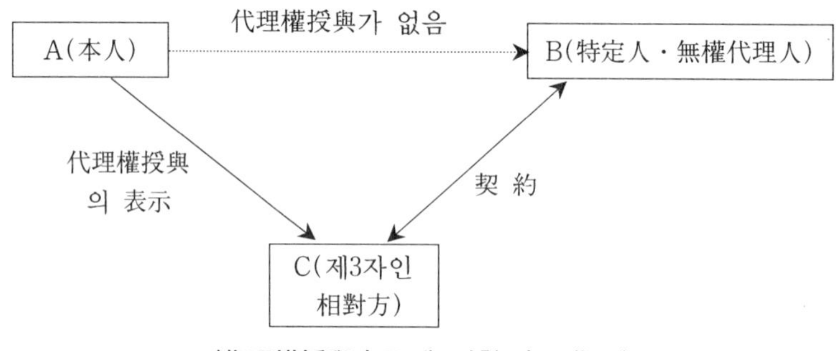

〈代理權授與表示에 의한 表見代理〉

2. 要　　件

이와 같은 표현대리가 성립하기 위해서는 다음과 같은 요건이 갖추어져야 한다.

(1) 本人이 제3자에게 代理權授與의 表示가 있을 것

본인이 어떤 특정인에게 대리권을 수여하였다는 뜻을 상대방(제3자)에게 표시하여야 한다. 표시의 법률적 성질은 대리권 수여행위가 아니라 수권행위가 있었다는 내용의 통지 즉 「관념의 통지」이다(통설). 그러므로 이는 의사표시가 아니라 準法律行爲인 것이다.

표시의 방법은 제한이 없다. 구두로 하든, 서면으로 하든, 신문광고로 하든 묻지 않는다. 또 묵시적 방법으로도 할 수 있다. 어떤 경우에 표시가 있다고 볼 수 있느냐에 관해서는 구체적인 경우에 따라 종합적으로 판단하여 결정하여야 한다. 판례는 不動産處分에 관한 소요서류를 구비하여 특정인에게 교부하였다면 특정인에게 부동산처분에 관하여 대리권을 수여한 뜻을 표시한 것이라 해석함이 타당하다고 하였다(대판 1959. 7. 2, 4291민상329; 1966. 1. 25, 65다2210).

표시의 상대방은 특정이든 불특정이든 불문한다. 예컨대 대리인을 白紙로 한 白紙委任狀을 교부한 것은 일반적으로 그 소지인에게 대리권을 준 뜻을 표시한 것으로 볼 수 있다.

그리고 표시는 「撤回」할 수 있는가? 대리권 수여의 표시도 표현대리인이 표현대리행위를 하기 전에는 언제든지 철회할 수 있다고 보아야 한다.

(2) 실제로는 代理權을 授與하지 않았을 것

본인이 상대방(제3자)에 대해서 특정인에게 대리권을 수여하였다는 뜻을 표시하였음에도 불구하고 실제로는 대리권을 수여하지 않았어야 한다.

(3) 表現代理人이 表示된 代理權의 範圍 내의 行爲를 하였을 것

표현대리인이 수여된 것으로 표시된 대리권의 범위 안의 대리행위를 하였어야 한다. 만일 표현대리인이 그 범위를 넘는 행위를 한 때에는 민법 제126조(권한을 넘은 표현대리)와의 경합적용의 문제가 생긴다.

(4) 相對方이 善意·無過失일 것

「선의」란 상대방이 표현대리인에게 대리권이 없음을 알지 못하는 것, 즉 대리권이 있는 것으로 오신하는 것을 말하며, 「무과실」이란 상대방이 대리권이 있다고 믿는 데에 과실이 없는 것 즉, 보통사람이 하는 정도의 주의를 하여도 대리권이 없었음을 알 수 없었을 경우를 말한다.

그리고 상대방의 선의·무과실의 입증책임은 본인에 있다고 보아야 한다

(통설).

3. 適用範圍

本條의 적용은 임의대리에 한한다. 법정대리에는 적용되지 않는다는 것이 통설이다. 그 이유로는 법정대리인은 본인이 선임하는 자가 아니기 때문에 본인이 타인을 법정대리인으로 삼았다고 제3자에게 표시를 한다는 것은 무의미하기 때문이다. 그러나 법정대리인에게도 본조의 적용을 인정하여야 한다는 소수설이 있으나, 통설이 타당하다.

4. 效　　果

(1) 본인은 표현대리인의 대리행위에 대하여 책임이 있다(125조 본문). 여기서 「책임이 있다」는 것은 본인은 표현대리인이 한 법률행위를 무권대리인의 행위라고 하여, 이를 거부하지 못한다는 뜻이다. 그리고 그 책임을 지는 이상 대리인의 행위와 동일시하여야 할 것이므로 무권대리행위의 효과인 의무를 부담할 뿐만 아니라 권리도 취득한다.

(2) 표현대리는 또 좁은 의미의 무권대리로서의 효과도 발생하므로 상대방은 대리권이 없음을 이유로 철회할 수 있고(134조), 이에 대하여 본인은 이것을 추인하여 상대방의 철회권을 소멸시킬 수도 있다(130, 134조).

(3) 본인이 그 책임을 부담한 결과 손해를 입은 경우에는 표현대리인에 대하여 부당이득의 반환이나(741조), 불법행위로 인한 손해배상을 청구할 수 있다(750조).

【111】 權限을 넘은 表見代理란 어떤 것인가

1. 意　　義

대리권이 있는 대리인이 그 권한을 넘은 행위를 한 경우에 제3자가 그 권한이 있다고 믿을 만한 정당한 이유가 있는 때에는 본인은 그 권한을 넘은 행위에 대해서 책임을 진다(126조). 이와 같은 경우의 대리행위를 권한을 넘은 표현대리하고 하며, 越權代理라고도 한다. 예컨대 代理人 B가 本人인 A로부터 그의 집을 저당에 넣어서 돈을 빌려달라고 부탁받았는데, 제3자인 C에게 집을 팔아버린 경우에 C가 그 권한이 있다고 믿을 만한 정당한 사유가 있는 때에는 본인 A는 유권대리인이 한 경우와 마찬가지로 그 부동산처분행위에 대해서도 책임을 진다.

2. 要　　件

이와 같은 표현대리가 성립하기 위해서는 다음과 같은 요건이 갖추어져야 한다.

(1) 代理人에게 基本代理權이 存在하여야 한다

권한을 넘는 표현대리가 성립하기 위해서는 대리인이 기본대리권을 가지고 있어야 한다. 예컨대, A가 B에게 1,000만원을 차입하여 달라는 대리권을 수여하였는데 B는 임의로 C로부터 1,500만원을 차입한 경우, 원래 대리권을 수여했던 1,000만원이 기본대리권이며, B가 C로부터 1,500만원을 차입한 행위는 권한을 넘은 표현대리행위이다. 이와 같이 권한이 넘은 표현대리는 반드시 기본대리권이 있어야 한다. 따라서 전혀 기본대리권이 없는 자의 행위는 비록 대리권이 있다고 믿는 경우라도 민법 제126조의 권한을 넘은 표현대리는 성립하지 않는다. 판례도 민법 제126조(권한을 넘은 표현대리) 소정의 표현대리가 성립하려면 우선 대리인에게 기본적 대리권이 있어야 하며 그 기본적 대리권의 존재를 확정하지 아니하고 막연히 표현대리를 인정한 것은 심리미진의 위법이 있다고 판시하였다(대판 1962. 3. 22, 4294민상483; 1984. 10. 10, 84다카180). 대리권을 갖지 않는 자가 타인이 서명한 白紙委任狀이나, 타인의 인장을 무단히 사용하는 경우 등에는 아무리 상대방이 그 진위를 판단할 수 없는 경우라도 제126조(권한을 넘은 표현대리)의 적용을 받지 않는다. 전혀 권한이 없는 경우에 있어서까지 상대방의 신뢰를 보호한다는 것은 본인에게는 너무 가혹하기 때문이다. 그러나 실제에 있어서는 기본대리권이 있는지의 여부를 결정하기란 그리 쉬운 일은 아니다. 결국 기본대리권의 존재를 확정하는 것은 수권행위의 해석문제에 귀착된다. 판례의 한 예로는 「회사업무처리상의 필요로 타인의 인장을 교부받은 자가 그 인장을 사용하여 그 타인 명의로 약속어음의 연대보증을 한 경우에는 권한을 넘은 표현대리의 전제가 될 대리권을 수여하였다고 볼 수 있다」라고 판시하였다(대판 1968. 11. 5, 68다1501; 1970. 5. 31, 71다847). 그러나 어떠한 일에 관계없이 인장 등을 단순히 보관하거나, 그렇게 보관된 인장 등을 본인의 承諾없이 이용하는 경우 등은 기본대리권의 존재를 부인하였다(朝高判 1921. 5. 31, 民集 8, 175; 대판 1970. 6. 30, 70다723; 1978. 10. 11, 78다75).

(2) 代理人이 權限을 넘은 行爲를 하였어야 한다

권한을 넘은 표현대리가 성립되기 위해서는 대리인이 권한을 넘은 행위를 하였어야 한다. 그런데 여기서 문제가 되는 것은 권한을 넘은 행위가 기본대리권과 같은 행위임을 요하느냐이다. 예컨대 1,000만원을 차입할 대리권이 있는 자가 1,500만원을 차입한 것과 같이 기본대리권과 같은 종류의 행위인 경우에는 문제가 없지만, 1,000만원을 차입할 대리권이 있는 자가 그가 가진 根抵當權 설정에 필요한 서류를 이용하여 본인 소유부동산을 처분한 경우와 같이 권한을 넘은 행위가 기본대리권과 다른 종류인 경우도 권한을 넘은 표현대리가 성립하느냐이다.

판례는 서로 다른 경우에도 상관이 없다는 견해를 취하고 있다. 그 예로는 借財를 위한 대리권을 가진 자가 그 委任狀을 위조하여 부동산을 매도한 경우(대판 1959. 8. 27, 63다326; 1963. 7. 22, 63다418; 1963. 11. 27, 69다548), 林野拂下에 관한 계약체결 권한을 수여받은 자가 본인소유부동산을 매도한 경우(대판

1963. 11. 21, 63다418)와 같이 기본대리행위의 권한을 넘은 행위가 반드시 동일함을 요하지 않는다고 判示하였다. 그리고 통설도 같은 견해를 취하고 있다.

(3) 相對方이 代理權이 있다고 믿을 만한 正當한 理由가 있어야 한다

권한을 넘은 표현대리가 성립하기 위해서는 상대방이 대리인의 권한밖의 법률행위에 대해서 정당한 대리권한이 있다고 誤信하고, 誤信하는 데에 정당한 이유가 있어야 한다. 「정당한 이유」란 無權代理行爲가 행해졌을 때에 존재한 여러 사정으로부터 객관적으로 관찰하여 普通人이면 대리권이 있는 것이 당연하다고 생각되는 것을 뜻한다. 판례는 건물의 보존등기신청에 관한 대리권이 있고 그 등기신청서에 捺印된 印影과 같은 인장을 소지한 대리인이 제3자와 抵當權設定契約을 체결한 경우 제3자가 그 대리인이 대리권이 있다고 믿을 만한 정당한 이유가 있다고 하였다(대판 1957. 4. 4, 4290민상21; 1981. 6. 23, 80다609; 1980. 11. 11, 80다947; 1980. 8. 12, 80다901). 정당한 이유의 유무, 즉 상대방의 선의·무과실에 대한 입증책임에 관해서는 상대방에 있다는 견해와 본인에게 있다는 견해가 대립하고 있지만, 표현대리의 다른 경우(125조, 129조)에 있어서와 다르게 다루어야 할 특별한 이유가 없으므로 역시 본인에게 입증책임이 있다고 해석하는 것이 타당하다.

3. 適用範圍

제126조는 임의대리뿐만 아니라 법정대리에 모두 적용된다고 보아야 한다. 예컨대, 법정대리인이 친족회의 동의를 얻어서 그 권한을 행사하여야 하는 경우(950조, 912조)에 법정대리인이 그 동의 없이 대리행위를 한 때에도 본조를 적용하여야 한다. 다시 말하면 미성년자의 후견인이 친족회의 동의서를 위조하여 완전한 대리권이 있는 것처럼 꾸며서 미성년자의 부동산을 처분한 경우에는 본인인 미성년자가 알고 있지 못한 사유이지만 제126조를 적용하여야 하는 것과 같다.

4. 效　　果

본인은 대리인의 권한을 넘은 행위에 대해서 책임을 진다. 예컨대 500만원을 차입할 대리권을 수여하였는데 대리인이 임의로 800만원을 차입하여 본인에게는 500만원을 차입한 것처럼 속이고, 대리인이 300만원을 소비한 경우에 본인은 그 300만원에 대해서도 책임을 져야 한다.

【112】 代理權消滅後의 表見代理란 무엇인가

1. 意　　義

代理權消滅 후의 표현대리란 이전에 대리권을 가지고 있었던 자가 대리권이 소멸 후 아직도 대리권이 있는 것처럼 대리행위를 한 경우를 말한다(129조). 예컨대 A의 收金代理人 B가 해고된 후에도 아직도 대리권이 있는 것처럼 행세하고 C로부터 수금을 한 경우이다. 이와 같은 경우에는 C를 보호하기 위해서 A · C간에 유권대리와 같은 법률관계를 발생케 한다.

대리권소멸 후의 表見代理制度를 인정한 취지는 대리인 B가 그의 대리권이 소멸하였다면 A는 상대방인 C에게 그 사실을 통지하였어야 함에도 이를 하지 아니하여 상대방 C는 아직도 대리권이 있다고 믿고 거래를 하게 된 귀책사유는 본인에게 있으므로 이를 유효한 대리행위같이 인정하여 상대방을 보호하자는 데에 있다.

2. 要　　件

대리권소멸 후의 표현대리가 성립하기 위해서는 ① 대리권소멸 후에 대리행위를 하였어야 하며, ② 상대방이 대리권의 소멸에 관하여 善意 · 無過失이어야 한다. 즉 대리인이 종전에는 대리권을 가지고 있었기 때문에 상대방이 아직도 그 대리권이 존속한 것으로 믿고, 또한 믿는 데 과실이 없어야 한다.

3. 適用範圍

本條의 적용범위는 任意代理와 法定代理에 모두 적용된다(대판 1975. 1. 28, 74다1199).

4. 效　　果

본인은 상대방에 대하여 대리권의 소멸을 이유로 대항하지 못한다. 이는 제125조·제126조의 경우와 마찬가지로 본인은 대리인의 대리권 소멸 후의 대리행위에 대해서도 책임을 진다는 뜻이다.

【113】 좁은 意味의 無權代理란 어떠한 것인가

1. 좁은 意味의 無權代理의 意義와 相對方의 保護

대리권이 없는 자가 대리행위를 한 경우에 표현대리라고 볼 수 있는 요건을 갖추고 있지 않는 경우의 無權代理行爲를 좁은 의미의 無權代理라고 한다.

좁은 의미의 無權代理는 본인에게 대리의 효과가 귀속되지 않기 때문에 상대방은 不測이 손해를 입을 위험이 있고 거래안전을 해하게 된다. 그리하여 민법은 상대방의 보호와 거래안전을 위해서 ① 본인이 그 無權代理行爲를 追認하였을 때에는 정당한 권한에 의한 대리행위와 같은 효력을 인정하고, ② 아직 본인이 追認을 하지 않고 있는 경우에는 본인이 장차 追認을 할지, 이를 거절할지가 불확실하여 상대방의 지위가 불안정하게 되므로 그에 대처하기 위해서 상대방에게 催告權과 撤回權을 부여하였다. 그리고 ③ 本人이 追認을 거절한 경우에는 상대방은 無權代理人에 대해서 契約의 履行 또는 損害賠償請求를 할 수 있도록 하였다.

이와 같은 좁은 의미의 無權代理行爲의 효과는 無權代理行爲가 계약이냐 단독행위이냐에 따라서 차이가 있다. 그러므로 양자를 구분하여 논하기로 한다.

2. 契約의 無權代理

계약의 無權代理가 어떠한 효과가 생기느냐에 관해서는 ① 본인에 대한 효과, ② 상대방에 대한 효과, ③ 無權代理人의 책임으로 구분하여 설명하기로 한다.

(1) 本人에 대한 效果

좁은 의미의 無權代理人이 행한 계약은 본인이 追認하지 아니하면 본인에 대하여 효력이 없다(130조). 그러나 無權代理라고 해서 항상 본인에게 불이익한 것만은 아니다. 경우에 따라서 본인도 그와 같은 계약을 하려고 바랐는데 때마침 無權代理人이 그와 같은 행위를 하였다면 본인에게도 좋을 뿐만 아니라 無權代理人과 거래를 하는 상대방도 본인과의 사이에 그 효과를 발생케 하는 것을 본래부터 기대하고 있었다면 본인이 無權代理行爲를 追認하여 정당한 대리권을 수반하여 행해진 경우와 같은 효과를 발생케 하는 것이 바람직한 경우가 있다. 여기에서 민법은 無權代理行爲에 대하여 본인에게 追認權을 주어 追認을 하게 되면 無權代理行爲는 계약한 때에 소급하여 적법한 대리행위가 있는 것으로 되고 유효한 계약으로서 본인에 대하여 효력이 생기게 하였다(133조 본문).

(가) 本人의 追認權

① 追認의 性質　　추인이란 무권대리 행위의 효력을 자기에 대해서 직접 발생케 하는 것을 목적으로 하는 본인의 의사표시를 말한다.

追認의 法的 性質은 일방적 의사표시에 의하여 행해지는 단독행위이며, 無權代理人이나 상대방의 동의를 필요로 하지 않는 일종의 형성권이라고 볼 수 있다.

② 追認의 方法　　追認의 방법은 명시적이든, 묵시적이든 이를 묻지 않는다. 판례에 의하면 無權代理人이 차용한 금전의 변제기일에 채권자가 본인에게 그 변제를 독촉하자 본인이 그 유예를 요청한 경우(대판 1973. 1. 30, 72다2309 · 2310), 無權代理人이 한 매매계약의 매매대금을 본인이 수령하는 경우

(대판 1963. 4. 11, 63다64), 母가 子의 재산을 子의 허락 없이 매도한 후 子는 이를 알고도 8년여간 매수인에 대하여 이의를 하지 아니한 경우(대판 1966. 10. 4, 66다1078) 등을 追認한 것으로 본다고 判示하였다.

③ 追認의 相對方 追認의 상대방은 無權代理人에 대하여 하든 또는 無權代理人의 상대방에 대하여 하든 상관없으나, 다만 無權代理人에 대하여 하는 경우에는 상대방이 追認이 있음을 알지 못한 때에는 그에 대하여 追認의 효과를 주장하지 못한다(132조). 따라서 예컨대 追認을 알기 전에 상대방이 행한 제 134조의 철회는 유효하다.

④ 追認의 效果

ⓐ 遡及效의 原則 무권대리행위를 본인이 추인을 하게 되면 無權代理行爲는 遡及的으로 적법한 대리행위가 된다(133조 본문). 그러나 이에는 두 가지의 예외가 있다.

ⓑ 遡及效의 例外 그 하나는 본인이 다른 의사표시를 할 때에는 追認의 효과는 소급하지 않는다(133조 본문 참조). 여기서 문제가 되는 것은 본인이 다른 의사표시를 할 때 상대방의 동의를 필요로 하느냐이다. 본인의 의사표시만으로는 안 되고 상대방의 동의가 필요하다는 데에는 異說이 없다. 왜냐하면 상대방은 처음부터 유권대리라고 생각하여 법률행위를 한 것이므로 본인의 의사만으로 소급효를 배제한다는 것은 상대방의 의사에 반하기 때문이다.

다른 하나는 追認의 遡及效로 인하여 제3자의 이익을 해하는 경우에는 追認의 遡及效는 배제된다(133조 단서). 이는 無權代理行爲 후 追認이 있을 때까지의 사이에 본인과 제3자간에 행해진 행위가 追認의 遡及效로 무효가 되어 제3자가 정당하게 취득한 권리를 잃게 되는 것을 막으려는 취지이다. 그러나 제133조 단서가 적용되는 경우로는 그리 많지 않다. 즉 無權代理行爲에 의하여 상대방이 취득한 권리가 排他的 效力이 없는 데 대하여 제3자가 취득한 권리가 排他的 效力을 가지는 경우에는 追認으로 제3자의 권리를 해할 여지가 없으므로 이 규정의 但書를 기다릴 필요 없이 당연하다. 예컨대, A의 無權代理人 B가 A의 부동산을 C에게 팔았으나 아직 이전등기를 하지 않는 경우, A 자신이 이를 제3자 D에게 팔고 이전등기를 하였다면 A가 B의 無權代理行爲를 追認하더라도 D의 권리가

侵害 당하지 않는 것은 등기의 효과로서 당연하다(186조 참조). 만일 D도 등기를 하지 않았다면 追認이 있더라도 결국 C와 D의 어느 편이든 먼저 등기를 하느냐에 따라 권리를 취득하게 되므로 이 경우 역시 本條 但書는 적용될 여지가 없다. 결국 本條 但書가 적용되는 경우로는 無權代理人의 상대방이 취득한 권리와 제3자가 취득한 권리가 모두 배타적 효력을 가지는 경우에 한한다(日大判 昭和 5年 1930. 3. 4, 民集 9-299). 그 實例로는 채권자 A의 無權代理人 B가 상대방 C에게 채권을 양도하여 채무자에게 확정일자 있는 양도통지를 하고, 이어서 채권자 A가 그 채권을 제3자 D에게 양도하고 채무자에게 확정일자 있는 양도통지를 하였는데(450조 2항), 그 후에 無權代理行爲를 追認한 경우에는 제3자 D를 보호하기 위하여 追認의 遡及效는 인정되지 않는다.

(나) 本人의 追認拒絶權

추인을 하느냐 않느냐는 본인의 자유이지만 추인을 거절하게 되면 무권대리행위는 처음부터 본인에게 효력이 없는 것으로 확정된다(132조). 이를 추인거절권이라고 한다. 추인거절의 상대방과 방법은 추인의 경우와 같다. 원래 無權代理行爲는 그것을 버려두더라도 본인에 대하여 어떠한 효과가 발생하는 것은 아니다. 단지 추인거절이 있으면 그 후에는 본인은 추인을 할 수 없게 되어 그 행위는 확정적으로 무효가 된다. 따라서 추인거절은 추인권 포기와 동일한 의미를 갖는다.

(다) 相續과 追認拒絶

無權代理人과 본인 사이에 상속이 행해진 경우, 본인 또는 본인의 지위에서 追認을 거절할 수 있는가? 이에 관해서는 두 가지 경우로 구분하여 고찰할 필요가 있다.

첫째, 無權代理人이 본인을 상속한 경우이다. 예컨대, 대리권 없는 아들이 아버지의 대리인이라고 칭하여 아버지 소유부동산을 매도한 후, 아버지가 이를 추인하지 않고 사망한 경우, 無權代理人인 아들이 상속인으로서 본인의 지위에서 추인을 거절할 수 있느냐이다.

이 경우에 아들인 無權代理人이 單獨으로 상속을 하였을 때에는 추인을 기다릴 필요 없이 無權代理行爲는 당연히 유효한 것으로 보아야 한다. 왜냐하면 자신이 행한 無權代理行爲에 대하여 본인자격으로 追認을 거절하는 여지를 인정한다는 것은 信義則에 반하기 때문이다. 이에 관한 우리나라 판례는 아직 찾아볼 수 없으나 일본 판례를 보면 단독상속에 있어서 「본인과 대리인간의 자격이 同一人에 귀속하기에 이른 이상 본인 스스로 법률행위를 하는 것과 같은 법률상의 지위가 발생한 것으로 해석함이 상당하다」고 判示하였다(日大判 昭和 2年 1927. 3. 22, 民集 6卷 2号, 106面). 이 판례의 취지는 본인의 자격과 無權代理人의 자격으로 분리하여 본인의 자격에서 追認을 거절하고, 無權代理人으로서의 책임(이행 또는 손해배상)만을 질 수 없으며, 상속과 동시에 無權代理人과 상대방간에 자동적으로 부동산의 매매계약이 성립하고, 상속인은 당해 부동산의 인도의무를 상내방에 대하여 지게 된다는 것이다. 이와 같은 견해는 우리나라 법제에 있어서도 극히 타당하다고 본다.

다만 無權代理人이 공동상속을 한 경우에는 피상속인이 본인으로서 가지는 追認權과 追認拒絶權은 상속인 전원에 承繼되므로 전원의 追認이 없으면 無權代理行爲는 공동상속인에 대하여 유효로 되지 않는다.

둘째, 본인이 무권대리인을 상속한 경우이다. 위의 경우와는 반대로 예컨대, 本人인 아들이 追認하기 전에 無權代理人인 아버지가 사망하여 아들이 그의 상속인이 된 경우, 본인인 아들은 追認을 거절할 수 있느냐이다. 이에 관하여 일본판례를 보면 「상속인인 본인이 피상속인의 無權代理行爲의 追認을 거절하여도 信義則에 반하지 아니함으로 피상속인의 無權代理行爲는 일반적으로 본인의 상속에 의하여 당연히 유효한 것이 아니다」라고 判示하였다(日最判 昭和 37年 1962. 4. 20, 民集 16卷 4号, 955面). 피상속인이 행한 無權代理行爲는 본인에게는 하등의 귀책사유가 없으므로 본인 고유의 자격으로부터 발생한 追認拒絶權을 행사할 수 있음은 당연하므로 이 판례의 견해는 우리나라에 있어서도 타당하다고 본다. 그러나 追認을 거절한다 하더라도 아들은 無權代理人인 아버지의 책임, 즉 제135조의 책임을 승계하게 되므로 거절의 실익은 별로 없을 것으로 본다.

(2) 相對方에 대한 效果

무권대리행위는 본인이 추인도 하지 않고 거절도 하지 않는 사이에는 계약이 유효냐 무효냐는 오로지 본인의 의사에 달려 있다. 그러므로 상대방은 불안정한 상태에 있게 된다. 여기서 민법은 상대방을 보호하기 위해서 상대방에게 催告權과 撤回權을 부여하고 있다.

(가) 催告權

상대방은 상당한 기간을 정하여 그 기간 내에 추인하느냐의 여부를 확답하라는 뜻을 본인에게 최고할 수 있고, 그 기간 내에 확답을 발하지 않을 때에는 추인을 거절한 것으로 본다(131조). 그리고 이는 발신주의를 취하고 있음에 유의하여야 한다.

(나) 撤回權

상대방은 계약당시에 무권대리임을 알지 못한 경우에 한하여 본인이 아직 추인을 하지 않고 있는 동안에는 본인이나 대리인에 대하여 계약을 철회할 수 있다(134조). 상대방이 철회를 하게 되면 그 계약은 확정적으로 무효가 되며 그 후 본인은 무권대리행위를 추인하지 못한다.

(3) 無權代理人의 責任

無權代理人은 본인의 追認이 있으면 정당한 대리의 효과가 발생하므로 無權代理人은 어떠한 책임도 지지 않는다. 그러나 본인이 追認을 거절하게 되면 無權代理行爲의 상대방은 뜻하지 않는 손해를 입게 된다. 여기에서 민법은 대리제도의 신용의 유지와 선의의 상대방의 보호를 위해서 無權代理人에게 무거운 책임을 지게 하고 있다.

(가) 無權代理人의 相對方에 대한 責任

타인의 대리인으로 계약을 한 자가 그 대리권을 증명하지 못하고 또 본인의 追認을 얻지 못한 때에는 상대방의 선택에 따라 계약의 이행 또는 손해배상의 책임을 진다(135조 1항). 그러나 無權代理行爲에 대해서 본인의 追認을 얻지 못하였다 하더라도 상대방은 無權代理人에 대해서 책임을 물을 수 없는 두 가지 예외가 있다(135조 2항). 그 하나는 상대방이 無權代理人의 代理權 없음을 알았거나 알지 못하는 데에 과실이 있었을 때이며, 다른 하나는 대리인으로 계약한 자가 행위능력이 없는 때이다. 여기서 문제가 되는 것은 상대방은 無權代理人이 행위무능력자인 경우에는 제135조 2항에 의하여 계약의 이행 또는 손해배상의 책임은 물을 수 없지만 이외에 민법 제750조에 의한 불법행위의 책임도 물을 수 없느냐이다. 이에 관해서는 학설은 나누어져 있다. 생각건대, 제135조 2항의 무능력자에 대하여 책임을 면제하고 있는 것은 무능력자의 재산감소를 허용하지 않는다는 무능력자제도의 취지에 유래한 것이므로 설사 제135조 2항에 의한 책임을 면하여도 민법 제750조에 의한 책임을 지게 된다면 무능력자제도의 취지에 어긋난다고 볼 수 있으므로 無權代理人이 무능력자인 경우에는 제135조 2항에 따른 책임은 물론 민법 제750조에 의한 책임을 묻는다는 것은 무능력자제도의 취지에 어긋난다고 볼 수 있으므로 일반불법행위의 책임도 물을 수 없다고 보아야 한다(통설).

무권대리인이 부담하여야 할 책임의 내용은 계약의 이행 또는 손해배상이다(135조).

① 契約의 履行責任 계약의 이행의 책임이란 만일 유권대리였다고 가정한다면, 그 계약의 내용에 따라 본인이 상대방에게 부담하여야 할 급부의 이행을 무권대리인이 책임져야 한다는 뜻이다. 예컨대, A의 무권대리인 B가 A의 대리인으로서 상대방 C의 소유부동산을 5,000만원에 매수한다는 의사표시를 하고 C는 이를 승낙하였으나 A의 추인을 받지 못한 경우에 C가 이행책임쪽을 선택하게 되면 B·C간에 매매계약이 성립하고 B는 5,000만원에 당해 부동산을 구입하지 않으면 안 될 의무를 지게 되는 것이 이에 해당한다. 그러니 이와는 달리 B가 A의 대리인으로서 A 소유부동산을 C에게 매도한다는 뜻의 의사표시를 한 경우에는 C는 B에 대해서 이행책임을 물을 수 없다. 왜냐하면 당해 부동산은 B의 소유물이 아니므로 B는 賣主로서 의무를 이행할 수 없기 때문이다. 이 경우에는 C는 B에 대해서 손해배상책임을 물을 수 있다.

② 無權代理人의 損害賠償의 責任 損害賠償責任의 내용에 있어서는 계약이 완전히 이행되었더라면 상대방이 얻을 수 있었을 이익, 즉, 이행이익의 배상이냐, 그렇지 않으면 상대방이 無權代理行爲에 의하여 본인과의 사이에 효력이 생긴 것으로 믿었기 때문에 입은 손해, 즉 신뢰이익의 배상인가의 문제가 있다. 학설은 이행이익의 배상이라고 보는 것이 일치된 견해이나. 그리고 이행책임과 손해배상책임과는 일종의 選擇債務(380조~386조)의 관계에 있다

는 것이 일반적인 견해이다.

(나) 無權代理人의 本人에 대한 責任

無權代理行爲는 본인의 追認이 없으면 아무런 법률효과가 생기지 않으므로 無權代理人과 본인과의 사이에는 어떠한 법률관계도 생기지 않는다. 그러나 無權代理人의 행위가 실질적으로 본인에 대하여 사무관리(734조 이하)가 되는 경우도 있고, 부당이익(741조)을 얻는 경우도 있을 뿐만 아니라 때에 따라서는 본인의 이익의 침해로 불법행위가 성립되는 경우도 있을 수 있다. 그러나 이는 無權代理에 있어서 특유한 것이 아니고 일반법이론의 원칙에 기하여 인정되는 데 지나지 않는다.

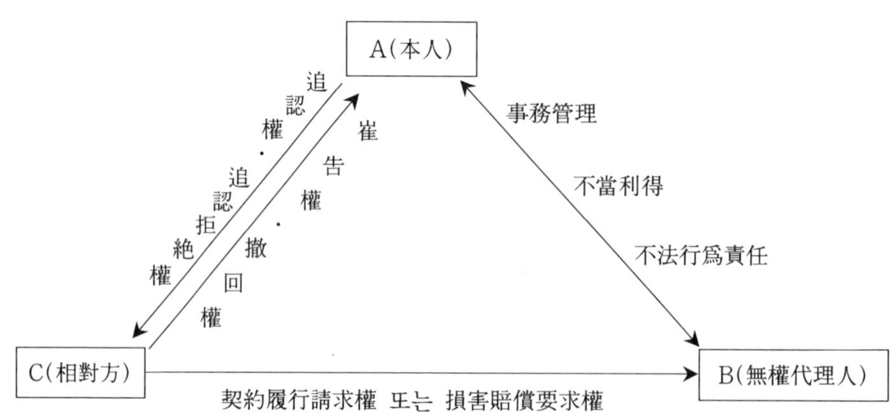

〈契約의 좁은 意味의 無權代理의 效果〉

3. 單獨行爲의 無權代理

단독행위의 無權代理는 계약의 無權代理와 달리 능동대리이든 수동대리이든 모두 무효가 되는 것을 원칙으로 하고 있다. 상대방이 관여하지 않는 단독행위에 대하여 추인의 효과를 인정한다면 상대방이 불이익을 입을 우려가 있기 때문이다. 단지 민법은 이와 같은 폐단이 없는 경우로서 몇 가지 예외를 인정하고 있다.

이에 관하여는 상대방 있는 단독행위의 無權代理와 상대방 없는 단독행위의 無權代理로 나눠 고찰하기로 한다.

(1) 相對方 있는 單獨行爲

채무의 免除, 계약의 해제 등과 같이 상대방 있는 단독행위의 무권대리는 능동대리와 수동대리에 따라 그 효과가 다르다.

(가) 能動代理

예컨대 無權代理人이 본인을 대신하여 계약을 해제할 때, 그 행위 당시에 상대방이 대리인이라고 칭하는 자의 대리권 없는 행위에 동의하거나 또는 대리권을 다투지 아니한 때에는 계약의 경우와 마찬가지의 효과가 발생한다(136조 전단). 다만 상대방이 그 행위 당시 동의하지 않거나 또는 이의를 달았을 때에는 그 행위는 완전히 무효가 된다.

(나) 受動代理

예컨대 위의 경우와는 반대로 상대방이 無權代理人에 대하여 본인을 위한 것임을 표시하여 계약을 해제한 때에는 무권대리인이 이에 응할 것을 동의하였을 때에 한하여 계약과 마찬가지의 효과가 생긴다(136조 후단). 그렇지 않는 경우 예컨대,「나에게는 대리권이 없으므로 나에게 말해봤자 아무 소용이 없다」라고 하였을 경우에는 그 상대방의 행위는 무효가 된다.

(2) 相對方 없는 單獨行爲

예컨대 소유권의 포기와 같이 상대방 없는 단독행위의 無權代理는 절대로 무효이다. 따라서 본인이 追認해도 어떠한 효력도 발생하지 않으며, 無權代理人의 책임도 발생하지 않는다. 만일 이런 경우에 본인의 追認을 인정한다면 본인은 그 行使·不行使에 관하여 아무런 제한을 받음이 없이 자유로이 無權代理行爲의 효과를 좌우할 수 있게 되어 너무나 본인의 이익에 편중하게 되므로 이 경우의 無權代理는 절대적으로 무효인 것이다.

第 5 款　法律行湋의 無效와 取消

概　要

Ⅰ. 法律行爲의 無效와 取消의 一般理論 問 114

1. 無效와 取消의 意義

법률행위가 성립되어도 공익적 또는 사익적 차원에서 그 법률행위의 효력 발생을 처음부터 부정하는 경우가 있고, 일단 효력의 발생을 인정하되 그 후 일정자의 주장에 의해서 그 효력을 부인하는 경우가 있다. 전자의 경우를 無效인 법률행위라고 하고, 후자의 경우를 취소할 수 있는 법률행위라고 한다.

2. 無效와 取消에 관한 立法政策

어떤 법률행위에 대해서 무효로 하느냐, 취소할 수 있는 것으로 하느냐의 입법정책으로는 다음과 같다.

(1) 예컨대 반사회적 행위・강행법규 위반행위와 같이 법질서 전체의 이상에 비추어 개인의사를 묻지 않고 당연히 무효로 하여야 한다는 객관적 사유가 있는 때에는 무효로 한다.

(2) 그러나 특정인의 보호를 목적으로 하거나 비교적 경미한 절차상의 하자가 있는 것이어서 그 효력의 부인을 특정인의 의사에 의해 좌우하게 하여도 무방한 경우에는 취소할 수 있는 것으로 하는 것이 일반적이다.

3. 無效와 取消에 관한 民法上의 規定

우리 민법은 위에서 언급한 입법정책의 기준에 따라 의사무능력자의 법률행위, 불확정 및 실현불가능한 법률행위(137조), 강행규정에 위반하는 법률행위(105조), 반사회질서의 법률행위(103조), 불공정한 법률행위(104조), 상대방이 표의자의 진의 아님을 알았거나 알 수 있었을 진의 아닌 의사표시(107조 1항 단서), 통정허위표시(108조) 등은 무효로 하고, 법정대리인의 동의없이 한 무능력자의 법률행위(5조 이하), 착오에 의한 의사표시(109조 1항), 사기·강박에 의한 의사표시(110조 1항·2항) 등은 취소할 수 있는 것으로 규정하고 있다. 그리고 이 무효와 취소에 관해서 민법에는 일반적·통칙적 규정으로서 제137조 내지 제146조를 두고 있다.

4. 無效와 取消와의 差異

무효와 취소는 다음과 같은 차이가 있다

(1) 무효는 처음부터 당연히 무효이지만, 취소는 일단 유효한 법률행위를 취소권자의 취소가 있음으로써 비로소 소급적으로 무효가 된다.

(2) 무효는 추인에 의해서도 유효로 되지 않지만, 취소할 수 있는 행위는 취인을 하게 되면 유효한 것으로 확정된다.

(3) 무효는 오랜 시일이 경과하여도 유효로 되지 않지만, 취소할 수 있는 법률행위는 취소권자가 일정기간 취소권 행사를 하지 않은 때에는 유효한 것으로 확정된다.

5. 無效와 取消의 二重效(競合)

어떤 법률행위가 무효와 취소의 원인이 동시에 존재하는 경우, 당사자는 그 중 어느 한 요건을 증명하여 무효로 하든, 취소로 하든 자유이다.

Ⅱ. 法律行爲의 無效 問 115

1. 無效의 意義

법률행위의 무효란 외형상으로는 일응 성립한 법률행위가 어느 누구의 주장도 필요없이 당연히 효과가 발생하지 않는 경우를 말한다.

2. 無效의 原因

법률행위의 일반적 무효의 원인으로는 다음과 같다.

(1) 당사자에 관한 무효의 원인으로는 의사무능력자의 법률행위이다.

(2) 의사표시에 관한 무효의 원인으로서는 상대방이 진의 아님을 안 비진의 의사표시·통정허위표시 등이다.

(3) 법률행위의 목적에 관한 무효의 원인으로서는 법률행위의 목적의 불확정·내용의 실현불능, 강행법규위반, 반사회질서행위, 불공정법률행위, 불법조건부법률행위 등을 들 수 있다.

3. 無效의 一般的 效果

(1) 當事者間에 있어서의 效果

법률행위가 무효가 되면 그 법률행위의 내용에 따른 효과가 생기지 않는다. 예컨대 물권행위가 무효이면 물권변동은 일어나지 않으며, 채권행위가 무효이면 채권은 발생하지 않는다. 그리고 무효인 법률행위에 기하여 이미 이행이 된 때에는 부당이득으로서 반환의무가 생긴다.

(2) 제3자에 대한 效果

법률행위의 무효는 원칙적으로 모든 사람에게 주장할 수 있다. 그러나 예외적으로 어떤 제3자에 대해서는 무효를 주장할 수 없는 경우가 있다. 즉, 진의 아닌 의사표시의 무효인 경우나 통정허위표시의 무효로서 예외적인 경우는 善意의 제3자에게 대항하지 못한다(107조 2항, 108조 2항).

4. 無效의 種類 問 *116*

(1) 絶對的 無效와 相對的 無效

(가) 누구에게나 주장할 수 있는 무효를 절대적 무효라고 한다. 예컨대 강행법규위반이나 반사회질서행위가 이에 해당된다.

(나) 특정인에 대해서는 무효를 주장할 수 없는 경우를 相對的 無效라고 한다. 예컨대 진의 아닌 의사표시의 무효인 경우나, 통정허위표시에 있어서

선의의 제3자에게는 무효를 주장할 수 없는 경우이다.

(2) 當然無效와 裁判上의 無效

(가) 특별한 절차나 행위를 요하지 않는 무효를 당연무효라고 하며,
(나) 무효의 결과가 일반 제3자에게 중대한 영향을 미치게 되기 때문에 재판에 의해서만 무효를 주장할 수 있는 경우를 재판상무효라고 한다.

(3) 全部無效와 一部無效

(가) 법률행위의 내용 전부가 무효인 것이 전부무효이고,
(나) 그 일부가 무효인 경우를 일부무효라고 한다. 일부무효는 법률행위 전부를 무효로 하는 것이 원칙이나 그 무효부분이 없더라도 법률행위를 하였으리라고 인정 될 때에는 나미지 부분은 유효하다(137조 단서).

(4) 確定的 無效와 流動的 無效

법률행위의 무효는 확정적 무효인 것이 원칙이다. 그러나 예컨대 주무관청의 허가를 받지 않았기 때문에 일단 무효로 하되 주무관청의 허가를 받게 되면 유효로 하는 경우를 유동적 무효라고 한다.

5. 無效行爲의 追認 問 117

(1) 追認效力不發生의 原則

무효인 법률행위는 추인을 하더라도 그 효력이 생기지 않는 것이 원칙이다.

(2) 非遡及的 追認

그러나 당사자가 무효임을 알고 추인한 때에는 그때부터 새로운 법률행위를 한 것으로 본다(139조). 다만, 무효의 원인이 여전히 존재하는 경우에는 추인하여도 무효이다.

(3) 債權的 · 遡及的 追認

무효행위를 당사자 사이의 관계에 있어서만 소급적으로 유효로 하는 때와 소급적으로 유효로 하여도 제3자에게 불이익을 주지 않는 범위에서는 추인을 인정하여도 무방하다고 보는 것이 학자들이 일치된 견해이다.

6. 無效行爲의 轉換 問 118

(1) 意 義

무효행위의 전환이란 A란 행위로서는 무효이지만 B라는 행위로서 요건을 갖추고 있는 때에는 B 행위로서 그 법률행위의 효력을 인정하는 것을 말한다(138조). 예컨대 요건불비로 무효인 지상권설정행위가 토지임대차계약으로서는 유효한 경우이다.

(2) 要 件

(가) 무효인 법률행위가 다른 법률행위의 요건을 구비하고 있어야 한다.
(나) 당사자가 그 무효를 알았더라면 다른 법률행위를 의욕하였으리라고 인정되어야 한다.
(다) 단독행위는 행위의 성질상 전환은 인정되지 않는다.

(3) 轉換의 態樣

(가) 不要式行爲로의 전환: 자유로이 인정된다.
(나) 要式行爲로의 전환: 요식행위에의 전환은 성질상 요식성을 엄격히 요구하는 경우에는 원칙적으로 전환을 인정해서 안 된다.

(3) 效 果

의욕하였으리라고 인정되는 다른 법률행위로 전환된다. 따라서 전환된 법률행위의 효과는 그 행위의 규정에 따라 발생한다.

Ⅲ. 法律行爲의 取消 問 119

1. 取消의 一般理論

(1) 取消의 意義

법률행위의 취소란 일단 유효하게 성립된 법률행위를 행위무능력 · 의사표시의 착오 또는 하자(사기 · 강박)가 있어 소급해서 무효로 하는 의사표시를 말한다.

(2) 取消할 수 있는 法律行爲

취소할 수 있는 법률행위란 취소권자의 취소의 의사표시가 없는 한 유효한 것으로 다루어지지만, 취소의 의사표시가 있는 때에는 소급해서 유효로 취급되는 법률행위를 말한다.

(3) 一般的 取消와 特殊의 取消

민법 총칙편의 제140조 내지 제146조가 적용되는 취소를 일반적 취소라고 하며, 그 밖의 특별규정에 의해서 인정된 취소를 특수의 취소라고 한다. 여기에서 말한 취소는 민법 제140조 이하의 일반적 취소를 말한다.

(4) 取消와 區別되는 槪念

(가) 撤 回

철회란 법률행위가 발생하기 전에 그 효과의 발생을 방지하는 행위이므로 일단 유효하게 성립한 법률행위의 효력을 소멸케 하는 취소와 구별된다.

(나) 解 除

해제는 채무불이행을 이유로 계약의 효력을 소급적으로 소멸케 하는 데 대하여, 취소는 행위 무능력·착오·사기·강박 등을 원인으로 법률행위의 효력을 소급적으로 소멸케 하는 점에서 양자간에 차이가 있다.

2. 取 消 權

(1) 取消權의 意義

취소할 수 있는 법률행위에 대하여 취소할 수 있는 권리를 취소권이라고 한다. 취소권의 법적 성질은 일방적 의사표시에 의해서 행해지는 형성권이다.

(2) 取消의 原因

취소의 원인은 다음과 같다.

(가) 무능력자가 법정대리인의 동의를 얻지 않고 법률행위를 하였을 때

(나) 착오·사기·강박에 의해서 법률행위를 하였을 경우 등이다.

(3) 取消權者

취소권자는 다음과 같다(140조).

(가) 無能力者

무능력자는 법정대리인의 동의 없이 한 행위를 법정대리인의 동의 없이 단독으로 취소할 수 있다. 이와 같은 무능력자의 취소는 다시 취소할 수 없다. 즉 취소는 확정적이다.

(나) 착오에 의한 의사표시를 한 자와 瑕疵있는 意思表示를 한 者

착오 · 사기 · 강박에 의한 표의자는 자기가 한 행위에 대해서 취소할 수 있다.

(다) 代理人

무능력자의 착오 및 하자있는 표의자의 법정대리인이나, 취소권 행사를 수여받은 임의대리인은 취소권이 있다.

(라) 承繼人

무능력자· 착오 · 사기 · 강박에 의해 의사표시를 한 자로부터 취소권을 승계받은 자는 취소권이 있다. 여기의 승계인은 특정승계인이나 포괄승계인(예: 상속인 등)을 포함한다.

(4) 取消의 相對方

취소의 상대방은 원칙적으로 취소할 수 있는 법률행위의 상대방이다.

(가) 契 約

계약에 있어서는 당해 계약의 상대방이다.

(나) 單獨行爲

상대방이 있는 단독행위에 있어서의 취소의 상대방은 그 행위의 상대방이다. 상대방 없는 단독행위는 그 법률행위에 의하여 직접 이득을 취득한 자이다.

(5) 取消의 方法

취소권 행사의 방법은 취소권자가 단독의 의사표시에 의해서 하게 되면 충분하고 어떠한 방법을 필요로 함은 요하지 않는다. 즉 명시적으로나 묵시적으로도 할 수 있다. 단지 상대방이 확정되어 있는 경우에는 그 상대방에 대한 의사표시로 하여야 하며(142조), 상대방이 확정되어 있지 않는 경우에는 법률에 규정이 있는 경우 외에는 객관적으로 의사표시라고 인정할 수 있는 행위를 외부에 표시하면 된다.

3. 取消의 一般的 效果

(1) 遡及的 無效

법률행위가 취소되면 소급해서 무효가 된다(141조 본문).

(2) 不當利得 返還義務

(가) 原 則

법률행위가 취소되면 소급해서 무효가 되므로 아직 이행이 행해지지 않는 경우에는 이행할 필요가 없고 이미 이행이 행해진 경우에는 부당이득으로서 반환의무가 생긴다. 그러나 반환의무의 범위는 상대방이 선의이면 그 받은 이익이 현존한 한도에서 반환하면 되고, 악의이면 그 받은 이익에 이자를 붙여 반환하여야 하고, 손해가 있으면 이를 배상하여야 한다(748조).

(나) 無能力者의 返還義務의 特則

반환의무자가 무능력자인 경우에는 선의·악의와 관계없이 이익이 현존하는 한도 내에서 반환하면 된다(141조 단서).

(3) 取消의 效力이 미치는 제3자의 範圍

취소의 효과는 당사자의 무능력을 이유로 하는 취소는 어느 누구에 대해서도 주장할 수 있다(절대적 취소: 5조 2항, 10조, 13조). 그러나 착오·사기·강박으로 인한 취소는 거래의 안전을 보호하기 위해서 선의의 제3자에 대해서는 취소의 효과를 주장할 수 없다(상대적 취소: 109조 2항, 110조 3항).

4. 取消할 수 있는 法律行爲의 追認 問 *120*

취소할 수 있는 법률행위의 추인에는 취소권자의 의사표시에 의한 追認(任意追認)과 법률의 규정에 의한 追認(法定追認)의 두 경우가 있다.

(1) 任意追認(追認權者에 의한 追認)

(가) 意 義

취소권자에 의한 추인이란 취소권자가 취소할 수 있는 법률행위를 취소하지 않겠다는 의사를 표시하는 경우를 말한다. 이와 같이 추인을 하게 되면 다시는 취소할 수 없고, 그 법률행위는 유효한 것으로 확정된다.

(나) 追認의 要件

① 追認權者가 追認의 意思表示를 하여야 한다. 여기서 추인권자란 취소권자와 같다(143조).

② 追認은 「取消의 原因이 終了한」 후에 하여야 한다(144조 1항). 즉 미성년자는 성년자가 된 후, 한정치산자는 한정치산 선고를 취소한 후, 착오·사기·강박으로 의사표시를 한자는 착오·사기·강박의 상태를 벗어난 후에 추인하여야 한다. 그러나 법정대리인은 이와 같은 제한이 없으므로 언제든지 할 수 있다.

③ 취소할 수 있음을 알고 추인을 하여야 한다.

(다) 追認方法

추인은 취소권의 포기를 의미하므로 그 추인방법은 취소의 방법과 같다.

(라) 追認의 效果

추인이 있으면 그 법률행위는 완전히 유효한 것으로 확정된다(143조 1항).

(2) 法定追認(법률의 규정에 의한 추인)

(가) 意　義

법정추인이란 취소할 수 있는 행위에 관하여 법률에서 규정한 일정한 사실이 발생하면 취소권자의 추인의사 유무를 묻지 않고 법률상 당연히 추인이 있는 것으로 인정하는 경우를 말한다.

(나) 要　件

① 다음 사유 중 하나가 있어야 한다(145조 본문).

ⓐ 全部나 一部의 履行

ⓑ 履行의 請求

ⓒ 更改

ⓓ 擔保提供

ⓔ 取消할 수 있는 行爲로 取得한 權利의 全部 또는 一部의 양도

ⓕ 强制執行

② 위에 든 행위가 「取消의 原因이 終了한 후」에 행하여져야 한다(145조 본문).

③ 취소권자가 위의 행위를 함에 있어서 「異議를 保留」하지 않았어야 한다(145조 단서).

(다) 效 果

법정추인 사유가 있을 때에는 추인으로 간주되므로 임의추인의 경우와 마찬가지의 효과가 발생한다. 즉 취소할 수 없는 유효한 행위로 확정된다.

5. 取消權의 消滅 問 121

(1) 取消權의 消滅原因

취소권의 소멸원인은 ① 취소권의 행사, ② 취소할 수 있는 법률행위의 추인(임의추인, 법정추인), ③ 취소권의 단기소멸기간의 경과(기간의 경과) 등이다.

①, ②에 대해서는 앞에서 설명하였으므로 ③에 관해서만 설명하기로 한다.

(2) 取消權의 短期消滅

(가) 短期消滅期間

취소권은 추인할 수 있는 날(취소원인이 종료하는 날)로부터 3년 내에, 법률행위를 한 날로부터 10년에 행사하지 않으면(이 기간 중 어느 한 기간이 경과하면) 취소권은 소멸한다(146조).

(나) 短期消滅期間의 法的 性質

취소권의 단기소멸 기간의 법적 성질은 소멸시효기간이냐 제척기간이냐의 문제가 있으나 제척기간으로 보는 것이 다수설이다.

(다) 取消權行使 후의 不當利得返還請求의 存續期間

단기소멸기간 내에 취소권을 행사하게 되면 이미 이행한 것에 대한 부당이득반환청구권이 생긴다. 이 경우 그 반환기간을 일반채권 소멸시효 기간으로 볼 것이냐, 취소권의 소멸기간으로 볼 것이냐의 문제가 있다. 통설과 판례는 취소권의 존속기간으로 보고 있다.

本 論

Ⅰ. 法律行爲의 無效와 取消의 一般理論

【114】 法律行爲의 無效와 取消란 어떤 것인가

1. 無效와 取消의 意義

어떤 법률행위가 법률행위로서 성립되어도 公益的 또는 私益的 차원에서 그 법률행위의 효력발생을 처음부터 부정하는 경우가 있는가 하면, 어떤 법률행위는 일단 효력의 발생을 인정하되 그 후 일정한 자의 주장에 의해서 그 효력을 부인하는 경우가 있다. 전자의 경우를 무효인 법률행위라 하고, 후자인 경우를 취소할 수 있는 법률행위라고 한다.

2. 無效와 取消에 관한 立法政策

법률행위나 의사표시가 성립되어도 공익적 또는 사익적 차원에서 이를 무효로 하느냐 취소할 수 있는 것으로 하느냐는 그 나라의 입법정책에 따라서 결정될 문제이다. 그 예로서는 우리나라 구민법에서는 착오에 관하여 무효로 하였던 것을(구민 95조), 이는 의사주의에 치우쳤다 하여 현행 민법에서는 이를 취소할 수 있는 것으로 하였고(109조), 행위무능력자가 법정대리인의 동의 없이 한 법률행위에 대해서 독일 민법에서는 이를 무효로 하였던 것을(105조 Abs Ⅰ, BGB), 우리 민법에서는 취소할 수 있는 것으로 규정하고 있다(5조 2항, 10조, 13조).

입법정책에 있어서 어떤 경우에 무효로 하느냐 취소할 수 있는 것으로 하느냐에 관해서는 일반적인 이론적 근거는 없지만, 대체적으로 다음과 같은 기준에 따르고 있다. 첫째, 반사회적 행위·강행법규에 위반한 행위·의사무능력자의 행위와 같이 법질서 전체의 理想에 비추어 개인의사를 묻지 아니하고 당연히 무효로 하여야 한다는 객관적 사유가 있는 때에는 무효로 규정하고 있다. 둘째, 특정인의 보호를 목적으로 하거나 비교적 경미한 절차상의 하자가 있는 경우 등과 같이 효력의 부인을 특정인의 의사에 의해서 좌우하게 하여도 무방한 경우에는 취소할 수 있는 것으로 하는 것이 보통이다.

3. 無效와 取消에 관한 民法上의 規定

우리 민법은 위에서 말한 입법정책의 기준에 의하여 법률행위나 의사표시로서 성립되어 있어도 이를 정책적 차원에서 다음과 같은 경우 무효 또는 취소로 하고 있다.

의사무능력자의 법률행위, 목적의 실현 불능 또는 내용이 불확정한 법률행위, 강행법규에 반한 법률행위, 反社會秩序의 법률행위(103조), 不公正한 법률행위(104조), 상대방이 안 非眞意表示(107조 1항 단서), 通情虛僞表示(108조 1항) 등은 무효로 하고 있고, 법정대리인의 동의없이 한 행위무능력자의 법률행위(5조 2항, 10조, 13조), 착오에 의한 의사표시(109조), 사기 또는 강박에 의한 의사표시(110조) 등은 취소할 수 있는 것으로 하고 있다. 그리고 이들에 한하여 적용될 제137조 내지 제146조의 일반적·통칙적 규정을 두고 있다.

4. 無效와 取消와의 相異點

무효와 취소는 일단 성립된 법률행위에 있어서의 문제인 점, 이 양자는 결과적으로 법률행위의 효력을 부정한 점에서는 공통된다. 그러나 그 무효와 취소가 되는 과정에 있어서는 양자간에 여러 가지 상이점이 있다.

첫째, 무효는 법률행위의 효력이 처음부터 발생하지 않는 데 대하여, 취소는 일단 유효한 법률행위의 성립을 인정하되 취소권자의 취소의 의사표시가 있을 때 비로소 법률행위의 성립시에 소급하여 효력이 부정된다(141조 본문).

둘째, 무효는 처음부터 효력이 없으므로 누구든지 효력이 없는 것으로서 다루게 되지만, 취소에 있어서는 취소하기 전에는 일응 효력이 있는 것으로 다루어진다(140조).

셋째, 무효는 추인에 의해서도 유효로 되지 않지만(139조 본문. 그러나 당사자가 그 무효임을 알고 추인한 때에는 새로운 법률행위로 본다), 취소할 수 있는 행위는 추인을 하게 되면 유효한 것으로 확정된다(143조 본문).

넷째, 취소는 일정기간 취소권의 행사가 없을 때에는 유효한 것으로 확정되지만, 무효는 그 기간에 대해서는 제한이 없으므로 무효를 방치하고 있어도 시일의 경과에 의해서 유효로 확정되지 않는다.

표 4-4 無效와 取消의 相異點

無　效	取　消
무효는 어느 누구의 주장이 없어도 당연히 무효이다.	취소는 일정의 자의 주장이 있어야 비로소 무효가 된다.
무효는 처음부터 무효로 다룬다.	취소는 일응 유효로 다루지만 취소함으로서 비로소 소급해서 무효가 된다.
무효는 추인을 하여도 유효로 되지 않는다.	취소는 추인을 하면 유효한 것으로 확정된다.
무효는 아무리 오래 되어도 유효로 되지 않는다.	취소는 일정기간이 경과하면 취소권이 소멸하여 유효한 것으로 확정된다.

5. 無效와 取消의 二重效

어떤 법률행위가 무효와 취소 양쪽의 원인이 있는 경우, 예컨대 타인의 欺罔에 의하여 반사회성 있는 법률행위를 하였을 때에 사기를 이유로 하면 취소할 수 있고, 반사회성을 이유로 하면 무효로 된다. 이때 당사자는 그 중 어느 한 요건을 증명하여 무효를 주장하든 또는 취소를 주장하든 자유인 것이다. 이와 같은 경우를 무효와 취소의 경합이라 하며, 이것이 이른바 이중효의 문제이다.

Ⅱ. 法律行爲의 無效

【115】 法律行爲의 無效란 어떠한 것인가

1. 無效의 意義

법률행위의 무효란 법률행위가 성립한 때부터 어느 누구의 주장도 필요없이 당연히 효력이 발생하지 않는 경우를 말한다.

법률행위의 무효는 법률행위의 불성립 또는 부존재와 다르다. 법률행위의 불성립이란 법률행위의 성립요건(당사자 · 의사표시 · 목적)을 결여한 경우로서 법률행위가 존재하지 않는 경우이다. 예컨대, 계약의 경우에 청약이라는 의사표시가 있는데도 승낙이라는 의사표시가 없다면 계약의 성립에 필요로 하는 합치된 의사가 존재하지 않기 때문에 계약이라는 법률행위가 성립하지 않는다. 이와 같은 경우에는 법률행위의 유효 · 무효의 문제는 있을 수 없다. 따라서 법률행위의 무효는 법률행위는 성립하고 있지만 효력요건이 결여된 경우에 있을 수 있다.

2. 無效의 原因

민법상 무효의 원인으로는 다음과 같은 것들을 들 수 있다.

첫째로 당사자에 관한 무효의 원인으로서는 의사무능력자의 법률행위를 들 수 있다. 이에 관한 민법상 명문규정은 없지만, 자기의 의사에 의하지 않고서는 권리를 얻거나 의무를 부담하지 않는다는 사적자치의 원칙에 의하여 의사무능력자의 행위는 무효인 것이 당연하다(통설).

둘째로 의사표시에 관한 무효의 원인으로서 상대방이 진의 아님을 안 非眞意表示(107조 1항 단서), 通情虛僞表示(108조 1항) 등이다.

셋째로 목적에 관한 무효원인으로는 실현불능을 목적으로 하는 법률행위 · 내용불확정의 법률행위 · 강행법규위반의 법률행위(105조 참조) · 反社會秩序의 법률행위(103조), 不公正 法律行爲(104조), 不法條件附 법률행위(151조) 등을 들 수 있다.

넷째로 그밖의 무효의 원인으로서는 좁은 의미의 무권대리(130조, 136조)와 각종의 법률행위로서 효력요건을 갖추지 못한 행위 기타 특별법에 규정된 경우 등이다(예: 815조, 883조, 1060조).

표 4-5 法律行爲의 無效의 原因

당사자에 관한 무효원인	① 意思無能力者의 法律行爲
의사표시에 관한 무효원인	① 진의 아님을 안 非眞意表示(107조 1항 단서) ② 通情虛僞表示(108조 1항)
목적에 관한 무효원인	① 법률행위의 목적의 불능 · 불확정 ② 강행법규에 반한 법률행위(105조 참조) ③ 反社會秩序의 법률행위(103조) ④ 不公正 法律行爲(104조) ⑤ 不法條件附 법률행위(151조)
그밖의 무효원인	① 좁은 의미의 무권대리(130조, 136조) ② 각개의 경우 법률행위의 효력요건을 갖추지 못한 특수한 무효원인(예: 815조, 883조, 1060조).

3. 無效의 一般的 效果

(1) 當事者간에 있어서의 效果

무효인 법률행위는 처음부터 무효이기 때문에 법률행위의 내용에 따른 법률효과는 발생하지 않는다. 즉 법률행위의 내용이 채권행위인 경우에는 채권은 발생하지 않으며, 물권행위인 경우에는 물권변동은 생기지 않는다.

그러나 이미 이행이 행해진 경우에는 법률상의 원인없이 급여가 행해진 것이기 때문에 부당이득으로서 그 반환을 청구할 수 있게 된다(741조). 즉 무효인 법률행위의 상대방(受益者)이 선의인 경우, 즉 행위당시 무효인 행위임을 알지 못한 경우에는 그 「받은 이익이 현존한 한도」에서 반환하면 되고, 악의인 경우, 즉 무효인 행위임을 알고 있었던 경우에는 그 받은 이익에 이자를 붙여 반환하여야 한다(748조).

(2) 제3자에 대한 效果

무효는 원칙적으로 모든 사람에게 주장할 수 있다. 즉 거래의 상대방은 물론 무효인 행위에 의하여 취득한 권리를 轉得한 제3자에 대해서도 무효를 주장할 수 있다.

그러나 예외적으로 일정한 제3자에 대해서는 무효를 주장할 수 없는 경우가 있다. 즉 진의 아님을 안 비진의의사표시의 무효를 선의의 제3자에게 대항하지 못하는 경우(107조 2항), 통정한 허위표시의 무효를 선의의 제3자에게 대항하지 못하는 경우(108조 2항) 등이다. 이는 거래안전을 보호하기 위해서이다.

【116】 法律行爲의 無效의 種類는 어떤 것인가

1. 絶對的 無效와 相對的 無效

법률행위의 무효는 법률행위의 상대방뿐만 아니라 제3자에 대해서도 주장할 수 있는 것이 원칙이다. 이 경우의 무효를 「절대적 무효」라고 한다. 예컨대 의사무능력자의 법률행위, 반사회질서의 법률행위, 강행법규에 위반하는 법률행위 등이 이에 해당된다.

그러나 예외적으로 특정인에 대해서는 법률행위의 무효를 주장할 수 없는 경우가 있다. 이를 「상대적 무효」라고 한다. 이에 해당되는 경우로는 진의 아님을 안 비진의의사표시, 통정허위표시는 당사자간에는 무효이지만, 이 무효를 선의의 제3자에게는 대항하지 못한다. 이와 같이 선의의 제3자에 대해서 무효를 주장할 수 없는 것으로 제한한 이유는 거래안전을 위해서이다.

2. 當然無效와 裁判上의 無效

무효는 어떤 행위나 절차를 요하지 않고 법률상 당연히 무효임이 원칙이다. 이를 「當然無效」라고 한다.

그러나 예외적으로 무효의 결과가 일반 제3자에게 중대한 영향을 미치게 되는 경우로서 소송에 의해서만 무효를 주장할 수 있는 경우가 있다. 이를 「裁判上 無效」라고 한다. 예컨대 회사설립의 무효(상 184조)·회사합병의 무효(상 236조) 등이 이에 속한다. 재판상의 무효는 그 무효원인이 되지만, 무효의 소가 확정될 때까지는 일응 유효로 보아야 하기 때문에 실질적으로는 취소와 다를 바 없다.

3. 全部無效와 一部無效

무효에는 그 무효의 원인이 법률행위 내용의 전부에 관하여 존재하는 전부무효와 일부에 관해서 존재하는 일부무효가 있다. 전부무효인 경우에는 법률상 문제가 없지만, 법률행위의 일부에 무효원인이 있는 경우에 그 법률행위 전체에 영향을 미치는가가 문제된다. 민법은 법률행위의 일부무효를 전부무효로 보는 것을 원칙으로 하고 있다(137조 본문). 그러나 제137조 단서에는 「무효부분이 없더라도 법률행위를 하였을 것이라고 인정될 때에는 나머지 부분은 무효가 되지 아니한다」고 규정하여 무효가 되지 않는 잔여부분에 대해서는 유효로 하고 있다.

4. 確定的 無效와 流動的 無效(未確定的 無效)

법률행위의 무효는 확정적으로 효력이 발생하지 않으며, 후에 추인을 하더라도 효력이 발생하지 않는다(139조 본문). 따라서 법률행위의 무효는 「확정적 무효」인 것이 원칙이다.

그러나 현재는 무효이나 추후 주무관청의 허가에 의해서 유효하게 되는 경우가 있다. 이것을 유동적 무효라고 한다. 예컨대 구국토이용관리법에 의하여 허가를 요하는 토지거래계약은 허가를 받기 전까지는 무효이지만 허가를 받게 되면 거래계약시에 소급하여 유효하게 된다(구국토관리 21조의 2, 국토의 계획 및 이용에 관한 법률 117조 1항, 118조 1항 · 6항). 이와 같이 허가를 받을 때가지 그 행위는 확정적으로 무효가 아니라 「유동적 무효」인 것이다. 판례에 있어서도 "국토이용관리법상 허가받을 것을 전제로 하여 체결된 계약은 확정적으로 무효가 아니라 허가를 받기까지 유동적 무효의 상태에 있다"고 판시하여 유동적 무효의 법리를 취하고 있다(대판 1991. 12. 24, 90다12243).

【117】 無效行爲의 追認이란 어떠한 것인가

1. 追認效力 不發生의 原則

무효인 법률행위의 추인이란 무효인 행위를 유효하게 하려는 의사표시를 말한다. 이와 같은 무효인 법률행위의 추인에 관하여 민법은 제139조 본문에서 「무효인 법률행위는 추인하여도 그 효력이 생기지 아니한다」고 규정하여 효력불발생을 원칙으로 히고 있다. 그 취지는 예컨대 A와 B가 통모하여 A의 토지를 B가 산 것으로 하여 소유권이전을 한 경우, A가 후에 이 허위표시를 추인함으로써 이를 유효한 것으로 한다면, 행위시부터 추인할 때까지의 사이에 이 허위표시의 무효를 주장할 수 있는 제3자, 즉 A의 채권자의 권리를 해하게 되기 때문이다.

2. 非遡及的 追認

무효의 행위라 할지라도 당사자가 무효임을 알고 추인한 때에는 그때부터 새로운 법률행위를 한 것으로 본다(139조 단서). 민법이 이와 같이 非遡及的 追認을 예외적으로 인정한 것은 무효원인이 소멸한 후에 당사자가 그것이 무효임을 알고 추인을 한 때에는 동일한 행위를 반복할 필요가 없으므로 편의상 새로운 행위를 한 것으로 보는 것이다. 예컨대 위의 예에서와 같이 가장매매의 당사자가 추인을 하면 그때부터 비소급적으로 유효한 매매가 된다. 그러나 새로운 행위로 보게 되는 그 행위는 유효한 요건을 갖추어야 함은 당연하다. 즉 舊行爲가 법정요식을 결여하기 때문에 무효가 되었다면, 유효한 방식을 갖추어야 하며, 구행위가 법률의 금지, 의사능력의 흠결 등에 의해서 무효가 되었다면 그들의 무효원칙이 소멸한 후가 아니면 아니된다. 또 구행위가 반사회질서행위, 불공정행위, 강행법규의 위반행위(효력규정)인 경우에는 설혹 추인을 하였다 하더라도 그 내용이 여전히 상존하고 있는 이상 유효한 것이 되지 않는다.

3. 債權的·遡及的 追認

무효인 법률행위는 추인하여도 유효로 되지 않지만, 당사자 사이에서만, 또는 제3자의 권리를 해하지 않는 범위 내에서는 당사자간의 특약에 의해서 소급적으로 추인할 수 있다고 본다. 이 경우, 이해의 편의를 위하여 두 가지로 나누어 살펴볼 수 있다. 첫째로, 당사자 사이만의 관계에 있어서는 원래의 행위를 한 때에 소급하여 유효한 것으로 다루는 것, 즉 이른바 소급적 추인이라도 계약자유의 원칙의 입장에서 그것을 허용하여도 무방할 것이다. 예컨대, 허위표시의 당사자 사이에서만 행위시부터 유효한 것으로 함으로써 果實 取得과 公租公課의 부담 등에 관하여 행위시부터 양수인에게 이전한 것으로 다룰 수 있다. 이와 같은 소급적 추인에 관하여 獨逸 民法은 이를 입법적으로 인정하고 있으며(獨民 141조 2항), 우리나라도 명문규정은 없지만 학설·판례(대판 1949. 3. 22, 4281민상3611)는 이를 인정하고 있다. 둘째로 타인의 물건을 매도 또는 타인의 권리의 처분행위를 추인한 경우이다. 예컨대 B가 A의 소유물을 C에게 매도한 경우, A가 이를 추인하면 무권대리행위의 추인(139조)의 경우와 마찬가지로 당초에 소급하여 유효로 된다는 것이다. 이 역시 독일 민법은 제185조 2항에서 이를 명문화하고 있다. 우리 민법은 이와 같은 규정은 없지만 학설과 판례(대판 1964. 6. 2, 63다880; 1966. 10. 21, 66다1596)는 같은 견해를 취하고 있다.

【118】 無效行爲의 轉換이란 어떤 것인가

1. 無效行爲의 轉換의 意義

무효인 법률행위의 전환이란 A라는 행위로서는 무효인 법률행위가 B라는 행위로서의 요건을 갖추고 있는 경우에 무효인 A 행위를 B 행위로서 그 효력을 인정하는 것을 말한다. 예컨대, 건물 기타 공작물 또는 수목의 소유를 목적으로 하지 않기 때문에 지상권설정계약(279조)으로서는 무효인 것을 土地賃貸借契約(618조)으로서 유효로 인정하는 경우가 이에 해당된다.

원래 法律行爲制度가 당사자의 의사를 客觀的·合理的으로 해석하여 가능한 한 그 목적달성에 조력하여 사법적 자치의 실효를 거두기 위한 것이라는 점에서, 당사자의 의도한 무효인 효과와 전환에 의해서 인정된 효과가 결국에 있어서 사회적 목적을 같이 할 때에는 널리 전환을 인정하여야 한다.

그리하여 우리 민법은 독일 민법(140조)과 마찬가지로 재138조에서 「무효인 법률행위가 다른 법률행위의 요건을 구비하고 당사자가 그 무효를 알았더라면 다른 법률행위를 하였으리라고 인정될 때에는 다른 법률행위로서 효력을 가진다」라고 규정하여 무효행위의 전환을 인정하고 있다.

2. 無效行爲 轉換의 要件

무효행위의 전환이 인정되기 위해서는 다음과 같은 요건이 필요하다. ① 무효인 법률행위가 다른 법률행위의 요건을 구비하고 있어야 한다. 예컨대 어음·수표행위로서는 무효이지만, 차용증서로서는 유효한 경우와 같다. ② 당사자가 그 무효를 알았더라면 다른 법률행위를 의욕하였으리라고 인정되어야 한다. ③ 단독행위는 행위의 성질상 전환은 인정되지 않는다. 다만 연착의 승낙(530조)과 변경을 가한 승낙(534조)을 새로운 청약으로 보는 것 등은 예외로 인정된다.

3. 無效行爲 轉換의 態樣

무효인 법률행위의 전환을 인정할 것인가에 관해서는 다음과 같이 두 가지의 경우로 나누어서 고찰하여야 한다.

(1) 不要式行爲로의 轉換

무효인 법률행위가 불요식행위이든 요식행위이든 불요식행위로 전환하는 데는 의문의 여지가 없으며, 이는 널리 인정된다. 예컨대 방식의 결함으로 행해진 어음·수표행위는 무효이지만, 차용증서로서는 유효한 것으로 인정한 경우이다.

(2) 要式行爲로의 轉換

要式行爲에의 전환은 규정의 목적·취지로 보아 요식성이 엄격히 요구된 경우에는 원칙적으로 전환을 인정해서는 안 된다. 그러나 예외적으로 요식성의 요구가 그렇게 엄격하지 않는 경우에는 그 전환이 인정된다. 예컨대, 秘密證書에 의한 유언의 방식을 갖추지 못한 경우에 자필증서에 의한 유언의 방식을 갖춘 때에는 자필증서에 관한 유언으로서 유효한 것으로 규정(1071조)하고 있는 것과 같이 무효행위의 전환을 명문규정을 두어 인정한 경우도 있지만, 이와 같은 규정을 두고 있지 않는 경우에 대해서도 판례는 婚姻외의 출생자를 婚姻중의 출생자로 출생신고를 한 경우에는 그 신고는 친생자출생신고로서는 무효이지만, 認知申告로서는 그 유효성을 인정하였고(대판 1971. 11. 15, 71다1983), 타인의 子를 자기의 子로서 출생신고를 한 경우에는 그 신고가 출생신고로서는 무효이지만, 入養申告로서는 유효하다고 판시(대판 1977. 7. 27, 77다492)하여 요식행위의 전환을 인정하였다.

4. 無效行爲 轉換의 效果

무효행위의 전환의 요건이 갖추어지게 되면 의욕하였으리라고 인정되는 다른 법률행위로 전환된다. 따라서 전환된 법률행위의 효과는 그 행위의 규정에 따라 발생한다.

Ⅲ. 法律行爲의 取消

【119】 法律行爲의 取消란 무엇인가

1. 取消의 意義

법률행위의 취소란 일단 유효하게 성립된 법률행위를 행위무능력·착오 또는 하자가 있어 소급해서 무효케 하는 의사표시를 말하며, 이와 같은 상태에 있는 법률행위를 취소할 수 있는 법률행위라고 한다.

(1) 取消할 수 있는 法律行爲

취소할 수 있는 법률행위는 일정한 자의 취소의 의사표시가 없는 한 유효한 것으로 다루어지지만, 취소의 의사표시가 있을 때에는 소급해서 무효가 된다. 그리고 일정한 기간 내에, 취소하지 않고 방치하게 되면 유효한 것으로 확정된다(146조). 이러한 점에서 무효와 다르다. 그러나 취소된 후에 있어서의 그 효과는 무효와 다를 바가 없다.

(2) 一般的 取消와 特殊의 取消

민법의 규정 중에는 다양한 취소의 규정이 있다. 민법총칙편의 제140조 내지 제146조에 규정한 취소는 무능력자가 하는 법률행위(5조, 10조, 13조), 사기·강박에 의한 의사표시(110조), ③ 착오로 인한 법률행위(109조) 등이 이에 해당된다. 이를 일반적 취소라고 한다.

이에 대하여 민법 제140조 내지 제146조의 규정이 적용되지 않고 다른 특별규정에 의하여 규율되는 경우가 있다. 이를 특수의 취소라고 한다. 이들의 예로는 다음과 같은 것들이 있다.

첫째 裁判 또는 行政處分의 取消이다. 예컨대 금치산 또는 한정치산선고의 취소(11조, 13조, 14조), 실종선고의 취소(29조), 부재자 재산관리에 관한 명령의 취소(22조), 법인설립허가의 취소(38조)와 같이 공법적 성격을 띤 취소는 민법 제140조 이하의 취소와 다르다.

둘째, 착오나 하자가 없는 완전 有效한 法律行爲의 取消이다. 예컨대, 미성년자의 영업허락에 대한 법정대리인의 취소(8조 2항), 채무자의 사해행위의 취소(406조), 부부간의 계약의 취소(828조)는 완전 유효한 법률행위의 취소라는 점에서 제140조 이하의 취소와 다르다.

셋째, 家族法上의 行爲의 取消이다. 예컨대 혼인의 취소(816조 이하), 離婚의 取消(838조), 入養의 取消(884조), 친생자승인의 취소(854조), 인지의 취소(861조), 부양관계의 취소(838조), 부담있는 유증의 취소(1111조) 등은 가족법상의 행위의 취소라는 점에서 제140조 이하의 재산법상의 행위의 취소와 다르다.

(3) 取消와 區別되는 槪念

취소는 다음과 같은 개념과는 구별된다.

(가) 撤 回

취소는 일단 유효한 법률행위를 소급해서 消滅케 하는 데 반하여, 철회는 아직 효력이 발생하고 있지 않는 법률행위를 장래에 향하여 효력을 발생하지 않도록 하는 점에서 다르다(16조). 예컨대 미성년자의 법률행위에 대한 동의의 취소 또는 영업허락에 대한 취소(7조, 8조 2항), 무권대리인의 상대방의 철회(134조) 등이 그것이다.

(나) 解 除

해제란 일단 유효하게 성립된 계약의 효력을 소급적으로 소멸시키는 일방적 의사표시이다. 해제와 취소는 소급효가 있다는 점에서 동일하지만, 해제는 계약에 한해서만 인정되고, 취소는 법률행위 일반에 걸쳐서 인정된다. 그리고 해제는 채무불이행을 그 사유로 하는 데 반하여 취소는 무능력, 착오, 사기·강박 등을 원인으로 하는 점에서 다르다.

2. 取消權

(1) 取消權의 意義

법률행위의 취소는 이를 주장할 수 있는 특정의 자가 가지는 권리에 의하여 행해진다. 이 권리를 취소권이라고 한다. 취소권의 법적 성질은 취소권자의 일방적 의사표시에 의해서 행해지는 형성권이다.

(2) 取消權의 發生原因

민법상 취소권의 발생원인으로는 ① 무능력자가 법정대리인의 동의를 얻지 않고 한 법률행위, ② 착오 · 사기 · 강박에 의한 법률행위(140조) 등이다.

(3) 取消權者

취소원인의 발생에 의해서 당해 법률행위의 취소를 할 수 있는 자를 취소권자라고 한다. 이와 같은 취소권자로는 ① 無能力者, ② 瑕疵있는 意思表示를 한 者, ③ 착오에 의해서 의사표시를 한 자, ④ 그 代理人, ⑤ 또는 承繼人(140조) 등이다.

(가) 無能力者

無能力者란 미성년자 · 한정치산자 · 금치산자를 말한다. 이들은 법정대리인의 동의 없이 자기가 행한 취소할 수 있는 행위를 무능력자로 있는 동안에도 법정대리인의 동의 없이 단독으로 취소할 수 있다. 즉 무능력자의 취소는 그것이 다시 취소할 수 있는 취소행위가 되지 않는다. 만일 그것이 법정대리인의 동의를 얻지 않았다 하여 「취소할 수 있는 행위」라고 한다면 법률관계를 너무 복잡하게 할 뿐만 아니라 상대방을 심히 불안정 · 불이익한 지위에 있게 되기 때문이다.

(나) 瑕疵있는 意思表示를 한 者

瑕疵있는 意思表示를 한 者란 사기 · 강박에 의한 의사표시를 한 자를 말한다. 그런데 여기에 착오로 인한 의사표시를 한 자에 대하여 제140조에서는 이를 명시하고 있지 않지만, 착오로 인한 의사표시를 한 자를 제외할 하등의 이유가 없다고 볼 수 있으므로, 착오로 인한 의사표시를 한 자도 당연히 이에 포함된다고 보아야 한다(통설).

(다) 代理人

대리인이란 법정대리와 임의대리를 말한다. 다만 임의대리인이 취소를 하려면 본인으로부터 그에 관한 授權이 있어야 한다. 취소에 관한 대리권 없이 당연히 취소할 수 있는 것이 아님을 유의하여야 한다.

(라) 承繼人

승계인이란 무능력자나 또는 착오·사기·강박에 의해 의사표시를 한 자로부터 취소권을 승계받은 자이다. 이 승계인은 包括承繼人(예: 相續人, 合併會社)과 特定承繼人을 모두 포함한다. 그러나 특정승계인의 경우에는 특정승계가 구체적으로 어떠한 경우에 발생하느냐에 관해서는 반드시 명확하지 않다. 다만 취소권만의 승계는 인정되지 않으므로 취소권에 의하여 보호되는 지위를 이전받은 경우에 한하여 취소권도 승계된다고 보아야 한다(통설). 예컨대 토지소유자 A가 B의 사기에 의하여 자기에게 불이익한 내용으로 지상권을 설정한 후, 그 토지의 소유권을 C에게 양도한 경우에는 C는 원칙적으로 토지소유권과 함께 취소권도 승계한 것으로 보아야 한다는 것이다.

3. 取消의 相對方

취소의 상대방은 원칙적으로 취소할 수 있는 법률행위의 상대방이다. 이를 취소할 수 있는 법률행위의 종류별로 고찰하면 다음과 같다.

첫째, 취소할 수 있는 법률행위가 계약인 경우에는 취소의 상대방은 당해 계약의 상대방이다. 그러므로 계약의 상대방이 취소할 수 있는 행위에 의하여 취득된 권리를 제3자에게 양도한 경우에는 취소의 상대방은 轉得者가 아니고, 취소할 수 있는 계약의 相對方인 것이다. 예컨대 A의 所有物을 B가 사기에 의하여 취득하여 C에게 양도한 경우에도 A의 취소는 C에 대하여 할 것이 아니고 B에 대하여 하여야 한다(朝高判 1913. 3. 14, 民集 2卷).

둘째, 단독행위에 있어서 상대방이 있는 경우에는 취소의 상대방은 그 행위의 상대방이다. 그리고 상대방이 없는 단독행위의 취소의 상대방은 그 법률행위에 의하여 직접 이득을 취득한 자이다.

4. 取消의 方法

취소권은 형성권이므로 그 행사방법은 권리자의 단독의사표시에 의한다. 취소의 의사표시는 어떠한 요식도 필요치 않는다. 재판상 내지 訴에 의하거나 구두 또는 서면에 의하거나 상관없다. 그러나 채무자의 사해행위의 취소(406조), 혼인이나 입양의 취소(816조, 884조), 株主總會決議의 取消(상 376조) 등은 訴에 의해서만 행사하여야 하지만, 이는 민법 제140조 이하의 규정에 따른 것이 아니고 특별규정에 따른 취소의 방법인 것이다.

취소의 의사표시는 반드시 명시적으로 하여야 하는 것이 아니다. 의사표시 해석의 결과 취소라고 인정할 수 있는 행위가 있으면 충분하다. 예컨대 취소권자가 등기의 말소를 청구한다든가, 증서의 반환을 요구한다든가, 손해배상청구를 하는 등 취소의 의사로 인정할 수 있는 행위가 있으면 된다.

또 취소의 상대방이 확정되어 있는 경우에는 그 취소는 상대방에 대한 의사표시에 의한다(142조). 그러나 상대방이 확정되어 있지 않은 경우에는 적당한 방법으로 외부에 객관화하면 된다.

취소의 상대방이 수인이 있는 경우에는 수인 모두에 대하여 법률행위를 무효로 하기 위해서는 전원에 대해서 취소의 의사표시를 하여야 한다.

5. 取消의 效果

(1) 遡及的 無效

취소권을 행사하게 되면 당해 법률행위는 당초에 소급하여 무효가 된다(141조 본문). 즉 일단 효력이 발생하였던 법률행위가 소급하여 효력이 발생하지 않는 것과 동일하게 확정된다. 이것을 취소의 소급효라고 한다.

(2) 不當利得返還義務

(가) 返還義務의 發生

법률행위가 취소되면 이행해야 할 채무는 이행할 필요가 없게 되고, 이미 이행된 경우에는 상대방은 부당이득으로서 반환의무를 갖게 된다. 여기서의 반환의무의 법적 성질은 계약의 해제의 경우와 같은 원상회복의 의무(548조)가 아니라 不當利得返還義務(741조)인 것이다(통설).

(나) 返還義務의 範圍

취소로 인하여 반환의무가 생긴 경우, 그 반환의무의 범위에 관하여서는 무효의 경우와 같이 부당이득에 관한 규정에 따른다(747조, 748조). 즉 상대방(受益者)의 선의와 악의에 따라 반환의무의 범위가 다르다. 상대방이 선의이면 그 받은 이익이 현존한 한도에서 반환하면 되고, 악의이면 그 받은 이익에 이자를 붙여 반환하여야 하고, 손해가 있으면 이를 배상하여야 한다.

(다) 無能力者의 返還義務의 特則

무능력자에 대해서는 그를 보호하기 위해서 반환의무의 범위에 관하여 책임경감의 특칙을 두고 있다(141조 단서). 즉 ① 선의·악의와 관계없이, ② 「이익의 현존한 한도」에서 반환하면 되고, ③ 그 현존이익의 입증책임은 무능력자측에서 부담하게 된다(통설·판례). 여기서 「이익의 현존한 한도」라 함은 무능력자가 취소되는 행위에 의하여 얻은 이익이 원형대로 있는 경우에는 원형 그대로, 그 형태가 바꾸어져 있는 경우에는 남아 있는 그대로를 뜻한다. 따라서 위의 예에서 A가 취득한 매매대금을 이미 消費를 한 경우에는 이익이 잔존하고 있지 않으므로 반환하지 않아도 되지만, 채무를 변제하였다든지 生活費에 충당하였다든지 하는 경우에는 다른 재산의 소비를 면한 것이 되므로 그 한도에서 이익을 반환하면 된다.

(3) 取消의 效力이 미치는 제3자의 範圍

당사자의 무능력을 이유로 하는 취소는 어느 누구에 대해서도 주장할 수 있다(絶對的 取消: 5조 2항, 10조, 13조). 예컨대, 미성년자 A가 그 소유토지를 B

에게 1억원에 매각하고, B는 다시 C에게 매각한 경우, A가 무능력을 이유로 B에게 매매계약의 취소통지를 하면 토지소유권은 당연히 A에게 복귀한다(187조 참조). 따라서 A는 소유권에 기하여 B와 C에게 B와 C명의의 등기말소를 청구할 수 있다.

그러나 착오 · 사기 · 강박으로 인한 취소는 거래의 안전을 보호하기 위해서 선의의 제3자에 대해서 취소의 효과를 주장할 수 없다(相對的 取消: 109조 2항, 110조 3항). 예컨대 A가 사기를 당하여 염가로 토지를 B에게 매각하고 B는 그 사정을 모르는 C에게 매각한 경우, A가 사기를 이유로 B와의 매매계약을 취소하더라도 그로써 선의의 C에게는 대항할 수 없다(110조 2항). 그 결과 B는 A에게의 토지반환의 불능에 갈음하여 A에게 부당이익으로서 가액반환을 하면 된다.

【120】 取消할 수 있는 行爲의 追認이란 무엇인가

취소할 수 있는 법률행위의 추인에는 任意追認(취소권자에 의한 추인)과 法定追認(법률의 규정에 의한 추인)이 있다.

1. 任意追認(취소권자에 의한 추인)

(1) 意 義

취소할 수 있는 법률행위의 추인, 즉 임의추인이란 취소할 수 있는 법률행위에 의하여 발생한 불확정한 효력을 취소할 수 없는 것으로 확정하는 취소권자의 단독행위를 말한다. 이를 취소권의 포기라고도 한다.

(2) 追認의 要件

(가) 추인권자가 추인의 의사표시를 하여야 한다. 여기의 추인권자란 취소권자와 같다(143조).

(나) 추인을 할 수 있는 시기는 「취소의 원인이 종료한 후」에 하여야 한다

(144조 1항). 다시 말하면 미성년자는 성년자가 된 후에, 한정치산자는 한정치산 선고를 취소한 후에, 착오·사기·강박으로 의사표시를 한 자는 착오·사기·강박의 상태를 벗어난 후에 추인하여야 한다. 그러나 법정대리인은 이러한 제한이 없으므로 언제든지 할 수 있다(144조 2항). 그리고 무능력자라 하더라도 금치산자가 아닌 자, 즉 미성년자와 한정치산자는 법정대리인의 동의를 얻어 유효한 법률행위를 할 수 있으므로(5조, 10조), 이들은 능력자가 되기 전이더라도 법정대리인의 동의를 얻어 유효하게 추인할 수 있음은 물론이다. 그러나 금치산자는 금치산선고가 취소된 후에도 금치산자였던 동안에는 자기가 무엇을 하였는지 알지 못한 것이 보통이므로 여기서 추인을 하려면 그 행위가 취소할 수 있는 것임을 안 후가 아니면 안 된다.

(다) 추인할 수 있는 행위임을 알고 추인을 하여야 한다. 추인은 취소권의 포기이므로 이를 알지 아니하면 포기의 의사를 인정할 수 없기 때문이다.

(3) 追認의 方法

追認은 취소권의 포기를 의미하므로 그 追認의 방법은 취소의 방법과 같다. 따라서 특별한 방식을 요하지 아니하고 追認權者의 일방적 의사표시로 행하고 상대방에 도달함으로써 효력이 생긴다.

(4) 追認의 效果

추인이 있으면 이제는 취소할 수 없고 그 법률행위는 완전히 유효한 것으로 확정된다(143조 1항). 즉 추인이란 일단 유효하게 발생한 효력을 확인하는 제도에 지나지 않기 때문이다.

2. 法定追認(법률의 규정에 의한 추인)

(1) 法定追認의 意義

追認의 의사는 표시되어 있지 않지만, 취소할 수 있는 행위에 대해서 추인으로 인정되는 일정한 사실이 존재한 때에는 취소권자의 추인의사의 유무를 묻지 않고 법률상 당연히 추인이 있었던 것으로 보는 것을 法定追認이라고 한다(145조).

(2) 法定追認의 要件

(가) 법정추인이 인정되기 이해서는 다음 사유 중 어느 하나가 존재하여야 한다(145조).

① **全部나 一部의 履行** 채무자로서 스스로 이행하는 경우뿐만 아니라 채권자로서 상대방의 이행을 수령하는 것을 포함한다.

② **履行의 請求** 취소권자가 상대방의 채무이행을 청구하는 경우에 한한다.

③ **更 改** 경개란 취소할 수 있는 법률행위에 의하여 발생한 채권 또는 채무를 소멸시키고, 그에 갈음하여 새로운 채권이나 채무를 발생시키는 계약을 말한다. 이 경우는 취소권자가 채권자이든 채무자이든 상관없다.

④ **擔保의 提供** 이는 취소권자가 채무자로서 담보를 제공하거나 채권자로서 담보의 제공을 받는 경우를 포함한다. 여기서 담보란 물적 담보이든 인적 담보이든 이를 묻지 않는다.

⑤ **取消할 수 있는 行爲로 取得한 權利의 全部 또는 一部의 讓渡** 취소권자가 권리를 양도하는 경우에 한한다.

⑥ **强制執行** 취소권자가 채권자로서 집행한 경우뿐만 아니라 채무자로서 집행을 받은 경우도 포함한다. 후자의 경우에는 채무자로서 소송상 이의의 주장을 할 수 있음에도 불구하고 이를 하지 않는 것이므로 법정추인으로 보는 것이 타당하다.

(나) 위에서 든 여러 行爲가 追認할 수 있는 후에 즉, 取消의 原因이 종료한 후에 행하여야 한다(145조 본문). 그러나 무능력자(금치산자 제외)가 법정대리인의 동의를 얻어서 이들 행위를 한 경우와 법정대리인이 스스로 이들 행위를 한 경우에는 그것이 취소원인이 종료하기 전에 하였더라도 법정추인이 된다고 해석하여야 한다.

(다) 追認할 수 있는 자가 위의 行爲를 함에 있어서 異議를 보류하지 않았어야 한다(145조 단서). 예컨대, 「매수인이 대금을 지급하면서 후에 取消할 수 있다」고 이의를 보류하였을 때에는 후에 취소할 수 있다는 것이다.

(3) 法定追認의 效果

법정추인은 추인으로 간주되므로 임의추인의 경우와 마찬가지의 효과가 발생한다. 즉, 취소할 수 없는 유효한 법률행위로 확정된다.

【121】 取消權의 短期消滅制度란 어떤 것인가 (取消權의 消滅)

1. 取消權의 消滅原因과 短期消滅制度의 趣旨

취소권의 소멸원인으로는 ① 취소권의 행사, ② 의사표시에 의한 추인(임의추인), ③ 법률의 규정에 의한 추인(법정추인)이 있음은 앞에서 설명하였다. 그러나 이러한 소멸원인만으로는 취소여부가 장기간 불확실한 상태에 있게 되어 상대방은 물론 제3자의 지위가 대단히 불안정하게 될 염려가 있다. 여기에서 민법은 취소할 수 있는 법률행위의 법률관계를 빨리 확정하여 상대방이나 제3자의 지위를 안정하게 하려는 취지에서 이상의 취소권 소멸원인 외에 제146조에서 「취소권은 추인할 수 있는 날로부터 3년 내에, 법률행위를 한 날로부터 10년 내에 행사하여야 한다」라고 규정하여 이 두 가지 기간 중 어느 하나의 기간의 만료로 인하여 취소권이 소멸하는 ④ 단기소멸제도를 두고 있다.

2. 取消權의 短期消滅期間의 性質

민법은 취소권의 존속기간을 3년 또는 10년의 두 가지를 정하고 있으나, 이 기간은 消滅時效期間이냐, 除斥期間이냐의 문제가 있다. 취소권은 성질상 일종의 형성권이며, 의사표시에 의하여 곧바로 법률행위의 소급적 소멸이라는 효과를 발생하고, 여기에는 중단이라는 것이 있을 수 없고, 舊民法에서와 같은 「시효로 인하여」라는 문구(구민 126조) 대신 「…행사하여야 한다」라고 규정(146조)한 점 등으로 미루어 이를 제척기간으로 봄이 타당하다. 학설과 판례(대판 1964. 3. 31, 63다214)도 같은 견해를 취하고 있다.

3. 取消期間의 起算點

取消權의 存續期間은 추인할 수 있는 날로부터 3년, 법률행위를 한 날로부터 10년이다. 그 기간의 起算點은 다음과 같다.

단기 3년의 기산점은 「추인을 할 수 있는 날」부터이다. 여기서 「추인할 수 있는 날」이란 ① 착오가 있는 것을 안 때, ② 사기를 당한 것을 안 때, ③ 강박의 공포에서 벗어났을 때, ④ 미성년자가 성년자가 되었을 때, ⑤ 한정치산 선고의 취소를 받았을 때이다. ⑥ 그러나 금치산자의 경우에는 자기가 행위를 한 것을 모르는 경우가 허다하므로 능력자가 된 후 자기가 금치산 당시에 문제의 행위를 한 것을 안 때이며, 그리고 ⑦ 법정대리인은 무능력자가 법률행위를 하는 것을 안 때이다. 따라서 이때가 취소기간의 기산점이 된다.

장기 10년의 기산점은 「법률행위를 한 날」로부터이다. 이것은 기산점을 고정적인 행위시에 놓아두고 취소의 원인이 계속되고 있더라도 10년이면 절대적으로 취소할 수 없는 것으로 하여 법률관계를 확정시키려는 취지이다.

이상의 단기 3년의 기간이나, 장기 10년 기간의 어느 기간이라도 하나가 만료되면 취소권은 소멸하고 취소할 수 있는 법률행위는 유효로 확정된다.

4. 取消權行使後의 不當利得返還請求의 存續期間

취소권을 행사하게 되면 소급적으로 무효가 되어 이미 이행된 것에 대해서는 부당이득반환청구권이 발생한다. 이 청구권은 언제까지 행사하여야 하느냐가 문제이다. 다시 말하면 취소권의 존속기간은 취소할 수 있는 때부터 3년으로 되어 있고(146조), 취소에 의해서 그 효과로서 발생한 不當利得返還請求權은 채권으로서 그 消滅時效期間은 10년이다(162조 1항). 여기서 부당이득반환청구권의 행사기간을 취소권의 존속기간으로 볼 것이냐, 일반채권소멸시효기간으로 볼 것이냐가 문제이다. 예컨대, A가 B의 강박에 의하여 어쩔 수 없이 1,000만원을 B에게 증여하였다가 이 계약을 취소하여 B에게 주었던 금전을 반환받으려고 하였다고 하자. A의 취소권의 존속기간은 강박의 상태를 벗어난 후 3년이므로 이 기간 내에 먼저 취소의 의사표시를 하지 않으면 안 된다. 취소의 의사표시에 의하여 계약은 소급적으로 소멸하고, B는 원래 취득할 수 없는 금전을 취득하였고 A는 그에 의해서 손실을 받게 된 것이므로 여기에서 부당이득반환청구권이 발생하여 A는 이를 청구할 수 있다. 이 청구권은 채권의 일종이기 때문에 채권의 소멸시효기간인 10년 동안에는 언제든지 반환청구가 가능할 것이다. 이에 반하여 통설은 취소라고 하는 것은 반환청구의 전제로서의 의미를 가지는 것이므로 취소권 행사의 결과로 생기는 청구권도 제146조의 기간 내에 행사되어야 한다고 한다. 그러나 판례는 이와 달리 청구권을 행사한 때로부터 따로 소멸시효가 진행한다고 한다(대판 1991. 2. 22, 90다1342). 생각건대 불확정한 법률관계를 빨리 확정하려고 하는 것이 민법 제146조의 취지이므로 취소권행사의 효과로서 발생하는 반환청구권의 행사기간도 통설과 같이 취소권의 존속기간으로 이해하는 것이 타당하다고 본다.

第 6 款 法律行爲의 附款(條件과 期限)

概 要

I. 法律行爲의 附款의 一般理論 問 122

1. 法律行爲의 附款의 意義

법률행위는 당사자가 그 효력의 발생 또는 소멸을 장래의 일정한 사실의 발생에 의존케 하는 경우가 있다. 이것을 법률행위의 부관이라고 한다.

2. 附款의 種類와 民法上의 規定

법률행위의 부관에는 條件·期限·負擔의 세 가지가 있다. 민법은 이중 조건과 기한에 관해서만 일반적 규정을 두고 있고(147조, 154조), 부담에 관해서는 개별적 특별규정을 두고 있다(561조, 1088조).

3. 條件과 期限의 差異

조건은 법률행위의 효력의 발생 또는 소멸을 「장래에 불확실한 사실의 성부」에 의존케 하는 데 반하여, 기한은 법률행위의 효력의 발생·소멸 또는 채무의 이행을 「장래에 발생하는 것이 확실한 사실」에 의존케 하는 데에 양자의 차이가 있다.

4. 條件인가 期限인가가 問題된 경우

조건인가 기한인가가 명확하지 않은 경우가 있다. 이때에는 예컨대 「성공하지 않으면 지급하지 않는다」는 경우이면 조건이고, 성공하든 성공하지 않든 지급은 하지만 단지 「성공 또는 성공불능이 확정되는 때」로 한다는 뜻이면 기한으로 본다.

Ⅱ. 條 件 問 123

1. 條件의 意義

조건이란 법률행위의 효력의 발생 또는 소멸을 「장래의 불확실한 사실의 성부」에 의존케 하는 법률행위의 부관을 말한다.

2. 條件의 性質

조건은 다음과 같은 성질을 지니고 있다.

① 조건은 법률행위의 「효력의 발생 또는 소멸」에 관한 것이어야 한다. 법률행위의 성립에 관한 것은 조건이 아니다.

② 조건인 사실은 「장래의 사실」이어야 한다. 기성사실은 조건이 성립되지 않는다.

③ 조건은 장래 발생여부가 「불확실한 사실」이어야 한다. 언젠가는 발생할 것이 확실한 사실인 경우에는 기한이지 조건은 아니다.

④ 조건은 당사자가 임의로 정한 것이어야 한다. 법률에서 정한 법정조건과는 다르다.

3. 條件의 種類

조건은 여러 가지 관점에서 분류할 수 있다.

(1) 停止條件과 解除條件

① 법률행위의 「효력의 발생」을 장래의 불확실한 사실에 의존케 하는 조건이 정지조건이다(예: 사법시험에 합격하면 이 자동차를 주겠다).

② 법률행위의 「효력의 소멸」을 장래의 불확실한 사실에 의존케 하는 조건이 해제 조건이다(예: 앞으로 A학점을 취득하지 못한 때에는 장학금지급을 중단하겠다). 민법에서 조건이라고 하면 이 중 어느 하나를 지칭한다.

(2) 積極條件과 消極條件

① 장래에 어떤 사실이 적극적으로 실현될 것을 조건사실로 하는 경우를 적극조건이라고 한다(예: 영전하게 되면 이 아파트를 주겠다).

② 어떠한 사실이 실현되지 않을 것을 조건사실로 하는 경우를 소극 조건이라고 한다(예: A학점을 취득하지 못하면 장학금을 지급하지 않겠다). 적극조건과 소극조건의 구별은 법률상 특별한 실익이 없다.

(3) 隨意條件·非隨意條件

이는 조건이 되는 사실이 당사자의 의사와 어떠한 관계에 있느냐에 의한 구별이다.

(가) 隨意條件

이는 순수수의 조건과 단순수의조건으로 구분된다.

① 純粹隨意條件 조건인 사실의 성부가 당사자의 일방적 의사만에 의존케 하는 경우이다(예: 내가 마음이 내키면 이 시계를 주겠다). 순수수의조건이 정지조건인 경우에는 채무자의 법적 구속력을 발생시키려는 의사가 없기 때문에 이는 언제나 무효이다.

② 單純隨意條件 이는 조건이 당사자의 의사뿐만 아니라 다른 사실상태의 성립도 있어야 하는 경우이다. 예컨대 「내가 미국에 유학을 가게 되면 너에게 이 집을 주마」라고 하는 경우이다. 이와 같은 조건은 유효하다.

(나) 非隨意條件

이는 우성조건과 혼성조건으로 구분된다.

① **偶成條件** 조건의 성부가 당사자의 의사 이외의 사실에 의해서 그 성부가 결정되는 조건을 말한다(예: 태풍에 의해서 재해를 입었을 때에는 채무를 면제해 주겠다).

② **混成條件** 조건의 성부가 당사자의 의사와 제3자의 의사가 합하여 결정하는 조건을 말한다(예: 네가 그 여자와 결혼하게 되면).

(4) 假裝條件

외관상으로는 조건인 것같이 보이지만 실질적으로는 조건이라고 볼 수 없는 경우를 말한다. 이에는 다음과 같은 것들이 있다.

(가) 旣成條件

조건의 성부가 법률행위 당시 이미 확정되어 있는 경우이다. 조건은 장래의 발생이 불확실한 사실에 관한 것이므로 과거의 사실에 대해서는 여기서 말한 조건이 될 수 없다. 따라서 정지조건이 기성조건인 경우에는 조건 없는 법률행위가 되고, 해제조건이 기성조건이면 그 법률행위는 무효이다(151조 2항).

(나) 法定條件

법률이 일정한 사실을 법률행위 효력발생요건으로 하고 있는 경우를 법정조건이라고 한나(예: 법인설립에 있어서 주무관청의 허가 등). 법정조건은 법률의 규정에 의해서 법률행위의 효력의 발생 또는 소멸을 위해서 필요로 하는 조건사실을 말하기 때문에 여기서 말한 조건이 아니다.

(다) 不法條件

불법행위를 하거나, 이를 하지 않는 것을 조건으로 하는 경우이다(예: 저 사람을 살해하면 1,000만원을 주겠다). 이는 정지조건이든 해지조건이든 모두 무효이다(151조 1항).

(라) 不能條件

객관적으로 실현이 불가한 사실을 내용으로 하는 조건을 말한다(예: 바다위를 걸어가면 1,000만원을 주겠다). 불능조건이 정지조건인 경우에는 무효이고, 해제조건인 경우에는 조건없는 법률행위가 된다(151조 3항).

4. 條件을 붙일 수 없는 法律行爲

조건을 붙이게 되면 그 효력의 발생 또는 존속이 불확정하게 되므로 법률행위가 확정적으로 발생 또는 존속하는 것을 필요로 하는 법률행위는 조건을 붙일 수 없다. 예컨대 혼인·인지·이혼·입양·파양·상속의 포기와 승인 등 가족법상의 행위, 어음·수표행위 등은 조건을 붙일 수 없다.

이와 같은 행위를 「조건에 친하지 않는 법률행위」라고 한다. 조건을 붙일 수 없는 법률행위는 다음과 같다.

(1) 公益上의 不許容

법률행위의 성질상 사회일반인의 이익, 즉 공공의 이익을 위하여 그 행위의 효과를 즉시 확정적으로 발생하는 것이 요구되는 경우에는 조건을 붙일 수 없다(예: 어음·수표행위, 혼인·입양·인지·상속의 승인 및 포기 등과 같은 가족법상의 행위).

(2) 私益上의 不許容

단독행위에 조건을 붙이게 되면 상대방의 법적 지위를 매우 불안정하게 하므로 이와 같은 경우에는 원칙적으로 조건을 붙일 수 없다.

(3) 條件을 붙일 수 없는 法律行爲에 條件을 붙인 경우의 效果

조건을 붙일 수 없는 법률행위에 조건을 붙인 경우의 효과에 관해서는 법률의 규정이 있는 경우에는 그 규정에 따르지만, 법률에 규정이 없는 경우에는 당해 법률행위 전체를 무효로 보아야 한다.

5. 條件의 成就와 不成就 問 124

(1) 條件의 成就와 不成就의 意義

조건부 법률행위의 효력은 그 조건의 성취 또는 불성취에 달려 있다. 조건의 성취란 조건인 사실이 발생하는 것을 말하고, 조건의 불성취란 조건인 사실이 발생하지 않는 경우를 말한다.

(가) 정지조건인 경우 조건이 되는 사실이 발생하면 권리가 발생하고, 조건이 불성취되면 권리는 발생하지 않는다.

(나) 해제조건인 경우에는 조건이 되는 사실이 발생하면 권리는 소멸하며, 그 사실이 발생하지 않는 것으로 확정되면 권리는 소멸하지 않는 것으로 확정된다.

(2) 條件의 成就와 不成就의 擬制

(가) 條件成就의 擬制

조건성취로 불이익을 받을 당사자가 신의성실에 반하여 그 조건성취를 방해한 때에는 상대방은 그 조건이 성취한 것으로 주장할 수 있다(150조 1항).

(나) 條件不成就의 擬制

조건의 성취로 이익을 받을 자가 신의성실에 반하여 조건을 성취시킨 때에는 상대방은 그 조건이 성취하지 아니한 것으로 주장할 수 있다(150조 2항).

6. 條件附法律行爲의 效力 問 *125*

조건부법률행위의 효력은 조건의 성부확정 전의 경우와 조건의 성부확정 후의 경우로 나누어 고찰하여야 한다.

(1) 條件의 成否確定前의 效力(條件附權利)

조건의 성부가 확정되기 전에는 당사자의 일방은 조건의 성취로 일정한 이익을 얻게 될 기대권(조건부권리, 희망권)을 갖는다. 민법은 이와 같은 조건부권리의 기대권을 보호하기 위하여 소극적 보호(조건부권리의 침해금지)와 적극적 보호(조건부권리의 처분 등)에 관하여 규정을 두고 있다.

(가) 消極的 保護(侵害禁止)

조건부 법률행위의 당사자는 조건의 성부가 미정인 동안에 조건의 성취로 인하여 생길 상대방의 이익을 해하지 못한다(148조).

(나) 積極的 保護(條件附權利의 處分 등)

조건의 성취가 미정인 권리의무는 일반규정에 의하여 처분(증여·매도 등)·상속·보존(가등기)·담보(저당권설정)로 할 수 있다(149조).

(2) 條件의 成否確定後의 效力

(가) 停止條件인 경우

정지조건부 법률행위에 있어서는 그 조건이 성취되면 법률행위는 효력을 발생하고(147조 1항), 불성취로 확정되면 무효로 된다.

(나) 解除條件인 경우

해제조건부 법률행위에 있어서는 그 조건이 성취되면 그 법률행위는 효력이 소멸하고(147조 2항), 불성취로 확정되면 그 효력은 소멸하지 않는 것으로 확정한다.

(다) 效果가 發生하는 時期

조건성취의 효력은 소급하지 않는 것이 원칙이다. 그러나 당사자의 특약에 의하여 법률행위의 성립시까지 소급시킬 수 있다(147조 3항).

Ⅲ. 期 限 問 126

1. 期限의 意義

기한이란 법률행위의 효력의 발생·소멸 또는 채무의 이행을 장래에 발생이 확실한 사실에 의존케 하는 법률행위의 부관을 말한다.

기한이 되는 장래의 사실은 장래에 도래할 것이 확실한 점에서 도래할 것이 불확실한 조건과 다르다.

2. 期限의 種類

(1) 始期와 終期

법률행위의 효력의 발생 또는 채무의 이행의 시기를 장래의 확정적 사실의 발생에 의존케 하는 기한을 「始期」라고 말한다(예: 1월 1일부터 대여한다).

법률행위의 효력의 소멸을 장래 발생할 것이 확실한 사실에 의존케 한 기한을 「終期」라고 한다(예: 12월 31일까지 대여한다).

(2) 確定期限과 不確定期限

도래의 시기가 확정되어 있는 것을 확정기한이라고 하며(예: 2006년 1월 1일) 도래하는 것이 확실하지만 언제 도래하는 것인가가 확정되어 있지 않은 기한을 「불확정기한」이라고 한다(예: A가 사망하면).

3. 期限을 붙일 수 없는 法律行爲(期限에 親하지 않는 法律行爲)

기한을 붙이는 것이 허용되지 않는 법률행위의 범위는 대체로 조건부 법률행위에 있어서와 같다. 그러나 조건부보다는 당사자의 지위를 불완전하게 하지 아니 하므로 그 허용범위가 넓다.

(1) 始期의 不許容

성립과 동시에 효력이 곧 발생하는 법률행위는 시기를 붙이지 못한다(예: 혼인·입양 파양 등의 가족법상의 행위). 그러나 시기는 효력의 발생을 불확실하게 하는 것은 아니므로 조건은 붙일 수 없으나, 시기를 붙이는 것이 허용되는 경우가 있다(예: 어음행위와 수표행위).

(2) 終期의 不許容

종기를 붙일 수 없는 법률행위는 해제조건에 있어서와 대체로 같다(예: 가족법상의 법률행위).

4. 期限附 法律行爲의 效力

기한부 법률행위의 효력에 관해서는 기한의 도래 전과 도래 후로 구분하여 고찰하여야 한다.

(1) 期限到來前의 效力

기한이 도래하기 전에 있어서의 기한부법률행위의 효력을 기대권(기한부 권리)이라고 하는데 조건부 권리자와 마찬가지로 그 권리의 침해를 금지하고 처분·상속·보존·담보를 가능케 하고 있다(154조).

(2) 期限到來後의 效力

기한도래 후의 효력에 있어서는 시기부 법률행위는 기한이 도래한 때 효력이 발생하며(152조 1항), 종기부 법률행위는 기한이 도래한 때 그 효력을 잃는다(152조 2항). 기한도래의 효력은 소급효가 인정되지 않으며 당사자간에 특약을 하였다 하더라도 그 특약은 무효가 된다(147조 3항, 152조).

5. 期限의 利益

(1) 期限의 利益과 그 利益의 歸屬者

(가) 期限의 利益의 意義

기한의 이익이란 기한이 도래하지 않으므로 인하여 당사자가 받은 이익을 말한다.

(나) 期限의 利益의 歸屬者

기한이익의 귀속자는 경우에 따라서 다르지만 보통은 채무자이므로 민법은 기한의 이익은 채무자의 이익을 위한 것으로 추정한다고 규정하고 있다(153조 1항).

(2) 期限의 利益의 抛棄

기한의 이익은 포기할 수 있다. 그러나 상대방의 이익을 해하지 못한다(153조 2항).

(3) 期限의 利益의 喪失

채무자에게 다음과 같은 사유가 발생하면 경제적 신용이 상실되므로 기한의 이익을 상실한다.

① 채무자가 담보를 훼손하거나 감소 또는 멸실케 한 때(388조 1항)

② 채무자가 담보제공의 의무를 이행하지 아니한 때(388조 2항)

③ 채무자가 파산한 때(채무자 회생 및 파산에 관한 법률 425조)

(4) 期限利益喪失의 約款

기한이익 상실은 법률에서 정한 사유외에 당사자가 특약에 의해서도 가능하다. 이것을 기한이익상실의 약관이라고 한다.

本 論

Ⅰ. 法律行爲의 附款의 一般理論

【122】 法律行爲의 附款이란 무엇인가

1. 法律行爲의 附款의 意義

법률행위는 때로는 당사자가 그 효력의 발생 또는 소멸을 장래의 일정한 사실에 의존케 하는 경우가 있다. 이것을 법률행위의 부관이라고 한다.

일반적으로 법률행위가 성립하였을 때, 그 효력이 발생하는 것이 원칙이다. 그러나 당사자가 그 효력을 곧 발생하는 것을 원하지 않고 장래에 일정한 사실이 발생할 때 비로소 발생하는 것을 원하는 경우가 있는가 하면, 일단 효력을 생기게 한 후 장래에 일정한 사실이 발생하면 그 효력을 소멸케 하는 것을 원하는 경우도 있다. 이러한 경우에 그와 같은 당사자의 의사는 효과의사의 내용의 일부를 이루는 것으로 私的自治의 原則에 따라 당사자가 원하는 대로 효력을 발생케 한다.

이와 같이 법률행위의 당사자가 법률행위로부터 생기는 효력을 제한하기 위하여 임의로 부가되는 約款을 법률행위의 附款이라고 한다.

2. 附款의 種類와 民法上의 規定

법률행위의 부관에는 條件·期限·負擔의 세 가지가 있다. 그런데 민법은 이 중 조건과 기한에 관해서만 일반적 규정(147조, 154조)을 두고, 부담에 관해서는 負擔附贈與(561조), 負擔附遺贈(1088조)에 대하여 특별규정을 두고 있다. 부담도 일종의 부관이라는 점에서 조건·기한과 공통되지만 조건·기한을 붙인 법률행위는 그것이 구비될 때에 비로소 그 효력이 생기는 것인 데 반하여,

부담부법률행위는 당장에 효력이 생기는 점에서 다르다. 따라서 민법상에 있어서 법률행위의 附款이라 함은 條件과 期限만을 가리키며, 부담은 이와는 별개로서 개별적 특별규정을 두고 있다.

3. 條件과 期限의 差異

條件은 법률행위의 효력의 발생 또는 소멸을 「장래의 不確實한 事實의 成否」에 의존케 하는 법률행위의 부관인 데 대하여, 期限은 법률행위의 효력의 발생·소멸 또는 채무의 이행을 「장래에 발생하는 것이 확실한 사실」에 의존케 하는 법률행위인 부관이다. 이 양자는 조건과 기한이 되는 사실이 장래의 사실이라는 점에서는 같으나, 조건은 장래의 사실의 발생이 불확실한 데 대하여, 기한은 도래할 것이 확실한 점에서 다르다. 예컨대 條件은 「시험에 합격하면 이 시계를 준다」고 하는 경우나(停止條件), 「시험에 A학점을 받지 못하면 이후 학비를 지급하지 않는다」고 하는 것(解除條件)과 같이 조건이 되는 장래의 사실이 발생하느냐 않느냐가 불확실한 경우가 이에 해당된다. 이에 대하여 期限은 「1월 1일부터 고용한다」, 「8월 15일에 돈 100만원을 주겠다」라고 하는 경우나(時期附 法律行爲), 「올해 말까지 임대한다」(終期附 法律行爲)라고 하는 경우와 같이 장래도래할 사실이 확실한 경우가 이에 해당된다.

4. 條件인가 期限인가가 問題된 경우

조건과 기한에 관하여 위에서와 같이 양자가 명백한 경우가 보통이지만 경우에 따라서는 명확하지 않는 경우가 있다. 예컨대, 「장래 성공하면 빌린 돈을 갚겠다」라는 따위의 특약을 한 경우이다. 생각건대 이런 경우에는 여러 가지 사정을 고려하여 조건으로 볼 것이냐, 기한으로 볼 것이냐를 정해야 할 것이며, 이는 결국 법률행위의 해석문제라고 본다. 따라서 이 경우는 「성공하지 않으면 지급하지 않는다」는 뜻이면 조건이 되고, 성공하든 성공하지 못하든 지급은 하지만, 다만 지급시기를 「성공 또는 성공불능이 확정되는 때」로 한다는 뜻이면 기한으로 보아야 한다.

Ⅱ. 條 件

【123】 條件이란 무엇인가

1. 條件의 意義와 性質

(1) 條件의 意義

條件이란 法律行爲의 효력의 발생 또는 소멸을 「장래의 不確實한 사실의 成否」에 의존케 하는 법률행위의 附款을 말한다. 이를 조건부법률행위라고도 부른다. 예컨대 A가 B에게 시계를 주겠다는 청약에 대하여 B가 이를 承諾을 하게 되면, 증여계약은 성립되어 A는 B에게 시계를 인도하여야 할 의무가, B는 A로부터 시계를 인도받을 권리가 발생한다. 이것이 증여계약의 본래의 내용이다. 그러나 A가 B에 대해서 「司法試驗에 合格하면 이 시계를 주겠다」고 한다면 어떻게 되는가. 즉 A의 이와 같은 청약에 대하여 B가 이에 承諾을 하게 되면 증여계약은 성립하나, 앞의 경우와 달리 B는 즉시 청구할 수 없고 사법시험의 합격이라는 사실, 즉 조건이 성취되어야 비로소 청구할 권리가 발생하게 된다.

(2) 條件의 性質

條件이란 다음과 같은 성질을 지니고 있다.

첫째, 조건은 법률행위의 「효력의 발생 또는 소멸」에 관한 것이어야 한다. 그러므로 법률행위의 성립에 관한 것은 조건이 아니다.

둘째, 조건인 사실은 「장래의 사실」이어야 한다. 조건은 장래의 사실이므로 과거의 사실, 즉 기성의 사실은 당사자가 알지 못하였다 하더라도 조건이 성립되지 않는다(통설). 그리하여 기성조건에 내해서는 일반적인 조건과는 달리 특별하게 취급하고 있다(151조 2항 · 3항).

셋째, 조건은 장래 발생여부가 「불확실한 사실」이어야 한다. 즉 조건은 장래 그 사실이 발생할지, 아니할지 객관적으로 불확실한 사실이어야 한다. 그러므로 장래 언젠가는 발생하는 것이 확실한 사실인 경우에는 기한(불확정한 기한)이지, 조건은 아니다.

넷째, 조건은 당사자가 「임의」로 정한 것이어야 한다. 그러므로 법률에서 정한 법정조건과는 다르다. 예컨대 주무관청의 허가(42조 2항), 유증에 있어서의 유언자의 사망(1073조 1항), 사찰재산의 매매에 대한 주무관청의 허가(전통사찰보존 6조 1항), 토지거래에 있어서 주무관청의 허가(국토계획및이용에관한법률 118조) 등의 법정조건은 법률효과가 발생하기 위해서 당연히 요구된 것이므로, 이와 같은 조건은 민법상의 조건이 아니다. 따라서 법정조건은 민법상의 조건에 관한 규정의 적용을 받지 않는다.

2. 條件의 種類

조건은 여러 가지 관점에서 분류할 수 있다.

(1) 停止條件과 解除條件

조건에는 정지조건과 해제조건이 있다. 이 구별은 조건의 기본적 구별이며, 민법에서 조건이라고 하면 이 중 어느 하나를 지칭한다.

(가) 停止條件

정지조건이란 법률행위의 효력의 발생을 장래의 불확실한 사실에 의존케 하는 조건을 말한다. 이 조건이 성취되면 그 때에 법률행위의 효력이 발생한다(147조 1항). 예컨대 「사법시험에 합격하면 이 자동차를 주겠다」라고 하는 경우, 사법시험에 합격이라는 사실(조건)이 성취될 때, 그때 비로소 贈與者는 자동차를 줄 의무가, 受贈者는 자동차를 수령할 권리가 발생한다. 이와 같이 조건부법률행위는 조건이 성취한 때 비로소 계약에서 정한 권리·의무가 발생하고 계약의 효력이 당초에 소급하지 않는 것이 원칙이다. 그러나 당사자간의 특약에 의해서 계약의 성립시에 소급하여 효력을 발생하도록 하는 경우도 있다(147조 3항). 이에 반하여 정지조건이 不成就로 확정되면 그 조건이 붙은 법률행위는 행위의 성립시에 소급하여 무효가 된다. 예컨대 조건의 不成就, 즉 「사법시험의 불합격」이 확정되면 조건부법률행위는 무효가 된다.

(나) 解除條件

해제조건이란 법률행위의 「效力의 消滅」을 장래의 불확실한 사실에 의존케 하는 조건을 말한다. 해제조건부 법률행위는 그의 성립과 동시에 당사자가 의도한 대로 권리의무가 발생하나, 후일에 가서 해제조건이 성취되면 그때부터 권리·의무는 소멸한다(147조 2항). 예컨대, 「장학금을 지급하되 앞으로 A학점을 취득하지 못한 때에는 장학금 지급을 중단한다」라고 하는 경우와 같이, 「A학점을 취득하지 못하였다」는 조건이 성취되면 지금까지 받아왔던 장학금은 앞으로 수령할 권리가 소멸하는 것이다. 해제조건부 법률행위는 원칙적으로 조건이 성취한 때, 그때부터 장래에 향하여 권리가 소멸하지만, 당사자간의 특약에 의해서 소급효를 인정할 수 있음은 정지조건인 경우와 같다(147조 3항). 해제조건이 불성취로 확정되면 해제조건부 법률행위의 효력은 소멸하지 않게 된다. 즉 A학점을 받게 되면 해제조건의 不成就로써 지속적으로 장학금을 받게 된다.

(2) 積極條件과 消極條件

적극조건과 소극조건은 조건의 내용을 이루는 사실의 모습을 기준으로 하는 구별이다. 그러나 이 구별은 법률상 특별한 실익이 없다.

(가) 積極條件

적극조건이란 장래에 어떠한 사실의 발생을 조건사실로 하는 경우이다. 예컨대 「결혼을 하게 되면 이 아파트를 주겠다」의 경우와 같다. 즉 여기서의 「결혼을 하게 된다」는 것이 적극조건이다.

(나) 消極條件

소극조건이란 장래 어떤 사실이 발생하지 않는 것을 조건사실로 하는 경우이다. 예컨대 「A학점을 취득하지 못하면 장학금을 지급하지 않겠다」와 같이 「A학점을 취득하지 못한 것」이 소극조건이다.

(3) 隨意條件・非隨意條件

이는 조건이 되는 사실이 당사자의 의사와 어떤 관계에 있느냐에 의한 구별이다.

(가) 隨意條件

조건의 성부가 당사자의 일방적 의사에 의존하는 것으로서, 이에는 다시 순수수의조건과 단순수의조건으로 나누어진다.

① 純粹隨意條件 순수수의조건이란 조건의 성취가 당사자의 일방적인 자유의사에만 의존하는 경우이다. 예컨대 「내가 마음이 내키면 이 시계를 주겠다」의 경우와 같이 당사자 일방의 의사에 의해서 성부가 결정되는 조건을 말한다. 이러한 조건은 당사자에게 법적 구속력을 생기게 하려는 의사가 있다고 할 수 없음으로 이는 언제나 무효이다.

② 單純隨意條件 이는 조건에 당사자의 의사뿐만 아니라 어느 사실상태의 실현을 요하는 경우이다. 예컨대 「내가 미국에 유학을 가게 되면 이 집을 너에게 주겠다」라고 하는 것과 같이 결국 당사자 일방의 의사로 결정은 되지만 다른 사실상태의 성립이 있어야 한다는 점에서 일방 당사자에 의존케 하는 순수수의조건과 다르다. 이러한 단순수의조건은 유효한 조건이 된다.

(나) 非隨意條件

이는 조건의 성부가 당사자의 일방의 의사에만 의존하지 않는 경우로서, 이에는 우성조건과 혼성조건이 잇다.

① 偶成條件 이는 당사자의 의사와는 관계없이 그 성부가 결정되는 조건을 말한다. 예컨대 「내일 비가 온다면」 하는 것과 같이 자연의 사실 또는 제3자의 의사나 행위에 의하여 그 성부가 결정되는 경우의 조건을 말한다.

② 混成條件 혼성조건이란 조건의 성부가 당사자의 의사와 제3자의 의사가 합하여 결정되는 조건이다. 예컨대 「네가 그 여자와 결혼하게 되면」과 같이 당사자의 일방의 의사와 제3자와의 의사가 합하여 이루어지는 경우이다.

(4) 假裝條件

외관상으로는 조건과 같이 보이지만 실질적으로는 조건이라고 볼 수 없는 경우가 있다. 이를 일반적으로 假裝條件이라고 한다. 이에는 다음과 같은 것들이 있다.

(가) 旣成條件

條件의 成否가 법률행위 당시 이미 확정되어 있는 경우, 그 조건을 기성조건이라고 한다. 예컨대 「아폴로가 달에 착륙한 사실을 모른 당사자가 인류가 달에 상륙하면 이 시계를 너에게 주겠다」라고 약정한 경우이다. 조건은 장래의 발생이 불확실한 사실에 관한 것이므로, 과거의 사실에 대해서는 설혹 당사자가 이를 알지 못하였다 하더라도 여기서 말한 조건이 될 수 없다. 따라서 조건이 법률행위 당시 이미 성취한 경우에는 그것이 정지조건이면 조건 없는 법률행위가 되고(처음부터 유효한 행위), 해제조건이면 그 법률행위는 무효이다(151조 2항). 이에 반하여 조건이 법률행위 당시에 이미 성취할 수 없는 경우에는 그것이 정지조건이면 그 법률행위는 처음부터 무효가 되고, 그것이 해제조건이면 그 법률행위는 無條件의 行爲(처음부터 실효가 되지 않는 것으로 확정되어 있는 행위)가 된다(151조 3항).

(나) 法定條件

법률이 일정한 사실을 법률행위의 효력발생요건으로 하고 있는 경우를 법정조건이라고 한다. 예컨대 유언의 효력발생에 있어서의 유언자의 사망(1073조), 법인설립에 있어서의 주무관청의 허가(32조) 등은 법정조건이다. 원래 조건은 당사자가 법률행위의 내용으로서 임의로 부가하는 것이므로 법정조건은 여기서 말한 조건은 아니다.

(다) 不法條件

불법한 행위를 하거나 이를 하지 않는 것을 조건으로 하는 경우, 이 조건을 불법조건이라고 한다. 예컨대 「저 사람을 살해하면 1,000만원을 주겠다」라든가, 「금년 일년간 방화를 하지 아니하면 이 집을 주겠다」라든가 하는 등과 같이 강행법규에 반하거나 선량한 풍속 기타 사회질서에 위반한 것을 조건으로 하는 경우가 이에 해당된다. 불법조건을 부가한 법률행위는 정지조건이든 해제조건이든 모두 무효가 된다(151조 1항) 이와 같은 조건을 부가함으로써 법률행위 전체가 불법성을 띠기 때문이다.

(라) 不能條件

조건인 사실이 법률행위 당시에 이미 성취불능으로 확정된 경우, 이 조건을 불능조건이라 한다. 여기서 성취불능인 조건이란 사실상의 불능이었거나, 법률상의 불능임을 막론하고 객관적으로 성취불능인 조건을 말한다. 예컨대, 「바다 위를 걸어가면 1,000만원을 주겠다」는 것과 같은 경우이다. 불능조건이 정지조건으로 되어 있는 법률행위는 무효이고, 해제조건인 때에는 조건 없는 법률행위가 된다(151조 3항).

3. 條件을 붙일 수 없는 法律行爲

條件은 법률행위의 내용을 이루는 것이므로 사적자치의 원칙상 조건을 붙일 수 있는 것은 당연하다. 그러나 법률행위에 조건을 붙이게 되면 그 효력의 발생 또는 존속이 불확정하게 되므로 법률효과가 확정적으로 발생 또는 존속하는 것을 필요로 하는 법률행위에는 조건을 붙일 수 없다.

이와 같은 행위를 「條件에 親하지 않는 法律行爲」라고 한다. 이에 관해서는 다음과 같은 두 가지 경우가 있다.

(1) 公益上의 不許容

법률행위의 성질상 사회일반인의 이익, 즉 공공의 이익을 위하여 그 행위의 효과를 즉시 확정적으로 발생할 것이 요구되는 경우가 있다. 이와 같은 행위에는 조건을 붙일 수 없는 것이다. 예컨대, 어음·수표행위에 조건을 붙이게 되면 사회의 거래질서를 혼란하게 하므로 조건을 붙이는 것은 허용되지 않으며, 혼인·입양·인지·상속의 승인 및 포기 등과 같은 가족법상의 행위에 조건을 붙이게 되면 가족법상의 질서를 불안정하게 하기 때문에 조건을 붙이는 것을 허용하지 않는다. 이것을 공익상의 불허용이라고 한다.

(2) 私益上의 不許容

단독행위에 조건을 붙이게 되면 상대방의 법적 지위를 매우 불안정하고도 불리하게 하므로 단독행위에는 원칙적으로 조건을 붙일 수 없다. 이는 사법상의 이유에서 조건을 붙일 수 없다는 말이다. 예컨대 상계(493조 1항), 취소권의 행사(142조), 선택채권의 행사(382조 이하), 계약의 해지권·해제권의 행사(543조 이하), 취소할 수 있는 행위의 추인(143조 이하) 등의 단독행위에는 원칙적으로 조건을 붙일 수 없다. 왜냐하면 단독행위는 상대방의 의사와는 관계없이 할 수 있는 행위이므로 그것에 表意者가 자유로이 조건을 붙일 수 있다면 상대방을 지나치게 불이익하게 할 염려가 있기 때문이다. 그러나 단독행위라 할지라도 상대방의 동의가 있거나, 채무의 면제나 유증과 같이 상대방에게 이익만 주는 경우에는 조건을 붙여도 무방하다.

(3) 條件을 붙일 수 없는 法律行爲에 條件을 붙인 경우의 效果

조건을 붙일 수 없는 법률행위에 조건을 붙인 경우 이 효과에 관하여 법률에 규정이 있는 경우에는 그에 따라야 할 것은 당연하지만(어음 12조, 수표 15조), 그러한 규정이 없는 경우에는 법률행위 전체에 무효를 일으키는 것으로 해석하여야 한다.

【124】 條件의 成就와 不成就란 어떤 경우인가

1. 條件의 成就와 不成就의 意義

조건부 법률행위의 효력의 발생은 그 조건의 성취 또는 불성취에 달려 있다. 조건의 성취란 조건인 사실이 발생하는 것을 말하고, 조건의 불성취란 조건인 사실이 발생하지 않는 경우를 말한다. 이러한 조건의 성취 또는 불성취의 모습은 정지조건과 해제조건에 따라 다르다.

정지조건인 경우에 조건이 되는 사실이 발생하면(예: 사법시험에 합격하면 장학금을 주겠다고 하는 경우, 사법시험 합격이라는 사실) 권리가 발생하고(장학금의 취득), 조건이 불성취로 되면 권리는 발생하지 않는다.

해제조건에 있어서는 조건이 되는 사실이 발생하면(A학점을 취득하지 못하게 되면 장학금지급을 하지 않겠다는 경우, A학점을 취득하지 못한 사실) 조건은 성취되어 권리는 소멸하며, 그 사실이 발생하지 않는 것으로 확정되면(A학점을 취득할 때) 조건은 불성취로 되어 권리는 소멸하지 않는다.

2. 條件의 成就와 不成就의 擬制

그런데 조건의 성취로 이익을 받게 될 자가 不正·不當한 방법으로 조건을 성취시킨 경우에도 이를 조건의 성취로 인정할 것인가. 또 조건의 성취로 불이익을 받게 될 자가 조건의 성취를 방해하여 조건이 성취되지 못하도록 하는 경우도 조건의 불성취로 인정할 것인가가 문제된다.

민법은 제150조에서 조건의 성취 또는 불성취로 의제되는 경우를 규정하여 이를 해결하고 있다.

(1) 條件成就로 擬制되는 경우

조건의 성취로 불이익을 받게 될 자가 신의성실에 반하여 그 조건성취를 방해한 때에는 상대방은 그 조건이 성취한 것으로 주장할 수 있다(150조 1항). 이의 趣旨는 조건을 불성취케 한 것이 信義則에 반한 때에는 당해 조건의 성취를 擬制하여 상대방을 보호하자는 데에 있다. 예컨대, 부동산의 중개인에 대해서 매매가 성립되면 보수를 지급하겠다고 약정한 자가 고의로 계약을 불성립케 하는 경우가 그 예이다. 따라서 상대방인 중개인은 조건이 성취되었음을 주장하여 報酬의 請求를 할 수 있게 된다.

(2) 條件不成就로 擬制되는 경우

조건의 성취로 이익을 받을 자가 신의성실에 반하여 조건을 성취시킨 때에는 상대방은 그 조건이 성취되지 아니한 것으로 주장할 수 있다(150조 2항). 이와 같은 경우에 條件不成就로 의제한 것은 앞에서 언급한 바와 같이 조건성취의 의제를 인정한 경우와 같은 취지에서이다. 예컨대, 시험에 합격하면 학비를 준다고 약속한 경우에 부정행위를 하여 합격한 경우에는 그것은 신의성실에 반하여 조건을 성취시킨 것이므로 상대방은 그 조건이 성취하지 않은 것으로 주장하여 학비를 주지 않을 수 있다.

【125】 條件附 法律行爲는 어떤 效力이 생기는가

조건부 법률행위의 효력은 條件의 成否 확정 전의 경우와 조건의 성부 확정 후의 경우로 나누어 고찰하여야 한다.

1. 條件의 成否 確定前의 效力(條件附權利)

(1) 條件附權利의 意義

조건의 성부가 확정되기 전에는 당사자의 일방은 조건의 성취로 인하여 일정한 이익을 얻게 될 期待를 갖게 된다. 예컨대 「사법시험에 합격하면 승용차를 주겠다」는 정지조건부 증여의 경우에는 受贈者는 「사법시험에 합격하면 승용차를 취득할 수 있다」는 기대를, 또 「A학점을 취득하지 못하면 장학금 지급을 중단한다」는 해제조건부 증여의 경우는 贈與者는 「A학점을 취득하지 못하면 장학금 지급을 중단한다」는 기대를 갖게 된다. 민법은 이 기대를 일종의 권리로서 보호하여 그에 관하여 일정한 효과를 인정하였다(148조, 149조). 이것이 조건부권리이며 이를 기대권 또는 希望權이라고 일컫는다.

민법은 이와 같은 조건부권리의 기대권을 보호하기 위해서 消極的 保護(條件附權利의 侵害禁止)와 적극적 보호(條件附權利의 處分 등)에 관하여 규정을 두고 있다.

(2) 條件附權利의 保護

(가) 消極的 保護(侵害의 禁止)

조건부 법률행위의 당사자는 조건의 성부가 미정한 동안에 조건의 성취로 인하여 생길 상대방의 이익을 해하지 못한다(148조). 예컨대 A가 B에 대해서 네가 결혼을 하게 되면 이 가옥을 증여하겠다고 약속을 한 정지조건부 증여의 예를 보자. 이 예에 있어서 B의 결혼 전에 A가 그 가옥을 고의 또는 과실로 훼손하거나, 제3자인 C에게 매각하게 되면 B의 조건부권리의 침해가 된다. 이와 같은 침해에 대한 효과로서 A가 목적물을 훼손한 경우에는 불법행위에 기한 손해배상책임을 지게 되고, 목적물을 다른 사람에게 매각한 경우에는 그 처분행위는 무효가 된다(통설). 그리고 이를 무효로 한다 하더라도 제3자에 대한 관계에 있어서는 조건부권리를 등기(가등기)하여야 하므로(동산인 경우는 부등 3조 참조) 제3자에게는 영향이 없다(동산인 경우는 선의취득(249조)이 인정됨).

이상에서 언급한 바와 같이 조건부권리의 침해가 있을 때에는 침해자는 손해를 배상하여야 할 의무를 지게 되고, 처분행위는 무효가 된다고 하지만 이는 확정적으로 생긴다는 것이 아니라, 이 역시 조건부로 발생한 것이라고 보아야 한다.

(나) 積極的 保護(條件附權利의 處分 등)

조건부권리도 일종의 권리이므로 조건이 성취되기 전이라도 일반의 규정에 따라 이를 처분(증여·매각 등), 상속, 보존(가등기), 담보(저당권설정)로 할 수 있다(149조). 여기서 「일반의 규정에 따라」라고 하는 것은 그 조건의 성취로 인하여 취득된 권리와 동일한 방법에 의한다는 것을 의미한다. 예컨대, A가 B에 대해서 「사법시험에 합격하면 이 시계를 주겠다」라고 약정을 한 경우와 같이 조건부로 취득한 권리가 동산소유권인 경우에는 동산소유권에 관한 같은 방법으로 처분, 상속, 보존하거나 담보로 할 수 있다는 취지이다. 단지 조건부로 취득한 권리가 부동산소유권이라면 본래의 보존 방법으로는 本登記에 의하여야 할 것이나 不動產登記法에는 이를 위하여 특별히 가등기 등의 절차를 규정하고 있으므로(부등 3조, 37조 참조) 이에 의하는 것이 필요하다. 그리고 특히 여기에서 유의할 점은 「擔保로 할 수 있다」는 해석문제이다. 즉 조건부권리 자체에 담보를 설정한다는 것이 상대방이 조건부권리를 침해할 염려가 있는 경우에 상당한 담보를 제공케 한다는 의미이다. 조건부권리를 一定債權을 위하여 담보로 제공한다는 것은 처분에 해당되므로 여기서의 담보의 의미가 아니다.

2. 條件의 成否 確定後의 效力

(1) 一般的 效力

정지조건부 법률행위에 있어서는 그 조건이 성취되면 법률행위는 효력이 발생하고(147조 1항), 불성취로 확정되면 무효가 된다.

해제조건부 법률행위에 있어서는 조건이 성취되면 그 법률행위는 효력이 소멸하고(동조 2항), 불성취로 확정되면 그 효력은 소멸하지 않는 것으로 확정된다.

(2) 效果가 發生하는 時期

조건성취의 효력은 소급하지 않는 것이 원칙이다. 따라서 정지조건이 성취되면 법률효력은 성취한 때부터 발생하고, 해제조건인 경우에는 조건이 성취한 때로부터 법률효력은 소멸한다. 그러나 당사자의 특약에 의하여 법률행위의 成立時까지 소급시킬 수 있다(동조 3항).

이와 같이 소급효가 인정되는 경우에도 그것으로 말미암아 제3자의 권리를 해하지 못한다.

Ⅲ. 期　　限

【126】 期限이란 어떤 것인가

1. 期限의 意義

기한이란 법률행위의 당사자가 그 효력의 발생·소멸 또는 채무의 이행을 장래에 발생할 것이 확실한 사실에 의존케 하는 법률행위의 부관을 말한다(152조). 예컨대 A가 B에게 1,000만원을 대여하기로 하고 현금을 교부하였다고 하자, 이에 의해서 B는 1,000만원의 반환의무를 부담하고 언제든지 A의 청구가 있을 때에는 즉시 이를 반환하지 않으면 안 된다. 이것이 消費貸借契約의 본래의 효력이다. 그러나 이 계약에 「○월 ○일까지 반환할 것」이라는 期限이 부과되어 있는 경우에는 그 기한이 올 때까지는 반환할 필요가 없다. 이와 같이 기한은 본래 무제약으로 발생한 법률행위의 효력에 기한을 부가함으로써 제약을 받게 된다.

기한이 되는 사실은 장래 발생할 사실이라는 점에서 조건이 되는 사실과 같으나 그 발생이 확정되어 있다는 점에서 그 성부 자체가 불확정한 조건의 경우와 다르다.

2. 期限의 種類

기한은 여러 가지 관점에서 분류할 수 있다. 일반적으로는 다음과 같이 구별한다.

(1) 始期와 終期

법률행위의 효력의 발생 또는 채무의 이행의 시기에 관한 기한을 「始期」라 하고, 법률행위의 효력의 소멸에 관한 기한을 「終期」라 한다. 예컨대, 「9월 1일에 돈 1,000만원을 주겠다」라든가 「1월 1일에 채용한다」고 하면 始期附法律行爲이고, 「금년 12월 말일까지 임대한다」고 하면 終期附法律行爲이다. 이와 같은 시기와 종기가 함께 있는 법률행위도 있다. 예컨대 「1월 1일부터 12월 말일까지 임대한다」라고 하는 경우가 그러하다.

(2) 確定期限과 不確定期限

도래의 시기가 확정되어있는 기한을 「確定期限」이라 하고 도래하는 것이 확실하지만 언제 도래하는 것인가가 확정되어 있지 않는 기한을 「不確定期限」이라 한다. 예컨대 「말년, 말일」이라든가 「오늘부터 1년 후」라든가와 같이 도래할 시기가 확정되어 있는 경우가 전자의 경우이고, 「내가 죽으면」이라든가, 「연말에 눈이 녹으면」과 같이 도래하는 것만은 확실하나 언제 도래하는가가 불확실한 것이 후자의 경우이다.

그러나 실제에 있어서는 불확정기한과 조건의 구별이 어려운 경우가 있다. 예컨대 「내가 출세하면 이 다이아 반지를 너에게 주겠다」든지 「내가 사업에 성공하면 이 시계를 너에게 주겠다」든지 하는 경우이다. 이 경우에는 당해 행위의 해석상 주기는 주되 출세 또는 성공한 때에 준다는 것인 경우에는 불확정기한인 것이고, 출세 또는 성공하지 못하면 줄 수 없다는 경우에는 條件으로 보아야 한다. 판례는 「토지에 관한 임대차계약을 체결함에 있어 그 임대차기간을 "본 건 토지를 임차인에게 매도할 때까지"라고 한 것은 별다른 사정이 없는 한 도래할지의 여부가 불확실한 것이므로 그것은 기한을 정한 것이라고 볼 수 없다」라고 판시하였다(대판 1975. 5. 14, 63다631).

3. 期限을 붙일 수 없는 法律行爲

期限을 붙일 수 없는 법률행위는 대체로 조건부법률행위에 있어서와 같다. 그러나 조건보다는 당사자의 지위를 불안전하게 하지 아니하므로 그 허용범위는 넓다.

(1) 始期의 不許容

① 법률행위에 시기가 붙게 되면 즉시 효과가 발생하지 않으므로, 효과가 곧 발생하게 할 필요가 있는 법률행위에 시기를 붙이는 것은 허용되지 않는다. 예컨대 혼인·이혼·입양·파양 등의 가족법상의 행위에는 시기를 붙일 수 없다. 그러나 어음행위나 수표행위는 조건에 친하지 않으나 시기, 즉 이행기를 붙이는 것은 무방하다. 이 경우에는 시기를 붙여도 법률관계를 불확실하게 하지 않기 때문이다. ② 取消·追認·相計 등과 같이 소급효가 있는 법률행위에 시기를 붙이는 것은 그 효력에 있어 상호모순되므로 시기를 붙이는 것은 허용되지 아니한다.

(2) 終期의 不許容

종기를 붙일 수 없는 법률행위는 해제조건에 있어서와 대체로 같다. 예컨대 가족법상의 법률행위에 종기를 붙이는 것은 사회질서에 반한다.

4. 期限附 法律行爲의 效力

기한부 법률행위의 효력에 관해서는 기한의 도래 전과 도래 후로 구분하여 고찰하여야 한다.

(1) 期限到來의 意義

期限附法律行爲에 있어서 기한의 도래란 기한으로 하고 있는 사실의 발생을 말한다. 즉, 기한을 정함에 있어서 「몇 년 · 몇 월 · 몇 일」과 같이 기일로 정하여져 있을 때에는 그 날이 도래한 때, 「몇 월 몇 일부터 5개월이 경과하면」이라고 함과 같이 기간으로서 한 때에는 그 기간의 말일이 종료한 때, 「A가 사망하면」과 같이 일정한 사실로서 한 때에는 그 사실이 발생한 때이다. 그리고 기한의 이익을 포기하거나(153조), 상실한 때(388조)에도 기한이 도래한 것과 같은 결과가 된다.

(2) 期限到來前의 效力

기한이 도래하기 전에 있어서의 期限附法律行爲의 효력에는 期待權(期限附權利)과 기한의 이익의 문제가 있다.

기한도래 전의 期限附法律行爲의 효력에 관해서는 시기가 도래함으로써 권리를 취득한 자 또는 종기가 도래함으로써 권리를 회복할 자의 지위는 조건부권리자의 지위보다 더욱 확실한 것이기 때문에 더욱 강한 법의 보호를 받아야 할 것이 당연하다. 그리하여 민법은 조건부권리의 침해금지에 관한 제148조와 조건부권리의 처분 등에 관한 제149조를 期限附權利에 준용하여(154조), 그 권리의 침해를 금지하고, 처분 · 상속 · 보존 · 담보로 할 수 있도록 하였다. 다만 채무의 이행에 기한이 붙은 법률행위의 경우에는 그 기한 전에도 채권 · 채무는 이미 성립하고 있는 것이므로 그것은 말하자면 변제기 전의 채권으로서의 보호를 받게 되며 이를 기한부권리 · 의무로 문제삼을 필요가 없다.

(3) 期限到來後의 效力

기한도래 후의 효력에 있어서는 始期附法律行爲는 기한이 도래한 때 효력이 발생하며(152조 1항), 終期附法律行爲는 기한이 도래한 때 그 효력을 잃는다(동조 2항). 기한도래의 효력은 遡及效가 인정되지 않으며, 당사자간에 그러한 특약을 하였다 하더라도 그 특약은 무효가 된다(147조 3항, 152조). 그렇지 않으면 기한을 붙이는 것이 무의미하기 때문이다.

5. 期限의 利益

(1) 期限의 利益과 그 利益의 歸屬者

(가) 期限의 利益의 意義

기한의 이익이란 기한이 도래하지 않으므로 인하여 당사자가 받은 이익을 말한다. 예컨대 2년간이라는 종기부로 가옥을 임차한 자는 2년간 안심하고 그 가옥을 사용할 이익을 갖게 되고, 또 연말에 지불한다는 약속으로 돈을 빌린 자는 연말까지는 변제하지 않는 이익을 갖게 된다. 이와 같은 이익이 여기에서 말하는 기한의 이익이다.

(나) 期限의 利益의 歸屬者

期限의 利益은 당사자 중 누가 갖느냐에 대해서는 경우에 따라서 다르다. 예컨대, 무이자로 돈을 빌린 경우에는 기한이 도래하기까지는 빌린 돈을 반환하지 아니하여도 되므로 빌린 채무자의 이익이 된다. 무상으로 물건을 맡긴 경우에는 맡긴 채권자(寄託者)의 이익이 된다. 또 利子附 定期預金인 경우에는 기한이 도래하기까지 은행측에서는 이를 융자에 이용할 수 있고, 예금자측에서 이자를 취득할 수 있고 채권자(銀行)·채무자 쌍방의 이익이 된다. 이와 같이 법률행위에 기한이 붙어있음으로 인하여 그 이익이 채무자에게 있는 경우도 있고, 채권자에게 있는 경우도 있을 뿐만 아니라, 채권자·채무자 쌍방에게 있는 경우도 있다. 그러나 실제에 있어서 기한은 채무자의 이익이 되는 경우가 가장 많으므로 민법은 기한을 채무자의 이익을 위한 것으로 추정하고 있다(153조 1항). 그러므로 기한의 이익이 채권자에게 있다는 반증이 없는 이상 이를 뒤집을 수 없다. 그리고 이 추정을 뒤집기 위한 立證責任은 채권자에게 있다.

(2) 期限의 利益의 抛棄

期限의 利益을 가진 자는 그것을 언제든지 포기할 수 있다(153조 2항). 예컨대, 무이자로 돈을 빌린 자(借主)는 기한 전에 언제든지 반환할 수 있고, 무상으로 물건을 맡긴 자(任置人)는 언제든지 반환을 청구할 수 있다(698조). 결국 기한의 이익의 포기는 기한의 이익을 가진 당사자가 기한을 주장하지 않고 기한 전에 이행 또는 이행의 청구를 하는 것을 말한다.

그러나 期限의 利益의 抛棄에 있어서는 그로 말미암아 상대방의 이익을 해하지 못한다(153조 2항 단서). 즉 기한의 이익을 포기함으로써 상대방에게 손해를 준 경우에는 그것을 배상하여야 한다. 예컨대, 물건급여의 채무가 예정시기보다 빨리 이행되었기 때문에 채권자로서는 오히려 수령을 위한 經費가 본래의 시기에 이행되어 수령하는 경우보다 더 많이 소요되는 경우와 같이 그 초과경비에 대해서는 배상하여야 한다.

여기서 문제가 되는 것은 기한의 이익이 상대방을 위해서도 존재하는 경우에 이것을 포기할 수 있느냐이다. 통설은 상대방의 손해를 배상하고 기한의 이익을 포기할 수 있다고 한다. 예컨대, 정기예금에 대하여 은행은 기한까지의 이자를 붙이면 기한 전이라도 변제할 수 있다(同旨: 日大判 昭和 9年 1934. 9. 15, 民集 1839).

(3) 期限의 利益의 喪失

일반적으로 기한의 이익을 채무자에게 인정하고 있는 것은 채무자를 신용하여 그에게 채무의 이행의 猶豫를 준다는 것을 뜻한다. 그러므로 만일에 채무자가 그 경제적 신용을 잃었다고 할 수 있는 사유가 발생한 때에는 채무자로 하여금 기한의 이익을 주장하지 못하게 하는 것도 당연하다. 그리하여 민법은 채무자에게 신용을 위태롭게 할 만한 일정한 사유가 발생하였을 때에는 채무자는 기한의 이익을 상실하도록 하고 있다.

기한의 이익을 상실하는 사유로는 다음의 세 가지가 있다.

(가) 債務者가 擔保를 毁損하거나 減少 또는 滅失케 한 때(388조 1호)

이를 기한의 이익의 상실사유로 하는 것은 이에 의해서 채무자의 신용의 기초를 상실하고, 기한을 주었던 의사에 반하기 때문이다. 따라서 그 기초를 상실케 하는 것이라면 담보는 인적이거나 물적이거나를 묻지 않으며, 고의·과실을 필요로 하지 않는다. 예컨대, 화재보험금을 수령할 의도가 아니라 다른 이유로 저당목적물인 건물을 소실시킨 경우, 보증채무를 소멸시킬 목적에서가 아니라 다른 私感으로 보증인을 상해하는 경우 따위에도 기한의 이익은 상실한다.

(나) 債務者가 擔保提供의 義務를 履行하지 아니한 때(388조 2호)

이는 채권자가 채무자를 신뢰하여 기한까지 기다린다는 것은 대단히 불안하기 때문에 상실의 사유로 한 것이다. 담보를 제공할 의무는 당사자의 특약, 법률의 규정, 법원의 명령 등 어느 것에 의해서 생긴 것이냐를 묻지 않는다.

(다) 債務者의 破產한 때(파산법 16조)

이를 기한상실의 사유로 한 것은 파산은 채무자의 총재산을 가지고 전 채권자에게 배당하는 것이므로 파산채권자로서 期限未到來를 이유로 배당에 가입할 수 없다고 한다면, 그 채권자는 후일 변제를 받을 가망이 없어 부당한 손실을 입게 되므로 이 경우에 배당에 가입할 수 있는 길을 열어주기 위해서이다. 따라서 기한 있는 채권은 채무자가 파산선고를 받았을 때에는 변제기에 이른 것으로 본다.

4. 期限利益喪失의 約款

기한의 이익상실은 법률에서 정한 사유외에 당사자의 특약에 의해서도 가능하다. 이것을 期限利益喪失約款 또는 期限喪失約款이라고 한다. 예컨대 割賦債務에 있어서 일회라도 변제를 태만히 할 때에는 잔액의 할부금의 변제기한의 이익을 상실케 한다든가, 채무자가 다른 채권자로부터 압류 또는 강제집행을 당하였을 때에는 기한의 이익을 상실케 한다는 특약 같은 것이 이에 해당된다. 이 중에는 어떤 사실이 발생하면 자동적으로 기한이 도래한다는 취지인 것과 어떤 사실이 발생하면 채권자의 의사에 의해서 기한의 이익을 상실케 한다는 취지인가의 것이 있으나, 어떤 특약이 이 중 어느 성질을 가신 것이냐는 결국 법률행위의 해석에 의해서 결정될 문제이다.

제3절 期 間

槪 要

Ⅰ. 期間의 意義 問 127

기간이란 어느 시점에서 다른 시점까지의 계속된 시간을 말한다. 기간은 어느 시점에서 다른 시점까지의 시간의 계속을 요소로 하는 것이므로 이는 특정의 시점이나 시기를 의미하는 기한과 다르다. 민법은 기간의 계산 방법에 관하여 법령, 재판상의 처분 또는 법률행위에 다른 정한 바가 없으면 사법관계뿐만 아니라 공법관계에도 민법 제155조 내지 제161조의 규정을 적용한다고 하고 있다(155조).

Ⅱ. 期間의 計算方法

민법은 기간의 계산방법에 있어서 단기간의 경우에는 자연적 계산방법을, 장기간의 경우에는 역법적 계산방법을 취하고 있다.

1. 自然的 計算方法

자연적 계산방법이란 자연의 시간의 흐름을 그대로 계산하는 방법이다. 민법은 시·분·초의 단기간의 계산방법은 이 방법에 따르고 있다. 따라서 起算點은 즉시로 하고, 滿了點은 정하여진 시·분·초가 종료한 때로 하고 있다(156조).

2. 曆法的 計算方法

역(曆에) 따라 계산하는 방법이다. 日 · 週 · 月 · 年을 단위로 하는 장기간의 계산 방법은 이에 따르며 그 기산점과 만료점은 다음과 같다.

(1) 日을 단위로 하는 경우

(가) 起算點

기간을 일(日)로 정한 때에는, 기간의 초일은 산입하지 않는다(157조 본문). 그러나 이에는 두 가지 예외가 있다. 하나는 그 기간이 오전 0시부터 시작하는 때에는 초일을 산입한다(157조 단서). 다른 하나는 연령의 계산에 있어서는 출생일을 산입한다(158조).

(나) 滿了日

기간의 만료점은 그 말일의 종료로 기간이 만료한다(159조). 기간의 만료일이 공휴일인 때에는 그 익일로 만료한다(161조).

(2) 週 · 月 · 年을 단위로 하는 경우

이 경우에는 일(日)을 단위로 하는 경우와 마찬가지로 초일을 산입하지 않고 그 다음달부터 기산하지만(157조 본문), 이를 日(날짜)로 환산하지 않고 曆에 따라서 계산하여 최후의 주 · 월 · 년에서 기산일에 해당하는 날의 전일로 기간을 만료한다(159조). 그리고 기간의 말일이 공휴일에 해당하는 때에는 하루를 연장하여 그 익일로 기간이 만료한다(161조).

Ⅲ. 期間의 逆算의 計算方法

민법의 기간의 계산방법은 일정시점으로부터 장래에 행하여 계산하는 경우의 계산방법에 관하여 규정하고 있으나 일정의 시점으로부터 역으로 과거에 소급하여 계산되는 기간에도 이를 준용하여야 한다(통설).

本 論

【127】 期間이란 무엇이며 그 計算方法은 어떻게 하는가

1. 期間의 意義

期間이란 1년간이라든가, 5개월간이라든가와 같이 어느 시점에서 다른 시점까지의 계속된 시간을 말한다. 즉, 기간은 어느 시점에서 다른 시점까지의 시간의 계속을 요소로 하는 것이므로 어느 특정의 시점이나 시기를 의미하는 期限과 다르다.

期間은 법률상 중요한 역할을 한다. 일정기간의 경과에 의해서 행위능력을 취득한다든가, 일정한 기간 일정한 사실사태가 계속됨으로써 권리의 득실변경이 생긴다(시효)든가, 일정기간에 행해진 행위에 한해서 효과가 발생한다든가 하는 것 등이다.

이와 같이 기간은 법률관계에 있어서 중요한 작용을 하므로 법령·재판상의 처분 또는 법률행위에 의해서 그 계산방법을 정한 때에는 그에 따르지만 별단의 정함이 없는 경우에는 민법의 기간에 관한 규정이 적용된다(155조). 그리고 이 규정은 사법관계뿐만 아니라 공법관계에 있어서도 적용된다(대판 1967. 5. 23, 67누50).

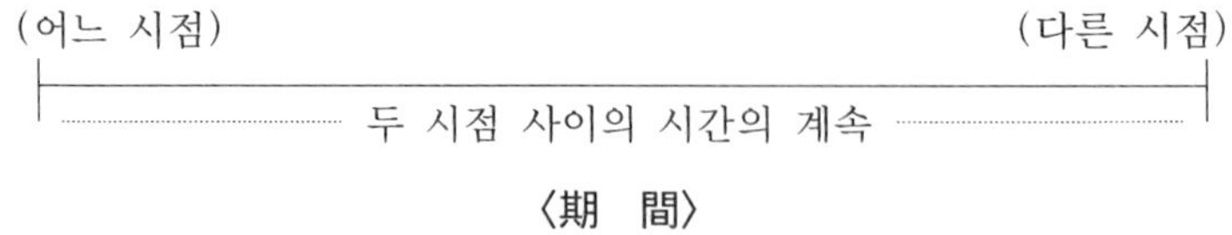

〈期 間〉

2. 期間의 計算方法

기간의 계산방법에는 自然的 計算方法, 즉 순간에서 순간까지 정밀하게 계산하는 방법과 曆法的 計算方法(冊曆에 따른 계산방법), 즉 日을 최소의 단위로 한 曆에 따라서 계산하는 방법이 있다. 민법은 단기간에 대하여는 자연적 계산방법을, 장기간에 대하여는 曆法的 計算方法을 사용하고 있다. 여기에서 문제가 되는 것은 그 기간의 기산점과 만료점이다.

(1) 自然的 計算方法

자연적 계산방법은 시간 흐름을 자연 그대로 계산하는 방법이다. 時・分・秒를 단위로 하는 단기간의 계산방법은 이 방법에 의한다. 그리고 그 起算點은 즉시로 하고 있다(156조). 기간의 滿了點은 정하여진 시・분・초가 종료한 때이다. 예컨대 午前 10時 15分부터 5시간이라고 한다면 그 起算點은 즉시인 오전 10시 15분이 되며, 시간의 만료에 해당되는 오후 3시 14분이 만료점이 된다.

(2) 曆法的 計算方法

日・週・月・年을 단위로 하는 장기간의 계산방법은 曆法的 計算方法에 의한다(160조 1항). 그 起算點과 滿了點은 다음과 같다.

(가) 日을 단위로 하는 경우

日을 단위로 하는 기간에 관해서는 기간의 初日은 算入하지 않고, 익일로부터 起算한다(157조 본문). 이를 初日不算入의 原則이라고 한다. 예컨대 3월 5일에 지금으로부터 5일간이라고 하는 경우에는 그 다음날인 6일부터 起算하여 3월 10일의 午後 12時에 만료한다.

그러나 이에는 두 가지 예외가 있다. 그 하나는 연령의 계산에 있어서는 출생일을 산입하는 것(158조)이고, 다른 하나는 그 기간이 午前 零時로부터 시작하는 때에는 初日을 算入하는 것(157조 단서)이다. 예컨대 오는 10일부터 5일간이라고 할 경우에는 起算點은 10일 午前零時이므로 初日인 10일을 起算日로 계산하여 14일 오후 12時에 만료하게 된다. 그리고 기간의 만료일이 공휴일인 때에는 그 익일로 만료한다(161조).

(나) 週・月・年을 단위로 하는 경우

주・월・년을 단위로 하는 경우에는 日을 단위로 하는 경우와 마찬가지로

初日을 算入하지 않고 그 익일부터 起算하지만(157조 본문), 이를 日(날짜)로 환산하지 않고 歷에 따라 계산하여 최후의 주·월·년에서 起算日에 해당하는 날의 전일로 기간을 만료한다(160조 2항). 예컨대 5월 10일 「지금으로부터 3개월간」이라고 하면 起算日은 5월 11일이므로 3개월이 경과한 8월의 起算日에 해당일인 11일의 전날인 5월 10일의 종료로써 기간이 만료한다. 그러나 최후의 달(月)에 起算日에 해당하는 날(日)이 없을 때에는 최후의 달의 만일을 만기일로 한다(160조 3항). 예컨대 1월 30일에 오늘부터 1개월이라고 하는 경우에는 2월 29일이 만기일이 된다.

그리고 기간의 말일이 공휴일에 해당하는 때에는 하루를 연장하여 그 익일로 기간이 만료한다(161조). 예컨대 10월 4일이 일요일이라면 그 다음날인 10월 5일에 기간이 만료한다.

3. 期間의 逆算의 計算方法

민법의 기간의 계산방법은 일정시점으로부터 장래에 행하여 계산하는 경우의 계산방법에 관하여 규정하고 있으나 일정의 시점으로부터 曆으로 과거에 소급하여 계산되는 기간에도 준용되어야 한다(통설). 예컨대 사단법인의 社員總會召集通知를 1주일 전에 하여야 한다고 할 때 총회일이 3월 10일이라면 初日은 算入하지 않으므로 그 전일인 9일을 기산일로 하여 역으로 계산해서 3월 3일이 만료일이 되고 그 날의 午前 零時에 기간이 만료한다. 따라서 늦어도 3월 2일 子正까지는 사원에게 總會召集通知가 발신되어야 한다. 이는 발신주의의 경우이나, 도달주의의 원칙이 적용되면, 그때까지 그 통지가 상대방에게 도달되어야 한다.

第 4 節 消滅時效

概 要

Ⅰ. 時效制度 問 128

1. 時效制度의 意義

시효란 일정한 사실상태가 일정기간 계속한 경우, 그 상태가 진실한 권리상태에 합치하느냐 않느냐를 묻지 않고, 사실 상태대로 권리의 득실을 인정하는 법률요건이다. 이에 관해서는 「취득시효」와 「소멸시효」가 있다.

(1) 取得時效

권리자가 아닌 자가 일정기간 권리자로서 행사한 경우 그 권리를 그대로 취득케 하는 제도이다

(2) 消滅時效

권리자가 그의 권리를 행사할 수 있음에도 불구하고 일정기간 동안 그 권리를 행사하지 않는 상태가 계속된 경우에 그 자의 권리를 소멸케 하는 제도이다.

2. 時效制度의 存在理由

(1) 社會秩序維持와 法的 安定
(2) 立證困難의 救濟
(3) 保護價値의 不存在

3. 時效의 性質

(1) 時效는 權利를 변동하게 하는 法律要件이다.
(2) 時效는 事實狀態가 一定期間의 繼續을 요소로 한다.
(3) 時效는 財產權에 관한 것이다.
(4) 時效에 관한 規定은 强行規定이다.
(5) 時效는 除斥期間과 다르다.

4. 立法例와 民法의 態度

(1) 時效에 관한 立法例

시효제도에는 취득시효와 소멸시효를 통일적으로 규정하고 있는 프랑스 입법례와, 소멸시효는 총칙편에, 취득시효는 물권편에 규정하고 있는 독일의 입법례의 두 제도가 있다.

(2) 우리 民法의 態度

우리 民法은 독일의 입법례에 따라 소멸시효는 총칙편에, 취득시효는 물권편에 규정하고 있다.

5. 消滅時效制度와 類似한 制度

소멸시효제도와 유사한 제도로는 除斥期間과 權利失效의 原則이 있다.

(1) 除斥期間

(가) 意　義
제척기간이란 권리관계를 신속히 확정하기 위해서 법률이 정한 권리의 존속기간이다.
(나) 除斥期間과 消滅時效와의 差異
① **制度的 目的**　소멸시효는 법적 안정성을 유지하는 데에 목적이 있지만, 제척기간은 법률관계를 조속히 확정하려는 데에 목적이 있다.
② **遡及效의 有無**　소멸시효에 의한 권리소멸은 소급효가 있지만, 제척기간에 의한 권리소멸은 소급효가 없다.

③ 利益의 抛棄 有無 소멸시효에 있어서는 시효기간의 만료 후에는 시효이익을 포기할 수 있으나, 제척기간은 그 기간의 경과로 당연히 그 권리가 소멸하므로 포기유무가 문제되지 않는다.

④ 當事者의 援用의 有無 소송에서 소멸시효는 변론주의의 원칙에 따라 원용이 있어야 법원이 고려하나, 제척기간은 원용이 없더라도 법원이 직권으로 고려한다.

⑤ 中斷과 停止의 有無 소멸시효에는 중단과 정지가 인정되지만, 제척기간에는 중단과 정지가 없다. 그러나 제척기간에도 정지는 인정하여야 한다는 견해가 있다.

(다) 除斥期間과 消滅時效의 判別基準

조문에 시효로 인하여 소멸한다는 명시가 있는 경우에는 언제나 이를 시효기간으로 보고, 그러한 명문이 없는 경우에는 제척기간으로 보아야 한다는 견해가 다수설이다.

(2) 權利失效의 原則

(가) 意 義

권리자가 장기간에 걸쳐 권리를 행사하지 않았기 때문에 상대방에 그 권리가 앞으로 행사되지 않을 것으로 믿을 만한 정당한 사유가 있고 또한 새삼스럽게 그 권리를 행사하는 것이 신의칙에 반할 때에는 그 권리의 상실을 인정하는 원칙이다.

(나) 學說과 判例의 見解

학설은 긍정설과 부정설이 대립하고 있지만, 判例는 이를 긍정하고 있다(대판 1992. 3. 13, 91다3908; 1992. 5. 26, 92다3670).

Ⅱ. 消滅時效의 要件 問 129

소멸시효로 권리가 소멸하려면 ① 권리가 소멸시효의 목적이 될 수 있어야 하며(소멸시효에 걸리는 권리), ② 권리자가 권리를 행사할 수 있음에도 불구하고 행사하지 않아야 한다(권리의 불행사). 그리고 ③ 권리불행사상태가 일정한 기간 동안 계속되어야 한다(소멸시효기간).

1. 消滅時效에 걸리는 權利

(1) 소멸시효에 걸리는 권리는 채권이 대표적이나, 소유권을 제외한 재산권도 일반적으로 소멸시효에 걸린다.

(2) 消滅時效에 걸리지 않는 權利

다음과 같은 것들은 소멸시효에 걸리지 않는다.

(가) 非財産權

민법상 소멸시효에 걸리는 것은 재산권에 한하므로 가족권·인격권 같은 비재산권은 원칙적으로 걸리지 않는다. 그러나 가족권 중에서도 재산적 색채가 짙은 것은 예외적으로 걸리는 경우가 있다(예: 재산상속의 한정승인자에 대한 손해배상청구권(1088조, 766조)·상속재산분리의 청구권(1051조, 1088조)).

(나) 消滅時效에 걸리지 않는 財産權

재산권이라 할지라도 예외적으로 성질상 소멸시효에 걸리지 않는 것이 있다. ① 소유권, ② 점유권·유치권·담보물권, ③ 일정한 법률관계에 의존하는 권리(예: 상인권(215조 이하), 공유물분할청구권(268조) 등), ④ 형성권 등을 들 수 있다.

(3) 消滅時效에 걸릴 수 있느냐에 관하여 問題된 權利

(가) 不動產登記請求權

부동산등기청구권을 채권적 청구권이라고 보는 견해에 있어서는 소멸시효에 걸린다고 하지만, 이를 물권적 청구권으로 보는 견해에 있어서는 소멸시효에 걸리지 않는다고 한다. 다수설은 전자를 취하고 있다. 그러나 판례는 등기청구권을 채권적 청구권이라고 하면서도 그 물건을 사용·수익하고 있는 경우에는 소멸시효에 걸리지 않는다고 한다.

(나) 所有權 이외의 物權에 기한 物權的 請求權

소유권이외의 물권적 청구권은 그 자체가 독립해서 소멸시효에 걸리지 않는다고 보는 견해가 다수설이다.

2. 權利의 不行使

소멸시효가 완성되려면 권리행사에 법률상의 장애가 없음에도 불구하고 일정기간 권리를 행사하지 않아야 한다. 여기에서 문제가 되는 것은 「權利의 不行使」란 어떤 경우를 말하며, 권리행사의 시기 즉 소멸시효의 「기산점」은 느 때부터인가이다.

(1) 權利의 不行使

권리의 불행사란 권리행사에 법률상의 장애가 없음에도 불구하고 권리를 행사하지 않는 것이다. 그러므로 권리자가 사실상의 장애로 권리를 행사하지 못한 경우에는 이에 해당되지 않는다.

(2) 時效의 起算點

소멸시효는 권리를 행사할 수 있는 때로부터 진행한다(166조 1항).

① 시기부 권리는 기한이 도래한 때

② 정지조건부 채권은 그 조건이 성취한 때

③ 기한을 정함이 없는 채권은 채권자가 언제든지 이행청구를 할 수 있으므로 이 경우의 채권은 채권이 성립한 때

④ 할부금 채권인 경우에는 1회라도 불이행이 있을 때

⑤ 부작위 채권인 경우에는 채무자의 위반행위가 있는 때

⑥ 불법행위로 인한 손해배상청구권은 불법행위가 행해진 때

⑦ 재판상 청구로 인해 시효가 중단된 권리는 재판이 확정된 때

⑧ 계속적인 거래관계로 인한 채권은 각 채권이 발생한 때

각각 소멸시효의 기산점이 된다.

3. 消滅時效期間

소멸시효가 완성되기 위해서는 권리불행사의 상태가 일정기간 동안 계속되어야 한다. 이를 소멸시효기간이라고 한다. 그 기간은 각종의 권리에 따라 다르다.

(1) 債　權

채권의 소멸시효기간은 채권의 종류에 따라 다르다. 보통 채권은 10년(162조 1항), 단기소멸시효에 해당하는 채권은 3년 또는 1년으로 하고 있다(163조, 164조).

(2) 判決 등으로 確定된 債權

판결에 의해서 확정된 채권(판결과 동일한 효력이 있는 파산·재판상 화해·조정 등에 의하여 확정된 채권도 같다)은 단기소멸시효에 해당하는 것이라도 그 소멸시효는 10년으로 한다(165조).

(3) 債權과 所有權 이외의 財產權

채권과 소유권 이외의 재산권의 소멸시효기간은 20년이다(162조 2항). 소유권 이외의 재산권은 지상권·지역권·전세권 등이다.

Ⅲ. 消滅時效의 中斷 問 130

1. 意　　義

소멸시효가 완성하려면 권리의 불행사 상태가 시효기간중 계속되어야 하는데 권리자의 권리의 청구나 의무자의 의무 승인 등, 시효의 계속성을 뒤엎는 사정이 생겼을 때에는 이미 경과한 시효기간은 소멸하고 시효중단사유가 종료한 때로부터 새로이 소멸시효가 진행한다(178조 1항). 이와 같이 소멸시효의 진행을 방해하는 것을 소멸시효의 중단이라고 한다.

2. 消滅時效 中斷事由

소멸시효의 중단사유는 채권자의 ① 청구, ② 압류·가압류·가처분이 있고, 채무자의 ③ 채무승인이다.

(1) 請　求

청구란 권리자가 시효의 완성으로 이익을 얻을 자에게 자기의 권리내용을 주장하는 것을 말한다. 시효중단의 효력을 발생시키는 청구는 다음과 같다.

(가) 裁判上 請求

재판상의 청구란 訴의 제기에 의해서 권리를 주장하는 경우를 말한다. 재판상의 청구가 중단의 효력을 발생하는 시기는 소를 제기한 때이다. 그러나 소의 제기가 있다 하더라도 소의 각하, 기각 또는 취하의 경우는 중단의 효력이 없다(170조).

(나) 破産節次參加

파산절차참가란 채권자가 파산재단의 배당에 참가하기 위하여 그 채권을 법원에 신고하는 경우를 말한다(채무자회생및파산에관한법률 447조). 이와 같은 신고가 있으면 신고시에 중단의 효력이 생긴다. 그러나 채권자가 파산절차참가를 취소하거나 또는 그 참가의 청구가 각하될 때에는 시효중단의 효력이 생기지 않는다(171조).

(다) 支給命令

지급명령이란 금전이나 유가증권의 일정한 수량의 지급을 목적으로 하는 청구에 관하여 채권자의 일방적 신청이 있으면 채무자를 심문하지 않고 채무자에게 그 지급을 명하는 간이절차로서 인정되는 법원의 명령을 말한다(민소 432조). 채무자가 지급명령의 송달을 받은 날로부터 2주일 내에 이의신청을 한 때에는 지급명령을 신청한 때 소를 제기한 것으로 본다. 그러나 이의신청이 없거나 이의신청의 취하나 각하결정이 확정된 때에는 강제집행을 할 수 있는 집행력이 생긴다(민소 445조).

(라) 和解申請

화해란 소에 의하지 않고 당사자의 신청에 의해서 법관 앞에서 화해의 방식으로 민사상의 분쟁을 해결하는 것을 말한다(민소 355조). 화해를 신청하면 소멸시효는 중단된다. 그러나 소환에 불응하거나 화해가 불성립으로 된 경우에는 1월 내에 소를 제기하지 아니하면 시효중단의 효력이 없다(173조 1항). 임의출석의 경우에 화해가 성립되지 아니한 때에도 그러하다(173조 2항).

(마) 催 告

최고란 채권자가 채무자에 대하여 채무이행을 청구하는 의사의 통지를 말한다. 최고 후 6개월 내에 재판상의 청구, 파산절차 참가, 화해를 위한 소환, 임의 출석, 압류 또는 가압류, 가처분을 하지 아니하면 시효중단의 효력이 없다(174조).

(2) 押留・假押留・假處分

압류란 확정판결 기타 집행권원(執行權原)에 기하여 행하는 강제집행으로서 가장 강력한 권리의 실현행위이며(민집 24조, 56조, 188조 이하), 가압류・가처분이란 장차 강제집행이 불능 또는 현저히 곤란하게 될 염려가 있는 경우에 장차 실행할 강제집행을 보전하는 절차이다(민집 276조 이하, 300조 이하). 이들은 모두 시효의 중단사유가 된다. 그러나 압류・가압류・가처분이 취소된 때에는 중단의 효력이 없다(175조).

(3) 承 認

승인이란 시효에 의해서 이익을 받을 자가 상대방의 권리의 존재를 인정하는 행위를 말한다. 이와 같이 시효의 이익을 받을 자가 권리를 승인한 때에는 시효는 중단된다.

3 消滅時效 中斷의 效力

(1) 時效中斷의 基本的 效力

소멸시효 기간의 진행중 중단사유가 발생하면 지금까지 계속되었던 시효기간은 모두 무효가 되고, 시효중단사유가 종료한 때부터 새로운 시효기간이 진행된다(178조 1항).

(2) 時效中斷의 效力이 미치는 人的 範圍

시효중단의 효력은 당사자(시효중단행위에 관여한 자), 승계인(포괄승계인과 특정승계인)에게만 미치고 제3자(선의·악의 불문)에게는 미치지 않는다(169조).

(3) 時效中斷의 效力이 미치는 物的 範圍

예컨대 채권자가 채권의 일부를 재판상 청구한 경우 나머지 부분에 대해서도 중단의 효력이 미치느냐의 문제이다. 판례는 나머지 부분에 대해서는 미치지 않는다고 한다.

Ⅳ. 消滅時效의 停止 問 131

1. 意 義

소멸시효의 정지란 소멸시효기간의 만료가 임박한 무렵에 권리자가 중단행위를 하는 것이 불가능하거나 또는 대단히 곤란한 사정이 있는 경우에 그 시효기간의 진행을 일시적으로 멈추게 하고 그 사정이 없어질 때에 다시 그 나머지 기간을 진행하는 것을 말한다. 정지할 때까지 진행한 기간이 무효가 되지 않고 전체 기간에 산입되는 점에서 중단과 다르다.

2. 消滅時效의 停止事由

(1) 無能力者를 위한 停止

(가) 法定代理人이 없는 경우의 時效의 停止

소멸시효기간 만료 전 6월 내에 무능력자의 법정대리인이 없는 때에는 그가 능력자가 되거나, 새로운 법정대리인이 취임한 때로부터 6월 내에는 시효가 완성하지 아니한다(179조).

(나) 無能力者의 財產管理者에 대한 時效의 停止

재산을 관리하는 父·母 또는 후견인에 대한 무능력자의 권리는 그가 능력자가 되거나 후임의 법정대리인이 취임한 때부터 6월 내에는 소멸시효가 완성하지 아니한다(180조 1항).

(2) 婚姻關係의 終了에 대한 停止

부부의 일방의 타방에 대한 권리는 혼인관계가 종료한 때로부터 6월 내에는 소멸시효가 완성하지 아니한다(180조 2항).

(3) 相續財產에 대한 時效停止

상속재산에 속하는 권리나 상속재산에 대한 권리는 상속인의 확정, 관리인의 선임 또는 파산선고가 있는 때로부터 6월 내에는 소멸시효가 완성하지 아니한다(181조).

(4) 天災 기타 事變에 의한 時效停止

천재 기타 사변으로 인하여 소멸시효를 중단할 수 없을 때에는 그 사유가 종료한 때로부터 1월 내에는 시효가 완성하지 아니한다(182조).

3. 消滅時效停止의 效力

시효정지의 효력은 시효의 중단과 달리 특정인의 행위에 의한 것이 아니므로 누구에 대해서도 발생한다. 즉 절대적으로 효력을 가진다. 그리고 중단과 달리 정지사유가 종료되면 정지 전의 기간에 이어 시효기간이 진행된다.

V. 消滅時效의 效力 問 132

1. 消滅時效 完成의 效果

(1) 絶對的 消滅說

이 설은 소멸시효의 완성으로 권리는 당연히 소멸한다는 견해이다(다수설, 판례).

(2) 相對的 消滅說

이 설은 소멸시효의 완성으로 단지 「권리의 소멸을 주장할 수 있는 권리」가 생긴다는 견해이다(소수설).

(3) 私 見

다수설이나 판례와 같이 절대적 소멸설을 취한다 하더라도 변론주의의 원칙상 시효이익을 받겠다는 항변이 없는 이상 그 의사에 반하여 재판할 수 없다고 보기 때문에 어느 견해를 취하든 실제적으로는 크게 다를 바가 없다고 본다.

2. 消滅時效의 遡及效

소멸시효는 법정기간의 만료에 의해서 완성되지만 권리소멸의 효력은 기산일에 소급하여 발생한다. 이를 시효의 소급효라고 한다(167조).

3. 消滅時效의 利益의 抛棄

(1) 意 義

소멸시효의 이익의 포기란 소멸시효에 의해서 발생한 이익을 받을 자가 시효의 이익을 받지 않겠다는 일방적 의사표시를 말한다.

(2) 消滅時效完成前 拋棄禁止

소멸시효가 완성되기 전에는 포기할 수 없다(184조).

(3) 消滅時效完成後의 拋棄

(가) 時效完成後의 時效利益拋棄의 許容

소멸시효가 완성 후에는 소멸시효가 완성됨으로써 생긴 법률상의 이익을 받지 않겠다고 포기할 수 있다. 포기를 하게 되면 시효의 이익은 처음부터 없었던 것으로 된다.

(나) 拋棄의 方法 및 處分의 能力과 權限

시효이익의 포기는 일방적 의사표시이므로 상대방의 동의는 요하지 않지만 상대방에 도달함을 요한다. 그 방법은 명시적이든 묵시적이든 상관없다.

그리고 시효이익의 포기는 포기자에게 불이익을 초래하는 행위이기 때문에 시효이익을 포기할 수 있는 자는 처분능력과 처분권한이 있어야 한다(통설).

(4) 效 果

시효이익을 포기하게 되면 처음부터 권리가 소멸하지 않았던 것으로 된다.

本 論

Ⅰ. 時效制度

【128】 時效란 어떠한 制度인가

1. 時效制度의 意義

時效란 일정한 사실상태가 일정기간 계속하는 경우, 그 사실상태가 진실한 권리상태에 합치하느냐 않느냐를 묻지 않고 사실상태대로 권리의 득실을 인정하는 제도이다. 시효에는 取得時效와 消滅時效의 두 종류가 있다. 전자는 시효의 효과로서 권리의 취득이 발생하며, 후자는 시효의 효과로서 권리의 소멸이 발생한다.

(1) 取得時效

취득시효는 권리를 행사하고 있는 사실상태가 일정기간 계속된 경우에 그 사실상태가 진실한 권리관계와 합치하느냐의 여부와 관계없이 그 권리를 그대로 취득케 하는 제도이다. 예컨대 A소유의 부동산을 B가 자기명의로 등기하고 소유의사로 점유를 계속하여 10년이 경과하였을 때(또는 점유자가 소유의 의사로 20년 이상 점유한 후 등기를 하였을 때), B는 부동산의 소유권을 취득하는 제도이다(245조).

(2) 消滅時效

소멸시효는 권리자가 그의 권리를 행사할 수 있음에도 불구하고 일정기간 동안 그 권리를 행사하지 않는 상태가 계속된 경우에 그 자의 권리를 소멸케 하는 제도이다. 예컨대 C는 D에 대해서 500만원의 채권을 가지고 있었는데 변제기가 도래하였음에도 C는 이행청구를 하지 않았고, D도 지급을 하지 않은 채 10년이 경과하였을 때, C의 채권을 소멸케 하는 제도이다(162조 1항).

2. 時效制度의 存在理由

원래 法律은 진정한 권리관계와 다른 사실상태가 존재하는 경우에는 정당한 권리관계로 환원하는 것을 理想으로 한다. 그런데도 시효제도는 현재의 사실상태가 진실한 권리관계와 다르다 하더라도 현재 있는 사실상태 그대로의 권리관계를 인정하고 있다. 그 이유는 무엇인가? 학설은 일반적으로 시효제도의 존재이유를 다음과 같은 다원적인 근거로써 설명한다.

(1) 社會秩序維持와 法的 安定

첫째의 이유로는 사회질서 유지와 법적 안정성을 기하려는 데에 있다. 일정한 사실상태가 오랫동안 계속되면 사람들은 이를 정당한 것으로 믿기 마련이고, 이를 토대로 하여 여러 가지 새로운 법률관계를 형성하게 된다. 앞에서 언급한 例 ①의 경우를 보면 B가 소유권 없이 점유하고 있는 데도 사회일반인이 B의 소유로 믿게 되고 이를 토대로 하여 그것을 賃借하거나, 이를 擔保로 잡고 B에게 금전을 대여하게 된다. 또 例 ②의 경우를 보면 D가 채무를 부담하고 있는 데도 사람들이 채무가 없는 것으로 믿게 되고 借金이 없는 사람으로서 신용을 갖게 된다. 이와 같이 외관상 진실한 권리가 있는 것처럼 또는 의무가 없는 것처럼 오랫동안 지속되면 이를 토대로 하여 많은 법률관계가 쌓이게 된다. 그런데도 새삼스럽게 진실한 권리관계가 아니라고 하여 이를 뒤집게 된다면 사회질서는 문란하게 되고 법적 안정성을 크게 해치게 된다. 여기에서 시효제도의 필요성이 있는 것이다.

(2) 立證困難의 救濟

둘째의 이유로는 立證의 곤란을 구제하고자 하는 데 있다. 권리관계의 존재여부는 최종적으로 법원에서 증거에 의하여 결정된다. 그러나 오랜 세월이 경과하게 되면 권리관계의 증거가 滅失·散逸되어 그 사실상태를 입증한다는 것은 대단히 곤란하다. 예컨대, A가 B에게 빌린 500만원을 변제하였는데 오래된 관계로 領收證을 분실하였다고 하자. 이 경우 10년이 경과한 후 B가 과거의 借用證書를 제시하면서 500만원의 지급을 요구할 때 영수증을 분실한 채무자 A는 결국 또다시 변제를 하지 않으면 안 되게 된다. 그러므로 長期間 繼續된 사실상태는 진실한 권리관계와 일치하는 蓋然性이 높기 때문에 이것이 또한 증거라고도 할 수 있으므로 여기서 시효에 의하여 사실상태를 그대로 권리관계로 인정하는 것이 증거보존의 곤란을 구제할 수 있는 것이므로 이것 또한 시효제도의 존재이유인 것이다.

(3) 保護價値의 不存在

셋째의 이유로는 오랫동안 權利를 주장하지 않는 者는 이를 보호할 가치가 없다는 데에 있다. 진실한 권리관계와 일치하지 않는 사실상태가 오랫동안 지속되고 있는 데도 진실한 권리자가 그 권리를 행사하지 않는다는 것은 이른바 「권리 위에 잠자는 자」로서 이를 보호할 가치가 없다는 것이다. 오랫동안 권리행사를 하지 않았기에 앞으로도 하지 않을 것이라고 믿고 있는 데도 새삼스럽게 권리행사를 한다는 것은 信義則에 반하므로 이 또한 시효제도의 존재 이유인 것이다.

3. 時效의 性質

시효의 성질에 관해서는 각국의 입법례에 따라 다소의 차이는 있지만 대체적으로 다음과 같은 것들을 들 수 있다.

(1) 時效는 權利를 변동하게 하는 「法律要件」이다

시효는 권리의 취득·소멸의 원인이 되는 법률요건이다. 여기서의 법률요건은 일정기간 동안 계속된 사실상태이다. 이 법률요건이 갖추어지게 되면(시효의 완성), 그를 원인으로 하여 당연히 일정권리를 취득하거나(取得時效) 또는 소멸한다(消滅時效). 따라서 당사자의 주장(援用)에 의해서 비로소 발생한 것이 아니다. 그러나 消滅時效에 관해서는 권리소멸을 주장할 수 있는 권리가 발생할 뿐이며 당사자의 그러한 주장이 있어야 비로소 권리가 소멸한다는 견해가 있다.

(2) 시효는 「事實狀態」의 一定期間의 繼續을 요소로 한다

시효는 이와 같이 일정기간 동안의 경과를 요건으로 하므로 기간의 경과를 요하지 않는 善意取得 즉, 卽時取得 또는 瞬間取得이라고 일컫는 것은 본래의 의미의 시효가 아니다.

(3) 時效는 「財產權」에 관한 것이다

시효는 財產法 특히 거래법에 관해서 문제된 제도이며, 家族關係에 관해서는 원칙적으로 적용되지 않는다. 가족관계는 진실한 권리상태가 존중되어야 하며 사실상태에 기초하여 법률관계를 변경한다는 것은 적합하지 않기 때문이다. 이와 같은 것을 시효에 친하지 않는 법률관계라고 한다. 단지 재산권적 색채가 강한 가족법 관계에 있어서는 예외적으로 시효를 인정하는 경우가 있다(899조 2항, 1024조 2항).

(4) 時效에 관한 規定은「强行規定」이다

시효는 社會秩序維持 및 法的 安定, 擧證의 困難, 保護價値의 부존재란 사회적·공익적 이유에서 인정된 제도이므로 이에 관한 규정은 강행규정이다. 따라서 당사자의 의사에 의해서 시효규정의 적용을 배제하거나 시효기간을 연장 또는 가중하는 특약은 허용되지 않는다. 우리 민법은 이에 관하여 명문규정을 두고 있다(184조).

(5) 時效는「除斥期間과 다르다」

이에 관해서는 별항에서 설명하기로 한다.

4. 立法例와 民法의 態度

(1) 時效에 관한 立法例

입법례로서는 두 가지가 있다. 하나는 프랑스 입법례로서 취득시효와 소멸시효를 통일적으로 규정하고, 같은 원리에 따르게 한다. 다른 하나는 독일의 입법례로서 소멸시효는 총칙편에 규정하고, 취득시효는 물권취득의 원인으로서 물권편에 규정하고 있다.

(2) 우리 民法의 態度

우리 민법은 프랑스 입법례에 따랐던 구민법과는 달리 독일 입법례에 따라 消滅時效는 總則編에, 그리고 取得時效는 物權取得原因으로서 物權編에 규정을 두고 있다.

5. 消滅時效와 類似한 制度

소멸시효와 비슷한 것으로는 除斥期間과 權利失效의 原則이 있다. 소멸시효를 정확히 이해하기 위해서는 이들을 알아보는 것이 중요하다.

(1) 除斥期間

(가) 除斥期間의 意義

除斥期間이란 권리관계를 신속히 확정하기 위해서 법률이 정한 권리의 존속기간이다. 예컨대, 民法 제146조에 「취소권은 追認할 수 있는 날로부터 3년 내에, 법률행위를 한 날부터 10년 내에 행사하여야 한다」라고 규정한 경우가 그것이다. 이와 같이 취소할 수 있는 권리는 3년 또는 10년 내에 취소권을 행사하지 아니하면 취소권은 당연히 소멸한다.

(나) 消滅時效와의 差異

除斥期間은 일정기간이 경과함으로써 권리가 소멸한 점에서는 소멸시효와 유사하지만 양자는 제도적 취지가 다르므로 여러 가지 면에서 차이점이 있다.

① **制度的 目的** 消滅時效는 어떠한 사실상태가 오랫동안 계속하고 있을 때 사실상태대로 권리관계를 인정함으로써 법적 안정성을 유지하려는 데에 목적을 두고 있는 데 대하여 除斥期間은 不確定한 법률관계를 조속히 확정하려는 데에 그 목적을 두고 있는 점이 다르다.

② **遡及效의 有無** 消滅時效는 起算日에 소급하여 권리가 소멸하지만(167조), 除斥期間은 그 효과가 소급하지 않고 기간이 경과한 때부터 장래에 향하여 권리가 소멸한 점에서 다르다.

③ **利益의 抛棄有無** 消滅時效에 있어서는 기간의 만료 후에 시효이익을 포기할 수 있으나, 除斥期間은 그 기간의 경과로써 권리가 당연히 소멸하므로 포기 여부가 문제될 여지가 없다.

④ **當事者의 援用有無** 消滅時效는 어떠한 사실상태가 일정기간 경과함으로써 권리가 소멸하지만, 민사소송의 변론주의로 말미암아 소멸시효의 완성으로 시효이익을 받을 자가 이를 소송상 주장을 하는 경우에 한하여 법원이 이를 참작하게 되는 데 반하여, 除斥期間에 의한 권리의 소멸은 당사자가 주장하지 아니하더라도 법원은 이를 당연히 고려하여야 하는 職權調査事項이다.

⑤ **中斷과 停止의 有無** 消滅時效는 그 요건으로서 권리의 불행사라는 사실상태가 일정 기간 경과하여야 하는 데 대하여, 除斥期間은 단순한 기간의 경과만을 요하고 권리의 불행사라는 사실상태의 계속은 필요하지 않기 때문

에 제척기간에는 중단이나 정지의 제도가 없다(그러나 제척기간에도 정지제도만은 인정해야 한다는 설이 있다).

표 4-6 消滅時效와 除斥期間의 對比

	消滅時效	除斥期間
1	事實狀態대로 權利關係를 인정함으로써 法的 安定性을 유지하려는 데에 목적이 있다.	不確定한 法律關係를 조속히 確定하려는 데에 목적이 있다.
2	消滅時效의 效果는 遡及한다.	除斥期間의 效果는 遡及하지 않는다.
3	消滅時效는 時效完成 후 時效利益을 抛棄할 수 있다.	除斥期間은 效果發生이 絶對的이므로 抛棄란 있을 수 없다.
4	消滅時效에 의한 權利의 消滅은 辯論主義에 따라 當事者의 主張이 있어야 法院이 이를 참작한다.	除斥期間에 의한 權利의 消滅은 當事者의 主張이 없어도 당연히 消滅하며, 法院은 當事者의 主張이 없어도 이를 기초로 하여 裁判하여야 한다.
5	消滅時效는 中斷과 停止가 인정된다.	除斥期間은 中斷과 停止制度가 없다(단 停止는 인정된다는 說이 있다).

(다) 除斥期間과 消滅時效의 判別基準

消滅時效와 除斥期間과는 그 제도적 취지와 목적이 다르고 여러 가지 면에서 차이가 있으므로 어떤 기간이 消滅時效期間이냐 除斥期間이냐를 판별하는 것은 대단히 중요하다. 이에 관하여 통설은 예컨대 「…시효로 인하여 소멸한다」(예: 766조)와 같이 명문으로 표현하고 있는 규정에 대해서는 언제나 소멸시효기간이고 이러한 표현이 없는 규정에 대해서는 제척기간으로 보아야 한다고 주장한다(다수설). 그러나 최근에 와서 이를 형식적으로 판단할 것이 아니라 그 권리의 성질·규정의 취지·목적 등을 종합적으로 고찰하여 실질적으로 판단하여야 한다는 주장이 유력시되고 있다.

(2) 權利失效의 原則

(가) 權利失效 原則의 意義

권리자가 장기간에 걸쳐 권리를 행사하지 아니하였기 때문에 상대방이 그 권리가 앞으로 행사되지 않을 것으로 믿을 만한 정당한 사유가 있고 또한 새삼스럽게 그 권리를 행사하는 것이 신의칙에 반할 때에는 그 권리의 상실을 인정하는 原則이다.

(나) 學說과 判例의 見解

실효의 원칙은 맨 처음 독일에서 인정된 제도로서 우리나라에서는 이를 지지하는 견해(이영준 · 곽윤직 · 고상룡)와 소멸시효와 제척기간이 있는 외에 실효의 원칙을 또 인정한다는 것은 진실한 권리자를 크게 해할 우려가 있다고 하여 이를 반대하는 견해(김주수)가 있다.

판례는 종래에는 실효의 원칙을 인정하지 아니하였다. 그 한 예로서는 학교가 타인의 토지를 운동장의 일부로서 20년간 점유 · 사용하고 있었는데, 소유자가 그동안 권리행사를 않다가 소유권을 주장하여 그 반환을 청구한 사건에서 그것은 권리남용이 되지 않는다고 하여 실효의 원칙을 배척하였다(대판 1968. 6. 25, 68다758). 그러나 그 후 견해를 바꾸어 이를 인정하기에 이르렀다. 그 한 예로서 「사용자로부터 해고된 근로자가 해고 후 아무런 이의의 유보나 조건을 제시하지 않았다가 오랜 세월이 지난 후에 해고의 효력을 다투는 訴를 제기한다는 것은 信義則이나 禁反言의 原則에 위배된다」고 판시하여 실효의 원칙을 인정하였다(대판 1992. 3. 13, 91다3908; 1992. 5. 26, 92다3670; 1992. 7. 28, 91다43121).

생각건대, 消滅時效와 除斥期間은 권리불행사의 상태가 일정기간이 경과함으로써 권리가 소멸한 제도인데 반해, 權利失效의 原則은 장기간의 권리불행사 후의 권리행사가 신의칙에 반할 때 그 권리의 실효를 인정하는 것이므로 그 제도 자체의 취지가 다르다. 그리고 신의칙에 반한 권리행사를 인정한다는 것은 법의 원칙에도 반한다. 그러므로 권리의 실효원칙을 인정하는 것이 타당하다고 본다.

Ⅱ. 消滅時效의 要件

【129】 消滅時效의 要件이란 어떤 것인가

消滅時效란 권리를 행사할 수 있음에도 불구하고 권리를 행사하지 않는 상태가 일정기간 동안 계속되면 권리소멸의 효과가 발생하는 제도를 말한다. 그러므로 소멸시효가 완성하기 위해서는 다음과 같은 要件이 필요하다.

첫째, 권리가 소멸시효에 걸릴 수 있는 것이어야 한다(소멸시효에 걸릴 수 있는 권리). 둘째, 권리자가 권리를 행사할 수 있음에도 불구하고 권리를 행사하지 아니하여야 한다(권리의 불행사). 셋째, 권리의 불행사의 상태가 일정기간 동안 계속되어야 한다(소멸시효 기간). 이를 순차로 설명하면 다음과 같다.

1. 消滅時效에 걸리는 權利

소멸시효는 소멸시효에 걸릴 수 있는 권리임을 요하므로 모든 권리가 다 이에 해당하는 것은 아니다. 이를 나누어 살펴보면 다음과 같다.

(1) 消滅時效에 걸리는 權利

소멸시효에 걸리는 권리는 입법례에 따라서 다소 차이가 있지만, 우리 민법은 채권과 소유권 이외의 재산권으로 하고 있다(162조). 소멸시효에 걸리는 대표적인 것으로는 債權이지만(162조 1항), 債權 및 所有權 이외의 財產權(162조 2항) 예컨대, 地上權·地役權·傳貰權 등도 소멸시효에 걸리는 것으로 규정하고 있다.

(2) 消滅時效에 걸리지 않는 權利

消滅時效에 걸리는 권리는 債權과 所有權 이외의 財產權이 원칙이므로 가족권이나 인격권 등 非財產權은 소멸시효의 목적이 되지 않는다. 또 재산권이라 하더라도 성질상 소멸시효에 걸리지 않는 것이 있는데, 이에 관해서 살펴보면 다음과 같다.

(가) 非財產權

민법상 소멸시효에 걸리는 것은 재산권에 한하므로 家族權·人格權 같은 비재산권은 원칙적으로 걸리지 않는다. 가족권이나 인격권은 외상의 사실상태보다 진실한 권리관계를 더 중요시하기 때문이다. 그러나 가족법관계 중에서도 재산적 색채가 강한 경우에는 예외적으로 시효에 걸리는 경우가 있다. 예컨대, 재산상속의 한정승인자에 대한 損害賠償請求權(1038조, 766조)·相續財產 分離의 請求權(1051조, 1088조) 등은 가족권에 관계된 권리이지만 소멸시효의 대상이 된다.

(나) 消滅時效에 걸리지 않는 財產權

재산권이라 할지라도 권리의 성질상 소멸시효에 걸리지 않는 것이 있다. 이에는 다음과 같은 것들을 들 수 있다.

① **所有權** 소유권은 恒久性이 있기 때문에 아무리 오랫동안 권리행사를 하지 않는다 하더라도 소멸시효에 걸리지 않는다(162조 참조). 다만 타인이 취득시효로 소유권을 취득하면 그 결과로 소유권을 상실하게 되는 경우가 있는데, 이는 소멸시효에 의한 것이 아니라 타인의 취득시효에 의하여 소유자가 자기의 소유권을 상실하는 것이다.

② **占有權·留置權·擔保物權** 점유권과 유치권은 점유의 존속여부에 따라 권리의 존부가 있게 되고, 담보물권은 담보되어야 할 채권 없이는 담보물권만 독립하여 존재할 수 없으므로 소멸시효에 걸리지 않는다.

③ **일정한 法律關係에 의존하는 權利** 예컨대, 相隣權(215조 이하), 공유물분할청구권(268조) 등은 일정한 법률관계가 존재하는 경우에 반드시 그에 수반하여 존재하는 권리이므로 그 기초가 되는 권리관계가 존속하는 한 독립하여 소멸시효에 걸리지 않는다.

④ **形成權** 형성권이 소멸시효에 걸리느냐에 관해서는 학설은 대립하고 있다. 형성권은 성질상 義務不履行이라는 사실상태가 있을 수 없다. 즉 형성권에 있어서는 권리자의 의사표시가 있으면 그것만으로써 목적인 법률효과

가 생기는 것이고, 권리가 행사되었으나 목적을 달성하지 못한다는 상태는 논리적으로 생각할 수 없다. 따라서 권리불행사의 사실상태에 대한 중단이라는 시효제도의 가장 특징적 요소가 적용될 여지가 없다. 따라서 이는 소멸시효에 걸리는 것이 아니며 제척기간에 걸리는 권리라고 보아야 한다.

(3) 消滅時效에 걸릴 수 있느냐에 관하여 問題된 權利

(가) 不動產登記請求權

법률행위에 의한 부동산 물권변동에 있어서 登記請求權이 消滅時效에 걸리느냐에 관해서 학설은 대립하고 있다. 예컨대, 부동산의 매수인이 매매계약 후 등기를 게을리 하고 있다가 10년이 지난 후 비로소 등기를 청구한 경우에, 매도인은 등기청구권이 시효로 소멸하였음을 주장할 수 있는가. 이 경우 등기청구권의 법적 성질을 債權的 請求權이라고 보는 견해에 있어서는 소멸시효에 걸린다고 하지만, 이에 반하여 物權的 請求權이라고 보는 견해에 있어서는 소멸시효에 걸리지 않는다고 한다. 소멸시효에 걸린다고 하는 債權的 請求權說이 多數說이다.

이에 관하여 판례는 법률행위에 의한 부동산 물권변동의 등기청구권은 法的 性質이 債權的 請求權이므로 이는 消滅時效에 걸린다고 한다(대판 1968. 11. 5, 68다1797; 1970. 3. 24, 60다1202). 그러나 매수인이 당해 부동산을 인도받은 경우에는 그 등기청구권은 소멸시효에 걸리지 않는다고 하는데, 그 이유로서 「시효제도의 존재이유에 비추어 보아 부동산 매수인이 그 목적물을 인도받아서 이를 사용·수익하고 있는 경우에는 그 매수인을 권리 위에 잠자고 있는 자로 볼 수 없고, 또 매도인 명의로 등기가 남아 있는 상태와 매수인이 인도받아 이를 사용·수익하고 있는 상태를 비교하면 매도인 명의로 잔존하고 있는 등기를 보호하기보다는 매수인의 사용·수익 상태를 더욱 보호하여야 할 것이므로 그 매수인의 등기청구권은 다른 채권과는 달리 소멸시효에 걸리지 않는다고 해석함이 타당하다」라고 판시하였다(대판 1976. 11. 6, 76다148). 등기청구권이 채권적 청구권이라 하더라도 그 물건을 사용·수익하고 있는 경우에는 소멸시효에 걸리지 않는다는 판례의 견해는 타당하다고 본다.

(나) 所有權 이외의 物權에 기한 物權的 請求權

物權的 請求權 중에서 소유권에 기한 物權的 請求權에 대해서는 소멸시효에 걸리지 않는다고 함은 이의가 없다. 그러나 소유권 이외의 물권 즉 지상권・지역권・전세권 등에 기한 物權的 請求權에 대해서는 견해가 대립하고 있다. 소유권 이외의 物權은 소멸시효에 걸리기 때문에 그 물권으로부터 유출되는 物權的 請求權도 소멸시효에 걸린다고 주장한 설이 있으나, 소유권 이외의 물권적 청구권도 그 물권에 대한 침해상태가 계속하는 한 계속해서 유출되는 것이므로 그 물권과는 독립해서 소멸시효에 걸리지 않는다고 보는 것이 다수설이다. 그 이유로는 소유권 이외의 물권적 청구권을 채권적 청구권으로 보아 소멸시효에 걸린다고 한다면 채권의 소멸시효기간인 10년이 지난 후에는 물권은 존재하여도 물권적 청구권은 행사할 수 없다는 모순이 있기 때문이라고 한다.

2. 權利의 不行使

소멸시효가 완성되려면 권리행사에 법률상의 장애가 없음에도 불구하고 일정기간 「권리를 행사하지 않아야 한다」. 여기서 문제가 되는 것은 「權利의 不行使」란 어떤 경우를 말하며, 권리불행사의 시기, 즉 소멸시효의 起算點은 어느 때부터이냐이다.

(1) 權利의 不行使

소멸시효는 권리의 불행사가 일정기간 동안 계속됨을 요하므로 여기서 「權利의 不行使」란 권리를 행사할 수 있는 데도 그 권리를 행사하지 않는 경우를 말한다. 그러므로 권리의 불행사는 권리를 행사할 수 있음을 전제로 한 것이므로 권리불행사는 權利行使可能時부터 시작한 것이다.

(2) 消滅時效의 起算點

소멸시효는 권리를 행사할 수 있는 때로부터 진행한다(166조 1항). 여기서 「權利를 行使할 수 있다」라고 하는 것은 권리행사에 있어서 法律上의 장애가 없다는 것을 의미한다. 예컨대 정기채권에 있어서는 이행기가 도래한 때, 停止

條件附債權에 있어서는 조건이 성취된 때이다. 그러므로 권리자의 개인적인 사정, 법률지식의 부족, 권리존재의 不知 또는 채무자의 부재 등 事實上의 장애로 권리를 행사하지 못한 경우는 이에 해당되지 않는다(대판 1965. 6. 22, 65다775; 1982. 1. 19, 80다2676). 따라서 권리를 행사할 수 없는 동안은 소멸시효가 진행되지 않는다.

각종의 권리에 관하여 소멸시효 진행의 기산점을 보면 다음과 같다.

(가) 時期附權利

① 「10월 10일에 지급한다」라고 하는 確定期附債權인 경우에는 그 기한이 도래한 때이며, ② 「내가 죽게 될 때 이집을 주겠다」라고 하는 不確定期限附債權인 경우에는 증여자가 죽게 된 때이다.

(나) 停止條件附權利

「사법시험에 합격하면 승용차를 사주겠다」라고 하는 停止條件附債權인 경우에는 그 조건이 성취된, 즉 사법시험에 합격한 때이다.

(다) 期限을 정함이 없는 債權

예컨대 반환의 시기를 정하지 않는 채권인 경우에는 채권자는 언제든지 청구할 수 있으므로 이 경우의 채권은 채권이 성립한 때이다.

(라) 割賦給債權

1회라도 변제를 게을리 하면 채권자의 청구에 따라 잔액 전부를 변제할 특약이 있는 割賦給債權인 경우에는 1회라도 불이행이 있는 때이다.

(마) 不作爲債權

일정한 장소에 2층 이상의 건물을 짓지 않겠다는 경우와 같이 不作爲債權은 채무자의 위반행위가 있는 때이다.

(바) 不法行爲로 인한 損害賠償請求權

이에 대해서는 기한의 약정이 없는 채권이므로 불법행위가 행해진 때이다.

(사) 裁判上 請求로 時效가 中斷된 權利

이는 그 재판이 확정된 때이다.

(아) 繼續的인 去來關係로 발생한 債權

이는 변제기에 관한 특약이 없는 한 각 채권이 발생한 때, 각각 消滅時效期間의 起算點이 된다.

3. 消滅時效期間

소멸시효가 완성되기 위해서는 권리불행사의 상태가 일정기간 동안 계속되어야 한다. 이것을 소멸시효기간이라고 한다. 민법은 채권의 소멸시효기간을 그 종류에 따라 다르게 규정하고 있다.

(1) 債 權

(가) 普通債權

普通債權의 소멸시효기간은 10년으로 하고 있다(162조 1항). 여기서 보통채권이란 단기소멸시효에 해당되는 채권(163조, 164조의 3년 또는 1년에 해당되는 短期消滅時效債權)과 특별법에서 달리 정하고 있는 채권을 제외한 모든 채권을 말한다. 특별법에 의해서 정한 것으로는 5년으로 되어 있는 상사시효에 해당되는 商事債權(상 64조), 조세채권(국세기본 27조) 등이 있다.

(나) 3년의 消滅時效에 걸리는 債權

일상거래가 빈번한 소액의 채권은 수령증을 교부하지 않는 경우가 많다. 설령 교부하였다 하더라도 장기간 보존하는 경우는 드물다. 여기에서 민법은 법률관계를 신속히 확정하고, 분쟁을 미연에 방지하기 위해서 3년이라는 단기소멸시효를 정하고 있다(163조). 이에 해당되는 경우로는 다음과 같다.

① 이자, 부양료, 급료, 사용료 기타 1년 이내의 기간으로 정한 금전 또는 물건의 지급을 목적으로 하는 債權(163조 1호).

② 의사, 조산사, 간호사 및 약사의 치료, 근로 및 조제에 관한 채권(동조 2호).

③ 도급받은 자, 기사 기타 공사의 설계 또는 감독에 종사하는 자의 공사

에 관한 채권(동조 3호).

④ 변호사, 변리사, 공증인, 공인회계사 및 법무사에 대한 직무상 보관한 서류의 반환을 청구하는 채권(동조 4호).

⑤ 변호사, 변리사, 공증인, 공인회계사 및 법무사의 직무에 관한 채권(동조 5호).

⑥ 생산자 및 상인이 판매한 생산물 및 상품의 代價(동조 6호).

⑦ 수공업자 및 제조자의 직무에 관한 채권(동조 7호).

(다) 1年의 消滅時效에 걸리는 債權

빈번히 우발적으로 발생하는 소액채권은 거래에 있어서 즉시청구 또는 지불되고, 영수증의 교부가 행해지지 않는 경우가 일반적이다. 민법은 이러한 채권은 3년의 단기시효기간보다 더 짧게 하여 1년간 행사하지 아니하면 소멸시효에 걸리도록 하였다(164조). 이에 해당되는 채권은 다음과 같다.

① 여관, 음식점, 貸席, 오락장의 숙박료, 음식료, 貸席料, 입장료, 소비물의 대가 및 替當金의 債權(동조 1호).

② 의복, 침구, 葬具 기타 동산의 사용료의 채권(동조 2호).

③ 勞役人·演藝人의 임금 및 그에 공급한 물건의 대금채권(동조 3호)

④ 학생 및 수업자의 교육, 衣食 및 留宿에 관한 校主, 塾主, 교사의 채권(동조 4호)

(2) 判決 등으로 確定된 債權의 消滅時效期間

판결에 의하여 확정된 채권(판결과 同視하는 파산·재판상화해·조정 등에 의하여 확정된 채권도 같다)은 단기의 소멸시효에 해당된 것이라도 그 소멸시효는 10년으로 한다(165조). 바꾸어 말하면 1년 또는 3년의 단기소멸시효에 해당되는 채권에 대한 판결이 확정된 후 강제집행을 함이 없이 그대로 방치하면 10년으로 時效消滅한다.

다만, 확정 당시에 아직 辨濟期가 도래하지 아니한 채권, 예컨대 期限附債權에 관하여 기한이 도래하기 전에 확정판결을 받은 경우에는 10년의 소멸시효를 적용하지 않고 본래대로 3년 또는 1년의 단기소멸시효를 적용한다(165조 3항). 이는 변제기가 도래하지 아니한 채권에 관하여는 소멸시효가 진행하지 않으므로 이러한 채권에 관해서까지 시효기간을 연장할 이유가 없기 때문이다.

(3) 債權과 所有權 이외의 財產權의 消滅時效期間

채권과 소유권 이외의 재산권의 소멸시효기간은 20년이다(162조 2항). 소유권 이외의 재산권으로서는 지상권·지역권·전세권 등이다. 예컨대 지상권자가 20년이 넘도록 지상권행사를 하지 않았을 때에는 지상권은 소멸하게 된다.

Ⅲ. 消滅時效의 中斷

【130】 消滅時效의 中斷이란 무엇인가

1. 意 義

시효가 진행 중에 권리자의 권리의 청구나 의무자의 채무의 승인 등으로 시효의 계속성을 뒤엎는 사정이 생겼을 때에는 이미 경과한 시효기간은 소멸하고, 시효중단 사유가 종료한 때로부터 새로이 소멸시효가 진행한다(178조 1항). 이와 같이 소멸시효의 진행을 방해하는 것을 「소멸시효의 중단」이라고 한다.

소멸시효의 완성을 장애하는 경우로는 시효의 중단외에 시효의 정지가 있다. 그러나 시효가 중단되면 새로이 시효가 진행되지만, 시효의 정지는 단지 일정기간 동안 시효의 완성을 유예시킨다는 점에서 양자는 다르다.

시효의 중단은 소멸시효에 한하지 않고, 취득시효에 관해서도 있게 된다. 민법은 제168조 이하에서 소멸시효 중단에 관한 상세한 규정을 두고, 이것을 취득시효에 준용하고 있다(247조 2항).

2. 消滅時效의 中斷事由

消滅時效의 中斷事由는 진실한 권리자가 자기의 권리를 주장하는 것으로서 ① 청구, ② 압류·가압류·가처분이 있고, 의무자가 권리자에게 권리가 있음을 인정하는 것으로서 ③ 承認이 있다(168조).

(1) 請　求

청구란 권리자가 시효의 완성으로 이익을 얻을 자에게 자기의 권리내용을 주장하는 것을 말한다. 중단의 효력이 발생하는 청구로는 ① 裁判上의 請求(170조), ② 破產節次參加(171조), ③ 支給命令(172조), ④ 和解를 위한 召喚, 任意出席(173조), ⑤ 催告(174조) 등 다섯 가지를 인정하고 있다.

(가) 裁判上의 請求

① 裁判上의 請求의 意義　재판상의 청구란 소의 제기에 의해서 권리를 주장하는 경우를 말한다. 예컨대, 채권자 A가 채무자 B에 대하여 500만원의 채권을 가지고 있는 경우에 변제기간이 경과하였음에도 B가 이를 변제하지 않아 A가 B를 상대로 500만원의 지급을 청구하는 소를 제기하는 경우이나. 이와 같은 재판상의 청구를 시효의 중단사유로 인정한 것은 권리자에 의한 권리의 주장뿐만 아니라 그 청구의 결과 법원에 의해서 권리의 존재를 확정되게 하기 때문이다.

② 裁判上의 請求의 種類와 方法　소의 종류는 원고가 피고에 대하여 "매매대금 5,000만원을 지급하라"는 것과 같은 이행(급부)의 소에 의하든, 원고 채권자가 피고 채무자를 상대로 債權存在確認을 구하는 確認의 訴이든, 共有物分割의 訴와 같은 어떤 법률관계를 발생케 하는 形成의 訴이든 가리지 않는다.

또한 訴의 제기방법으로는 본소에 의하든 반소에 의하든 상관없다. 단지 여기에서 문세가 되는 것은 상대방이 제기한 소에 應訴하여 승소한 경우에도 재판상의 請求로서 시효중단의 효력이 있는가이다. 예컨대 원고 채무자가 피고 채권자를 상대로 500만원의 채무가 존재하지 않는다는 확인을 구하는 소를 제기하였는바, 피고 채권자가 채권의 존재를 주장하여 그 주장이 법원에서 받아들여지는 경우와 같이 피고로서 應訴하여 승소한 경우에 이와 같은 應訴가 재판상의 청구로서 시효의 중단사유가 될 수 있느냐이다.

判例는 당초 재판상의 청구는 권리자 스스로 원고가 되어 적극적으로 訴를 제기하는 경우에만 인정하는 것이므로 피고가 應訴하여 권리의 존재를 주장하였다 하더라도 이는 방어하는 데 그치는 것이고, 권리자 스스로 권리를 행사하는 행동이 아니므로 應訴에 의한 주장은 재판상의 청구로서 시효중단사유가 될 수 없다고 하였다(대판 1971. 3. 23, 71다337; 1974. 11. 12, 74다416·417; 1978. 4. 11, 76다2746; 1979. 6. 12, 79다753). 그 후 판례는 태도를 바꾸어 「재판상의 청구라 함은 통상적으로는 권리자가 원고로서 시효를 주장하는 자를 피고로 하여 소송물인 권리를 소의 형식으로 주장하는 경우를 가리키지만, 이와 반대로 시효를 주장하는 자가 원고가 되어 소를 제기한 데 대하여 피고로서 應訴하여 그 소송에서 적극적으로 권리를 주장하고 그것이 받아들여진 경우에도 마찬가지로 이에 포함되는 것으로 해석함이 타당하다」라고 판시하여 應訴에 의한 권리주장도 시효중단사유가 된다고 하였다(대판 1992. 9. 25, 92다2176; 1993. 12. 21, 92다47861). 應訴에 의하여 권리를 주장하는 경우에도 권리 위에 잠자는 자가 아니라고 볼 수 있으므로 시효중단의 취지에 비추어 시효중단의 사유로 보는 판례의 견해는 타당하다고 본다.

③ 中斷의 效力의 發生時期 裁判上의 請求가 중단의 효력을 발생하는 시기는 소를 제기한 때이고 소장이 상대방에 도달하였을 때가 아니다(민소 238조). 반소에 의한 경우에도 위와 같다(민소 243조).

④ 中斷의 效力이 發生하지 않는 경우 재판상의 청구가 있다 하더라도 訴의 却下(소송요건의 缺陷을 이유로), 소의 棄却(청구가 이유 없음을 이유로), 소의 取下(원고청구의 철회)의 경우에는 중단의 효력은 발생하지 않는다(170조 1항). 그러나 재판상의 청구가 소송의 각하 등으로 시효중단의 효력이 없는 경우에도 6월 이내에 재판상의 청구, 파산절차참가, 압류 또는 가압류·가처분을 한 때에는 시효는 최초의 재판상의 청구로 인하여 중단된 것으로 본다(170조 2항). 왜냐하면 각하·기각·취하된 소의 提起라도 재판 외의 청구인 催告로서의 효력이 있기 때문이다(174조).

(나) 破產節次參加

破產節次參加란 채권자가 파산재단의 배당에 참가하기 위하여 그 채권을 법원에 신고하는 경우를 말한다(채무자회생 및 파산에 관한 법률 447조). 이와 같은 신고가 있으면 신고시에 중단의 효력이 생긴다. 破產節次參加에 중단의 효력을 인정한 것은 그것이 권리의 주장을 의미할 뿐만 아니라 신고된 채권이 債權表에 기재됨으로써 확정판결과 동일한 효력이 있기 때문이다(동법 460조). 그러나 채권자가 破產節次參加를 취소하거나 또는 그 참가의 청구가 각하된 때에는 시효중단의 효력이 생기지 않는다(171조).

여기서 문제가 되는 것은 破產宣告申請도 시효중단사유가 되느냐이다. 이에 관해서는 민법상 규정은 없지만, 破產宣告申請은 破產節次參加申請보다 더 강력한 권리실행방법이므로 이는 마땅히 시효중단사유가 된다고 보아야 한다. 여기에는 異說이 없다.

强制執行節次에 있어서 配當要求가 있는 경우에도 民法에 규정은 없지만 강제집행절차에 있어서 배당요구를 하는 것도 파산절차참가와 같다고 보아야 하므로 이 역시 시효중단의 효력이 있다고 본다.

(다) 支給命令

支給命令이란 금전이나 유가증권의 일정한 수량의 지급을 목적으로 하는 청구에 관하여 채권자의 일방적 신청이 있으면 채무자를 심문하지 않고 채무자에게 그 지급을 명하는 간이절차로서 인정되는 법원의 명령을 말한다(민소 432조).

지급명령에 의한 중단효력발생시기는 지급명령신청서를 법원에 신청한 때이며, 송달한 때가 아니다. 채무자가 지급명령의 송달을 받은 날로부터 2주일 이내에 적법한 이의신청을 한 경우에는 지급명령을 신청한 때에 소를 제기한 것으로 본다(민소 444조).

그러나 적법한 이의신청이 없거나, 이의신청의 취하나 각하결정이 확정된 때에는 지급명령은 확정되고 강제집행을 할 수 있는 집행력이 생긴다(민소 56조 참조). 개정안 제172조는 "지급명령의 신청은 그 신청이 각하 또는 취하된 때에는 시효중단의 효력이 없다"고 규정하고 있다.

(라) 和解申請

① 和解를 위한 召喚 화해란 訴에 의하지 않고 당사자의 신청에 의해서 법관 앞에서 화해의 방식으로 민사상의 분쟁을 해결하는 것을 말한다(민소 355조). 화해를 신청하면 소멸시효는 중단된다.

그러나 상대방이 和解期日에 출석하지 아니하거나 또는 출석하더라도 화해가 성립하지 않을 경우에 和解申請人이 1개월 내에 소를 제기하지 아니하면 시효중단의 효력은 생기지 않는다(173조 전단). 그러나 소를 제기하면 화해를 신청한 시점을 기준으로 하여 시효중단의 효력이 생긴다.

② 調停申請 調停도 재판상의 화해와 같은 효력이 있으므로 조정신청도 화해신청과 마찬가지로 時效中斷의 효력이 있다고 보아야 한다(통설).

③ 任意出席 任意出席이란 소액사건의 경우에 당사자쌍방이 임의로 법원에 출석하여 구술로 소를 제기하고 소송에 관하여 변론을 하는 경우를 말한다(소액사건심판 5조). 소액사건심판법에 의하면 임의출석에 의한 소의 제기에 대해서도 판결을 하도록 하고 있다(동법 11조의2). 그러므로 민법 제173조 후단에서 임의출석의 경우에 화해가 성립되지 아니한 때에는 1월 이내에 소를 제기하여야 시효중단의 효력을 인정할 수 있다고 규정하고 있는 것은 무용한 규정이라고 볼 수 있다. 왜냐하면 법관이 화해를 시도하였으나 화해가 불성립한 때에는 당연히 판결을 하여야 하기 때문이다. 이 경우에는 민법 제173조 후단이 적용되는 것이 아니고 재판상 청구에 의한 시효중단에 관한 민법 제170조가 적용되어야 하기 때문이다.

(마) 催　告

催告라 함은 채권자가 채무자에 대하여 채무의 이행을 청구하는 의사의 통지이다. 민법은 재판 외의 최고를 독립된 時效中斷事由로 인정하고 있다.

최고의 방식은 서면으로 하든 구두로 하든 묻지 않는다. 보통으로는 증거를 보전하기 위해서 內容證明郵便의 방식을 취하게 된다.

재판 외의 최고를 時效中斷事由로 인정한 이유는 시효완성에 임박하여 비로소 그 사실을 안 채권자가 재판상의 청구같은 중단방법을 취하려 해도 준비에 시일이 요하여 절차를 마치기 전에 시효가 완성되는 불이익을 방지하기 위해서 강력한 중단방법을 취할 기회를 주기 위해서 인정된 것이다.

그러나 이 최고에 의한 중단은 위에서 든 다섯 가지의 청구에 비하면 약하다. 즉 최고를 한 후 6월 안에 재판상의 청구, 파산절차참가, 화해를 위한 소환, 임의출석, 압류·가압류·가처분을 하지 아니하면 중단의 효력이 생기지 않는다(174조). 그러므로 최고는 시효기간이 완료될 무렵에 다른 강력한 중단방법을 취할 豫備節次로서 실익이 있다.

(2) 押留·假押留·假處分

(가) 押留·假押留·假處分의 意義

押留는 확정판결 기타의 執行權原에 기하여 행하는 강제집행이며, 가장 강력한 권리의 실현행위이다(민집 24조, 56조, 188조 이하). 假押留·假處分은 장차 강제집행이 불능 또는 심히 곤란하게 될 염려가 있는 경우에 强制執行을 보전하는 수단이므로 역시 권리의 실현행위이다(민집 276조 이하, 300조 이하). 이들은 판결이 있는 경우라도 새로이 시효는 진행되므로 이들을 따로이 時效의 中斷事由로 할 필요가 있는 것이다.

(나) 中斷의 效力이 發生하는 時期

중단의 효력이 발생하는 시기에 관하여 학설은 나누어져 있다. 執行行爲를 하였을 때라고 하는 설과 命令을 申請한 때에 생긴다고 하는 설이 있으나, 압류 등의 집행행위시가 아니고 압류 등의 명령을 신청한 때에 중단의 효력이 발생한다고 보는 것이 타당하다(다수설).

(다) 命令의 取消

이러한 명령이 권리자의 청구에 의하여 또는 법률의 규정에 따르지 않았기 때문에 취소된 때에는 시효중단의 효력이 없다(175조).

(라) 押留·假押留·假處分의 執行의 相對方

押留·假押留·假處分의 집행행위가 시효의 이익을 받을 자에 대하여 하지 않은 때에는 이를 그 者에 통지하지 아니하면 중단의 효력이 없다(176조). 예컨대 物上保證人에 대하여 이러한 절차가 행해진 경우에 이를 채무자에게 통지를 하지 않는 이상 채무자에게는 중단의 효력이 발생하지 않는다(대판

1990. 1. 12, 89다카4946).

(3) 承　　認

(가) 中斷事由로서의 承認의 意義

承認이란 시효가 진행하는 도중에 시효의 이익을 받을 자가 시효로 인하여 권리를 잃은 자에 대하여 그 권리의 존재를 승인하는 행위를 말한다. 예컨대 채무자 B가 채권자 A에 대하여「귀하로부터 100만원을 빌린 생각이 납니다. 조만간 지불하여 드리겠습니다」라고 하는 경우이다. 승인의 법적 성질은 의사표시가 아니고 觀念의 通知이다. 따라서 중단의 효과를 意慾하는 효과의사를 필요로 하지 않는다. 이러한 표시가 있는 때에는 시효는 중단된다. 이와 같이 승인을 시효의 중단사유로 한 것은 승인이 있으므로 인하여 권리관계의 존재가 분명하게 되기 때문이다.

(나) 承認의 方法

승인은 특별한 방식을 필요로 하지 않으며, 명시적이든 묵시적이든 이를 묻지 않는다. 예컨대, 채무존재의 통지뿐만 아니라 변제 연기서 제출, 利子支給, 일부변제, 담보의 제공 등 모두 승인으로 된다. 다만 채무자가 특정인에 대한 채무가 있다고 하는 사실을 알고 있는 것만으로는 승인이 될 수 없다.

(다) 承認의 相對方

승인의 상대방은 원칙적으로 채권자에 대하여 행해져야 한다(朝高判 1915. 3. 19, 民集 3卷, 103面). 따라서 채무자가 권리자가 아닌 제3자에 대하여 채무있음을 승인하여도 이것은 승인의 효력이 없다. 이는 권리자에 대하여 행해진 승인이 있어야만 비로소 권리자의 권리의 불이행을 시인할 수 있기 때문이다.

(라) 承認者의 能力

승인은 상대방의 권리의 존재를 인정하는 데 불과하므로 승인에는 상대방의 권리에 관한 처분의 능력이나 권한이 있음을 요하지 않는다(177조). 승인은 취득한 권리를 포기하는 것과 같은 처분행위이나 새로운 債務負擔行爲가 아니고 단지 현재 부담하고 있는 채무를 확인하는 데 불과하기 때문이다.

그리고 중단사유가 된 승인은 시효완성 전에만 존재할 수 있는 것이고 완성 후에는 다만 時效利益의 抛棄의 문제가 있을 뿐이다.

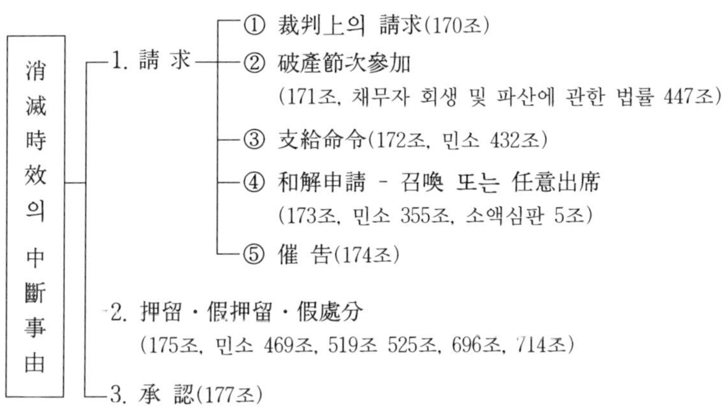

3. 消滅時效中斷의 效力

(1) 消滅時效中斷의 基本的 效力

消滅時效期間의 진행중 중단사유가 발생하면 지금까지 계속되었던 시효기간은 모두 무효가 되고, 시효중단사유가 종료한 때에는 그때부터 다시 새로운 시효기간이 진행된다(178조). 「裁判上의 請求」의 경우를 보면, 訴가 제기되면 시효는 중단되어 그 효과로서 지금까지 진행되었던 시효기간은 소멸하고, 그 재판이 확정되면 그때부터 다시 새롭게 시효기간이 진행된다.

(2) 時效中斷의 效力이 미치는 人的 範圍

시효중단의 효력이 미치는 인적 범위는 당사자 및 그 승계인 간에만 효력이 미친다(169조). 여기서 당사자란 時效中斷行爲에 관여한 자를 말하며, 승계인이란 시효중단에 관여한 당사자로부터 중단의 효과를 받은 권리를 그 중단효과발생 이후에 승계한 자를 가리킨다(대판 1973. 2. 13, 72다1549). 그리고 승계인에는 포괄승계인(예: 상속인)과 특별승계인(예: 매수인)을 포함한다. 예컨대 채무자 A가 채권자 B에 대해서 채무를 승인한 경우 시효중단의 효력은 채무자 A와 채권자 B 간에, 그리고 채무자 A와 시효중단 후에 그 채권을 양수받은 자(특별승계인) C 또는 상속인(包括承繼人) D 간에 미친다. 즉 時效中斷 效力의 人的 範圍는 相對的 效力을 갖는 것이 원칙이다.

이와 같이 시효중단의 효력은 당사자 및 그 승계인 사이에만 발생하므로 제3자에게는 미치지 않는 것이 원칙이다. 예컨대 공동채권자 중의 한 사람에 의한 시효중단은 다른 채권자에 대해서는 그 중단의 효력이 미치지 않는다. 그러나 이에는 법률관계의 성질상 예외가 있다. 즉 연대채무의 경우 연대채무자 한 사람에 소멸시효가 완성되면 다른 연대채무자도 그의 부담부분의 의무를 면하게 되며(421조), 보증채무의 경우 주채무자에 대한 시효의 중단은 보증인에 대해서도 그 효력이 미친다(440조). 그리고 地役權에 있어서도 要役地가 수인의 공유인 경우에 그 1인에 의한 지역권 소멸시효중단은 다른 공유자를 위하여 효력이 미친다(296조). 그런데 여기서 문제가 되는 것은 物上保證人과 채무자간에 있어서는 아무런 명문규정이 없어 이를 어떻게 하여야 하느냐이다. 예컨대, 채무자 A가 채권자 B에 대해서 채무를 承認한 경우에 중단의 효력은 그의 채무를 物上保證하고 있는 C에 대해서도 미치느냐이다. 物上保證債務도 主債務者에 대한 시효중단의 효력은 그 物上保證人에게도 미친다고 보는 것이 타당하다.

(3) 時效中斷의 效力이 미치는 物的 範圍

民法은 시효중단의 效力이 미치는 物的 範圍에 관해서 아무런 명문규정을 두고 있지 않다. 그러므로 債權者가 채권의 일부를 재판상의 청구를 한 경우, 나머지 부분에 대해서도 중단의 효력이 미치는가? 판례는 「손해의 일부에 대한 배상청구는 그 손해의 다른 부분에 대하여는 청구로서 소멸시효중단의 효력이 생기지 않는다」(대판 1967. 5. 23, 67다529)라고 판시하여 채권의 일부에 대하여 재판상 청구를 한 경우 나머지의 채권에 대해서는 중단의 효력이 미치지 않는다고 한다. 그러나 일부청구에 의하여 권리의 존재는 밝혀진 것이므로 중단사유의 취지를 감안할 때 나머지 부분에 대해서도 이를 인정하는 것이 타당하다고 본다.

(4) 消滅時效中斷後의 時效進行

시효중단사유가 성립한 결과 채권이 실현되면 채권관계는 없게 되므로 시효문제는 있을 수 없다. 예컨대 채권자가 제기한 이행의 소가 승소로 끝나 이에 의거한 강제집행이 있게 되면 채권관계는 종료되므로 시효문제는 없게 된다. 그러나 이행의 소가 승소로 확정되어 있어도 이에 대한 강제집행을 하고 있지 않아 종전과 같은 사실상태가 지속되는 경우에는 판결이 확정(중단사유가 종료)된 때부터 새로이 시효기간이 진행된다(178조 1항 후단).

중단사유가 종료한 시점 즉, 시효의 재진행 시점은 첫째로, 請求로 중단되는 경우 裁判上의 請求에 있어서는 그 재판이 확정된 때(178조 2항), 支給命令의 신청이나 和解의 신청의 경우에는 그것들이 確定判決과 동일한 효력을 인정받게 되는 때(민소 206조, 445조 참조), 破産節次參加에 있어서는 파산절차가 종료한 때, 재판 외의 청구로서 催告는 그 자체로서는 단독으로 중단의 효력이 생기지 않기 때문에 강한 보강수단이 강구되어 그가 종료한 때이다. 둘째로, 押留·假押留·假處分은 그 절차가 終了한 때이고, 셋째로 承認에 있어서는 승인통지가 상대방에 도달한 때 시효는 다시 진행된다.

Ⅳ. 消滅時效의 停止

【131】 消滅時效의 停止란 무엇인가

1. 意　義

소멸시효의 정지란 消滅時效期間 滿了가 임박한 무렵에 권리자가 중단행위를 하는 것이 불가능하거나 또는 대단히 곤란한 사정이 있는 경우에 그 시효기간의 진행을 일시적으로 멈추게 하고 그 사정이 없어졌을 때에 다시 그 나머지 기간을 진행케 하는 것을 말한다. 소멸시효의 정지는 정지할 때까지 진행한 기간이 무효가 되지 않고 전체기간에 산입되는 점에서 시효의 중단과 다르다.

소멸시효의 중단에 관한 규정은 이를 취득시효에 준용한다는 명문의 규정을 두고 있지만(247조 2항), 시효의 정지에 관하여는 이를 취득시효에 준용한다는 규정을 두고 있지 않다. 그러나 시효정지제도의 취지를 감안할 때 취득시효를 배척할 아무런 이유가 없으므로 消滅時效停止에 관한 규정은 취득시효에도 마땅히 유추적용하여야 한다는 것이 학설의 일치된 견해이다.

2. 消滅時效의 停止事由

(1) 無能力者를 위한 停止

(가) 法定代理人이 없는 경우의 時效의 停止

소멸시효의 기간만료 전 6월 내에 무능력자의 법정대리인이 없을 때에는 그가 능력자가 되거나 법정대리인이 취임한 때로부터 6월 내에는 시효가 완성하지 아니한다(179조). 이는 무능력자는 스스로 시효중단행위를 할 수 없으므로 법정대리인이 없어 시효의 중단을 할 수 없는 경우를 구제하기 위해서이다.

(나) 無能力者의 財產管理者에 대한 時效停止

재산을 관리하는 父·母 또는 後見人에 대한 무능력자의 권리는 그가 능력자가 되거나 후임의 법정대리인이 취임한 때로부터 6월 내에는 소멸시효가 완성하지 아니한다(180조 1항). 무능력자가 이러한 신분관계에 있는 자에 대하여 가지는 권리를 시효중단한다는 것은 극히 곤란하기 때문에 이와 같은 무능력자를 보호하려는 데에 있다.

(2) 婚姻關係의 終了에 의한 時效停止

부부의 일방의 타방에 대한 권리는 혼인관계가 종료(이혼, 일방 배우자 사망, 혼인의 취소)한 때로부터 6월 내에는 소멸시효가 완성하지 아니한다(180조 2항). 혼인관계가 계속하고 있는 동안에 성질상 권리행사가 곤란하기 때문에 이를 이유로 한 것이다.

(3) 相續財產에 관한 時效停止

相續財産에 속하는 권리나 상속재산에 대한 권리는 상속인의 확정, 관리인의 선임 또는 파산선고가 있는 때로부터 6월 내에는 소멸시효가 완성하지 아니한다(181조). 위의 사유가 확정될 때까지는 상속재산에 대한 관리인이 존재하지 아니하므로 시효의 중단이 불가능하기 때문이다.

(4) 天災 기타 事變에 의한 時效停止

天災 기타 事變으로 인하여 소멸시효를 중단할 수 없을 때에는 그 사유가 종료한 때로부터 1월 내에는 시효가 완성하지 아니한다(182조). 本條에서 「天災」란 지진·홍수·폭설 등의 자연재해를 말하며, 「기타 事變」이란 天災와 同視할 수 있는 외부적 장해, 예컨대 전란·폭동·교통두절 등을 가리키며, 권리자의 주관적 사유, 예컨대 질병·不在 따위는 이에 해당되지 않는다.

3. 消滅時效停止의 效力

시효정지의 효력은 시효의 중단과 달리 특정인의 행위에 의한 것이 아니므로 누구에 대해서도 발생한다. 즉 절대적 효력을 가진다. 그리고 중단과 달리 정지사유가 종료되면 정지 전의 기간에 이어 시효기간이 진행된다.

V. 消滅時效의 效力

【132】 消滅時效가 完成되면 어떠한 效力이 생기는가

소멸시효의 효력에 있어서 문제가 되는 것은 첫째, 소멸시효가 완성되면 권리가 즉시 소멸하느냐, 그렇지 않으면 권리소멸을 주장할 수 있는 권리(援用權)가 발생하는 것이냐, 둘째, 권리소멸은 소멸시효기간의 만료일이냐 그렇지 않으면 소멸시효기간의 起算日이냐(消滅時效의 遡及效), 셋째, 소멸시효완성 후

소멸시효이익을 포기할 수 있느냐 등이다.

1. 消滅時效完成의 效果

(1) 「消滅時效가 完成한다」라는 意義

소멸시효에 관하여 우리 민법은 제162조를 비롯하여 제163조, 제164조에서 「…소멸시효가 완성한다」라고 하였을 뿐, 「완성한다」라는 것이 무엇을 의미하는 것인지 아무런 규정을 두고 있지 않다. 이는 결국 해석에 의하여 결정하는 수밖에 없다. 이에 관하여 학설은 대립하고 있다. 多數說은 소멸시효가 완성되면 권리는 당연히 소멸한다는 절대적 소멸설을 취하고 있고, 소수설은 소멸시효가 완성되면 권리가 당연히 소멸하는 것이 아니고 시효이익을 받을 자에게 「권리의 소멸을 주장할 수 있는 권리」가 생길 뿐이라는 상대적 소멸설을 주장한다.

(2) 學　說

絶對的 消滅說의 주장 이유로는 현행 민법은 舊民法과 달리 「時效의 援用」에 관한 규정을 두고 있지 않으며, 또 민법 제369조, 제766조 제1항에서 「…시효로 인하여 소멸한다」라는 규정과 附則 제8조 제1항에서 「本法의 규정에 의하여 소멸한다」라고 규정하고 있는 것은 시효가 완성되면 즉시 권리가 소멸한다는 뜻으로 이해하여야 한다는 점을 들고 있다.

相對的 消滅說은 그 이유로서 절대적 소멸설을 취하게 되면 당사자의 援用이 없더라도 권리가 소멸하게 되므로 소멸시효에 의하여 이익을 받기를 원하지 않는 경우에도 그 의사를 존중하지 않는 결과가 되어 부당하고, 시효이익의 포기의 법률적 성질을 설명하기가 곤란하며, 소멸시효완성 후에 채무자가 시효완성의 사실을 모르고 변제한 때에는 非債辨濟(742조)로서 그 반환을 청구할 수 있는 것으로 되어 부당하다는 점을 들고 있다.

(3) 判例의 견해

판례는 「당사자의 援用이 없어도 시효완성의 사실로써 채무는 당연히 소멸하고, 다만 辯論主義의 원칙상 소멸시효의 이익을 받을 자가 실제 소송에서 권리를 주장하는 자에 대항하여 소멸시효이익을 받겠다는 뜻을 항변하지 않는 이상 그 의사에 반하여 재판할 수 없을 뿐이다」(대판 1966. 1. 31, 65다2445; 1968. 3. 30, 68다1089; 1979. 2. 13, 78다2157; 1980. 1. 29, 79다1863)라고 판시하여 절대적 소멸설의 입장에 따르고 있다.

(4) 私 見

우리나라에서는 양설의 대립이 극렬하다. 다수설과 판례는 우리나라 현행 민법에는 援用에 관한 규정이 없다는 점을 들어 절대적 소멸설을 취하고 있다. 다수설이나 판례가 절대적 소멸설을 취한다 하더라도 辯論主義의 原則上 시효이익을 받겠다는 항변이 없는 이상 그 의사에 반하여 재판할 수 없다고 보기 때문에 어느 설을 취하든 실제적으로는 크게 다를 바가 없다고 본다.

2. 消滅時效의 遡及效

소멸시효의 효력은 기산일에 소급하여 발생한다(167조). 다시 말하면 소멸시효의 완성은 시효기간(보통 채권인 경우에는 10년)이 경과한 때이지만, 그 권리는 변제기, 즉 기산일인 10년 전으로 소급하여 소멸한다. 그 결과 채무자는 그 기산일로부터 의무를 면하게 된다.

주된 권리의 소멸시효가 완성한 때에는 종된 권리에도 그 효력이 미친다(183조). 예컨대 被擔保債權이 시효완성으로 소멸하게 되면 그의 담보물권도 소멸하게 되어 기산일 이후의 이자는 지급할 필요가 없다.

그러나 소멸시효가 완성된 채권이 그 완성 전에 상계할 수 있었던 것이면 그 채권자는 상계할 수 있다(495조). 이 相計適狀에 있는 채권의 당사자는 서로 채권관계를 결재했다고 생각하는 것이 보통이므로 이러한 당사자 사이의 신뢰를 보호하기 위해서이다.

3. 消滅時效利益의 拋棄

(1) 消滅時效利益의 拋棄의 意義

消滅時效의 利益의 拋棄란 소멸시효에 의해서 발생한 이익을 받을 자가 시효의 이익을 받지 않겠다는 일방적 의사표시를 말한다. 소멸시효이익을 포기할 수 있느냐에 관해서는 소멸시효완성 전의 경우와 완성 후의 경우에 따라 다르다.

(2) 消滅時效完成前 拋棄의 禁止

민법에는 「소멸시효의 이익은 미리 포기하지 못한다」(184조 1항)라고 규정하고 있다. 여기서 「미리」라는 말은 시효기간이 개시, 즉 채권의 성립 당시는 물론, 시효가 진행중인 것을 뜻한다. 시효완성 전의 시효이익의 포기는 무효라는 취지를 규정한 것이다. 이와 같이 시효완성 전에 시효이익의 포기를 금한 것은 공익상의 제도인 시효제도의 적용을 개인의 의사로 미리 배제하는 것을 인정할 수 없을 뿐만 아니라, 특히 금전 등의 거래를 할 때에 채권자가 채무자의 궁박을 이용하여 미리 시효이익의 포기의사를 받아두어 시효제도를 무의미하게 하는 것을 방지하기 위해서이다. 이와 같은 취지에서 소멸시효제도를 배제·연장·가중할 수는 없지만 이를 단축 또는 경감할 수는 있다(184조 2항).

(3) 消滅時效完成後의 拋棄

(가) 時效完成後의 時效利益拋棄의 許容

민법 제184조의 반대해석으로서 소멸시효완성 후의 시효이익의 포기는 유효하다. 시효완성 후의 시효이익 포기의 허용은 시효제도의 공익성과 개인의 사와의 조화를 시도하게 되고 시효완성 전의 포기의 경우와 같은 폐단이 없기 때문이다.

소멸시효 이익의 포기의 성질은 절대적 소멸설과 상대적 소멸설에 따라 다르다. 절대적 소멸설에 의하면 「시효이익의 향수의 포기」이고, 상대적 소멸설에 의하면 「시효의 효과를 주장할 수 있는 권리의 포기」라고 한다.

(나) 拋棄의 方法 및 處分의 能力과 權限

시효이익의 포기는 일방적 의사표시이므로 상대방의 동의는 요하지 않지만, 상대방에 도달함을 요한다. 포기의 방식은 보통의 의사표시와 마찬가지로 명시적이든 묵시적이든, 재판에 의하든 재판 외의 방법에 의하든 관계하지 않는다. 판례에 의하면 채무자가 채무의 승인을 하거나(대판 1967. 2. 7, 66다2173), 辨濟期間猶豫의 요청을 하는 것(대판 1965. 12. 28, 65다2183) 등을 시효이익의 포기에 해당된다고 하였다.

여기서 문제되는 것은 시효이익의 포기는 시효가 완성되었음을 알고 하여야 하느냐이다. 이에 관해서는 민법상 규정한 바가 없으므로 해석에 의해서 해결할 수밖에 없다. 원래 시효이익의 포기는 시효에 의한 이익을 받지 않는다는 의사표시이므로 판례는 시효이익의 포기는 시효완성의 사실을 알고 이를 하지 아니하면 안 된다는 것을 전제로 하고 시효완성 후의 변제나 채무의 승인은 시효완성의 사실을 알고 이를 한 것으로 推定한다고 하였다(朝鮮高等法院; 대판 1967. 2. 7, 66다2173). 따라서 시효완성의 사실을 모르고 시효이익을 포기하였다면 여기서 말한 포기가 될 수 없다. 그러므로 시효완성의 사실을 모르고 한 채무변제는 부당이득으로서 반환을 청구할 수 있어야 하지만 道義觀念에 적합한 非債辨濟가 되어(744조) 반환을 청구하지 못한다.

시효이익의 포기는 포기자에게 불이익을 초래하는 행위이기 때문에 시효이익을 포기할 수 있는 자는 處分能力과 處分權限이 있어야 한다(통설).

(4) 消滅時效利益拋棄의 效果

시효이익의 포기를 하게 되면 처음부터 권리가 소멸하지 않았던 것으로 된다.

시효이익의 포기의 효과는 相對的이다. 즉 포기할 수 있는 자가 數人인 경우에는 그 중 한사람의 포기는 다른 사람에게 미치지 않는다. 예컨대 주채무자가 시효이익을 포기하더라도 그 효력은 보증인에게 미치지 않으며(433조 2항), 連帶債務者 중의 한 사람의 포기는 다른 연대채무자에게 영향을 미치지 않는다(433조).

條文索引

(左側의 數字는 條文이고, 右側의 數字는 페이지임)

第1章　通　　則

第2章　人

第3章 法 人

第4章 物 件

第5章 法律行爲

第6章 期　　間

第7章 消滅時效

事項索引

[著者略歷]
朝鮮大學校 法政大學 卒業, 同 法學博士
朝鮮大學校 大學院長, 總長 歷任
司法試驗, 行政高等考試, 外務高等考試 試驗委員
문화공보부 言論仲裁委員會副委員長
법무부 民法 · 商法 改正 特別審議委員
韓國民事法學會長, 韓國土地法學會長
韓 · 日土地法學術交流會 韓國側會長, 韓 · 中土地法學術交流會 韓國側會長
日本早稻田大學 大學院 招請講師
現, 朝鮮大學校 名譽敎授

〈著書 및 主要 論文〉
商法(1), 共著(文化閣, 1965)
事實婚硏究(朝鮮大學校出版局, 1972)
法學槪論(敎文社, 1976)
法學入門(精文社, 1977)
不動產登記法改正論(共著)(서울大學校 出版部, 1978)
客觀式法學槪論(學硏社, 1982)
民法學論集(韓國司法行政學會, 1993)
法學原論(博英社, 2000)
農漁村共同財産에 관한 硏究 등 그 외 論文 多數

民法總則

2006年 9月 4日 初版 印刷
2006年 9月 8日 初版 1刷發行

著 者 高 昌 鉉
發行人 裵 孝 善
發行處 圖書出版 法 文 社
413-832 경기도 파주시 교하읍 문발리 526-3
(파주출판문화정보산업단지)
등 록 1957년 12월 12일 제2-76호(윤)
전 화 031-955-6500~6, 팩 스 031-955-6525
e-mail(영업) : business@bobmunsa.co.kr
(편집) : edit66@bobmunsa.co.kr
홈페이지 http://www.bobmunsa.co.kr
조 판 광 암 문 화 사

정가 28,000원 ISBN 89-18-01133-4